1921-2021
厦门大学
XIAMEN UNIVERSITY

厦门大学百年校庆系列出版物

百年院系史系列

厦门大学
人文学院院史

人文学院百年院史编写组　编

厦门大学出版社 XIAMEN UNIVERSITY PRESS | 国家一级出版社 全国百佳图书出版单位

图书在版编目(CIP)数据

厦门大学人文学院院史/人文学院百年院史编写组编.—厦门:厦门大学出版社,2021.12

(百年院系史系列)

ISBN 978-7-5615-8179-7

Ⅰ.①厦… Ⅱ.①人… Ⅲ.①厦门大学人文学院—校史 Ⅳ.①G649.285.73

中国版本图书馆 CIP 数据核字(2021)第 059354 号

出版人 郑文礼
责任编辑 牛跃天
封面设计 李嘉彬
技术编辑 许克华

出版发行 厦门大学出版社
社址 厦门市软件园二期望海路 39 号
邮政编码 361008
总机 0592-2181111 0592-2181406(传真)
营销中心 0592-2184458 0592-2181365
网址 http://www.xmupress.com
邮箱 xmup@xmupress.com
印刷 厦门集大印刷有限公司

开本 720 mm×1 020 mm 1/16
印张 37.75
插页 2
字数 656 千字
版次 2021 年 12 月第 1 版
印次 2021 年 12 月第 1 次印刷
定价 125.00 元

厦门大学出版社
微信二维码

厦门大学出版社
微博二维码

人文学院百年院史编写组

- 王日根　胡　旭　陈　玲

  杨沐喜　李卫华　蔡婉霞

总　序

厦门大学 | 党委书记　张　彦
校　　长　张　荣

2021年4月6日，厦门大学百年华诞。百载风雨，十秩辉煌，这是厦门大学发展的里程碑，继往开来的新起点。全校师生员工和海内外校友满怀深情地期盼这一荣耀时刻的到来。

为迎接百年校庆，学校在三年前就启动了“百年校庆系列出版工程”的筹备工作，专门成立“厦门大学百年校庆系列出版物编委会”，加强领导，统一部署。各院系、部门通力合作，众多专家学者和相关单位的工作人员全身心地参与到这项工作之中。同志们满怀高度的责任感和紧迫感，以“提升质量，确保进度，打造精品”为目标，争分夺秒，全力以赴，使这项出版工程得以快速顺利地进行。在这个重要的历史时刻，总结厦大百年奋斗历史，阐扬百年厦大“四种精神”，抒写厦大为伟大祖国所做出的突出贡献，激发厦大人的自豪感和使命感，无疑是献给百岁厦大最好的生日礼物。

“百年校庆系列出版工程”包括组织编撰百年校史、百年组织机构史、百年院系史、百年精神文化、百年学术论著选刊、校史资料与学生名录……有多个系列近150种图书将与广大读者见面。从图书规模、涉及领域、参编人员等角度看，此项出版工程极为浩大。这些出版物的问世，将为学校留下大量珍贵的历史资料，为学校深入开展校史教育提供丰富生动的素材，也将为弘扬厦门大学“自强不息，止于至善”校训精神注入时代的新鲜血液，帮助人们透过“中国最美大学校园”

的山海空间和历史回响，更加清晰地理解厦门大学在中国发展进程中发挥的独特作用、扮演的重要角色，领略“南方之强”的文化与精神魅力。

百年校庆系列出版物将多方呈现百年厦大的精彩历史画卷。这些凝聚全校师生员工心血的出版物，让我们感受到厦大人弦歌不辍的精神风貌。图文并茂的《厦门大学百年校史》，穿越历史长廊，带领我们聆听厦大不平凡百年岁月的历史足音。《为吾国放一异彩——厦门大学与伟大祖国》浓墨重彩地记述厦门大学与全国34个省级行政区以及福建省九市一区一县血浓于水的校地情缘，从中可以读出厦门大学在中华民族伟大复兴征程中留下的深深烙印。参与面最广的“厦门大学百年院系史系列”、《厦门大学百年组织机构史》，共有30多个学院和直属单位参与编写，通过对厦门大学各学院和组织机构发展脉络、演变轨迹的细致梳理，深入介绍厦门大学的党建工作、学科建设、人才培养、组织管理、社会服务等方面的发展历程，展示办学成就，彰显办学特色。《厦门大学校史资料选编（1992—2017）》和《南强之星——厦门大学学生名录（2010—2019）》，连同已经出版的同类史料，将较完整、翔实地展现学校发展轨迹，记录下每位厦大学子的荣耀。“厦门大学百年精神文化系列”涵盖人物传记和校园风采两大主题，其中《陈嘉庚传》在搜集大量史料的基础上，以时代精神和崭新视角，生动展现了校主陈嘉庚先生的丰功伟绩。此次推出《林文庆传》《萨本栋传》《汪德耀传》《王亚南传》四部厦门大学老校长传记，是对他们为厦大发展所做出的突出贡献的深切缅怀。厦大校友、红军会计制度创始人、中国共产党金融事业奠基人之一高捷成的传记《我的祖父高捷成》，则是首次全面地介绍这位为中国人民解放事业做出杰出贡献的烈士的事迹。新版《陈景润传》，把这位“最美奋斗者”、“感动中国人物”、令厦大人骄傲的杰出校友、世界著名数学家不平凡的人生再次展现在我们眼前。抒写校园风采的《厦门大学百年建筑》、《厦门大学餐饮百年》、《建南大舞台》、《芙蓉园里尽芳菲》、《我的厦大老师》（百年华诞纪念专辑）、《创新创业厦大人2》、

《志愿之光》、《让建南钟声传响大山深处》、《我的厦大范儿》以及潘维廉的《我在厦大三十年》等，都从不同的角度，引领我们去品读厦门大学的真正内涵，感受厦门大学浓郁的人文精神和科学精神。

此次出版的"厦门大学百年学术论著选刊"，由专家学者精选，重刊一批厦大已故著名学者在校工作期间完成的、具有重要价值的学术论著（包括讲义、未刊印的论著稿本等），目的在于反映和宣传厦门大学百年来的学术成就和贡献，挖掘百年来厦门大学丰厚的历史积淀和传统资源，展示厦门大学的学术底蕴，重建"厦大学派"，为学校"双一流"建设提供学术传统的支撑。学校将把这项工作列入长期规划，在百年校庆时出版第一辑共40种，今后还将陆续出版。

"自强！自强！学海何洋洋！"100年前，陈嘉庚先生于民族危难之际，抱着"教育为立国之本，兴学乃国民天职"的信念，创办了厦门大学这所中国历史上第一所由华侨独资建设的大学。100年来，厦大人秉承"研究高深学术，养成专门人才，阐扬世界文化"的办学宗旨，在实现中华民族伟大复兴的征程上书写自己的精彩篇章。我们相信，当百年校庆的欢庆浪潮归于平静时，这些出版物将会是一串串熠熠生辉的耀眼珍珠，成为记录厦门大学百年奋斗之旅的永恒坐标，成为流淌在人们心中的美好记忆，并将不断激励我们不忘初心继承传统，牢记使命乘风破浪，向着中国特色世界一流大学目标奋勇前行！

张彦 张荣

2020年12月

厦门大学百年院系发展概述

朱水涌

100年在历史长河中只是短暂的一瞬，但对于一所中国现代大学以及这所大学的学院科系来说，则意味着经历过极不平凡的历程。百年学府沧桑、十秩院系辉煌，为迎接厦门大学建校百年华诞，学校决定编撰出版“厦门大学百年院系史”系列，梳理淬炼院系的建设发展历程，以史为鉴，彰往考来，将院系的昨天、今天与明天联系在一起，发扬踔厉，这是一件极富建设意义与厦大特色的历史性工程。

一

20世纪初的中国，正如校主陈嘉庚所言：“吾国今处在列强肘腋之下，成败存亡千钧一发。”就在这千钧一发之际，为救国而创办大学成为一道时代的特别风景。马相伯因“慨自清廷外交凌智”而创办震旦学院（复旦前身）[①]，南开大学的创办者因国家的“贫弱”是因为“教育未能发展”而创立南开[②]，唐文治执掌交通大学砥砺第一等人才，目的就是“宏济艰难，救我中国”[③]。厦门大学校主陈嘉庚则在《筹办厦门大学演讲词》中直截了当地指出：“今日国势危如累卵，所赖以维持者，惟此方兴之教育与未死之民心耳。”出自民族救亡而诞生的中国现代大学，在她向欧美学习现代大学的办学时，一开始便融入了民族救

① 《复旦大学百年志》编纂委员会：《复旦大学百年志（1905—2005）》，复旦大学出版社2005年版，第9页。

② 《南开大学校史资料选》，南开大学出版社1989年版，第12页。

③ 唐文治：《上海交通大学第三十届毕业典礼训词》，载《茹经堂文集》三编卷一。

亡图存的历史内涵和办学志向，民族振兴的需求与国家最需要的人才，成了中国现代大学初创时学科与专业设置的重要出发点，呈现出中国现代大学鲜明的中国特色。这里，当年的创办者与一校之长的救国思想与办学理念产生了重要作用。

厦门大学创校时期选择的教学体制沿用了近代英国大学学制，但在科系组成与学科设置上却没有完全按英国大学的体制与模式，与民国时期的各大学一样，当时并没有很强的专业观念，而依照时代与国家的急需人才设立科系。厦大建校初期，科系成型时的学科最初形态是文科设 8 个系，理科设 6 个系，工科归理科，其中的教育、工、商、新闻，都是那个危机时代国家急需人才的学科。

1930 年 2 月，在通过国民政府大学院立案后两年，厦门大学遵照国民政府教育部令，将“科”改为学院，设 5 个学院 21 个学系。至此，经过近 10 年的建设，厦门大学具备了较为完备的院系体制，开始以院系这样一种与世界接轨的基本单元建构教学科研体制，开展“研究高深学术，培养专门人才，阐扬世界文化”，厦大的多学科性业已形成。

1929 年，世界经济危机爆发，陈嘉庚公司每况愈下，1934 年 1 月公司被迫收盘。这期间虽然有厦大教职员的半年捐薪活动，有陈嘉庚的“出卖大厦办厦大”惊世壮举，厦门大学的办学经费还是难以为继。在此情况下，厦大及时调整院系结构，以系科合并的方式突围经济上的窘迫，推进学科的艰辛运转。至私立时期的最后几年，全校 5 个学院压缩成文学、理学、法商 3 个学院，21 个系经合并与撤销浓缩为 9 个学系。尽管这种合并是无奈之举，从数字上看办学规模是缩小了，但这次的学科浓缩却无意中为学科的整合、为打破欧美当年系科划分过细的弊端打下了基础。

建校时期厦门大学的院系建设与学科发展，按国民政府大学院调查专家的看法，在全国高校中有“方之他处，有过无不及”①的优势。这一时期，林文庆主持制定的《厦门大学校旨》（以下简称《校旨》）明确指出：“本大学之主要目的，在博集东西各国之学术及其精神，以研究一切现象之底蕴与功用，同时并阐发中国固有学艺之美质，使之融会贯通，成为一种最新最完善之文化。”《校旨》从大学文化的建构出发，鲜明地提出厦门大学办学的理念与目标。与这个理念和目标相联系，厦大初期的院系与学科、专业的建设，有如下几个特点：

---

① 《厦门大学十周年纪念刊》（1931 年 4 月），载《厦门大学校史》第 1 卷，厦门大学出版社 1987 年版，第 94 页。

其一是注重“功用”，“切于实用”，培养国家、民族稀缺人才。《校旨》提出教学“以切于实用，造就应用科学人才为前提”。建校初期，教育学占有举足轻重的位置，原因如《校旨》所言：“我国目下师资及教育专门人才甚为缺乏，故对于教育系特加注意，以期养成良好师资及教育界领袖，因以提高一般教育之程度。”[①]陈嘉庚的信念是“国家之富强，全在乎国民，国民之发展，全在乎教育”[②]，他办厦门大学一个重要的担当就是要纠正当年教育的“偏估”与“颓风”，解决中国教育缺乏新知识新思想师资的问题，以免“国粹日稀，精神日减，必至无救药之惨痛”。厦大商学与工学的较早创设与运行，也都体现了这样一种办学理念。这个特点，奠定了厦门大学从国家需要建设专业发展学科的厚重底色。

其二是博集东西精神、阐发中国学艺之美质、“研究高深学术”的学科特色。厦大成立时，《厦门大学组织大纲》明确表明厦大的三大任务之一是研究高深学术。林文庆在《校旨》中具体指出要建设科学研究机关，厦大要“成为我国南部之科学中心点”[③]；院系体制形成后，厦大各学院在其“学院学则”的第一条“宗旨”中都一致性地提出“以培养专门人才，研究高深学术为宗旨”[④]，这表明厦大建校初期就具备浓厚的学科建设意识。而且，在西学东渐、中西文化激烈论争与冲突的情势下，厦大独到地提出“阐发中国固有学艺之美质”和“首重国文”的主张，这也就形成了厦门大学学科建设中注重本土资源与文化精神的中国特色。文科的国学研究与理科的生物学研究是这方面的范例。1926年创建的国学研究院被认为是“大有北大南移之势”，是当年全国国学研究的中心之一。其影响不仅在于大师云集、研究规划与实际成果，更重要的是厦大国学研究体现了五四时期“重估价值”的精神，它的学科新范畴，研究问题的新方法、新史料和新观点，代表了五四之后国学研究的新趋势。植物系与动物系同样引起全国乃至世界的关注，尤其是结合本土地理优势的海洋生物研究更是锋芒毕露。1923年厦大美籍教授莱德的论文《厦门大学附近之文昌鱼渔业》在国际顶尖科学期刊 *Science* 上发表，成为中国高校最早在 *Science* 上发表的研究成果之一，引起国际学术界瞩目。鉴于海洋生物学科的成果，中央研究院及太平洋科学学会，特别委托厦门大学建立海洋生物研究室。与此同时，

---

① 《厦门大学校史》第1卷，第26页。

② 陈嘉庚：《筹办厦门大学演讲词》，载《新国民日报》1920年11月30日。

③ 《林文庆校长报告》，载《厦门大学民国十年度报告书》，1922年。

④ 《厦门大学一览》(1935—1938年度)，载《厦大校史资料》第1辑，厦门大学出版社1987年版，第66页。

厦大的动植物标本的数量与丰富多样在全国领先。

其三是开放性的院系学科构成与人才培养学制。在中国高等教育滥觞时期,中国的大学虽然学的是西方体制,但中国文化原本就缺乏精确细致的分类,对事物不那么条分缕析,而且大学刚刚兴起,很多学科、专业更是因国家需要而设置而存在,大学的一切都在尝试与践行当中,这也就带来了中国现代大学院系学科设置上的开放性。厦大私立时期四次较大的院系变动与学科设置,就可以清楚地看到这个现象。院系设置与专业、学科结构的不断变动,实际上对打破学科体制的僵化是有驱动力的,它为以后厦大百年发展中院系所面临的不断调整、不断改革奠定基础。

在人才培养上,厦门大学"虽为厦门大学,实为世界之大学"①,一开始就招收大量的东南亚华侨子女和朝鲜国学生,颇具开放性。这所地处东南沿海一隅的大学却坚持要"使本校之学生虽足不出国外,而其所受之教育,能与世界各大学相颉颃"②,除不惜重金聘任国内外特别是世界名牌大学经历的名师学者外,在教学体制上,厦门大学沿用英国近代大学学制,本科修业4年,以修满150学分(绩点)并通过毕业论文及有关实验为毕业,各院各系实行课程交叉的修课计划,注重了知识结构的多元化。打破课程的专业界限,这样一种强调博集东西学术,打通院系界限学科界限的修学制度,实际上更吻合现代大学的人才培养规律。

厦门大学建校初期16年间,其"切于实用"的人才培养方针,"研究高深学术"的学科特色,院系学科结构与教学体制的开放性,不仅是时代的产物,也是百年厦门大学的宝贵珍藏,在百年厦大的院系建设发展中体现了一所名校的潜在发展实力,不仅为厦大创建"世界之大学"目标打下了坚实的基础,而且在学科的发展上为一流学科的发展奠定了先天优势。

二

1937年7月1日,私立厦门大学正式改为国立厦门大学。7月6日,国民政府行政院任命清华大学萨本栋教授出任厦门大学校长。7月7日,抗战全面爆发。12月,日寇兵临厦门,厦门大学内迁山城长汀,坚持在烽火硝烟中办

---

① 《林文庆先生在中华俱乐部之演说词》,载《南洋商报》1925年2月2日。

② 《林文庆校长报告》,载《厦门大学民国十年度报告书》,1922年。

学,“单独担负铁路线(粤汉铁路)以东国立最高学府的全付责任”[①],成为加尔各答以东最逼近战场的学府,肩起中国高等教育的东南半壁江山。由此开始到 1949 年新中国成立,这是厦门大学的国立时期。

抗战时期,在极其艰难困苦的条件下,萨本栋校长抱着“在艰危中”“不负嘉庚先生毁家兴学及政府将厦大收归国立之至意”的意志[②],以自己的未雨绸缪和身体力行,推进拓展厦门大学的院系与学科建设,赢得了战争中“国魂所托的事业”[③]的重大发展。

作为坚守在战区的最高国立学府,在战争中自觉担负起为战后的祖国建设培养与储备人才的使命,这成了厦大院系与学科建设的出发点与目的地。萨本栋说:“吾人应知此次战争,关系数千年固有文化之持续,将来永固国基之奠定者至巨。”[④]置身残酷的战争中,厦大想的是战后建设所需的大量“永固国基”的人才。据当年的新闻媒体报道,厦大筹备设立水产研究室,是为了“战后东南沿海水产研究之总框”[⑤];增设外国文学系与法律系司法组,“以应目前全面反攻及将来建国之需要”[⑥]。

这种穿透硝烟的未雨绸缪,更体现在厦门大学工科院系的创设与发展上。厦大工科开始于 1922 年,在 1930 年科改系后,工科已悄然消失。萨本栋来自清华大学,自己又是著名的电机专家,他对工科建设既熟悉又有主见,从战后建国的急需出发,工科人才显然要比其他学科人才需求更迫切、需求量更大,萨本栋决定补齐厦大学科上的工科短板。

1938 年 7 月,厦大创设土木工程系,到 1941 年秋季,萨本栋校长就很自豪地说:“现在土木系设备,固尚未达到我们理想的境地,但教师则已充实到可以与国内任何大学相颉颃。”[⑦]这个科系,为战后中国大规模的基础设施建设培养了大批人才。1940 年秋季,在土木工程大力扩展的同时,萨本栋又创设机电工程系。机电工程系创立后,理学院扩充为理工学院。1944 年 4 月,创建航空工程系,厦大成为全国最早开办航空专业本科教育的少数高校之一,培

① 《萨本栋开学词》,载《厦大通讯》第 3 卷第 10 期,1941 年 10 月 25 日。

② 萨本栋:《勖勉同学词》,载《唯力》旬刊第 3 期,1938 年 4 月 3 日。

③ 萨本栋:《勖勉同学词》,载《唯力》旬刊第 3 期,1938 年 4 月 3 日。

④ 萨本栋:《“七七”二周年纪念与节约运动》,载《唯力》第 2 卷第 7/8 期合刊,1938 年 7 月 7 日。

⑤ 《母校设立水产研究室》,载《厦大通讯》第 6 卷第 1 期,1944 年 3 月 31 日,

⑥ 《厦大增设外语、司法等系组》,载南平《东南日报》1945 年 8 月 4 日。

⑦ 《萨本栋开学词》,载《厦大通讯》第 3 卷第 10 期,1941 年 10 月 5 日。

养出像中国工程院院士张启先这样一批优秀的中国早期航天航空专家。

1945年12月厦大复员厦门，汪德耀已接掌厦大。这期间院系与科建设的最大事件是1946年夏季海洋学系与中国海洋研究所的创办。海洋学科创立于天时地利人和之中：抗战胜利后海洋与海权重要性凸显，复员厦门后的东南沿海地理环境优势，校主陈嘉庚“力挽海权，培育专才”的誓言与著名海洋学家唐世凤博士的加盟，共同促成了中国第一个海洋学系诞生，同时，厦大与中英文教育基金会合办的中国第一个海洋研究所也在厦大成立，厦大的海洋观测站也获准设立。由此，厦门大学在全国率先开始了“谋中国海洋科学事业之发展”“研究与教育并重”的造就培养海洋人才的行动。

国立时期文科的发展以复办法学为主要标志。厦大的法学，最早创立于1926年6月，1937年改归国立后，法律系奉命撤销，法学学科停办。到1940年，由于国民政府教育部不同意建立福建大学，并将已经开学的福建大学法学院并入厦门大学，这样，战火中的厦大法学学科就在接收福建大学法学院的契机中复办起来。

在人才培养理念与培养模式上，萨本栋取的是美国芝加哥大学的通识教育思想和从清华带过来的通识教育理念，遵循梅贻琦的“通识为本，专识为末”[①]教育思想制定校制、设置课程，实行强化通识基础与打通学科界限的修学制度，实施教授全力上课制度。他要求即使在战争中，也要坚持“未到‘最后一课’的时候，应加紧研究学术与培养技能”[②]，他提出，“现在不是个推诿责任的时代”，“需一身肩负二人之重任，一日急二日之操作”[③]，以不辜负陈嘉庚先生的期待，不辜负国家事业所托。比如新成立的机电工程系系主任朱家炘教授，据统计最高一学期每周上课达81课时，每周最高达1725人时。这时期的厦大学生则“把战区当课堂，把笔杆当枪杆”，越是艰难越是坚韧学习。在1940年与1941年国民政府教育部举行的两次专科以上学生学业竞赛中，获奖总数与获奖系数的比例评定，均名列全国第一。

从抗战全面爆发到复员厦门，在极其艰危的战争环境与艰苦的复员中，厦门大学的院系建设不仅没有停顿，而且还得以有力扩充，院系规模与学科发展都有历史性的突破，多科性大学已然向综合性大学迈进，也因此开始确立厦门

---

① 梅贻琦：《大学一解》，载《清华学报》第13卷第1期，1941年4月。

② 萨本栋：《勖勉同学词》，载《唯力》旬刊第3期，1938年4月3日。

③ 萨本栋：《“七七”二周年纪念与节约运动》，载《唯力》第2卷第7/8期合刊，1939年7月7日。

大学位居全国高等教育前列的位置。更重要的是这一时期积淀下来的办学精神，那种由战争烽火淬炼出来的自强、坚韧与艰危中担当重负的使命感，为厦门大学的发展积累了一份极宝贵的精神财富。

三

1949 年 10 月 1 日，中华人民共和国成立，人民当家做主的时代开始。10 月 17 日，厦门解放，厦门大学迎来了办学史上的新纪元。1949 年 10 月 21 日，中共厦门市委在厦大建立中共厦门大学支部。不久，在原有基础上设立中共厦门大学党组。1950 年 5 月，中华人民共和国政务院任命著名经济学家、曾任厦门大学法学院院长的王亚南为厦门大学校长。

1952 年 6 月，中共福建省委派 15 名党的干部到厦大，7 月，中共福建省委决定程璐任中共厦大临时党委书记，党在学校的领导得以体现与加强；1953 年 1 月，厦门大学成立校务委员会，标志着学校由"校长负责制"开始向"党委领导下的校长负责制"过渡。这一年，符合条件的科系先后成立党支部。1955 年 1 月召开中共厦门大学第一次代表大会，成立中共厦门大学党委会，之后，各系先后建立系党总支，直到 1999 年校院二级管理体制改革时，党总支、党支部为厦门大学各科系的最直接领导，保证科系建设与学科发展的正确方向和健康发展。

新中国成立后，在东西方意识形态冷战的背景下，中国大学放弃对西方欧美的学习，而强调向"苏联老大哥"学习。1952 年，中央提出高等教育"发展专门学院和专科学校，整顿和加强综合大学"的方针，并学习苏联高校模式，进行大规模的院系调整。从 1952 年到 1955 年底，厦门大学在调整中从多学科大学向文理科综合大学转变，被确定为华东四所综合性大学之一。

1952 年 8 月，一年前刚刚由省立并入厦大并改名的厦大农学院奉命与福州大学农学院合并为福建农学院；9 月，厦大海洋系一分为三，厦大航海专修科与集美水产商船专科合并成立福建航海专科学校，之后再分别归入大连海运学院与上海海运学院；海洋系理化组并入山东大学，与山东大学海洋学科建立海洋系，发展为山东海洋学院，即后来的青岛海洋大学；为保存厦大发展海洋学科的力量，厦大成立海洋生物研究室，将海洋生物组的骨干教师与标本留在厦大，聘郑重教授为研究室主任。1953 年 7 月，厦大又奉命将工学院的土木、电机、机械 3 个系及土木专修科调整到浙江大学、南京工学院和华东水利学院，将企业管理并入上海财经学院，法学院归入华东政法学院。1954 年 7

月，厦大教育系调整到福建师范学院；8月俄语专修科部分师生并入南京大学。

在此调整中，厦门大学文理科也有所壮大。1951年私立福建学院的政治、法律、经济归并到厦大。1952年福州大学财经学院的会计、贸易、财金、统计、企业管理5个系并入厦大财经学院，并增加贸易专修科。1953年，福州大学文理两院的中文、外文、历史、数学、物理化学、生物学6个系也奉命并入厦门大学。1955年，厦大奉命停办统计、会计、财金、贸易4个系，改在经济系之下设政治经济学、统计学、会计学、货币与信贷、贸易5个专业。

从历史现场上看，大规模院系调整是新中国改造旧教育制度、建立新教育体制的战略措施，这是中华人民共和国教育史上一个重要事件。这场调整既为厦大文理科综合大学模式打下基础，也一定程度上削弱了厦大综合性大学的实力，厦大一些经营多年而形成厦大特色的院系、学科被调整出去，充实其他高校乃至成为新学校成立的基础。厦大在为国家做出贡献的同时，也造成基础学科与应用学科的相互分离，综合性大学学科交叉渗透的优势也受到一定的损失。

院系调整后，苏联高等教育的专业制度也随之取代了中国大学的院系体制。新中国成立之前的大学一般只设学科不设专业，学科业务范围要比专业宽阔，但专业有利于针对性培养专门人才，培养目标十分专一。为贯彻专业人才培养目的，厦门大学院级建制最后被正式撤销，实行以系为教学单位，系内设若干专业，形成按专业培养人才的办学模式。到1958年，全校设8个系16个专业，并设16个专门化科目。

这一时期，教育部确定厦门大学发展方向为“面向东南亚华侨，面向海洋”，要求各专业各教研组加强与南洋、台湾、海洋及本地特点有关的各种问题研究。王亚南校长对厦大的综合性大学也提出新的目标定位，他说：“今天我们所在的学校是个综合性大学，不是工业大学、农业大学，而是综合性大学，不同地方是培养目标不同。工农科培养工农业所需技术人才，师范培养教师，综合性大学主要是培养研究人员，科学研究人员。”他对学生说：“你们将来就是要培养成为科学家。”[①]这样的办学方向与文理综合性大学的形成，明确指明科学研究是厦大办学的重要任务，学科建设水平成为办学水平的重要表现。

由此，在那个以专业为主的发展时期，厦门大学依然将研究机构建设与学科建设发展当成院系建设的重要内容。

---

① 王亚南：《怎样做一个大学生》，录自厦门大学校办档案56-11。

王亚南校长抵达厦大后，首先恢复和建立研究机构，成立了经济研究所、化学研究所和南洋研究馆（1963 年升格为教育部部属研究所）、人类博物馆，文科理科各学院普遍成立研究室。这时福建研究院社会科学研究所也奉命归并厦大，充实了厦大文科主要是经济学科的研究实力。

这一时期，经济学科开始成为全国的翘楚学科。从 1946 年王亚南的《中国经济原论》研究被誉为“中国式的《资本论》”开始，厦门大学“以中国人的资格研究政治经济学”的独特学派开始形成。1950 年王亚南执掌厦大后，建立厦大财经学院，创办全国第一个经济研究所，这是当年全国高校最新经济学教学科研建制。院系调整中财经学院被撤销。1958 年 9 月，中国经济问题研究所成立，并创办中国第一家全国性经济学刊物《中国经济问题》。这个时期，经济学各学科研究全面展开，在《资本论》研究、社会主义所有制研究、会计、统计、财政学方面的研究，成绩斐然，为全国瞩目，奠定了经济学迈向一流学科的坚实基础。

化学为厦大理科中最早的学科之一，展示着一流学科的形象。1939 年，傅鹰博士受聘厦门大学并任教务长兼理学院院长，他给厦门大学带来了化学正在从经典的统计热力学深化为理论化学、结构化学的最新发展信息与理论，从而让厦大化学学科及时捕捉到量子化学、量子力学的发展，跟上世界潮流。自此，化学学科的发展呈现云帆济海之势。新中国成立后，催化的研究与应用、海洋化学分析成果显著，电化学研究、物质结构研究、有机物电极、电分析和有机物点解制备也都在学术界崭露头角。1972 年，蔡启瑞教授与唐敖庆、卢嘉锡两教授联袂承担国家重大基础理论研究课题化学模拟生物固氮研究，与国际同步攻关世界理论难题，成果受到国际同行的赞赏。这个时期的厦大化学，已具备国内一流、国际具有重要影响的学科声望。

除此，海洋生物研究，生物系在金定鸭研究及北京鸭与金定鸭的杂交研究，半导体物理、半导体化学、植物生物学以及数学等方面的基础理论研究，都有全国性影响。理科各系与福建省其他单位联办建立的 8 个新的研究所，有效地促进了厦门大学科学研究与地方建设的紧密结合，拓宽了厦门大学科学研究的思路与途径，这也说明了成为文理综合性大学的厦门大学在学科建设上的明显进展。

从 1949 年新中国成立到 1966 年“文化大革命”爆发，厦门大学与全国高校一样，经历过“整风运动”、“教育大革命”和“大跃进”高潮，作为面对两岸对峙炮火中海防前线大学，社会主义的办学方向和党在学校中的领导地位更加明确与坚定，在人才培养与科学研究上探索前进，书写出新中国高等教育的新篇章。1963年9月12日，教育部以〔63〕教厅秘字第178号文件，将厦门大学定位全国重点大学，“这是国家对厦门大学几十年来办学成就的充分肯定，从教育体制上明确地确立了厦门大学在全国教育事业中的重要地位”①。

1966年到1976年“文化大革命”运动期间，厦门大学与全国高校一样，遭受空前的洗劫。这是中国高等教育发展史上一次挫折和重大教训，经历过这样的风雨，拨乱反正之后，厦门大学的院系与学科建设自有空前的发展。

四

1976年10月6日，党中央一举粉碎“四人帮”；1977年9月，全国恢复高考制度，1978年2月，教育部恢复厦门大学为全国重点大学。1981年10月，厦门被国务院确立为中国四个经济特区之一，身处中国经济特区的国家重点大学，厦门大学被历史推向了改革开放的前沿，学校逐渐顺利走向“党委领导下的校长负责制”的领导体制中，院系建设发展进入一个崭新的历史新时期。2000年之后，按照校院二级管理体制改革，各学院建立学院党委，建立并逐步完善学院党政联席会议制度，厦门大学院系建设得到空前发展。

至2020年，改革开放中的厦门大学全校已建有30个学院16个研究院，展现出门类齐全、学科强劲、专业特色明显、布局合理的整体风貌。依据院系建设与发展的历史，以1995年启动“211工程”为界，整个42年的改革开放可分为两个时期：1978年至1995年为恢复与快速发展时期；1995年之后伴随着国家“211工程”、“985工程”、创建“双一流”建设，厦门大学院系建设进入跨越式发展时期。

1978年春天，当恢复高考制度后的第一届大学生走进厦大时，厦大共设有10个系29个专业，这些系与专业还只是集中于自然科学与人文社会科学的基础理论学科，基础雄厚，但面对世界新技术革命浪潮的兴起和新时期党与国家工作中心转移到社会主义现代化建设和改革开放上，尤其是经济特区和沿海开放城市、经济开发区的设立，原本的科系已经不能很好地适应新形势的需要，于是，学校大胆突破文理结构框架，调整学科与专业设置，大力充实、改造、复办老专业，增设一批新学科，优先创办一批涉外专业、应用科学和应用技术专业，开展边缘新兴学科研究，迈步向文理渗透、多学科组成的综合性大学

① 厦门大学档案馆、厦门大学校史研究室编：《厦门大学校史》第2卷（1949—1991），厦门大学出版社2006年版，第142页。

方向发展。

其一，以“起点要高，起点要新”的要求，创办一批新专业，集中在涉外、经济管理、新兴交叉学科与新技术专业。到1995年，全校已发展到26个系61个专业，突破长期以来保持的文理财经综合性大学格局，形成了包括智能科学、技术科学、人文科学、社会科学、管理科学、教育科学在内的多学科、结构比较合理、内容比较先进的学科体系。

其二，开始恢复学院建制。专业增多后，科、系不断发展，从管理与学科建设出发，开始逐步恢复学院建制。在20世纪80年代初期，先后成立经济学院、政法学院、全国综合性大学的第一个艺术教育学院、技术科学学院，其中技术科学学院的成立既带有复办工科的动机，更是以为国家培养急需的大量科技人才为目标，着重造就工科与理科相结合、交叉的学科的开创性人才。学院作为学校派出机构，具有一定自主权。

其三，以长远的战略眼光，充实、更新老专业。如20世纪70年代复办海洋系。在1952年的院系调整中，厦大将海洋系一分为三，用建立海洋生物研究室的名义战略性留住了海洋生物学科的骨干师资与教学标本，这使得厦大在1962年前后依然成为我国海洋科学的重要基地之一。海洋系虽然不再存在，厦大理科其他系却增设了海洋物理、海洋化学和海洋生物等新的专业、专门化，各系与华东海洋研究所密切配合，共同进行了26项海洋科学研究，成果引起国外学术界注意，《美国科学界对中国科学的看法》一书也提到厦大海洋科学研究的情况。复办后的海洋系，采取少招本科生、多招研究生、重拳科研、提高质量的策略，开展学科建设，并增设海洋水文气象和海洋地质地貌两个专业，为海洋系成为全国一流学科打下了坚实良好的基础。

1995年，厦门大学进入国家“211工程”行列；2001年，被列入国家“985工程”重点建设高校；2017年，入选国家A类“双一流”建设高校。在中国教育从教育大国走向教育强国的历史进程中，厦门大学的院系发展与学科建设，实现了跨越式发展。

1999年3月，全校深化校内管理体制改革，开始实行校院二级管理，学院建制全面铺开，各学院按照学院办大学的发展趋势，遵循“优化结构、强化内涵、扶优促新、鼓励交叉”的原则推动学科与专业建设，从1995年到2020年，全校共设置30个学院16个研究院，新增52个专业，撤销4个专业，调整18个本科专业，最终设置本科专业99个，涵盖文学、哲学、历史学、法学、经济学、管理学、理学、工学、建筑学、医学、艺术学等11个学科门类，以学科为支撑，打造一批定位明确、管理规范、改革成效突出，师资力量雄厚、培养质量一流的院系与专业群；全校有17个国家级特色专业，2个国家级人才培养模式试验区，2个国家级专业综合改革试点，3个专业入选教育部基础学科拔尖学生培养计划，24个专业13个项目入选教育部卓越人才培养计划。

这个时期，也是厦大研究生教育的大发展时期。1986年9月，国务院批准厦大试办研究生院；1996年3月，厦大正式获准设立研究生院；2018年，厦大成为全国首批20所学位授权自主审核单位之一。至2020年，全校共设有32个博士后流动站，36个一级学科博士学位授权点，45个一级学科硕士授权点。研究生院的建设与发展，推动了厦大研究生教育的空前发展，也更紧密地将厦门大学的学科建设与学院建设融为一体。

学科作为高校实施科研、教学活动和集聚人才的最基本的单元，是学校根本性的基础建设，也是院系建设发展的基础与支撑。这个时期，凭借国家“211工程”、“985工程”建设和创建“双一流”的支持，院系以学科为支撑，以学科建设为重心，凸显了学科建设的基础性与关键性。

其一，以学科建设为支撑为龙头，整合组建符合学科发展和拓展创新学科建设的学院，优化学科布局。如整合厦大早期传播和研究马克思主义与当代马克主义教学研究的资源，成立马克思主义学院，设立“985工程”重点学科“马克思主义理论”、“211工程”三期国家重点学科“中国特色社会主义理论与实践”建设项目，与中共福建省委宣传部合作共建“厦门大学中国特色社会主义理论体系研究与培训基地”，加强学科建设，建设国内高水平的马克思主义理论学术创新基地。如整合全校电子工程、电子科学、微电子与集成电路、电磁声等相关学科，组成电子科学与技术学院，入选国家示范性微电子学院；整合软件学院、物理科学与技术学院、计算机与信息工程学院相关资源成立信息学院；将公共事务管理学院的社会学系与人文学院的人类学系组合成社会与人类学院，更准确对应国际学科范式；而像数学科学学院、国际关系学院、台湾研究院、教育研究院、萨本栋微米纳米科学技术学院，则是应对历史与国家的需求，在学校原本的优势或特色学科基础上建立起来的学院。其中数学与应用数学为国家级一流专业、国家一类特色专业、国家理科数学与应用数学基础科学研究和教学人才培养基地，入选国家基础学科拔尖学生培养试验计划；台湾研究院入选国家高端智库试点建设、培育单位。以教育部人文社科重点研究基地会计发展研究中心和国家重点学科工商管理为依托，整合MBA和EMBA、会计系、工商管理系、管理科学系与旅游管理专业组成管理学院，很快使管理学院成为中国最具竞争力的十大商学院之一。工商管理、会计学、财务管理和电子商务4个专业入选国家一流本科专业建设点，在2017年教育部公布的全国第四轮学科评估中，工商管理一级学科获评A类学科，经济学与商学进入ESI全球前1%行列。

其二，以大学科理念、通过国家人才培养基地和重点学科的依托带动，推进院系与学科的建设发展。1999年校院二级管理体制改革伊始，学校就开始推行大学科的学院建制理念，文、史、哲3个系6个一级学科，以国家文科历史学基础科学研究和教学人才培养基地与国家重点学科中国经济史为带动，组建人文学院，力图打通文史哲，"研究高深学问"和培养人文学科精英人才。以大医科理念，整合生命科学学院、医学院、药学院、公共卫生学院等力量，推进学科交叉融合，构建医、教、研有机融合的医科教育体系。2018年和中国卫生信息与健康医疗大数据学会共同建立医疗健康大数据国家研究院，汇聚理、工、医及社会科学十几个学院的教师与研究团队，通过自主创新和跨学科合作，产生一批国内外领先的具有良好产业转化价值的一流研究成果，凸显大学科整体的优势。

在大学科建设与学科协同创新中，由厦门大学牵头，与复旦大学、中国社会科学院台湾研究所、福建师范大学共同建设的国家协同创新中心"两岸关系和平发展协同创新中心"，由厦门大学、复旦大学、中国科学技术大学和中科院大连化物所为核心层，组建的国家级协同创新中心"能源材料化学协同创新中心"，都体现出大学科、跨学科与跨越部门、学校的创新优势。2018年12月，国家自然科学基金委依托厦门大学建设"国家天元数学东南中心"，该中心由数学科学学院牵头，联合5个省14所高校为共建单位，更是以大学科、大组合、大跨越的组织形态呈现出构建一流核心竞争力的重要举措。

其三，发挥优势，打造国内领先、国际一流的高峰学科，是这一时期厦大院系建设与发展水平最基本也是最重要的成果之一。目前厦门大学有理论经济学、应用经济学、工商管理、化学、海洋科学5个国家一级重点学科，另有25个国家二级重点学科，分布在经济、管理、化学化工、数理、海洋与地球、生态与环境、法学、高等教育、生命科学、人文等学院。另有化学、工程学、农学、社会科学、计算机科学、分子生物学与遗传学、微生物学、药物理与毒理学、地学、物理学、经济学与商学等18个学科在ESI全球排名前1%；17个学科在QS世界大学学科排行榜上有名，上榜数居中国大陆高校第12位；37个学科登上软科世界一流学科排行榜，上榜数居中国大陆高校第8位。2017年，化学、海洋科学、生物学、生态学、统计学入选国家"双一流"建设行列。

当我们对厦大100年的院系发展做出梳理后，我们会发现，厦大百年院系的历史脚步，实际上是伴随着100年来中华民族伟大复兴的风云变幻与中国高等教育的命运嬗变而砥砺行走的，它走的是一条从小到大、从少到多、从大到强的历史发展脉络，一条是院系建设与学科发展紧密融合的道路，一条是国际竞争力和整体实力不断提升的道路。百年院系不断调整不断演化的进程，也就是百年学科不断变革不断创新的历程，这里有成功的喜悦，也有挫折的教训，有起伏的艰辛，也有前进的欢笑，但无论在什么时候、在什么样的空间里，都向着校主陈嘉庚先生提出的“世界之大学”目标前行，都沿着“与世界各大学相颉颃”的意志行进，都朝着“中国特色，世界一流”的憧憬踔厉奋进。

五

“厦门大学百年院系史”系列的编撰出版，是各院系向厦门大学百年华诞献上的一份礼物，她以100年来各个学院、研究院的学科发展、专业建设、院系在时代中变动的脚步为主要内容，呈现不同历史时期南方之强的个性与风采。目的在于总结经验，传承命脉，弘扬自强不息、止于至善精神，激励“双一流”建设，为厦门大学与中国高等教育留下一份珍贵的历史叙述。全校共有35个院系、研究院及厦大出版社参加了这个规模空前的编写工程。每部院系史主要包含以下内容：

一、历史的脚步。这是全书最主要的叙述，它通过对院系的历史梳理，描述出在各个历史时期的发展脉络与特征，客观呈现各学院发展进程中的主要事件，重点叙述以学科建设、人才培养为重心的发展变化、主要特点和成就，以及行政管理、社会服务上的变更发展。

二、党政管理。叙述院系党的建设情况，行政机构的变更，历任党、政领导等。

三、学科发展。叙述院系学科建设发展的轨迹与特色、地位与成绩，包括博士授权点、硕士授权点介绍及其人才培养特色，研究基地、研究所、中心介绍及其工作特色，重点实验室介绍及其工作成就，对外交流成果等。

四、教学成果。阐述院系在人才培养与教学教育中的发展嬗变，包括专业设置、课程体系、精品课程与教改项目、教学成果奖、特色专业与创新试验区、教学团队、教材建设、人才培养基地、创新创业教育等内容。

五、学术成就。配合学科建设的发展，叙述学术上的做法与成就，包括获奖学术成果、主要著作与论文、主要研究课题。

六、附录：院系大事记。

这是一项具有长远意义且严肃的工作，学校要求各院系在编撰中坚持正确的政治导向，突出与中国共产党同龄的厦门大学教育救国、教育兴国、教育强国的历史步点；重点叙述与提炼各学科、各专业及人才培养的发展与成就，彰显学术大师和著名校友的贡献；历史须客观叙述，要求准确无误有根有据，尽可能追根溯源，填补漏缺，还原历史，强调学术传承。但历史的写作须经千锤百炼，百年院系历史的叙述需要长期的淬炼，今天打开的这个脚步，难免深浅不一，难免有疏漏之处，还有许多需要打磨甚至勘正的地方，还请各位读者批评指正。

全校的百年院系史系列编撰工作在2019年的春天启动，历时两年的时间，在厦门大学百年华诞到来之际，终于与厦大人、与各方读者见面了。当各院系的撰写者在各自的历史隧道中搜寻攫微、考辨记载而写出自己的院系历史的时候，实际上是在对一个学科、一个院系的过去与今天的研究梳理，也是与明天的一个重要联系与启示。相信经过这次院系史的研究编写，各学院各学科将会以史为鉴，以更宏伟的规划更准确的定位更实在的工作，在党的坚强领导下，向着“中国特色，世界一流”的建设方向，奋力推进厦门大学院系建设与学科发展。

2021年3月12日

目录

content

引　言

人文学科搏动着民族的血脉，肩负着传承和弘扬祖国文化的历史重任。厦门大学人文学院前身系百年前厦大建校之初随校设立的文科、文学部，人文学院下设各系均与国家历史发展的洪流紧密相连。回顾厦大人文学科弦诵不辍的百年历程，既是回望国家与民族浴血成长之来路，亦是站在百年门槛前瞻人文学科生机盎然之发展前景。

100 年前，陈嘉庚先生倾资兴学的爱国行动举世瞩目，他创建厦门大学的一片赤诚也体现在对祖国人文学科的重视上。林文庆校长在建校之初即昭告世人："本校首重国文"，《厦门大学十年度报告书》也明确指出："国文一科，本校特别注重。凡属文言、白话、词章、考据、历史、哲学、伦理及文学之改革，语音之变迁，均莫不深为研究。盖本校之目的，在养成各种之国文学专门人才，以供教授之用，并拟用国文编撰各种教科书及参考书，使我青年子弟将来得以本国文字直接研究高深学问，不必专仰给于西国书籍。庶几吾国数千年之文化赖以不坠，而近世界各国之学术思想，亦得彼此沟通，借以阐发而无遗。"厦门大学人文学院下设的各个系所，均历史悠久、积淀深厚、英才荟萃。

自 1919 年始，在陈嘉庚的全力支持下，筹办厦门大学的各项事务已经提上日程。经过两年的奔走，1921 年 1 月，邓萃英从北京南下，与郑文贞、何公敢研究厦大正式办学事务；3 月，先设师范、商学两部，师范部之下分文、理两科，中文系实肇端于师范部之国文，历史系亦源起于师范部之历史。

后来，文史二系屡易其名，但实质并无不同：1921 年 11 月，厦门大学改师范部为教育学部，增设独立的文、理两学部，全校共设文、理、商、教四个学部。至此，原来隶属于师范部的文科改成文学部，也就是说，中文、历史从组织架构上均减少了"师范"这一管理层级，只归于文学部。1922 年，哲学系成立，亦隶属于文学部，并于 1923 年正式招生。而后，学校又将"学部"改为"科"，设文、理学科，文、史、哲三系均隶属于文科，并以独立地位有了"学系"之设置，分别为"语言文学门”下的国文系、“社会科学门”下的历史社会学系，“哲理数学门”下的哲学系。此后的几年中，文、史、哲所属的科系机构经历数次变更，名称更替频繁，但实为一套班子。1926 年，厦门大学国学研究院正式成立，这是厦大最早的研究生教育尝试。国学研究院虽是独立的研究机构，但国学研究院教授大多由文、史、哲三系名师身兼；故国学研究院运行期间，各系与国学研究院的教学、科研工作交叉推进，影响盛极一时。1929 年，教育部颁布《大学组织法》及《大学规程》，要求各高校奉令变更学校组织，将原来设置不合理之各“科”改为“学院”，1930 年 2 月，厦大文科随之改称文学院。国文系先后更名为中国文学系、语言文学系，历史社会学系分为史学系、社会学系，哲学系亦隶属文学院。厦大人文学科百年历程就此发端。

100 年来，厦门大学人文学科历经种种调整，见证了学科的春天，也有过挫折与低谷；面临着机遇与挑战，也沐浴过时代的新风。经过漫长的摸索与奋斗，人文学院多年来秉承“面向东南、面向海洋”的学科建设宗旨，通过几代学人勠力同心、耕耘不辍，如今已建设成为一个学科门类齐全、国内一流、部分学科达到国际先进水平、与国内外人文学科有着广泛联系的研究型学院，并已在多个学科领域形成具有深厚历史积淀的传统优势。

凡是过往，皆为序章。人文学院成长发展的历史轨迹，正与厦门大学栉风沐雨的百年历程相交融，更是中华民族筚路蓝缕、艰辛求索、踏上伟大复兴征程的一个缩影。纵观历史长河，厦大人文学科从风雨飘摇的战争年代中走来，逐渐成长为在国内外学界享有盛名的高水平研究型学院，在各个方面都取得了不同程度的飞跃。未来的厦门大学人文学科亦将继承先贤遗志，为下一个百年发展谱写新的世纪华章。

上编
历史的脚步

第一部分　厦大中文百年史

第一章　筚路蓝缕（1921—1937）

1921年到1937年，是厦门大学的私立时期。建校之初，就设有中文系，虽然名称屡屡变化，但实质并无不同。草创时期，可谓筚路蓝缕，从无到有，从点到面，每一步都充满创业的艰辛。但经过16年的努力，中文系成为粗具门类、小有规模、师资齐全、生源充足的大系，在全校都有举足轻重的影响。

第一节　国文系：中文系的前身

一、建校伊始，首重国文

1920年8月，陈嘉庚先生筹办厦门大学。次年3月，设“师范”“商学”两部；4月6日，于集美学校开学，中文系实肇端于师范部之国文。1922年2月，厦大迁入南普陀校舍。迄今为止，中文系生长于斯，歌哭于斯，煌煌百年矣！

建校伊始，陈嘉庚先生即在《厦门大学校旨》中明确提出：“本大学之主要目的，在博集东西各国之学术及其精神，以研究一切现象之底蕴与功用，同时并阐发中国固有学艺之美质，使之融会贯通，成为一种最新最完善之文化。”[①]中文系

① 厦门大学校史编写组：《校史资料选辑·第一辑·私立时期的厦门大学》，厦门大学1986年编印，第15页。

以教授中国语言、文学为主要内容，肩负着继承和发扬中国传统文化的历史重任，在建校之初就被赋予重要的使命，很自然地成为初建学科中的重点。

当时师范部包括文科、理科，第一学期文科招生 40 名，其中文学史地科招生 20 名。此时文科尚属大文科，中文、外文、历史、地理皆在其中，根据当时师资条件，第一学期先开设"文法""作文""读文""文字学""英语会话""英文文法""英文读法""法文""日文""伦理学""历史"等课程。

1921 年秋季，厦门大学改师范部为教育学部，增设独立的文、理两学部，全校共设文、理、商、教四个学部。至此，原来隶属于师范部的文科改成文学部，对课程进行了调整，但重点仍然放在"国文"和"基础英语"上。在 1922 年的《校长报告》中，林文庆校长就"国文"一科特别强调：

> 本校首重国文。
>
> 国文一科，本校特别注重。凡属文言、白话、词章、考据、历史、哲学、伦理及文学之改革，语言之变迁，均莫不深为研究。盖本校之目的，在养成各种之国文学专门人才，以供教授之用，并拟用国文编撰各种教科书及参考书，使我青年子弟将来得以本国文字直接研究高深学问，不必专仰给于西国书籍。庶几吾国数千年之文化赖以不坠，而近世界各国之学术思想，亦得彼此沟通，借以阐发而无遗。[①]

1923 年 4 月，经校评议会决议，文、理两部复改为文科、理科。同年 6 月，又进行调整，教育科、商科及新闻科皆并入文科，改称学系。至此，文科下属的学系包括：国文系、外国语言文学系、哲学系、历史社会学系、政治经济学系、教育学系、新闻系和商学系等八系。国文系为文科之首[②]，此即中文系前身。

二、数易其名，地位恒重

此后的几年中，科系机构经历数次变更，从国文系改为国学系。1930 年，文

---

① 厦门大学校史编写组：《校史资料选辑·第一辑·私立时期的厦门大学》，厦门大学 1986 年编印，第 15 页。

② 《文科概况》，《厦大八周年纪念特刊》，厦门大学 1929 年编印，第 2 页。

科改称文学院，国文系先后更名为中国文学系、语言文学系。1936 年 4 月 28 日，厦门大学举行新校董第二次会议，决议从 1936 年秋季起，文学院中国文学系及外国文学系并为文学系。[①] 1938 年，教育部训令，语文学系应改为中国文学系。此名称一直沿用至 1952 年全国高校院系调整，始称中国语言文学系。虽数易其名，但建制并无实质变化，中文系在厦大各系中的领先地位始终未变。

1926 年，林文庆在国学研究院成立大会上曾表示，陈嘉庚先生认为国学与西文二者不可偏废，而尤以整顿国学为最重要。1928 年，《厦门大学文科半月刊》特发表林文庆校长的文章《文科之重要》，其认为“教授古文与文学，为大学教育之基本部分”，是“维持中国文化于进展之状态中”的必要途径，“于国家文化之保存，中国文化之发展，及引导民众努力以创造一强盛的民主政治”，都有至关重要的意义。“故文科应视为国家要务中之首要。中国将来之复兴，全视乎毕业于文科之学子。故厦门大学重视国文、文学、哲学及文科各课程之重要，盖吾人认为国家文化之进展，全视乎此等学术之研求，因其为一切法律、经济、伦理及政治之基础”[②]，再一次强调中文系在厦大的显著地位。

第二节　课程设置

一、课程设置及内容

1.从“大文科”到本系特色

1921 年至 1922 年，厦门大学实行大文科制，包括中文系在内的所有文科生都必须学习以下文科课程：“国文”、“英文”（作文、文法）、“英读文”（英语口语）、“中国史”、“外国史”、“代数”、“三角”、“中国文学”、“英国文学”、“英文会话”、“德文”、“法文”、“日文”、“经济大意”、“商业地理”、“商业尺牍”等。[③]

① 《私立厦门大学文学院一览(1936—1937)》，厦门大学文学院 1936 年编印，第 1 页。
② 《厦门大学文科》1928 年第 1 期。该刊系厦大文科同学会编印，半月刊。
③ 《厦门大学布告》1924 年第 2 卷第 1 册。

除了通识课程，中文系还开设“散体文”、“古近诗选读”、“文字学”、“文学史”、“诗学源流”、“音韵学”、“诸子哲学”、“中国地理学”（中国地理沿革）、“群经通论”、“词曲”等专业课程。[①] 随着中文系逐渐完善，专业课程也逐渐增多、充实，但课程基本固定，以小学为主。

例如，1927 年至 1928 年，中文系的学生在第一学年需选修通识课程“三民主义”，每年至少选修 14 个学分的专业课程。具体情况如下：

第一学年课程：

中国文学史、文学通论、文选及作文、诗选及诗史（上）、文字学及文字学史、中国文法研究、目录学、经学通论。

第二学年课程：

文选及作文、小说选及小说史、诗选及诗史（下）、词曲选及词曲史（上）、赋选及赋史、声韵学及声韵学史、校勘学。

第三学年课程：

词曲选及词曲史（下）、文学专家或专著研究、文字训诂专书研究、声韵专书研究、经学专书研究、诸子专家研究、史学专书研究。

第四学年课程：

文学专家或专著研究、经学专书研究、诸子专家研究、中国修辞学之研究、古代礼乐制度之研究。

1931 年至 1932 年，中文系对专业课程和通识课程略作调整，具体情况如下：

---

① 《厦门大学布告》1925 年第 3 卷第 2 册。

第一学年课程：

英文、英文修辞学及作文、党义、军事训练、文选及作文、中国文法研究、文字学及文字学史、中国修辞学、哲学概论。

第二学年课程：

英文、军事训练、中国文化史、文选及作文、声韵学及声韵学史、第二外国文、中西文化交通史、本系指定选修学程。

第三学年课程：

第二外国文、中国文学史、文学原理、辅课或本系指定选修学程。

第四学年课程：

中国文学通论、社会思想史、论文、辅课或本系指定选修学程。

对于一学期中每周授课 1 小时的课程，计算为 1 学分。每学期至少选修 12 学分，至多 21 学分。其中，中国文学系的“本系指定选修课程”包括：

文字训诂专书研究、声韵专书研究、历代文评、诗选及诗史、赋及赋史、词曲选及词曲史、小说选及小说史、文学专家或专著研究。[1]

与此前的课程相比，明确把英文作为必修科目。其余的专业必修科目减少，选修课程增多，但总体而言，课时数未有大的变化。

---

① 厦门大学：《厦门大学一览》，厦门大学 1932 年编印，第 61～64 页。

2.课程内容

根据《民国十七年至十八年文科布告·文科学程摘要》载,“文字学”研究中国文字的构造、作用及其变迁,“文字学史”研究历代文字学家的造诣与因革。已经修完“文字学及文字学史”的同学才可选修“文字训诂专书研究”,继续深入研究段玉裁的《说文解字注》、郝懿行的《尔雅义疏》、王念孙的《广雅疏证》等书。

“声韵学”研究声韵的类别与切合及其变迁。修完“声韵学及声韵学史”的可选修“声韵专书研究”,研究书目包括《广韵》《音学五书》《古韵标准》等。

从第一学年开始的“文选及作文”,依时代先后选读各大家作品。一年级选读唐宋以后的名家作品,二年级选读汉魏六朝文及叙述文、骈文等,课程结束后上交自由命题作文及读书札记。课程还要求学生任意选文章修改,练习文言文和白话文的互译。

“词曲选及词曲史”要求学生明了中国词曲在文学上的地位,“小说选及小说史”则要求掌握小说及其流变与社会之关系。修完“词曲选及词曲史”和“小说选及小说史”这两门课程的,可继续选修“文学专家或专著研究”,进一步深入研究陶(渊明)、谢(灵运)的诗,白石(姜夔)、梦窗(吴文英)等文学大家的词,或《楚辞》《昭明文选》《水经注》《洛阳伽蓝记》等典籍。

此外,中文系学生还需研读其他国故,掌握“治国学之方法”,主要课程包括“经学通论”“经学专书研究”“史学专书研究”“诸子专家研究”“古代礼乐制度研究”“目录学”“校勘学”。

除以上必修课程外,中文系学生还要选修至少5学分的外专业课程,如外国语言文学系的“普通发音学”“比较语言学”“修辞学”“英国文学史”“文学概论”,历史社会学系的“中国通史”“中国学术史”“中国美术史”“西洋美术史”“人类学”,哲学系的“哲学概论”、“美学概论”、“中国哲学”、“印度哲学”(佛教思想)、“泰西哲学”等。另外,还必须选外文(英文、法文或者德文),共计12个绩点(学分)。

总体说来,中文系的课程以小学为主,这也正符合林文庆校长“教授古文与文学”“维持中国文化于进展之状态中”的宗旨。

二、招考、学术研究及学生创作

1.中文系的招生考试

1921 年,厦门大学首度招生,师范部招收文史地预科生 40 名,入学试验科目为“国文”、“英文”(文法、作文、翻译)、“数学”(代数、几何、三角)。[①]

1922 年,厦门大学文、理、商、教育、医药、新闻等学部招生,入学考试首先即考国文,作短篇文,文言译白话,要求使用新式标点符号。[②] 此后,本科入学考试内容增多,需考“国文”“英文”“算学”“化学物理或生物”“中外近世史哲学概论或伦理学”,但“国文”一直是厦门大学招生的必考科目。中文系的学生,除参加普通试验科目,即“党义”“国文”“英文”“口试”外,另有特别试验科目,即从“史地”“哲学概论”“算学”“自然科学”中选考两门。其中,“算学”考“高等代数”及“平面几何”。

2.学术研究

至 1937 年,中文系共毕业 43 人。具体如下:

1927 年 1 人
1929 年 7 人
1931 年 5 人
1931 年 1 人
1932 年 2 人
1933 年 1 人
1934 年 5 人
1935 年 10 人
1936 年 9 人

---

① 《厦门大学商学部、师范部预科招生广告》,《申报》1921 年 2 月 1 日。
② 《厦门大学招生广告》,《申报》1922 年 5 月 28 日。

1937 年 2 人

虽然人数不多,但无论在学术研究还是在学生活动方面,中文系的表现都十分突出。

据统计,私立时期中文系师生们多有在本校学报、学刊等上发表学术论文,如:

余　謇:《古合韵辨》,发表于《厦门大学学报》第一卷第一期。

周辨明:《万国通语论》,发表于《厦门大学学报》第一卷第二期第二本。

周辨明:《厦语音韵声调之构造与性质及其于中国音韵学上某项问题之关系》,发表于《厦门大学学报》第二卷第二期第四本。

黄典诚:《台湾外记与台湾外志考》,发表于《厦门大学学报》第七本。

黄觉民:《国故学管窥》,发表于《厦大周刊》第一百八十二期。

李　笠:《释孝》,发表于《厦大周刊》第二百一十期。

在教学之余,中文系的师生多方发表学术文章,既体现学术水平与兴趣,也为本系良好学风的形成贡献力量。

3.中文系学生的创作

中文系学生的文艺创作活动历来较为活跃,有不少学生在校期间就进行诗歌、散文、小说等创作,其作品发表于国内各种报刊上。同时,在老师指导下,学生组织创办刊物,登载学生的作品。

1926 年,在鲁迅先生的鼓励提倡和指导下,爱好文学的学生先后成立“泱泱社”和“鼓浪社”两个文艺社。鼓浪社编辑的《鼓浪》周刊,出版后颇受欢迎。泱泱社出版《波艇》月刊,创刊号上登载鲁迅的《厦门通信》和孙伏园的《厦门景物记》。

《鼓浪》周刊第一期于 1927 年 1 月 1 日出版,刊载依哥的《渴死了》、岩野的《那不是空谷的回音》、绯心的《男生宿舍里的柔兰》、梅川的《过秦论》、田木的《厕所中的字纸》。1927 年 1 月 5 日出版的《送鲁迅专号》,有闵予的《鲁迅先生去矣》、白浪的《新科学及其方法》、宝飞的《论走过去》、长生的《书房里的故事》、小伙计的《两件事》,涵盖散文、诗歌、短篇小说等文体。

第三节　国学研究院

一、创办国学研究院

1.成立筹备委员会

林文庆掌校以后,对于国学的提倡不遗余力。1925年冬,其着手筹划成立国学研究院,并于12月19日、20日召开国学研究筹备总委员会,亲任主席。

筹备委员会的其他委员有毛常(国文教授)、王振先(国文教授)、秉志(动物系主任,动物学教授)、徐声金(预科主任,本科社会学兼历史学教授)、孙贵定(代理大学秘书兼教育科主任,教育学和心理学教授)、陈衍(国文系主任,国文教授)、黄开宗(法科主任,法学教授)、陈灿(商科主任,经济史教授)、陈定谟(社会学教授)、缪子才(中国文学史和哲学副教授)、戴密微(言语学教授)、钟心煊(植物系主任,植物学教授)、涂开舆、龚惕庵等。

筹备会制定了《厦门大学国学研究院组织大纲》,大纲指明,设立国学研究院是为研究中国固有文化,研究目标一是"从实际上采集中国历史或有史以前之器物,或图绘影拓之本,及属于自然科学之种种实物,为整理之资料";二是"从书本上搜求古今书籍,或国外佚书秘籍,及金石、骨甲、木简文字,为考证之资料,并将所得正确之成绩,或新发见之事实,介绍于国内外学者"。后因林文庆赴新加坡与陈嘉庚面商校务,筹备工作暂告一段落。

2.名师云集

1926年夏,林语堂应聘为文科主任兼国文系教授,得悉国学研究院正在筹办,便推荐北京国学专家沈兼士,又推荐鲁迅、顾颉刚、张星烺、陈万里等人。不出数月，厦门大学国学研究院便聘请林语堂、沈兼士、黄坚、周树人（鲁迅）、顾颉刚、孙伏园、潘家洵、陈万里、丁山等知名教授，一时间名师云集。

1926年9月上旬，沈兼士等"抱一国学研究之绝大愿望"来校，向林文庆提出一项大规模的筹办计划，希望历年在北京大学无法刊行的著作能够在厦大出版。林文庆同意了这项计划。于是，沈兼士于9月中旬开始，在原有的组织大纲的基础上，制定了《厦门大学国学研究院章程》及下属六个部的《办事细则》，提出常年经费14000元的巨额预算。商定由林文庆兼任国学研究院院长，林语堂兼研究院总秘书，沈兼士担任研究院主任，负责实际工作。

3.召开成立仪式

各部机构组织就绪后，国学研究院于1926年10月10日举行成立大会。莅会的思明县代表、警察厅代表、英国领事代表暨各界来宾约300人，极一时之盛。林文庆校长发表演说，强调创立国学研究院的目的：一方面，从事研究，保存国故，罔使或坠；另一方面，调查民间风俗言语习惯等，"调查各处民情、生活、习惯，与考古学同时并进"。

会上，沈兼士报告说："在昔我国人士对于国学，除讲究八股文章而外，绝少贡献。虽有书院设立，其所研究材料，类皆偏颇不全，且无精确考证。此种研究，在此科学昌明时代，殊无价值可言。故现时欲研究古学，必得地质学、人类学、考古学、古生物学等等，作为参考，始有真确可言。"①

林语堂等也在会上发言，着重提出要以现代科学精神及态度从事国学研究，认为当效仿古人对民间文化无不重视不肯轻忽的态度，从根本上研究调查，以期改变过去国学界"囫囵吞枣，不求甚解"的旧习，创造出国学研究的新水平。另编辑中国图书志，将中国各种图书目录汇编成轶，以为将来研究国学之门径。

此外，研究院教授张星烺、校代理秘书刘树杞、英国领事代表等，先后发表演说。

成立仪式后，林文庆、沈兼士及林语堂陪同来宾到生物院三楼参观国学研究院陈列室及图书部。其中东室陈列鲁迅所藏拓片，大多数为六朝隋唐造像，还有

---

① 《厦大周刊》1926年第159期。下文中林语堂、张星烺、刘树杞等人演说亦出于此。

陈万里所藏的大同云冈石窟拓片等。西室则陈列各种古物，大都为河南洛阳一带出土的，还有本校商科所藏古钱。

4.国学研究院的机构设置

厦门大学国学研究院下分研究、陈列、图书、编辑、造形、出版六部。

研究部包括语言文字学组、文学组、史学及考古学组、哲学组、美术音乐组。语言文字学组和文学组由鲁迅负责研究工作。

陈列部下分古物组、风俗物品组、研究成绩组，负责保管、陈列研究人员发掘或收集的古代文物、风俗物品以及本院的研究成果。由黄坚担任干事，管理该部的事务。

图书部包括访购组、目录组、典藏组，负责图书资料的采购、编目、保管、出借等工作。由陈乃乾担任干事，管理该部的事务。

编辑部包括丛书组、报告组、定期刊物组、翻译组。丛书组负责编纂本院出版之国学丛书，包括学术研究工具书（如年表、目录索引、辞典）、学术分类丛书（如音韵学丛书、钟鼎学丛书、目录学丛书、欧洲交通史料丛书、中国种族史料丛书），以及古籍善本、孤本的翻印。报告组负责编辑本院之调查、发掘、研究等报告及演讲记录、行政文件、参观考察等材料。定期刊物组负责编辑本院的月刊、季刊、年刊各一种，第一学年先出季刊。翻译组负责翻译工作，凡外文书报之有关中国国故研究可作本国学者之参考者及本国学者之重要著述有向外国学术界介绍宣传之必要者，或由本组自译，或请院外学者代译。编辑部由孙伏园担任干事，管理该部事务。

造形部包括摄影组、图画组、模型组、摹拓组，负责有关的各项技术工作。历史系的陈万里兼任该部干事。

出版部下分印刷部、发行组，负责本院所编书刊的出版发行事宜。章延谦担任干事。

除上述各部的教授、导师、干事外，新聘原广东第一师范学校教员兼教务长容肇祖为国学研究院编辑兼国文系讲师。

二、国学研究院与国学系的关系

厦门大学国学研究院是新设的研究机构，国文系则是原有的教学机构，二者本不相关。在国学研究院的15位筹备总委员会委员中，只有毛常、王振先这两位教授和龚惕庵讲师属国文系。林语堂来厦大出任文科主任并接手国学研究院的筹办工作后，有意改变这一状况。因此，他为厦大聘请的教职员，大多身兼国学研究院和国文系两职。除了鲁迅、沈兼士、顾颉刚，其他如陈万里，聘为国学研究院考古学导师兼造形部干事，兼国文系名誉讲师；容肇祖，聘为国学研究院哲学助教兼编辑，兼国文系讲师；陈乃乾，聘为国学研究院图书部干事兼国文系讲师(未到任)。

沈兼士等人到厦大后，顺着这一思路，力图把国文系和国学研究院贯通起来。他们采取了一个重要举措，将国文系改称为国学系。改名的目的，就是要把基础教学与高深研究连接起来。1926年9月，沈兼士等人提出《国文系改称国学系之理由草案》(以下简称《草案》)。《草案》申述了改名的理由，提出"课程草案""学程纲要""1926年秋至1927年度教员担任科目时数表"。

关于改名的理由，《草案》指出："案本系所设科目，其内容包含，粗可分为四类：(一)关于语言文字者，如文字学史、方言之研究……(二)关于文学者，如文学史，词曲选……之类，(三)关于其他国故也，如经学、礼乐、历数……等，(四)关于治学方法者，如目录学、校勘学……其性质既不一致，统称之曰国文系，似嫌太泛，若改名为中国文学系，又觉含义不周，失之过狭，因念近代泰西日本谓中国固有一切学术为支那学，Sinology国人自称则可直名为国学，盖国学系所以教授关于国学之基础学识，国学研究院所以资精深之研究，今改斯称，庶几本末一贯，名实相符矣。"①

综合《草案》中"课程草案""学程纲要""1926年秋至1927年度教员担任科目时数表"三部分的内容，可知拟设科目及1926年秋季的任课教师安排，具体如下：

① 《国文系改称国学系之理由草案》，《厦大周刊》1926年第157期。

(一)语言文字

(1)文字学及文字学史(一年级、二年级),沈兼士。

(2)古韵沿革(一年级、二年级),罗常培。

(3)中国方言之研究(四年级,未开)。

(4)中国古代方言之研究(四年级,未开)。

(5)声韵、文字、训诂专书研究(三年级),周树人、沈兼士。

(6)中国文法之研究(四年级,未开)。

(7)中国修辞学之研究(四年级,未开)。

(8)作文及演说(一年级、二年级),王振先、汪煌辉。

(二)文学

(1)文学史总要(一年级),周树人。

(2)文选及文史(一年级、二年级),罗常培、郝立权。

(3)诗赋选及诗赋史(一年级、二年级),郝立权。

(4)词曲选及词曲史(二年级),毛常(词)、陈万里(戏曲)。

(5)小说选及小说史(二年级),周树人。

(6)文学分代或专家之研究(三年级、四年级,四年级未开),周树人、罗常培、郝立权、汪煌辉、陈万里。

(三)其他国故及治国学之方法

(1)经学通论(一年级),罗常培。

(2)经学专书研究(三年级、四年级,仅三年级开),顾颉刚。

(3)史学专书研究(三年级),张星烺。

(4)诸子专家研究(三年级),容肇祖。

(5)古代礼乐制度之研究(四年级,未开)。

(6)古代历数之研究(四年级,未开)。

(7)目录学(一年级),陈乃乾。

(8)校勘学(二年级),陈乃乾。

当然，上述科目设置及1926年秋季任课教师安排，只是一个计划，实际有所变动，如，“文学分代或专家之研究”并未开设。鲁迅承担的“声韵、文字、训诂专书研究”无人选修。陈乃乾未到校，拟由他讲授的“校勘学”未开设，“目录学”改由容肇祖授课。诸如此类，都是计划不及变化。

从这个计划可以看出，一是国文系的科目设置与现在的中文系有很大的不同，既没有原理方面的课程也没有外国语言文学方面的课程；二是内容超出语言文学的范围，包含经、史、子、集以及治学方法等传统学术的各个方面。可以说，改称国学系还是名实相符的。国文系改称的设想、理由以及课程设置，颇能说明当时的办学宗旨，即培养国学研究的人才。其与国学研究院的关系十分密切，前者传授国学之基础知识，后者从事国学之精深研究。①

三、国学研究院的教学与研究

国学研究院自聘请林语堂、沈兼士、黄坚、周树人、顾颉刚、孙伏园、潘家洵、陈万里、丁山等名师后，提出要以现代科学方法整理中国固有之文化，这在全国学术界独树一帜，备受瞩目。全院研究教师、导师及职员也都同心协力，决心探索出一条继承和发扬中华民族优秀文化传统的正确道路，因此，从成立开始，各部工作便紧密配合，节节推进。

1.国学研究院的学术成果

1926年9月18日下午4时，国学院召开编辑事务谈话会，讨论决定，季刊的出版期定于3月、6月、9月、12月各出一期，刊名为《厦门大学国学研究院季刊》，简称为《厦大国学》，英文名称为*Journal of the Sinology, Amoy University*，当年12月出第1卷第1期，每期字数以8万字为准，用4号字排印，采用新式标点。

1927年1月5日，《厦门大学国学研究院周刊》发刊，共编成4期(其中第4期未印行即停刊)。其中，沈兼士分担了谱录类书目的编务，丁山负责小学部分，

① 洪峻峰：《厦门大学国学研究院与国学系》，《鲁迅研究月刊》2003年第6期。

鲁迅负责小说部分。发刊词记录了创刊的过程，指出，发行该周刊是要“掘地看古人的生活，要旅行看一般人的生活”，目的“不是求美善，而是求真”，任何肮脏和丑恶的东西以及所搜集到的赤裸裸的材料都在发表的内容之列，希望“清楚地表现他们本来的实在”。

在此期间，还刊发了《厦门大学文科半月刊》(1928 年创刊)、《国学院季刊》、《厦大国学季刊》。[①] 其中，《厦大国学季刊》只编好创刊号。鲁迅在致许广平的信中多次提到给季刊写稿，并说明已于 11 月 4 日完稿，5 日为交稿时间。11 月 20 日出版的《厦大周刊》第 164 期所载《国学季刊将付印》报道，公布了季刊创刊号目录。据所载目录，《厦大国学季刊》创刊号的作者，囊括了厦大国学院中除林文庆(校长兼院长)、黄坚(陈列部干事)、孙伏园(编辑部干事)以及尚未到厦的章廷谦(出版部干事)之外的全部职员，可以说是厦大国学院学术力量的一次集中展示。除《发刊词》、林景良的《本院成立会记事》、史禄国的书评外，《厦大国学季刊》登载论文和译文共 13 篇，显示了厦大国学院国学研究的实绩。

此外，编辑部共同编辑了《中国图书志》，第一部先编《书目之书目》，以后分类编辑。这是一部中国历代书籍的目录总会，其编纂旨趣是：“兹编体制，囊括历代史志，各家书目。每载一书，穷原竟委，纲举目张。得此一编，不但一切目录之书可废，其于七略四部分类之沿革，学术思想兴衰之形势，或同为一学而历代所定之界说不同，或等是一书而各家所归之部类有异，亦皆讨源纳流，执要说详。扩而充之，即学术史之长编；精以求之，实参考书之宝藏。整理国故，斯其巨制；研究旧学，此为总键。”

在课题研究上，国学研究院的教授们也取得丰硕的成果：林语堂与顾颉刚的《七种疑年录统编》、鲁迅的《古小说钩沉》《六朝唐代造像汇编》、林语堂的《汉代方音考》、丁山的《说文阙字考》等研究专著及研究计划，使厦门大学国学研究院始终处于国学研究的前沿。

---

① 实际并未出版。汪毅夫：《鲁迅在厦门若干史实考》，薛绥之主编：《鲁迅生平史料汇编·第 4 辑》，天津人民出版社 1983 年版，第 134 页。

2.招收研究生与研究课题

国学研究院成立不久，就决定招收研究生，并于1926年10月下旬在上海等地报纸刊登招生广告，招收“凡大学本科毕业生或于国学方面具有特殊之学力及成绩者”。报名时须填写以往的学业、自报研究项目及研究方法，有著作者呈送著作，一并由院主任交由学术会议审查，合格者才可以录取。被录取的研究生由教授、导师指导其研究工作，可选修学校所开设的课程，但不规定其修业年限，而以研究成果作为衡量成绩的主要标准。对于所提出的研究课题取得成果后，由主任提交学术会议审查，及格者授予证书，成绩优良者可获得奖学金，成绩最优者推为本院学侣，其著作如认为有发表之必要时可交编辑部办理。

招收研究生是培养国学人才，使国学研究后继有人的重大措施。虽然厦大国学院的研究生与欧美大学的研究生有所不同，结业后暂不授予硕士或者博士学位，但其教育层次已经高于本科。当时审查合格被招收入院从事研究者有14人，研究题目16项。这是厦门大学研究生教育之始。

在招收研究生的同时，研究部推出一批研究课题。与中国语言文学方向有关的包括鲁迅的“古小说钩沉”和沈兼士的“扬雄方言之研究”。

除教员自行研究的课题外，还有教员指导学员研究，例如郑江涛的“诗经描写下的社会现象”，陈佩真的“诗学研究”，孙家碧的“论语中的孔子及其和诸子的关系”，陈家瑞的“中文小说编目”，汪剑余的“牡丹亭传奇考”，蒋锡昌的“老子校释”，陈祖宾的“中国语言文字略”“莆田方音及闽南各县方言”等。

3.国学研究院的教学工作

在学术研究之余，国学研究院的各教授及研究人员亦积极承担教学工作。根据相关史料记载，林语堂承担了“英文发音学”“英文作文”“现代文”等课程，每周授课7小时。沈兼士承担了“文字学及文字学史”“声韵文字训诂专书研究”等课程，每周授课6小时。鲁迅承担了“小说选及小说史”“文学史纲要”等课程，每周授课5小时。毛常承担了预科的“国文”“词选及词史”等课程，每周授课8小时。罗常培则负责教授“文选及作文”“经学通论”“古韵沿革”等课程，每周授课8小时。

除日常教学外，演讲、考古等活动也全面展开，教员们课余也不忘传播学识，诲人不倦。从1926年9月开始，国学研究院的名师大家陆续在全校或院办学术讲座及周会上发表演讲，宣传治学成果和治学方法，很受学生欢迎。例如，1926年9月30日，沈兼士讲演《对于教育上之感想》；10月3日，林文庆讲演《孔子学说是否适用于今日》；10月14日，鲁迅讲演《好事之徒》。1926年12月18日，林语堂讲演《闽粤方言之来源》，地点在国学院楼下生物院讲演室。同日下午，国学院展览厦门交涉使刘光谦所藏古书画，同时开放全院各陈列室任人参观。

四、国学研究院停办

国学研究院初获成绩，不仅激励了师生，在全国学术界也引起良好的反响。但其工作的开展却遇到阻力，其中包括学校各个学科之间发展的不平衡、人事关系的复杂化等，但最关键的还是国学院所需建院经费不足，最终无力支持。

1926年12月，陈嘉庚的企业遭遇意料之外的挫折。荷兰由于不受英国在海峡殖民地实施"斯蒂文逊计划"的约束，在印尼拼命增产，国际胶价连连暴跌，陈嘉庚企业利润大幅缩水，这就严重影响到扩充厦大的计划。陈嘉庚虽"一息尚存，此志不减"，但增拨经费部分已难兑现。厦大各科在经费分配上难以协调，林文庆承诺给国学研究院的经费迟迟未能落实。"至冬，树胶价降如流水就下，由每担百七八十元而跌至九十余元，各厂不但乏利，尚当亏损。由是厦大校舍已下手建设者，使至完竣便止，而集美建设则于冬间完全停止。"由于陈嘉庚实业经营情况不佳，核减厦大经费，刘树杞便将国学研究院的业务经费减为每月400元。

10月16日，张星烺在给陈垣的信中写道："此间情况不见甚佳，国学研究院牌子已挂出，而内中并无的款办理一切。目下仅筹一种国学季刊而已。据云因校主陈嘉庚下半年来橡皮生意不佳之故也。何时起始印书，现下尚未能定……兼士先生现已决意回京，不欲再问此间事。"[①]无款印书，计划落空，沈兼士因此正式提出辞职。

沈兼士如此，鲁迅也是如此。1926年12月31日，鲁迅在致李小峰的《厦门通讯(三)》中也讲到印书的事。他说："我最初的主意，倒的确想在这里住两年，

---

① 陈智超编注：《陈垣来往书信集》，上海古籍出版社1990年版，第210页。

除教书之外，还希望将先前所集成的《汉画象考》和《古小说钩沈》印出。这两种书自己印不起，也不敢请你印。因为看的人一定很少，折本无疑，惟有有钱的学校才合适。及至到了这里，看看情形，便将印《汉画象考》的希望取消，并且自己缩短年限为一年……后来豫算不算数了，语堂力争。听说校长就说，只要你们有稿子拿来，立刻可以印。于是我将稿子拿出去，放了大约至多十分钟罢，拿回来了，从此没有后文。这结果，不过证明了我确有稿子，并不欺骗。那时我便将印《古小说钩沈》的意思也取消，并且自己再缩短年限为半年。”鲁迅讲得很明确，他也是抱有印书的期望的，但刊行著作“所需费用太多”，期望落空归根结底也在于经费不足。

1927年1月4日，鲁迅决定应中山大学之聘，前往任教，正式向厦大提出辞职，声明自1926年12月31日起与厦大脱离关系。1月6日，厦大学生为鲁迅举行盛大的送别会。厦大女生同学会全体同学也在会上赠诗鲁迅，悲叹“相留无计”，第愿“永不相忘”。

第二次学潮过后，学校正式停办国学研究院。1927年2月11日《申报》刊载短讯《闻陈嘉庚电厦大，停办国学院及文科》，国学研究院的运作至此结束。

厦门大学国学研究院虽然只存在半年，丧失了引领国学研究潮流的机会，留下深深的遗憾，但它从筹办到开办的实践，在现代中国学术传承上占有不可忽视的一席之地。“与同时期的新国学各研究机构相比，为时不久的厦门大学国学院的学术成就固然赶不上北大和清华，却不逊色于齐鲁、燕京的国学研究所和东南大学国学院，在学术发展史上的地位甚至更为重要。”

第四节　名师录

陈衍

陈衍(1856—1937)，字叔伊，号石遗，福建闽侯人。清末民初著名诗人、学者。清光绪八年(1882)举人。与郑孝胥共倡“同光体”，为此派杰出代表。1907年任京师大学堂文科教席，后任北京大学史学教授。主要著作有《石遗室诗话》《说文解字辩证》《周礼疑义辩证》《尚书举要》《石遗室诗文集》《宋诗精华录》，主编《福建通志》。晚年寓居苏州，与章炳麟、金天翮共同倡办国学会。1923年至1926年任教于厦门大学中文系，任国文系主任。

缪篆

缪篆（1877—1939），原名学贤，字子才，亦以字行，江苏泰州人。著名学者。早年留学日本，精于测绘，曾任奉天交涉史署编纂、吉林民政司疆理科科长、东三省筹边公署艺术处处长、内务部主事等职。1926年受聘于厦门大学，先后为中国文学史、哲学副教授、教授。曾师从章太炎，治学堂庑甚广，于儒释道及诸子、语言、文献之学等无所不窥。著述有《齐物论释注》《老子古微》《国故论衡子部注》等多种。

鲁迅

鲁迅（1881—1936），原名周树人，字豫才，浙江绍兴人。杰出的思想家、文学家和文学史家，中国新文学的奠基者。早年留学日本，原任职于教育部，兼任北京大学讲师、北京女子高等师范学校讲师、北京女子师范大学教授。著作以小说、杂文为主，代表作有小说集《呐喊》《彷徨》《故事新编》，散文集《朝花夕拾》（原名《旧事重提》），散文诗集《野草》，杂文集《坟》《热风》《华盖集》《南腔北调集》《三闲集》《二心集》《而已集》等16部。1926年9月4日至1927年1月15日，在厦门大学任国文系教授、国学院教授，开设“中国文学史”“中国小说史”等课程，编写教材《汉文学史纲要》。

毛常

毛常（1881—1951），一名翔，字夷庚，浙江江山人。著名学者，书法家。文章优异，清末中秀才，补廪生，拔贡榜首。辛亥革命后，任教龙游书院。1916年在北京大学文学院做旁听生，钻研中国古典文学，精于《易》，为蔡元培所赏识，1919年聘为北大讲师。1923年后，历任厦门大学讲师、河南中州大学教授。1927年，蔡元培出任国民政府大学院院长，聘其为大学院秘书兼编审委员。1930年，再度赴厦门大学任教。抗战时回江山，任英士大学教授。解放后，英士大学裁撤，毛常旋亦去世。

杨树达

杨树达(1885—1956)，字遇夫，号积微，晚更号耐林翁，湖南长沙人。著名学者、语言文字学家。早岁受业于叶德辉，攻读《说文解字》《四库提要》。1905年赴日本留学，1911年回国，受聘于湖南省立第一师范学校、北京高等师范学校、清华学校大学部，为国文教授。1927年出任厦门大学国学系主任、教授。1928年后为武汉大学、湖南大学教授。中华人民共和国成立后，被聘为中国科学院哲学社会科学学部委员、湖南省文史馆馆长。在金石、甲骨和古文字训诂、音韵及汉语语法、修辞等方面造诣精深，毕生从事相关研究。著述有《汉书补注补正》《马氏文通刊误》《中国修辞学》《积微居金文论》等多种。

沈兼士

沈兼士(1887—1947)，名坚士，浙江湖州人。中国语言文字学家、文献档案学家、诗人、书法家。早年留学日本，曾师从章太炎学习文字学、音韵学。归国后先后任教于北京大学、辅仁大学、清华大学等多所高校。著有《文字形义学》《广韵声系》《段砚斋杂文》等。在五四新文化运动中，倡导并写作新诗，是五四新文化运动的积极参与者。1926年任厦门大学国文系主任兼文字学教授，兼国学研究院主任。

黎锦熙

黎锦熙(1890—1978)，字劭西，湖南湘潭人。著名学者、汉语言文字学家、词典编纂家、文字改革家、教育家，九三学社创始人之一。1915年受聘为教育部教科书特约编审员，1916年参与创办“中华国语研究会”。1920年，受聘为北京高等师范学校国文系教授，1927年受聘为厦门大学国学系教授。1955年当选为中国科学院哲学社会科学学部委员。在文字学、词典学、语法学、修辞学、教育学、文献学、地理学、历史学等各方面皆有很深造诣，著述有《新著国语文法》《暂拟汉语教学语法系统》《比较文法》等多种。

孙伏园

孙伏园（1894—1966），原名福源，字养泉，笔名伏庐、柏生、桐柏、松年等，浙江绍兴人。现代散文作家、著名副刊编辑。先后任教于北京大学、中山大学、四川大学、齐鲁大学等名校，担任北京《晨报》副刊编辑、《中央日报》副刊编辑、《当代》主编、《新民报》副刊编辑，人称“副刊大王”。1926 年任教于厦门大学中文系。

林语堂

林语堂（1895—1976），原名和乐，后改玉堂，又改语堂，福建平和人。中国现代著名文学家、语言学家、翻译家、学者。早年留学美国、欧洲，获美国哈佛大学文学硕士学位和德国莱比锡大学语言学博士学位。回国后在清华大学、北京大学等校任教。1954 年赴新加坡筹建南洋大学，任校长。曾任联合国教科文组织美术与文学主任、国际笔会副会长等职。先后创办、编辑《论语》《人间世》《宇宙风》等刊物，提倡“闲话幽默”的小品文。1966 年定居台湾，一生著述颇丰，主要著述有《京华烟云》《生活的艺术》《当代汉英词典》《国语辞典》。1926 年 5 月至 1927 年 2 月任厦门大学文科主任、文学院院长、国文系语言学正教授兼国学研究院总秘书。

郝昺衡

郝昺衡（1895—1978），又名立权、秉衡，江苏盐城人。著名文史学家。1924 年毕业于北京大学国文系，为著名学者黄节弟子。不久受聘于厦门大学，曾与鲁迅共事，结下友谊。鲁迅日记中四次谈及郝昺衡。鲁迅离开厦大时，赠送郝昺衡一方砚台，今藏于上海鲁迅纪念馆。1930 年离开厦大，任齐鲁大学国文系主任。抗战结束后，任职于上海暨南大学。新中国成立后任华东师范大学教授，曾兼任中文系主任。“文革”中受诬陷、迫害，1978 年病逝于北京。著述有《陆士衡诗注》《沈休文诗注》《谢宣城诗注》《何水部诗注》《阴常侍诗注》《谢康乐年谱》等。

罗常培

罗常培(1899—1958),字莘田,号恬庵,笔名贾尹耕,斋名未济,北京人,满族。毕业于北京大学。语言学家、语言教育家。先后执教于西北大学、厦门大学、中山大学、北京大学,筹建中国科学院语言研究所,任第一任所长,任中国文字改革委员会委员、普通话审音委员会委员和召集人。罗常培毕生从事语言教学与研究,在少数民族语言、方言、音韵学方面贡献尤著,对当代中国语言学及音韵学研究的影响极为深远。著有《汉语音韵学导论》《汉魏晋南北朝韵部演变研究》《厦门音系》《临川音系》《唐五代西北方音》《八思巴字与元代汉语》等。1926年至1927年任教于厦门大学中文系。

台静农

台静农(1903—1990),本姓澹台,字伯简,原名传严,改名静农,安徽霍邱人。著名作家、文学评论家、书法家。幼承庭训,中学后入北京大学国文系旁听,后于北京大学研究所国学门肄业。1925年春初识鲁迅,后关系密切,友谊深厚,系"未名社"成员之一。1929年,任教于辅仁大学。1935年8月,经胡适介绍,任厦门大学文学院中国文学系教授,讲授"中国文学史""文字""声韵"等课程。一年后赴青岛,任山东大学、齐鲁大学教职。抗战后,举家迁四川,任职国立编译馆。1946年赴台,任台湾大学中文系教授,后兼任系主任。著有小说集《地之子》、散文集《龙坡杂文》、学术论文集《静农论文集》及书画作品《台静农书艺集》等。

郦承铨

郦承铨(1904—1967),字衡叔、衡三,号愿堂,别署无愿居士,书斋号写春,江苏南京人。著名诗人、学者、书画家。早年受教于王伯沆、柳诒徵、吴梅等,与胡小石、胡翔冬等过从。1928年任教于第四中山大学,1934年任教于上海暨南大学,1935年被聘为厦门大学副教授。1937年后历任金陵大学、浙江大学、台湾大学等校教授。1950年任浙江省文物管理委员会副主任。一生从事古代文学艺术教学与研究工作，对黄公望《富春山居图》残卷的保护与收藏，居功至伟。“文革”初，被迫害致死。著有《唐诗史》《〈建康实录〉校记》《说文解字叙讲疏》《郦承铨书画选集》等。

第二章 弦歌不辍（1937—1949）

抗日战争全面爆发后，鉴于国际、国内形势的变化，厦大迁于闽西山区长汀，中文系师生响应学校号召，与全校各方步调一致，深入闽西办学。此时正是多灾多难之时，一方面办学经费严重匮乏，另一方面抗日战争全面爆发，国际、国内形势严峻，但即便如此，厦门大学中文系师生依然弦歌不辍，在教学与科研方面取得令人瞩目的成就。

第一节 长汀岁月

一、烽火中西迁

1937年，因所经营的企业如江河日下亏损严重，陈嘉庚考虑到“厦集二校虽可维持现状，然无进展希望，而诸项添置亦付阙如，未免误及青年”，故写信给当时的南京国民政府教育部和福建省政府，提出自愿无条件将厦门大学改为国立，不久，得到同意。厦门大学改为国立，萨本栋任校长，他一上任就提出要把厦大办成“南方的清华”。

7月13日，淞沪大战爆发，是月的24日起，旅居厦门的华侨开始撤退。萨本栋一方面将图书、仪器、标本等迅速装箱，以备万一；另一方面仍照常进行招生、延聘教授等各项校务。9月3日，厦门遭袭，萨本栋遂将厦门大学师生迁往鼓浪屿，借用闽南职业学校的一部分楼屋为办公室。1937年招收的新生已于8月21日考试完毕，所以同时借用英华中学一部分校舍，于10月4日开学，11日正式上课。彼时厦门大学在校生共282人。

12月9日，战事日紧，厦大决定西迁长汀。鼓浪屿方面，12月20日起停课，准备迁移。从12月24日开始，师生分批出发，实行迁移。厦大从1937年西迁长汀至1947年回迁厦门，长达10年，这个时期是厦门大学最艰难最困苦的办学时期，但也是厦门大学赢得“南方之强”美誉的时候。

二、奋发图强

1938年1月12日，全部师生抵达长汀。部分图书仪器因为交通车辆的关系，留存鼓浪屿、漳州、龙岩等地。1月17日，厦门大学在长汀复课，共有学生198人。待到3月10日注册的时候，学生总数增加到239人。上课后，厦大学子除了在艰苦的环境里不懈钻研、醉心学习，还不忘在课余之暇，协助长汀当地举办各项民训工作，开办民众学校，“颇具成绩”，得到当地政府和民众的好评。

远离了熟悉的厦门，一切都要从头开始。据资料记载，中文系教授们对长汀的印象是“举目凄凉无故物”，几乎所有的教学设备均要重新购置，连校舍都成问题，文庙加以修葺后勉强可充当男生宿舍，但教职员工宿舍与女生宿舍可就有问题了。后来由伦敦工会驻长汀某机构出借一座破楼暂为女生宿舍，又租得旧长汀饭店改造起来，教授们这才有栖身、教学、研究之地。

经过厦大师生在长汀两年的努力经营，一改因陋就简的情形，扩建了校舍，校园环境差堪自慰。厦门大学不仅添建了同安堂和嘉庚堂两座教室，还将图书馆迁入北山山麓宽敞的万寿宫，另修葺八角亭边之民房，名曰“敬贤斋”，为四年级男生宿舍，赁万寿宫附近民房数十间，分别为二年级男生宿舍、全体女生宿舍、厦大医院、西膳厅及毕业同学会会所之用。全校校址面积之广，远非初来时局促一隅的窘状所能及。这真是迁移前所意想不到的成功。

两年来厦大的遭遇，是过去16年所不曾遇到的。从十里洋场的厦门到七闽穷僻的长汀，从雕栏石砌的高楼大厦到画栋剥落的破败庙宇；从贵族到平民，从繁华到朴素，这之间，转变太惊人了，不过这一转变，对于重生的厦大，是十分有利的。

时任中文系主任的周辨明教授在《厦大迁汀两年来之变化》里把厦门大学迁汀之后的状态喻为“重生”——从不安的一再迁徙的生活到恢复新气象，成为“东南半壁仅存的硕果”。[①] 因时局关系，战时教职员薪俸只能按标准预发。教授及

① 《厦大迁汀两年来之变化》，《唯力》1939年第2卷第7—8期合刊。《唯力》为旬刊。

高级职员，薪俸在200元以上者，按六成支领。副教授、专任讲师、助教及其他职员，薪俸在101元至200元者，按七成五支领；在51元至100元者，按九成支领；50元以下者，全数支领。学生宿舍多位于孔庙旁的同安堂，虽然在长汀期间校舍日渐扩充，但学生人数也不断增加。每间宿舍住20名学生，上下铺，每人一床、一桌、一椅、一小衣柜，进出卧室"举步维艰"。① 据经历过长汀时期的学生回忆，长汀期间物质条件非常艰苦，宿舍多臭虫，伙食较差。公费生每餐主食大多为一小草包蒸熟的糙米，副食则是每餐两匙黄豆和菜蔬，每逢周日才有小块肉片。长汀时的厦大附近也没有任何小吃店，如果要买馒头包子，需要步行15分钟。学生大多面有菜色。

三、大力奖助

与此同时，战时厦门大学并未减少对清寒学生的奖助力度。从开拓公费和免费的经济来源着手，其结果是，享受免学费的学生人数由40名增加至200名以上，奖学金种类由1种增加到6种。此外，还有津贴及服务所得种种办法，给予清寒学生以充分的奖励。奖助方式包括以下几种：

嘉庚奖学金——为纪念厦大创办人陈嘉庚先生而设，由奖学金委员会就旧生中学业、操行及体育成绩特优，与新生中入学试验或转学试验成绩特优者选拔后，提交咨询委员会决定。每年奖学金名额多至40名，分为甲、乙两等。甲等每名年额200元，乙等每名年额100元。1940年因"生活程度较前提高"，甲等每名年额提高至240元，乙等每名年额提高至120元。

林文庆奖学金——为纪念厦大前任校长林文庆先生而设，每年名额4名，由奖学金委员会就各年级学生中平均成绩最优者（无一科不及格者）选拔1名，每名年给奖学金25元。

刘树杞奖学金——为纪念厦大理学院已故教授刘树杞先生而设，每年名额1名，由奖学金委员会就理学院数理、化学、生物三系学生中成绩最优者按年轮流选拔之，年给奖学金20元。

---

① 彭驾骍：《鹭江深且长，彭家四代厦大情更长》，陈福郎主编：《凤凰树下——我的厦大学生时代》，厦门大学出版社2006年版，第54～55页。

萨师俊奖学金——中山舰萨师俊舰长的家属为纪念萨舰长江阴殉难而设，每年名额 2 名，每名年给奖金 20 元，托由厦大奖学金委员会就理工学院土木工程学系学生中自然科学基本学科成绩最优者选拔 2 名。

中正奖学金——为纪念蒋介石任国民党总裁而设，每年在考取成绩特优的新生和在校成绩特优的旧生中选拔一定的名额由教育部决定。每年的名额由教育部决定，奖金定为每名年额 40 元。

各省教育厅奖学金——各省教育厅为奖励各省籍的厦大优秀学生而设。

中文系的学生可以参评的奖学金就有嘉庚奖学金、林文庆奖学金、中正奖学金和各省教育厅奖学金，此外，还有热心教育的黄其华先生等为提倡现代文化，特捐赠厦门大学 100 万元，厦大当即成立现代文化奖学金基金委员会，文学院每年有 2 名的推荐名额。资料显示，自设立奖学金以来，中文系的学生也因学业努力刻苦，屡屡斩获各类奖学金，足见优异。①

第二节　教学与科研

一、招生考试

入学前需经过严格的考试，中文系的学生需要备考的学科包括：(1)国文；(2)英文；(3)数学(高等代数、平面几何、三角)；(4)公民；(5)中外历史；(6)中外地理；(7)理化。除了通过考试的学生，另陆续录取各大学先修班学生、保送生以及因为战争来函申请借读的各地学生。②

二、强化师资

1938 年 9 月 21 日，厦门大学奉令调整各院系，设文、理、商三学院。中国文

① 福建《中央日报》1945 年 1 月 25 日。

② 江西上饶《前线日报》1940 年 10 月 25 日。

学系隶属文学院，共有学生 9 人。[①] 教师（含助教）有 8 人，分别是，教授兼主任周辨明，教授李庆云、余謇，副教授林庚，专任讲师曾省，助教邱立塔、黄典诚、郑朝宗。曾省和黄典诚是毕业后留校任教的。

1941 年，厦大中国文学系新聘著名作家施蛰存任副教授，开设"史记"专题课，编撰《史记旁札》等教材。施蛰存曾任私立中国公学预科教授、国立云南大学文史系副教授、福建省立中学师资养成所国文组主任，因在中国第一次运用心理分析创作小说《鸠摩罗什》《将军的头》而成为中国现代小说的奠基人之一。20 世纪 30 年代他主编的《现代》杂志，引进现代主义思潮，推崇现代意识的文学创作，在当时影响广泛。施蛰存和讲师戴锡璋、管雄的加盟，令中文系的教学实力大增。

厦门大学在长汀办学九载，至 1946 年回迁厦门时，规模已比西迁前壮大了许多。中文系的教师几经更迭，从西迁始的 8 人，发展至回迁时的 13 人（文学院院长周辨明；中国文学系主任余謇，教授林庚、虞愚、徐元度、朱以书、戴锡璋，副教授郑朝宗、黄典诚、陈敦仁，助教陈鹤龄），不仅保留了最骨干的力量，队伍还略有壮大。其中部分教师如黄典诚等是厦大中文系培养的功底扎实的学生，毕业后留校走上教师岗位，一方面继续学术生涯，另一方面也为厦大培养了不少英才，为中文系严谨踏实、自强不息的学风的延续传承贡献了力量。

三、通识教育

此时的厦大已逐步改变林文庆时期"极重文科"的特点，教学重点转而向更具实际功用的理工科倾斜。虽然中文系的课程仍然是"国文""词选曲选""中国文学专书选读""历代词选""各体文习作""中国文学史""小说戏剧选读"等，中文系却由此获得更广阔的空间，具备良好的语文阅读和应用能力不只是对中文系学生的要求，也是对每一位厦大学子的要求。

1940 年 2 月 17 日，厦门大学第六十六次校务会议修正通过《国立厦门大学语文特殊试验办法》，旨在鼓励学生研读语文，"以为进修高深学问之工具"。参加语文特殊试验的学生，必须修过"国文一"以及"英文一"或同等课程。考试分

---

① 《厦大通讯》1939 年第 1 卷第 1 期。

为国文和英文两科，考试内容和方法如下：

国文：当场作文一篇（文言语体均可）。

英文：或阅读指定的英文读物，考试的时候提交三百字的阅读报告；或在应考时由考试主持人任选英文读物，考试其阅读能力。

据《厦大通讯》第3卷第2期刊载，1941年4月15日，厦门大学举行第七次语文特殊试验，由余謇、高梦雄、刘天予3人主试。林莺、叶鸣凤、叶淑仁、辜泗水4人参加了考试。所有系的基础课程与通识教育都特别注重加强语文教育。大一学生每周学习"国文"4小时、"英文"5小时，大二学生每周学习"国文"3小时、"英文"3小时，此番努力，令厦大学子进一步夯实了语文基础，这项举措很快就被证实行之有效。

四、南方之强

厦大迁汀期间，尽管条件艰苦，行政与教学同样紧张，教员与学生也同样努力。课时安排照常，课程设置照常，未曾缺课一天，这在其他迁移学校之中，是十分罕见的成绩。

其中，对大一学生要求尤其严格。第一学期成绩不足80分的公费生一律改为半公费生，成绩不及75分的半公费生一律取消公费资格。所以大一的学生多数兢兢业业，不敢懈怠。相对的，中文系对于大一的师资安排也尤为注意，几乎所有的课程均由院长、系主任，至少副教授以上的老师讲授。例如，由周辨明（文学院院长）讲授大一英文课程，黄典诚副教授等名师也亲自给大一新生授课。

萨本栋治校后大力推行导师制，因导师制上轨道，教员与学生多有接触的机会，情感既洽，领导自易。于是学生团体如学会、级会、剧团以及辩论会等活动，都可以表现出研究与服务的精神，加强抗战必胜的信心。其中尤以战时后方服务团最为努力、抗战宣传及空袭救护消防等工作，更得当地官民不少的好评。

1940年，教育部为考验全国专科以上学校学生的程度，改善学术研究风气，特举办"全国专科以上学校学生学业竞试"，先由学校选出应试代表，参加各省区初试，优胜者再参加全国复试。竞试分三类，第一类考基本学科，即国文、英文、数学，由一年级学生参加；第二类考各学系专门学科两科，由二、三年级学生参加；第三类以毕业论文竞选，由四年级学生参加。福建省初试在长汀举行。[①] 中文系1936级学生曾瑞雯代表厦大参赛，得到教育部的嘉奖，为厦大赢得荣誉。[②] 数届学业竞试，厦大均成绩不俗，受到世人的瞩目，获得“加尔各答以东最完善之大学”和“南方之强”的美誉。

第三节　期刊与社团

一、出版刊物

1.学术类

中文系的师生除在各大校级刊物上发表文章外，本系也创办各种刊物，多发表学术类文章。中文系主任周辨明曾主编《语言文字导刊》，此为前驱国语社的“社刊”，多发表推行国语罗马字拼音文字的方案，极大地促进了语文大众化运动。

这时期，为促进学术研究，厦大由各学院编辑刊物。文学院即在1947年刊行“国立厦门大学文学院学术论丛”。[③] 厦大出版委员会也于此时出版大学丛书，第一种即为林庚教授的著作《中国文学史》，其充满创造性和个人特色。该书1941年曾由厦大出版组以油印本装订成书，油印本只有“启蒙时代”“黄金时代”“白银时代”前三编。1946年，厦大出版委员会决定出版“厦门大学丛书”，将林庚先生的《中国文学史》列为丛书的第一种，并于1946年冬交厦门市大道印务公司承印出版，但因纸价不断飞涨，几经停滞，直至1947年5月才印成。当时《厦大校刊》第2卷第3期(1947年5月31日)这样介绍该书：“全书计达四百余页，颇多独到见解，书前有作者及朱自清先生序文，极为名贵云。”

---

① 《国立厦门大学二十周年纪念刊》1941年。

② 《申报》1941年9月7日。

③ 《厦大校刊》1947年第1卷第1期。

中国文学系教授虞愚（兼治哲学与逻辑学）的新作《怎样辨别真伪》也于1946年在商务印书馆出版。全书讨论了逻辑的发展要略、真理的意义、以本能为标准、以风俗为标准、以传说为标准、普遍同意、以情绪为标准、以感觉的标准为标准、以直觉为标准、以符合论为标准等哲学知识论上的新旧学说并予以批判。

此外，中文系教师讲义多为自己编写。如郑朝宗教授的《欧洲文学史》，用的就是他自己用英文编写的教材。系主任余謇在治学方面自持谦抑，郑朝宗曾经问余謇："您学识丰富，又善属文，为什么不留下一点给后代的人？"余謇微笑作答："有太炎先生和季刚（黄侃）他们著作在前头，我还写些什么呢？"[①]但余謇教授并不是述而不作。他曾编撰《唐宋词选注集评》，不标宗派，凡是脍炙人口的词都收录其中。该集多参考清人之说，如《四库全书总目提要》、许昂霄的《词综偶评》、刘熙载的《词概》、陈廷焯的《白雨斋词话》、王国维的《人间词话》等，间附己见。词中标点符号、平仄换韵之处，皆有标注说明。该书是20世纪50年代厦门大学中文系词选课的范本。

此外，余謇在厦大期间还编著了《文论讲义》《古合韵辨》《诗三百篇籀略》《文字学讲义》《宝瓠斋杂稿》等，都是学术研究和教学的成果，备受学术界注视。其长篇论文《古合韵辨》（刊于《厦门大学学报》第1卷第1期），对段玉裁《六书音韵表》加以详细考辨，提出具有说服力的论据，是他在文字学方面的力作。《文论讲义》分为四章，主要梳理先秦以来的各种文体，如论说、序跋、辞赋、铭箴、奏议、书牍、哀祭、碑志、传记、诸子散文等。余謇去世后，遗物中还有他手抄《西厢记》百余册，附有详细眉批，被厦大师生视为珍本。

在最艰苦的年代，厦大的学术创新代有传人，郑朝宗的《欧洲文学史》、林庚的《中国文学史》、余謇的《唐宋词选注集评》为此添上了浓墨重彩的一笔。

2.文艺类

厦门大学迁汀以前，长汀根本没有出版物，连报纸也没有。厦大迁入后，莘

① 陈兆璋：《五十年后怀恩师》，陈福郎主编：《凤凰树下——我的厦大学生时代》，厦门大学出版社2006年版，第29页。

莘学子轮流从无线电收音机中听取时事新闻，抄写壁报公布于通衢大道，“民众听闻为之一新”。厦大集各方面之力创办《汀江日报》，后改为《中南日报》，该报出版多种学术副刊，一周一期或一周数期，以通俗文字表达典奥学理，深入浅出机趣横生，受到社会人士的欢迎和好评。

仅就师生创办的刊物而言，由厦大中国文学会主编的文学副刊《巨图》最有影响，林庚、夏衍、秦牧、魏金枝、陈友琴和李金发等都在这个副刊上发表过作品。刊载文艺作品的副刊还有厦大学生林仲麟领衔的《大成日报·高原》，林庚教授也有诗论在《高原》上发表。

厦大战时后方服务团主持出版定期刊物《唯力》，内容有时事述评、新闻报道、厦大动态、小品文等，属旬刊，在厦门已发行第1卷。厦大迁汀后，于1938年(民国二十七年)3月30日续出第2卷第1期，同年6月第2卷第10期出版后中断，至1939年5月1日复刊，改为16开本，逢一出版。《唯力》风行一时，突破长汀出版界一向沉寂的空气。中文系的师生经常在《唯力》上面发表文章，多为散文类，一吐心中块垒。

二、社团活动

长汀时期，厦大组织了各类社团，与中文系有关的是前驱国语社、厦大剧团和中国文学会。

1.前驱国语社

前驱国语社随着大革命时代语文大众化运动高潮的到来而创立。该社的创立者与领导人是周辨明、黄典诚等，当时的主张和方针是国语、罗马字、拼音文字的创造和推行，这对当时文化普及运动的推进，贡献颇多。该社在抗战期间曾一度停顿，直至1944年在长汀重新恢复活动。曾举行多次国语发音和拼音法则的学习和演讲。至1947年，该社共有社员20人。该社曾于当年邀请周辨明院长演讲《中国拼音文字的新发展》，报告抗战期间及胜利后拼音文字的发展，阐述他本人对解决这一问题的方案。周辨明在《厦大周刊》上连续刊载的《前驱国语罗马字刊》(后改名为《前驱国语罗马字读本》，于1934年由厦门大学出版)，在国内产生广泛影响，对我国汉语拼音化起了积极的推动作用。

2.厦大剧团

1937年起，厦门大学迁汀后率先成立“厦大剧团”。翌年6月首次演出抗敌救国剧目，震动极大。中文系1942级学生朱一雄（现为旅美画家）曾担任厦大剧团团长，负责舞美设计与制作。他带领的厦大剧团利用大礼堂的讲台表演话剧，曾出演曹禺的《原野》（男主角是1945级机电系的鲍光庆，女主角是1946级会计系的陈人信）、《清宫外史》、《万世师表》、《北京人》、《家》等多部大型话剧，演出时场场轰动。

3.中国文学会

中国文学会的活动十分频繁，组织各种讲座、演讲会等，常邀请中文系的教授为厦大学子开讲。周辨明教授就曾是“陈嘉庚讲座”的特聘教授之一。据记载，1947年2月14日，训导处课外活动小组为纪念戏剧节，邀请中国文学系主任余謇演讲《新旧戏剧之优点与弱点》。余謇在讲演中“广征博引，发挥独到精辟之见解，且语多幽默，听众极感兴趣”[①]。另据《厦大校刊》第3卷第2期记录，厦大学生公社为促进文艺爱好者的研究兴趣，特别组织文艺欣赏会。每周六的晚8点在该社礼堂举行演讲会，邀请知名教授轮流担任专题演讲人。至1947年10月25日为止，已经举行6次，第一次为徐元度演讲《罗曼·罗兰》，第二次为郑朝宗演讲《围城及其作者》，第三次为虞愚演讲《论书法》，第四次为黄典诚演讲《红楼梦》，第五次为朱以书演讲《鲁迅与杂文》，第六次为弥迪理（N.D.Beedy）演讲《谈谈英国的几个名作家》。不同的风格、不同的内容，但每次听众“均告满座，窗外停立听讲者亦甚多”。

---

① 《厦大校刊》1947年第2卷第1期。

第四节　名师录

辛际周

辛际周(1885—1957),字祥云,号心禅居士、灰木散人,江西万载人。著名学者、诗人。幼有神童之誉,12 岁中秀才,18 岁中举人。废科举后,入京师大学堂习经济。毕业后,任江西省立第五师范学监、《民报》主笔。1925 年后信佛吃斋,创建净业社。1930 年后受厦门大学聘,任国文系教授。1940 年 12 月,参与筹建江西省通志馆,任该馆协纂。与吴宗慈合编《江西省古今政治地理沿革总略》《八十三县沿革考略》。平日潜心治学,以诗词自遣,诗风沉雄激壮,句法拗峭,运典精工。后移居上海,病逝于石家庄。著有《灰木诗存》。

余謇

余謇(1886—1953),字仲璋,江西南昌人。著名语言文字学家。18 岁考中举人,被誉为"江西才子"。1909 年考入京师大学堂,1913 年后任江西省立一中教师、江西私立心远大学国文教授。1927 年受聘于厦门大学,任国学系教授;1935—1942 年、1945—1951 年任国文系主任;1939 年代理文学院院长。余謇先生长于声韵、文字学,但古典文学造诣甚深,诗词、戏曲皆有所长。著有《唐宋词选注集评》《诗三百篇籀略》《文字学讲义》《宝瓠斋杂稿》《宝瓠斋随笔》,多为手稿,皆残存无几。

周辨明

周辨明(1891—1984),字忭民,福建惠安人。著名语言学家。毕业于上海圣约翰大学,先后在该校及清华学校任教。1917 年赴美国哈佛大学进修、教学。1921 年厦门大学创办伊始,即任厦大总务主任兼数学教师。1928 年赴德国汉堡大学研究语言学,1931 年获哲学博士学位,在伦敦大学任汉语讲师。1932 年重回厦门大学，历任厦大外文教授、国文教授、教务长、文学院院长、学生指导长等职。1949 年赴英国剑桥大学讲学，后移居新加坡，任马来亚大学教授，1960 年退休。主要论著有《中华国语音声字制》《厦语入门》《语言学概要》《厦语音韵声调之构造与性质》《中华国语音母和注声的刍议》《六书英译新探》。

李笠

李笠（1894—1962），曾名作孚、乐臣，字雁晴，浙江瑞安人。著名文献学家、语言文字学家。1914 年毕业于瑞安私立中学堂（今瑞安中学），无力升学，自学成才。1924 年底，李笠受聘广东大学，1925 年转任中州大学，1928 年任教于厦门大学。1930 年，赴武汉大学任教。1941 年秋，复返任厦门大学教授。次年秋，又赴中山大学。1947 年，任上海暨南大学、中央大学教授。1952 年任教南开大学，1957 年任教于复旦大学，终于此。著述有《史记订补（八卷）》《定本墨子间诂校补（二卷）》《三订国学用书撰要》《中国文学述评》《中国目录学纲要》《殷契探释（甲编）》《汉书艺文志笺评》等多种。

虞愚

虞愚（1909—1989），原名德元，字竹园，号北山。原籍浙江山阴，生于福建厦门。著名学者、诗人、书法家。19 岁到南京内学院从欧阳竟无先生研究印度因明唯识之学。1930 年，考入厦门大学教育学院心理学系，时太虚大师任厦门南普陀寺住持兼闽南佛学院院长，演讲或授课时，虞愚辄往听讲。毕业后留校，教授理则学。1935 年离开厦大，1943 年重回厦大任教，兼任逻辑学教学研究组组长。虞愚不特研究佛教哲学，精于书道，且在中国文学上也造诣颇深，在中文系先后主讲“先秦文学史”“杜诗研究”“佛典翻译”“中国文学”等课程。著有《因明学》《中国名学》《印度逻辑》《书法心理》《北山楼诗集》等。

施蛰存

施蛰存（1905—2003），原名施德普，字蛰存，常用笔名施青萍、安华等。浙江杭州人。著名文学家、翻译家、教育家。先后入之江大学、上海大学、震旦大学读书。1932年起在上海主编大型文学月刊《现代》,从事小说创作。1937年任教于云南大学,1941年受聘于厦门大学,1946年为暨南大学教授,1952年起任华东师范大学教授。在文学创作、古典文学研究、碑帖研究、外国文学翻译方面均有杰出成绩。著述繁富,代表作有小说集《上元灯》《将军的头》《李师师》《梅雨之夕》《善女人行品》等、散文集《灯下集》《待旦录》等、学术著作《中国文学史》《散文源流》《唐诗百话》《史记旁札》等。

王梦鸥

王梦鸥(1907—2002),福建长乐人。著名学者、剧作家、翻译家。1926—1929年于福建学院研习国学,1930年赴日本学习,1931年"九一八"事变后回国。1939年受聘为厦门大学讲师,兼任校长秘书。1941年赴重庆,1943年复返厦大,抗战胜利后离开。1949年赴台,遂倾力于学术研究。1956年转任台湾政治大学中文系教授,1968—1970年曾到日本广岛大学客座任教。1977年于政大退休,被辅仁大学聘为讲座教授,东吴大学聘为研究教授。曾创作剧本《生命之花》《红心草》《燕市风沙录》等。在美学、文艺理论、小学、小说、翻译等领域皆成就卓著。著述有《礼记选注》《中国文学理论与实践》《文艺美学》《文学概论》等数十种,影响深广。

林庚

林庚(1910—2006),字静希,原籍福建闽侯,生于北京。著名诗人、文学史家。1928年考入清华大学物理系,1930年转入中文系,参与创办《文学月刊》。1933年毕业后留校为朱自清先生助教。后任教于北平国民学院、北平大学女子文理学院、北平师大。1937年,抗战全面爆发后,赴厦门大学任教。1947年任燕京大学教授。1952年院系调整后成为北京大学教授,任中文系古代文学教研室主任、北京大学诗歌中心主任。著有《夜》《北平情歌》《春野与窗》《问路集》《空间的驰想》等诗集及《中国文学史》《中国文学简史》《天问论笺》《诗人李白》《唐诗综论》等学术著作。

第三章　调整改革（1949—1966）

新中国的建立，是开天辟地的大事，1949年后，厦门大学发生了脱胎换骨的变化。中文系也适应新的时代，行政组织、师资配置、招生考试、课程设置、教学内容等各个方面发生巨大的变化。在调整中向前，在变革中进取，厦门大学中文系不负时代重托，在新中国成立后的十七年的历史岁月里，无论是教学，还是科研，都取得累累硕果。

第一节　院系调整与教改

一、行政改革

1.院系调整

1949年10月17日，厦门解放，中华人民共和国人民政府接管厦门大学。奉厦门军管会令，1950年中文系暂停招生。从此，中文系的指导思想、课程设置、教材内容等都发生翻天覆地的变化。

新中国成立后，经过三年的努力，我国的国民经济得到全面恢复和发展，1953年开始实行第一个五年计划。为了满足大规模的经济建设对人才的需求，从根本上改变高等教育布局不合理、学科庞杂、专业设置过多过散的无政府状态，克服理论脱离实际的现象，中央提出高等教育“应以培养工业建设人才和学校师资为重点，发展专门学院和专科学校，整顿和加强综合大学”的方针。

1950年王亚南校长来校后，着手进行改制工作，将原有的法学院法律系和政治系合并，称“政法系”，又将法学院与文学院合并，称“文法学院”。改制后，中文系、外文系、教育系、历史系、政法系同属文法学院，院长为陆季藩。[1]

适逢高教部组织全国院系调整，据《华东教育部关于厦大院系调整的批示》，厦门大学改为综合大学，中文系改名为中国语文系。厦门大学的部分知名院系，如航空系、海洋系、工学院，在教育部院系调整的号令下，或取消，或被并入其他高校。航空系被并入北京航空学院（今北京航空航天大学）、海洋系航海专修科与集美水专合并为独立的福建航海专科学校，后再分别归入大连海运学院与上海海运学院。随后，海洋系海洋物理组的教学研究人员，连同仪器设备、图书资料调整至山东大学。厦大又奉命将工学院的土木、电机、机械三系及土木专修科分别调整到浙江大学、南京工学院（今东南大学）和华东水利学院（今河海大学），至此，厦大工学院被全部分离出去。此外，厦大还奉命将财经学院的企业管理系并到上海财经学院，将法学院的法律系归入华东政法学院。而在大规模的院系调整中，中国语文系（即中文系）一直屹立不倒，作为厦大最老牌的院系始终存在。

2.面向华侨

1955 年，高教部考虑到厦门大学地处海边，面向海洋，又在国防前线，情况特殊，颁布（55）综字 1069 号文件《关于厦门大学发展方向的决定》，决定厦门大学应以面向东南亚华侨、面向海洋为发展方向。中文系在招生方面也要侧重招收侨生。至 1958 年，中文系共有侨生 90 人，占全系人数的 43.47%，主要来自印尼、马来亚、泰国、菲律宾、缅甸、越南等。这在国内的其他高校中是少见的，成为厦门大学中文系的鲜明特色。

侨生不仅参加专业学习，也参加劳动锻炼。中文系的许多侨生一面劳动，一面踊跃担任卫生员，为同学敷药疗伤。

3.全面负责制

1950 年春季，余謇教授被任命为中文系主任。任课教师中，教授 5 人、副教

① 《新厦大》1950 年第 5 期。

授 1 人、讲师 1 人。

1952 年，郑朝宗担任中国语文系主任，蔡厚示担任中国语文系秘书。

1956 年，中文系实行系主任全面负责制，通过定期校委会与系主任汇报制度，制定每月教育政策学习及系工作计划，以提高系的政策水平。在系主任郑朝宗的领导下，中文系建立了系各种工作制度和工作计划，每个月将工作计划写成书面报告，教务处协助校长对这些计划进行审查，同时，组织重点检查以提高工作。此外，中文系还配备副职或专职的行政秘书与政治秘书。中文系组织系领导干部对教研组进行重点检查。一系列的汇报、统计、检查工作使中文系提高了政策水平，工作的计划性大大加强。

二、教学思路调整

1.精简课程，分组教研

1950 年 3 月中旬，王亚南校长发出“精简课程”的号召，对教学内容和方法进行了革命性改革，在全校范围改良教学法，中文系课程教材内容一律加以修正。

同年 8 月，中文系根据中央人民政府教育部“高校应维持原状、逐步改造”的方针和华东教育部 8 月 26 日转发的《中央教育部关于实施高等学校课程改革的决定》及华东教育部《华东区高等学校教学研究指导组织暂行纲要》，结合本系实际进行课程改革，组建教研组，按教研组的不同制订不同的教学计划和课程设置。

中文系下设三个教研组，分别是现代文学教研组（共 11 人）、汉语教研组（共 9 人）、中国文学史教研组（共 6 人）。教研组归中文系直接领导，教务处做总的布置与检查。每个教研组只负责一种课程，成员包括教授、副教授、讲师，少则 3 人，多则 6 人。教研组是学校的教学基层组织，由讲授一门或数门性质接近的课程的全体教学工作人员（包括教授、副教授、讲师、助教、教辅人员）组成，任务是发挥集体主义精神，提高教师的马列主义与科学水平，研究苏联先进经验，结合本校实际，改进教学方法，以保证教学的高度思想性和科学性，并不断提高教学效率。

1950年度第二学期，原先划定的教研组再度调整，数量减少了一些，着重于各教研组师资力量的充实。

1957年，中文系的教研组又进行了调整，部分教研组进行合并或删减，教研组增至4个，教研组成员总人数也由教改前的26人增至29人，分别是文学教研组（7人）、语言教研组（8人）、文艺理论组（4人）及函授语文组（10人）。

2.贯彻“双百”，科学讨论

1959年1月12日至3月1日，中共中央在北京召开教育工作会议，会议讨论贯彻执行党的教育方针的主要经验和存在的问题。会议提出，1959年教育工作的方针主要是巩固、调整和提高，应该发挥以教学为主的主导作用，建立正常的师生关系，正确贯彻党的团结、教育和改造知识分子的政策，纠正在学校党员领导干部和部分师生中存在的“宁左勿右”的思想倾向。根据全国教育工作会议精神，1959年上半年厦大召开第二次代表大会，指出要“以整顿、巩固、提高为主的精神，深入、具体、细致地贯彻党的教育方针，大力提高教学质量”。在抓整顿教学秩序、提高教学质量的同时，重视科学研究工作。

1959年，为了向国庆10周年献礼，厦大举行了第三次科学讨论会。中文系所在的中国语言文学组通过论文报告、交流辩论，取得预期的效果，进一步贯彻了“百花齐放，百家争鸣”的方针，学术上自由讨论的风气有了发展。此后中文系每年都参加科学讨论会，开展不同意见的自由的讨论与争鸣。除宣传“双百”方针、重新组织教师学习有关文件外，还大力组织学术报告和学术讨论。教师也积极写文章，参加学术界争论。经过这一段时间的工作，受国内学术气氛的影响，中文系自由讨论的气氛更加活跃了，写文章的积极性也有了提高。1961年，在厦大第五次科学研讨会上，中文系即组织召开以“关于山水诗的阶级性问题”为主题的科学讨论会，规模虽小，但是讨论却能针对当时的学术热点，展开学术思辨。

3.设立专业，强化重点

大规模的院系调整，为学习苏联的教育经验提供了条件。1949年前的大学只设学科，不设专业。专业相较于学科，学习的范围较狭窄，但有利于针对性地培养专门人才。1949 年后，中文系即设置“中国语言文学”专业，中文系的培养目标更加明确化、具体化，为我国的社会主义建设培养大量专业人才创造了条件。专业设立后，又将“闽台方言研究”定为专门化设置与科学研究方向的重点。

1956 年，党中央提出“向科学进军”的号召和“百花齐放、百家争鸣”的方针，使厦大研究工作不断向前推进。根据厦门大学 1956 年制定的“十二项研究重点”，中文系将“中国古典文学和福建民间文艺的介绍和翻译”作为攻坚的重点。至此，在语言学方面，确定了以方言，尤其是闽台方言为重点的研究方向；在文学方面，确定了以古典文学和民间文学为重点的研究方向。这两个重点研究方向的确立，为中文系日后的发展奠定了良好的基础，也为厦大中文系明确自身特色、跻身全国学术一流开创了新局面。

三、贯彻《高校六十条》

1.《高校六十条》的时代背景

1958 年，厦门大学下放福建省管理，调整组织机构实行二级制后，校长直接领导各系。1958—1961 年，厦门大学贯彻执行党的教育方针，师生的政治面貌起了很大的变化，他们对待生产劳动的态度、对待劳动人民的态度，有了显著的改进。教师队伍壮大起来，新教师大批成长。但是，数量发展过快，存在重量不重质的问题。工作中出现简单化的做法，同党外知识分子的团结合作，特别是同老教师的团结合作，或多或少地被忽视了，因而影响了一部分教师和学生的积极性。劳动过多，科学研究过多，社会活动过多，对课程不适当的大合大改，对生活安排、劳逸结合、设备和仪器的管理、学校的总务工作等等注意不够，加上学校工作中的其他缺点，使一部分课程，特别是一部分基础课程的教学质量降低。这些问题，在全国各大高校均有发生。因此，1961 年 9 月，教育部发布《中华人民共和国教育部直属高等学校暂行工作条例（草案）》（以下简称《高校六十条》），强调高等学校要做到五个“必须”：

一是必须以教学为主，努力提高教学质量。生产劳动、科学研究、社会活动的时间，应该安排得当，以利教学。

二是必须正确执行党的知识分子政策，团结一切可以团结的知识分子，为社会主义高等教育服务。正确执行“百花齐放，百家争鸣”的方针，提高学术水平。

三是必须实行党委领导下的以校长为首的校务委员会负责制，充分发挥校长、校务委员会和各级行政组织的作用。

四是必须做好总务工作，保证教学和生活的物质条件。改进党的领导方法和领导作风，加强思想政治工作。

五是学校中党的领导权力必须集中在学校党委一级，系的总支委员会对行政工作起保证和监督的作用。

《高校六十条》是教育部调查组深入几所重点大学，在调查研究、总结经验的基础上制定出来的。《高校六十条》规定，高等学校的基本任务是贯彻执行教育为无产阶级政治服务、教育与生产劳动相结合的方针，培养为社会主义建设所需要的各种专门人才。同时，针对几年来教育革命探索中出现的问题，强调高校工作必须以教育为主，提高教学质量，正确执行党的知识分子政策和“百花齐放，百家争鸣”的方针。

2.贯彻《高校六十条》的措施

1961 年下半年，厦门大学试行《高校六十条》，中文系也针对本身的具体情况，分别就政治理论教育、政治思想工作、教育方针与教学工作、科学研究、师资培养、知识分子工作、“双百”(百家争鸣，百花齐放)方针、学生工作等方面，进行专题调查和总结，全面系统地肯定了以往工作中的成绩，检查了缺点和错误，从而提高了认识，进一步明确了方向。根据《高校六十条》的精神，为提高教学质量，中文系主要采取如下措施：

一是调整教学与生产劳动、科学研究、社会活动的关系，建立和稳定新的教学秩序。在时间安排上，全学年教学 89 周(包括考试 4 周、教学机动 2 周)，劳动采取集中与分散相结合的方式，集中 3 周，分散约 2 周。师生社会活动时间严格控制，教师每周社会活动时间不超过 8 小时，学生不超过 6 小时。为了更合理地使用时间，使教学时间得到更切实的保证，对每周的社会活动时间还做了具体的规定:晚上不开会;星期三下午和星期六下午不排课,可进行社会活动和开会;星期一、二、四、五的下午第三节课,作为学生的社会活动时间。

二是充实教学内容,大力加强基础课程和基本技能的教学和训练,保证系统教学。由于学时得到增加和保证,内容就较为系统充实,中文系的古代汉语学时增多了,也增加了声韵、训诂等课程和对古代典章制度的介绍。注意调配有教学经验的老教师担任主讲教师。学生的中文写作能力有了提高。

三是抓紧教材和课程的建设。在已开设的课程中,或者发教科书,或者印发讲义,其余的也都有讲授提纲或参考资料。

四是加强师资培养。确定了"普遍提高与重点培养相结合,在普遍提高的同时加强重点培养"的方针。培养师资主要是加强基础知识,对中层教师来说,多数也是加强专业基础的问题。

中文系开设古籍学习班,由黄典诚负责授课,主讲"诗经""论语""孟子"等课程,提高了中文系教师对古典文学的研究能力和水平,受到教师的欢迎。青年教师补基础课,大多采用随班听课和参加考试的方法。重点教师的选拔,主要是从中层教师(即讲师和1957年以前毕业的老助教)中选拔。

3.实行《高校六十条》的过程及成果

厦大自1961年下半年起贯彻《高校六十条》,其中可以分为三个不同的阶段:一是1961年下半年,主要是通过学习《高校六十条》,扭转干部和党员的思想。二是1962年,主要注意力集中在保证教学与科学研究工作以及做好党自身的工作上。强调稳定教学秩序,调整党政关系和党与知识分子的关系,发挥行政领导的作用和调动知识分子的积极性。三是从1963年以来,进一步贯彻八届十中全会精神,开展反修学习、向雷锋学习、"五反"运动,同年下半年又开展社会主义阶级教育运动,每周学习3小时。

中文系师生学习过的反对现代修正主义的文件有《请看现代修正主义者堕落到何等地步》《从中印边界问题再论尼赫鲁的哲学》《保卫古巴革命》《发扬莫斯科宣言和莫斯科声明的革命精神》《全世界无产阶级联合起来,反对我们的共同敌人》《陶里亚蒂同志同我们的分歧》《列宁主义和现代修正主义》等。

中文系认真贯彻《高校六十条》和"百花齐放,百家争鸣"的方针,使科学研究工作走上正确的轨道,学术研究风气浓厚,科研成果凸显。1959 年成立的中文系方言调查小组,于 1964 年编写出约 200 万字的巨著《福建汉语方言概况》,为福建地方语言的调查与研究做出贡献。

四、“教育大革命”之探索

1.政治学习与反右派运动

1955—1956 年,根据上级指示,中文系先后开展对《红楼梦》的研究及对“胡风思想”的批判。1957 年 2 月 27 日,毛泽东在最高国务会议上作了《关于正确处理人民内部矛盾的问题》的报告,指出社会主义社会存在着敌我之间和人民内部之间两类性质根本不同的矛盾,系统地阐释了正确处理两类不同性质矛盾的理论,创立了关于社会主义社会矛盾的新学说。3 月 12 日,毛泽东又在全国宣传工作会议上讲话,进一步论述了知识分子的改造和同工农群众相结合等问题,认为知识分子中绝大多数赞成社会主义制度,宣布“百花齐放,百家争鸣”是党提出的基本和长期的方针。

同年 4 月 21 日,厦大党委发出学习《关于正确处理人民内部矛盾的问题》的通知,要求认真贯彻群众路线,克服官僚主义,进一步加强政治思想工作,提高全体教职员、同学的思想政治水平,正确地认识和处理学校中的人民内部矛盾问题,进一步密切党与群众,特别是党与非党知识分子的关系,克服宗派主义情绪,充分发挥全体新老教师的积极性,不断提高教学质量,以百家争鸣的精神积极开展教学研究。

5 月 2—4 日,中文系师生全体停课三天,学习毛泽东在最高国务会议上《关于正确处理人民内部矛盾的问题》的报告和其在全国宣传工作会议上的讲话,以及《人民日报》社论《全党必须认真学习正确处理人民内部的矛盾》《教育者必须受教育》《怎样对待人民内部矛盾》《继续放手,贯彻“百花齐放,百家争鸣”的方针》《从团结的愿望出发》等文件。中文系的师生以负责任的精神,对学校、学院及本系的工作提出批评和建议,正当校党委根据党内外的批评意见准备进行检查之时,全国的政治形势发生巨大的变化。党中央发动了反右派斗争,对运动的指导思想开始由正确处理人民内部矛盾转向敌我矛盾斗争,由党内整风转向反击右派进攻。6月8日，党中央发出组织力量反击右派分子进攻的公开指示，同日，《人民日报》发表社论《这是为什么》，一场全国规模的群众性暴风骤雨式的反右派运动猛烈地开展起来。

6月27日，按照上级指示，厦大召开全体师生员工大会，号召大家投入“反击右派分子”的斗争，维护党的领导，捍卫社会主义。① 从7月份开始，全校师生集中全力开展反右派斗争，通过“大鸣、大放、大字报、大辩论”等形式，揭发、批判右派分子言行。8月，中央要求斗争进一步向地县、市区、大厂矿、中小学展开，提出要“深入挖掘”右派分子，厦大的运动范围也随之进一步扩大。中文系的部分学生也因为“5％的右派指标”被错误地划为“右派”分子。中文系徐元度、李拓之、戴锡璋等老教授无端受到冲击。原系主任郑朝宗教授也因为在大鸣大放时不讳直言，被打成“右派”，安排在资料室工作，直到1960年底才摘掉“右派”帽子，重返教坛。但在此期间，郑朝宗并不因此放弃学习和思考，其所思所想的成果经手刻油印资料发给中文系的学生，后集结成油印本《中国历代文人、作家论文学》。

2.“大跃进”与整风运动

1958年5月，党中央召开八大二次会议。会议根据毛泽东的倡议，通过“鼓足干劲、力争上游、多快好省地建设社会主义”的总路线。接着，各条战线掀起“大跃进”高潮，教育战线也呈现出“大跃进”的态势。9月19日，中共中央、国务院发出《关于教育工作的指示》，强调经济、政治、思想战线上的社会主义革命已经取得决定性胜利，随着工农业生产的“大跃进”，文化教育战线也应该来一场“大革命”，“为无产阶级的政治服务，与生产劳动相结合”，培养“有社会主义觉悟的有文化的劳动者”。

按照中央的指示，1958年起，中文系师生在坚持前线紧张抗战的同时，也在思想政治运动中不落人后，掀起轰轰烈烈的教育“大革命”新高潮：参加“双反双比”、“横扫五气”（官气、阔气、暮气、娇气、骄气）、“红专辩论”、“向党交心”、“拔白旗、插红旗”等群众性整风运动，积极参加大炼钢铁运动，在生产劳动的同时，大

---

① 《新厦大》1957年第5期。

搞社会调查，了解社会和国情，走工农相结合的道路。

中文系也根据本系的情况制定“大跃进”的规划。中文系的规划如下：

第一，新设研究机构“中国语言文学研究所”，计划 1960 年秋完成。

第二，形成全国专题研究的重要据点，包括四个方面：密切联系中国实际的马克思主义文艺理论研究、民间文学研究、中国文学史研究、中外文学研究。力争 3～5 年内完成。

第三，形成本省专题研究中心，包括文艺评论、民间文学两个方面，力争 2～5 年内完成。

同年，文科大搞社会调查。这个“大跃进”计划，随着一次次群众运动的到来，最终没有实现。

3.生产建设与劳动

1959 年 8 月至次年 4 月，中文系的师生走出厦大校门，开赴当时正在新建的福建省三明市重工业基地，与来自全国各地的城建工人一起，在荒山野岭里搭起竹棚，边教学边参加工地建设。

早在 7 月中旬，中文系就委派当年刚刚毕业、留校团委工作的许宏业带队，由 1956 级丙班同学，但当时已任团总支副书记的鄢行晏和班级团支书黄希琛协助，丙班 18 位政治素质和身体素质都较好的同学作为先遣队，奔赴三明搭建 200 多名中文系师生居住的工棚。当时的三明市重工业基地，“布满荆棘草丛和约一人高的各种灌木，还有一些从未见过的各种爬藤”，放眼望去，“远处是起伏不平的丘陵峡谷，可以看到已建成的几座工棚和依稀的人影。近处只有沙溪水和列西小镇一些乌黑破旧的瓦房”。[①] 经过 20 多天的苦干，先遣队建好了占地近 400 平方米的功能齐全的工棚。

8 月，中文系全体师生到达后，立即投入新三明建设的热潮中。从钢铁厂一

---

① 郭启宗：《先遣队奔赴三明》，陈福郎主编：《凤凰树下——我的厦大学生时代》，厦门大学出版社 2006 年版，第 109 页。

号高炉挖地基开始，中文系的一面红旗在工地上就特别显眼。在与民工、部队战士以连为单位的劳动竞赛中，中文系这个“秀才连”获得第二名，更是声名大振，受到时任省委书记叶飞同志和校长王亚南的接见和表彰。

师生们在与建筑工人同吃同住同劳动的过程中，开展了多种社会实践活动和多项社会服务，如创办三明业余文学院，为工地培养业余文艺创作人才，协助出版《三明战报》，编选出版《三钢民歌选》《冲天炉》《红花》等文艺作品，到民工中开展扫盲活动，协办县级、厂级的大专、中专学校语文班（多达 24 个班，学员共计 1500 人）等。

4.农村社教运动

1963 年，厦大先后接到教育部《关于高等院校文科学生参加农村社会主义教育运动的问题的通知》和省教育厅《关于组织文科学生参加农村社会主义教育运动的通知》。这些通知提出，农村社教运动是向学生进行阶级和阶级斗争教育的良好机会，文科高等学校或专业应积极地有计划地组织学生参加这一运动，使青年学生在实际斗争中接受锻炼和教育。

中文系据此精神，组织中文系同学到南安水头埕边大队参加农村社教运动。其中，中文系毕业班同学参加了为期 8 周的农村社教运动。中文系 1962 级 52 人从第 20 周（1964 年 1 月 12 日）开始至第二学期第 3 周（1964 年 3 月 14 日）参加农村社教运动。1964 年 10 月，又按照中央和省委指示与部署，中文系与历史系、经济系的高年级学生及部分教职工共计 662 人一起，先在龙岩市上杭县集中学习两个半月，通过学习文件、明确任务、检查自己存在的问题，表明下乡进行锻炼改造的决心，为参加社教运动打下思想基础。从 1964 年 12 月到 1965 年 7 月，转移到泉州市南安县参加社教运动。运动持续 7 个月，下乡期间的活动分为三个阶段：一开始抓“四共同”（即共同商量、共同决定、共同执行、共同负责，也称民主运动），过好劳动关和生活关，搞好群众关系。之后，在参加社会主义教育运动的同时，充分利用农村的有利条件，积极开展思想教育活动。最后进行思想小结，评选积极分子，召开总结庆功大会。

“打主动仗”是这次中文系农村社教运动的主要特点。一方面，根据运动的统一安排，中文系学生参加了生产队的“三摆”（摆成绩、摆进步、摆经验）活动和传达“双十条”(中共中央关于农村社会主义教育运动的两个文件)、“小四清”(清账目、清仓库、清财物、清工分)的准备工作。另一方面,中文系开展了大规模的访贫问苦和农村调查,采取“三自”(自己提问题,自己找材料,自己解决问题)、“三结合”(抓活的思想,抓活的材料与学习主席著作相结合)、“三摆”(摆认识变化过程,摆解决问题的方法,摆收获和体会)等方法,进一步提高了思想水平,强化了劳动观点,增进了与劳动人民的感情,也加强了对基层工作方面的锻炼。

5.深入社会生活

1951年,厦门大学奉华东教育部来电的指示,包括中文系在内的文法学院二、三、四年级全体师生前往泉州、安溪、惠安、晋江,参加土地改革工作一个半月至两个月。[①]

此后,中文系学生的生产劳动地点多集中在厦门海沧、何厝和漳州龙海三地。在龙海时,恰逢农忙季节,中文系学生从早到晚都待在田间。但是没多久,因为龙海地区暴发副霍乱,学生被厦大紧急召集回校。在海沧,中文系学生的任务是改造低产田,“上午下午,天天挑土”。由于当时的学生大多来自农村,挑土挖地一般不成问题,但在特殊的历史时期,粮食有限,吃饭是个大难题。学生一天限定只能吃12小两,其中还掺一半番薯。[②] 但就是在这种情况下,中文系的学生还是照样一筐一筐地挖,一担一担地挑,个个都力争“多挑快跑”,唯恐落于人后。

在“大跃进”的形势下,为了实现所谓考试成绩的“大干二十天,争取期考满堂红”,课程的设置、课时数、成绩考核等都放松要求,中文系的半农半学试点班即“以开卷为主,考题预先发给学生做准备”,对学生的要求大大降低。

由于参加社会活动与生产劳动的时间过多,出现了严重冲击教学、违背教学规律的现象。在1958年的一年中,中文系师生除了参加政治运动、民兵训练和在校勤工俭学、大办工厂所花去的时间外,单单参加大炼钢铁劳动,每人平均就

---

① 《新厦大》1951年第26期。

② 包恒新:《凤凰木》(外三章),陈福郎主编:《凤凰树下——我的厦大学生时代》,厦门大学出版社2006年版,第175页。

有 103 天[1]，占去全年 1/3 的时间，不利于专业技能的学习和提高。

五、半农半读试点

1965 年 3 月，福建省委书记叶飞根据中央精神，在厦门召开的万人大会上对高校工作做了重要指示，指出大学不要“教死书、读死书”，要“读活书、活学活用”。同年 4 月，中文系根据此精神，对现有各年级的教学计划进行调整，制订了新的开课计划。同时，为了贯彻中央关于高等教育实行“两条腿走路”的方针，在 1964 级和 1965 级学生中试行半农半学教育制度，在校园旁边开辟占地不足两亩的农田，紧挨学校演武大操场南端，面对校办公大楼，供学生使用，种西红柿、地瓜一类农作物。[2] 上午安排专业课，下午学农耕知识，进行试点。

1.试点培养目标

据《厦大中文系汉语言文学专业半农半读试点教育方案》，中文系汉语言专业的基本任务是培养具有社会主义觉悟的语文专门史人，身体健康，既能从事体力劳动，又能从事脑力劳动；既有一定的阶级斗争和生产斗争的知识，又有独立从事语文工作和基层工作能力的新型劳动者。所以，为了“培养社会主义觉悟”，掌握“阶级斗争和生产斗争的知识”，中文系将本科生的学制调整为 5 年。其中，在校学习（包括假期）约 3 年，劳动（包括社会主义教育运动、下连队当兵）约 2 年。前者占修业时间的 57％，后者占 43％。

因为参加农村和城市的社会主义教育运动各一期，约需一年半时间，所余生产劳动时间不多，为了及时取得半农半读的经验，故将全部生产劳动时间平均分配在试点头两年。

中文系要求学生通过生产劳动，从生活作风到思想都要“与工农打成一片”，学习他们的优秀品质，培养工农的思想感情，“进一步认识劳动创造世界的伟大

---

① 厦门大学校史编委会：《厦门大学校史》第 2 卷，厦门大学出版社 2006 年版，第 104 页。

② 蒋伯英：《初到厦大》，陈福郎主编：《凤凰树下——我的厦大学生时代》，厦门大学出版社 2006 年版，第 258 页。

意义”，树立劳动光荣、热爱劳动、热爱劳动人民的思想，努力促进自己的“革命化、劳动化”。技能上，要熟悉农作物，如水稻、麦子、番薯、花生和普通蔬菜等的生产过程，基本上掌握这些作物的全部生产技术，学会各项主要劳动技能和使用化肥、农药、排灌机械的方法，学会饲养家畜家禽，具备一定的农业科学知识和组织劳动、管理生产的能力，即在生产劳动上达到一个中等劳动力的水平，在管理工作上达到一个生产队作业组长的水平。为了让学生学有成效，特邀请有经验的贫下中农或农业技术人员传授农业生产知识和技能，以现场教学为主。学生在平时劳动中，能者为师，互教互学。

2.半农半读的主要安排

五年中生产劳动时间共29周。试点头两年每学期劳动7周，平均每星期劳动两天，分为四个半天，分班交叉进行。每两星期规定一个全休日，一个半休日，分班交替轮休。假期也采用轮休办法，每日均有人劳动，保证生产不间断。劳动情况逐日记入劳动手册，每两周开一次劳动检查会，每学期考核一次。考核方法为自我鉴定、小组评议、政治辅导员初审，送系核定。

在“半农”的同时不忘“半读”。中文系利用半农半读的条件，因时因地制宜，把教学同实际各种活动结合起来，从实战需要出发来进行教学。比如，利用假期和课余时间，访贫问苦，参加各种社会活动，从中接受阶级斗争教育。配合各项中心任务和形势教育，宣传党的方针政策。每周安排一定的时间有计划有组织地进行群众文化工作，根据群众的需要，开办夜校、扫盲班、俱乐部，出墙报、黑板报以及开展其他文娱活动。

增加军事训练的环节。除了按照国防部、教育部联合颁发的《高等学校民兵试点训练大纲（草案）》进行训练外，还在课外时间举行野营、射击、爬山、游泳及其他活动。第五学年上学期集中5周时间下连队当兵。

这个时期对学生的考核内容就以思想觉悟、生产水平为主，与中文系相关的专业考试则采用以开卷为主的方式，考题可以预先发给学生做准备。由于该半农半读试点教育方案，在培养目标和生产劳动等方面提出不少“左”的过高要求，在试验过程中遇到种种困难和矛盾，试验一年后因“文化大革命”爆发而中断，以后也没有继续进行。

第二节　课程设置

一、教学改革

1.1952 年教改：制订教学计划和大纲

1950 年春季，中文系安排了以下课程："三百篇研究""史记研究""历代诗选""文艺学""现代诗文选""小说戏剧选""中国现代文学史""古典文学史""国文基础""声韵学""中国文字改革问题""写作实习和苏联文学介绍"。

古典文学部分由余謇教授、虞愚教授及戴锡璋教授共同授课。虞愚教授专攻先秦文学，负责讲授"三百篇研究"，有时候会请学生到家里讲古诗词。据虞愚教授的学生回忆，他讲课一是精要，重点突出、要语不烦；二是板书好，笔走龙蛇、字字矫健；三是善于吟咏。[①] 戴锡璋教授讲授"古典文学史"等课程。

徐元度教授讲授"文艺学"及"中国现代文学史"。

黄典诚教授讲授"文字学"。

系主任郑朝宗教授开设"写作实习"课程，蔡厚示为该课的助教。

课程设置和解放前大同小异，除增加苏联文学介绍外，还是以古文、小学为主。但从 1952 年起，中文系结合当时的时事进行教学改革，制订教学计划和教学大纲。

教学计划是为各专业培养"又红又专"的人才而制订的纲领性文件，它规定了专业学习的年限、必须学习的课程及其地位和比重。教学大纲是各课程的纲目，它反映了学生必须掌握知识的深度和广度。在设置了中国语言文学专业后，中文系参照苏联高等学校以及国内其他大学，结合中文系自身的师资和设备条件，认真着手制订、修订本专业四年制的教学计划和各课程的教学大纲。

初订的教学计划及大纲，经过一个学期的试行发现了一些问题，如计划太

---

① 周勇胜：《五老峰上忆虞师》，陈福郎主编：《凤凰树下——我的厦大学生时代》，厦门大学出版社 2006 年版，第 83 页。

繁、课程太多；有些内容对我国不太适用；有些内容是专业中不可或缺的，但由于我国中学阶段没有打下足够的基础，学生学习颇感吃力；等等。

2.1953 年教改：精简课时，强调政治

1953 年 5 月，教学计划和教学大纲重新做了修订。修订后的教学计划结合专业培养目标，精简了学时过多、课程重复的内容，如中国语言文学专业一年级的 12 门课调整为 9 门课①，每周上课时间在 24 ～ 30 小时，注重培养学生独立思考、独立工作的能力，加强了教学过程的实践性。各课程尽量采用苏联材料和参考书，内容均强调政治性与思想性，注意贯穿辩证唯物主义的观点，利用本门学科在国家建设中的地位及已经取得的成就进行爱国主义教育。

课程改革本着“明确教学目标，明白指定参考章节，减轻学生负担”的思想，课程改革后，大多数教师都能按照所拟定的教学计划进行教学，课前做充分准备，完成教学任务。据资料记载，此举“提高了教师教学的责任感，教师教学态度改善”。

3.1957 年后的教学改革：厚今薄古、古为今用

1957—1959 年，厦大中文系又开始新一轮的教学改革，主要是古今比重上的变化。课程设置改变过去厚古薄今、名类繁多、内容庞杂的旧体系，从现实阶级斗争、生产斗争的需要出发，贯彻厚今薄古、古为今用的原则，加强马克思列宁主义、毛泽东著作的学习，增加研究现状的课程。专门化选修课也进行了删减，如“文字学”（由洪笃仁负责授课）、“汉语史”（由黄典诚负责授课）、“水浒”（由黄祖良负责授课）等。新增“毛主席文风研究”“福建方言研究”“当前文艺问题研究”等课程。

---

① 《新厦大》1953 年 9 月 11 日。

二、教改后课程设置

教改后的课程包括“毛泽东文艺思想”“当前文艺问题”“建国以来文学”“中国现代文学史”“中国古代及近代文学史”“中国古代文学作品选”“欧洲文学”“写作”及选修课。1955 年，还新增“人民口头文学创作实习”课程。

“毛泽东文艺思想”以《在延安文艺座谈会上的讲话》和毛泽东其他有关文艺理论的著作作为教材，联系当时文艺界和学生文艺思想的实际，深入学习毛泽东关于文艺与政治、文艺与群众、文艺与生活、文艺与传统、文艺的批评标准和创作方法以及文艺界思想斗争规律的理论。用毛泽东文艺思想为指导来分析一般文学现象和文学作品。

“当前文艺问题”以当时文艺运动、文艺理论斗争和文艺创作中的实际问题为教学内容，引导学生运用毛泽东文艺思想进行讨论、参加战斗。通过教学，使学生重视对现状的研究，提高分析批判和独立思考的能力，进一步确立文艺为工农兵服务、为社会主义革命和社会主义建设服务的思想。教学方式以自学和讨论为主。高年级除自学、讨论外，还须撰写评论文章。

“建国以来文学”以阐述建国以来文艺界的历次重大思想斗争和评论建国以来优秀文学作品为教学内容。通过教学，使学生对建国以来的文学发展情况有较具体的了解。第一学期为文学作品评论，教学形式以讲授、写评论文章为主。第二学期为文艺思想斗争史，教学形式以讲授、阅读文献和讨论为主。

“中国现代文学史”由蔡师圣、应锦襄、孙腾芳、彭柏山等老师负责授课，讲解“五四”以后 1949 年以前中国现代文学，特别是革命文学的产生、发展过程，总结无产阶级革命文学的发展规律以及与“资产阶级、修正主义”文艺思潮斗争的经验，特别着重阐述毛泽东文艺思想在推进无产阶级革命文学迅速发展中的伟大作用和意义。

“中国古代及近代文学史”由虞愚（先秦文学）、陈朝璧（虞愚离校后接手先秦文学）、戴锡璋（两汉文学）、周祖譔（隋唐五代文学）、李拓之（元明清文学）等负责授课，以历史唯物主义观点和革命批判精神，系统扼要地讲授中国古代和近代文学发展的主要过程及其与当时阶级斗争的关系，适当地说明古代、近代主要作家的基本倾向和他们在文学史上的地位。第一学期自先秦讲至宋代，第二学期讲明清及近代。

“中国古代文学作品选”由郑朝宗负责授课，选讲若干篇古代有代表性的文学作品，进行深刻的分析批判，使学生提高对封建社会文学的分析批判能力和抵制封建主义、资本主义思想影响的能力。在教学中适当讲授最必须的古代汉语知识，提高学生阅读古文的能力。

“欧洲文学”由郑朝宗、徐元度等负责授课，主要概括地讲授欧洲文学，特别是文艺复兴以后资产阶级文学的主要发展过程，对其中主要流派的理论和有广泛影响的创作进行深刻的批判。

“写作”课程由庄钟庆、陈汝惠、许栋梁等负责授课，以毛泽东文艺思想和关于文风问题、语言问题的指示为指导思想进行教学。一年级讲一般文章和应用文的写法(结合讲授现代汉语基本知识)，着重解决学生写作思想、文风和语言表达问题。二年级讲记叙文和论说文的写法，着重掌握通讯、报告文学、短论和总结报告等文体的写作特点。三年级起，课外组织学生进行写作练习，从当时阶级斗争、生产斗争的实际需要出发，结合教学和社会活动、社会调查，写作评论文章或文艺作品。

此外，根据实际需要和师资力量开设若干门选修课，如“马克思主义文艺理论经典著作选读”“群众文艺”“戏曲改革”“文艺理论专题”“作家作品研究”等。

这些课程明显地带有时代的烙印，与现实生活、阶级斗争结合得更为紧密。此外，针对不同的专业，中文系采取开设专门化课程的措施，逐步加大专门化课程的比例。例如，资料显示，1954 年古典文学专业所学的课程从 1950 年的“中国古典文学选读”“水浒”两门课程增加到 8 门，课程数量逐渐增多，课时数也由 133 个课时增加到 322 个课时。课程安排也更加细化了，如原先的“中国古典文学选读”细化成 6 门不同的课程。新增加“鲁迅”这一专题，而“水浒”则作为保留课程，一直延续。

第三节　在海防前线坚持教学科研

一、前线大学

20 世纪 50 年代，台湾海峡两岸处于敌对交战状态，海防前线城市厦门频受空袭和炮击。厦门大学位于厦门岛的前沿，与国民党占领的海岛大担、二担正面相对，且与金门相距不到5000米，校园在对方的火炮射程之内。因此1949年后的厦门大学依然处于战区，成为全国独一无二的前线大学。1950年6月，朝鲜战争爆发后，美国在派兵干涉朝鲜内政、扩大朝鲜战争的同时，派遣第七舰队侵入台湾海峡。国民党乘机策划“反攻大陆”，厦门地区形势十分紧张。1951年1月，党中央指示前线部队务必确保厦门安全。人民解放军第三野战军司令员陈毅亲临前线视察，厦门进入临战状态。为坚持前线战争，厦门大学设立防空指挥处，除理、工两学院曾一度疏散到闽西地区外，中文系和其他各系一起坚守在厦门前线，进一步掀起保卫厦门、保卫厦大的战斗热潮，共同订立《全体师生员工爱国公约》，表示“在任何情况下，克服困难，争取时间，坚持学习”。1954年，厦门驻军炮轰金门。台湾方面也对厦门进行炮击和空袭。据台湾方面的不完全统计，仅1954年9月，金门就向厦门沿海地区发射炮弹38万余发，最严重时每次空袭达160～170架次。白天飞机声、枪炮声轰鸣；夜间照明弹凌空而起，整个厦门地区，战火纷飞，硝烟弥漫。厦大校舍多处受到燃烧弹和炮弹的袭击，职工、学生有多人受伤，有资料显示，1954年9月11日，国民党军队在厦大范围内投弹，重轻伤各3人。正常的教学生活秩序遭受破坏。

二、课程安排

在反空袭斗争中，厦门大学采取了停课、分散排课、四节三部办法(即三部轮换，每部四节一贯制的方法。上午文史科，下午财经科，分配在防空洞上课。晚间理科上课，分散在各个地区)、在防空壕和防空洞口上课等教学方式。1954年9月1日开学后，由于敌机空袭频繁，为避免人员的伤亡，厦大首先实行防空紧张时的教学方案，把师生的教学和生活安排在防空洞里，实行三部轮换、每部四节一贯制的方法，中文系上午在防空洞上课，每周上课时间只有24小时，教材力求精简，星期天作为补课时间，体育课采取分散、就近、分组的办法进行。

中文系的上课地点多在南普陀寺西侧的防空洞，学习和生活条件十分艰苦，一开始有些同学难以适应。为了鼓舞斗志，中文系的领导和教授多与学生一起“战斗”，如黄典诚教授就曾在防空洞里亲授“语言学引论”。中文系的师生还共同学习了周恩来总理在第一届全国人民代表大会所做的政府工作报告，进行了爱国主义与国际主义教育、革命英雄主义与集体主义教育，以及不怕困难、勇于斗争的教育。

同年10月份以后，敌机空袭较少。从10月18日起厦大开始第一种教学方案，即在防空较松时期的教学方案。学生全部在课室内上课，中文系在上午上课。到了11月中旬，在人民解放军炮火的猛烈反击下，敌机的空袭次数大大减少。厦大领导经过周密研究，恢复在白天上课的做法，自11月19日起，全部课程在白天上课，上午5节、下午3节。为了避免出现教室过度密集的现象，保证空袭时能从容疏散，厦大还搭建了6间竹篷作为临时教室，分布在学生宿舍及南普陀寺附近。中文系的师生还参与防空准备工作，如防空壕、防空洞的加固加盖工程等。到1954年，全校一共完成防空壕10013平方米，修整加高加盖防空壕1618平方米。

三、参加民兵营

1958年，中东危机发生后，国民党一方面加紧修筑金门、马祖工事，另一方面出动美援的战机对福建沿海地区进行频繁的空袭和轰炸，台湾海峡地区再次进入紧张状态。1958年8月23日到10月6日，人民解放军发射炮弹10万发，在炮击金门的激烈战斗中，厦门大学再次经受规模空前的炮战洗礼。全体师生支前参战，于1958年9月8日晚上成立厦门大学民兵师。民兵师一方面坚持对敌斗争，另一方面坚持工作和学习，既是军事组织、劳动组织，又是教育组织、体育组织。中文系是民兵师的第七营，隶属于文财团，除了政治上和体格上不符合条件的以外，中文系的学生都参加了民兵营。民兵师成立时举行了庄严的宣誓仪式，人人握拳高呼“誓与厦门大学共存亡，誓与厦门岛共存亡”①。每位参加民兵营的学生都发了一支七九步枪，每人配发80发子弹以及4个老式木把手榴弹。形势紧张的时候学生可以带枪上课。每个班级还配发一挺捷克式机枪。

---

① 陈安全：《特殊时代厦大生活片段》，陈福郎主编：《凤凰树下——我的厦大学生时代》，厦门大学出版社2006年版，第183页。

四、民兵营生活

1962 年夏，台湾海峡形势日益紧张，厦门市党政军机关把一切重要文件都撤到内地，部队家属全部撤出厦门岛，厦门大学也接到提前放暑假、动员全校师生疏散的命令。但中文系仍有 30 多名政治素质过硬的积极分子留校参加民兵师，集中居住，实行军事化管理，训练的科目有：队列训练，步枪、手枪、冲锋枪、机关枪、高射炮射击训练，投掷手榴弹训练，有的还进行操纵迫击炮的训练。训练全部在厦门当地驻军指战员带领下进行，所有参加民兵师的学生都掌握使用三八大盖（三八式步枪）、左轮手枪、冲锋枪、机关枪和高射炮等武器的本领。除了学会使用各种兵器，民兵师还进行了各种战术训练，天天趴在 40 摄氏度高温的海滩上，练习进攻、防守、抓特务、打上岸敌人、拼刺刀①，晚上还要参加夜间紧急集合短途拉练的训练科目。在坚持教学的同时，中文系的师生也在实际的战斗中加强了政治教育。

1958 年 10 月 6 日，国防部部长彭德怀发表《告台、澎、金、马同胞书》后，人民解放军对金门采取打打停停、半打半停的方针，后来又采取单日打双日不打的警告性炮击，一直延续到 1978 年 12 月 31 日。在海峡两岸长期处于军事对峙的形势下，中文系的民兵师在 1958 年的炮击金门、1959 年的防台风斗争、1960 年的反美反蒋武装示威中，出色地完成支前参战、抢救抢修、守卫海防等战斗任务，和其他各系一起为了坚持长期的对敌斗争，继承和发扬了"劳武结合"的光荣传统，即在平时以"劳"为主，以民兵战士的姿态，积极投入教学、科研等工作；战时以"武"为主，即勇敢参与对敌斗争和民兵训练，把两者结合起来，互相促进，全面提高。

第四节 学生活动

20 世纪 50 年代的校园总体而言弥漫着宽松兼容气氛，提倡"改变刻板生

① 包恒新：《凤凰木》（外三章），陈福郎主编：《凤凰树下——我的厦大学生时代》，厦门大学出版社 2006 年版，第 176～177 页。

活”，鼓励学生（包括男生）穿花衣，校园音乐也多流行《我的祖国》《九九艳阳天》《刘三姐》《弹起我心爱的土琵琶》《四季歌》等。① 中文系的团总支、学生会密切配合，举办各种大合唱、歌舞剧、话剧、周末舞会等。② 中文系学生的文艺创作活动在此氛围下更显活跃，在学习期间不少学生进行诗歌、散文、小说等创作，其中部分作品分别发表于国内各种报刊上。同时，在老师的指导下，学生自行组织创办刊物，登载学生作品。

一、《鼓浪》《波艇》复刊

1955 年，中文系 1953 级鲁迅文学小组重新出版《鼓浪》，复用此刊名一是为了纪念鲁迅，二是取其“百家争鸣，鼓起学术高潮”之意。《鼓浪》原为鲁迅在厦大任教期间所指导的文学社出版的文学刊物，鲁迅离校后，《鼓浪》随即停办。在重新发行的《鼓浪》上，时任系主任郑朝宗在序中鼓励同学们“不再满足于陈旧的学习方法，开动脑筋，自己思索、自己做主，在教师的指导下，伸出手来叩击学术之门”。

《鼓浪》主要登载学生创作的作品及评论文章，也刊课程教改的成果以及学习心得，能起到较好的交流经验、活跃学习气氛的作用。多数文章和当时的社会政治接合紧密，如反映半农半读的独幕话剧《新途第一步》、批判“写中间人物论”的《为什么这样忌讳新英雄人物的完美形象》、支援越南战争的《战斗的越南南方青年》、报告文学《第一代女盐工》、诗歌《毛主席著作胜太阳》等。当时《鼓浪》的学生编辑有：刘再复（中国社会科学院文学研究所原所长，现任美国科罗拉多大学客座研究员、香港城市大学中国文化中心名誉教授、台湾东海大学讲座教授）、张诗剑（香港诗人、《文学报》主编）、陈慧瑛（散文家、厦门作家协会主席）、包恒新（《福建论坛》杂志社副总编）、林兴宅（厦门大学中文系教授）。

1958 年，《鼓浪》由中文系接办，1958 年以后，交由中文系学生会负责编辑出版。同时恢复《波艇》的出版，《波艇》主要刊登文艺创作。以上刊物均在“文革”

---

① 胡明辉：《学生年华的黄金片段》，陈福郎主编：《凤凰树下——我的厦大学生时代》，厦门大学出版社 2006 年版，第 119 页。

② 杨聪凤：《我是凤凰树上的一片叶》，陈福郎主编：《凤凰树下——我的厦大学生时代》，厦门大学出版社 2006 年版，第 201 页。

开始后停办。

二、成立鲁迅纪念室

1952 年 10 月 19 日，为了纪念鲁迅、学习鲁迅，厦门大学设立鲁迅纪念室。筹备工作由中文系的师生负责，先是调查研究，确定鲁迅在厦大的故居集美楼二楼西部为纪念室的地址，室内布置完全按照鲁迅居住时的式样。1956 年，为纪念鲁迅 75 周年诞辰、逝世 20 周年以及到厦大任教 30 周年，中文系对鲁迅纪念室重新整顿，增设陈列室一间，陈列鲁迅在厦门期间的著作及有纪念价值的资料。中文系师生搜集了鲁迅先生的全部著作、手迹、照片、画像，以及记载研究鲁迅的各种书报杂志，分别悬挂室中或陈列在书架上。[①] 纪念室由时任中华人民共和国副主席宋庆龄亲笔题字。1962 年，全国人民代表大会常委会副委员长郭沫若视察厦大时，特来瞻仰。

三、成立学术研究小组

中文系学生还组织“学生科学研究分会”，会员采取自愿加入制，邀请教师进行指导。分会下设鲁迅文学研究小组、语言研究小组、民间文学研究小组、屈原古典文学研究小组等，根据中文系的特点进行科学报告、座谈会和讨论会等学术活动，出版壁报和期刊，活跃了中文系的学术氛围。仅 1956 年，鲁迅文学研究小组成员就发表多篇论文，出版了壁报《萌芽》，组织了一次“关于阿 Q 典型性问题”的讨论会。语言研究小组分别就“怎样学好标准音”和“词是什么”举行了两次科学讨论会。民间文学研究小组整理生产实习时搜集的材料，出版壁报《拓荒》。屈原古典文学研究小组将小组活动与“中国文学史”课程整合在一起，对三曹和陶渊明进行了研究，举办“关于琵琶记”的讨论会，学术成果显著。

---

① 《新厦大》1952 年第 43 期。

四、优秀班级

在20世纪60年代的前五年，厦大中文系在师生中开展“学雷锋、树新风”和“争三好学生、创四好班级、搞五好宿舍”运动，师生们还参加民兵训练、下乡下厂参加社会实践等活动，这对于进一步树立师生的人生观和世界观，都起到有益作用，多次获得表彰。1964年6月5日，《厦门日报》用头版和二版发表文章，表扬厦门大学中文系1961级学生学习毛主席著作，逐步树立奋发向上、刻苦读书、艰苦互助、热爱劳动、团结友爱，关心集体的风气，成为学校中的先进集体。这个时期毕业的中文系学生，以积极奉献的精神，为祖国的社会主义建设事业做出贡献。

但是，随着党内左倾错误的再度发展和“千万不要忘记阶级斗争”口号的提出，正常的教学工作也逐渐转移到“以阶级斗争为纲”的轨道，贯彻执行《高校六十条》的工作也逐步被否定。特别是1964年以后，由于思想文化领域中的错误批判不断升级，一些学术观点被当成政治问题看待，上纲上线到阶级斗争的高度加以批判。各种规章、制度也被当作“修正主义”产物加以否定。

第五节　名师录

徐霞村

徐霞村(1907—1986)，原名徐元度，祖籍湖北阳新，生于上海。著名作家、翻译家。1925年考入中国大学哲学系，后辍学赴法国巴黎，1928年夏回国。从1926年起开始在《晨报》副刊、《世界日报》副刊、《语丝》、《小说月报》等刊物上发表译文、小说和散文。1928—1930年夏活跃在上海文坛上，有大量著作与译著，包括《法国文学史》《南欧文学概况》《文艺杂论》，小说集《古国的人们》，散文集《巴黎游记》；主要译著有《菊子夫人》《洗澡》《法国现代小说选》《六个寻找作家的剧中人》。历任北京大学、北京师范大学、北京女子师范大学中文系讲师，齐鲁大学副教授。1947年任厦门大学中文系教授，任教授会理事，后任现代文学教研室主任、厦门文联常务理事兼研究部部长。1957年被错划为“右派”，调到外文系工作。

彭柏山

彭柏山(1910—1968)，湖南茶陵人。1925 年考入长江工业学校学习；1929 年就读于上海江湾劳动大学政治经济系，开始创作。1931 年加入“左联”领导下的文艺研究会，任大众教育委员会书记，创作上得到鲁迅的鼓励和帮助。1934 年发表最早反映苏区人民斗争生活的短篇小说《崖边》。同年被捕。1935 年，在狱中加入中国共产党。1937 年获释后参加新四军，至全国解放之前，一直担任政治宣传领导工作；新中国成立后，曾担任华东军政委员会文化部副部长、上海市委宣传部部长，因“胡风问题”受到株连入狱。1961 年来到厦门大学，讲授现代文学。后调入外文系。1965 年离开厦大，1968 年于河南农学院被迫害致死。1980 年得到平反，恢复党籍和名誉。

郑朝宗

郑朝宗 (1912—1998)，字海夫，笔名林海，福建福州人。民盟成员。著名学者、诗人、翻译家。1936 年毕业于清华大学外文系。1938 年受聘于厦门大学，1939 年赴上海，1943 年复至厦门大学。1949 年赴英国剑桥大学留学，攻读现代小说博士学位。1951 年回国，任厦门大学中文系教授及系主任，兼任厦门大学工会主席、厦门市文联主席、福建省文联副主席。1958 年，被打为“右派”，“文革”期间下放龙岩连城县进行“劳动改造”。“文革”后回到厦大，重新主政中文系，招收硕士研究生，开设“《管锥编》研究”课程，成为国内“钱锺书研究”第一家。1979 年加入中国作家协会，晚年受聘为福建省文史馆副馆长。著有专著《小说新论》《护花小集》《梦痕录》《海滨感旧录》《海夫文存》《西洋文学史》等。

李拓之

李拓之(1914—1983)，原名李点，字驰云，号无辩，晚年自号衍碧楼主，福建福州人。现代作家，著名学者。1927 年毕业于福州第一中学，做民报编辑以维持家计，后与友人合办野火文艺社，同时开始阅读新文艺刊物并写作。1931年主编《南华日报》《朝报·文艺副刊》。1939年任职于国民政府军事委员会政治部第三厅，1945年抗战胜利回沪，到上海教育局任编审，同年加入民盟。1948年出版历史小说《焚书》，文学成就和思想价值都很高。1949年到北京新华通讯社工作。1953年受聘于厦门大学中文系，历任副教授、教授。1957年错划为“右派”。1962年任教福建第二师范学院（现闽南师范大学），1964年被解雇。1978年平反，复任厦门大学中文系教授。郑朝宗为其编撰遗著《李拓之作品选》。

黄典诚

黄典诚（1914—1993），字伯虔，笔名黄乾，福建龙溪人。著名语言学家。1937年毕业于厦门大学国文系，任福建省立龙溪简易师范国语教员，1938年受聘于厦大国文系，1945年任副教授，1981年任教授，1986年被国务院批准为汉语史博士生导师。兼任中国语言学会、汉语方言学会、音韵学研究会理事，中国音韵学会学术委员，全国高等院校文字改革学会顾问，《汉语大辞典》编委，福建史志协会顾问等职。著述有《前驱国语罗马字读本》《语言学概要》《训诂学概论》《诗经通译新诠》《普通话闽南方言词典》等。

陈汝惠

陈汝惠（1917—1998），男，上海宝山人。著名作家、教育家、学者。1932年，在省立上海中学乡师毕业，任小学教师，同时插班就读于上海建国中学高等师范学校。1934年起，任上海立德中学初中语文教师。抗战时期以笔代刀，创作出长达6万字的中篇小说《女难》，分三期在《小说月报》上发表。又有《淡水》《小雨》《捕珠手》《斗牛士》《共死生之》等作品，充分反映他抗日爱国的热情。1949年后，因新中国首任教育部部长马叙伦的推荐到厦门大学任教，担任厦大华侨函授部副主任等职务。“文革”中遭受严酷迫害，直到“文革”结束，其历史问题才得以澄清，调高等教育研究所任副所长，主编《建国以来高等教育大事记》。

第四章　迷失年代（1966—1976）

“文革”十年，教育受到严重干扰。厦门大学作为全国重点大学，也不可避免地深受其害。中文系作为意识形态领域关注的重点，所受冲击最重。若干学有专长、德高望重的教授被打成“右派”，遭到迫害。不少师生被裹挟进各种运动的洪流，迷失了人生方向。招生停顿，秩序混乱，教学和科研都遭受到前所未有的冲击。

第一节　狂飙骤起

1966年5月16日，中共中央政治局扩大会议通过“文化大革命”纲领性文件——《中国共产党中央委员会通知》（以下简称《通知》）。《通知》要求全党“高举无产阶级文化革命的大旗，彻底揭露那些反党反社会主义的所谓学术权威的资产阶级反动立场，彻底批判学术界、教育界、新闻界、文艺界、出版界的资产阶级反动思想，夺取在这些文化领域中的领导权。而要做到这一点，必须同时批判混进党里、政府里、军队里和文化领域的各界里的资产阶级代表人物，清洗这些人，有些则要调动他们的职务”。《通知》的下达，使“文化大革命”作为群众性的政治运动在全国急剧开展。

一、“文革”肇始

1966年5月24日，福建省委派出以陈玉西为团长、张格心为副团长的工作团进驻厦门大学，领导全校开展“文化大革命”。6月1日，《人民日报》发表社论《横扫一切牛鬼蛇神》。中央人民广播电台于当日下午4点播发北京大学聂元梓等人攻击北京大学党委及北京市委的大字报以及这篇评论员文章。仅过了几个钟头，经济系的学生就在竞丰食堂（现已拆，原文科学生食堂）的石墙上贴出第一张大字报。[①] 翌日，中文系、经济系、外文系的少数学生先后贴出大字报，指责厦大党委在工作中的"错误"和"问题"，点了学校领导人陆维特、张玉麟、未力工的名。

6月4日，《人民日报》公布中央改组北京市委和北京大学党委的决定，福建省委也于当日宣布，由省委工作团领导厦门大学的运动，厦大党委停止领导工作，集中学习检查。广大师生心情紧张不安，但部分学生却受到鼓动，贴出大字报，要求揭发校领导的"问题"和揭开校内"阶级斗争"的盖子。从厦大南门到中文系教师所住的宿舍芙蓉三，道路两旁摆满贴着大字报的木板。受全国性浪潮的驱动，厦大"文革"运动发展迅猛，仅6月份全校就有3万余张大字报。从支部书记到一般的教师，再到学生，中文系几乎所有的师生都卷进"文革"洪流中，大家纷纷写大字报，揭发周围人的言行，部分内容甚至涉及日记内容、私人书信等个人隐私。

中文系的学生林金铭[②]（1966年8月26日成立的"厦大红卫兵独立团"负责人）等还贴出《赤血红心，誓死保卫毛主席和党中央》的"血书"[③]，部分学生还召开一系列所谓"声讨""揭发"大会和小组鸣放、辩论会。

1966年8月7日，党的八届十一中全会上印发毛泽东写的《炮打司令部——我的一张大字报》，指责向高校派工作组是"站在反动的资产阶级立场，实行资产阶级专政，将无产阶级轰轰烈烈的文化大革命运动打下去"。全会通过《中共中央关于无产阶级文化大革命的决定》（以下简称《十六条》），规定运动的目的是"斗垮走资本主义道路的当权派，批判资产阶级的反动学术权威，批判资产阶级和一切剥削阶级的意识形态，改革教育，改革文艺，改革一切不适应社会主义经济基础的上层建筑，以利于巩固和发展社会主义制度"。《十六条》再一次鼓动人们以大字报、大辩论的形式"大鸣大放"，把运动进一步推向极端。《十六条》的传达，对福建省各高校震动很大。11日，厦门市三万人上街游行，拥护关

---

① 王书声：《中国人的幽默》，陈福郎主编：《凤凰树下——我的厦大学生时代》，厦门大学出版社2006年版，第217页。

② 林金铭为厦门大学中文系1963级本科生，在"文革"期间因武斗身亡，未及毕业。

③ 厦门大学校史编委会编：《厦大校史资料》第4辑，厦门大学出版社1990年版，第2页。

于“文化大革命”的“十六条”决定。

二、卷入漩涡

在此环境下，中文系1963级学生林金铭等人于1966年8月5日给毛泽东发了一封电报，“控诉省委厦大工作团残酷镇压厦大文化大革命的罪行”，贴出60多页的大字报，“揭露工作团在厦大犯下的滔天罪行”[①]。10日，省委工作团即撤出厦大此前设立的领导运动的机构“厦大文革筹委会”，该会被蜂拥而起的红卫兵运动冲垮。全校处于无政府的混乱状态，一切行政工作都停顿了，学生纷纷出动，冲击他们认为是“封、资、修”的事物，红卫兵随意冲进教职工家中，抄走大量书籍、古玩、金银首饰、字画、收音机、照相机、自行车，使教职工蒙受巨大损失。[②] 中文系有的造反学生为了泄私愤，闯进教师、干部家中，对其拳棒交加。[③] 很快，造反的学生不满足于在校内造反，他们冲出校门，到社会上去串联。

中文系的教师则分成两派。一派认为要向党支部“开炮”，进行批斗，另一派则认为党委的同志并未犯政治错误。部分激进的教师成立“红旗战斗队”，写传单，发表对当时形势的看法。中文系还成立筹委会，专门负责布置中文系揭发批判的工作。

此时，包括中文系主任郑朝宗在内的许多为党的教育事业勤奋工作的干部、教师，被斥为“党内资产阶级代表人物”“资产阶级学术权威”“牛鬼蛇神”，遭到批判和斗争。中文系的大多数教授、干部遭到批判。庄明萱、万平近、田莺、鄢行晏、蔡铁民、洪笃仁、陈朝璧、郑朝宗、黄典诚、朱红、蔡师圣等都被集中在芙蓉二，由基干民兵负责看管，进行集中学习和集中批判。

此外，中文系也组织了一场公开批斗会。与其他系的批斗会不同的是，中文系批斗会的时间安排在晚上，这样就避免了批斗会结束后的游街。批斗会在群

---

① 厦门大学校史编委会编：《厦大校史资料》第4辑，厦门大学出版社1990年版，第2页。

② 厦门大学校史编委会编：《厦大校史资料》第4辑，厦门大学出版社1990年版，第7页。

③ 厦门大学校史编委会编：《厦门大学校史》第2卷，厦门大学出版社2006年版，第162页。

贤二的大教室召开，“牛鬼蛇神”们在讲台上站成一排，戴上高帽，接受部分学生的批判。批斗会结束后，部分教师回到芙蓉二的宿舍。部分教师，如陈朝璧教授(解放前担任厦门大学教务长)因为“问题特别严重”，被关在厦大工会(现建文楼所在地)厕所旁的小房间里，由基干民兵进行看管。

第二节　红卫兵运动

一、运动的兴起

全国“文化大革命”动乱局面的形成是从红卫兵运动开始的。1966 年五六月间，清华大学附中、北京大学附中等校相继成立红卫兵组织。清华附中的红卫兵在六七月份先后贴出三论所谓“无产阶级造反精神万岁”的大字报。8 月 1 日，毛泽东亲自写信给清华附中的红卫兵，认为他们“对反动派造反有理”，向他们表示“热烈的支持”。此信的发表导致红卫兵运动迅速在全国发展，成为狂热的政治力量。从 8 月 23 日起，厦大一些学生在北京等地红卫兵运动的推动下，相继发起组织“厦门大学红卫兵总部”“红色厦大”“厦门大学红卫兵独立团”“革命厦大”“文教卫革命司令部厦大分部”“红卫兵教工大队”“人民勤务员”“万丈长缨”等群众性组织。虽然旗号各异，但宗旨相同，即“造修正主义的反”“造走资派的反”，都要“踢开党委”自己“闹革命”。由于认识上的不同和对权力的争夺，这些组织很快产生矛盾以至于分裂成势不两立的敌对派别，从个别摩擦发展到武装伤人。

二、“革联”与“促联”

1966 年 10 月 8 日，以“厦大红卫兵独立团”为主的部分学生成立“新厦大公社”，由于造反派内部在夺权行动中产生矛盾，“新厦大公社”分裂成两派，以中文系林金铭为首的学生于 1967 年 2 月 16 日组成“新厦大公社革命到底联合司令部”(革联)，另一部分学生则于 3 月 22 日组成“厦门大学促进归口联络委员会”(促联)，中文系的“红旗战斗队”也随之解散，分裂成为“革联”和“促联”两大派别。继之，因为校内两大派别各自参与厦门市的造反行动，厦门市的造反组织也分裂为对立的“革联”“促联”两派。“革联”的支持者主要来自厦门造船厂，“促联”的支持者主要来自厦门工人机械厂。

1967 年 3 月到 5 月间，在厦门酒厂、厦门罐头厂、厦门纺织厂等单位所发生的“夺权”之争，“革联”和“促联”都参与了。6 月 2 日发生在厦门第五中学的两派武斗事件，使不同造反派之间的矛盾进一步激化。自此，两派时有冲突，争吵不断。7 月间，传说江青提出“文攻武卫”的口号，造反学生的“斗志”受到鼓舞，终于在 1967 年 8 月 2 日，在厦大大南八号楼(时称“造反楼”，今档案馆所在地)酿成“八二”武斗流血事件。“促联”的学生因大字报中所述的情况与“革联”产生争执，被绑架到大南八号楼，“促联”示威逼迫“革联”放人，双方谈判破裂，“促联”开始围攻“革联”，围攻过程中动用手榴弹、小口径步枪等武器，“革联”的重要负责人——中文系学生林金铭在这场武斗中胸部中弹，因未及时送医救治而身亡，由此引发厦门市全面的大规模武斗。

三、全国大串联

1966 年，中央“文革”表态支持全国各地的学生到北京交流革命经验，也支持北京学生到各地去进行革命串联。1966 年 9 月 5 日，中共中央、国务院发出通知，要求“外地高等学校革命学生、中等学校革命学生代表和革命教职工代表来北京参观文化大革命运动”。《通知》发表后，全国性的大串联活动迅速发展起来。

中文系的部分学生及年轻教师也参加了大串联。因为“革命”而有资格、有机会“乘车不要钱”“住宿不要钱”“吃饭不要钱”(称“三免费”)，有些串联到泉州。有些徒步串联到韶山；有些则搭上专列，进京“接受毛主席检阅”。1966 年 8 月至 11 月，毛泽东在天安门广场连续八次接见红卫兵，大串联达到高潮。

1967 年 1 月上海“一月革命”夺权后，红卫兵运动的主流渐渐从社会返回校园，既而消退。1967 年 3 月 19 日，中共中央、国务院宣布《决定》，决定“继续停止全国大串联，并取消原定春暖后再进行第二次大串联的计划”，整个大串联的时间跨度为半年。1967 年下半年，随着厦大“革委会”和各系“革委会”的相继成立，红卫兵组织的功能趋于式微，红卫兵运动渐渐停息。

第三节　“清队”“整党”和干部下放

一、“清队”“整党”运动

工宣队、军宣队(工人、人民解放军毛泽东思想宣传队)是在校内一片混乱的情况下进驻厦大的。工宣队、军宣队进驻厦大后,到社会上造反及外出串联的学生回到校内,“左”的狂热未减,斗争的目标又转向学校中。

工宣队、军宣队进驻厦大不到一周,中文系就遵照毛泽东“全国都要学习解放军”的教导,实行军事编制,以营为单位。在全校批斗大会的带动下,为了表示阶级觉悟的提高,中文系也对自己所管教的“专政对象”(被审查的干部、教师)进行批斗。1968 年 11 月 23、24 日两天,“革联”“促联”两派为了表现自己的“路线斗争觉悟”,分别把全校数百名被审查的教职工、干部押到市区和校内进行大游斗。这些举动,在工宣队、军宣队看来是“彻底改变资产阶级知识分子统治学校,彻底批判反革命修正主义教育路线,搞好无产阶级教育革命,把厦门大学办成红彤彤的毛泽东思想大学校”唯一且正确的办法。

1969 年 2 月 26 日,经驻校工宣队、军宣队的撮合,厦大成立“厦门大学革命委员会”。校“革委会”成立时,在校的师生不多,尤其在外串联的学生还未全部返校。1969 年 4 月 20 日和 6 月 24 日,驻校工宣队、军宣队和“革委会”先后发出通知、公告,催促师生返校参加“斗、批、改”,“狠抓清理阶级队伍”是当时工作的重点,“清理阶级队伍”运动,不但声势凌厉,而且在专案审理中违反党的政策,搞严刑逼供,残酷逼死一些无辜的教职工。中文系教师蔡师圣、朱红被开除党籍,“文革”结束后才得以恢复。中文系原系主任、时任教务处处长的林莺在此运动中投井自杀。①

二、中文系部分教师下放

1969 年秋冬之间,全国掀起上山下乡、插队落户的浪潮,厦大许多教职工被

---

① 此井位于芙蓉二楼前,现已被填平。该自杀事件仍存在争议,案件至今未破。

迫离开学校。

1970年,厦大在集美开办了一个校办农场,举办“五七干校”,作为贯彻毛泽东“五七”指示的学农基地。农场有土地150余亩,主要种植水稻,也搞点禽畜副业。留校的教职工分批到“五七干校”劳动、学习,每期一般为半年,农场举办各种“斗私批修”学习班,教职工要一面学习一面劳动。

1970年11月,厦大再次动员教职工到农村接受贫下中农再教育,但也根据教学需要留下十几位“出身较好,无任何历史问题”的青年教师,或到黄厝、高崎等地进行调研,与当地农民同吃同住同劳动,教唱样板戏,或到橡胶厂整理厂史,进行报道。

中文系有几位“问题特别严重”的教师,如黄典诚,在集中学习后被逮捕进监狱。其余20多位教职工则被下放,“接受贫下中农再教育”。下放地点多在龙岩连城、漳州南靖、漳州长泰、泉州德化等地。郑朝宗和庄明萱等被下放到龙岩市连城县宣和公社上曹大队接受再教育。林铁民、洪笃仁、陈朝璧等下放到南靖。这些教师虽然被下放,但是部分教师如林铁民等到了当地工作组,领导其他人开展“文化大革命”。部分教师如陈朝璧等则进了中学教书,并不下乡劳动。大部分被下放的教职工直到“文革”结束后才调回学校。

第四节　推行“文革”教育制度

一、中文、历史的合与分

“文革”期间,全国统一的考试招生制度被废止。1969年12月6日,教育部军管小组等单位联合通知,厦门大学由教育部下放福建省“革命委员会”领导。在福建省“革委会”管理的十年中,在原有的教育体制、教学体系与教学秩序等同废弃的情况下,一些教育革命的“新鲜”事物出现。

1970年3月,根据毛泽东关于“要从有实践经验的工人、农民中间选拔学生,到学校学习几年以后,又回到生产实践中去”的指示,厦大“革委会”派出革命教育小分队,进行社会调查,开展“革命教育实践”。同年,“文革”前原设的中文系和历史系合并为文史系。3月,中文、历史、政治经济学专业合办为期三至六个月的文科试点班，按照学科特点，在文史系分设中文和历史两个专业。两年后发现合并不利于教育革命的深入开展，中文系和历史系又独立成系。

二、试点班与工农兵学员

1.文科试点班

文科试点班的指导思想是“突出无产阶级政治，以两个阶级、两条路线斗争为纲”，培养“无限忠于毛主席，无限忠于毛泽东思想，无限忠于毛主席革命路线，具有坚定的无产阶级立场，有较高的阶级斗争、路线斗争和继续革命的觉悟，具有一不怕苦二不怕死的彻底革命精神，决心将社会主义革命进行到底的革命战士”。具体学习以“社会为工厂”，为工农兵服务，开展“革命大批判”等，建立一支“以工农兵为主体的新型的无产阶级教师队伍”。招收学员的条件是初中以上文化程度，必须是“三大革命运动”中，特别是在无产阶级“文化大革命”中，能活学活用毛泽东思想，阶级斗争和路线斗争觉悟较高的，有实践经验的工人、贫下中农、复员转业军人，结业后回原地、原籍“抓革命、促生产”。试点班招收 20 名学员，办学地点在厦门前线公社莲坂大队，主要学习“毛主席文艺思想”“毛主席诗词”“革命样板戏”“党内两条路线斗争史”“毛主席经济思想”“近代史讲座与写作(通讯指导、评论、调查研究)”等课程，始终将课程的政治方向摆在第一位。

这些工农兵学员的招收，由于采取“群众推荐、领导批准、学校复审相结合”的办法，在派性严重干扰的形势下，学员的文化程度参差不齐，给入学后的教育工作造成很大的困难，教学质量受到一定的影响。

2.文史试点班

1970 年 10 月，中文系开办文史试点班，培养“宣传马列主义、毛泽东思想的革命队伍、思想文化战线上的无产阶级战士”，招收“决心为巩固无产阶级专政大造革命舆论的工农兵及青年干部”，如招收各单位政宣部门的工农兵及青年干部、报刊通讯员、工农兵写作组(评论组)以及文艺宣传队的积极分子。

试点班的名额由福建省教育厅确定，先于 5 月份进行工农兵学员的政审推荐工作,也对其进行文化考试。录取标准以政治面貌和家庭出身为重,文化考试成绩仅作参考。

10 月 24 日入学的第一批工农兵学员共 25 人,在校学习两年,于 1973 年 1 月毕业。1972 年春季开始,全面招收普通班工农兵学员,学制为三年。

文史试点班的课程多为写作课,由在校的中文系青年教师集体承担教学任务,每个老师上一个专题,如主题、结构、文风等。试点班还曾由郭启宗、陈进极老师等带队,赴漳浦县古雷镇(古雷半岛)下垵村,采访扬名全国的海岛女民兵排,锻炼写作能力。先由工农兵学员采访女民兵,写好初稿后,再交由教师进行修改。由于学习目的明确,大多数达到或基本达到原定培养目标的要求。如被誉为"独臂女民兵英雄"的中文系学员陈美梅,在入学前只念过一年农中,入学后,她所写的前线民兵故事已收集在中文系试点班学员集体编写的《夜海歼敌》一书中。

3."文艺创作社来社去"班

1975 年,中文系还开办"文艺创作社来社去班",共招收 56 名学生,于 1976 年 2 月入学,在校学习两年,于 1978 年 2 月 1 日毕业。"文艺创作社来社去班"的学生是由当时龙溪、龙岩两地区 17 个县和大田县选送的。两年来学习了"中共党史""政治经济学""国际共产主义运动史""哲学""无产阶级专政理论""人民公社经济""写作(包括新闻报道、小戏、民歌、曲艺、革命故事等内容)""文艺理论""当代文艺思想斗争史""中国古典文学讲座""外国文学讲座""现代汉语""古代汉语"和"作品选读"等课程。同时,按照毛泽东关于"文科要把整个社会当作自己的工厂"的指示,进行了新闻报道、小戏创作、故事创作和参加福建省农业学大寨文艺汇演等实践活动。

4.其他试点班

从 1969 年到 1973 年,中文系为贯彻毛泽东提出的"两条腿走路"方针,与各单位协作,举办了短期培训班,派小分队出去办"通讯报导""大批判""写作""推广普通话"等短训班。

1974 年 10 月，中文系承担了知青函授教育的任务，开设“写作和现代汉语基础知识”等科目。写作班的学员在三大革命运动中，结合公社、大队的宣传任务写通讯报道文章或者创作文艺宣传作品，对知青提高写作水平有较大的帮助。现代汉语基础知识班的函授对象主要是民办教师，对提高民办教师的教学水平有一定的帮助。

“文革”期间，“文革”前十七年所推行的教育体制、教学形式和内容都被视为修正主义的教育路线加以批判，被认为是“高楼、深院”中的“三脱离”教学。根据“教育要革命”的精神，当时中央“文革”主管教育部门，提出推倒学校的“围墙”，实行“走出校门与三大革命实践相结合”的“开门办学”模式。根据这一精神，70 年代，复课后的厦大采取“校办工厂、厂待专业、厂校挂钩、社校挂钩”等多种方式，实行教学、科研、生产的结合。因此，教学时间大大缩减，全年教学时间计划为 52 周，扣去假期、节日、军训以及机动时间，实际的教学时间仅为 38 周，同时，挖防空洞、学工、学农、学军、毕业实践和各种政治、社会活动又占去许多课时。为了突出“无产阶级专政”，中文系所开设的业务课程，如“毛泽东文艺思想”“写作”“汉语”“鲁迅作品选”“毛主席诗词”“革命样板戏”，基本上是为当时的政治运动服务的。“文革”期间的科研主要围绕对所谓“资产阶级思想观点的批判”开展，围绕着评法批儒、批林批孔、评《水浒》等方面进行，真正的学术研究开展得较少。

“文革”十年动乱期间，高校教育系统与中国其他领域一样，受到的冲击与损害显而易见，尤其是在此期间推行的教育方针与制度，严重违背和破坏高级人才的培养规律，科研落后、人才断层的严重后果也显而易见。但即使是在那样困难的环境与条件下，留校教师们秉承教书育人的良知，坚守岗位，在力所能及的范围内，力求通过招生途径招到优秀的工农兵生源，尽心尽力，传授知识，培养了许多具有真才实学与社会实践能力的学生。他们当中的一些人，在日后的各个领域甚至在领导岗位上，发挥着重要的作用。

第五节　名师录

洪笃仁

洪笃仁(1922—1993)，字柏园，惠安人，生于厦门。著名语言学家。1945 年暨南大学中文系毕业，先后在台湾、金门等地及厦门日报社、厦门一中工作。1951 年 9 月调厦门大学中文系工作，任讲师、副教授、教授，至 1987 年 12 月离休。洪笃仁是我国著名的语言学家，从事语言学教学与研究工作 40 余年，在厦大中文系先后承担过"语言学""文字学""'说文'研究""现代汉语""汉语史"等课程的教学工作，指导过研究生十余名。他的教学内容翔实，表达明晰，富有启发性。他在文字、音韵、训诂和辞书编纂等方面都有较高的造诣，治学严谨、成绩颇丰。70 年代，洪笃仁教授被国家出版局、教育部任命为《汉语大词典》副主编，负责审定全书 1/6 的稿件，寒暑数易，笔耕不辍。《汉语大词典》出版后受到国内外的瞩目。此外，洪笃仁教授还担任中国语言学会理事、华东修辞学会顾问、福建省语言学会常务理事、福建省自学考试委员会兼职教授等职务。洪笃仁先为人襟怀坦白、平易近人，深受师生的尊敬。

周祖譔

周祖譔(1926—2010)，字君述，浙江人。著名文史学家，曾兼任中国唐代文学学会副会长。1945 年考入东吴大学，毕业后随即考入清华大学中文研究所，师从著名学者浦江清先生，从事唐代文学研究。清华文科并入北大后，1952 年从北京大学研究生毕业，即任教于厦门大学中文系，历任讲师、副教授、教授。1977—1984 年任中文系副系主任。周祖譔在教学方面取得较大成就。他在主持厦大中文系教学工作时，对中文系的课程设置、开课计划、教学方法等均投入大量精力，做出许多开拓性贡献。"文革"以后，作为恢复研究生制度之后的首批研究生导师，周祖譔培养出多位在学界多有建树、颇有声誉的知名学者，如吴在庆、林继中、贾晋华等，使得厦大中文系的唐代文学研究成为全国重镇。著述有

《唐五代文学史》《百求一是斋丛稿》，主编《中国文学家大辞典·唐五代卷》《历代文苑传笺证》等。

应锦襄

应锦襄（1927—2014），女，浙江永康人，生于上海。著名学者。1948 年毕业于复旦大学中文系并留校任教，1949 年考入清华大学研究生院攻读研究生，清华文科并入北大后，1952 从北京大学研究生毕业。1958 年起任教于厦门大学中文系，历任副教授、教授。应锦襄教授毕生致力于高等教育的教学与科研工作，在中国现当代文学、比较文学等领域造诣精深，成果卓著，主编过高等学校统编教材《中西比较文学教程》，奠定了中文系比较文学的研究传统，被学术界称为“中国比较文学女中四杰”之一。应锦襄先生学术造诣精深，深受学子爱戴。著述有《三人行》《并肩行》《世界文学格局中的中国小说》等，参与《鲁迅全集》注释工作。

石文英

石文英（1928— ），女，厦门人。著名学者。1950 年毕业于厦门大学，后赴东北参加经济建设。1957 年调回厦门大学任教，历任讲师、副教授、教授。长期从事中国语言文学的教学与研究，曾参加《写作实习》《作品选读》等海外函授教材的编写。1978 年转授“先秦魏晋南北朝文学史及作品”“中国古典文学理论”“《文心雕龙》专题”“经学史”等课程。著述有《古典诗文研究散论》《简明国学百题》，合作点校《石遗室诗话》，主编《汉诗赏析集》等。

黄拔荆

黄拔荆（1932—2015），又曾名拔金、拔今、倍坚，福建闽清人。著名学者。1948 年参加中国共产党领导的地下斗争。1958 年毕业于福建师范学院中文系，1958—1960 年入北京大学中文系进修，师从林庚、吴祖缃，研究唐诗、宋词及元明清戏曲、小说。1974 年调入厦门大学中文系，历任副教授、教授。长期从事古典文学教学与研究，开设“中国文学史”“词史”“散曲概论”等课程，曾任厦门大学中文系副系主任、科研处副处长、古籍整理研究所所长。黄拔荆还是中国韵文学会理事，兼任福建省诗词学会副会长、厦门市诗词学会会长。著述有《元明清词一百首》《词林采英——历代优秀词选析》《南唐二主暨冯延巳词传》《词史》（上下卷）等。

第五章　拨乱反正（1977—1984）

第一节　拨乱反正

一、清算“文革”

1976年，在中国历史发展进程中，发生了一件政治大事——粉碎“四人帮”。“文革”十年内乱结束，中国教育翻过灾难的一页。全社会性的拨乱反正、纠正冤假错案、落实党的干部政策和知识分子政策，给高等院校教育职能的全面恢复奠定了良好基础。10月下旬，学校在建南大会堂召开全体师生员工大会，校党委正式传达中共中央发出的《关于王洪文、张春桥、江青、姚文元反党集团事件的通知》。随后，遵照党中央和福建省委的部署，于12月中旬起先后发动和组织广大师生员工深入揭批“四人帮”的罪行，各系各单位纷纷举行庆祝会、声讨会，通过批判大会、大字报、有线广播，口诛笔伐，彻底清算“四人帮”在“文化大革命”中犯下的滔天罪行。中文系成立大批判组，师生们利用手中的笔，揭批“四人帮”的“阴谋文艺”，写出一批质量较高的批判文章，与群众性的批判相结合，使大家受到深刻教育。

为配合揭批“四人帮”的斗争，校党委指示恢复中断十多年的校艺术团，排演话剧《于无声处》。该剧以1976年春天发生的“天安门事件”为背景，热情地歌颂悼念周恩来总理和同“四人帮”做斗争的时代英雄，深刻揭露出卖灵魂的丑类的无耻嘴脸，人民不会永远沉默，他们必然要奋起为祖国的命运而战的精神面貌。[①] 此剧除了一位外文系学生、一位数学系学生外，从导演、主角到男女配角，

① 厦门大学校史编委会编：《厦门大学校史》第2卷，厦门大学出版社2006年版，第196页。

都由中文系师生担任。[①] 该剧于1978年“一二·九”期间在建南大会堂上演，连演6场，师生共计13 000人次观看演出，震动整个校园，获得很好的教育效果。

二、落实政策

“文革”中，“四人帮”为篡党夺权，竭力推行极“左”路线，煽动“怀疑一切，打倒一切”，炮制“两个估计”，对广大干部和知识分子进行残酷迫害，制造了大批冤假错案，使许多人蒙受不白之冤。

“四人帮”的垮台，为彻底平反冤假错案扫清了障碍。根据党中央、福建省委有关指示，校党委十分重视这项工作，党委书记亲自挂帅，确定两名党委常委分工具体负责。学校于1977年12月1日成立恢复落实政策办公室，各系各单位也相应成立落实政策小组，排除阻力，抓紧纠正冤假错案。在平反工作中，学校坚持实事求是，掌握四条原则：第一，凡属事实清楚、定性准确、处理恰当的案件，要坚持原则，不能把正确的东西一风吹掉；第二，该否定的坚决否定，该纠正的坚决纠正，错多少纠正多少，不留尾巴；第三，属于按人民内部矛盾处理的，就严格按照人民内部矛盾处理；第四，认真做好档案材料的清理工作。[②] 由于平反冤假错案顺乎民意，大得人心，因此工作进展顺利。

平反工作同时在各系各单位进行。根据党中央和福建省委文件精神，在校党委的领导下，中文系积极落实平反政策。

一是对于在“文革”中遭受迫害的教职工给予平反昭雪。1979年1月19日，中文系为原教务处处长、中文系系主任林莺副教授举行追悼会，恢复其名誉。他是1969年在被非法隔离审查中，受尽精神和肉体的折磨，含冤而死的。

二是认真做好消除影响工作。原中文系一位副教授，在“文革”中因有政治历史问题被定为“历史反革命”，以不戴帽子方式交群众监督，还把材料寄到其子女和亲戚那边，使他们受到牵连，他自己也因此几年不敢回老家。经复查后，其问题按政治历史问题结论，发函给其子女及亲戚的工作单位，以消除影响。结

---

① 朱水涌：《一半是理想，一半是记忆》，厦门大学中文系编：《文缘——我与厦门大学中文系》，厦门大学出版社2011年版，第280页。

② 厦门大学校史编委会编：《厦门大学校史》第2卷，厦门大学出版社2006年版，第197页。

果,他的儿子一个考进中央音乐学院,一个调到团省委工作,一个侄儿出席了全国科学大会,他本人也于1978年春节回老家探亲。

三是纠正和处理历史遗留问题。首先,纠正错划“右派”等问题。在1957年的反右派斗争中,中文系徐元度、李拓之、戴锡璋等老教授无端受到冲击;系主任郑朝宗也因在大鸣大放中直言不讳被打成“右派”。1978年11月,学校根据中共中央下达的[55]号文件精神,建立专门工作机构,对原划为“右派”分子的人逐个进行复查,实事求是地写出报告和结论,全部给予平反。中文系教授郑朝宗、戴锡璋和副教授李拓之也由此平反复职。另外,针对中文系黄典诚等教师的政治历史问题,撤销“文革”中的错误结论,予以纠正并恢复工作。其次,清退“文革”中查抄的财物和补发工资。再次,做好个人档案清理工作。根据平反“文革”中冤假错案及纠正历史遗留问题的情况,学校专门组织一批工作人员,全面复查档案,并按政策规定清理完毕,以消除相关人员的思想顾虑,做好善后工作。

平反了“文革”中和历史上的冤假错案,使这一部分教职工和干部在政治上重获解放,卸下沉重的思想包袱,从而轻装上阵,昂首前进;同时调动了广大干部、教师和科研人员的积极性,对学校实现安定团结和发展教育事业,产生深远的影响。

第二节　领导班子调整

1978年2月,厦大恢复为教育部部属的全国重点大学,并逐步进行机构调整与改革,1982年开始在教学组织方面全面实行系主任负责制。

这一时期,中文系也在不断调整领导队伍。

1977—1978年,中文系领导班子更迭较为频繁。1977年,梁敬生连任系主任,周祖譔连任副系主任。1978年,蔡铁民接任系主任,鄢行晏接任系党总支书记。

1979年,郑朝宗教授的“右派”冤案得以彻底平反,职务得以恢复,在随后的1979—1984年担任中文系系主任。郑朝宗自1938年以来,长期执教于厦门大学外文系与中文系,并任中文系系主任(1951—1957)等职。

在郑朝宗先生复出的同时,许栋梁先生由外文系调回接任系党总支书记,庄明萱调任系党总支副书记。1981 年增补黄拔荆为副系主任。

至此，中文系领导班子相对稳定。他们与全系教职员工一起，在改革伊始、百废待兴的新时期中，克服历史和现实的种种困难，同心协力，使中文系的教学、科研秩序逐渐朝正常方向发展。

第三节　高考恢复正常

一、恢复高考

1976 年 10 月"文革"结束后，濒于崩溃的教育事业开始复苏。1977 年 8 月 8 日，邓小平同志在科教座谈会上提议恢复高等学校招生统一考试制度。同年 10 月 21 日，教育部在北京召开全国高等学校招生工作会议，决定改革"文革"期间实行的"自愿报名，群众推荐，领导批准，学校复审"的制度，恢复高考招生制度和研究生培养制度，关闭近 10 年之久的高考大门重新打开。全国共有 570 万考生参加这次冬季高考，其中绝大多数考生报考文科。

厦大作为南方著名学府，报考参考人数众多，中文系成了这些考生"心中的太阳"。这次高考，全国各大专院校从中择优录取了 27.3 万名学生。其中厦门大学招生近千名，来自全国 18 个省市，分别录取在文、理科 10 个系 23 个专业。中文系招生 95 名，厦门大学中文系 1977(01)群体也由此而生。1978 年 10 月初，学校 10 个系又招收 1978 级新生 1197 名，其中中文系招生 90 名，此为厦大中文系的 1978(01)群体。

二、中文系 1977、1978 级

1.身份迥异

1978 年 2 月初，全国恢复高考招生制度后的第一批 95 名中文系新生进校；10 月份，1978 级 90 名新生也赴校报到。1977、1978 级是中文系历史上最特殊的一代。他们入校时的年龄、身份相差很大，正如厦大中文系 1977 级学生朱水

涌所忆:“在这个群体中,原本的身份有工人、教师、退伍军人、基层文化人、应届高中生,但有80%以上是上山下乡和回乡的知识青年。”[①]这是一个特殊时代的特殊大学生群体,年龄最小的才十五六岁,年龄最大的有三十出头,他们是做了父亲母亲之后才来上的大学。

2.起点较高

这批学子多为“文革”前的老三届,他们都有高中毕业的实际文化程度,录取的“成绩线”较高,起点高,素质好。那时,厦大中文系学子的高考平均分是全厦门大学各系最高的,录取的平均总分达302分,有一个新生总分为372分,平均每科93分。当年福建省的文科高考状元黄鸣奋、福建省的作文卷状元张红都在中文系。这些万里挑一的尖子生,在学校各项活动中均表现出色,是当日校园的佼佼者。经过四年寒窗苦读,精心培育,今日大多已成为社会有用之才。

3.求知欲强

1977、1978级是特殊的群体,他们在始料未及的历史大转折的浪潮中走到一起,成为特殊时期的第一批受惠者。虽然身份迥异,但他们有一个共同的特点:身上都有着那个时代的年轻人共同拥有的对于民族振兴的焦虑和对于知识的渴望。正如1977级同学所写的:“在我们大学第一学期的期末,中文副系主任周祖譔先生给我们做第一学期的总结报告,我清晰地记得先生那无比忧患的神情。他说:‘我们只知道我们的科技比别国落后,却没意识到我们这个五千年文明古国,现在的文化也落在外国人的后面。’他为我们举了三个例子……听完这场报告的当天,我在日记中写道:‘祖国啊,难道你就这样的可怜?悠久的历史,灿烂的文化,那一批批的仁人志士,都到哪里去了?为什么光荣远去,耻辱却袭上儿女的心头。’”[②]“为振兴中华而努力学习是每个1977级学生的心声。同学

---

① 朱水涌:《一半是理想,一半是记忆》,厦门大学中文系编:《文缘——我与厦门大学中文系》,厦门大学出版社2011年版,第274页。

② 朱水涌:《一半是理想,一半是记忆》,厦门大学中文系编:《文缘——我与厦门大学中文系》,厦门大学出版社2011年版,第275页。

们个个勤奋刻苦，每当下课铃声一响，大家立即冲进图书馆，图书馆总是人满为患。晚上，每间教室都灯火通明，大家忙着做作业、查资料、读参考书，谁都不愿浪费一分半秒时间。”[①]正是这样“不俗的书生意气”[②]和强烈的使命感，让中文系充满朝气和进取精神，振兴了中文系的学风，也使得1977、1978级众多同学成为杰出人才，如1977级的南帆、黄鸣奋、朱水涌、温再兴、林智敏、黄启章、鲁建华、张健等，1978级的郑尚宪、许又声、黄闽、李以建、赖雄麟、林双川等，当年这批从厦大中文系走出的“天之骄子”们，在学术界、教育界、文学界等诸多领域取得骄人成绩。

4.师生无间

20世纪70年代末80年代初，很多老教授在经历了“文革”长期的空白之后，面对这些刻苦勤奋的学生，教学的热情高涨，课堂上认真教授，课下经常和学生在一起讨论，或到学生宿舍指点学生的功课。1977、1978级是幸运的，他们入学后接受众多名师的亲自指点，就连1979级的同学也印象深刻，受益良多。“老师的家门通常敞开，皆谈不上有任何陈设，学生课余、节假日可以随意出入，最热闹的是班主任黄老师家，每天前客让后客要接待好几批学生……老师们都很没架子……”[③]“那时，专业老师时常‘深入基层’，到学生宿舍里，在愉快的聊天中传授知识，就是没有担任我们这个年级课程的林兴宅老师，也来过我们宿舍与我们交谈[④]，这样无间的情感深深地影响了一代学子。那时候讲授“文艺理论”课程的郑朝宗、张春吉老师，讲授“语言学”的黄典诚、洪笃仁老师，讲授“比较文学”的应锦襄、赖干坚老师，讲授“现代文学”的庄明萱、庄钟庆老师，讲授“古典文学”的周祖譔、林铁民、黄炳辉老师等，无不言传身教，勉力而为，为这些学生以后学

---

① 蒋照耀：《路漫漫 师恩长》，厦门大学中文系编：《文缘——我与厦门大学中文系》，厦门大学出版社2011年版，第87页。

② 张帆（南帆）：《七七级》，厦门大学中文系编：《文缘——我与厦门大学中文系》，厦门大学出版社2011年版，第282页。

③ 俞鸣：《厦大记忆》，厦门大学中文系编：《文缘——我与厦门大学中文系》，厦门大学出版社2011年版，第348页。

④ 连志：《名师良言，终身受益》，厦门大学中文系编：《文缘——我与厦门大学中文系》，厦门大学出版社2011年版，第125页。

术道路的开拓和人格精神的塑造奠定了厚实的基础。

5.争先恐后

尽管年龄相差颇远,但学生们都非常珍惜上大学的机会,不仅拼命学习,就连各项文体赛事也毫不落后。当时,中文系1977、1978级充满朝气,进取心、向心力、集体荣誉感非常强,专业上不甘落后,在体育比赛、文娱活动等方面,大家也争当第一。[①] 从投弹第一、田径总分第一、合唱比赛第一到篮球冠军、排球冠军、文艺演出获奖等,无一不展示了1977、1978级强烈的集体荣誉感和朝气蓬勃的时代风貌。中文系1978级的黄鸣奋同学还于1979年5月当选为全国学联第十九届委员会副主席,为中文系赢得了荣誉。

第四节 恢复研究生招生

高考恢复后不久,全国研究生考试也恢复了。1978年,厦大积极筹备招收研究生。1978年10月,“文革”后首批录取的63名研究生陆续进校。1979年,中文系首次招收硕士研究生16名,为当年全校招收研究生最多的系之一,为中文系的发展注入新鲜血液。这不仅体现了中文系教学科研的雄厚实力,也标志着中文系办学水平的历史飞跃。

中文系研究生的研究方向分为三个:文艺理论、古代文学史、汉语方言学,指导教师为郑朝宗、许怀中、周祖譔、黄典诚、洪笃仁等教授和副教授。文艺理论方面,由郑朝宗教授指导研究生对钱锺书先生博大精深的《管锥编》进行研究,首开钱学研究之风,在国内乃至国际学术界颇有影响。主攻古代文学史方面的周祖譔教授指导研究生对隋唐文学精心研究,卓有成效,后劲绵延,成为中文系科研的又一劲旅。汉语方言学方面的导师黄典诚教授的教学研究活动,不仅保持并发扬了中文系教学的历史特色与研究传统,而且为日后汉语史博士点的建立打

---

① 黄鸣奋:《忆77高考》,厦门大学中文系编:《文缘——我与厦门大学中文系》,厦门大学出版社2011年版,第214页。

下良好的基础。至1984年,硕士研究生招收方向又增设了中国文学批评史、现代文学史,先后有应锦襄、庄钟庆、蔡景康、何耿丰、柯文溥等教授、副教授加入导师行列。经教育部批准,1982年3月,厦大成立学位评定委员会,开始了研究生学位的申请和授予,研究生教育朝着更加科学化、规范化的方向迈进。

第五节　重启教学科研

党的十一届三中全会做出"把全党工作的重点和全国的注意力转移到社会主义现代化建设上来"的决定后,高校的工作重点也相应地转移到以教学为中心上来,厦大的教学秩序迅速走上正轨。十年浩劫,中文系是"重灾区"。经过历史震荡之后,中文系逐步走上复兴之路。在努力纠正"文革"造成的教学混乱状态,进一步调整并提高教学层次的同时,中文系的科研工作秩序也在逐渐建立。老师们纷纷为自己设立研究的方向与计划,全力投入人才的培养和系所的重建工作。中文系拨乱反正,有组织、有计划地进行教学科研活动。

一、恢复教学秩序

1977、1978级本科生入学,以及"文革"后首批研究生入学,大大改变了学校的局面,也促进了中文系教学秩序的全面恢复。

1.大力开设基础课

为提高教学质量,加强教学工作,学校于1979年5月底召开全校教学工作会议。会上提出要按照教育规律办事,切实抓好加强基础课教学、进一步做好师资培养工作、建设好教研室等环节,讨论并通过《关于加强基础教学的几点意见》。[①] 中文系贯彻学校会议精神,下大力气狠抓基础教学。当时的中文系设有

---

① 厦门大学校史编委会编:《厦门大学校史》第2卷,厦门大学出版社2006年版,第221页。

汉语言文学专业,确定了一二年级学习基础课,三四年级分专业方向的教学方法。同时开设“文学概论”“现代汉语”“古代汉语”“中国现代文学”“写作”“文学史”“语言学概论”“外国文学”等近十门专业基础课,老师大都由有经验、水平高的教师担任。人手不够,便以老带新,给主讲教授搭配年轻的助教,促进经验交流和学术提升。同时,优先保证基础课的教学经费,充分调动基础课教师的积极性。学校对担任基础课的教师在精神上和物质上给予必要的鼓励,评选优秀教师、先进教学集体时充分考虑基础课教师和教学集体。这些措施培养了学生宽厚扎实的专业知识,成绩突出。

2.开设各种选修课

为满足高年级学生和研究生学习的需求,各专业的选修课也陆续开设。著名学者陆续走上讲台,为学生讲授研究性的选修课。如郑朝宗教授讲授“古典文学”和“《管锥编》的研究”,“充分展示他学贯中西的学识”①;应锦襄老师讲授“现代小说”和“西方小说”,“视野开阔,生动有趣”②;还有“文选”“美学概论”“中国古代文论”“音韵学”“训诂学”等众多选修课,与专业基础课有序交叉,丰富了教学内容,在专业学习的同时更具备综合性,受到广大学生的欢迎。与此同时,系里还支持学生跨系跨专业选修课程。在系主任郑朝宗“文史哲不分家”的治学理念的影响下,很多同学选修外系的课程,如哲学、历史、新闻传播、党史等课程,受益匪浅。一位 1979 级同学不无感慨地回忆道:“毕业之后,我仍然记得郑朝宗先生的指点,20 多年业余读的书仍然是‘文史哲不分家’。如今回顾这种治学方法,确实让人感到心胸开阔……郑朝宗先生这种大学本科教育为学生打下‘博而专’的底子,对学生们今后的工作、治学起到搭建合力的知识结构、创新知识的作用。”③

---

① 连志:《名师良言,终身受益》,厦门大学中文系编:《文缘——我与厦门大学中文系》,厦门大学出版社 2011 年版,第 127 页。

② 汪舟:《我的母校我的家》,厦门大学中文系编:《文缘——我与厦门大学中文系》,厦门大学出版社 2011 年版,第 235 页。

③ 连志:《名师良言,终身受益》,厦门大学中文系编:《文缘——我与厦门大学中文系》,厦门大学出版社 2011 年版,第 127 页。

3.加强外语教学

随着科学的发展和对外交流的需要，外语工具的掌握越来越重要。厦大针对本校学生一般外语水平偏低、不利于学术水平提高的状况，大力加强外语教学。如1977级学生入学后，公共英语教研室即对他们进行英语水平检测，对其中三名成绩特优者，按学校规定给予免修英语课；对于成绩优良、达到大学二年级英语水平者，学校批准他们参加教师进修班的中级班英语课程及1978级研究生的第一外语英语课程。从1979级开始，国家高教部对重点大学实施规范化管理和教育，要求较为严格，如对中文系古代汉语、英语教学的规范。公共英语教研室还根据1980级学生的英语程度，分成快、慢四个班进行教学，以加强教学针对性，提高学习效率。① 这样严格的学术训练，大大提高了学生的外语水平，不仅开阔了他们的眼界，也有利于其学术素养的提高。

4.实行学时学分制

20世纪50年代初向苏联学习，中文系将学分制改为学时制，取消了原来延续多年的选课制。“文革”结束后，重建教学秩序，教育部在1980年12月召开的高校文科教学工作座谈会上，决定对大学教学工作“权力下放”，学校可以根据自己的学科体系和培养目标，独立地发挥教学管理职能。校党委1981—1982学年工作计划提出：“从81级开始在执行去年批准的教学计划基础上，采取以学分计算学生学习量的方法。”按照学籍管理细则的有关规定，相应地修改教学管理办法，以便逐步地过渡到全面执行学分制。从1981年起，中文系正式恢复学时学分制，规定本科生修满学分方可毕业。1982年5月，学校做出《关于学分制与学籍管理的若干规定》。根据规定，学时换算为学分的计算标准如下：

(1)原则上每周上课一学时换算成一学分（个别难度较大、课外自学时数较多的课程也可例外）；体育课以每二学时换算一学分；不满一学期的课程可按实际上课时数折算学分。

---

①　厦门大学校史编委会编：《厦门大学校史》第2卷，厦门大学出版社2006年版，第226页。

(2)实验课(包括独立设课的实验课程):根据实验难度及课外所需工作时数等情况,以每周上课2～8学时换算一学分。

(3)生产实习或社会调查,按集中进行的周数计算,每周以一学分计算;教学大纲中规定必须进行教学实习、现场教学的课程,其学时已包括在各该课程内,不另计学分。

(4)毕业论文(或科研训练),以大约50个小时的工作量折算一学分,具体学分由各系按论文一般要求与学习量分别确定。

(5)军事训练、生产劳动,均属教学计划的组成部分,每个学生必须参加并进行考核,但不计算学分。

(6)学生应修习的总学分数以130～145为幅度,由各系按专业具体情况订定,教务处审核,校长批准。

实行学时学分制后,学生均需参加所修课程的考试,成绩及格方可获得学分。同时,成绩考核、转系转专业、退学、毕业等均有严格的规定。但这一阶段的做法,还是"学分制的计划,学年制的管理",处于过渡阶段。为完善学分制,学校决定再跨前一步,从"学年制"的学籍管理过渡到"学分制"的学籍管理,遂于1987年12月公布《厦门大学本科生学分制学籍管理暂行细则》,1987级新生开始试行。[①]

学时学分制的实行,使得中文系的教学计划和教学资源配置更有针对性,增强了教师的竞争意识,有利于提高教学效果;扩大了学生选课的自由度和灵活性,使学生可以根据自身的兴趣和条件选修一些课程,激发其学习热情。这些措施的实施和完善对于中文系的学科建设、人才培养都起到了积极的推动作用。

二、提倡学术研究

1.学术氛围

"文革"期间,校园里"百花凋零",学术呈现"万马齐喑"的沉闷局面。十一届

---

① 厦门大学校史编委会编:《厦门大学校史》第2卷,厦门大学出版社2006年版,第283页。

三中全会后，学术界如迎严寒后的春风，出现“百花齐放，百家争鸣”的局面，学会林立，刊物风起云涌，师生们大有用武之地。这一时期，正是春风吹拂、寒冰解冻的大好年代，学术活动空前活跃，有如春潮激荡。学校规定每周星期三下午为学术活动时间，各系各单位纷纷举办学术讲座、专题报告会，仅在召开全国科学大会通知发表后的半年时间里，全校就举办各类学术讲座100多场次。为了实现新时期的总任务，向科学技术现代化进军，贯彻党的“百花齐放，百家争鸣”的方针，努力把厦大办成既是教育中心，又是科研中心，多出人才，多出成果，1978年5月，校党委决定成立厦门大学哲学社会科学学术委员会和自然科学学术委员会。哲学社会科学学术委员会由傅家麟担任主任委员，中文系周祖譔担任六个副主任委员之一，郑朝宗、许怀中位列十九位委员之中。

20世纪80年代初，厦大中文系学术氛围浓厚。师生们都十分珍惜来之不易的正常学习秩序，虽然“左”的思想体系仍然渗透各门学科，但中文系的老师们在各自专业领域兢兢业业，对学术孜孜以求的良好师风熏陶着莘莘学子。上课时老师在台上侃侃而谈，底下学生聚精会神。正如有的同学所回忆的：“美学专家卢善庆先生论述康德美学思想时的气势和激情；庄明萱先生朗诵郭沫若《女神》时‘劈吧！劈吧’的情感节奏；茅盾作品研究权威庄钟庆先生在课上挥拳高喊‘冲啊！冲啊’等等，都不同程度地反映那一代师长们对专业研究的深深投入。”①陈子谦在纪念郑朝宗先生的一篇文章里有这样的描述，“正因为思想解放，厦大校园一时显得生龙活虎，中文系也是龙飞凤舞，不仅研究生，包括本科生在内，个个兴致勃勃，勤奋钻研，学术风气十分活跃”，“林兴宅教授后来名震遐迩的‘阿Q性格系统’就是在这种学术风气中诞生的。那时有关马克思主义的异化理论也为大家所关注，石文年教授是这方面的权威，他的研究深刻透辟”，“一大批优秀青年学子初露头角”，“后来都是活跃于文评领域中的佼佼者”。②

生机勃勃、孜孜不倦的学术氛围和追求，使得中文系学术研究从“文革”的束缚中迅速解脱出来，推动了学科重建和学术发展，也为中文系学风文脉的延续奠定了良好的基础。

---

① 倪乐雄：《厦大记忆：一去不复返的美好时光》，厦门大学中文系编：《文缘——我与厦门大学中文系》，厦门大学出版社2011年版，第402页。

② 石文年：《夕阳回眸》，厦门大学中文系编：《文缘——我与厦门大学中文系》，厦门大学出版社2011年版，第148页。

2.学术成果

在经历了长期的学术空白期之后，中文系的教师终于重新获得学术研究的自由。1977 年，经教育部批准，中文系成立中国语言文学研究所，同时成立古典文学、汉语方言和现代文学等 4 个研究室，郑朝宗教授担任第一任中国语言文学研究所所长。

1978 年，在前方言调查小组的基础上成立方言研究室，继承和发展了从余謇、周辨明先生等开始的语言学研究传统。80 年代初由中文系黄典诚教授牵头主编了《普通话闽南方言词典》，全书近 400 万字，由福建人民出版社出版，为国内外同行所瞩目。正是由于黄典诚教授在方言研究领域中的精湛水平和突出贡献，厦大中文系一度成为全国方言研究中心，在国内外享有盛誉。第 20 届国际汉藏语言学会主持人、加拿大知名汉学家蒲立本曾于 1980 年写信赞誉黄典诚是“闽语研究众所公认的权威”；台湾学者张贤豹在《近年闽语研究论文选介》一文中也将黄典诚誉为“闽南方言研究的先驱”，这些都显示了中文系在语言学研究方面的深厚实力和鲜明特色。

1979 年，黄典诚、洪笃仁教授参加由上海、江苏、浙江、福建协作的《汉语大辞典》编纂工作。洪笃仁教授担任全书副主编并兼任第四卷、第五卷、第七卷分卷主编，经过几年努力，这部卷帙浩繁的共 12 卷约 5 000 万字的大型辞典于 1987 年完稿，交由上海辞书出版社出版。

随着学科建设的发展和新教学制度的完善，这一时期中文系的学术研究取得很大的成绩，各类学术著作陆续出版。如庄钟庆的《茅盾的创作历程》、林兴宅的《艺术魅力的探寻》、许怀中的《鲁迅与中国古典小说》、何耿丰的《经学概说》、郑文贞的《段落的组织》、陈世雄的《西方现代剧作戏剧性研究》等等，都在不同方面进行探索和开拓，具有相应的学术价值和影响。

三、促进学术交流

1.积极举办、参加学术会议

20 世纪 70 年代末 80 年代初，中文系教职工不仅潜心治学，著书立说，而且注重参加学术交流活动。截至 1984 年,中文系主办或协办的全国性学术研讨会就有“中国现代文学史教材初稿讨论会”“《郭沫若全集》编辑注释会议”“全国汉语方言学会成立大会暨学术讨论会”“全国马列文论第六届学术讨论会”“全国首次丁玲创作研讨会”等。1979 年,郑朝宗出席在北京举行的“文革”后首次全国文联代表大会。1981 年,黄典诚、李如龙赴京参加中国语言学会常务理事会,讨论举办全国方言研究班等。

2.扩大对外交流

这一时期,中文系迎来对外学术交流的春天。在积极参与各类学术活动的同时,部分教师走出国门。1982 年,赖干坚前往美国密歇根大学做访问学者,研究比较文学。张次曼亦作为访问学者在美国加州大学从事理论语言学和汉语研究,于 1983 年 7 月应邀至华盛顿大学访问,参加第 16 届国际汉藏语言学会议并宣读论文。同时,中文系也邀请国内外著名专家学者前来讲学。欣然而至的有美国国务院远东文化顾问包拟古,日本大阪外语大学中文系系主任相浦杲,著名作家丁玲、刘心武,北大中文系教授谢冕、香港中文大学客座教授郑子瑜等。诺贝尔文学奖评议委员马悦然也来中文系鲁迅馆参观访问。1984 年,中文系特聘中国作家协会丁玲、陈明为兼职教授。1985 年,敦聘新加坡汉学家郑子瑜为中文系客座教授。这些交流无疑大大拓展了中文系师生的视野,促进了教学科研的蓬勃发展。

3.海外教育

1983 年 9 月,根据教育部决定,厦大开始招收外国留学生,共 20 名,均为进修生,分别进入中文系、历史系学习,其中中文系 11 名。由于来校留学生的汉语水平普遍较低,故中文系设有口语和中国语文两个汉语基础班,历史系的留学生也过来上课。此外,中文系留学生还根据所学专业选修有关课程。教务部门、中文系领导和有关教师,为留学生开课做了大量的准备工作,如配备教师,选定教材,调整教室,抓紧备课。在此期间,中文系还恢复中断已久的海外函授教育,打开对外交流的新局面。当海外教育事业日渐发达,学校成立专门研究机构并招生时,中文系除抽调教师支持外,还编写了大量函授教材,举其要者有周祖譔、柯文溥、陈尽忠主编的《简明中国文学史》,参与十四院校合编的《中国古代文学英华》《中华现代文学》,陈尽忠的《中国古代文学作品选》等。

4.贡献力量

这期间,中文系在教学科研方面还做了两件好事。一是在不增加任何师资力量的情况下,面向全校开设大学语文课程。二是中文系领导班子敏锐地掌握了有利条件,利用天时地利,组织教师开拓了台湾文学研究方向,后来又从科研人员方面支持成立厦大台湾研究所台湾文学研究室的工作。这一时期,中文系在利用富余力量,为社会提供服务方面也开辟了新的道路。1984 年,受福建省委委托,中文系举办了对外宣传干部专修班,至 1987 年,共招收四届,共毕业 189 人,圆满地完成委培任务,有力支持了地方专业干部队伍的建设。到 80 年代初,中文系的教学科研队伍已有 80 多人,在语言学、文艺学、古典文学和现代文学领域都颇有影响。中文系教师们的辛勤劳动也受到社会的充分肯定。1978 年,周长楫同志荣获省教育先进工作者的光荣称号,郭启宗、柯文溥、林铁民、邱觉民等获校先进工作者称号。许长安、柯文溥、颜剑飞诸同志先后获得校优秀教学奖。

四、对外开放鲁迅纪念馆

1976 年年初,系领导决定由林宗熙(1975 年中文系毕业)接手鲁迅纪念室,当时的鲁迅纪念室只有集美楼鲁迅厦大故居和一间摆设鲁迅著作及数件展品的陈列室。鲁迅纪念室是 1952 年由中文系在原有的鲁迅旧居上创设的,1956 年增设陈列室一间。宋庆龄、郭沫若曾先后为纪念室题名。平时不对外开放,遇有来校访问视察的嘉宾、领导,才由校部陪同参观,中文系接待介绍。1976 年,为纪念鲁迅诞生 95 周年、逝世 40 周年以及到厦大任教 50 周年,中文系积极准备相关纪念和学术研讨活动。经过不断收集资料和多方努力,将鲁迅纪念室充实扩展为鲁迅纪念馆,于 1976 年 9 月底如期完成布展,接受省、校领导的审查。同年 10 月初在厦大举办的“纪念鲁迅诞生 95 周年、逝世 40 周年和到厦大任教 50

周年”系列活动期间，首次向来自全国各地与会者预展，在吸纳唐弢、王瑶、李何林、陈漱渝等鲁迅研究专家参观后留下的宝贵意见的基础上，加以修改后才正式开放。福建省委宣传部、厦门市委还做出决定，扩展后的厦门大学鲁迅纪念馆列为厦门市外事接待单位，参观的人络绎不绝。

1981 年，为迎接厦门大学校庆 60 周年和鲁迅 100 周年诞辰，鲁迅纪念馆再次进行版面、展品内容的修改整顿。陈列内容共分为七部分，突出“鲁迅在厦门”的内容，将鲁迅在厦门史迹专辟一室，运用慎重考证的新发现的照片、文稿、史料，辅与较详尽的文字介绍，努力达到全面、生动地展示鲁迅在厦门的生活、工作、译著及其社会活动史实，成为有别于其他各馆的特色。其中鲁迅在厦大任课的课程表、鲁迅为陈梦韶《绛洞花主》剧本所题《小引》以及上海鲁迅纪念馆支持提供的文学院师生挽留鲁迅的致辞和送别照片、当年厦大地下党负责人罗扬才参加的青年学生送别鲁迅照片（原件）都成了弥足珍贵的馆藏珍品。[①] 据当时统计，每年参观者达 7 万多人次，为各项外事、纪念活动和学术研究发挥了重要的历史作用。

第六节　学生活动和创作

这期间，学校党政领导和有关部门十分珍惜学生的政治热情，除加强教学工作外，还大力支持学生开展第二课堂活动。中文系学生的文学创作和校园活动也从“文革”的冻结期中苏醒过来，显现出十分活跃的局面。

一、复办鼓浪文学社及《鼓浪》

1978 年年底，中文系 1977 级学生恢复了 1926 年在鲁迅先生亲自关怀指导下成立的鼓浪文学社及同名刊物。

鼓浪文学社是厦大历史最长、影响最深的学生社团，于 1926 年在鲁迅先生

---

① 林宗熙：《从鲁迅纪念室到鲁迅纪念馆》，厦门大学中文系编：《文缘——我与厦门大学中文系》，厦门大学出版社 2011 年版，第 204 页。

的关心和指导下成立。1927 年 1 月,《鼓浪》在《民钟报》发完第七期的“欢送鲁迅专号”以后,便随着鲁迅的离去而停刊了。50 年代,在刘再复和其他厦大中文学子的努力下,《鼓浪》复刊,刘再复担任主编。“文革”十年,《鼓浪》停办。中文系 1977 级学生入学后,20 多位爱好文学、曾经发表过文学作品的同学聚集在一起,自发成立了“朝花文学社”,社名的灵感便来自鲁迅的《朝花夕拾》,发起人是陈志铭和叶之桦。大家经常聚在一起交流自己的作品,活跃了班级的文艺创作。朝花文学社成立后,就着手复刊《鼓浪》,作者以朝花文学社学生为主体。

在中文系领导的积极推动下,1978 年《鼓浪》复刊。复刊后的《鼓浪》由 1977 级的黄启章任主编,以刊登本系学生文艺作品、文艺评论为主。那时是文学的黄金岁月,《鼓浪》复刊后立即成为厦大校园里的品牌,一直是厦大学生十分看重的文学刊物,能在上面发表作品是很多学生感到非常光荣的事情。《福建文艺》也经常从《鼓浪》中挑选小说、散文、诗歌和评论去发表,厦门大学一年一度的“《鼓浪》文学奖”也从此举办开来。自此,厦大的《鼓浪》秉承“鼓时代之浪”的文学宗旨,薪火相传,一代一代地办了下来,成了不少著名作家、文艺理论家、评论家的诞生地,成为全国大学生的优秀刊物,鼓浪文学社也被评为全国优秀大学生社团。[①]《鼓浪》文学综合刊物历史悠久,文质上乘,除了战乱及非常时期之外,每年至少出一期。复刊后的《鼓浪》受到冰心、舒婷等全国著名作家的关怀,培养了不少著名作家和评论家。散文家林丹娅,文艺理论家南帆、朱水涌、俞兆平等人以及著名小说家北村,都曾是《鼓浪》的骨干并从这里走向文坛。

二、成立采贝诗社和矜秋文学社

1.采贝诗社

1980 年,厦门大学中文系 1977、1978、1979 级爱好诗歌的同学组织成立文学社团“采贝诗社”,油印出版不定期的《采贝》诗刊,诗刊的编委有 5 位同学:俞兆平(1978 级研究生)、周俊祥[1978(01)级]、温再兴[1977(01)级]、朱碧森

---

① 朱水涌:《一半是理想,一半是记忆》,厦门大学中文系编:《文缘——我与厦门大学中文系》,厦门大学出版社 2011 年版,第 278 页。

[1979(01)级]、傅卓洋[1978(01)级]。根据在《采贝》上投过稿的厦门大学外文系1977级同学郑启五回忆，起初《采贝》是油印报纸型的，印刷出版了第一、二期。1980年12月10日出版的第三期改为32开的油印本，1981年2月10日将第一、二期合刊重印成册，由此油印《采贝》变为一期一册，激发了中文系和外系同学创作和投稿的积极性。[①] 后来在系里领导、老师的提议和支持下，将《采贝》作为《鼓浪》的诗歌专辑，使之成为《鼓浪》的副刊，专门刊登现代诗。

当时的采贝诗社是开放的团体，没有章程，没有入会制度，无需登记注册，全校对诗歌有兴趣者都可以参加活动。《采贝》诗刊也持开放宗旨，全校学生皆可投稿，即使是第一次习作，有点新意，也可刊发。除个别字句，尽量不删改，保持作者原意。诗歌形式兼容并蓄，还有外国诗歌翻译。[②]

《采贝》的横空出世引来多方面的反响，四川《星星诗刊》就选用了中文系1978(01)级林双川等同学的作品，《厦门日报》海燕副刊也经常转载《采贝》傅卓洋等同学的诗文，广东《作品》期刊还专文评论《采贝》的诗作，引得俞兆平与之论争。中文系师生的投稿支持更是给予了《采贝》无穷的力量，当时的中文系系主任郑朝宗、副系主任黄拔荆，还有余钢、赖丹等老师都曾应约来稿以示支持。而《采贝》诗刊发表的诗作亦颇得海内外诗界的关注。

1992年，《文学评论》杂志社编辑李以建(中文系1978级学生)以《采贝》为主，结合全国的大学生爱情诗，选编了一部分优秀诗作结集为《等待中的雨景》，由中国友谊公司出版。

2.矜秋文学社

1981年，中文系一批古典诗词爱好者本着“唱大风于晚秋”的宗旨，成立了矜秋文学社，编有同名刊物《矜秋》。《矜秋》后来亦成为《鼓浪》的副刊，专发古典诗词。矜秋文学社以其强大的亲和力吸引了众多文学爱好者，在中文系老师的关心和同学的支持下不断成长，丰富了校园文化，在当时文学活动众多的校园生

---

① 郑启五：《写给〈采贝〉30年》，厦门大学中文系编：《文缘——我与厦门大学中文系》，厦门大学出版社2011年版，第237页。

② 朱碧森：《采贝人的感谢》，厦门大学中文系编：《文缘——我与厦门大学中文系》，厦门大学出版社2011年版，第245页。

活中别具一景。

三、学习竞赛和学术活动

1.参加学习竞赛

1979年4月以后，学校每年都举行一次学习竞赛。1980年5月中旬，教务处、数学系、外文系、中文系和校团委、学生联合会举办数学（分数学专业与公共数学两组）、英语（分英语专业与公共英语两组）、写作（分小说、论说文、戏剧、散文四类）三种学习竞赛，参赛者多达500余人，占全校学生总数的14.6%。尤其是写作竞赛，吸引了不少中文系以外的学子参加，应征的作品题材广泛，涉及面广，有些文稿不仅艺术技巧较高，而且有一定的现实教育意义。[①]

2.开展学术活动

中文系1977级的朝花文学社和1978级的星光社，结合课堂学习，座谈分析新中国成立以来"左"倾思想对文艺领域的干扰情况，评析古今中外一些诗歌、小说的艺术技巧。朝花文学社的同学还经常互相交流自己写的小说、散文等创作作品，而中文系一些同学自发组成的读书会则在应锦襄老师的指引下，更加注重读与论。

1979年，王蒙开始他那后来被称为"东方意识流"的小说创作探索，写出《夜的眼》这篇引起文坛争论的小说，中文系1977级的田力维、叶之桦给王蒙写信，称道王蒙的"标艺术手法之新"。王蒙为此给他们回了一封长长的信，详细地谈了自己对"意识流"的看法和借鉴，并把两封信一起发表在辽宁作协主办的文艺月刊《鸭绿江》1980年第2期上，题为"关于意识流的通信"。[②] 后来又收进《中国当代文学研究资料・王蒙专集》，成为研究王蒙创作的重要资料。

1981年春，为了庆祝厦门大学建校六十周年，校团委和学生会编印了一部

---

① 《厦大校刊》1980年11月15日。

② 王蒙:《关于意识流的通信》,《鸭绿江》1980年第2期。

学生论文集。全校文科各系中文、外文、历史、经济和哲学共有39位同学的31篇论文入选。这部厦门大学校史上第一部文科本科在校生的论文集在六十年校庆前出炉，墨香浮动，一册难求，校友、师生争相索阅。

中文系是人文强系，高手云集。文集的开卷之作是黄鸣奋同学的长篇大论《曹丕"文章经国之大业"说》，而紧随其后的李以建的《异域同文心，旧文析新义》则是开放之初较早的中外比较文学论作。王玫同学和朱守道同学分别撰写了《试论李清照的〈词论〉及其词的艺术风格》和《试论汉府民歌的历史影响》，为他们此后持之以恒的教学与研究发出了清亮而又悠扬的初啼。[①]

3.参加文体活动

当年的厦门大学各项文体赛事，总是少不了中文学子的身影。那是厦大中文系学生最辉煌的时期，投弹比赛第一、田径总分第一、篮球冠军、排球冠军、文艺演出获奖等等，以至于在任何比赛中，中文系往往成为令人瞩目的对象。

1980年5月，校团委和学生会在全校学生中开展"大唱革命歌曲"活动，做到"班班有歌声"，在此基础上，于5月25日举办全校学生歌咏比赛，中文系1977级获得第二名。1981年5月，在厦门大学纪念"五四"青年节的合唱比赛中，在中文系1977、1978、1979级学生的通力合作下，以一曲《八路军进行曲》获得全校第一名。

1982年初，中文系1977级学生朱守道的正楷书法作品获得"全国大学生书法竞赛"二等奖。1980年3月15日，学校正式恢复学生艺术团活动。同年10月，校艺术团赴榕参加福建省首届大学生文艺会演，共获八项奖。其中，由中文系7701自编自导自演的独幕话剧获得了创作奖，当时刊登的校报新闻还特别指出："由中文系学生黄启章、伍林伟等创作的话剧《我们走向生活》，比较细腻地刻画了大学生对待毕业分配的不同态度，歌颂了正直无私、诚实好学的道德风尚，鞭挞了自私虚伪、表里不一的不良倾向，生动地体现了大学生的精神风貌，具有一定的时代特点。"[②]后来这个节目还获得全国大学生文艺会演一等奖，足见中

① 郑启五：《1981年的凤凰花》，陈福郎主编：《凤凰树下——我的厦大学生时代》，厦门大学出版社2011年版，第283页。

② 《厦大校刊》1980年11月15日。

文系学生的创作和表演水平。

四、加强思想政治教育

在学校教学和科研工作蓬勃开展的形势下，校党委根据当时的形势和实际情况，于1979年5月召开全校思想政治工作会议，明确了新时期高校思想政治工作的方向、任务、方法等。随后在广大师生中进行四项基本原则教育、社会主义法制教育，开展清除精神污染的斗争。

1980年5月初再度召开全校思想政治工作会议，着重讨论进一步加强和改进学生思想政治工作问题，制定了《关于加强和完善学生思想政治教育工作的意见》，采取了几项措施：一是加强思想政治工作队伍的建设；二是重建马列主义教研室，加强政治理论课教学；三是加强对学生的共产主义思想品德教育，如从1982级本科生开始设立"德育课"并作为必修课纳入各系的教学计划；四是制定教育管理的规章制度，如制定《厦门大学学生守则》《大学生文明公约》等规章和行为准则，从1982年开始制定《奖学金试行条例》；五是充分发挥校共青团的作用，如召开学生代表大会，开展"红"与"专"的教育，开展形势和国情教育，广泛开展向为国争光的中国女排、优秀大学生张华、当代中国的保尔——张海迪学习的活动，等等。在学校、系里党政领导下，中文系学生在德、智、体诸方面得到全面的发展。在校团委和学生会举办的首届学生社会调查报告演讲会上，中文系1977(02)级团员说，我们就应当满腔热情地为国家分担困难，而不能怨天尤人，要"既当时代评论员，又做'四化'战斗员"[①]。

在1982年2月，共青团中央和教育部联合召开的建国以来第一次全国三好学生、优秀学生干部和先进集体代表会议上，中文系1979级二班班长郭光明同学获得"全国优秀学生干部"光荣称号。这些无不显示出中文学子奋发向上、朝气蓬勃的面貌。

---

① 厦门大学校史编委会编：《厦门大学校史》第2卷，厦门大学出版社2006年版，第251页。

第七节　名师录

黄炳辉

黄炳辉(1931—2019),福建泉州人。著名学者。1955年毕业于厦门大学中文系,留校任教,1956年到北京大学进修两年,师从王力。历任讲师、副教授、教授。在厦门大学中文系从教四十年,为学生开设过"语言学""古代文学""诗歌史"等多门课程。他从语言学到古代文学、哲学、兵法等,均有涉猎。1992年曾赴菲律宾雅典耀大学讲授唐诗与唐代文化。获国务院政府特殊津贴。著述有《唐诗人才漫话》《唐诗学史述论》《国学研究论稿》《老子章句解读》《旅菲文史随笔》《文史经典解读》《浮生剪影》等。

何耿丰

何耿丰(1933—　),又名何耿镛,广东大埔人。著名学者。1957年毕业于北京大学中国语言文学系。1973年调入厦门大学中文系工作,1984—1987年任中文系系主任,兼任厦门大学中国语言文学研究所所长。曾任中国语言学会理事、福建省语言学会会长、厦门市政协常委等。何耿丰教授多年从事古代汉语和汉语方言学的教学和科研工作,为汉语史硕士生导师。著述有《经学简史》《经学概说》《客家方言语法研究》等。

庄钟庆

庄钟庆(1933—　),福建惠安人。著名学者。1955年毕业于厦门大学中文系,1961年起在厦门大学任教,历任讲师、教授。享受政府特殊津贴。曾任中国现代文学研究会理事,茅盾、丁玲研究会副会长,福建省文学学会副会长,福建省社会科学联合会理事,厦门市东南亚华文文学研究会会长、中国作家协会会员等。主要研究鲁迅、茅盾、丁玲等作家的作品,近年来研究中国现当代文学研究方法论、中国现代文学与东南亚华文新文学关系等，曾赴东南亚、美国讲学并进行学术交流。著述有《茅盾的创作历程》《茅盾的文论历程》《茅盾史实发微》《中国现代文学研究方法论与实践》，主编及编撰“茅盾研究丛书”、《丁玲创作独特性面面观》、《东南亚华文文学》、《中国现代文学》等。

许长安

许长安（1936—2017），福建晋江人，祖籍台湾。1961 年毕业于厦门大学，留校任教，历任助教、讲师、副教授、教授，长期从事汉语言文字教学和语文现代化的研究。1986—1988 年被国家语委借调到北京编写《当代中国的文字改革》，该书为国家“七五”社科研究重点项目。1992 年参加制定《福建省推广普通话规定》，主持点校清道光版《晋江县志》，另出版著作《厦门话文》《闽南白话字》等。1986 年获“全国文字改革和推广普通话积极分子”称号，1998 年获“福建省优秀归侨侨眷知识分子”称号。

蔡景康

蔡景康（1937—2007），祖籍福建晋江，马来西亚归侨。著名学者。1955 年考入厦门大学中文系。1959 年毕业留系执教，先后任助教、讲师、副教授、教授，兼任厦门大学中文系古代文学教研室主任、中国古代文学理论学会理事、中国《儒林外史》学会理事、福建省古典文学研究会副会长、中国致公党厦门大学总支委员兼文科支部主委等。长期从事古代文学与中国文学批评史教学与研究，尤致力于古代小说、小说理论和古代文论研究。著述有《明代文论选》《中国古代文学理论概略》《鲁迅论中国古典文学》等。其夫人王碧月整理出《蔡景康文集》三卷，分别为《中国古代文论研究》《力耘轩散文诗词》《唐人传奇小说》。

第六章　流金岁月（1984—1990）

第一节　形势逼人

一、中央领导视察与厦大新形势

1983年，国家主席李先念、全国政协副主席陆定一等中央领导先后来校视察，对厦大的发展给予关心和指导。1984年2月，邓小平视察厦门之后，党中央、国务院于1984年4月正式做出决定：把厦门经济特区范围扩大到全岛，逐步实行自由港的某些政策，从而使厦门大学成为全国唯一一所处于经济特区的教育部直属重点综合性大学。党中央的重大决策和中央领导的亲切关怀，给厦大师生以莫大的鼓舞和鞭策。

80年代以来，我国经济领域的改革逐步扩大。80年代中期，科技、教育、文化等各个领域的改革也开始启动。1984年春天之后，随着邓小平视察厦门经济特区引起的重大变动、学校教学和科研"两个中心"的确定、世界技术革命潮流的兴起，厦大应势而起，以新的思路提出改革与发展的设想，努力工作，建立多学科教育体系，厦门大学从此进入新的发展阶段。

学校抓住这样难得的机遇，立即着手研究制定改革与发展的规划。从1984年四五月份起，分别召开部分干部和专家、教授座谈会，集思广益，酝酿出厦大今后发展的初步设想。是年9月，校党政领导新班子组成，在原有工作的基础上，于10月份正式制定出《厦门大学改革和发展的基本设想》（以下简称《基本设想》）。《基本设想》分析了厦大具有的优越条件，确定了学校今后的发展方向是："在党的教育方针的指导下，充分利用特区有利条件，发挥学校优势，在'特'字作文章，在'高'字下功夫，依靠特殊政策，灵活措施，全面改革教育体制和教学方式，把我校办成一所面向特区、面向全国、面向东南亚、具有较高水平和富有特色的综合大学。"该设想提出了应达到的目标、任务及要采取的措施等。

《基本设想》所描绘的厦大未来的发展蓝图令人十分鼓舞。12 月中旬，学校提出在实行对外开放方面，要分期分批抓好十二项基础工作，如加强理科重点实验室建设，扶持文科有特色的研究所，成立技术科学院，成立研究生院，扩展国际教育中心，大力提高图书资料管理水平等。整个 80 年代，学校历任党政领导均努力沿着学校的发展方向和奋斗目标，锐意改革，加快开放，增强了学校活力，也促进了各科系的改革和发展，取得显著成绩。

二、领导班子换届

1984 年 9 月，系领导班子换届，郑朝宗、周祖譔两位教授年事已高，功成身退。

黄拔荆副教授调任校科研处任副处长。

何耿丰教授任系主任兼汉语言文学研究所所长。何耿丰 1957 年毕业于北京大学中文系，1973 年来厦门大学中文系执教，从事古代汉语的教学与研究，卓有成就，相关研究成果在海内外有重要影响。

张春吉、许栋梁被任命为副系主任。

吴秋滨任系党总支书记。

林建德任系党总支副书记。

三、教改与科研

20 世纪 80 年代，整个国家迈入改革开放与全球现代化进程的行列。伴随着人文学科激情岁月的到来，在“文化热”的大背景下，中文系也迎来自身发展的黄金时期。面对厦门经济特区发展的新形势与全校锐意改革的新氛围，中文系新的领导班子开拓求实，开展了一系列工作。

1.课程改革

根据学校公共课程教学之需，中文系设置了大学语文教研室，负责外系的大学语文课教学。在本系，确定了正、副教授及讲师、助教的教学任务，根据社会需要适当调整教学计划和课程设置。一方面，中文系派出老师配合校教务处对历届毕业生做跟踪调查，考查中文系毕业生的社会工作能力与表现，以便在以后的教学中进一步扬长避短，提高质量。另一方面，对毕业生、在校生进行了课程设置的调查。每月由系主任、分管教学的副系主任、分管学生工作的系党总支副书记召集一次学生意见听取会，由各班班长、学习委员参加，然后将意见集中反馈给有关教研室及教师。

在广泛听取意见的基础上，系领导班子对教学进行了一些改革，一方面停开那些涉及面过窄、现实意义不大的老课、旧课，一方面组织教师开设适应社会的应用类教程，如“公共关系学”“行政管理学”“秘书学”“书法”“口才与演讲”等选修课，加强了书本理论与社会实践之间的联系，进行大胆尝试。

2.三学期制与课程实践

1985 年 5 月，根据中央关于教育体制改革的精神，厦大为了突破原有教学计划和课程安排的限制，加强有关专业之间的联系，扩大学生的选修面和社会实践空间，决定试行“三学期制”。是年 11 月 20 日，学校下达《关于实行“三学期制”总体安排的意见》，正式决定从 1986 年开始实行三学期制。同时要求各系各专业根据培养目标的要求和实行三学期制的新情况，对已有的学分制教学计划进行一次认真修订，重新明确学分计算办法，切实调整课程，特别是要开出足够数量的、高水平、有特色、有吸引力的选修课；列出有意义的、丰富多彩的学生研究“小课题”(包括社会调查活动等)；尽可能把实习、社会调查、劳动向“短学期”延伸。对教学管理制度也作了若干新规定。

所谓“三学期制”，就是将每学年划分为“两长”“一短”三个学期。划分办法是：每年以春节为轴心，前后各延伸 18 周，组成两个“长学期”，另在每学年第一学期的前面，安排 6 周为一个“短学期”，寒暑假周数不变，一般是暑假 6 周，寒假 4 周。

三学期制实行以来，中文系利用第三学期的 6 周时期，组织师生结合课程内容深入社会实践。陈育伦副教授的“民间文学”课程坚持每年带领学生到农村、城镇采集民间故事，整理民间文学资料一百多万字，编印出《三明民间文学作品集》(上、下册)、《邵武民间文学》、《将乐民间故事传说》、《龙岩矿工民间文学作品集》、《畲族民间文学集》等，成果显著。

3.主辅修制和双学位制

为开阔学生的知识面、充分调动学生的学习积极性，学校于 1985 年 6 月颁布《关于试行“主辅修制”的暂行办法》，规定学生申请辅修其他专业的条件是：必须读满一年或两年主修课程，成绩良好以上，同时必须保证完成主修专业教学计划内规定课程，经本人申请，系主任批准。辅修其他专业的要求是：凡辅修 6 至 8 门其他专业的课程，修完 24 个学分，成绩合格者，毕业时发给“辅修专业证明书”。凡同时取得主修专业毕业证书和辅修专业证明书的学生，在报考研究生或毕业分配时将享有选择专业方向的优先权。同时学校还实行“双学位制”，规定凡学有余力、成绩优良者，均可申请攻读第二个“学士学位”，经考试合格，授予第二“学士学位”证书。这些制度的施行对于调整中文系学生的知识结构、促进学科交流、多出人才起到了推动作用。

4.新增硕士、博士点

根据研究生培养已具的规模，经学校申报、国务院批准，国家教委于 1986 年 4 月 15 日发文，同意厦大试办研究生院，由校长田昭武教授兼任研究生院院长。① 同年 9 月 12 日，学校在建南大会堂隆重举行研究生院成立大会，广大师生和校友无不欢欣鼓舞。中文系黄典诚教授喜赋七律一首“演武场中大学城，百花齐放百家鸣。文明两个需经济，专业四年尚径庭。树蕙滋兰当孟晋，超群出类得精英。宏开研究菁莪院，硕士联翩博士生”②，表达喜悦之情。厦大是当时我国为数不多的成立研究生院的学校，是我国培养研究生的重要基地。研究生院成立后，进一步加强了研究生工作的领导和培养力量，使全校的研究生教育事业更上一层楼。

1985 年，中文系汉语史硕士点建立，同年招收硕士研究生 3 名。在此基础上，1987 年，汉语史博士点建立，博士生导师为黄典诚教授，这标志着中文系往高层次办学方向的重大发展。首批招收博士研究生 3 名，培养出厦大中文系第

---

① 厦门大学校史编委会编：《厦大校史资料》第 4 辑，厦门大学出版社 1990 年版，第 235 页。

② 《厦门大学》1986 年第 171 期。

一批汉语方言学博士蓝小玲、林寒生、黄笑山。黄典诚教授为我国著名语言学家、辞书专家，作为博士生导师，为中文系的高层次教育倾注了大量心血，做出了重大贡献。1988 年，在厦大文科申报第二批高校社会科学博士点专项科研基金项目中，黄典诚的“在闽方言中为古汉语音韵钩沉起坠的研究”课题被通过，列为资助项目。①

在原有硕士点的基础上，中文系增设唐宋文学、中国现代文学、文学批评方法等招生方向，蔡师圣、林兴宅等老师被新聘为硕士生导师。

5.科研新举措

在科研方面，何耿丰教授接任中国语言文学研究所所长后，即按教委核定的编制，落实科研人员，成立了文学和语言两个研究室。文学研究室以古典文学和文艺理论为研究重点，语言研究室以闽方言为研究重点。厦大中国语言文学研究所由此正式列入国家“全国科研机构要览”。

到 1987 年为止，研究所承担的国家级资助研究项目有：

黄典诚教授的“闽南方言志”；
郑朝宗教授的“文学批评方法学”；
应锦襄教授的“西方现代文学批评”；
黄拔荆副教授的“两宋词史”；
张次曼副教授的“福州方言变调研究”；
陈世雄副教授的“欧美戏剧研究”。

为了激发中文系师生科研的积极性，系领导采取了一些措施：一是规定教师在国家级刊物发表文章，给予适当数量的奖金；二是调整了资料室人员，充实图书设备，拨专款购置了《丛书集成初编》等，为教学和科研提供了良好的后勤服务；三是加强教师间的学术信息交流，凡教师外出参加学术会议，都要在全系大

---

① 厦门大学校史编委会编：《厦大校史资料》第 9 辑，厦门大学出版社 1996 版，第 168 页。

会上介绍相应的学术情况。

四、学术交流与成果

1.学术交流频繁

1984年12月,学校根据学科发展和人员变动情况,对学术机构成员进行调整,重新组成文、理科学术委员会。科研处对全校开展学术活动做出安排,系、所每月举行一次学术报告,各研究室每月活动一次,副教授以上教师每学期做一次以上学术报告,基本形成制度。校、系领导的重视和制度的保证,有力地推动学术活动蓬勃开展。

随着20世纪80年代中期改革开放的进展,中文系"请进来、走出去"的学术交流活动更加频繁。这期间,黄典诚教授曾前后三次应邀到香港举行学术报告会;应锦襄教授也分别应香港中文大学以及中美文化协会的邀请,到香港与美国参加比较文学研讨会,并在会上宣读了论文,引起与会者的重视;庄钟庆教授在赴菲律宾探亲期间,向菲华文艺界做了专题演讲,当地报纸做了专题报道,反响颇大;许长安副教授应邀到香港出席第二届语文教育国际研讨会并提交论文;陈世雄副教授到苏联列宁格勒大学访问进修。国内外许多著名专家学者也应邀来前来做学术交流,举其要者有美国华盛顿大学闽语专家罗杰瑞,文艺理论家钱谷融,红学家刘梦溪,戏剧理论家陈瘦竹,现代文学研究家王瑶,语言学家林焘、陈章太,翻译家戈宝权等。同时,中文系还举办了一系列全国学术研讨会,如1985年的"全国文学评论方法论讨论会""全国毛泽东文艺思想研究会年会暨研讨会""丁玲创作研讨会";1986年的"全国现代汉语学术研讨会""华东修辞学会学术年会""鲁迅研究学术讨论会"等。

尤其值得一提的是1985年3月在厦大举办的"全国文学评论方法论讨论会",中文系作为发起单位之一筹办此次会议。这次会议是在20世纪80年代初中期文艺批评"方法论"变革的潮流中召开的,反映了当年批评界的一批中坚分子变革文艺批评现实的迫切愿望。中文系林兴宅老师在会上提出文艺科学可以数学化,他系统阐述了方法论变革的三个层面:借鉴西方现代各种流派的批评方法;引进自然科学的概念、知识和方法;运用系统科学方法论,包括系统论、信息论和控制论等。这些独到见解引起与会者的热烈讨论。它们同林兴宅此前发表的《论阿Q性格系统》[①],成了这次会议的热门话题,在文坛上产生很大影响。厦大中文系在“文学批评方法年”(1985)标领风骚,使得本系的文艺学学科在80年代锋芒毕露,也使中文系在学界声誉日隆。

2.学术成果斐然

在如此活跃而又宽松的学术气氛中,中文系的教学科研结出累累硕果,先后出版著作20余部。

在福建省首届社会科学优秀成果评选中,有7部作品获奖。其中,由黄典诚、周长楫主持,洪笃仁、李熙泰、林宝卿等人参加编写的《普通话闽南方言辞典》获一等奖;林兴宅的《艺术魅力的探寻》获二等奖;许怀中的《鲁迅与古典小说》、郑文贞的《段落的组织》和《不息的浪涛——厦门大学解放前革命斗争风貌》、陈世雄的《西方现代剧作戏剧性研究》、黄鸣奋的《论苏轼文艺心理观》等获三等奖。

1985年,林兴宅老师还获得省“先进教育工作者”称号,郭启宗、林寒生老师获得校教书育人先进工作者称号,黄鸣奋、朱水涌、李国正获得校中青年优秀论文奖,庄庆钟教授荣获厦大最高荣誉奖——“南强奖”一等奖(首届)。

1986年,许长安副教授被国家教委和国家语委授予“全国文字改革和推广普通话积极分子”称号。

五、学生工作

由于北京一些高校学生闹事的不良影响,1985年年底厦大校园曾经出现过少量内容偏激的大字报。1986年年底全国发生了波及不少城市的学潮,及至1989年的政治风波,使得加强学生工作、关心学生成长这一工作显得尤为重要。学校在此期间主要采取以下几方面举措加强和改善学生思想政治工作:

第一,加强政治理论课教学,规定文、理科本科生的政治理论课总学时数分

① 《鲁迅研究》1984年第1期。

别为315、210，在研究生中开设马克思主义理论课。

第二，进行爱国爱校教育，编纂厦大党史校史，竖立鲁迅石雕立像、陈嘉庚铜像等；通过参加军训和开设军事理论课进行国防教育。

第三，组织社会实践，了解国情民情。

第四，进行人生观和理想教育等。

在学生管理方面，中文系制定并实行了《学生品行评分暂行办法》，对端正系风起了积极作用。

1985年，中文系开始与驻厦海军举办军民共建活动。活动办得生动活泼，有声有色，引起地方与东海舰队、厦门水警区领导的重视。1986年，中文系学生党支部被学校评为先进党支部。1987年3月，在海军共建现场经验交流会上，代表们参观了系组织的活动并拍摄了专题片。1987年，中文系被驻厦海军及校团委评为军民共建先进单位。分管系学生工作的系党总支副书记林建德同志，为中文系学生的健康成长做出很多贡献，于1991年调任校人事处副处长。

第二节　全方位发展

一、系领导换届

1987年6月，系领导班子换届，学校任命郑文贞副教授为中文系系主任。郑文贞教授1955年毕业于厦大中文系并留校工作，长期从事写作教学与文章学研究，是修辞学专家。

何耿丰教授留任中国语言文学研究所所长。

吴秋滨同志调任校成教处副处长。

许栋梁同志调任新闻系代系主任。

张春吉副教授留任副系主任，增补陈育伦、黄鸣奋为副系主任。

林事恒同志接任系党总支书记。

二、多渠道办学

厦门大学创办于厦门市本岛，由于地缘人缘关系，历来与厦门人民息息相关，休戚与共。从1980年10月国务院批准厦门设立经济特区，到1984年厦门特区范围扩大到全岛，厦大师生莫不为之振奋。学校发挥人才、智力优势，采取多层次、多规格、多种形式办学，为厦门市培养各类专门人才，大力支持了特区建设。

20世纪80年代中后期，改革开放给社会带来巨大变化，中文系面对社会新需求，调整办学方向，以适应社会，面向特区。不仅在本科内增设一些应用性课程，还面向社会，开展多种形式办学，使中文系教学明显发展成为三个层次。1980年复办的厦门大学夜大学从1984年秋季起，面向厦门市招收中文、电子两个大专班，每班40名，共80名。以后增设的新专业，也大多招收厦门市学员。

1985年，中文系举办“对外宣传干部”专科班。1988年，经福建省教委批准，中文系创办了对台业务专业证书班，招收福建省对台工作干部20多人。同年，经省教委批准，为南平地区开办文化宣传专业证书班，招收学员50余人，主要开设的课程有“写作”“秘书学”“文学作品选”“现代汉语”等。1989年，又为南平地区开办政工干部专业证书班，招收两届学员100多人。1988年，创办中国语言文学函授专修班，学制三年，招收两届学员近200余人，办班效果显著。

厦门大学中文系开展多种规格与形式办学，既为省、市有关部门培养了各类急需的人才，有力地支援了地方建设，又扩大了自身办学规模，促进了教学工作的发展；同时也获得一定的经济效益。这类办学形式，与中文系这一阶段所处的历史社会条件密切相关，随着社会需求的变化，不断调整。

三、学术活动

1.学科建设

这期间，中文系硕士研究生增设“中国古典诗词与诗论词论”“元明清文学文论”“现代诗论”等方向，先后有周长楫、黄炳辉、黄祖良、赖干坚等老师加入导师行列。这时期，中文系积极开展台湾文学研究，成了大陆台湾文学研究的拓荒者之一。这些都推动中文系学科体系建设的日益完善。

2.科研成果

在中国现当代文学领域，中文系参与《鲁迅全集》《郭沫若全集》《茅盾全集》的编辑注释工作，参与唐弢主编的《中国现代文学史》和十四院校合编的《中国当代文学史》的撰写，与北京大学、复旦大学、南京大学等高校共同发起和组织了粉碎"四人帮"后第一部《中国现代文学史》的编写出版。许怀中的《鲁迅与文艺思潮流派》、庄钟庆的《茅盾的创作历程》等一批现代作家作品和文学思潮流派的研究论著，为中文系在现代文学研究领域赢得重要地位。这期间，中文系的科研论著成果迭出，即以后三年而言：

1988 年，中文系出版专著 5 部，发表论文 50 篇；

1989 年，中文系出版专著 7 部，发表论文 59 篇；

1990 年，中文系出版专著 6 部，发表论文 78 篇。

呈稳定上升趋势，良性发展势头良好。

3.科研项目与学术交流

这时期，中文系教师更加注意申请并承担各级科研项目，仅国家级的就有张次曼的"福州方言的形态音韵"、应锦襄的"世界文学格局中的中国文学"、林寒生的"闽东语言研究"、赖干坚的"现代西方文艺批评"、黄鸣奋的"需要理论与文艺批评"、黄典诚的"在闽方言中的古汉语"等。学术交流活动也很频繁。黄鸣奋 1988 年赴荷兰阿姆斯特丹大学访问；甘章贞参加在平壤举行的"朝鲜问题专家国际学术研讨会"并在会上宣读论文；赖干坚 1987 年应邀前往菲律宾马尼拉阿德尼奥大学讲学。

这一时期中文系主办的全国性学术会议有：1987 年"首届东南亚华文文学研讨会"，1988 年与国家、省有关单位联合举办"第四届茅盾与中外文学学术研讨会""全国修辞学会第四届年会暨研讨会""中外文艺理论研讨会""文艺批评学研讨会"等，著名作家魏巍等也应邀前来做讲座报告。

截至 1990 年，中文系又有一批教师获得教学、科研成果奖。黄鸣奋获校"南强奖”,陈育伦获福建省优秀教学成果二等奖、校一等奖,俞兆平、陈世雄先后荣获厦大首届、第二届“清源奖”。

第三节　刊物与社团

一、《中文风》

1988年,由中文系学生会主办的刊物《中文风》问世,主要刊登中文系师生的作品,较为系统地记载了中文人的当代风貌。这样,除了原有的《鼓浪》和《采贝》之外,厦大中文系师生有了第三种刊物,越发拓宽了文章的发表渠道,促进了日常创作,使厦大中文系的文艺氛围越发浓厚。而且,三种刊物各有针对,各司其职,彼此互补,是学生学习、创作的重要平台,深刻影响了他们的思想、趣味。

二、南强话剧社

南强话剧社诞生于1988年,直属于厦大艺术团。它在中文系话剧活动的基础上成立,集创作、导演、演出于一身。南强话剧社汇集了众多具有表演天赋的同学,具备排演话剧的实力,成立至今举办过多次大型话剧的专场演出,在厦大师生中具有很强影响力。在从事话剧表演的同时,优秀话剧的观摩以及话剧知识讲座也是该社经常组织的重要活动。话剧社还出版了社刊《南强戏苑》,让广大同学更加深刻了解并认识了话剧。话剧社不仅在校内活动积极,也经常应邀到校外的企事业单位、电视台进行交流活动,扩大了自己的影响力。话剧社的宗旨是“全心全意为广大师生服务,尽心尽力为校园文化添彩,弘扬南强精神,振兴话剧艺术”,话剧社的口号是“南强舞台,尽显风采”。

三、影视协会

作为厦门大学唯一的影视娱乐类社团,厦门大学影视协会1988年由中文系学生创办,本着“展现景点影视魅力,丰富校园文化生活”的宗旨,一直受到全校师生的普遍欢迎。协会长期开展的主要活动有观摩电影、举办影视讲座、撰写优秀影视的评论等。影视协会成立后得到校内外学者、影视专家的长期支持和帮助，如厦门大学台湾研究所陈飞宝、郑启五，中文系郭启宗、朱水涌，厦门市青年影评协会会长徐鹭雄，皆有不同程度的贡献。

第四节　名师录

陈育伦

陈育伦（1937— ），福建安溪人。著名学者。1959 年毕业于厦门大学中文系，留校任教，历任助教、讲师、副教授、教授，兼任厦门大学东南亚华语文文学研究中心主任、中国民间文艺家协会会员、福建民间文艺家协会副主席、福建省民俗学会副会长等。退休后任厦门华夏学院副院长。长期从事写作学、民间文学、现代文学的教学与研究工作，在民间文学理论、民俗学及东南亚华文文学研究方面有较丰硕的成果。著述有《福建六十年民间故事选评》、《中国少数民族文学》、“东南亚华文文学丛书”等。

赖干坚

赖干坚（1937— ），福建永定人。著名学者。1959 年毕业于厦门大学中文系，留校任教，历任助教、讲师、副教授、教授。1982 年 10 月至 1983 年 10 月，公派至美国密歇根大学英国语言文学系访问进修。1987 年 7 月至 10 月，赴菲律宾马尼拉阿德尼奥大学讲学。1994 年 9 月至 1998 年 2 月担任中文系系主任。兼任福建省文学会副会长、厦门市社科联顾问、全国高校外国文学教学研究会常务理事。享受政府特殊津贴。专业方向为欧美文学与比较文学，著述有《西方文学批评方法评介》《西方现代派小说研究》《中国现当代文学与外国文艺思潮》《二十世纪中西比较诗学》《狄更斯评传》及译著《叙事虚构作品：当代诗学》等。

庄克华

庄克华(1937—　),女,江苏徐州人。著名学者。1959年考取山东大学中文系研究生,师从冯沅君先生。1962年毕业后任教于华侨大学,“文革”中调入厦门大学,历任讲师、副教授、教授。教学与研究的主要范围为中国古代文学史、古代文学作品选、词曲赏析以及红学研究等。著述有《古书人物辞典》《全元曲》《中国历代民歌鉴赏辞典》《南戏调查报告集》等。

周长楫

周长楫(1938—　),1938年7月生,福建厦门人。1959年秋考入厦门大学中文系。1963年毕业后留系任教,历任助教、讲师、副教授、教授。曾任中文系汉语方言研究室主任,汉语史硕士生导师。担任全国汉语方言学会理事、中国音韵学研究会理事、福建省语言学会副会长、福建省辞书学会常务理事、厦门市语言学会会长等。周长楫教授长期从事语言学的教学与科研工作,主要科研方向为汉语韵学和闽南方言。开设的主要课程有“现代汉语”“写作”“汉语语音史”“汉语语法史”“闽南方言研究”。主要科研成果有:《普通话闽南方言词典》(主持编写人之一),该书获福建省首届社科优秀论著一等奖、首届全国图书奖提名奖;《汉字古今音表》《厦门方言辞典》等;发表论文数十篇。曾获省教育先进工作者等称号,曾受聘赴台湾担任台湾成功大学中文系客座教授,赴新加坡南洋理工大学担任客座研究员。

林兴宅

林兴宅(1941—　),福建德化人。著名学者,文艺理论家。1963年毕业于厦门大学中文系,历任助教、讲师、副教授、教授。曾兼任厦门大学中国语言文学研究所副所长、中国文艺理论学会理事、中国中外文艺理论研究会常务理事、中国当代文学研究会理事、中国作家协会会员、福建省作家协会主席团成员、厦门市政协委员、厦门对外文化交流中心主任等职。从事文学研究和教学,致力于文艺批评新方法的探索,取得一系列富有创见的成果,在学术界产生强烈的反响,引发 1985 年中国大陆的“新方法热”，由此被学界誉为“文艺批评新方法的开拓者和带头人”。他在 20 世纪 90 年代倡导的“文艺象征论”被认为是中国当代文艺学体系探索的五种代表类型之一。著述有《论文学学术的魅力》《艺术魅力的探寻》《文艺象征论》《批评的实验》等。

第七章　寻求突破（1990—2000）

第一节　机遇与挑战

一、领导班子换届

历史跨进20世纪90年代，邓小平同志的南方谈话使中国的改革开放进一步深化，经济建设高潮迭起，社会经济形态向市场经济转型。社会主义市场经济的建立，给中文系事业的发展带来机遇和挑战。在新的时代背景下，既要保持中文系的传统特色，使教学科研迈上新台阶，又要考虑适应社会主义市场经济的新需要，给古老的中文系注入新鲜的时代血液。

1990年，系领导班子换届：

郑文贞调任校档案馆馆长兼校史办公室主任。

张春吉调任校统战部副部长。

郭启宗被任命为系主任。郭启宗，祖籍福建龙海，1936年出生，1960年毕业于厦大中文系，并留任任教，从事文艺理论的教学与科研，兼及电影艺术理论研究。参加编著《中国解放前文学史小说卷》《美育基础知识》《中国小说提要》等。郭启宗是文艺理论方面的专家，历任全国毛泽东文艺理论思想研究会理事、福建省文学学会副会长等职。

班子成员也做了相应的调整：

陈育伦、林铁民、陈世雄任副系主任。

林铁民于1991年9月调任教务处任副处长后，由李国正接任副系主任。

黄鸣奋调任中国语言文学研究所副所长。

林事恒留任系党总支书记。

杨聪凤任系党总支副书记，主管学生工作。

班子建立后，首先按学校的指示恢复了停顿两年的职称评聘工作，以后每年都按正常秩序顺利完成职称评聘工作，逐步解决了这一关系教师切身利益的问题，进一步调动了教师教学科研的热情。

二、教学改革

1.调整课程

面对新形势，为了确保本科教学质量，中文系更新课程结构，重新确定了十门主干课程："文学概论""现代汉语""古代汉语""中国现代文学史""中国古代文学史""中国古代文学作品选""马列文论""语言学概论""写作""外国文学"，加强了主干课程的建设。同时，注意了选修课的筛选工作，制定了配套的限制性选修课与非限制性选修课。为了适应市场经济发展的要求，扩大学生知识面，培养社会应用型人才，优化学生知识结构，系里一方面鼓励教师开设新的应用性选修课，一方面鼓励教师开设边缘学科或交叉学科的选修课程。前者有"秘书学""公务员应用写作""报告文学""文化语言学""公共关系学"等，后者有"文艺心理学""生态语言学"等。除此之外，中文系还按学校的要求，开设一些由外系教师执教的必修课程，如"中国通史""世界政治经济与国际关系""算法语言""法律基础"等，尽可能满足学生的求知欲，调动学生的学习热情。1992 年，学校经统筹考虑，决定取消三学期制，把实行三学期制的一些长处吸收进二学期制中继续发扬，规定每星期拨出一至两个单位时间让各系学生选修全校性课程。与此相应，中文系也积极向全校推出多达 15 门的跨系跨专业选修课，受到全校同学的欢迎。在教学管理方面，进一步完善考勤制度与学生请假制度，保证了各门课的听课率。

2.社会办学

在社会办学方面，中文系走在全校的前列。

1990、1991 年，为南平地区开办政治工作专业证书班。

1992 年，中文系受省文化厅委托开办群众文化干部培训班。

1993 年，经上级批准，接受省教委委托，开办中文教师委培班；开办文秘公关函授三年制、一年制专修班。相应拟定出三年制师专、公关文秘及函授大专等三套教学大纲及课程设置计划。

努力办班的结果,一方面使中文系在经济大潮的冲击下,能够尽可能增加收入,改善办学条件;一方面有力地支援了地方建设,为地方培养大批干部。现福建省对外宣传、对台宣传的干部大部分是由厦大中文系培训出来的。他们大多成为业务骨干,有的还被提拔到一定的领导岗位上工作。

中文系分管社会办学的副系主任陈育伦教授自 1987 年任职以来,勤思苦干,为社会办学做出贡献。

三、研究生教育

本时期中文研究生教育也有新的发展。

1990—1993 年,共有 5 名博士生和 24 名硕士生毕业。

至 1994 年,中文系各类研究生在学人数达到 25 人以上。经批准,系里增列张次曼、庄克华、黄鸣奋、吴在庆、王玫、朱水涌等硕士生导师。

1994 年,由林兴宅、赖干坚教授和俞兆平、陈世雄副教授组成梯队申报的文艺学硕士点获国务院学位委员会批准,成为中文系第五个硕士点。

至此,中文系已有中国古代文学、中国现代文学、汉语言文字学、比较文学、文艺学 5 个硕士点,为进一步扩大本系研究生教育规模创造了条件。

四、深化管理

这一期间,中文系的教学具有了多层次、多品种的特色。经过全系上下共同努力,基本实现既拓展层次、适应社会,又保证重点、使教学科研更上一个新台阶的设想。随着改革开放的不断深入,教育改革的浪潮滚滚向前。

1991 年,学校制定"八五"事业规划(1991—1995)和十年规划设想,提出把厦大办成高水平、有特色、开放型的社会主义的重点综合大学。中文系也发动全系教师,制定了相应的发展规划。特别是 1992—1993 年,学校为适应国家经济建设和社会发展,提高教学科研水平,增强综合实力,针对人浮于事、忙闲不均、分配不合理等现象,实行了校内管理体制改革,在搞好定编、定岗、定责的基础上，实行全员聘任制度和与之相配套的考核评估制度，推行国家工资、政府补贴与校内津贴相结合的工资制度。

中文系努力贯彻学校的改革方案，做好思想工作，克服了大方案实施过程中的困难，出现了争上课、争申请科研基金、争出成果的局面，优化了队伍，增强了活力，一定程度提高了教职工待遇，调动了教职工的教学科研积极性和主动性。

1993 年，系里根据教学情况的变动，撤销大学语文教研室，原任课教师编入写作教研室。至此，中文系建有文艺理论、现代文学、古代文学、写作、语言 5 个教研室。

中文系实行系所合一的体制。中国语言文学研究所设文学和语言两个研究室。在语言研究方面，何耿丰、黄景湖、周长楫、张次曼、林宝卿等都有良好的成绩；文学研究方面，主要从事唐代文学研究的周祖譔、黄炳辉、吴在庆、贾晋华等，主要从事比较文学研究的应锦襄、赖干坚、林铁民等，都有令人瞩目的研究成果。

五、学术成就

1.研究拓宽加深

1990—1994 年，中文系所承担的国家级科研项目有：

黄鸣奋的“人的需要与文艺创作”；
何耿丰的“客家方言语法研究”；
贾晋华的“五代文学研究”；
林丹娅的“当代中国女性文学史论”；
陈世雄的“戏剧思维学”；
赖干坚的“西方现代派小说研究”；
贾晋华的“唐代文学集团研究”；
张次曼的“连读变调的数学模型、特征组合以及所含语言结构信息”“从连续变调数学模型研讨语言学的方法论及其与高科技的结合”。

林兴宅、俞兆平、朱水涌等在文艺理论美学理论方面的研究及著述，陈世雄对戏剧心理的研究及著述，柯文溥对现代诗歌的研究及著述，陈茂同对职官沿革的研究及著述，横跨边缘交叉学科的黄鸣奋对文艺心理学的研究及著述，都自成一家，引起学术界的瞩目。

2.扩大学术交流

在学术交流方面，中文系有不少教师前往世界各地进行交流：

1992 年，应锦襄教授应美国哈佛大学比较文学室邀请，两度赴美访问。

1993 年开春伊始，周长楫、黄景湖、林宝卿老师集体赴香港参加第三届国际闽南方言学术会议。

1993 年，中文系协助学校与菲律宾雅典耀大学做短期讲学。

1993 年，中文系协助学校与菲律宾国家铝业有限公司合作创办岷厦国际学校，派出陈荣岚、巫汉祥、王诺三人赴菲律宾《商报》工作，为国际合作办学、开展对外交流开拓了新路子。

1993 年 3 月，周长楫副教授应邀参加台湾首届国际语言学术会议。陈世雄副教授应邀赴香港中文大学合作研究。

1993 年 6 月，叶宝奎老师应邀参加新加坡大学主办的第一届国家汉语语言学会议。

1993 年 10 月，周祖譔教授应邀参加香港第二届国家赋学研讨会。

与此同时，中文系也主办了一些全国性乃至国际性学术会议：

1991 年举办了“全国语文学会第六届年会暨学术讨论会”。

1992 年 11 月举办的“唐代文学学会暨国际学术讨论会”，接待了来自 6 个国家、3 个地区的国内外专家学者 120 余人，宣读了 100 多篇论文，是具有国际水平的学术会议。

1993 年 7 月举办了“全国高校电影学会第六届年会暨十周年学会奖颁奖会”。

这些交流活动不仅使教师们开拓了学术视野，而且大大提高了厦大中文系的知名度。

3.教学科研获奖

通过领导班子与全体教职员工的奋发图强，克服困难，这一时期，中文系的教学科研面貌有了新气象，共有50多人次获得从国家到学校的各级荣誉。

陈世雄被国家教委、国家人事部评为“有突出贡献的回国留学人员”；

吴在庆、贾晋华参加撰写的《唐才子传校笺》获“全国首届古籍著作”二等奖；

朱水涌参加撰写的著作获“浙江省文学优秀成果”一等奖；

黄景湖获全国“园丁奖”；

薛锡振被评为1990年“福建省自学考试先进工作者”；

张次曼获1992年校“南强奖”；

周长楫、颜剑飞、薛锡振、王玫先后获“校公共基础课优秀教学奖”；

郑文贞、周长楫、杨聪凤、朱水涌先后获校“教书育人先进工作者”称号；

朱水涌还获校“张子露优秀贡献奖”，获得英国剑桥传记中心的“国家二十世纪成就奖”；

周长楫、陈育伦、林宝卿、林丹娅获1993年厦大“九州奖”；

写作教研室集体荣获“省优秀教学成果”二等奖及校一等奖；

“中国文学史”“文学概论”被评为“优秀主干课程”；

黄炳辉、庄钟庆、何耿丰教授，陈世雄、黄鸣奋副教授荣获国务院政府特殊津贴。

六、江泽民总书记视察厦大

1991年12月19日上午，中共中央总书记江泽民在参加厦门经济特区建设十周年庆祝活动期间，前来视察厦门大学，看望厦门大学师生员工，在群贤楼与厦门大学师生代表亲切座谈。在座谈会中，江泽民总书记勉励青年学生要经受锻炼，努力学习，并寄予厚望，座谈会持续了约50分钟。

在座谈会召开之前，江总书记参观了厦门大学鲁迅纪念馆，由中文系现当代文学教研室的任伟光老师担任讲解员。参观结束之后，江总书记还在鲁迅纪念馆的签名簿上留下亲笔签名："江泽民，一九九一年十二月十九日于厦门大学。"[1]江总书记的到来和讲话给中文系以及全校师生以极大的鼓舞，全体师生员工认真贯彻落实江总书记的重要讲话，紧紧抓住历史的新机遇，贯彻党的教育方针，继续前进，以满腔的热情投入社会主义现代化建设中。

七、敦聘兼职教授与设立奖学金

1990 年 11 月，中国作家协会书记处书记、作家张锲来厦大参观访问。1955 年，年轻的张锲曾被中文系录取，但受运动牵累而错过上学的机会。此次来厦，张锲圆了大学梦，在中文系听了课，也向中文系学生做了《文学与青年》的报告。郑学檬副校长代表厦大授予张锲"厦门大学名誉校友"称号。多年来，张锲同志一直关心支持厦大中文系的工作。

1992 年，中文系聘请香港实业家、书法家施子清先生为兼职教授。

1994 年 4 月，中文系还敦聘香港作家梁凤仪为客座教授。

1994 年，新加坡文艺家、企业家周颖南应聘中文系兼职教授。

1992 年，厦大校友、菲律宾著名企业家庄汉水，为纪念曾在中文系任教的虞愚教授，在中文系设立"虞愚奖教金"。

1993 年，感于系全体教师的敬业精神，菲律宾华裔著名实业家姚嘉熙在中文系设立"嘉熙奖教奖学金"。

1994 年，厦大校友、实业家陈安祺为纪念其同窗学友林莺先生，在中文系设立"林莺奖教金"，每年奖励两人。

中文系在长期的办学过程中，始终得到海内外友好人士以及校友、系友的支持和赞助。在陈嘉庚先生倾资兴学的精神感召下，他们以各种方式对中文系的发展给予关注和支持，其殷殷之情激励着中文系师生不断开拓进取。

---

① 厦门大学校史编委会编：《厦门大学校史》第 2 卷，厦门大学出版社 2006 年版，第 381 页。

第二节　在市场经济浪潮中沉稳前行

一、系领导班子调整

1994 年 9 月 20 日，中文系党政领导班子换届，成立了由陈育伦任系党总支书记，赖干坚任系主任，郑楚任系党总支副书记，陈世雄、朱水涌任副系主任以及由黄鸣奋任中国语言文学研究所所长、李国正任副所长的新一届领导班子。

赖干坚，祖籍福建永定，1937 年 9 月生，1959 年厦门大学中文系毕业后留校任教，曾赴美国密歇根大学英语系做访问学者，是研究英美小说和西方现代文学批评的专家。赖干坚教授多年来致力于现代西方文论、西方现代派小说及中西比较诗学方面的研究。从 1985 年起三次承担国家社科基金课题。出版专著《西方文学批评方法评介》《文艺本体论对反映论的碰撞与渗透》《文学兴衰初探》等学术论文数十篇。赖干坚 1990 年起为文学批评史专业硕士生导师，是全国高校外国文学研究会常务理事、福建省比较文学会副会长。

1994 年 11 月 6 日，中文系建系七十三周年庆祝大会召开，到会的海内外系友及有关领导近 400 人。其间，举办了中文系教学、科研成就展，获得各界的好评。与此同时，中文系充分发挥面向东南亚的地域优势与研究特长，于 1994 年 12 月 18 日成立厦门大学东南亚华文文学研究中心，行政上挂靠中文系，由陈育伦任主任，郑松锟、周宁任副主任。

二、市场经济的冲击

20 世纪 90 年代市场经济的体制转型促成中国当代社会从政治社会向市民社会转变，由此形成当代文学艺术新的语境。90 年代中期以来，市场经济的全面展开不仅改变了许多人的生活处境，也使得新的社会价值转型悄然发生。最为明显的表现是拜金主义和消费主义的逐渐蔓延。由此文艺界兴起一场相对持久、影响广泛的“人文精神大讨论”①。

20 世纪 90 年代的中国社会文化趋于市场化、世俗化，大众文化与消费主义意识形态盛行。面对与之前完全不同的文化语境、文化现象，面对着来自方方面面的社会潮流对人文基础学科的冲击和挑战，中文系的教学科研仍沉稳而富于学理性地进行。面临人文学科被边缘化的局面以及师资队伍新老交替的困难，中文系开始自我调整、自我巩固。

三、教学与科研

1.教学科研获奖

这一时期，新的领导班子积极推进中文系的教学改革和科研活动，取得可喜的成果。

“现代汉语”“中国现代文学史”分别被评为厦门大学第三、第四批优秀主干课程。

郑朝宗、郑松锟编著的《西洋文学史》，叶宝奎著的《语言学概论》，获厦门大学优秀教材一等奖。

林兴宅主编的《文学评论概要》、俞兆平著的《诗美解悟》，获厦门大学优秀教材二等奖。

1995 年庄钟庆被评为“优秀研究生导师”；林丹娅被评为校“教书育人先进工作者”并荣获 1996 年“厦门市劳动模范”称号；薛锡振被评为学校“校园文明建设积极分子”。

1997 年，李国正的“语言学新课程教材建设与传统课程教学方法改革”及王诺的“高校文科学生综合能力培养方案及其实施成效评估”，在厦门大学教学成果评审中获一等奖。

李国正的《生态汉语学》、庄明萱等四人参著的《台湾文学史》，获福建省第二届社会科学优秀成果一等奖，郑文贞著《篇章修辞学》获二等奖。

---

① 晓声：《1994 年文化研究的一大热点——关于“人文精神失落”问题的讨论》，《社科信息文萃》1995 年第 9 期；王晓明主编：《人文精神寻思录》，文汇出版社 1996 年版。关于“人文精神大讨论”的背景、内容等，可以参考上述文献。

俞兆平、赖干坚、周长楫获厦门大学“九州”(科研类)奖。

林铁民、徐姗娜获“九州”(管理类)奖。

周宁的博士论文被收入“中国人文社会科学硕士、博士文库”。

校庆期间,林兴宅、周长楫和张次曼在厦门大学“二十一世纪科学的展望”的讨论会上做专题报告。

郑楚、李峰同志在行政工作方面成绩突出,被评为“厦门大学校园文明建设先进工作者”。

1996 年 12 月,林丹娅教授作为代表出席了第五次全国作家代表大会。

在福建省作家协会代表大会上,林兴宅、林丹娅当选为主席团成员。

陈育伦在省民间文艺家第三届代表大会上当选为副会长。

2.承办学术会议

这一时期,中文系的学术活动十分频繁。

1994 年 11 月,中文系承办了由福建省比较文学学会、广东省比较文学学会共同举办的“闽粤港第二届比较文学学术研讨会”,40 多名学者参加了会议。会后出版了《跨世纪与跨文化》论文集。

1995 年 8 月,赖干坚教授参加了国家教委主办的直属高校部分中文系系主任会议,研讨专业评估以及如何面向 21 世纪、进行教学内容和体制等方面的改革问题。

1995 年 10 月,中文系承办了在厦大举行的,由厦大、省社科院、省文联、省社科联、福建师大、漳州师院、厦门市文化局、平和县坂仔镇人民政府、福建省炎黄文化研究会等单位联合举办的“林语堂和中西文化”学术研讨会,来自海内外高校和研究机构的 50 多名学者参加此次会议。

1996 年 11 月,由中文系和中华诗词社联合举办的“中华诗词研讨会”在我校举行,来自全国各地的 30 多名代表参加了会议并做了学术报告和诵唱。

1997 年 5 月,“全国高校外国文学教学研讨会·97 厦门年会暨学术交流会”在厦大召开,会议中心议题为“人文精神与外国文学”,来自全国各地的数十位专家学者出席会议。

1997 年 11 月,由中国现当代文学研究会女性文学委员会发起,厦大中文系、中华文学基金会文学部等五个单位联合主办的“中国当代女性文学第三届学术讨论会”在厦大召开，由中文系承办。会议探讨了中国当代女性文学的特征及发展历程，为建构富有中国特色的新世纪女性文学与文学理论展开了多方面的研究与讨论。

1997 年 12 月，“世纪之交的东南亚华文文学研讨会”由中文系协办在厦大举行。这次会议由厦门市东南亚文学研究会、厦门大学东南亚华文文学研究中心、厦门大学海外教育学院联合举办，历时三天，来自新加坡、马来西亚、泰国、菲律宾、印尼、文莱及中国各地的作家、教授、专家、研究者共 80 余人莅会，共提交论文 60 多篇。本次研讨会的主题是：在世纪之交汇合点上观察东南亚华文文学的特色及其在世界文学、世界华文文学格局中的位置及未来发展趋向。

学术会议的承办，加强了中文系与海内外各大学、学术研究机构及专家学者间的学术交流，大大开拓了本系师生的学术视野，对教学科研多有裨益。

3.邀请专家莅系讲学

除邀请出席学术会议的专家学者与中文系师生进行深入广泛的学术交流外，中文系还不断邀请海内外的知名学者到中文系讲学。

1995 年 4 月，邀请台湾诗人兼学者、校友余光中教授为中文系师生做了题为“现代诗与我的创作”的学术报告，同时邀请表演艺术家李默然做了题为“我的艺术生涯及当前戏剧界情况”的报告。

1995 年 6 月，学校敦聘邵建寅为中文系兼职教授，仪式结束后，邵先生做了题为“老庄哲学走向现代”的学术演讲，演讲结束后，又与中文系系师生开了座谈会。

1995 年 11 月，邀请中文系兼职教授，新加坡文艺家、企业家周颖南为中文系师生做了题为“东南亚华文文学与我的创作历程”的学术报告。

1996 年 12 月，邀请中国社科院文学研究所研究员杨义、复旦大学中文系教授陈思和与师生座谈“小说研究的方法”及“当代文学的三种意识”。

1997 年 5 月，中文系兼职教授、北大俄语系教授李明滨为师生做了题为“俄苏文学与当代俄国国情”的学术报告。

1997 年 11 月，邀请北大教授乐黛云、汤一介分别为中文系部分教师及研究生做了题为“关于比较文学研究”和“当前哲学学术动态”的学术报告，邀请中国社科院文学所所长张炯做了题为“当前文学艺术创作评论和现状”的学术报告，邀请暨南大学李如龙教授为部分教师及研究生做了学术报告。

1997年12月，邀请华中师大黄曼君教授为研究生做了题为“新文学的现代品格与90年代文学的变格”的报告。

此外，中文系还敦聘澳门著名学者梁披云先生为名誉教授，邀请美国印第安那大学副教授张英进博士、新加坡国立大学中文系副教授杨松年博士为师生做报告及举办座谈会。

4.对外交流活跃

这一时期，中文系的对外学术交流也比较活跃。许多教师赴世界各地讲学访问。

1994—1995年，郑文贞赴新加坡国立大学执教。

1995年10月，陈世雄赴台北参加台湾大学举行的两岸歌仔戏学术讨论会。

1996年2月，俞兆平赴台湾进行为期一个月的学术访问。

1997年3月，庄钟庆、陈育伦赴泰国、马来西亚、新加坡，与三国的华文文学团体、作家及新加坡国立大学中文系进行学术交流。

1997年5月，林兴宅赴菲律宾马尼拉阿德纽大学进行为期两个月的讲学。

一系列的学术交流活动，有利于提高中文系在海内外的声誉，对教学改革及科研活动也起到积极的推动作用。

为适应新的社会需求，中文系还积极筹办应用型大专班，1996年12月，经国家教委批准，中文系成为福建省应用型秘书专业自学考试主考单位，当年即招收第一届应用型秘书专业(公共关系方向)自考大专生272人，以后每年均招收200人左右。应用型秘书专业大专班的开设，丰富了中文系的办学层次。在满足社会需求的同时，这种收取适当费用的新的办学方式，也为本系的教学科研提供了一定的财力支持。

第三节　世纪之交的学科建设

一、机构变更

1998年2月19日，中文系领导班子换届，成立了由郑楚任系党总支书记，黄鸣奋任系主任，陈世雄、朱水涌任副主任的新一届领导班子。

1999年9月，学校决定成立人文学院，中文系隶属其中。原有的系党总支、团总支、党政办公室撤销，中文系资料室亦于此前划归校图书馆。

1999年10月29日，学校任命黄鸣奋为人文学院副院长兼中文系系主任、中国语言文学研究所所长。黄鸣奋教授1984年12月获厦门大学文学批评史专业硕士学位后留校工作，锐意进取，成果丰硕。此前曾担任副系主任、中国语言文学研究所副所长等职。

朱水涌任副系主任。

李国正任中国语言文学研究所副所长。

周宁任东南亚华文文学研究中心副主任。

学院成立党总支，徐姗娜任人文学院党总支副书记。

新一届领导班子的基本思路是：以思想政治工作为保障，以学科建设为目标，以师资队伍建设为龙头，积极推进教学改革、开展科研活动，改善办学条件，努力扩大中文系在国内外的影响。

二、学科建设

1.制定发展规划

新领导班子将学科建设作为当务之急来抓，广泛征求意见，在1999年制定了《中文系学科建设发展规划》，确定以文艺学作为今后几年里的主要发展学科，此后，又将重点建设的学科扩大到中国现当代文学、应用语言学、艺术学和戏剧戏曲学。在具体操作中，鼓励学科间的相互渗透，寻找新的学科增长点，努力发展边缘学科和新兴学科，关注当今全球化、知识经济、可持续发展等热点问题。

2.加强师资队伍建设

学科建设要上去，师资队伍是关键。由于自然减员等缘故，中文系师资队伍规模在90年代中期急剧缩小。针对这种情况，新领导班子加强引进人才的力度。国务院学科评议组成员、博士生导师李如龙教授，国家级有突出贡献的专家杨春时教授，语言学专家苏新春教授等学者陆续调入中文系，增强了师资力量。

李如龙教授主要研究方向为汉语方言学、汉语音韵学，旁及汉语地名学、社会语言学、应用语言学等，其研究成果曾获国家图书奖荣誉奖并多次获省部级奖励，具有重要学术影响。他是多所大学的兼职教授，在厦大筹建了汉语语言学研究中心并任负责人。

在此期间还有一批教师晋升职称，中文系所拥有的现职教授从1998年的5名增加到2000年底的12名，副教授实现了年轻化。钱奠香、刘荣平等年轻博士加入教师队伍，保证了中文系持续发展的后劲。在这个时期的师资队伍中，拥有博士学位的还有林寒生、叶宝奎、郑尚宪、周宁、曾良等人，比例已经达到教师总数的1/4。

2000年学校聘任首批教学科研重要岗位，中文系李如龙教授受聘一级岗位，黄鸣奋教授受聘二级岗位，陈世雄、杨春时、周宁、苏新春、吴在庆、朱水涌、林丹娅等教授和郑尚宪副教授受聘三级岗位。

人才建设是学科建设的基础，中文系科学合理地制定师资队伍建设规划并引进多方人才，为中文系学科发展奠定了厚实的基础。

3.科研成果及教师荣誉

在科研方面，中文系力争保持本系各学科的传统优势，花大力气研究世纪之交的社会变动与文学变革，引入先进的科研手段，顺利获得并完成诸多国家、省部级社会科学基金项目：

朱水涌的“90年代中国文学思潮研究”；

陈世雄、周宁的“二十世纪西方戏剧思潮”。

黄鸣奋、林丹娅、王玫、周长楫等所承担的省级科研项目也取得可喜的成果。

新获得的国家社科基金项目有：

黄鸣奋的“信息科技与文学变革”；

郑尚宪的“莆仙戏史论”。

苏新春等老师争取到横向课题。

俞兆平出任《厦门大学学报》(哲学社会科学版)副主编，组织了关于文学现代性等颇有影响的讨论。

1996年，林丹娅教授被评为“厦门市劳动模范”。

1997年，林丹娅教授当选中国当代文学研究会中国女性文学委员会副主任。

1998年，林丹娅的《当代中国女性文学史论》获第二届“全国青年优秀成果专家”提名奖。

陈世雄的专著《戏剧思维》获“全国首届社科项目优秀成果”三等奖。

黄鸣奋的《艺术交往论》获“省第三届社科优秀成果”一等奖(2000年补授)。

许长安的《汉语文字学》、朱水涌的《文化冲突与文学嬗变》获“福建省第三届社科优秀成果”三等奖。

朱水涌获校“清源科研奖”。

黄鸣奋获校“自强奖”。

俞兆平获校“九州教学奖”，还荣获了“厦门市劳动模范”称号。

在2000年举行的福建省第四届社会科学优秀成果评奖中，中文系收获甚夥：

李如龙的《福建方言》获得“福建省第四届社会科学优秀成果”二等奖；

吴在庆与人合作的《唐五代文学编年史(晚唐卷)》获得“福建省第四届社会科学优秀成果”二等奖；

黄鸣奋的《电脑艺术学》获得“福建省第四届社会科学优秀成果”二等奖；

李国正的《古汉语文化探秘》获得“福建省第四届社会科学优秀成果”三等奖；

应锦襄、林铁民、朱水涌合作的《世界文学格局中的中国小说》获得“福建省第四届社会科学优秀成果”三等奖。

4.继续对外交流

1999年，厦大中文系加入由北京大学、南京大学发起的，主要由全国部属重点大学中文系组成的“中文系发展论坛”，密切了与兄弟院校的联系，对于开阔本系师生视野、促进人文学科发展、增强学术氛围有着积极意义。

1998年，厦大中文系与北京大学、复旦大学等校中文系和《萌芽》杂志社一起发起“新概念作文大赛”，林丹娅、高波老师分别出任评委和工委，大赛至此已举办了十几届，引起社会各界的广泛关注。

由李如龙老师领衔的汉语言研究中心，积极开展与日本、美国以及港台学者的合作，在2000年成功举办国际合作的东南方言比较学术研讨会、教育部语言学高级研讨班和全国性的百项用词IC学研讨会。

1998年5月，林兴宅教授赴美国参加国际学术会议。

1998年10—11月，李如龙教授赴日本京都大学等十余所高校讲学、访问。

1998年11月，陈世雄赴俄罗斯莫斯科国立文化大学访问。

1999年，周宁赴英国进行为期一年的学术访问。

1999年周长楫赴新加坡进行为期一年的合作研究。

1999年6月，中国社科院外文所研究员、《外国文学评论》主编盛宁给全系研究生做了题为“当代西方文论的最新发展”的学术讲座。

1999年10月，中文系邀请《人民文学》常务副总编崔道怡，大连作协主席邓刚，当代知名作家徐小斌、徐坤、周洁茹等与中文系文学社团成员及研究生座谈，就文学创作和当前的中国文学现象等问题进行了交流和探讨。

1999年11月，林丹娅赴马来西亚参加国际学术会议。

1999年12月，由厦门市东南亚华文文学研究会、新加坡文艺协会和厦大东南亚华文文学研究中心、海外教育学院联办的第四届东南亚华文文学研讨会在厦大召开。来自新加坡、马来西亚、菲律宾、日本、新西兰等国以及香港、澳门地区的作家、学者及国内各单位代表100余人出席会议。中文系还与海外教育学院协作，为来自东南亚各国的学员授予文学学士学位。

2000年，王诺应邀赴美国哈佛大学进行为期一年的访问研究。

2000年8月，黄鸣奋应华人企业家陈永栽邀请参加厦大代表团赴菲律宾访问，并做了题为“郑朝宗与钱学”的学术讲演。

2000年年底，由黄炳辉教授提议，菲律宾华人企业家丁德仁捐赠15万人民币，为中文系设立离退休教职工基金。

2000年1月，美国哈佛大学著名教授杜维明为学生做了题为“儒家人文精神及文学对话”的学术报告。

在此期间来校讲学的还有全国莎士比亚学会会长方平编审、海南大学文学院院长余虹教授等。

5.开源节流

在这段时期，为改善办学条件，中文系在职职工开源节流，在朱水涌等老师的具体主持下，通过举办应用型秘书专业自学考试大专班、研究生课程班等形式，取得可观的社会效益和经济效益。1999年，中文系积累的发展资金首次超过百万元的规模，根据国家劳动部实行就业准入制度的需要，中文系还牵头创办“厦门大学职业技能鉴定站”。中文系贯彻为地方“两个文明”建设服务的方针，密切与省、市有关部门的联系，鼓励教师和科研人员进行关于厦门特区文化、周边城市文化和闽台文化的研究。林兴宅教授主持厦门市社会发展研究会的工作，推出光盘、大典等多种形式的成果。退休教师发挥余热，成绩斐然。郭启宗等老教师承担了本系创收的部分管理工作，李熙泰等老师和厦门市有关人士合作编撰“厦门文化丛书”，已经出版24本。

6.本科与研究生教育

在教学改革方面，中文系根据学校部署，制定了汉语言文学专业（本科）新的教学方案，积极为全校学生开设公共课。

由薛锡振、黎兰等老师执教的“大学语文”课程，在保持传统特色的基础上又有所创新。

中文系还开设“中国古典文学”“现代文学”“外国文学”“电子文艺学”“汉语与中国文化”“大学写作”等6门有特色的面向全校的选修课，每学期选修的学生多达数千人。郑尚宪等老师的教学效果受到广泛的好评。以此为基础的“高校文化素质课汉语言文学工程”（课题组长为朱水涌）于2000年获“福建省优秀教学成果”二等奖。

面向本系开设的专业课也取得新进展，中国现当代文学课程获福建省高校优秀课程奖。朱水涌老师主持的省教改项目“汉语言文学专业面向21世纪的课程体系改革”颇获佳评。

为适应近年来网络媒体兴起的形势，系里组织教师参加网络技能培训，开通了中文系网站（由巫汉祥老师负责），着手筹备基于网络的远程教学。

研究生工作开创了新局面。汉语言文字学（即原汉语史）博士点自从1993年黄典诚过世后，一直未招生。1998年李如龙回到中文系后，卓有成效地组织学术队伍、开展学术活动，使汉语言文字学博士点顺利通过评估，恢复了招生。

语言学沙龙常年坚持活动，活跃了学术气氛。

新设的戏剧戏曲学硕士点于1998年开始招生。

原属艺术教育学院的艺术学硕士点也并入中文系，带头人易中天教授调入中文系工作。

2000年戏剧戏曲学专业荣获博士学位授予权，这是1987年中文系建立汉语史博士点以来学科建设的重大突破，陈世雄、周宁、郑尚宪等老师为此做出重要贡献。

研究生的教学质量也在不断提高。在学期间，有的研究生出版了学术专著与译著，有的以第一名的成绩同时考取北京大学、复旦大学的博士生。2000年，中文系的硕士生招生规模首次突破30人。本科招生也逐步摆脱90年代中叶以来的低谷状态，在2000年不仅扩大了规模，而且提高了生源质量，新生最低分高出重点线20余分。这些，都为中文系在新世纪扬帆起航创造了有利条件。

第四节　20世纪90年代的学生活动

20世纪90年代以来是中文系蓬勃发展、寻求突破的新时期。在“以学生为本”的管理理念的指导下，中文系的学术、文体、社会实践等课外活动开展得有声有色，丰富多彩的学生生活成为中文系的一大亮点。

一、社团活动

成立于1981年的学生社团“矜秋”诗社，于1993年改名为“矜秋散文社”，易帜后的矜秋以其强大的亲和力吸引了众多的文学爱好者，其刊物《矜秋》成为全校师生发表散文的重要园地。1998年，“矜秋”又高举“文学社”的大旗，成立新的组织机构，登上互联网出版了刊物，组织了各种文学活动。1999年“矜秋”文学社负责人林有楠（1997级中文系学生）被评为优秀社团负责人，矜秋得到全校各界的一致好评，以其独特的魅力成为厦大校园中一道亮丽的风景。

南强话剧社自90年代起也不断壮大。在1991年参加厦门市调演，荣获创作奖与优秀表演奖；1997年参加厦门市文艺汇演获得两个创作奖。1998年，在可口可乐公司的大力支持下，成功演出大型话剧《胆剑篇》；同年举行十周年社庆，社庆期间收到北京大学、清华大学、人民大学、北京师范大学的贺电贺信。南强话剧社的成绩得到其他名牌高校的肯定。在从事话剧表演的同时，南强话剧社还积极参与影视节目的制作。1997年与上海东方电视台合作拍摄节目《香港风情》；1999年与中央电视台合作拍摄节目《梦想剧场》。2000年，在西门子公司的大力支持下，话剧社成功举办西门子之夜大型社团颁奖文艺晚会，得到广泛的认可和好评。

1991年，在庆祝厦大七十周年校庆期间，鼓浪文学社举办“鼓浪文学征文大赛”和“校园文化演讲比赛”，为母校庆典献礼。此外，中文系学生还成立了书法研究会、读书研究会等社团。社团活动丰富了校园生活，锻炼了学生的才干，也成为很多中文人难忘的学生时代记忆。从1996年起，由系党总支、系团委和系学生会主持，中文系每年都举行一次包含文艺演出、学术讲座、师生座谈交流等内容的文化艺术节，探求素质教育的新形式，学生的课外活动丰富多彩。

二、社会实践

中文系在20世纪90年代表现出两大特征，一是社团活动十分活跃；二是学习与开放改革洪流紧密结合。学生们利用寒暑假及四年级上学期的时间，或由系里组织，由老师带队，或自己联系实习单位，前往参加工作实践，这也是中文系理论联系实际、学以致用的指导原则的体现。几年来，取得良好的效果。如

1992年，中文系组织1989级学生配合市文化主管部门对厦门市文化市场进行较全面的综合调查，有的学生还正式发表了调研论文。同年，系学生会与演武小学在厦门首次推出为“希望工程”募捐活动，反响颇大，得到社会各界好评。

三、个人与团体获奖

1999年10月，中文系1998级洪春生同学获“福建省五四新闻大赛”特等奖。鼓浪文学社获1998－1999年度“全国校园文学优秀社团奖”。2000年，系学生会被评为校级优秀学生会，鼓浪文学社、南强话剧社荣膺“本校优秀学生社团”称号。2000年，洪春生同学获“福建省优秀三好学生”称号，王菲菲同学参加“美在厦门”全国模特精英赛获亚军，王珊同学荣获厦门大学首届主持人大赛“最佳形象奖”。众多的荣誉激发着中文学子更年轻的活力和更丰富的潜能。在中文系所聘请的校外辅导员吴明月、林拓、林美臣、孙忠杰（均为部队老首长）的关心帮助下，1998年，中文系关工委被评为厦门市教育系统关工委先进集体，次年又被评为福建省教育系统关工委先进集体。

第五节　名师录

李如龙

李如龙（1936—　），福建南安人。著名语言学家。1958年毕业于厦门大学中文系并留校任教，自1973年起，先后在福建师范大学、暨南大学中文系任教，1998年调回厦门大学，为汉语史专业博士生导师。曾任厦门大学汉语语言学研究中心主任、厦门大学学术委员会委员、语文工作委员会副主任，1997年起任国务院第四届学位委员会中文学科评议组成员。在国内外学术团体担任过中国语言学会及汉语方言学会理事，中国应用语言学会及中国地名学会常务理事，福建省语言学会会长，国际中国语言学会、国际客家学会理事等。他用数十年时间调查闽、客、赣、吴等方言及官话方言岛近百点，在广泛调查研究汉语方言的基础上，开展了方言学、音韵学以及地名学、社会语言学、应用语言学的研究，对汉字改革、推广普通话、语文教育等问题也有密切的关注，在诸多领域做出了贡献，有些方面具有前沿性和创造性。主要著述有《闽语研究》《客赣方言调查报告》《方言与音韵论集》《动词谓语句》《客家方言研究》《汉语方言学》《汉语方言的比较研究》等数十种。

俞兆平

俞兆平（1945—　），福建福清人。著名学者。1979年考入厦门大学中文系读研究生，师从郑朝宗、许怀中两位教授，毕业后留校任教。历任讲师、副教授、教授，文艺学专业博士生导师。曾任《厦门大学学报》（哲学社会科学版）常务副主编、编辑部主任，兼任福建省文学学会文艺理论研究会会长、福建省高校学报协会副理事长、中国闻一多学术研究会理事、中国作家协会会员、中华美学学会会员等。致力于美学、文艺理论、中国现代文学的教学与研究，多在前沿和深度上进行探索和挖掘，数次引发一定范围内的学术讨论，成果受到海内外同行的重视与好评。著述有《诗美解悟》《闻一多美学思想论稿》《现代性与五四文学思潮》《中国现代三大文学思潮新论》《浪漫主义在中国的四种范式》等。

陈世雄

陈世雄（1944—　），福建泉州人。著名学者。1982年毕业于上海戏剧学院，获硕士学位。历任讲师、副教授、教授、博士生导师，享受国务院政府特殊津贴。曾任厦门大学中文系副系主任、厦门大学戏剧影视与艺术学研究中心主任。被财政部、文化部聘任为2006年国家舞台艺术精品工程评委，兼任中国田汉研究会副会长、中国戏剧家协会导演艺术委员会成员、福建省艺术指导委员会成员、《中华戏曲》《福建艺术》编委。研究领域为戏剧理论、欧美戏剧史、闽台戏剧。先后承担国家社会科学基金项目、教育部科研项目、国台办项目多项。曾赴列宁格勒大学、莫斯科文化大学、俄罗斯人民友谊大学进修、讲学，并在台湾政治大学、香港中文大学讲学。出版《现代西方剧作戏剧性研究》《戏剧思维》《现代欧美戏剧史》《戏剧人类学》等著作近20种，创作剧本多种，其中歌仔戏《陈嘉庚还乡记》获国家艺术基金资助（2017），话剧《乞丐营里的故事》《萨本栋在长汀》获福建省政府剧本征文二等奖。

林寒生

林寒生(1946—),福建福州人。著名学者。1979 年考取厦门大学中文系汉语史专业研究生,师从著名语言学家黄典诚教授。毕业后留校任教。先后获硕士和博士学位。历任讲师、副教授、教授,语言文字学方向研究生导师,厦门大学方言研究室主任。兼任厦门大学海外教育学院暨嘉庚学院教授、厦门大学国学研究会理事、厦门大学教务处督导、福建省语言学会理事、厦门市陈元光研究会顾问等职。在汉语方言学、训诂学、辞书学、闽台语言文化等领域研究精深,成果丰硕。主要著述有《闽东方言词汇语法研究》《闽台传统方言习俗文化遗产资源调查》《尔雅新探》《古文观止新注》等多种。曾应邀赴台湾师范大学和香港理工大学等地参加国际学术研讨会,做学术交流和大会报告。《闽语中的古越语底层词》与《闽方言为什么被称为南蛮鴂舌之语》等论文引发同行及社会讨论。曾接受中央和各级省市电视台采访,讲述闽台方言历史形成与中原移民关系,在社会上产生一定影响。

吴在庆

吴在庆(1946—),福建厦门人。著名学者。1970 年毕业于北京大学中文系,在江西工作十年,1979 年考入厦门大学中文系,师从周祖譔先生攻读中国古代文学硕士学位,1982 年毕业留校任教,历任讲师、副教授、教授、历史文献学和中国古代文学专业博士生导师,兼任中国唐代文学学会常务理事、福建省文学学会常务理事。长期从事中国古代文学、文献学的教学与研究,文史并重,考论结合。尤长于唐宋文学与文献,对唐五代诗人与诗歌的系列考辨,解决了很多纠缠不清的具体问题,为进一步研究唐五代文学提供了依据。在此基础上他对唐代诗人的心态与文学关系进行研究,拓展了唐代文学研究的新领域。著述有《杜牧论稿》《唐五代文史丛考》《唐代文士与唐诗考论》《唐代文士的生活心态与文学》《杜牧集系年校注》《韩偓集系年校注》《韩偓论稿》《唐五代文学编年史》《唐五代文编年史》《唐才子传校笺》等数十种。

易中天

易中天（1947—　），湖南长沙人。著名学者、作家、教育家。1981年毕业于武汉大学中文系中国古代文学专业，获文学硕士学位并留校任教。1992年受聘于厦门大学，历任副教授、教授和文艺学专业博士生导师。长期从事文学、艺术、美学、心理学、人类学、历史学等多学科交叉性研究，取得非同一般的成就。2005年以来，于中央电视台"百家讲坛"主讲《汉代风云人物》《易中天品三国》《先秦诸子百家》等，家喻户晓，风靡全球，开启了一个向大众普及文化知识的新时代。主要著述有《易中天文集》十六卷，包括文学梦想、美学追求、艺术关怀、美学准则、大话国人、闲话两性、城市剪影、看人说人、品评美国、历史人物、中国王朝、三国侧记、三分天下、诸子百家、中国文化、公民中天等16个板块。另有《易中天中华史》系列数十册，大部分已出版，但尚未全部面世。

李国正

李国正（1947—　），重庆永川人。著名学者。1985年毕业于厦门大学中文系汉语史专业，并留校任教。历任讲师、副教授、教授，汉语言文字学专业博士生导师。曾任厦门大学中文系副系主任、中国语言文学研究所副所长，任韩国仁荷大学客座教授、马来亚大学中文系客座教授、马来西亚拉曼大学中华研究院教授。主要从事汉语言文字学研究，创立了生态汉语学，引起学术界的广泛关注。著述有《生态汉语学》《四川泸州方言研究》《古汉语文化探秘》《汉字解析与信息传播》《网络文学的语言审美》《文学修辞学》等。

杨春时

杨春时（1948—　），黑龙江哈尔滨人。著名学者、美学家。1982年吉林大学中文系文艺学专业研究生毕业，获文学硕士学位。曾任黑龙江省社会科学院研究员、海南师范学院教授。1998年受聘于任厦门大学，任中文系教授、博士生导师。兼任第九、第十届全国政协委员，中华美学学会副会长等职务。享受政府特殊津贴，获"国家有突出贡献的中青年专家"称号。主要从事美学、文艺学、中国现代文学思潮以及中国文化思想史的教学与研究，建立了自己的“生存—超越美学”体系，成为“后实践美学”的代表，在“文学现代性”以及“文学主体间性”研究方面成就卓著，在新时期以来的美学界、文艺学界产生重大影响。主要著述有《审美意识系统》《系统论、信息论、控制论浅说》《艺术符号与解释》《艺术文化学》《生存与超越》《现代性视野中的文学与美学 》《作为第一哲学的美学——存在、现象与审美》等数十种。

叶宝奎

叶宝奎(1948—)，福建周宁人。著名学者。1976 年毕业于厦门大学中文系，留校参加《汉语大词典》的编写工作。1978 年师从杨茂勋先生学习理论语言学，1990 年师从本校著名方言音韵学家黄典诚教授学习汉语音韵学，1993 年 9 月获厦门大学汉语史专业博士学位。历任助教、讲师、副教授、教授与汉语言文字学博士生导师。兼任厦门大学海外教育学院兼职教授、中国音韵学会理事、厦门市语言学会会长、马来亚大学语言学院校外学术委员、韩国安东大学中文系研究教授、马来亚大学中文系客座教授。在语言学理论、汉语音韵学等领域，造诣精深。主要著述有《明清官话音系》、《语言学概论》、《现代汉语》(主编)、《普通话语音概说》(韩文版)、《汉语语法》(韩文版)。

朱水涌

朱水涌(1949—)，原名朱水永，福建同安人。著名学者。1982 年毕业于厦门大学中文系，并留校任教，历任助教、讲师、副教授、教授，中国现当代文学专业博士生导师。行政职务为厦门大学中文系副系主任、人文学院副院长、厦门大学教师发展中心常务副主任等。兼任中国比较文学学会理事、中国新文学学会理事和中国当代文学研究会理事、中国作协会员、厦门市作家协会副主席、福建省比较文学学会会长。曾应邀至香港中文大学，以及新加坡、马来西亚等地进行学术合作研究和其他学术活动。主要从事中国现当代文学和比较文学的教学科研，以现当代文学思潮及中西小说比较为主要研究方向，着力于在文化与文学的关系和现、当代文学的关联中探讨文学的发展。主要著述有《诗歌形态美学》《文化冲突与文学嬗变》《世界文学格局中的中国小说》《世纪之交的中国文学》《中国文学:世纪初与世纪末》等。

黄鸣奋

黄鸣奋(1952—),福建南安人。著名学者。1982年厦门大学中国文学批评史专业硕士毕业,并留校任教,历任教授、特聘教授,为文艺学专业、影视戏剧文学专业博士生导师。曾任厦门大学中文系系主任、中国语言文学研究所所长、人文学院副院长、海外教育学院院长、荷兰莱顿大学客座研究员等职,兼任曾任教育部中文学科指导委员会委员、中外文艺理论学会理事、中国文艺理论学会理事、中国古代文学理论学会理事、福建省文学学会副会长。享受国务院专家津贴。主要从事古代文论、文艺心理学、文艺传播学、电子艺术与计算机文化之教学与研究。在电子传媒冲击艺术变革的前沿地带,成为我国最早研究电脑文艺、数字艺术的人文学者之一,以其独创的需要理论和传播六要素学说为基础,沟通科艺、融汇古今,填补了诸多的学术空白。主要著述有《论苏轼的文艺心理观》《艺术交往论》《需要理论与艺术批评》《传播心理学》《超文本诗学》《西方数码艺术理论史》《数码艺术潜学科群研究》《位置叙事学:移动互联时代的艺术创意》等数十种。

第二部分　厦大历史学百年史[①]

第一章　私立厦门大学时期（1921—1937）

第一节　概述

厦门大学由陈嘉庚先生捐资创建于1921年。此时中国高等教育起步不久，国内高等教育机构创办者背景多样。既有外国人在华设立的各种教会大学，也有自清末以来政府支持发展的公立大学，更有众多像厦门大学一样以民间资本创办的私立大学。在高等教育的管理上，尽管各校有各自的管理章程，但从国家制度的层面，尚没有形成统一完善的规制与章程。初创期的厦门大学，制度建设也不完备。就历史系而言，历史学隶属的管理机构和管理层级处于不断调整和变化的状态；1921年建校之初，其隶属于师范部下的文科，1923年与社会学合称为"历史社会学系"。1930年春，文科改为文学院，设史学系和社会学系，1934年春又合并为历史社会学系。这反映出厦大初创阶段各学科力量的薄弱，也说明学校组织架构并不规范和完备。不过最主要的原因是，20世纪20年代学科之间的边界并不明晰。这体现在当时高校专业和学系的设置上，如国立武昌师范大学以及暨南大学等，与厦门大学一样，都设置有历史社会学系。

初期的厦门大学乃私立大学，在办学宗旨和发展方向上，与创办人陈嘉庚先

---

① 厦门大学历史系在100年的发展历程中数易其名，曾以历史学系、历史社会学系、史学系、历史系等名称存在，但基本为一套班子。除特别说明是不同学科的拆分与合并以外，本书中提及的以上名称均指代发展沿革中的厦大历史学学科。

生有很大关系。1923 年，林文庆接任厦大校长后专门就办学方向与陈嘉庚先生长谈，确立了陈嘉庚先生既要发展理科，以西方自然科学推动中国强大，又要兼顾发展文科，延续中国文化血脉的办学目标。因此，厦门大学的宗旨是中西并包，文理并重。学校在大力发展理科的同时，于文科和国学发展方面也有较大投入。历史学在厦大初期，涉及两个学术机构，一个是史学门所在的历史社会学系（即后来的历史学系），一个是有多个史学教员的国学院。尽管国学院存续时间较短，但这些史学教员的成就对于提高学界对厦大史学的关注，自有一定的影响。

不过，历史学同厦门大学一样，私立阶段诸事刚刚起步，办学规模不大，教员人数和招生人数都很有限。初期的专任教员极少，史学课程师资，往往借重其他人文社科的教员兼任，初期兼职教员占绝对失衡的比重，这一情况随着厦大办学日久而逐渐改变。私立时期的教员与国立以后教员相比，另一个突出特点是，有海外留学背景的教员占比较大，本国培养的教员人数较少。这一方面与当时中国高等教育尤其是研究生教育水平落后有关，也与时代对兼有中西学知识的人才需求有关。教员的特点又反映在课程设置上，初期课程安排，史学专业课程比重较少，而其他人文社会各学科的通识课程比重较大。这一情况以后随着教员特点的变化而有所改变。

尽管私立时期历史系的发展才刚刚起步，但于历史研究与考古发掘等方面已有骄人成绩。

第二节　组织机构沿革

一、文科/文学部/文学院下之历史学

厦门大学建校之初，1921 年 3 月，学校先设“师范”和“商学”两部。师范部内设文、理两科，历史学隶属于师范部下之文科。后来，历史学隶属机构的名称一再改变。先是 1921 年 11 月师范部改为教育学部，原文、理科改为文、理学部。从组织架构上历史学减少了“师范”这一管理层级，只归于文学部。后来学校又将学部改为科，设文、理学科，原来的文、理学部又改回文、理科。1930 年，教育

部颁布大学组织法及大学规程，要求各高校变更学校组织，将原来设置不合理之各科改为学院。因此学校奉部令进行调整，文科改为文学院。此处"文学院"三字，"文"为单字名词，与"理"并称，后两字"学院"为一名词。历史属于文科，故依旧列于文学院。此后即使在最艰苦的抗战时期，学校为集中力量培养抗战和建国人才的需要而被迫缩减部分学院的情况下，文学院始终是厦大常设学院之一。

二、历史社会学系到历史学系

厦门大学建校伊始便在师范之下的文科中创设历史社会学专业，其下设社会学和史学两门。1923 年文科下设历史社会学系，社会学和历史学成为下设的两个专业。历史系以独立地位有"学系"的设置，始于 1930 年厦门大学院系调整。同年 2 月，学校按照教育部颁布的大学组织法和大学规程要求，将原来的文科改为文学院，取消其下辖之历史社会学系，另设社会学系与史学系，厦门大学历史学学科自此开始以独立的学科名称设系。1934 年，学校又将两系合并，仍使用历史社会学系的名称。

实际上，在日常使用及学校文件中与历史学相关的组织名称并不统一。即使在历史社会学系时期，也经常出现"历史学系"这样的称谓。比如 1929 年毕业生薛澄清和龙纫华名字旁边括号内注有"文科历史学系"的字样，而不是标注"历史社会学系"，又如，薛永黍教职为"史学系"教授而不是"历史社会学系"教授。可见"历史学系"或"史学系"的名称，更加为人所接受。

三、历史系下辖之机构

在建校之初，历史社会学系便是厦门大学最基础的组织机构，其规模不大，其下并无隶属之学术组织或机构。1927 年国学院解散后，原来国学院所有的古物陈列室，学校将其所藏之古籍与古物归于不同部门收藏和管理。其中的古籍一部分归于生物学院阅览室，供学生阅览，而古物一类收藏则归文科管理，其后又进一步将其归于历史系所有。因此，在 1930 年时，史学系在组织架构上，已下设古物陈列室，管理历史系已有的以及原国学院收集的部分古物。1933 年学校因该室所藏不只是有古物，将其改名为文化陈列所。1935 年文化陈列所为已经合并的历史社会学系的下设机构。

古物陈列室古物收藏丰富，除原有国学院移交而来的收藏资料以外，还有厦大委托“中央研究院调查台湾番族特派员”、原厦大历史社会学系第一届毕业生林惠祥先生代采的台湾少数民族文物数十种，以及他在南洋所收集的数种人类学标本，一起在古物室中陈列。据《厦大九周年纪念刊》所载当时收藏的古物情况，有汉唐之名器，如尊、壶、豆、囤、磨、钱范、介士、男女俑、兽类、车乘200余件。有历史钱币719枚。明清各种瓷铜木石古玩50余件。关于台湾的标本如刀、斧、枪、弓、箭、盔、帽，及舟型、贝币、狗血珠、神盒、男女像、陶木器等计60种，共百余件。此外又有各地风俗研究资料，自书籍、服饰至儿童玩具数百种，经过整理编成细目，分别陈列于古物陈列室，作研究考证之资料。该陈列室实为世界各族文化陈迹展览室，既使本系学者可以此为科学研究的资料，又使本校学生及社会民众皆可有略窥中西各民族文化进展之机会。

1933年郑德坤先生受聘厦大任文化陈列所主任以后，对所内收藏的文物古籍等进行了整理并编目。据1934年《厦大周刊——厦门大学十三周年纪念专号》所载，当时该所的藏品分类为三大部、七大类，即：第一部“古物”，含“明器类二百一十五件”“古玩类六十七件”“钱币类七百十九枚”“拓片类五百六十六种”；第二部“人类学标本”，含“台湾番族标本类一百零二件及照片二十张”“其他类（南洋、西藏）十一件”；第三部“民俗学资料”，含“完整器一百四十三件”及一批残器。据1936年《厦大周刊——厦门大学十五周年纪念专号》上的专文“文化陈列所”所记，藏品增加了该年郑德坤、庄为玑等人发掘四座泉州唐墓所获的数十件明器标本资料。文化陈列所藏品不断增加，收藏种类丰富，合考古博物馆与民族和人类学博物馆为一，在国内尚属首见。文化陈列所以其丰富的收藏和特色受到国内学界极大注目。

第三节　机构负责人更迭情况

第一任系主任徐声金，任期为1926—1930年。徐声金教授字瑞釭，美国阿海诃惠斯黎安大学经济学兼政治学学士，哥伦比亚大学社会学硕士及博士。兼历史学与社会学正教授。1929年任文科主任兼历史社会学系系主任。1930年学校院系调整，历史社会学系分为两系以后，徐声金任文学院院长兼社会学系系主任。

第二任系主任为薛永黍，厦大1930年取消历史社会学系后独立设置历史系，薛永黍教授为系主任。

第三任系主任为徐声金，1934—1937年任职。此时历史系已与社会学系合并为历史社会学系，徐声金为文学院院长兼历史社会学系系主任。

第四任系主任为林惠祥，1937年上半年代理历史社会学系系主任。

另外，学校1930年于历史系下设古物陈列室，1933年改为文化陈列所，主任为郑德坤，1936年林惠祥任主任。

第四节　工作与成绩

历史系同初创时期的厦门大学一起，于不稳定时局中有所发展，各项工作有序展开。私立时期历史系在教员师资、学生人数、课程设置及科研成果等方面的情况简要介绍如下：

一、教员队伍

建校之初历史学并没有独立成系的规模。厦大初创，招生人数有限，因此在师资方面专任之史学教员很少。建校初期历史社会学系的史学教授有薛永黍，薛教授为史学系正教授，讲授英国史和西洋近代史。从1926年秋季开设的课程来看,当时专任的史学教授并不多,似乎仅有薛永黍 1 人。除薛永黍外,历史社会学系系主任徐声金兼任史学教授。

建校初期,尽管史学专任教员不多,但史学门开设的课程却非常丰富,既覆盖了史学教育应有的课程,也凸显出了厦大史学师资的研究特长。这些不同的史学课程的师资,并非学校史学门或史学系引进的专任学者,而是厦大各个不同学科的教员兼任。以 1926 年厦大秋季史学门开设的课程为例,授课的学者多为其他学科的教员。比如"政治思想史"课程是法科的区兆容讲授;"远东外交史"和"近代外交史"是法科的林希谦讲授;"中国经济史"是商科的陈灿讲授;"中国上古史"和"预科中国近代史"由哲学的缪子才讲授。而国学院的著名历史学者顾颉刚开设了"经学专业研究",史学教授张星烺则讲授"中外文化交通史"和"中外地理沿革";陈万里讲授"曲选及曲史"。系外教员占了全部课程教员的多数。这一方面与厦大初建时期师资力量不足有关,初期招生规模较小,在职员设置上自然也无法配置完备的专业力量。另一方面,学校打通各学科的壁垒,不同专门史的讲授由各个学科的教员兼任,也有助于不同学科知识的融会贯通。这些专任和兼任的教员,大都有海外留学的背景,有利于新知识的传入和西方学界研究方法的引进。厦门大学史学的发展,从一开始就注入了学科融合的学术基因,与人类学和社会学研究方法的结合,成为厦大史学的一个特点。

随着厦门大学的逐步发展,历史学科的专任师资也在逐渐增加。此后各年新聘教员信息如下:

1928 年新聘教员杨筠如。杨筠如以第一名的成绩毕业于清华国学院(又称清华学院国学门),为王国维的学生。

1929 年学校已聘史学正教授李嘉齐以及讲师施宝华(剑夫)。李嘉齐为美国华盛顿大学历史学系学士、哥伦比亚大学硕士,后在法国巴黎大学进行一年的研究工作。曾任河南中州大学史学系教师兼系主任,国立北京师范大学史地系教授,北京朝阳、民国等大学政治史讲师,国立北京女子师范大学史地系教授及系主任。同年已聘的教员施宝华,任史学系讲师,施宝华乃国立东南大学文科毕业,曾任中国公学大学部教员。

1929 年秋学校聘萧炳实(项萍)为中国史教授。萧炳实为之江大学文学学士,燕京大学研究院毕业,历任之江大学国文兼历史教授,北京艺文中学教务主任，大夏大学历史教授。同年亦聘本系毕业生薛澄清为史学系助教。

1931年在任的历史学教员有多位，他们分别是：历史学系系主任及历史教授薛永黍、中国史教授陈庆麟①、西洋历史教授陈同燮和国文兼中国史讲师曹谦。

1932年增聘王成组为西洋史教授。

1933年郑德坤赴厦门大学任历史副教授，并任历史系文化陈列所主任，1936年离开厦大赴四川任教。

1935年7月吴士栋教授应厦大之聘到校，1937年任历史社会学系系主任，吴士栋任职前，林惠祥教授曾代理系主任。

1936年8月，叶国庆入职，被聘为讲师，讲授“中国古代史研究”“商周史”“秦汉史”等课程。1937年历史社会学系教员人数为4人。

从上述教员的聘任及任职信息情况来看，私立时期教员学科背景多元，中西学术背景兼有。教员流动性较大，不少教员任职一两年便离职他去，稳定性不够。但依托有限教师资源，厦大历史学的教学和研究工作开始起步，不仅培养了不少史学人才，建立了相关的研究学会，于学术研究方面也取得了不少成果。

1935年时与历史学有关的学会

① 陈庆麟（子良），中国史教授，国立北京大学文学学士，教育部兼用图书馆审定员，北京大学、北京女子师范大学及私立北京中国大学教员，私立北京华北大学教务副主任，国立中央大学讲师。（见《厦门大学十周年纪念刊》，第108页。）

二、学生人数

私立厦门大学时期，学校初创，招生规模不大，学生和教员人数也较少。第一年全校新生人数不足百人。以后各年招生人数有所增加，但规模依然较小。历史专业学生招生人数同样很少。从目前所见的资料来看，私立厦门大学时期历史系毕业人数共20多人，分别为：1926年，1人；1929年，2人；1931年，2人；1933年，1人；1934年，5人；1935年，7人；1936年，2人；1937年，1人。这21人反映的是毕业生数量，可能与历史学招生人数并不相同。因为20世纪二三十年代，学生退学或转学等中止学业的情况比较多见，因此两者数字可能不会吻合。另外，由于年代久远，初期学校的资料收集和保存工作做得并不太好，不仅招生人员名单各年份不全，有时名单并未列明毕业学生专业，毕业生名单各年份也不齐全，因此要弄清每年历史学招生和毕业人数以及每年在校各年级学生人数及名单极其困难。在学校已保存的学生名单中，也有一些毕业学生信息被遗漏，并未名列其中。比如1931年第六届历史学毕业学生名单中，并没有后来已任集美学校董事的陈村牧。因此这里的学生人数，大概会与事实有一定出入。下面谈及的每年学生人数，也是从现有资料中得来而未能完全考证的数字。

1930年时历史系在校学生共有6人，其中四年级为陈春木1人，全院四年级有6人；三年级有林有源、陈德星、颜逎卿3人，全院三年级学生有5人；二年级0人；一年级为吴福临、庄为玑2人。从全院每年级的人数，可以看出厦大私立时期文学院整体的规模和发展情况。

1936年历史社会学系学生共8人，一年级0人，二年级4人(其中女生1人)，三年级2人(其中女生1人)，四年级1人，未列年级1人。

1937年截至2月26日历史社会学系的学生人数情况是：正式生10人，其中包含未列年级1人(学生类别除上述两种，还有试读生、特别生和选科生)。其中男生9人，女生1人(四年级男生1人；三年级男生4人；二年级男生3人，女生1人；一年级男生1人)。

根据现有的资料，历年毕业的学生人数，如下图所示：

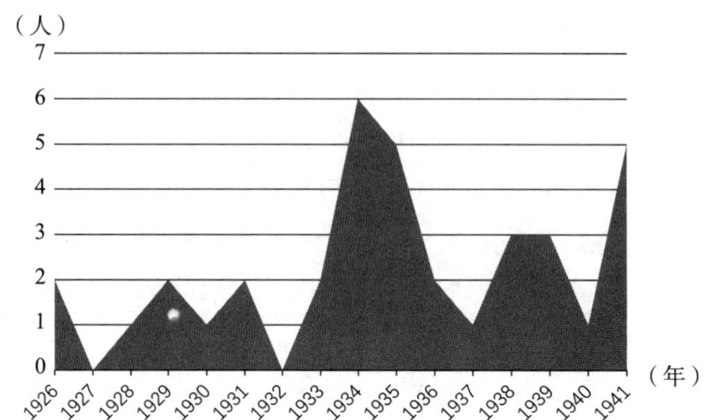

数据来源：以《厦大校史资料》第6辑中学生名单为基础，有所修改。

说明：

①此图为当年毕业人数。私立时期1937年招生的学生，应于1941年毕业，因此数据截至1941年。

②《厦大校史资料》中1931年毕业的陈春木，据1930年《厦大九周年纪念专刊》记载，该生本年为四年级，因此其毕业时间应为1930年。表中按1930年毕业生计。

③1934年毕业学生，有资料显示本年毕业生还有刘远芝，但尚待进一步证实，图中未计入。《厦大校史资料》中所列的其他各人，与其他资料有出入，因无法确认资料是否属实，暂以《厦大校史资料》原数据为准。

④《厦大校史资料》载叶世稀为1935年毕业生，据1934年《厦大通讯》上载有叶世希（与"稀"不同）毕业后的近况，并且列明为1934年第九届学生，信息较为准确，因此计入1934年学生人数。

从上图看，私立时期本系学生人数较少，尤其是建校前十年，人数更少。但呈现出逐步增多的趋势。此后学生人数略有增加，或是招生人数增加，也有转学而来的学生，如1930年傅衣凌转入本校。

三、课程设置

由于资料较少，历史系前五年的教学授课详情已不得而知。目前见到最早的课程信息，是1926年史学门的课程安排，其具体信息如下：

1926年度历史社会学系史学门课程表①

学年	学期	第一学期			第二学期		
	学程名	每周演讲或讨论时数	每周实习或试验时数	绩点	每周演讲或讨论时数	每周实习或试验时数	绩点
第一学年	国文	2	实习一小时	3	2	实习一小时	3
	英文	3	实习一小时	3	3	实习一小时	3
	经济学	3		3	3		3
	动物学一				3	实验四小时	5
	植物学	3	实验四小时	5			
	西洋近世史	3		3	3		3
	日本近世史				3		3
	计	16	6	18	19	6	21
第二学年	心理学一、二	3		3	3		3
	政治学	3		3			
	统计学	2	实习二小时	3			
	社会原理一、二	3		3	3		3
	人类学				3		3
	史学研究法	2	实习三小时	3			
	本国上古史	3		3			
	本国中古史				3		3
	希腊文化史				3		3
	本国历代地理沿革				2		2
	任意选修学程				3		3
	计	16	5	18	20		20

续表

学年	学期	第一学期			第二学期		
	学程名	每周演讲或讨论时数	每周实习或试验时数	绩点	每周演讲或讨论时数	每周实习或试验时数	绩点
第三学年	法学总论	3		3			
	社会心理学一、二	3		3	3		3
	罗马史				3		3
	西洋上古史	3		3			
	西洋中古史				3		3
	本国学术史	3		3			
	印度古代史				3		3
	英国史	3		3	3		3
	美国史一、二	3		3			
	任意选修学程	3		3	3～5		3～5
	计	21		21	18～20		18～20
第四学年	泰西哲学一、二	3		3	3		3
	本国美术史	3		3			
	金石学				3		3
	古物学	3		3			
	西洋美术史				3		3
	远东外交史一、二	3			3		3
	英国经济史	3		3			
	本国经济史				3		3
	演习（调查翻译或论文）	临时酌定		3	临时酌定		3
	计	15		18	15		18

① 《文科课程：历史社会学系史学门课程表》，《厦门大学布告》1926 年第 5 卷第 4 期。

从上述课程表来看，建校初期历史社会学系开设的课程内容非常丰富。史学以外的人文社会学科课程比重极大，有10门之多，体现出建校初期学校注重对学生各学科知识的培养。在史学专业课程设置上，“东西洋史”“世界史”课程占较大比重。

1931年历史系开设的课程较1926年有所变化，情况如下：

第一学年开设的课程有：“国文一”“英文一”“英文修辞学及作文”“中国上古史”“中国中古史”“社会学原理”“东亚通史”“军事训练”。

第二学年开设的课程有：“国文二”“英文二”“中国近古史”“中国近代史”“西洋近世史”“党义”“军事训练”“选修学程或辅系学程”。

第三学年开设的课程有：“中国史学史”“西洋中古史”“西洋上古史”“英国史一、二”“选修学程或辅系学程”“第二外国文一”。

第四学年开设的课程：“西洋史学史”“历史研究法”“罗马史”“选修学程或辅系学程”“第二外国文二”“论文”。

与1926年的课程相比，1931年的课程有一点明显的变化就是，史学以外其他社会学科课程所占比重大幅度减少。推测其原因可能有二：其一，1931年历史学已有本专业的系名，在课程安排上，自应突出本学科的专业要求，对学生更强调专业知识的培养；其二，厦大已经建校十年，历史学也较以往有所发展，在师资力量上，历史学专任教员人数增多，另外，在学生培养和教学方案的设置上，也比建校初更完善和合理。

四、师生成绩

私立厦大时期，历史系教员师生在教学、科研及学生学业方面，都取得不少成绩。

这一时期各教员的研究成果有：叶国庆的《平闽十八洞研究》《八卦所含之数字性》，林惠祥的《石器概说》《墨子的社会思想》，薛澄清的《李秀成亲供版本考》，庄为玑的《方志研究刍议》《泉州方志考》等文章公开发表。叶国庆编写的“庄子研究”课程讲义，于1936年以《庄子研究》为书名在商务印书馆出版。全书计4万余言，分为14章，对《庄子》的版本与体裁，以及篇章的真伪、著作的时代、庄子学说的渊源和背景、注家的派别，均有详细之讨论。

1935 年，郑德坤教授对文化陈列所藏品进行整理编目，编著了《厦门大学文学院文化陈列所所藏中国明器图谱》，并由厦门大学文学院出版。

于民俗调查与研究方面，经由国学院顾颉刚、陈万里以及厦门大学国学研究院其他学人的大力推动，民俗学运动的中心便由北京转移到闽南，也带动了厦大历史学发展。

在考古发现方面也有不俗成就。本系毕业生林惠祥后来受聘于历史社会学系，并兼历史学教授。他于 20 世纪 30 年代已展开厦门蜂巢山、南普陀一带的考古工作。

1936 年 3 月，历史系毕业生庄为玑等人在泉州中山公园发现了唐代古墓群。中山公园因扩大体育场建筑而进行施工，旧公园西北角小高地上暴露出方形铭文和花纹砖构造的“建筑物”，泉州籍的史地学者吴文良以及本系毕业生庄为玑以敏锐的史学嗅觉，认为这些是重要历史文物。庄为玑在泉州采集标本带到厦大，向本系文物陈列所主任郑德坤请教。郑德坤根据庄为玑的介绍判定为唐代古墓群。经争取，郑德坤等得到了文学院田野发掘经费和泉州政府的公文。林惠祥受邀参加了郑德坤与庄为玑组成的考古队，于 1936 年 4 月进行考古发掘。此为厦门大学组织的福建历史上第一次正规的田野考古发掘，由郑德坤主持，发掘福建唐代砖室纪年墓葬 4 座，砖铭有“贞观三年岁次己丑”“贞观三年闰十二月廿五日葬”“岁次癸丑(残)”等，出土陶瓷明器灶、溺器、鐎斗、鼎、匙、瓿、壶、瓶、唾壶、镫、洗、盆、盂、碗、盘、杯、豆、甑等 74 件，五铢钱、簪、带饰等铜铁器 7 件。这批唐墓将历史文献记载的中原汉人进入闽中的历史首次付诸考古实证。此后，1937 年武平中学教导主任梁惠溥(本校毕业校友)在武平附近山上拾得古代陶片，后复拾石镞，后掘获石斧、石刀、人骨化石、古代陶片甚多。后又掘出石锛、石杆等。历史系校友、当时的人类学教授林惠祥先生及历史学叶国庆老师和本系毕业的雷泽光同学，前去武平考察[①]，后来又由林惠祥教授带队发掘了闽西武平县小径背的史前印纹陶遗址。可见，在私立厦大时期，在考古发现和发掘方面，本系师生取得了不小的成就。

此外，历史系学生还成立了史学社团，并创办了史学刊物。1930 年转学而来的傅衣凌先生与同学陈啸江、庄为玑等组织成立了历史学会，并负责编辑出版

---

① 《厦大校刊》1937 年 6 月第 1 卷第 17 期。

历史学杂志《史学专刊》。

另外，1935 年，历史系师生还创办了《厦门大学历史社会学会会刊》。从 1935 年 6 月所出该刊的信息来看，该刊共发文 9 篇，其中史学教授薛永黍和吴士栋各载文 1 篇，本系 1935 届学生何幼卿、康备升、杨伯墀、蒋惠溥撰文 5 篇。另两人信息不详。这样，作者 9 人中，确定有本系 7 位史学教授和学生，因此可以看出，《厦门大学历史社会学会会刊》实为史学研究的学术交流平台。

第五节　历史系之外的史学研究

厦门大学成立于 1921 年，彼时正是国内学界就国故问题展开论争的时代。为了推动国学研究，北京大学率先成立国学门，在学科建制上专设国学一科，以突出国学研究的重要。北大此举全国影从，各高校和研究机构纷纷成立国学门、国学科或国学院等国学研究机构。其实国学运动背后，是国人自新文化运动以来一直在讨论的另一场更大更宏观的问题，即关于中学和西学选择的问题。在这一背景下创建的厦门大学，自然也要回应时代的问题。1921 年厦门大学建校后，在学校发展方向上，是偏重西学还是中学的问题上，校长林文庆博士和校董陈嘉庚先生于此有过长谈。陈嘉庚先生认为必须学习西方科学才可使中国强大，但中学也不可偏废。有了这一立场，校长林文庆在国学发展方面，遂投注大量精力。于 1926 年 10 月创办厦门大学国学院，林文庆校长亲任国学院院长。此时恰逢北京政府与教育界有冲突，北京大学国学研究所的生存与发展受到影响，许多教授成为北京政府通缉的对象，纷纷离京南下，厦门大学获得延聘名师的机会，聘请了一批国内有影响力的史学研究学者。比如研究中西交通史的张星烺、被厦大聘为史学研究专家并讲授本科三年级“经学专书研究”课程的著名史学家顾颉刚，以及其他历史学者如陈万里、丁山等。除了上述几位历史学教员，其他学者也参与或从事历史研究或考古相关的工作。自此之后，厦门大学史学研究及教学团队，除了本系之外，还有国学院中实力雄厚的研究队伍。

虽然从机构设置上来讲，上述学者皆隶属于国学院，并不属于当时的历史社会学系，但国学院研究工作，史学是最重要和核心的内容。从《厦门大学国学研

究院组织大纲》看,国学院的三个研究目标中,两个都属于历史研究的范畴:

第一,“从实际上采集中国历史或有史以前之器物,或图绘影拓之本,及属于自然科学之种种实物,为整理之资料”。

第二,“从书本上搜求古今书籍,或国外佚书秘籍,及金石、骨甲、木简文字,为考证之资料,并将所得正确之成绩,或新发见之事实,介绍于国内外学者”。

国学院下设多个研究组,第一个便是“历史古物组”。国学院自 1926 年 10 月设立至 1927 年 2 月停办,在短短不到一年的时间内,取得了不少历史研究成果。他们在厦大从事的历史研究及其取得的研究成果,对于厦门大学历史学的发展及其声誉的提高,有着一定的影响。

对于国学院的研究工作及活动,顾颉刚在《〈厦门大学国学研究院周刊〉缘起》中说:对于国学研究,“我们只该勉力搜集许多材料,就搜集到的材料而加以分析和综合,探求这些事物的真相。因为这样,所以现在研究国学的结果,决不会像以前一般,造成许多政治家、道德家和文学家,而只能明白中国各地各代的事物的真相,造成许多历史家”。

这支几乎上是从北京大学移植于厦门大学的研究团队,在学术信息和资源方面与北京有密切联系,因此研究计划和工作开展也得益于上述原因,遂使厦大初创时期的历史研究和考古工作得以参与到国内重要学术活动中来。1926 年,国学院得闻北京大学考古学会与日本东京、京都两帝国大学之东亚考古学会,共同组织东方考古学协会,此为国际研究考古学机构,国学院遂推动本校努力推举代表入会,另外要组织本校考古发掘团,推进本校的考古学研究与考古发掘工作。因此国学院制定了考古计划,其预定的考古发掘地点包括:其一,河南安阳县小屯殷墟(曾发现龟甲兽骨);其二,河南安阳城外朱家疙瘩汉魏太学遗址(曾发现石经);其三,甘肃镇番县(曾发现新石器时代与铜器时代过渡期间之陶器);其四,甘肃敦煌玉门古长城遗址(曾发现木简)。并拟定了考古工作相应的组织、计划等,以期我国之考古可于世界学术界中占一位置。

可惜的是,国学院成立以后,学校在经费和教学资源分配及其他问题方面引起一些教授不满,遂使他们萌生去意。最可惜的是,顾颉刚并不介意厦大初创时期学校周边的荒芜和文化缺失,打算在此多待几年,但因为各种问题的牵连,最后受聘中山大学。1927 年 3 月,国学院解散,这支研究团队的成员也先后离开厦门大学。不过，他们在厦期间播下的史学研究的种子继续在厦大生根成长；其建立的古物博物馆，后来成为历史系下属的机构，他们搜集和收藏的文物，以一种静默的方式支持着厦大史学的发展。

第六节 代表性学者

顾颉刚

顾颉刚(1893—1980)，名诵坤，字铭坚，号颉刚，笔名有余毅、铭坚等，江苏苏州人。历史学家、民俗学家，古史辨学派创始人，现代历史地理学和民俗学的开拓者、奠基人。曾任教于北京大学、燕京大学、厦门大学、中山大学、云南大学、中央大学等。1954年任中国科学院历史研究所第一所研究员。1980年病逝于北京。

顾颉刚1913年考入北京大学预科，1916年转入文科哲学门。1920年毕业后留校任助教，1921年，任北大研究所国学门助教，任《国学季刊》编委，编点《辨伪丛刊》，着手撰写《古史辨》。1922年，顾颉刚为商务印书馆编纂《中学历史》教科书。1923年底，顾颉刚离开商务印书馆，回北大研究所，担任《歌谣》周刊编辑。1926年，出版民间歌谣专集《吴歌甲集》，4月《古史辨》(第一册)出版，受到学界瞩目，使顾颉刚成为史学界的核心人物。5月，发表《孟姜女故事之历史系统》，6月撰成《苏州的歌谣》。同年秋天，已负盛名的顾颉刚受厦门大学之聘，任国学院史学教授。年底，游泉州考察风俗，撰成《泉州的土地神》。1927年初，发表《孟姜女故事研究》。3月，国学院解散；4月，顾颉刚接受中山大学之聘，离开厦门大学，赴中山大学担任学校历史系教授兼系主任、图书馆中文部主任，代理语言历史研究所主任，主编《中山大学语言历史研究所周刊》等。

1929年5月，顾颉刚回到北京，任燕京大学国学研究所研究员兼历史系教授，兼在北大授课，主编《燕京学报》。在燕大期间，顾颉刚专心于古史研究，撰写了《周易卦爻辞中的故事》《论易系辞传中现象制器的故事》《五德终始说下的政治和历史》《洪水之传说及治水之传说》等文章。1933年在北大和燕大开设了

“中国古代地理沿革史”课。1934年初与谭其骧等人筹备组织禹贡学会，创办《禹贡》半月刊。1935年曾担任北平研究院史学研究会历史组主任，主编《史学集刊》;7月，调查河北省古迹，编纂《北平志》。1936年创立边疆研究会，同时宣传抗日。1937年“七七”事变后，赴西北工作。9月，任甘肃老百姓社社长，编印《老百姓》旬刊。1938年10月，顾颉刚赴昆明，任云南大学文史教授，在《益世报》上辟办《边疆》周刊。1939年秋，顾颉刚到成都，任齐鲁大学国学研究所主任，同年发表《中华民族是一个》。1940年3月，创办《责善》半月刊，陆续发表《虞幕》《乘龙》《丽江禹迹》等《浪口村随笔》中的一些篇章。4月，被聘为教育部史地教育委员会委员。1941年春，赴重庆主编《文史杂志》。5月，任边疆语文编译委员会副主任委员。8月，任中央大学中文系和历史系教授兼出版部主任。冬，迁北碚，任中国史地图表编纂社社长、中国史学会常务理事、复旦大学教授等职。1944年秋，受聘齐鲁大学重任国学研究所主任，同时考察大足、合川等地，该年，与娄子匡主编《风物志集刊》。1945年，任交通书局总编辑。1946年主编《文讯》，完成《晋文公》等著作。是年秋，赴西北，任教兰州大学。1947年，担任大中国图书局总编辑，创办《民众周刊》，完成《当代中国史学》等重要著作。1948年7月，任兰州大学历史系教授兼系主任，兼复旦大学教授。1949年，上海合众图书馆油印出版了他的《西北考察日记》《上游集》《浪口村随笔》等著作。秋，任诚明文学院中国语文系教授兼系主任，又兼震旦大学教授。1949年以后，先后任上海学院、复旦大学教授，中国科学院历史研究所第一所研究员。其间学术研究不辍，各有成果问世。顾颉刚于史学上的成就誉满中外。他提出的“层累地造成的中国古史”掀起了“古史革命”，被誉为“开创历史学的新时代”。顾颉刚被称为“中国现代历史地理学的奠基者”和“中国现代民俗学的‘开路人’”。其主要著作附列如下：

《古史辨》、《汉代学术史略》、《中国疆域沿革史》、《中国影戏略史及其现状》、《崔东壁遗书·序言》、《古籍考辨丛刊》(第一集)、《史林杂识》(初编)、《秦汉的方士与儒生》、《尚书通检》、《中国历史地图集(古代史部分)》(与章巽共同编写，谭其骧校订)、《中国上古史研究讲义》、《顾颉刚古史论文集》(第一至第三集)、《顾颉刚读书笔记》、《汉代学术史略》、《浪口村随笔》、《当代中国史学》、《中国疆域沿革史》、《我与〈古史辨〉》、《西北考察日记》、《〈尚书〉校释译论》、《顾颉刚全集》、《顾颉刚日记》等。

张星烺

张星烺(1889—1951),字亮尘,江苏省泗阳县城厢南园人。近代著名历史学家。1899 年考入南洋公学留学甲班,后进入北洋大学,学习理科。1906 年毕业后公费赴美国留学,就读于哈佛大学,学习化学专业。1909 年,哈佛大学毕业,赴德国柏林大学攻读生理化学。后来张星烺应蔡元培先生之聘为北京大学化学系教授,同时与父亲张相文一起兼任该校国史编纂处特别纂辑员,并被派往日本调查民国史料。1926 年,应厦门大学校长林文庆博士之聘,任厦门大学史学教授。1927 年 4 月,厦门大学国学院解散后,张星烺前往北平,出任辅仁大学历史系教授、系主任,讲授"中西交通史"等课程。之后还曾任职于北京大学、清华大学、燕京大学等校,讲授"中西交通史""秦以前史""宋辽金元史""西洋史地""政治地理"等。

张星烺就职厦门大学国学院时期,兼于历史系开设课程,讲授"中外文化交通史"和"中外地理沿革"等。于"中外交通史"作为专门的学科知识讲授,张星烺为第一人。

张星烺还持续不断地搜集中外关系史方面的有关史料。1926 年 10 月 31 日至 11 月 3 日,偕同陈万里、艾锷风(Ecke)三人一同前往泉州探访古物古迹,带回不少调查史料,留存于厦大国学院供以后研究使用。留厦期间,完成《马可波罗游记》和《欧化东渐史》两部书稿,并于 1926 年完成了《中西交通史料汇编》的初稿。1930 年,《中西交通史料汇编》正式出版,全书共分六大册,3000 多页,100 余万字。《中西交通史料汇编》成为研究中外交通史的必读史料和研究工具,此书凝聚了张星烺在中西交通史研究方面的主要心血,也奠定了张星烺在中西交通史领域的学术地位。

薛永黍

薛永黍,史学教授,历史系主任。1889 年 7 月 3 日出生在福建省金门县,早年就读于福州英华书院。毕业后即赴美国密歇根大学深造,取得教育科学士学位，后读取历史学硕士。1924 年受聘进入厦门大学，曾担任厦门大学会计处主任、文学院历史系教授，兼高中部主任。1930 年，历史社会学系改称史学系以后，任系主任。作为史学教授，担任“英国史”和“西洋近代史”两门课程的主讲工作。除教职外，他还是校务会议委员、行政会议委员、建筑委员会委员、编译委员会委员、图书委员会委员、训育委员会委员、入学审查委员会委员、毕业审查委员会委员、职业介绍委员会委员、奖学金审查委员会委员、党义研究委员会委员、师生交谊委员会委员等，兼职学校各种组织，参与较多学校行政事务。1937 年任新加坡华侨中学校长。新加坡华侨中学建于 1919 年 3 月，由陈嘉庚先生倡办。

陈同燮

陈同燮(1898—1970)，河北省武清县人。我国著名历史学家，我国世界古代史学科的创建人之一。

陈同燮先生 1923 年毕业于南开大学，1931 年获美国密歇根大学文学硕士学位。自 1923 年起，先后执教于南开中学、东北大学、厦门大学、北京大学、广州学海书院、广东勷勤大学、上海暨南大学和北京师范大学等高校 。

1931 年，陈同燮先生于厦门大学历史系任教。其研究领域为世界史，尤精于古代希腊罗马史，遗著有《希腊罗马简史》，在《文史哲》上发表过《古代罗马奴隶社会概述 》等 3 篇论文，另校对了阿庇安著《罗马史》、叶菲莫夫著《近代世界史》和迦尔金等著《近代世界史》等多种中文译著，在我国希腊罗马史研究、世界史教学和资料建设方面贡献较多。

郑德坤

郑德坤(1907—2001)，著名考古学家。1907 年 5 月 6 日出生于福建厦门的鼓浪屿，毕业于燕京大学，哈佛大学博士。先后执教于厦门大学、华西协和大学、剑桥大学、香港中文大学等校。

1926 年考入燕京大学，师从顾颉刚。1930 年燕大毕业，次年获得研究院硕士学位，留任哈佛燕京学社研究员，研究、校读《山海经》和《水经注》，并研习古物鉴赏。1934 年与同为燕大毕业的黄文宗女士结为伉俪，赴厦门大学任教。1936

年受哈佛燕京学社委派赴四川，在华西协和大学任教，并主持大学博物馆。后著有《四川史前考古》一书，在剑桥大学出版。被日本考古学家水野清一教授誉为“四川考古学之父”。

1938年郑德坤到美国哈佛大学攻读考古学及博物馆管理博士学位，1941年毕业后返回华西协和大学任教并兼博物馆馆长。1947年赴英伦在剑桥、牛津和伦敦三所大学讲学一年。1951年受邀再次到剑桥大学任教，直至1974年67岁时退休。此后曾出任香港中文大学文学院院长、副校长。1979年第二次退休。1981年获颁香港中文大学荣誉文学博士学位。1992年，郑德坤出任国务院古籍整理出版规划小组顾问。

第二章 国立厦门大学时期(1937—1949)

第一节 概述

1937年在厦大校史上是重要的一年。一方面,厦大本年终获教育部批准改为国办,学校性质由私立变为国立。民国政府接收厦大,并任命清华大学物理系萨本栋教授为厦门大学校长。另一方面,厦大本年开始西迁长汀,此后厦大经历了八年多的长汀办学阶段。萨本栋校长甫到厦大,抗战即全面爆发。萨校长思虑厦门为敌军侵略之前线,而厦门大学建于海岸线上,将首当其冲面临敌军炮火之威胁。淞沪抗战爆发,旅厦日侨开始撤退,刚刚接收厦大的萨本栋校长料定日军定有窥伺厦岛之意,故开始做保全厦大、举校迁移之准备。因此一面饬属将图书、仪器、标本等,以迅速之手段陆续装箱戒备万一,另一面仍令学校照常进行招生、延聘教授等学校事务。9月3日,日敌突然袭击厦门。校长萨本栋为谋师生安全起见,决定暂迁鼓浪屿。厦大假闽南职业学校一部分楼屋为办公室,并借英华中学一部分校舍使用,保持教学工作继续进行。历史社会学系亦随厦大而迁鼓浪屿。学校包括历史学学生在内的282名学生——人数占原生源的70%有余,于10月11日正式上课。学生迁之鼓浪屿继续上课的同时,校长萨本栋饬属将校内重要图书、仪器、标本等,尽量移入鼓浪屿,以备正式迁移。非重要或难移动者,暂留原校。上述工作进行的同时,校长萨本栋赴省与省副主席陈公侠商洽迁校事宜,为谋长远计,决定将厦大迁移至闽西长汀。随后厦大即筹备西迁事宜。12月20日起,鼓浪屿上的厦门大学停课,准备迁移,24日师生开始分批出发,实行迁移。至1938年1月12日,人员已安全抵达。图书仪器部分,暂时将一部分设法分存在鼓浪屿、漳州和龙岩等处,以持续运送。其紧要及急需应用者,已全数抵汀。全校师生和教学资源安全西迁长汀,使得厦门大学能够在偏僻的闽西山区照常进行教学工作。1938年4月至6月,敌机曾八次飞汀轰炸肆虐,幸好厦大无丝毫损失。但学校在厦门的校址被日机投弹50余枚,多所校内建筑被炸毁，另有多所建筑受到震动而屋瓦散落，玻璃碎裂。[①] 本系文化陈列所部分在校文物，亦有炸毁，其余被日军劫掠至台湾大学。

国立时期的厦门大学，正好处在抗日战争和解放战争时期。自萨本栋校长在抗战的烽火中临危受命始，此后近十年，他力保厦大免于战火而西迁，与此同时力谋拓展学校规模，完善教学组织，添置科学书籍仪器设备，在国内外延揽众多优秀学者莅厦任教，带领厦大取得了长足发展。在抗战的艰难环境下，使厦大成为中国东南最完善的大学。历史系师生随厦大一起西迁长征，并在战火烽烟中见证了本校和本系的抗争、生存和发展。

1945 年，校长萨本栋由于身体原因辞职得到教育部批准，代理校长汪德耀接任厦大校长。此后汪校长开始着手学校回迁工作。由于部拨经费迟迟不到，以及设地厦门大学本部的日寇战俘营尚未迁移，因此厦大分批回迁，在鼓浪屿租用、征用英华中学、毓德女中、博爱医院、八卦楼、田尾小学及日本领事馆等楼房十座，作为 1945 年度新生报到和上课的校舍。二、三年级的学生和教职员则延至 1946 年暑假才从长汀全部迁回厦大原校区。历史系的师生，随厦门大学复员进展而同步颠沛。后学校从台湾大学收回被日军劫去的文物，历史系亦迁回原来校址，各项教学与科研工作渐趋于正轨。

国立时期的历史系，无论是教学还是科研工作，都不因战争而有丝毫的懈怠与停滞，相反，在这动荡的十二年中，历史系教员在科研方面不断取得成就，使厦门大学历史系在国内逐渐赢得较高声誉；同时，历史学系学生也取得了出色的学业成绩。在这一阶段，历史系无论是在教员数量上还是在学生规模上，不仅没有消减，反而逐步增长。

第二节　组织机构沿革

厦门大学改为国立后，仍在文学院下设历史社会学系。1938 年，教育部基于国内高校于院系编制上存在的诸多问题，特发汉教第 5942 号令，要求酌改不

---

① 厦门大学校史编委会编：《厦大校史资料》第 2 辑，厦门大学出版社 1988 年版，第 1～3 页。

合理之院系设置。令文中要求厦门大学按照大学组织法将院系不合理之设置加以调整。其中明令厦大取消"历史社会学系",要求将其改为"史学系","仍得酌设社会学科目"。因此厦大奉部令于1938年下半年调整本系,撤销了"历史社会学系"这一名称,而设"史学系"①,此后社会学学生转系或转学,原来历史社会学系下设之社会学专业合并到史学系,历史学自此结束了与社会学共用系名的历史,此后历史学使用本学科的名称为系名。1943年,学校又将"史学系"的名称改为"历史学系",此后至1949年,一直沿用"历史学系"的名称。

抗战时期和战后,历史系随厦门大学同步发展,规模也渐趋扩大,组织机构也有所增加。除文化陈列所外,1948年历史系下已设历史研究室。

第三节　机构负责人更迭情况

1938年,学校按照教育部令撤销历史社会学系,将其改为史学系。第一任系主任为吴士栋教授,吴士栋教授在位时间较长,有七年之久,其任期也正好在抗日战争阶段,即厦大的长汀时期。1945年谷霁光任系主任,叶国庆曾代理一段时间。后来吴士栋、谷霁光等人离开厦大,学校只得再聘系主任。1946年历史系系主任为谢兆熊。1947年为罗志甫。1949年郑德坤为系主任,郑德坤未到校时期由叶国庆教授代理系主任。

第四节　主要工作与成绩

一、教员队伍

厦门大学并未因日寇攻陷厦门而停废,萨本栋校长在抗日的烽火中四处筹

---

① 据校史资料记载,1938年教育部令厦大将历史社会学系改为"史学系",实际上厦大改为了"历史学系"。但是1947年的《国立厦门大学各学系变迁状况表》中说是改为了"史学系",1943年后才又改称"历史学系"。

措资金、延揽人才，使厦大在战争期间仍在不断发展。历史系在师资方面也有所扩充，队伍不断壮大。国立厦门大学时期本系历年的师资情况简述如下：

厦大改为国立时历史社会学系所聘的史学教员，据厦大校史资料记载，有教授兼系主任吴士栋、教授林惠祥和讲师叶国庆。

从资料记录来看，1938 年授课的教员有吴士栋、谷霁光、叶国庆、魏应麒 4 人。由于资料所限，不清楚同年是否有未安排课程的其他讲师或助教等专任教员。

1939 年的教员，除吴士栋、谷霁光、叶国庆外，另有讲授西洋史的李祥麟。据 1940 年的《厦大通讯》记载，历史系毕业的学生曾省留任文学院教职，具体工作不详。

1944 年历史系各教员信息详情如下：

1944 年教员名单

姓名及职称或职务	年龄	课程	到校时间
吴士栋，教授兼系主任	41 岁	西洋通史、西洋上古史、英国史	1935.7
谷霁光，教授	35 岁	中国通史、中国经济史、宋辽金元史	1938.8
叶国庆，副教授	41 岁	商周史、史学史、史籍名著	1936.8
郭宣霖，讲师	37 岁	中国近世史及外交史、中国政治思想史、中国政治史	1942.7
姚杏初，讲师	34 岁	中国地理、经济地理	1942.2
王华东，助教	25 岁	论理学	1943.2

以上是国立厦大长汀时期历年的教员情况。1944 年全系专任教员有 6 人，其中教授 2 人，副教授 1 人，讲师 2 人，助教 1 人。长汀时期，吴士栋、叶国庆和谷霁光长期任职历史系，在不稳定的时局中确保了历史系教学工作的稳定。教员仍有流动，但相对于 1937 年以前，教员的稳定性已有极大提高。从教师规模

上来看，抗战时期在学校经费艰难的情况下，仍然保证了历史系师资正常聘任以及人员的扩充。

1945 年的历史系师生

抗战胜利以后，厦大从长汀迁回厦门学校原址。复员后的厦大，改变的不仅仅是学校的空间，社会环境也发生了很大变化。于历史系而言，最显而易见的是职员的变化。1946 年教员变动幅度极大，系主任已由谢兆熊接任，长汀时期的教员除叶国庆外全部离职。至于离职原因，1946 年 8 月 26 日《中央日报》称"复员后的国立厦门大学，待遇不足生活，教授纷纷离去，若不急谋解决，厦大将有解体之虞"。复员后"待遇不足生活"或许是前述教员离职的原因。不过，同年新聘教员众多，可见并非资金的匮乏。为何旧教员同步离职，或许原因有他。原教员离职的同时，系里新聘 7 位教员，这样，1946 年历史系教员达到 9 人。本年教员详情如下：

1946 年历史系教员信息

名称	籍贯	年龄	等别	薪水	课程	到校时间
谢兆熊（系主任）	江西遂川	46	教授	560	世界通史（甲、乙）、西洋近古史、文艺复兴至法国大革命	1936.2
沈鍊之[①]	无	无	教授	600	西洋中古史、西洋近代史	无

续表

名称	籍贯	年龄	等别	薪水	课程	到校时间
叶国庆	龙溪	44	教授	440	中国古代史研究、商周史、秦汉史	1936.8
顾敦福	江苏兴化	55	教授	440	中国政治史、中国通史(甲、乙)	1946.8
李兆民	湖南新化	61	副教授	480	中国哲学史、宋亚洲诸国史、中国史学名著选读	1945.8
熊德基	江西新建	33	副教授	280	中国通史·丁、宋辽金元史、中国地理总论	1946.8
欧阳琛	江西宜春	34	讲师	280	明清史、中国近世史、西洋上古史	1946.2
庄为玑	福建晋江	38	讲师	280	中国通史·丙、中国沿革地理	1946.8
韩国磐	江苏如皋	27	助教	140	无	1946.8

① 据厦大档案资料中记载为“沈鍊之”,据查,“沈鍊之”实为著名法国史学者“沈炼之”。

1946 年 9 位教员中,教授 4 位,副教授 2 位,讲师 2 位,助教 1 位。从各级教员的分配上,教学梯队建设比较合理。

根据资料记录,1947 年教员又有较大变化。系主任由罗志甫担任,原系主任谢兆熊请假。讲师欧阳琛请假,沈鍊之和顾敦福已不在教员名单之内。除原有的教授叶国庆和李兆民、副教授熊德基以及讲师庄为玑和助教韩国磐以外,又新聘教授聂西生、林惠祥、李士金,以及副教授刘海宴(请假)、莫林柏(兼任)。教员人数已达 11 人,其中专任教员 10 人,教员队伍进一步扩大。

复员后历史系全体师生之纪念照片

二、学生人数及其社团

国立时期历史系学生规模，较私立时期有所增长。但抗战初期，学校刚经历迁移，学生规模较小，全校学生仅有百余人，历史系学生也为数不多。据资料记载，1938 年度上学期，历史系有 9 人。长汀时期历史系总人数，每年略有变化。1939 年学生共 13 人(内有女生 2 人)，其中一年级 1 人，二年级 4 人，三年级 4 人，四年级 2 人，借读生 2 人。1940 年学生共有 15 人(其中有女生 3 人)，分别是一年级 0 人，二年级 3 人，三年级 5 人，四年级 4 人，借读生 3 人。另有资料记载，1940 年上学期历史系有 10 人，其中一年级 0 人，二年级 3 人，三年级 4 人(其中女生 1 人)，四年级 3 人。两者数字不同，或许是因为不同学期统计所致，也或许是其中一份资料记载错误。

根据《厦大校史资料》记载，1937 年至 1945 年长汀校区历史系各年毕业生人数如下：

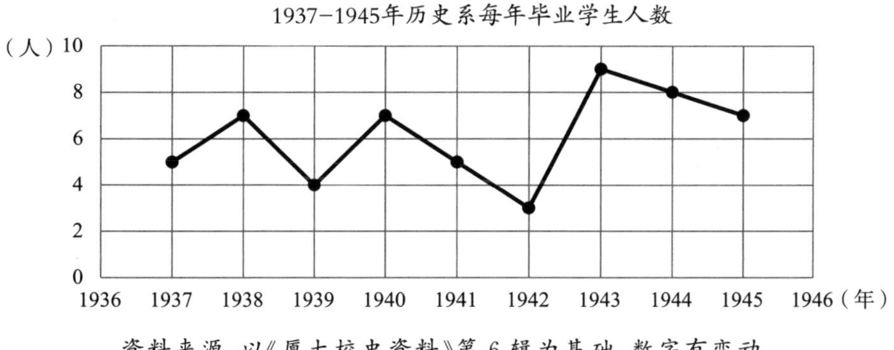

资料来源：以《厦大校史资料》第 6 辑为基础，数字有变动。

复员后的学生人数，较之长汀时期增加幅度较大。以 1947 年为例，历史系共有学生 41 人，其中一年级 23 人，二年级 10 人，三年级 6 人，四年级 2 人。复员后历史系各年学生入学人数如下图：

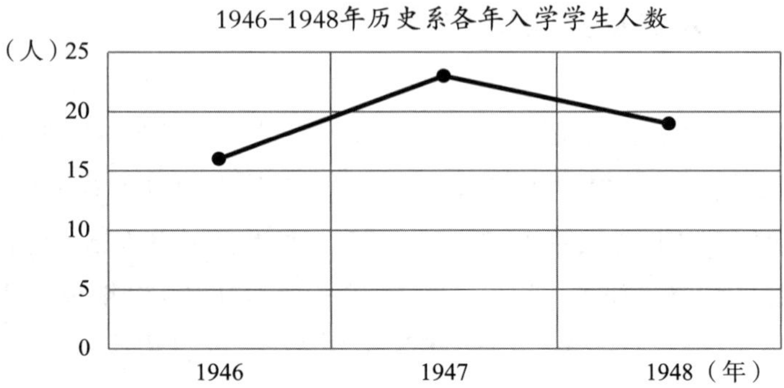

资料来源：《厦大校史资料》第6辑为基础，数字有变动。

说　明：1949年数据缺乏。因此表中未显示。

总的来看，历史系学生招生规模，从建校初期各年级学生总数尚不到10人，到1940年长汀抗战时期已近20人，再到复员后全系学生40余人，能够清晰地展示历史系不同阶段的发展，也体现出历史系在不断发展壮大。

学生组织有历史学会，本系学生用以联络感情，切磋学问。学生办有一刊，名曰《史佚》。

三、开设课程

国立厦门大学时期，厦大建校已有16年，学校和院系发展都远非刚刚起步时的窘况可比。即使在厦大西迁长汀后艰苦办学的阶段，历史系的教学以及相关工作都在有条不紊地展开，且有了较大的发展。

单就开设的课程来看，以1938年为例，历史系专业课程的教学，在师资方面已经全部是本系聘请的专任教师，学校刚创办时依托学校其他学科教员兼任授课老师的情况，已经完全改观。1938年上、下两个学期历史系开设的课程如下：

1938 年度上学期历史系开设课程

年级	课程名称	必、选修	学分	课时	担任教员	修习学生总数
一、二	中国通史	必	三	三	叶国庆	121（包括商学院）
二、三、四	中国近世史（上）	必	三	三	叶国庆	12
二、三、四	中国社会经济史	必	三	三	谷霁光	11
二、三、四	隋唐五代史	必	三	三	谷霁光	7
三、四	史学方法	必	三	三	谷霁光	12
三、四	西洋近世史	必	三	三	吴士栋	14
三、四	美国史	必	二	二	吴士栋	8

1938 年度下学期历史系开设课程

年级	课程名称	必、选修	学分	课时	担任教员	修习学生总数
一、二	中国通史	必	三	三	叶国庆	132（包括商学院）
二、三、四	中国近世史（下）	必	三	三	叶国庆	21
二、三、四	中国社会经济史	必	三	三	谷霁光	15
二、三、四	隋唐五代史	必	三	三	谷霁光	17
二、三、四	中国民族史	必	三	三	谷霁光	3
三、四	历史教学法	必	三	三	魏应麒	2
三、四	中国史学史	必	三	三	魏应麒	5
二、三、四	西洋近世史	必	三	三	吴士栋	13
二、三、四	俄国史	必	二	二	吴士栋	18

从 1938 年度课程设置来看，既有通史又有专门史，中国史与世界史各占一定比例。较之办学之初，关于西洋的世界史比重略有下降。这既与时代思潮的大背景有关，也与抗战的特殊环境有关。与私立时期的另一个不同之处是，通识

性的课程比重大大降低，史学必修专业课程比重增加。

1939 年度上学期课程及教员

年级	课程名称	必、选修	担任教员	修习学生总数
全院二年级	西洋通史	必	吴士栋	43(经济系同修)
全院二年级	哲学概论	必	吴士栋	41(经济系学生同修)
全院一年级	论理学	必	吴士栋	70(经济系学生同修)
三、四(历史系)	西洋上古史	必	吴士栋	6
二、三、四(历史系)	西洋近世史	必	李祥麟	5
二、三、四(历史系)	日本史	必	李祥麟	5
二、三、四(历史系)	魏晋南北朝史	必	谷霁光	13
二、三、四(历史系)	宋辽金元史	必	谷霁光	11
二、三、四(历史系)	商周史	必	叶国庆	10
二、三、四(历史系)	中国社会史	必	叶国庆	2

1939 年度历史系教员开设的课程，与 1938 年全学年的课程几乎完全不同。历史学科应该覆盖的课程内容，大体上已有所覆盖。可以看出当时尽管教员人数较少，师资队伍并不庞大，但利用有限的师资，建立了相对完整的课程体系。

1943 年度授课的教员及课程

课程名称	担任教员
西洋近世史(下)	吴士栋(教授)
论理学	
西洋通史	
秦汉史	叶国庆(副教授)
史学史	
史籍名著	

续表

课程名称	担任教员
中国通史	谷霁光(教授)
魏晋南北朝	
中国经济史(下)	
中国近世史及外交史	郭宣霖(讲师)
中国政治史	
法国革命史	

1943年除了上述授课的教员吴士栋教授、叶国庆副教授、谷霁光教授和郭宣霖讲师，还有上年2月刚入职的讲师姚杏初和当年2月刚刚入职的助教王华东。二人尚未安排课程。从现有资料来看，1943年时专任教员已有6位。其中教授2人，副教授1人，讲师2人，助教1人，各阶段教员分配比较均衡。

1944年度第二学期教员及课程

姓名及职称或职务	课程
吴士栋，教授兼系主任	西洋通史、西洋上古史、英国史
谷霁光，教授	中国通史、中国经济史、宋辽金元史
叶国庆，副教授	商周史、史学史、史籍名著
郭宣霖，讲师	中国近世史及外交史、中国政治思想史、中国政治史
姚杏初，讲师	中国地理、经济地理
王华东，助教	论理学

从前列各表情况看，尽管依然有流动，但相对于1937年以前，教员的稳定性已有极大提高。吴士栋教授、谷霁光教授和叶国庆副教授，已执教历史系多年，保持了教学课程安排的稳定。而不断引入的新教员，则带来了不同的课程内容，使课程更加多样化。

1946 年度教员及课程名单

姓名	课程
谢兆熊(系主任)	世界通史(甲、乙)、西洋近古史、文艺复兴至法国大革命
沈錬之[①]	西洋中古史、西洋近代史
叶国庆	中国古代史研究、商周史、秦汉史
顾敦福	中国政治史、中国通史(甲、乙)
李兆民	中国哲学史、宋亚洲诸国史、中国史学名著选读
熊德基	中国通史(丁)、宋辽金元史、中国地理总论
欧阳琛	明清史、中国近世史、西洋上古史
庄为玑	中国通史(丙)、中国沿革地理
韩国磐	无

1946 年抗战结束以后,由于教员发生了很大变化,本系开设课程的师资已完全不同,课程内容也发生了变化。除了一直开设而且也是课程设置中必不可少的课程,诸如“中国通史”“世界通史”“中国近世史”“西洋古代史”或“西洋近代史”“宋元辽金史”以及叶国庆的课程以外,其余多是新开设的。

四、师生成就

国立厦门大学时期,历史系师生在战争的烽火中勤耕不懈,在科研和学习中取得了一系列成果。

1.教员成果

历史系教员在授课之余,就个人主讲的领域或撰写了课程讲义,或撰写出了

① 据厦大档案资料中记载为“沈錬之”,据查,“沈錬之”实为著名法国史学者“沈炼之”。

书稿，或将已撰著作付诸印刷发表，公诸学界。目前已见的成果包括并不限于以下列述的这些：

叶国庆撰写了《左传风俗编初稿》著作，并向学校申请甲等奖励。据《国立厦门大学卅四学年度教员著作及研究成绩》记载，1945 年李兆民的研究成绩有：①“中国政治思想史”；②“中国通史纲要讲义”；③“中国近代史纲要”；④“中国哲学史（上、中、近代，三大册）”；⑤“中国哲学概论及中国哲学比较”；⑥“中国经济学史及文学史”。此外，叶国庆教授的研究成果还有：①“纬书与史学”；②“两汉儒生的风度”；③“平闽考”；④“南明史料与福建文献”。其中《纬书与史学》已有本校油印本。已发表的学术论文有：①《平闽考》，刊于协和大学《福建文化》第二卷第三期；②《两汉儒生的风度》，刊于福建教育厅《文化与教育》第一卷第五期；③《南明史料》，刊于福建教育厅《文化与教育》第一卷第三期。顾敦福教授的成绩为：《中国政治思想史大纲》。

在考古方面，继泉州唐代古墓群发掘工作之后，历史系又有重要发现。1939 年庄为玑先生带队发掘了闽南安溪县后垵唐墓 6 座，成为泉州唐墓发掘之后、新中国成立之前福建省最重要的田野考古工作之一。

图书资料与文物搜集是开展学术研究的基础。本系依托的文学院藏书丰富。即使在长汀时期，由于萨本栋校长未雨绸缪，将图书资料先行装箱保存，后又安全运抵长汀，相对于当时其他高校图书资料焚于战火的情况，历史系文献资料保存完整，于此并不匮乏。1938 年，文学院图书，中文类有 38637 册，外文类有 14030 册，计 52667 册，本年度又新添置 854 册。尽管战时厦大经费紧张，但在资料的购置方面，学校屡拨经费，加上中英庚款购置图书仪器的专用款项，图书资料以后历年各有添置。图书馆收藏中外史地图书特多，师生阅读研究，颇觉便利。

关于古物收藏方面，1938 年时文化陈列所内的古物部，有明器 215 件、古玩 67 件、钱币 719 枚、拓片 566 种。另外，人类学标本部收藏有台湾少数民族标本等 133 件、民俗学资料 140 余件。汪德耀校长在《复员三年来的国立厦门大学》讲话中，谈及历史系，称“历史学珍藏古籍，珍本丛书甚多”[①]。不过，1938 年日

① 汪德耀：《复员三年来的国立厦门大学》，厦门大学校史编委会编：《厦大校史资料》第 2 辑，厦门大学出版社 1987 年版，第 264 页。

军占领厦门后，轰炸厦门大学，厦大博物馆和图书馆遭轰炸，文化陈列所所藏文物被日军劫掠到台湾。这些藏品和部分被洗劫的图书放置在台湾大学。日本战败后，厦门大学将藏品以及其他被劫掠的书籍一并收回。

除原有的收藏外，1947 年，林惠祥先生从南洋返校被聘为史学教授，他将本人在南洋及印度等地收集的文物带回厦大，并交于文化陈列所收藏和管理，极大地充实了文化陈列所的藏品。这些丰富的研究资料，支持了厦大师生的教学和科研工作。

历史系凭借丰富的资料收藏，开展教学活动的同时，还举办史料展览会，以此惠及全校师生及厦大周边的社会人士。1947 年，历史系以文化陈列所为依托，先后举行两次史料展览会。1947 年 11 月 15 日至 17 日，曾进行为期三天的"人类学标本展览会"。展览由"华南与东南亚史前遗物""以泉州唐墓出土物为主的历史文物""民族学标本"三个主题组成。本系林惠祥教授将多年收藏的人类学标本献出展览，并于开幕之前举行公开学术演讲，题为"错认雷公当祖宗"。该项展览品共分三类：第一类为史前遗物，包括山西、杭州、厦门、武平、海丰、香港（本岛、舶辽洲）、台湾、马来亚、苏门答腊、菲律宾、印度、澳大利亚等处之石器、陶器。其中厦门、武平、香港、台湾、马来亚、印度诸地展品为林惠祥教授自行探获，余由交换而得。展览的厦门石器由林惠祥发现于 1931 年，武平石器由其发现于 1937 年。因战事关系上述发现当时尚未发表于国内，只在 1939 年林惠祥在新加坡参加远东史前第三届大会时曾发表其中一部分。其中最有特色之物为武平三陶尊，修补后尚颇完整。武平石箭镞亦为数不少。武平、台湾、海丰、香港皆有隆脊石锛，马来亚吉打之旧石器时代文物，由林惠祥所发现之大洞穴内获得，其数达一百数十块。又有雷公石斧一件，系林氏在香港购得，原系广东民间佩带之吉利物。第二类为历史时代古物，中有古铜剑、古玉圭、泉州唐初古墓之瓷制明器、宋明瓷制明器等。第三类为民族学标本，包括台湾少数民族，南洋土人，印度、缅甸诸地之刀剑衣饰器具、宗教艺术品等。该展览吸引了不少人前往观看，校内外学者名流及中小学生到校参加者达 5000 余人。后又于 1948 年厦大二十七周年校庆时复展，这两次展览博得了各方赞誉。

2.学生屡获奖励

国立厦门大学时期，历史系学生学习刻苦，在学业上取得了不错的成绩，多次获得学校的重要奖励。

厦门大学于1938年开始设置嘉庚奖学金。此举是国民政府接收厦门大学后，为纪念陈嘉庚先生独立办学的功绩，在纪念纲要中明定的款项。嘉庚奖学金是厦门大学奖学金中等级最高的，获得嘉庚奖学金对于厦大学生来说，既是学业优秀的奖励，也是至高无上的荣誉。1938年度嘉庚奖学金获得者共15名，分甲乙两等，甲等5人，每年每人领受国币200元，乙等每人每年领受100元。历史系三年级学生沈汉祥获得甲等奖学金的殊荣。

在1939年度嘉庚奖学金学生名单中，位列甲等的有8名学生，其中有2人是历史系学生，分别是二年级的吴景宏和三年级的陈礼锐。

1940年大三学生吴景宏与大一学生朱昭仪，获得乙等嘉庚奖学金。

1941年历史系学生朱昭仪再次获得甲等嘉庚奖学金，全校共4个名额，朱昭仪位列其一。获得甲等嘉庚奖学金，将由学校提供膳食并发给200元奖金。膳食自理者给奖金400元。奖学金相当丰厚，可以舒缓不少学生就学的经济压力。

1944年第一学期，集美学校校友会设立校主陈嘉庚七秩寿庆奖学金，历史系大二学生余文礼为获得者之一。获此奖学金者厦门大学仅有10人，每人获奖金4000元。该项奖学金名额自1944年下学期起增加5名，此奖并非只奖励厦门大学学生，能获此奖并不容易。第二学期，陈嘉庚先生七秩寿庆奖学金评选，余文礼再次获得，同时获得奖学金4000元。1945年余文礼再次获得嘉庚奖学金。余文礼多次斩获学校奖励，可见其成绩之优异。

1948年历史系三年级学生李玉璇获得中国现代文化基金董事会奖学金。

除了上述奖学金以外，还有一些其他的津贴或奖项，以奖励勤学绩优的困难学生。

1940年厦门大学组建比赛团队，参加"全国专科以上学校学业竞试"并获得极为出色的成绩，其中也有历史系学生的贡献。这次比赛，是教育部为奖励专科以上学校学生的学术研究而举办的学业竞赛。比赛将各学校学生分为甲、乙、丙三类，甲类为一年级学生国文、英文、数学三科竞赛，乙类为二、三年级学生各科系主要科目竞赛，丙类为四年级学生毕业论文竞赛。厦门大学共派出27人。历史系陈礼锐作为参赛队员代表厦大四年级学生参加了竞赛。这次竞赛最后结果，是按学系数目、决选生人数比率而定成绩，最终厦门大学以绝对的优势在参加竞赛的高校中取得了第一名。[①]

3.其他学术活动

国立厦门大学阶段，也是国内抗战之时，厦大师生同仇敌忾，或参军在前线御敌，或留校在敌后进行抗日宣传。学校一面努力将学生培育成抗战和建国需要的专业人才，一面组织学生积极抗日。截至1944年，国立厦门大学志愿从军师生，已达74人，其中男生55人，女生14人，教职员5人。历史系师生也参与了抗日宣传活动。历史系1940届学生陈礼锐是厦大抗日救亡刊物《唯力》的编委，1938届学生庄受福为《唯力》杂志出版股委员会成员。厦门大学成立的救国服务团，旨在“用学术研究的精神和力量来研究、讨论和批评当前国家和民族的诸多重要问题”，他们“标向着‘民族生存独立’和‘国际正义和平’的最高目的的达到而努力而争取”。在1939年的救国服务团中，陈礼锐为战时后方服务团常

---

① 《厦大通讯》1940年8月第2卷第7、8期。

校别	名次	校名	所属系数	得奖学生名额	比率
国立大学	第一名	厦门大学	9	5	0.555
	第二名	师范学院	7	3	0.428
	第三名	中央大学	37	13	0.350
	第四名	东北大学	6	2	0.333
	第五名	浙江大学	23	7	0.305
	第六名	武汉大学	15	4	0.267
省立大学	第一名	重庆大学	9	7	0.780
私立大学	第一名	岭南大学	17	12	0.708
	第二名	东吴大学	9	4	0.444
	第三名	金陵大学	19	5	0.265
	第四名	复旦大学	12	3	0.250

务干事，历史系1941届的学生叶鸣凤、1942届林仲麟和上官世富等也是服务团成员。

陈诗启先生也于1939年假期积极参与了抗日宣传工作。他是“国立厦门大学战时后方服务团假期工作队”成员。工作队在闽西新桥、童坊和林田一带进行抗日宣传，慰劳抗日军人家属、负责抗战画报展览，一部分人参加保甲长会议以及刷标语、绘漫画、表演抗日话剧等。工作队一天慰问了26家。在街心的点心铺展览地图、漫画、照片以及印刷品，比如通俗画报《闸北的八百壮士》《山西的八路军》等，学生队员表演了话剧《三江好》《壮丁》，他们以多种形式进行抗日的宣传和动员，为中国的抗战事业各尽绵力。

第五节　代表性学者

吴士栋

吴士栋(1903—1986)，男，江西南城人，原名蒲庄。1923年清华学校高等专科毕业后赴美留学，先后在芝加哥大学和哈佛大学获哲学学士和硕士学位，1927年入哥伦比亚大学研究院学习。1929年夏游历英、德、法、比等国，同年回国。先后执教于河南大学、复旦大学、大同大学、中国公学、浙江大学。

吴士栋于1935年7月受聘厦大史学教授，并于1937年至1945年任厦门大学历史系教授、系主任。于厦门大学期间讲授的课程有“哲学概论”“论理学”“西洋通史”“西洋上古史”“西洋近世史”“美国史”“俄国史”“英国史”等。

1945年10月开始，任国立中正大学、国立南昌大学、江西师范学院教授。一生从事逻辑学、哲学、历史学研究，1934年出版《伦理学》《论理学》两部著作，为当时高教部的部定教材，译著有《时间与自由意志》《认识的六种途径》《古罗马史》。1958年被错划“极右”，判刑入狱。1979年出狱，恢复政治名誉和工资待遇，其后完成《逻辑新论》一书。

林惠祥

林惠祥(1901—1958),又名圣麟、石仁、淡墨,汉族,福建晋江人。历史学家、人类学家。1926年毕业于厦门大学历史社会学系,1928年毕业于菲律宾大学,获人类学硕士学位。1928年任中央研究院特约编辑员,后参加该院民族学组研究工作。1930年到厦大任教,1936年任文化陈列所主任,1937年上半年代理历史社会学系系主任。抗战爆发后,携带文物、图书避往南洋。此后在南洋和印度做考古和民族调查,有不少考古发现,并搜集了大量文物和民族资料。1945秋至1947年夏,在新加坡参加陈嘉庚主持的有关南洋华侨筹赈会活动资料的整理编辑工作,协助整理出版刊物,参加《南侨回忆录》一书的编辑出版工作。1947年秋,重回国内,任厦门大学历史系教授并兼系主任。1950年7月以后,历任厦门大学历史系系主任、南洋研究所副所长(所长由厦门大学校党委书记兼任)。1951年将本人搜集和收藏的人类学珍贵文物图书捐献给厦门大学,并倡导主持建立了厦门大学人类博物馆,并任馆长。1955年,林惠祥当选为福建省政协委员。1958年2月13日晚上,因脑出血逝世。骨灰安葬于厦大校园内。

林惠祥先生任教期间,开设课程有"社会发展史""人类学通论""中国民族史""亚洲各国史""南洋史""考古学通论"等20多种。从教之余,开设过古物和文化展览,惠及在校师生及厦大周边市民。

林惠祥1929年利用赴台湾奔丧之际,展开对台湾少数民族(当时称"番族",即高山族)的调查,1930年回国后在上海出版《台湾番族之原始文化》。林惠祥是中国最早对台湾高山族进行调查研究的学者,此书为国人第一部关于台湾少数民族的系统著作。林惠祥长期从事东南亚和中国东南地区考古发掘和民族调查研究,他对民族文化和中国民族的来源及划分系统等问题,颇多创见。他的《文化人类学》一书确立了中国人类学体系,成为各大院校的人类学教材;另一著作《中国民族史》获得国内外学者好评。他还先后参加调查和发现武平、龙岩、长汀、晋江、闽侯等地的新石器,有多篇关于台湾新石器、福建古民族、中国与东南亚古民族的关系等方面的学术论文。林惠祥先生学术成果颇丰,共有《台湾番族之原始文化》《文化人类学》《中国民族史》《苏门答腊民族志》《婆罗洲民族志》《民俗学》《风标本物说》《世界人种志》《神话论》等专著18种,论文和译文70余篇。

叶国庆

叶国庆(1901—2001),别号谷馨,生于福建漳州。史学家。早年就读于福建省立八中。1921年考入厦门大学教育系,1926年厦大毕业后留校任教,不久转到石码石溪中学、漳州省立第八初级中学和厦南女子中学等校任教。1930年因受顾颉刚、林语堂等影响,考取燕京大学历史研究部研究生,师从我国著名历史学家顾颉刚等教授。1932年9月重返厦大,任预科和附设高级中学国文教员,1936年任文学院历史社会学系中国历史讲师。1940年10月起,任文学院历史系副教授,1945年代理系主任,并于1946年升任历史系教授。1983年回漳定居,热心关注地方文史工作和文化古迹保护,任省、市地方志编撰委员会和市政协文史顾问。

叶国庆教授治学严谨,对先秦史和福建地方史等研究造诣颇深。著有《试论西周宗法制封建关系的本质》等。

1949年前发表的文章如下:

《汉儒的风度》,《教育与文化(福州)》1946年第3期;

《莆俗琐记》,《民俗》1929年第78期;

《古闽地考》,《燕京学报》1934年第15期;

《外洋传入闽中的物产》,《国立中山大学语言历史学研究所周刊》1929年第66期;

《莆俗琐记(续)》,《民俗》1929年第80期;

《平闽十八洞研究》,《说文月刊》1944年第4卷;

《平闽十八洞研究》(附图表),《厦门大学学报》1935年第1期;

《八卦所含之数字性》,《厦门大学学报》1936年第6期;

《蛊与西南民族》(附表),《厦大周刊》1930年第1期;

《滇黔粤的苗猺獞俗与闽俗之比较》,《厦大周刊》1930年第3期;

《闽南方音与十五音》,《国立中山大学语言历史学研究所周刊》1929年第85、86、87期;

《朱子论学大意》,《福建训练月刊》1944年第1期;

《金蚕鬼的传说:附表》,《民俗》1928年第13、14期;

《再论杨文广平闽》,《福建文化》1945年第3期;

《关于啖槟榔风俗及罗隐故事》,《民俗》1928年第23、24期;

《南明历史与福建文献》,《教育与文化(福州)》1945 年创刊号；

《尔雅梁山产象考》,《国立第一中山大学语言历史学研究所周刊》1928 年第 14 期；

《十才女传与徐震》,《厦大学报》1943 年第 2 期；

《治不在今福州市辨》,《禹贡》1936 年第 2 期；

《漳厦人对于物的崇拜》,《民俗》1929 年第 41、42 期；

《西汉豪猾大姓商贾之僭窍与兼并(西汉史之一)》,《厦大学报》1943 年第 1 期；

《莆俗琐记》,《民俗》1929 年第 71 期；

《三国时山越分布之区域》,《禹贡》1934 年第 8 期。

谷霁光

谷霁光(1907—1993),湖南湘潭人,1907 年 2 月 2 日生。史学家。1933 年毕业于清华大学历史系,留校任教。曾任南开大学讲师。1938 年受聘于厦门大学历史系,任史学教授。于厦门大学期间,开设有“中国通史”“中国社会经济史”“中国经济史”“史学方法”“中国民族史”“魏晋南北朝史”“隋唐五代史”“宋辽金元史”等课程。此后任南昌中正大学教授、系主任。1949 年后,历任江西师范学院教授、教务长,江西省教育厅副厅长,江西大学副校长、校长、名誉校长,江西省社科联副主席、名誉主席,江西省第二至五届政协副主席和第五届人大常委会副主任,民盟第一、二届中央委员和江西省委第一至三届主任委员,中国历史学会理事,江西省历史学会主席,全国秦汉史学会、魏晋南北朝史学会、唐史学会、宋史学会顾问,中国经济思想史学会名誉理事,中国大百科全书军事卷军制分支学科顾问。

长期从事中国古代兵制史、经济史的研究和教学,著述颇丰。1935 年论文《补魏书兵制》《唐折冲府考校补》载入上海开明书店出版的《二十五史补编》而闻名史坛。著有《府兵制度考释》,此书被多次出版,另有《中国古代经济史论文集》《史林漫拾》以及《谷霁光史学文集》等著作;主编了《中国兵制史》。

谷霁光先生于 1993 年 3 月在南昌病逝,终年 86 岁。

第三章　建国后十七年（1949—1966）

第一节　概述

随着中国共产党领导的新民主主义革命在全国的基本胜利，中华人民共和国成立，中国的历史翻开了新的一页。在这样的历史背景下，毛泽东、朱德号召中国人民解放军继续向全国进军，消灭一切企图负隅顽抗的反革命武装，摧毁一切反动政权。由叶飞、韦国清率领的中国人民解放军第十兵团，迅速进军福建，在夺取福州以后，发起漳厦战役。1949 年 10 月 17 日，厦门解放，厦门大学从此真正回到了人民的手里，也迎来了新的发展机遇，厦门大学历史系自然也获得新生和重大的发展。

自 1949 年 11 月份开始，厦门大学全校师生掀起建设“人民新厦大”的热潮。在中央提出的“维持原状，逐步改进”方针指导下，厦门大学有关方面首先抓紧进行复课的各项准备工作。11 月 3 日，学校和军事代表联合发出通告，要求离校教职员及学生即日起迅速返校。12 月初，学校召开行政各处，各院、系负责人座谈会，商讨复课、招生及教职员工的生活待遇等问题。由于演武场校舍被占，解放后按厦门市军管会的指示，决定厦门大学文、法、商 3 个学院 10 个系暂不招生，1949 年，历史系因此没有招收新生，回到学校上课的都为二、三、四年级的旧生。所有学生集中在演武场校本部上课，鼓浪屿新生院随之撤销。

正当厦门大学师生抓紧复课之际，参加新政协并当选第一届全国政协常委和中华人民共和国中央人民政府委员，被厦大人亲切地称为“校主”的陈嘉庚，由中央侨务委员庄明理、张殊明陪同，离开北京，一路南下，先后考察了济南、徐州、开封、郑州、汉口、长沙、湘潭、南昌及福建省的崇安（今武夷山市）、南平、福州、泉州等地，最后回到厦门。1949 年 12 月中旬，厦门市人民政府成立了“厦门市各界欢迎中央人民政府委员陈嘉庚先生大会秘书处”，具体部署迎接陈嘉庚的相关事宜。1950 年 1 月 7 日上午，陈嘉庚一行由集美乘坐汽船莅厦，受到厦门市军管会、中共厦门市委、厦门市人民政府及各界代表的热烈欢迎。当天下午，陈嘉庚即到厦门大学视察，并与学生亲切交谈，他殷切地勉励广大同学要在大变革时期发扬吃苦精神，建设新国家。第二天晚上，陈嘉庚在厦门大学师生欢迎大会上做了热情洋溢的演讲，畅谈回国观感及发展新中国教育、科学事业的意见，详尽论述了对建设厦门和厦大的设想，给厦门大学全体师生员工以极大的鼓舞，当然，对历史系的师生员工也是极大的鞭策。

中华人民共和国成立以后，新民主主义的政治制度和经济制度随之在全国建立，相应的，必然要求确立与之相适应的文化教育制度。为此，对旧的文化教育制度进行改革势在必行。历史学是一门古老的学科，同时也是意识形态色彩非常鲜明的学科。厦门大学在创办之初就设立了历史系，开办了历史学专业。在解放以前，无论是私立时期，还是国立时期，厦大历史系已有一些学者接受和信仰马克思主义，有的教授和学生还是中共地下党员，他们当然会有意识地在学生中传播诸如历史唯物主义等马克思主义的基本观点，但总的来说，在当时的整个教学和科学研究体系中，马克思主义的指导地位不可能确立起来。新中国成立以后，厦大师生向往新的生活，政治学习的积极性很高。学校有关方面积极引导，开展多种形式的学习活动，提供有关文件和材料，如具有代宪法性质的《中国人民政治协商会议共同纲领》和毛泽东的重要论著《新民主主义论》等。师生们经过学习，认识到"中华人民共和国为新民主主义即人民民主主义的国家，实行工人阶级领导的、以工农联盟为基础的、团结各民主阶层和国内各民族的人民民主专政"。"中华人民共和国的文化教育为新民主主义的，即民族的、科学的、大众的文化教育。"在这样的形势下，对旧的课程体系和教学体系进行改革是必然的，文、法两院是全校教学制度改革的重点，历史系自然是改革的重中之重。通过课程体系和教学体系的改革，有立、有废，目的是建立新的学科体系和教学体系，确立马克思主义的指导地位。

从中华人民共和国成立到"文化大革命"爆发以前的十七年，是我们国家发展历史上的一个重要阶段，当然也是厦门大学发展历史上的一个重要时期，毫无疑问，也是厦门大学历史系获得极大发展的一个历史时期。因为人民掌握了政权，政治局面稳定，社会安定团结，这就为一个国家的发展提供了最基本的条件。具体到厦门大学历史系来说，首先从招生规模看，是一个不断增长的状况。1950年招收本科新生 23 名。1951 年招收本科新生 19 名。1952 年招收本科新生 33

名。1953 年招收本科新生达到 52 名，而且因全国性的高等院校院系调整，接受了从福州大学转入的学生 9 名，这样本科生的招生规模就超过了 60 人，达到了一个新的高度。1954 年招收本科新生 44 名。1955 年招收本科新生 62 名。1956 年招收本科新生更是超历史，达到 102 名。1957 年招收本科新生 50 名，而且随着学科建设的发展和提高，考古研究所招收了 2 名研究生。1958 年，招收本科新生 45 名。1959 年，招收本科新生 39 名。1960 年招收本科新生 67 名。1961 年招收本科新生 30 名，本年度，历史研究所招收研究生 3 名。1962 年招收本科新生 30 名。1963 年招收本科新生 34 名。1964 年招收本科新生 77 名。1965 年招收本科新生 33 名。从以上招生数量的情况看，它比解放前，无论是私立时期，还是国立时期，规模都有很大的增长。其次，由于招生规模的扩大，加强师资队伍建设就成为题中应有之义。这一时期，厦门大学历史系教职工队伍有了较大的发展，逐渐形成了较为合理的梯级队形，为形成厦门大学历史系自身的学术特点奠定了坚实的基础。

当然，这十七年并不都是坦途，不完全是和风细雨，自然也不完全是风平浪静。事实上，在这十七年中，也有过几次政治上的疾风暴雨，诸如反胡风运动、反右派斗争、“大跃进”等等。所有这些政治事件，一有风吹草动，不可能不涉及厦门大学历史系，它必然会影响到厦门大学历史系的存在和发展，当然也会影响到一些人的具体工作状况和生存环境。这其中，就厦门大学历史系而言，影响最大的要数反右派斗争。根据今天相关方面比较一致的说法，在当时，确有少数右派分子在运动中提出了一些错误的观点，极少数右派分子甚至猖狂向党进攻。因此，反右派斗争是必要的。但是，由于种种原因，反右派斗争被严重扩大化了，造成了严重的后果。就厦大历史系来说，反右派斗争严重扩大化产生了重大的影响，一些师生因为被错划为“右派分子”，遭遇了人生的巨大变故。这里面比较典型的有两个人，一个是陈碧笙，另一个是傅衣凌。陈碧笙和傅衣凌都是厦门大学历史系的著名教授，学有专长，在各自的研究领域颇有建树，蜚声中外。在这场运动中，因为种种原因，两人都深陷其中，受到冲击，工作、生活、家庭都受到了严重影响。这可以看成是全国性反右派斗争严重扩大化错误下的一个缩影。

第二节　机构设置　职能沿革

1949年以前，厦门大学实行院系制，文科设有文学院、法学院、商学院，理科设有理学院、工学院。新中国成立一段时间以后，厦门大学教学机构仍沿旧制，设立以上5个学院，每个学院下设若干系。当时全校共设立中文、外文、历史、教育、数理、化学、生物、海洋、土木、机械、航空、法律、政治、经济、银行、会计、国际贸易等18个学系。1953年全国高等院校院系调整工作结束以后，取消学院一级建制，各个系便成为学校下面独立的建制单位了。历史系在院系调整以前，是文学院下的一个系，院系调整结束以后，历史系是独立的建制系，是一个相对独立的教学、科研单位。1949年，历史系系主任是叶国庆。1950年，根据教育部和福建省的相关要求，厦门大学教育工会成立，叶国庆当选首届校工会主席，由于校工会的工作比较繁忙，因此，叶国庆不再担任历史系系主任。1950年，林惠祥接替叶国庆担任历史系系主任。1951年，厦门大学向教育部申请成立人类博物馆，并得到批准。林惠祥是著名的历史学家、人类学家，他多次深入台湾地区考察，搜集了大量的人类学方面的实物资料，筹办厦门大学人类博物馆的负责人，可以说，非他莫属。1953年，厦门大学人类博物馆成立，林惠祥担任馆长。新的工作需要林惠祥投入大量的时间和精力，也和林惠祥的专业与兴趣高度一致。因此，1952年，林惠祥不再担任历史系系主任。同年，厦门大学任命傅家麟（即傅衣凌）出任历史系系主任，一直到“文化大革命”期间。

厦门地处东南沿海，和北京、上海以及其他地区的高等院校相比，厦门大学地理位置相对偏僻。但是，厦大人正视现实，竭力找准自己的定位。新中国成立之初，厦门大学就根据自己的历史特点和特殊的地理方位，确立了“面向海外，面向东南亚”的发展方向，着力发展具有“台、侨”特点的特色学科。在此过程中，历史系当仁不让，充分利用自己的学科特点和优势，发展起了具有自己特色的学科体系。

福建和台湾隔海相望，闽台历史渊源深厚，具有“地缘相近，血缘相亲，文缘相承，商缘相连，法缘相循”的历史特点。闽台一家，有割不断的历史连接，台湾人的祖籍地绝大多数在福建。历史上，闽台是一个省，即福建省，一直到1885

年，台湾建省，闽台才开始分治。由于闽台之间种种密切的联系，建校以后，厦门大学历史系的一些学者便以学科专业为基础，以独特的角度观察和研究台湾。林惠祥多次深入台湾地区考察，潜心研究台湾地区的史前人类活动遗迹，多方搜集、整理台湾少数民族历史资料，为后来的学者深入研究台湾问题打下了很好的基础。陈碧笙、陈孔立从研究早期大陆向台湾移民着手，开启了对台湾历史全面、深入的研究。海峡两岸隔离状态形成以后，更需要全方位地研究台湾问题，从而为有关方面，特别是中央的对台大政方针的制定提供学理基础和决策参考。这样，就需要整合多学科的力量，全面、全方位、多角度地研究台湾问题。到了1980年7月9日，经教育部批准，在原有台湾研究的基础上，成立了厦门大学台湾研究所，下设历史、文学、政治、经济4个研究室。后来又成立了厦门大学台湾研究院，成为全国研究台湾问题的重镇，形成了具有厦门大学特点的特色学科，这和厦门大学历史系的发展进程不无关系。直到今天，厦门大学历史系的一些学者仍然高度关注台湾问题，在从事一些台湾问题的基础性研究。

福建省是著名的侨乡，从厦门口岸走出去的福建籍华侨、华人，早期主要前往东南亚一带谋生和发展，他们往返祖籍地和侨居地，一般都经停厦门。因此，厦门便成为广大华侨、华人往来的枢纽。历史上，福建是海上丝绸之路的起点，海外贸易十分发达。可以说，厦门的开港、兴起和发展，与这些因素密切相关。厦门大学本身是爱国华侨领袖陈嘉庚捐资兴办的，由于这些历史渊源，厦门大学从创办伊始，就非常关注东南亚相关问题的研究，而这基本上是从历史学发轫，从历史系开端的。原任历史系教授的韩振华先生，致力于古代中外交通史和东南亚史相关问题的研究，在他的带领和影响下，历史系有不少学者从事东南亚史、华侨史方面的研究，形成了很好的研究团队，而且一直重视队伍建设，直到今天，历史系在东南亚史、华侨史等研究领域依然保持着很好的研究梯队，在国内外学术界有很高的知名度和广泛的影响。后来，为了整合相关方面的力量，厦门大学成立了南洋研究所，现在，更是成立了南洋研究院和国际关系学院。这些领域和厦门大学的台湾问题研究一样，成为颇具厦门大学特色的学科，在国内外学术界占有一定的地位，并有较大的影响。这些，和历史系的学科发展都有非常密切的关系。

第三节　党组织的建立及健全

一、党组织的公开、正式设立

厦门大学具有光荣的革命传统，在近百年的发展历程中，形成了丰厚的文化积淀。对此，学校有关方面经过深入的研究和系统的提炼，归纳了四种精神：即以陈嘉庚先生为代表的爱国精神，以罗扬才烈士为代表的革命精神，以萨本栋校长为代表的艰苦办学的自强精神和以王亚南、陈景润为代表的科学精神。

早在1926年2月，经中共广东区委批准，罗扬才、李觉民、罗秋天等3名共产党员在厦门大学囊萤楼秘密召开会议，宣告中共厦门大学支部成立，罗扬才任党支部书记，这是福建省第一个中共党支部，它标志着中国共产党在福建省建立党组织的开始。从1926年春天至1927年初，罗扬才和中共厦门大学党支部先后指派大批中共党员到厦门地区以及闽西、闽南等地组建或协助组建中共党组织，有力地推动了当地革命斗争的发展。罗扬才还组建了厦门地区的工会组织，多次组织大规模的学生民主运动和工人运动，并屡屡取得斗争的胜利，他也因此成为厦门以及闽西南地区著名的学运和工运领袖。1927年4月9日，国民党反动派在厦门发动反革命政变，罗扬才被捕。他顶住了敌人的威逼利诱，宁死不屈，在福州英勇就义，为革命献出了年仅22岁的年轻生命。

罗扬才在厦门大学从事革命活动期间，正是鲁迅先生任教厦大之时。罗扬才与鲁迅取得联系，关心先生的战斗与生活，同时争取鲁迅先生对厦门大学民主运动的支持。在此过程中，他们二人之间惺惺相惜，彼此欣赏，结下了深厚的友谊。彼时，罗扬才担任厦门市总工会委员长的职务，工作十分繁忙，但他坚持听鲁迅先生的课。在鲁迅先生和进步力量的支持下，罗扬才等领导的中共厦门大学支部，在校内打开了民主运动的新局面，中共厦大支部成为厦门大学民主力量坚强的领导核心。

中共厦门大学支部的革命活动，如星星之火，迅速燃遍了闽西南大地。罗扬才与其指派的中共党员分赴闽西南开展建立党组织、发展党员的革命活动，使中国共产党的旗帜迅速升起在永定、石码、海澄、惠安、漳州、泉州、德化、同安等地。

此时的厦门大学，被誉为闽西南地区的“革命策源地”和“革命摇篮”。

厦门地区中共党、团组织建立以后，使工人运动有了坚强的领导核心，从而极大地推动了工人运动的发展。1926 年 7 月，国民革命军从广东出师北伐，为迎接北伐军入闽，罗扬才积极在厦门工人中开展活动。在他的领导下，1926 年 10 月，厦门工人掀起一场以“二五(增加工人原工资的 25%)加薪”为目标的“罢山罢海”斗争，并由经济斗争转为政治斗争。1927 年元旦，当北伐军入闽之际，罗扬才在厦门各界召开的“祝捷大会”上发表演说，大会通过了《福建人民反帝反封建的总要求十一条》，从而结束了北洋军阀在厦门的统治，有力地推动了工农运动和反帝斗争向前发展，使厦门地区工人运动斗争矛头从本国资本家转向外国资本家和帝国主义势力。

在革命思想的指引和中共党组织的领导下，许多革命志士，从厦门大学囊萤楼出发，将革命的火种点燃八闽大地。在罗扬才烈士革命精神的引领和感召下，厦门大学的革命运动风起云涌，革命力量茁壮成长。据有关方面统计，至新中国成立前夕，厦门大学在校生 1000 余人，学生党员就有 250 余人，占学生总数的 1/4 多，这其中，有不少是历史系的学生。比如 1947 年级历史系学生陈在正、李金培都是在学校读书期间加入中国共产党、成为中共地下党员的，做了许多革命工作，为中国革命的胜利贡献出了自己的一份力量。

在厦门大学长期的革命斗争历史中，有两位历史系教授、中共地下党员特别值得一说。一位是萧炳实，另一位是熊德基。萧炳实(1900—1970)，原名萧永实，又名萧项平，江西省上栗县人。他是我们党著名的地下工作者，情报专家，人生颇富传奇色彩。1930 年初，受上级党组织的委派，萧炳实来到厦门，以厦门大学历史系教授的身份作掩护，从事党的地下斗争，他和当时的中共福建省委、军委重要领导人陶铸直接联系，其位于厦门大学校园的住地——大南 3 号楼成为中共福建省委重要的秘密活动据点。萧炳实一边从事党的秘密工作，为我们党搜集、传递大量有价值的情报，为革命事业做出了重要的贡献；一边教书育人，认真从事专业研究，以其学识、人格的魅力，春风化雨，影响了许多学生，傅衣凌就是其中重要的一位。傅衣凌原就读于私立福建学院经济系，后转入厦门大学为文学院特别生、中国文学系一年级学生，他在听了萧炳实的课程以后，深受启发，为其学识、人品深深折服，毅然决然转到历史系，并且毕生从事明清社会经济史研究，成绩斐然。由此可见，师者，传道授业解惑，对后来者的影响是多么重要，而这其中，作为马克思主义者的中国共产党人的作用更大。熊德基(1913—1987)，江西省南昌市人。1946 年受党组织派遣，到厦门大学工作，担任历史系副教授。他在厦大工作期间，担任中共厦门大学地下党组织领导人，发展了一批中共地下党员，特别是厦门解放前夕，他通过党组织关系，把许多中共地下党员输送到闽西南游击根据地去，加强那里的革命斗争。中国人民解放军进军厦门时，熊德基领导厦门大学地下党组织，积极配合解放军，为解放厦门和顺利接管厦门大学做出了贡献。

解放前，厦门大学虽然长期建立有中国共产党的组织，并有力地领导了各种革命斗争。但那时毕竟处于新民主主义革命时期，掌握、控制国家政权的先后是北洋军阀和国民党反动派，这期间，中共厦门大学党组织不得不长期处于地下的秘密状态。新中国成立前夕，中共厦门大学的地下党组织分属中共闽西南和闽中两个组织系统。随着厦门的解放，厦门大学真正回到了人民的手中，这时，中共厦门大学党组织便公开亮出了身份，开始了新的工作。1949 年冬天，根据上级有关部门的指示，在中共厦门大学原有党组织的基础上，公开、正式成立了中共厦门大学党组织，由熊德基担任书记。1951 年 10 月，中共厦门市委决定厦大党支部直属市委领导，书记为张来仪，后为翁永龄，由厦门市委宣传部分管领导。1952 年 6 月，中共福建省委为加强高等学校的思想政治工作，调派张玉麟等 15 名政治工作干部到厦大，设立政治辅导处，由张玉麟任政治辅导长，下设政治教学工作室、组织科、宣传科、青年科及校刊室，负责全校的思想政治工作。1952 年 7 月，中共福建省委决定成立厦门大学临时党委会，书记为张玉麟。1952 年 10 月，经中共厦门市委批准，正式成立中共厦门大学委员会，张玉麟担任书记，同时兼任历史系教授。1954 年 9 月，中共福建省委任命陆维特为中共厦门大学委员会书记。这样，从学校层面来说，党的组织系统就比较完备了。

在校党委的领导下，学校的思想政治工作水平有了较大提高，并且发展了不少新党员，这样，全校的中共党员人数有了很大的增长。随着党员人数的不断增加，党的组织也不断扩大，这就要求加紧基层党组织建设。在此过程中，历史系的党员人数达到了一定的规模，1955 年，经学校党委批准，正式成立了中共厦门大学历史系总支部委员会，由李金培担任总支书记。由此开始，厦门大学历史系就公开、正式地成立了中共党组织。在党组织公开、正式成立并开始了有效的思想政治工作的情况下，历史系的共产主义青年团组织，基层工会组织也相继成立，并在中共党组织的领导下，开始了各自职责范围内的工作。这样，新中国成立以后，作为厦门大学之下的一个相对独立的教学、科研单位，历史系党、政、工、团组织逐步建立和完善起来了。

二、党建活动及其成效

中国共产党的领导是中国特色社会主义的本质特征。实际上，新中国成立以后，中国共产党开始执掌全国政权，党在国家中的核心领导地位就逐步确立起来了。当然，党的领导是政治上、思想上的领导，主要通过路线、方针、政策的制定和执行，来规划、引领、保障社会发展的方向。作为社会的一个基层单位，厦门大学历史系及其党总支，开展党建活动，贯彻、落实党的路线、方针、政策，就成为其日常性的、基础性的工作。

作为以培养人才为主要任务的基层教学单位的历史系，在新中国成立之初，开展党建活动的任务之一，首先是除旧布新，也就是要全面清理旧的教学体系和课程体系，确立马克思主义在学校和整个课程体系以及教学体系中的指导性地位。为此，1950 年 4 月 1 日，厦门大学临时校务委员会举行第一次会议，公推历史系教授熊德基委员为秘书，决定在全校开展政治学习，进行课程改革，并设立政治学习委员会，聘请委员 13 人，下设两大组：一组为政治课程组，负责“辩证唯物论”“历史唯物论”“新民主主义论”和“政治经济学”等公共政治理论课程的相关教学事宜。这样，以马克思主义为主要内容的政治理论课程在厦门大学就确立起来了，它是全校所有专业学生，当然包括历史系学生的公共必修课程。这些课程的开设，为广大学生确立马克思主义的世界观和正确的政治观念提供了基础性保证，是党建活动的一项重要内容。另一组为校日活动组，负责每星期六下午全校师生员工的政治学习事宜。校日活动组以学习《社会发展史》为主，遇有必要参与有关的时事报告时，如关于厦门市税收问题、朝鲜战争问题等，均请厦门市市长梁灵光前来做报告，为广大师生讲解。听课之后则由师生组合成的学习小组组织学习并分别进行讨论，以加深理解。这实际上也就是我们平常所说的政治学习活动，是党建活动的另一方面的主要内容。历史系作为厦门大学的一个教学、科研单位，当然都参与或组织了这些活动。

除了上述这些日常性的党建内容以外，做好组织发展工作，是党建活动的又一方面的重要内容。在这一段历史时期中，历史系党、政、工、团组织，密切配合，根据国家的大政、方针和学校的基本要求，结合本系的具体实际，在学生和教职员工中积极地发展党员。总体上来说，组织发展工作是积极的、稳妥的。由于这一段时期历史跨度比较长，政治气候变化比较大，对个人的历史、家庭出身比较看重，在党组织发展方面相对比较慎重，因此，发展工作相对比较慢。学生中的党组织发展情况要好一些，教职员工中的党组织发展得不令人满意。

新中国成立以后到“文化大革命”以前的这一段历史时期，党和国家的工作总体上来说是不错的，取得的成绩是有目共睹的，也是大家基本肯定的。厦门大学历史系的党建工作在这个历史时期，基本上贯彻、执行了正确的路线、方针、政策，完成了上级交给的各项任务，为国家培养了大量的合格的人才，党组织发展工作也取得了一定的成绩。

第四节　主要工作与成绩

1949 年至 1966 年，是厦门大学历史系发展进程中的一个重要阶段。在党和国家大政、方针的引领下，在学校党委和行政的坚强领导下，在各方面力量的支持和配合下，经过师生的共同努力、辛勤工作，历史系取得了不俗的成绩。

一、办学规模不断扩大，办学条件日益改善

在这一历史时期，随着各项建设事业的发展，国家急需大量的人才，而且国家政治局面稳定，经济方面的发展成绩也很不错，能够拿出比较多的钱来办教育，国家和福建省、厦门市对厦门大学的发展都很重视，也都给予了很多的支持。1953 年全国高等院校院系调整工作基本结束以后，根据教育部和相关方面的要求，厦门大学长期设立 8 个系。其中文财科设 4 个系，分别为中国语言文学系、历史系、外国语言文学系、经济系。中国语言文学系设汉语言文学专业，历史系设历史学专业，外国语言文学系设英国语言文学专业，经济系设政治经济学专业、财务会计学专业、计划统计学专业。理科设 4 个系，即数学系、物理系、化学系、生物系。数学系设数学专业、力学专业（着重低速流体力学）、计算技术专业。

物理系设物理学专业，下设无线电物理专门化、电真空物理专门化、半导体物理专门化、原子核物理专门化；海洋物理专业。化学系设无机分析化学专业，下设稀有元素专门化、超纯物质与半导体化学专门化、海洋化学专门化、仪器分析专门化（微量分析、超纯物质分析）；有机化学专业，下设基本有机合成专门化、高分子化学专门化；物理化学专业，下设电化学专门化、催化理论专门化、物质结构专门化、辐射与示踪化学专门化。生物系设动物学专业，下设脊椎动物学专门化、海洋无脊椎动物专门化、鱼类学专门化；植物学专业，下设亚热带植物生理学专门化、植物学专门化；生物物理专业。撤销了院级建制，系和专业较以前有所减少，但学校整体的招生人数却不断增长，这样分到各个系和专业的学生数也在不断增长。历史学是一门古老的学科，在国家建设的许多领域都有广泛的应用，这一时期，厦门大学历史系的招生人数不断增多，办学规模也随之扩大。在学科不断发展的基础上，不仅招收的本科生数量增加，而且于 1957 年开始招收考古学专业的硕士研究生，1961 年开始招收中国古代史专业的硕士研究生。后来，又设立了考古学的本科专业。

在办学规模不断扩大的同时，办学条件也日益改善。首先，这一时期，学校的校舍建设得到了较大的发展，这就为办学规模的扩大和办学条件的改善提供了保障。历史系是厦门大学的一个教学、科研单位，随着整个学校校舍的扩建，当然也水涨船高，办学条件得到了改善。新中国成立前，在毛泽东的一再邀请下，陈嘉庚回国参加中国人民政治协商会议，参与中华人民共和国的筹建。之后，他回到故乡集美常驻，并视察厦大。当得知厦门大学在日寇侵华时期遭到严重破坏，解放之初又遭受国民党军炮击，校舍毁损严重，极大地制约学校的发展时，陈嘉庚思考良久，他写信到新加坡，委托其女婿李光前先生将自己在新加坡的余产拍卖，同时，动员李光前捐资，拟筹款修复、扩建厦门大学及集美学校。

在此，我们有必要简要了解一下李光前的生平，以永远铭记他的名字和事迹。李光前是一位热心公益事业、爱国爱乡的华侨企业家。他于 1893 年 10 月出生于福建南安芙蓉乡，10 岁随父去南洋，15 岁回国，先后在南京暨南学堂、北京清华高等学堂、唐山路矿学堂深造，19 岁返新加坡就业，在工作中得到陈嘉庚的了解、赏识和重用，后与其长女结婚。从那以后，李光前就以企业固定比例利润作为公益事业专项经费。在私立厦大困难时期，曾捐款 5 万元，连同其他华侨捐款共 16 万元，为陈嘉庚购橡胶园 400 英亩，以收益作为厦大基金。20 世纪 20

年代，李光前不断捐资为星马等地兴办公益事业，30 年代又在家乡南安芙蓉乡创办幼儿园、小学、中学和医院。解放后，李光前在慨允陈嘉庚为厦大扩建捐资 600 万港元的同时，还捐款续办家乡教育卫生事业。李光前先生于 1961 年膺任新加坡大学首任校长，1964 年决定将南益总股权的一半转入用于公益事业的李氏基金。李光前先生于 1967 年在新加坡逝世。他留下的“取之于社会，用之于社会”的南益精神，一直为后人所颂扬。为铭记李光前的事迹，厦门大学于建校 90 周年之际，在建南大会堂和南光一号楼之间为李光前树立了一尊铜质雕像，供后人参观、瞻仰。

陈嘉庚在向李光前募得厦大扩建经费 600 万港元之后，立即雷厉风行，亲自主持厦大的扩建工作。他从勘定地基、校舍设计、雇工备料乃至施工，都亲自筹划，事必躬亲，精打细算，一丝不苟。

在厦大扩建的数年间，年近八旬的陈嘉庚老先生每星期从集美渡海来厦大工地巡视两次（后减为一次），风雨无阻。学校有关方面要为他造一艘小汽艇，他坚辞不受。每次到工地来，午饭也坚持在食堂与建筑部办事人员同吃，从不允许特殊招待。在他的亲自督建指导下，厦大 10 个基建工场千余名技术人员和工人日夜加紧施工，工程进展迅速。在此期间，台湾蒋军飞机时常飞临厦门上空轰炸，有些人担心在离前哨这么近的地方修建高楼大厦，易遭破坏，建议以后再行修建。但陈嘉庚先生对社会主义新中国充满信心，他坚定地回答：“敌人一边炸，我们一边建。今天被炸毁了，明天再建起来。”

从 1950 年至 1955 年，陈嘉庚为修复建设厦门大学和集美学村，共筹集 2000 多万港元，其中除他在新加坡的余产拍卖的 800 万元、李光前捐出的 600 万元外，还有南安其他华侨捐赠的款额。这期间，厦大先后兴建了建南大会堂、成智楼、成义楼、南光楼、南安楼、成伟楼、国光楼 3 座、芙蓉楼 4 座、丰庭楼 3 座，共 31 幢，面积达 64364 平方米，另外还有可容纳 2 万观众的上弦场（体育场）。该体育场依地势而建，形如上弦月，故名上弦场。其石阶座位总长 9170 米，面积 19400 平方米。该体育场气势恢宏，是厦门大学的标志性建筑之一，也一直是历届厦大毕业生照相留念的最佳场所。以上建筑不仅具有很大的实用价值，而且具有极高的建筑艺术价值和丰厚的历史价值，经过有关部门认真研究和评估，现在已经被国务院公布为全国文物重点保护单位，每天都吸引众多的游客前来参观、游览。

饮水当思源。为纪念捐赠巨资给厦大的爱国华侨,新建筑的校舍命名均有含义,并砌于各楼层顶端。如捐赠巨资的李光前先生原籍是福建南安,建南大会堂的“建南”两字,即为他家乡地名的缩写。南光楼、南安楼的命名也都含有颂扬南安华侨捐资办学之光的意思。成义、成智、成伟三楼的命名,分别取于李光前三个儿子的名字。芙蓉、丰庭等建筑的命名,则源于李光前家乡的村镇名称等。

在厦门大学校舍不断扩建的同时,其他的办学设备也不断地得到添置,比如图书、报刊资料、仪器设备等。在各方面条件逐步完善的基础上,历史系建立了资料室和图书、报刊阅览室,方便了师生的学习和教学、科研,改善了办学条件。

二、逐渐形成具有厦门大学历史系特色的教学、科研体系

历史系随着厦门大学的创办而设立,历史学是一门发展历史悠长的学科,在我国的学术传统中,一直以国家政权的兴替为研究中心,以官修正史和官方的档案、文书为研究的基本资料。厦门地处祖国的东南沿海一隅,远离国家的政治中心。由于客观的条件和学者们自身的兴趣等原因,厦门大学历史系的学者们,在长期的教学、科研过程中,独辟蹊径,以私人的族谱、民间契约等这些民间历史文献为考察的出发点,从微观的角度对历史发展过程进行考察,逐渐形成了独具厦门大学历史系特色的学术风格。

经过一代又一代厦门大学历史系同仁的努力和积累,到1949年至1966年这一阶段,历史系逐渐形成了以傅衣凌为代表的明清史学派,以韩国磐为代表的隋唐史学派和以韩振华、黄焕宗、孙福生为代表的东南亚史学派,这些人在他们各自的研究领域都有一定的建树,取得了不少成绩,在国内外学术界具有相当的影响,也为厦门大学历史系在国内外学术地位的提高做出了各自的贡献。

傅衣凌长期从事明清社会经济史的教学与研究,他学识渊博,主要学术贡献在中国社会经济史领域,尤其是明清经济史。他在研究工作中把社会史和经济史相结合,吸取传统学术和西方社会学、经济学、民俗学的长处,注重民间记录的搜集,以民间文献证史,首先利用前人很少注意过的契约文书、族谱、地方志来研究经济史,既扩大了史料来源,而且能发前人所未发,在明清经济史研究方面提出了许多独到的见解,形成他治史的特有方法和独特风格,构成了具有厦门大学历史系鲜明特色的傅衣凌学派。中国社会科学院历史研究所前所长林甘泉说:

“傅衣凌学派是解放以后形成的少有的几个学派之一，学术风格独特，有成果，有传人，其弟子是沿着先生的足迹走的。”山东大学王学典在总结傅衣凌学派的学术理路时说：“这是一个系统清晰、特色鲜明的学派，这一社会经济史研究的‘范式’是：在研究方法上，把经济史与社会史的研究有机地结合起来，从社会史的角度研究经济，从经济史的角度剖析社会，在复杂的历史网络中研究二者的互动关系，把个案追索与对宏观社会结构和历史变迁大势的把握有机地结合起来。既善于透过片断的史料显示历史的归趋，又能从历史的趋向中看出具体史料的意义。”傅先生“特别注意发掘传统史学所弃置不顾的史料，以民间文献包括契约文书、谱牒、志书、账籍、碑刻等证史，尤重田野调查，以今证古；强调借助史学之外的社会科学理论尤其是社会学的理论与概念，特别注意地域性的细部研究、特定农村经济社区的研究等等”。傅衣凌先生及其弟子们真可谓踏破了数双铁鞋，深入穷乡僻壤，搜罗的资料往往是别人不屑一顾的破旧物件，却从其中解读出了真历史。

傅衣凌学派认为可以把历史学做广义的界定，其彰显出的知识结构与学术素养可以归纳如下：

其一，强调多学科知识的融合与运用。凡社会学、人类学、经济学、统计学、计算机科学、心理学、人种学、语言学、精神分析学、生态学、地理学等学科的知识均可为历史学所用，凡哲学、系统论、控制论、信息论、数理统计、模糊数学等都可以作为研究的方法。既往有学者总结说，“从经济的角度看社会，又从社会的角度研究经济”是傅衣凌学派的一个特色。傅衣凌先生入大学时读的是经济系，后转到历史系，出国留学又学了社会学，平时还特别留心民俗学，对于中国传统社会中流行的蓄奴习俗深表痛恨，并认为这导致集中了大量社会财富之阶层生活的骄奢淫逸、社会下层生活的难以为继和基本人权的被剥夺，进而衍生出尖锐的阶级矛盾、社会矛盾，导致激烈的反抗斗争，引起玉石俱焚、社会积累被毁灭的惨剧。

通过运用多学科知识和方法，傅衣凌先生形成了自己的若干理论性观点，他说：“长期以来，人们坚信不疑：如果没有外国资本主义的入侵，中国也将和西欧一样，自发地依靠自身的力量进入资本主义社会，这一立论是从马克思关于西欧资本主义起源的历史概述引申而来的，但不一定完全符合马克思本人的观点。马克思晚年在给友人的信中明确表示“一定要把我关于西欧资本主义起源的历史概述彻底变成一般发展道路的历史哲学理论，一切民族，不管他们所处的历史环境如何，都注定要走这条路，我要请他原谅。他这样做会给我过多的荣誉，同时也会给我过多的侮辱。极为相似的事情，但在不同的历史环境中出现，就引起了完全不同的结果。”傅先生认识到：中国传统社会内部产生的官僚专制主义国家政权恰在协调各种不可自我调和的矛盾中显示出自己产生的价值，傅先生反对将中国和印度、埃及等地区进行类比而得出管理渠道和人工灌溉设施、举办公共工程、节省用水和共同用水的要求是中央集权政府建立的原因的结论，是集权国家出现后由于其地位而具有的功能，而且是其众多的功能之一。事实上，在中国传统社会，很大一部分水利工程的建设和管理是在乡族社会中进行的，不需要国家权力的干预。“国家政权对社会的控制，实际上也就是‘公’和‘私’两大系统互相冲突又互相利用的互动过程。”地方割据和农民战争是冲突的基本表现形态，但是这些往往是短暂的、临时性的，地方割据势力既可以是兴风作浪的始作俑者，或者利用农民起义达到自己的目的，也可以出面镇压农民的起义，保障自我的利益不受损害。大一统的国家政权往往可以利用这些地方势力消除不安定因素，进而收编他们，使他们臣服于大一统的权威之下。

汉代以后，财产所有形态和财产法权观念多元化现象明显，国有经济、乡族共有经济和私有经济长期并存，难做剖断，司法权的多元性也由此衍生，族规、乡约、乡例都有推行的空间。思想文化领域的多元性同样存在。因此，虽然社会上出现许多类似欧洲近代化时期的现象，但往往并不具有导向新的社会形态的征兆。反而是新旧因素和平共处，相安无事，社会结构具有广泛的适应性和化解各种冲击的能力，商人尽管成了一个显著的阶层，但他们在政权敲诈下有反抗意识，却又返回去寻求政府给予保护和特权，斗争性不强。

其二，强调对“总体历史”的把握。年鉴学派马克·布洛赫也倡导“总体历史”，勒·高夫提倡“新史学”，布罗代尔提出长时段的分析方法，这些在傅衣凌先生那里，早也是躬行的实践，因此可以说在当时国际交流尚很稀少的时代，傅先生在中国早已走出了类似于法国年鉴学派的路数，只是没有确定这样的命名而已。傅先生能从国家机器、社会经济制度、意识形态等方面分析中国传统社会，在《秦汉的豪族》一文中认为：豪族来源于六国的故家遗族，人数不少，虽然失去了政权，但他们仍“不愿与齐民齿”，秦始皇反复有徙豪之举，却并不能彻底，而且随着世代的繁衍，豪族还可能壮大起来，它们以“保族”“收族”为圭臬，延续着自己的文化精神。他们将养客作为自己的辅弼，将蓄奴作为维持养尊处优的前提，生活奢靡，行为横肆，往往构成贫民的剥削者和政权的直接威胁力量，当统治者试图压服他们的时候，一些豪强便可能潜伏下来，衍而成为魏晋时期的门阀。

因为中国传统社会的经济基础是隶农制，其根源在于高利贷资本、商人资本与土地资本实现了三位一体，中国专制主义政权以官僚、军队实施对地主、商人、农民(隶农)、奴隶的统治，等级界限森严，尽管有科举制度激发官僚队伍的更新，但社会的保守色彩明显。奴隶来源有俘虏、罪人、赏赐、买卖、贡献与投靠、犯罪、战争、家生等多种形式，他们的法律身份和社会地位都极低，他们的主人则往往占田无限，作威作福。这就是中国传统社会时常表现出的阶级对立和阶级矛盾。

因为佃农制的发达和农民的相对离土自由，于是就在农村中出现了三种劳动力形态，即佣工、佃户和僮奴。商品经济与自然经济的并存，使得中国社会出现了进一步、退两步的情形。本来农民具有相对的离土自由，从农村挤出来的过剩劳动力，可成为佣工，为工业发展注力。但事实是那些可能走向新境界的经营地主和富农选择了乡居和离开生产的道路，他们以放高利贷为生，过上了骄奢淫逸的生活，地主阶层的寄生化更趋显著。他们不断加大着对佃户的榨取，将苛刻收取的地租囤积居奇，再度施加对佃户的剥削，因而导致农民的贫困化，无法实现与城市工商业的有效对接，对地主的依附关系更趋加强。

傅先生分析说："这广大的农业人口向全国各地的自由流动，固然在缓和某一地区的人口压力和社会矛盾，促进移住地的经济开发，都发挥了一些作用。不过这大量的农业人口如果过多地向某一地区集中，则必然的会产生降低劳动力的生活水平和技术水平的后果，出现有争求雇主的现象。城市手工业的雇工制无法获得健全的发展，主佃关系往往充满了野蛮的色彩，有时衍生出奴隶式的畸形关系。"在江南地区，地主使用僮奴现象普遍。从政治层面看，那些势单力薄的普通之家往往也主动寻求具有政治特权的身份性地主的庇护，投靠到其门下成为奴仆、佃户，胡如雷先生称这种现象为"第二度农奴化"。在傅先生看来，这是新旧因素纠合而出现的社会关系的畸形儿，地主将高额榨取的地租用于娶妻纳妾，繁衍众多子嗣，结果往往是财产的分散与浪费，依然无法引向生产领域。被榨干的佃农在独立和自由都被地主控制的背景下，很难求得发展的空间，甚至妻女都可以被主子任意欺凌，有的便举起反抗的大旗。

其三，强调"自下而上""上下互视"的治史路径。傅衣凌先生深爱弗雷泽的

《金枝》(*The Golden Bough*)这样的民俗学著作，也喜读梁启超《中国历史研究法》这样的新史学论著，将梁启超倡导的运用家谱、契约等民间文献研究历史的方法化为实际的行动，且一发而不可收，这构成了傅衣凌学派的一个显著特色。傅先生强调民间传说、路途传闻、儿提故事都可成为历史研究的资料，傅先生养成了处处留心、事事关心的治学习惯，他勤于访书、读书，亦勤于访人、切磋。

傅先生认识到，在收集史料的同时，必须扩大眼界，广泛地利用有关辅助科学知识，以民俗乡例证史，以实物碑刻证史，以民间文献(契约文书)证史。他从谢肇淛《五杂俎》中寻觅到新安商人、山右商人的论题，与日本学者藤井宏交谈后引起共鸣，其后相互交流，共同推进该论题研究的深化。他从阅读冯梦龙《醒世恒言》中发现苏州洞庭东、西山商人是个特别有意思的题目，与南京大学吕作燮交谈后更激发了寻找湖南各地活跃着的洞庭商人的兴致。傅先生对民俗的关注是个天然的兴趣，他在《桃符考》中说："在古人心目中，将桃视作驱逐魔鬼、袚除不祥的神秘之物，就像英国人视山柃为有神秘能力的东西，用它鞭打牛马，能让牛马肥壮，但倘若用金雀杖或柳枝鞭打小孩，则小孩不易长大，因金雀枝不会长成大树，柳枝亦较早凋零。"傅先生曾深受民俗学家弗雷泽《金枝》的影响，所以对民俗的认识也特别地专业、独到。他指出：以桃驱鬼，曾走过以桃做成人形，即桃人驱鬼的阶段，神荼郁垒被定义为驱鬼神人，配合桃人共同执行驱鬼抗魔的职能。近代的春联与古代的桃符虽然有关联，却失掉了原始民俗的本来意义。傅先生在《福建畲姓考》中，考证福建陈氏、黄氏、李氏、吴氏、谢氏、刘氏、邱氏、罗氏、晏氏等都是畲族，其他像许氏、张氏、余氏、袁氏、聂氏、辜氏、章氏、何氏亦有畲族混杂其间。因为"畲与汉人往来频繁，多沾染华风，改用汉姓，亦喜自托于中原仕族之列"。这里实际上指出了福建人口构成的历史样貌。

其四，强调区域性研究及其与全局性研究的相互关照，强调区域间的相互比较乃至国与国之间的相互比较。通过相互关照与相互比较，更多地与国际范围内的同行对话，傅先生走到了国际学术前沿。从中国手工业帮会不是单单存在于城市，而是从农村延长到城市去这一事实，傅先生追索出中国工商阶级与封建地主间不但不存在相互的矛盾，反而还存在共通性乃至一身而二任。工商业会馆既存在于城市，又存在于农村的事实让傅先生认识到中国城乡之间的关系也不对立。农村是城市工商行会的原始基地，与农村保持着密切的关系，譬如在商人会馆中又存在着更小的组织形态，被称作"纲"。细究"纲"的本义，是专营某类商品的商人组织，更早来源于官营的运输组织的称谓，但这一称谓后来有了被泛化的现象。仅在这一点上，与欧洲的经验便存在着显著的差异。

傅先生在搜集资料的过程中，发现中国海外贸易经营者的出生地不仅是滨海地区，而且多有一般内地的商人，江苏华亭、江阴、黄姚是海商聚居的一个根据地，浙江的明州、杭州亦为海外贸易商人聚集之地。傅先生判断："当时浙海通蕃之风甚盛，浙人通蕃多从宁波、定海出洋，慈溪有积年通蕃柴德美，杭州歇客之家亦均系通蕃的窝主，绍兴则多外商的通事。"福州为中外交通之地，"成化间泉州市舶司移设于福州之后，于是通蕃渐多，省城的河口以及濒海的琅岐、嘉登诸岛之民，无不辍耒不耕，远航海外。……至于泉之安平、漳之月港，尤为中国的海外商人的集中之地。""漳州梅岭林、田、傅三巨姓，全部三千家，即全靠经商行劫为活。"广东海商去三佛齐、满剌加、暹罗等地的也很多。来自内地的商人如徽商也是海外贸易的重要一支，明嘉靖年间，"他们与福建、广东商人同任管理外商的一切事宜"，后来，徽商在广州的十三行、宁波的洋行都有活动轨迹。还有许多海外贸易的活跃分子，比如私舶日本的晋商、成为满剌加通事的江西商人亚刘、任职于琉球国多年的饶州人朱辅、佛郎机贡使中的火者亚三等。说到福建海外贸易商人，也有不少来自龙岩、汀州。傅先生认为：这么多人在趋利的吸引下，"相率呼群唤侣，麇集而至"，不利于海商资本的集中，而使原始资本的蓄积受到妨碍。当时经营大宗商品丝、糖的有浙直丝客、徽商、闽商、粤商，他们不仅在国际市场竞争，同时也在国内市场相互争夺。傅先生从徐光启的《海防迂说》中发现："若吕宋其大都会也，而我闽浙直商人，乃皆走吕宋诸国，倭所欲得于我者，悉转市之吕宋诸国矣。"这样产生的结果是商人间自我的恶性竞争，不利于大商人的形成。江淮海商对推动中国南北物资交流有着重要意义，但是江淮海商因为遭到封建势力的嫉妒而遭遇摧残，海商们成为当时社会结构矛盾、冲突的牺牲品。这些新解释的形成绝非那些停留在阅读狭小范围资料者能够达到的。傅先生感慨：寻找史料的艰辛固然考验着治史者的意志，但从史料中探寻出前人所未发现的新知识、新认识，那种欢乐却又是一般人很难体验到的。

与傅衣凌齐名的韩国磐也是一代宗师，以他为代表的隋唐社会经济史研究人员构成了厦门大学历史系的又一学派。韩国磐在中国古代政治史、经济史、文化史、法制史、社会史上均有杰出的成就；对历史文献学、版本目录学、文字训诂学、古典文学、诗词学、经学、理学、佛学等领域亦有广泛的涉猎，其尤专于魏晋南北朝隋唐五代史的研究，是我国一流的魏晋隋唐史专家。他的著作《隋唐五代史纲》《魏晋南北朝史纲》以及《隋朝史略》等书长期作为国家教材或国外汉学教材，是载入中国史学史的经典著作，被大英博物馆、大英图书馆、剑桥大学图书馆等处馆藏，对英、德、美、俄、日、韩及港台等地的汉学界均有较深远的影响，使他成为史学界的泰斗。

东南亚史和华侨史研究也是厦门大学历史系的特色。1961 年历史系设立了亚洲史教研室，1963 年为本科高年级学生开设了中国典籍中的“东南亚史料学”“泰国史”“印度尼西亚史”“东南亚民族解放运动史”“日本史”等课程。教学和科研相互促进，在此过程中，历史系的一些老师诸如韩振华、黄焕宗、孙福生等开展了对东南亚史和华侨史的深入研究，取得了一定的成绩，在国内外学术界有一定的影响，拥有一定的地位。

三、着力培养青年人才，加强师资队伍梯队建设

大到一个国家，小到一个单位，要生生不息，获得发展，人才队伍建设是关键。厦门大学历史系在新中国成立以后到“文化大革命”之前这段历史时期，不仅办学条件有了很大的改善，形成了具有自己特色的教学、科研体系，而且在学校有关方面的支持下，历史系党政领导思想一致，大力加强年轻人才的培养，着力构建一支精干、高效，结构合理的师资队伍。

首先，建立、健全教研室及其相关制度。在高等院校里，教研室是一个最基本的活动单元，在这里，老师们集体备课，共同商讨教学、科研相关事宜，相互启迪思想。随着历史系办学规模的扩大，建立、健全若干教研室及其相关制度非常必要。在这一时期，历史系先后设立了中国古代史教研室、中国近现代史教研室、世界史教研室和考古学教研室等。同时，规定了教研室定期集中备课、集中学习等制度，以充分发挥教研室的功能与作用。

其次，配齐各专业、各领域所需要的师资。历史系在本科层次方面为学生开设了三四十门课程，除了学校方面的公共课程以外，本系开设的课程涉及面很广，如中国史方面，有“中国古代史”“中国近代史”“中国现代史”这些通史课程，另外还有许多诸如“断代史”“专门史”等课程；世界史方面有“世界上古史”“中世纪史”“世界近现代史”，以及“国别史”“专门史”等；考古学也是如此。这样，加强

师资队伍建设，就必须配齐相关教学人员。历史系具有自己特色的是明清史、隋唐史、东南亚史和华侨史研究。但其他方面也要顾及，而且也要发展，比如中国史方面的上古部分、秦汉部分，以及世界史和考古学方面等等。在这一段时期，这些领域也都得到了一定的发展。

再次，搞好传帮带，传承好学术传统。学术研究具有很强的传承性，一所学校或一个系，要形成具有自己特色的学术体系，往往需要一代又一代人的努力奋斗，而且要不断地将其发扬光大，这样，才能生生不息，形成枝繁叶茂的局面。在此过程中，做好传帮带工作至关重要。厦门大学历史系在着力培养青年人才、构建人才学术梯队建设方面，充分发挥老教师、学术名师对青年教师、后学晚辈的传帮带作用。这种做法效果很好，既鼓舞和激励了年轻教师，使他们树立做学问的信心和决心，又通过言传身教，使年轻教师深谙老教师、学术名师做学问的真谛。这样，老教师、学术名师的学术传统就被不断地传承下去并发扬光大，年轻教师也不断地成长起来，人才学术梯队从而也就建立起来了。在这方面，历史系有许多成功的经验，在学术界传为佳话。比如，在明清史研究方面，傅衣凌对杨国桢等的影响，以及杨国桢等对该领域的传承与发扬；在隋唐史研究方面，韩国磐对郑学檬等的影响，以及郑学檬等对该领域的传承与发扬。在考古学和民族学研究方面；林惠祥对陈国强等的影响，以及陈国强等对该领域的传承与发扬；等等。这样的事例还有很多。

第五节　代表性学者

傅衣凌

傅衣凌(1911—1988)，原名家麟，笔名休休生，1911 年 5 月出生于福建省福州市。5 岁入私塾发蒙。1924 年进私立左海中学读初中，次年转入省立第一中学。初中毕业后，曾进马江海军艺术学校，旋退学。1927 年进福州第一高级中学，开始接触新文艺，与同学邓拓等组织“野草社”，油印出版《野草》刊物并开始在正式出版物上发表文章。1929 年入私立福建学院经济系。1930 年转入厦门大学就读于中文系，由于对历史学产生兴趣，便转入历史系学习，在此期间，与同学陈啸江等组织历史学会，负责编辑出版《史学专刊》，并代理《厦门民国日报》副刊编辑。这时，发生了日本侵略我国东北的“九一八”事变，受爱国心的驱使，傅衣凌积极发表宣传抗日的文章，主张对日本的侵略行径进行抵抗。1933年在《现代史学》发表《秦汉的家族》等文章，开始步入史坛。大学毕业后，曾在福州市中学短期任教。1935年到日本，进法政大学研究院，师从松本润一郎学习社会学。1937年夏回国，在福建省银行经济研究室工作。抗日战争全面爆发以后，傅衣凌投入抗日救亡运动，任福建省抗敌后援会编辑股股长，主编《战地通讯》，在中共地下党帮助下，宣传抗日救国，抨击投降卖国活动。福州沦陷后，随福建省政府移居永安。1939年任福建省银行经济研究室编辑课主任。1941年应聘到协和大学任教，讲授“中国通史”“中国近代史”“魏晋南北朝史”“日本史”和“史学方法”等。1942年编成出版《福建省农村社会经济参考资料》一书。1944年，以在永安发现的农村契约文书为中心，出版《福建佃农经济史丛考》。是年于福建学院任副教授，开设“中国通史”“中国经济史”“中国政治思想史”等课程。不久又到南平省立师范专科学校任教。1946年1月回到福州，任福建省研究院社会科学研究所研究员，兼文史组组长。除研究福建经济史外，渐致力于商人及商业资本研究。1947年加入中国民主同盟，参与组织省立四院校教工的罢教罢研斗争。中华人民共和国成立以后，受王亚南校长之邀，傅衣凌于1950年回厦门大学历史系任教，并历任历史系系主任、历史研究所所长、厦门大学副校长等职，担任《厦门大学学报》(哲学社会科学版)主编，厦门大学主办的《中国社会经济史研究》主编、名誉主编，厦门大学文科学术委员会主任、古籍整理委员会主任、博士生导师等。还兼任中国科学院、中国社会科学院历史研究所研究员。1988年5月，傅衣凌先生逝世于厦门。

傅衣凌先生是著名的历史学家，尤其在明清社会经济史研究领域有独到的建树。他以探索中国封建社会长期停滞问题为核心，集中研究明清社会经济史，发展了社会史和经济史相结合的治学风格，建立了从研究新、旧两种因素的矛盾变化来把握社会经济的实质以及把社会经济构成和阶级构成、阶级斗争联系起来考察的基本构架，提出了中国封建社会弹性论、乡族论、中国资本主义萌芽论等比较系统的见解。

傅衣凌于1944年出版的《福建佃农经济史丛考》，体现区域研究和以民间文献等证史的鲜明特色，是中国社会经济史开拓时期的力作之一。他对中国商人和商业资本的研究，尤其是对徽州、洞庭、陕西、福建海商等地区性商业集团的细致研究，对揭示中国封建经济发展规律做出了重要贡献。

傅衣凌在1947年写成的《清代中叶川陕湖三省边区的手工业生产形态》一文，在中国首次提出手工业中的资本主义萌芽问题。他是新中国成立后中国最早从事资本主义萌芽问题研究的学者之一，所著《明代江南地主经济新发展的初步研究》等论作，引起学术界的广泛重视。1960年，他在厦门大学建立了中国大学历史系第一个中国社会经济史研究室。1982年，又倡办中国第一家中国社会经济史研究专业杂志——《中国社会经济史研究》，对推动中国社会经济史研究起了重要作用。

傅衣凌敢于突破传统或政治的成见，提出一系列富有启发性的、独特的见解。他在明清社会经济史领域的学术观点，人们所知较多，有的已成为权威性的结论。此外，他在中国史研究上的学术兴趣非常广泛，在他的文稿中，有关于原始社会的论述，有关于奴隶制的分析，封建社会史是他着力所在，从秦汉到明清，多有论述。少数民族建立的封建王朝如辽、金、元，他都有所探求。甚至近代史和民国史，他亦涉足其间，撰有专论。他侧重于社会经济研究，但对上层建筑，诸如政治制度、阶级斗争、历史人物、思想、民俗等等，亦做过许多探讨。其中不少意见，发人所未发，至今仍令人深省，饶有价值。

20世纪30年代，刚刚步入史坛的青年傅衣凌，就经历了中国社会史论战和农村性质论战的洗礼，有鉴于歪曲中国历史的种种谬说，他立志写作中国农民论、中国农村经济史。他以初步学习亚细亚生产方式理论的体会，吸收传统学术和日本史学、西方社会学、经济学、民俗学的长处，提出具有中国特色的社会经济史学方法，从而崭露头角。这就是：在搜集史料时，除正史、官书之外，应注重于民间记录的搜集，以民间文献证史；广泛地利用其他人文社会科学学科的理论、知识和研究方法，进行社会调查，把活材料与死文字结合起来，以民俗乡例证史，以实物碑刻证史。在探讨经济史中，特别注意地域性的细部研究和比较研究，从特殊的社会经济生活现象中寻找经济发展的共同规律。1939年傅衣凌先生在永安福建省银行经济研究室工作时，为躲避日机的轰炸，来到距城十多里的黄历乡的一间老屋，无意中发现了一大箱民间契约文书，自明嘉靖年间以迄民国，有数百张之多，其中有田契、租佃契约以及其他账簿等，他即依据这些契约整理成三篇文章，编为《福建佃农经济史丛考》一书，在福建协和大学出版。这是中国学者第一次引用民间契约文书研究中国社会经济史的著作，也是傅衣凌先生开创中国社会经济史学派的奠基之作。当时处于战争环境，交通隔绝，此书在国内流传不广，但很快被介绍到日本，成为战后日本史学界重建中国史学方法论的一个来源；尔后又由日本学者的媒介，传播到美国，成为美国20世纪五六十年代中国研究方法学的一个重要组成部分。

对于农村社会经济的探索，更进一步引发了傅衣凌先生的深层思索：中国的封建社会虽然经过农民军的猛烈冲击，封建地主势力却依然强大，封建土地所有制照样牢固存在着。对此，不能简单地从土地制度本身去寻求解答，还必须考察其他社会诸因素。这样他又把研究面从农村扩大到商业上面来。1946年前后他写成《明代徽商考》发表。之后又把研究的视野扩展到陕西商人、苏州洞庭商人、福建海商以及明清时期的手工业等领域。在搜集的史料中，他看到严如熤的《三省边防备览》一书，记载了清代中叶乾嘉时期四川、陕西、湖北三省边区手工业生产发达的情况。于是他写了《清代中叶川陕湖三省边区手工业形态及其历史意义》一文。他在文章中指出，这些地区的手工业形态，已不是原始的家内工业的生产形态，而极接近于工场手工业的发展阶段。这篇文章是中国学者最先对中国封建社会后期工场手工业生产形态的探索，虽然当时尚未明确提出"资本主义萌芽"的概念，但它的开创意义是不言而喻的。

新中国成立以后，傅衣凌先生倾心于研究中国资本主义萌芽和中国封建社会长期停滞诸问题。20世纪50年代初，他把研究重点放在明代的江南地区，也是先从农村经济开始探讨资本主义萌芽问题的。他在这个时期发表了一系列的论著，辑成《明代江南市民经济试探》一书，同时，他把解放前对于农村经济史和商人商业史研究的成果加以补充提升，整理成《明清时代商人及商业资本》和《明清农村社会经济》这两部著作予以出版。这些著作具体地表明了他对于明清时期社会经济史和资本主义萌芽问题的认识。

傅衣凌先生主张，对于后期封建经济的分析，必须把中国资本主义萌芽和中国封建社会长期迟滞的现象结合起来一起研究，二者缺一不可。对前者主要看它新生的、发展的因素，而对后者主要看它迟滞的、落后的一面。在这种思想指导下，他愈来愈有意识地把这两个表面上看来是矛盾对立的研究课题有机地结合起来，这使得他将长期潜心研讨的心得融会升华，得出比较系统的见解。傅先生认为："中国封建社会是以地主经济为中心的大统一的专制主义国家。"这种社会的结构,和马克思所说的那种等级森严、以土地分给尽可能多数的臣属为特征的欧洲或日本的纯粹封建社会有所不同。中国的封建土地所有制是“土地权力、商业资本、高利贷资本三位一体的综合体”,官与绅、绅与商历来是互通的,而地主、债主、商人也是互通的,有的且是一身而二任焉。中国的地主制,是食土而不临民的。地主阶级的经济权与政治权既有抱合又有分离;而且中国封建土地所有制的扩大,往往又和整乡、整族的移徙结合在一起,这就在皇室所有、贵族所有和私人地主所有之旁形成了一个个以家族同产制或乡族共有制面目出现的封建经济组织。土地所有制的这种特点,使得中国封建社会的统治形成了“公”和“私”两个体系。“公”的体系是指封建政权,从一国、一省、一县以至一乡,和官僚制度结合在一起,表现得非常错综复杂。而“私”的体系,则“集中了族权、神权、夫权等诸种力量,并巧妙地利用原始公社制和奴隶制的残余来进行统治”。这些特点造就了中国的封建经济结构十分牢固,既有落后性,又有灵活性的特点。中国封建社会的发展,长期处于“早熟又不成熟”“死的拖住活的”的状态。傅衣凌先生曾形象地把中国封建社会比喻为一种“弹性的封建社会”。

从研究新、旧两种因素的矛盾变化来把握社会经济的实质,这是傅衣凌先生研究明清社会经济史的基本构架。傅先生明清社会经济史研究的另一个基本构架,是把社会经济构成和阶级构成、阶级斗争联系起来考察。诚如美国学者郑培凯先生所说:“有人以为傅先生对明清时期阶级斗争的研究仅限于明末奴变、佃变、抗租之类,系他研究明清社会结构的副产品,并非他真正兴趣所在。其实不然,傅先生对农民战争所导致的巨大社会变革一直都有很强烈的研究兴趣。”傅先生研究阶级结构及阶级斗争的兴趣,旨在着重于说明它们是如何受社会经济发展程度的制约,又是如何反作用于经济基础的。因此,它不是纯粹的农民战争史的研究,而是作为社会经济史研究的一个有机组成部分。这两个基本研究构架的结合,便形成傅衣凌明清社会经济史研究的总构架。

傅衣凌先生学贯中西,著作等身。主要的代表性著作有《福建佃农经济史丛考》(1944 年)、《明清时代商人及商业资本》(1956 年)、《明代江南市民经济试探》(1957 年)、《明清农村社会经济》(1961 年)、《明清社会经济史论文集》(1982 年)、《明清福建社会与乡村经济》(与杨国桢共同主编,1987 年)、《中国通史参考资料》第 7 册(主编,1988 年)。遗作有《明清社会经济变迁论》《明清封建土地所有制论纲》《傅衣凌治史 50 年文编》。

韩国磐

韩国磐(1920—2003),字漱石,号蘧庵,1920 年 2 月 13 日(农历己未年十二月二十四日)出生于江苏省如皋县(今如皋市)韩庄(韩庄现属江苏省海安市)。1945 年毕业于厦门大学历史系,后留校任教,历任历史系助教、讲师、副教授、教授,担任过历史系副系主任。韩国磐曾任全国人大代表,福建省政协常委、主席团成员,民盟中央教育委员会委员。主要学术兼职有:中国唐史学会顾问(创会顾问)、中国魏晋南北朝史学会顾问(创会顾问)、中国敦煌吐鲁番学会顾问(创会顾问)、福建省历史学会会长、福建省诗词学会顾问、《中国社会经济史研究》期刊顾问等。曾任厦门市教育工会副主席、厦门大学工会副主席。1989 年被评为全国优秀教师,1991 年获国务院政府特殊津贴。曾应邀赴日本唐史研究会、明治大学、东京大学、京都大学讲学;到韩国庆北大学、忠南大学、忠北大学、朝鲜大学、高丽大学讲学和进行学术交流;赴香港大学等多所高校讲学;被聘为日本明治大学客座教授。

韩国磐先生是当代中国魏晋隋唐史学科和中国经济史学科的奠基者之一,是我国第一个专门史(经济史)国家重点学科的学术带头人,为中国古代史的教学和研究做出了杰出的贡献。

韩国磐先生一生撰写著作 20 部(包括海外出版物),在《光明日报》《历史研究》以及日本《骏台史学》、韩国《百济研究》、香港《抖擞》《华侨日报》等刊物发表论文 130 篇。韩国磐先生的许多史学观点已成为学术定论,产生深远的影响,仅 CNKI 国内学术库就曾引用韩国磐论著逾 1500 次(全文搜索),其学术成果至今仍被美国、欧洲、日本、韩国、俄罗斯、澳大利亚以及东南亚等地学者引述。在学术奠基方面,韩国磐先生的《隋唐五代史纲》和《魏晋南北朝史纲》是教育部选定的高等学校文科教材,曾被国内高校普遍使用,影响了前后几代的历史学人,享有很高的国际声誉;其《隋朝史略》是新中国第一部断代史专著,对当代中国史学体系的构建具有重要意义;《北朝经济试探》《南朝经济试探》是新型断代经济史的开创之作、也是新中国第一套经济专史;《隋唐的均田制度》是我国第一部关于均田制的专著;《隋唐五代史论集》中的许多论述更是成为经典理论进入教材。在学术体系建立后,其《敦煌吐鲁番出土经济文书研究》(主编)获首届全国高等学校人文社会科学优秀成果二等奖;《隋唐五代史纲》(修订本)(第二版)获原国家教育委员会高等学校优秀教材二等奖;《魏晋南北朝史纲》获首届福建省社会科学优秀成果一等奖;《南北朝经济史略》获原国家教育委员会高等学校出版社优秀学术专著优秀奖;《中国通史》(主编)获北方十五省、市、自治区哲学社会科学优秀图书奖。其著作被哈佛、剑桥、耶鲁、早稻田等世界著名学府以及大英图书馆、美国国会图书馆、澳大利亚国家图书馆、纽约公共图书馆等数百家国外学术机构馆藏,哈佛大学燕京图书馆更是系统收藏了韩先生的全部著作。

韩国磐先生著作有:《隋朝史略》,华东人民出版社 1954 年出版(1955 年重印,华东人民出版社改名为上海人民出版社),该书为新中国第一部断代史专著。《柴荣》,上海人民出版社 1956 年出版。《隋唐的均田制度》,上海人民出版社 1957 年出版,系我国第一部关于均田制的专著。《隋炀帝》,湖北人民出版社 1957 年出版。《北朝经济试探》,上海人民出版社 1958 年出版,该书系我国断代区域经济史的开创之作。《隋唐五代史纲》,生活·读书·新知三联书店 1961 年出版。《南朝经济试探》,上海人民出版社 1963 年出版。《隋唐五代史纲》(修订本)人民出版社 1977 年初版,1979 年二版,教育部高等学校文科教材,原国家教育委员会高等学校优秀教材二等奖,“九五”原国家教育委员会重点规划教材。《隋唐五代史论集》,生活·读书·新知三联书店 1979 年出版。《魏晋南北朝史纲》,人民出版社 1983 年出版,教育部高等学校文科教材,首届福建省社会科学优秀成果一等奖。《北朝隋唐的均田制度》,上海人民出版社 1984 年出版。《〈吐鲁番出土文书〉よりみた 高昌の租佃(土地赁贷借)关系》,日本明治大学学术国际交流委员会 1985 年发行。《敦煌吐鲁番出土经济文书研究》(主编),厦门大学出版社 1986 年出版,获首届全国高等学校人文社会科学优秀成果二等奖。《南北朝经济史略》,厦门大学出版社 1990 年出版,获原国家教育委员会高等学校出版社优秀学术专著优秀奖。《中国古代法制史研究》,人民出版社 1993 年出版。《中华文明五千年》(主编),天津人民出版社 1993 年出版,获厦门大学优秀教材一等奖。《中国通史》(全 10 册)(主编),吉林人民出版社 1997 年出版,获北方十五省、市、自治区哲学社会科学优秀图书奖。《唐代社会经济诸问题》,(台湾)文津出版社 1999 年出版。《韩国磐诗文钞》,泉州高等师范专科学校(现泉州师范学院)印刷厂 1995 年印刷。译著《均田制的研究》[合译,第一译者,(日)堀敏一原著],福建人民出版社 1984 年出版。

陈碧笙

陈碧笙(1908—1998),福建福州人,1908年出生于福州。1924年7月至1926年底在上海公学大学部经济系就读并肄业,其后东渡日本,就读于早稻田大学政治学部,1932年毕业,获政治学学士学位。回国后任上海暨南大学经济系教授。20世纪三四十年代曾积极参与抗日进步活动,并远赴滇缅边境地区进行实地考察和社会调查,陆续发表了《滇边经营论》《边政论丛》及《边政散记》等专著。中华人民共和国成立后,陈碧笙任厦门大学教授,并担任厦门大学历史系系主任、台湾研究所所长,中国华侨历史学会第一届副会长,中国东南亚研究会第三届副理事长。他是中国民主同盟第一届中央参议员、第五届中央委员。曾兼任中国民主同盟厦门市委员会主任委员。1998年8月逝世于厦门。

陈碧笙先生专于台湾史、华侨史、泰国史等方面的研究。他在厦门大学历史系任教期间,便开始了台湾史方面的研究,著有《台湾地方史》,这是大陆学者所撰的较早关于台湾地方史研究的专著,在学术界具有一定的影响。在他的影响和带领下,厦门大学历史系的不少学者开启了对台湾问题全方位的研究,形成了具有厦门大学特色的学科,相关研究成果为中央有关部门对台工作提供了重要的决策参考。在此基础上,经中央有关部门和福建省、厦门大学决定,成立厦门大学台湾研究所,后来又成立厦门大学台湾研究院。目前,厦门大学台湾研究院和中国社会科学院台湾研究所成为研究台湾问题的重镇,这和陈碧笙先生有一定的历史连接。除了台湾史研究以外,陈碧笙先生在华侨史研究领域也有很多建树,他主编的《南洋华侨史》,是华侨史研究领域的一部权威性著作。

庄为玑

庄为玑(1909—1991),籍贯福建晋江,1909年出生于历史文化名城泉州,原姓黄,幼年过继给大舅父庄笃亭,故改姓庄。13岁考进泉州培元中学后,在《儿童世界》发表第一篇小说。18岁中学毕业后,在培元中学、西隅学校短期任教。1929年,庄为玑考进厦门大学文学院历史社会学系,毕业时获文学士学位,然后到厦门大学附设中学任教,教学之余,结合自己的兴趣和所学专业选定泉州地方史作为研究方向。1935年，他在《厦门大学学报》发表《中国方志改革刍议》一文，提出“革新旧志，方志入史”的新见解。1936年，又发表《泉州方志考》，提出重修新志的原则与方法。同年4月，庄为玑和吴文良发现泉州中山公园（今体育场）的唐贞观墓群，因而参加由郑德坤、林惠祥主持的考古发掘。是年秋，他转赴新加坡华侨中学任教，一年后回到集美中学任教。

由于日寇侵华，厦门沦陷，1938年秋，庄为玑随集美中学内迁安溪，在后埯村发现一座唐初古墓，墓砖上印有“武吕”铭文。他报请批准发掘，后发表《安溪唐墓的发掘与研究》，得到史学界的重视，晋升为讲师。

1941年，庄为玑受邀到泉州晋江县中（今泉州一中）担任教务主任。1944年秋，应聘出任县教育科长。此时，他重新校订乾隆版《晋江县志》。是年秋天，他辞去县教育科长之职，往仙游县海疆学校担任讲师，同时将校订了9/10的《晋江县志》交付晋江县文献委员会铅印出版。

1946年，庄为玑回到厦门大学历史系任教。经过几年的努力，终于编纂成6卷60万言的《晋江新志》，1948年，铅印出版第一册10多万字。新中国成立后，庄为玑三修《晋江新志》，著名方志学家朱士嘉教授誉之为“解放后第一部私人编写的县志”。

1956年，庄为玑在泉州后渚港发现5座小石塔，内藏元代白瓷佛像，塔碑刻有“至元癸未仲夏……后山杨山泽”。经查证，这与《元史》记载至元二十九年忽必烈为进攻爪哇召集各地战船云集后渚港有关。

1973年，庄为玑应邀参加修订泉州海交馆陈列大纲。同年8月18日，陪同时任晋江地区革委会副主任的张立到后渚港考察海交史迹，寻访古码头。经当地搬运老工人提供线索，发现一条沉埋在海滩中的古代木船，庄为玑结合教学过程中的经验，并反复查阅《元史》中的相关记载，向有关部门反映，认为具有考古发掘价值。次年夏，由厦门大学历史系、福建省博物馆和晋江地区的考古人员联合进行发掘，庄为玑积极参加。结果，一艘残长24.20米、宽9.15米的宋代远洋货船终于出土，震动世界考古界，这一重大考古发现，极大地提高了泉州的知名度。这是研究宋代航海史非常重要的实物资料。

庄为玑先生毕生从事于考古学和方志学的研究，学术研究成果累累，著述颇丰，除《晋江新志》外，还有《古刺桐港》《泉州地方志论集》《福建历史地理》《厦门史迹》《海上丝绸之路的著名港口——泉州》等专著，发表论文 100 多篇，著述总字数达 400 多万字。

由于在学术研究上的杰出成就和贡献，庄为玑被推选为中国考古学会理事、中国海外交通史研究会理事、中国古陶瓷研究会副会长、泉州历史研究会副会长，并受聘为中国航海学会、中国造船工程学会、中国地理学会、中国地名学会、福建省考古博物馆学会，以及福建、厦门、泉州等省市地方志编纂委员会的顾问。

1991 年春节，庄为玑先生不顾年迈体衰，应邀到泉州参加联合国教科文组织召开的"中国与海上丝绸之路"国际学术讨论会，由于感受风寒引起并发症，不幸于 2 月病逝，享年 83 岁。弥留之际，决定把一生所珍藏的 2000 多册图书分别捐赠给厦门大学图书馆和泉州市档案局以传承学术，体现了其高尚的精神境界。

陈诗启

陈诗启(1915—2012)，福建省永春县人。1915 年，陈诗启出生于一个小商家庭。他少时先后就读于永春县赤水锦水小学、永春县崇实学校初中部、厦门集美师范。1934 年集美师范高师毕业后，回家乡永春县崇实学校任小学部主任兼初中国文教员。经过一段时间的工作，陈诗启深感继续求学的必要，经过努力，他于 1937 年秋考入厦门大学历史系。是年 7 月发生"七七事变"，日寇发动全面侵华战争，中华民族由此爆发全国性的抗日战争。厦门地处祖国东南沿海，为躲避战祸，保存国脉，厦门大学于 1937 年 12 月内迁福建长汀继续办学，陈诗启随学校来到山城长汀继续学业，1941 年夏毕业，获文学士学位。

陈诗启从厦门大学历史系毕业以后，先后任广州中山大学附中教员、福建长汀县立中学校长、长汀国立侨民师范教员。1945 年秋，陈诗启回到厦门大学工作，先后担任学校总务处秘书等行政工作，并兼任历史系讲师，1953 年专职于历史系的教学工作，1961 年任副教授，1982 年任教授。其间于 1959 年担任历史系中国近代史教研室主任，1982 年任历史系代理系主任，1985 年任中国海关史研究中心主任，1982 年兼任厦门市政协委员。

陈诗启先生在他长期的教学、研究生涯中，刻苦治学，辛勤耕耘，攻克了重重难关，为我国史学研究做出开拓性的贡献，取得丰硕的成果。

20 世纪 50 年代初，陈诗启开始研究明代经济史，著有《明代官手工业的研究》一书（1957 年由湖北人民出版社出版）。20 世纪 50 年代末，他转向研究中国近代经济史，代表作有《甲午战前中国手工棉纺织业的变化和资本主义生产的成长》（载于《历史研究》1959 年第 2 期，转载于上海人民出版社出版的《中国近代经济史论文集》和福建人民出版社出版的《中国近代史论文集》）、《论鸦片战争前的买办和买办资产阶级的产生》（载于《社会科学战线》，转载于人民出版社出版的《林则徐研究专集续篇》）。而陈诗启先生最大的成就与贡献，是对中国近代海关史的开拓性研究与出版《中国近代海关史》巨著。

陈诗启先生早在 20 世纪 50 年代从事"中国近代史"课程的教学、研究过程中，对中国近代海关问题就产生了浓厚的兴趣。他在中国近代经济史研究中发现，中国近代海关是一个非常奇特的机构，它名义上隶属于清政府，而实际为英帝国主义控制下的"国际官厅"，长期为外籍税务司把持。从海关总税务司到各地方海关税务司，各部门重要主管都由外国人担任。通过海关，列强将其势力渗透到近代中国的政治、经济、文化、军事等各个重要领域，不仅直接控制中国海关大权，而且由此控制中国财政等某些重要命脉，从而直接影响近代中国社会的发展。因此，近代中国的海关变成帝国主义者借以对中国实行长期侵略的工具，它犹如插入中国人民内脏的一把杀人不见血的利刃。然而，中国近代海关史这样重要的领域，却一直未引起学术界的应有重视。陈诗启先生独具慧眼，萌生填补这一史学研究空白点的强烈兴趣与历史责任感，他历尽艰辛，搜集、抄写、校对有关资料，默默耕耘，历时六七年，共积累了有关近代中国海关史资料近 300 万字。经过长时间的积淀和思考，1980 年，陈诗启发表了第一批研究成果：《中国近代海关史总述之一：中国半殖民地海关的创办和巩固过程》《总述之二：中国半殖民地海关的扩展时期》以及《论中国近代海关行政的几个特点》等。这批研究成果的发表，立即在学术界引起反响，1987 年 10 月，他集 20 余年心血研究的成果——《中国近代海关史问题初探》一书由中国展望出版社出版，国内外学术界为之瞩目。1993 年 7 月和 1999 年 9 月，人民出版社先后出版了他竭尽全力写成的《中国近代海关史》（晚清部分与民国部分各 45 万余字），从而圆满实现了他数十年来开拓中国近代海关史研究领域的宏愿，并完成了巨大著述工程的任务。

以上著作之出版，获得了有关方面与许多老前辈专家的高度评价。我国社会科学的权威刊物《中国社会科学》发表评论:“《中国近代海关史问题初探》一书,是陈诗启10余年研究之结晶,是大陆史学界在近代中国海关史研究领域的一部具有开拓意义的专著。”汤象龙、汪敬虞、聂宝璋、宓汝成等专家专门致函致电,赞誉他“以惊人之毅力与功力,完成此一艰巨工程”,认为“该书为中国近代海关史之研究划上完满的句号”,是一部“传世之作”。中国社会科学院历史研究所所长、研究员林甘泉认为,全书的出版“填补了史学领域的空白”。《历史研究》阮芳纪编审认为该书“可以看作这个阶段我国海关史学界的代表作之一”。2002年8月,经教育部委托全国学位与研究生教育发展中心组织专家对有关申请项目进行评议,并由国务院学位委员会学科评议组召集人会议审定,陈诗启所著的《中国近代海关史》(晚清与民国部分),入选“教育部研究生工作办公室推荐的博士、硕士研究生教学用书”,由人民出版社再版。

陈诗启先生在整个中国近代海关史研究工作进程中,为使研究工作开展得扎实,以及以后能将研究工作不断地继续深入下去,提出设立专门机构的倡议。该提议得到中国海关学会和厦门大学的重视,1985年11月,由中国海关学会和厦门大学合办的中国海关史研究中心成立,陈诗启被任命为主任,并开始招收中国海关史研究方向的研究生,培养研究人才,增加海关史研究队伍的新生力量。为了有利于人才培养和研究工作的进行,他先后主编了《中国近代海关地名录(英汉对照)》《中国近代海关名词及常用语英汉对照》《中国近代海关机构职衔名称英汉对照》等工具书。同时组织翻译了《李泰国与中英关系》《东印度公司对华贸易编年史》《步入中国仕途——1854—1863年赫德日记》。还促成厦门海关学会出版《赫德与中国海关》中译本等多部有较高史料价值的外国专著和档案资料,为中国近代海关史的学科建设提供了基础。他倡议中国海关史研究中心与厦门海关合作整理、开发厦门海关档案室所收藏的旧海关档案,已翻译、编辑近100万字海关税务司与总税务司来往的半官函,出版了《厦门海关档案选编》。

由于近代中国海关是英帝国主义者控制下的国际官厅,许多国家至今保留有大量有关中国海关的档案资料,一些国家的学者对中国海关问题也做了不少研究。为此,陈诗启先生认为有必要在国际范围进行广泛交流,以推动研究工作的全面开展。在他积极的倡议与推动下,1988年11月、1990年8月、1995年5月,先后于香港大学、厦门大学、香港中文大学举办了3次中国海关史国际学术研讨会。在第二次、第三次研讨会上，陈诗启分别被推任组委会主委与顾问。

陈诗启先生不仅亲自从事并积极推动中国海关史的学术研究工作，同时接受中国海关总署与中国海关学会的委托，指导全国海关史志的编写工作，为此做出了显著成绩。1986—1989年，他尽管年事已高，仍频频远行，先后到深圳、广州、长沙、武汉、九江、芜湖、南京、张家港、上海、青岛、天津、秦皇岛、大连、沈阳等地，与当地海关领导及修志人员座谈，为中国近代海关史编撰讲习班做专题学术报告，传授海关史基本知识，为指导全国海关史的编写工作做出不懈的努力与奉献。

第四章 “文化大革命”时期(1966—1976)

第一节 概述

1966年“文化大革命”爆发,作为高等学校的厦门大学首当其冲,厦门大学历史系自然也深受影响。1966年5月24日,福建省委派出以陈玉西为团长、张格心为副团长的工作团进驻厦门大学,领导全校开展“文化大革命”。1966年6月2日,厦门大学经济、中文、外文等系的少数学生贴出大字报,指责厦大党委在工作中的所谓错误和各种问题,而且点了学校领导人陆维特、张玉麟、未力工的名。这其中,张玉麟是历史系的领导,可见,“文化大革命”在厦门大学一发动,就对历史系产生了严重的影响。1966年6月4日,《人民日报》公布中共中央改组北京市委和北京大学党委的决定,在这样的历史背景下,福建省委也于6月4日宣布,由省委工作团领导厦门大学的“文化大革命运动”,厦大党委停止领导工作,集中学习检查。在这种情况下,学校正常的教学、科研活动无法进行,学校的秩序也非常混乱。作为学校的一个教学、科研基层单位,历史系的情况也大抵如此。

1966年8月8日,全会通过《中共中央关于无产阶级文化大革命的决定》(简称《十六条》),制定了进行“文化大革命”的方针、政策和方式方法。文件规定由群众选举出来的“文化革命小组”“文化革命委员会”“文化革命代表大会”领导“文化大革命”。文件片面强调让群众在运动中自己教育自己,自己解放自己,这就在实际上取消了党的领导。虽然文件也提出要区别两类不同性质的社会矛盾等要求,但在运动中未被遵循。紧接着,全国性的红卫兵运动犹如脱缰的野马蔓延开来,整个国家陷入了大动荡。

此时厦门大学的红卫兵运动也迅速地发展起来了。中文系几个学生贴出长达60多页的大字报,攻击福建省委工作团在厦门大学犯下了所谓“滔天罪行”,逼迫省委工作团撤出厦大,主要由其领导成立的“厦大文革筹委会”这一机构也被蜂拥而起的红卫兵运动冲垮了。全校处于无政府的混乱状态,一切行政工作都停顿了,正常的教学、科研秩序根本就不存在了,历史系自然也是这样,不可能幸免。在"踢开党委闹革命"的口号下,厦门大学的各色造反派组织你方唱罢我登场,原来的校党委很快就被冲垮了,学校行政实际上也处于瘫痪状态。各个造反派组织为了争权夺利甚至发生严重的武斗,在此过程中,非正常的伤亡事件也时有发生。1968 年 10 月,"中国人民解放军毛泽东思想宣传队"和"厦门市工人毛泽东思想宣传队"先后进驻厦大,经过他们在各个造反派组织中进行宣传工作,要求实行"革命大联合",组成了"厦门大学革命大联合委员会"。1969 年 2 月 27 日,经过福建省革命委员会批准成立"厦门大学革命委员会",代替原厦大党委和校行政部门行使职能,它是一个高度集权的领导机构。福建省革命委员会下发通知:"停止使用'中国共产党厦门大学委员会'和'厦门大学'等全部旧印鉴。"实行"厦门大学革命委员会"的"一元化"领导。1969 年 4 月 12 日,"厦门大学革命委员会"成立大会召开,宣告"厦门大学革命委员会"成立,它是"文化大革命"期间厦门大学的最高领导机关,经过其一段时间的工作,学校的工作和生活秩序才逐渐恢复。

1966 年 5 月,"文化大革命"爆发以后,国家有关方面宣布取消当年的高考,这就意味着高等院校要停止招生。而且这一停就是好几年,旧的学生总要毕业、要离开学校,到 1970 年,"文化大革命"以前招收的学生,最迟 1965 年入学的学生也毕业了。这样,偌大的校园空荡荡的,由于缺少学生,没有了往日的生机和活力,许多教职员工也面临着工作的问题。在这种情况下,厦门大学不少老师被下放、发配农村或其他单位,历史系也是这样,有不少教职员工被下放。如著名学者、台湾史研究专家陈孔立老师,一家人被下放到福建武平,度过了人生中一段难忘的时光。由此一端,我们就可以看到"文化大革命"对我国教育、文化、科学事业的严重影响。

第二节 组织机构之设置、变迁

一、历史系与中文系合并，成立文史系

“文化大革命”爆发以前，历史系的系主任为傅衣凌，党总支书记是李金培。根据学校有关规定，系党、政领导负责系里的日常行政和党务工作，但“文化大革命”狂飙突起，造反派组织纷纷出现，它们一个重要的目标就是“夺权”，在这样的历史背景下，各级党、政组织被冲垮。“文化大革命”开始以后，厦门大学历史系党、政领导机构自然是在劫难逃，系里正常的党、政工作随之陷于瘫痪。1969年4月，随着“厦门大学革命委员会”的成立，学校教学、科研、生活秩序开始逐步恢复，要有效地进行管理，必须逐步恢复学校的部、处级机构和各系的领导机构，选配好相关领导人员。根据有关规定，1969年，厦门大学历史系成立了“革命领导小组”，主要成员是：郝殿军，他是军宣队成员，另一位是洪桂芳。这样，1969年成立的，主要由郝殿军、洪桂芳组成的“厦门大学历史系革命领导小组”就是历史系的领导机构，它担负着历史系日常的行政、党务领导工作。

根据学校有关方面的考虑，1970年历史系与中文系合并，成立文史系，相应地，组织领导机构和人员也发生了变化。文史系成立后，即组成了“厦门大学文史系革命领导小组”，其主要成员有：韩义文、蔡铁民、洪桂芳，其中，韩义文是军宣队成员。“厦门大学文史系革命领导小组”是文史系的党、政领导机构，它负责文史系日常的行政、党务工作。1971年9月，林彪等人仓皇出逃，结果摔死在蒙古国的温都尔汗，这就是“九一三”事件。“九一三”事件之后，受毛泽东委托，周恩来主持中央日常工作，全国的局面有所好转。在这样的历史背景下，1971年12月底，厦门大学第四届党代会召开，开始恢复校党委，各部、处、系也开始恢复成立党总支，以加强党组织的领导和战斗堡垒作用。1973年初，军宣队相关人员分批撤离厦门大学，各个系的革命领导小组便面临着改变；同年，福建省委陆续审批、任命厦门大学各处、系单位行政领导人。1973年，陈在正被任命为厦门大学历史系系主任。陈在正，福建省闽清县人，1926年出生。1947年考入厦门大学历史系读本科，1951年从历史系毕业，后留校任教。在历史系读书期间，陈

在正就秘密加入中国共产党，成为一名战斗在国民党统治区的中共地下党员，为中国共产党领导的新民主主义革命做了许多工作，为中国人民的解放事业做出了自己的贡献。他是一位老党员，忠诚于党的事业，宽厚待人，有很高的威望。他又是一位知识分子，有深厚的家国情怀。在厦门大学历史系任教期间，陈在正长期从事中国近代史和台湾史的教学与研究，有一定的学术造诣。1980 年厦门大学台湾研究所成立，陈在正调入台湾研究所，后担任所长。1972 年，洪桂芳被任命为历史系党总支书记，1973 年由王金海接替洪桂芳担任历史系党总支书记。

二、和中文系分开，再次成立历史系

1970 年，中共中央和国务院有关部门经过深入研究，决定全国部分高等院校于当年恢复招收工农兵学员的试点工作。在这样的历史背景下，经过中共福建省委有关部门会同厦门大学研究决定，1970 年，厦门大学恢复招收工农试点班，当年共招收工农兵学员 360 名，其中，中文系 25 人，历史系 19 人。从 1972 年开始，厦门大学各系、各专业都正常招收工农兵学员，学校的教学、科研秩序需要恢复。汉语言文学和历史学这两个古老的学科，既需要长期存在，而且还需要发展，并且从学科发展的经验来看，单独设立系级单位，更有利于专业的发展。学校有关方面经过认真的研究，1972 年，决定撤销文史系，单独设立历史系、中文系。这样，厦门大学历史系又独立设立系级建制。

第三节　这一时期厦门大学历史系的基本情况

一、党、政领导机构受到严重冲击

“文化大革命”运动的一个突出特点就是“夺权”，以“红卫兵独立团”为主的厦大造反派组织，于 1967 年 1 月 9 日、12 日与厦门市造反派共同发动运动，夺取厦门日报社、厦门市广播电台的领导权。1 月 19 日，又参加了夺中共厦门市委、市人委、市“文革”办公室和市公安局领导权等活动。在厦门大学校内，1967

年 2 月初，“厦大公社”成立了“接管委员会”，强行夺取了全校各职能机构的领导权。所谓“夺权”，也只是把各部门的印章取走而已，各部门和各个系的实际工作，在“文化大革命”运动之初早已被造反派控制了。一切规章制度、政纪法纪已荡然无存，学校陷于一种混乱局面，不但各项行政工作由造反派组织或造反派头头说了算，甚至师生的人身安全都没有保障。学校是这样，历史系也是这样。从 1966 年到 1969 年，厦门大学历史系的党、政领导机构受到严重冲击，基本上处于瘫痪状态，正常的教学、科研秩序受到严重影响。

二、一些学者遭受严重迫害

“文化大革命”爆发以后，厦门大学各级领导干部和部分教职员工陆续被造反派看管起来，集中进行体力劳动，早出晚归，稍有“怠慢”，就遭到训斥，甚至被施以体罚，使他们的身心受到严重的摧残。有些教职员工和干部工资被扣，只发生活费，这就使他们的家人也跟着受牵连，身心俱疲，倍受煎熬，这其中包括一些历史系的干部和教职员工。

厦门大学历史系的陈诗启老师在“文化大革命”时期，便遭受到严酷的迫害，家人也受到牵连。不仅被剥夺了教学的权利，而且经历了整整十年的“牛棚”生涯，他被“造反派”抄家，被戴上“牛鬼蛇神”“反革命”“国民党残渣余孽”等一顶顶大帽子。经历了无休无止的审查、批斗、戴高帽、游斗等，甚至遭受到拳打脚踢的人身摧残。其间被拳打脚踢就有数十次，有一次肝脏都被踢破了，导致卧床多日不起。在“文化大革命”时期，陈诗启先生被强令扫厕所、挑大粪、种菜、养猪等，接受这样的体力“劳动改造”达七八年之久，倍受折磨。

三、开始招收工农兵学员，逐渐恢复教学、科研秩序

1970 年，厦门大学也开始进行工农试点班的工作，当年，历史系招收学员 19 人。既然招生了，那么，教学工作就需要开展，教学秩序就需要恢复，在此过程中，一些老师顶着压力搞科研。1972 年 ，开始正常招收工农兵学员，当年厦门大学历史系招收 30 人。1973 年，招收 50 人。1974 年招收 40 人。1975 年招收 33 人。1976 年招收 44 人。从这些数字看，招生人数比“文化大革命”以前历年都

要少，由此可见，要恢复到“文化大革命”以前的水平，还需要一段时间，毕竟“文化大革命”给全国的教育、文化、科学、技术事业带来严重的影响。

“文化大革命”时期招收的工农兵学员，其培养方式也比较特别，当时实行“走出校门与三大革命实践相结合”的“开门办学”的新模式。为实行这种教学新模式，在办试点班时，“厦门大学革命委员会”提出的教学原则是：“深入三大革命实践，以阶级斗争为主课，深入开展革命大批判，文科更要以社会为工厂。”根据这一原则，学校采取“校办工厂、厂带专业、厂校挂钩、社校挂钩等多种方式，实行教学、科研、生产的结合”。实行这种模式，教学时间就被削减了。全年教学时间计划为52周，扣除假期、节日5周，机动5周，军训4周，实际教学时间只有38周。同时，挖防空洞、学工、学农、学军、毕业实践和各种政治、社会活动又占去许多课时。实际用于课堂教学的时间就更少了，因为教学课时减少，就大量删减课程和教材内容。旧教材被认为是“封资修”，基础理论课被认为是多余的、“脱离实际的”和无用的，所以，学校用所谓“革命的、突出政治的”与“实践密切联系”的原则，对原来的课程和教材内容进行砍、删、并。厦门大学是综合性的大学，一向比较偏重于理论和学术，自然被砍删的教学内容就更多。作为文科的历史系，更要“突出无产阶级政治”，所开设的专业课程，也是为政治运动服务的，而且开设的专业课程相对较少，一般只开设6门。

第五章　拨乱反正与改革开放时期（1976—1999）

第一节　概述

1976年10月，党中央一举粉碎了祸国殃民的“四人帮”，结束了长达十年之久的“文化大革命”，神州同庆，万民欢腾。1978年12月，具有伟大历史意义的中共十一届三中全会召开，开启了改革开放的新征程，我国进入了拨乱反正和改革开放的新历史时期，古老中国的历史由此翻开了新的一页。厦门大学是这样，厦门大学历史系更是这样。

遵照党中央和福建省委的有关部署，厦门大学从1976年12月中旬起，先后及时地宣讲了关于王、张、江、姚反党集团罪行的三批材料，发动和组织广大师生员工深入揭批“四人帮”的罪行。

随着揭、批、查运动的深入，“四人帮”在厦大的帮派体系被摧毁。为声张正气，抚平历史的创伤，有关部门在深入调查研究的基础上，着手平反“文革”中和历史上的冤假错案。同时，学校有关方面积极落实知识分子政策，恢复正常的职称评定工作；表彰先进，以促进各项工作的顺利开展。1978年，历史系韩国磐教授被评为先进工作者。随着党的知识分子政策的落实，广大教师社会主义积极性日益高涨，他们争分夺秒，奋发工作，誓把被“四人帮”耽误的时间抢回来。1979年，历史系陈诗启老师获得平反，落实政策后补发工资1万多元，恢复了职称，他心情舒畅，精神焕发，虽年过花甲，仍夜以继日地整理出海关史资料300多万字，为教学和科研服务。

1977年恢复高等学校招生考试制度以后，为最大限度地满足广大青年上大学的迫切愿望，各高校努力挖掘潜力，尽可能地多招收一些学生，厦门大学也是这样。学校的最主要职能是培养人才，而人才的培养，教学是关键。这一时期，为提高教学质量，学校有关方面加强教学工作，各系积极配合，努力做好自己的工作。其一，狠抓基础课教学。首先，大力开设基础课。学校恢复公共基础课后，校领导定期研究基础课的教学情况，各系也都普遍重视基础课的教学工作。其次，调整充实基础课的师资力量。各系选派有经验的教师讲授学科、专业基础课，系主任、基础课教研室主任尽可能参加基础课教学工作。再次，加强教材建设，改进教学方法。其二，开设选修课。原来的教学计划中的各门课程都是必修课，为调动学生学习的积极性，加强和扩大其基础知识，学校和各系千方百计地开设各种选修课。历史系仅有60多名教师，就开出12门选修课，1981年开始试行学分制，将学生选修课成绩计入学分。学校统一为全校学生开设“中国语文”“中国通史”“世界通史”等课程。这些跨系跨专业选修课的开设，既开拓了学生的知识领域，又有效地挖掘出学校的师资潜力，发挥了文理综合性大学的优势。其三，加强教研室建设。教研室是教学的基层单元，大家密切配合，相互启发。这时，厦门大学开始在各教研室民主选举正、副主任，一批教学经验丰富、学术水平较高的教师当上了教研室正、副主任，在教学中发挥了骨干作用，广大教师非常满意。由于学校狠抓了教学工作这个中心，整个教学质量有了明显提高，学生的业务素质大为增强。

与教学工作密切相关的就是科研。这一时期，厦门大学经过认真研究，确定了今后科研发展的总方向，即从国家经济发展的需要出发，充分发挥自己的优势，注重自身的特色，重新组合人才，攻克具有重大理论价值和广阔发展前景的高难度课题，并与教学、研究生培养和学科建设联系起来，既出成果，又出人才。主要做好以下几方面的工作：其一，抓紧制定科研规划；其二，加强对科研工作的领导与管理；其三，开展科技大协作；其四，建设教学和科研基地；其五，成立科学技术情报研究室；其六，新建一批研究机构和创办一批学术刊物。在此过程中，设立于历史系的人类博物馆于1978年6月积极进行恢复陈列工作，60周年校庆期间正式对外开放，它是我国高校唯一附设的专科性博物馆。1980年7月9日，在以历史系研究人员为主的基础上，成立台湾研究所。1982年，由历史系、历史研究所共同创办了学术刊物《中国社会经济史研究》。这一时期，历史系的科研工作取得了令人注目的成就，许多研究成果获得重要奖项。韩国磐的专著《魏晋南北朝史纲》、陈碧笙的专著《台湾地方史》1988年获得首届福建省社会科学优秀成果一等奖。另外，陈碧笙和杨国桢合著的《陈嘉庚传》、杨国桢著的《林则徐传》、郑学檬总纂的《简明中国经济通史》、罗耀九的专著《中国近代救国思想简述》、孔永松的专著《中国共产党土地政策演变史》、林仁川的专著《明末清初私人海上贸易》、林其泉的专著《台湾杂记》等，都在不同方面进行探索和开拓，具有相应的学术价值和影响，也都获得不同类别的奖项。

新时期最突出的特征是对外开放，学术研究需要广泛的学术交流，国门打开了，有必要走出去。傅衣凌教授研究明清社会经济史卓有成就，享誉海内外，他应邀于 1979 年 10 月底至 1980 年 3 月前往美国和日本讲学，1980 年 9 月至 11 月又率中国讲学团赴加拿大讲学，并应邀兼任日本京都大学人文科学研究所客座教授，1982 年 4 月至 7 月再次东渡日本主讲明清社会经济变迁论。韩国磐教授也应邀赴日本唐史研究会、明治大学、东京大学、京都大学，韩国庆北大学、忠南大学、忠北大学、朝鲜大学、高丽大学，香港大学等多所高校讲学，并被聘为日本明治大学客座教授。不仅著名的老教授到海外讲学，进行学术交流；一些年轻学者也获得了出国进修的机会，改革开放初期，历史系的孙福生、顾海就被公派去美国学习。

总之，拨乱反正和改革开放时期，我国政通人和，百废待举，全国人民意气风发，致力于国家建设。在这样的历史环境里，厦门大学历史系迎来了前所未有的发展机遇。

第二节　机构设置和职能沿革

1976 年至 1999 年，历史系是厦门大学下设的一个单独的系级建制单位，这时学校实行的仍然是校系两级制，系的基本职能是做好学校赋予的教学、科研和其他各项日常的行政管理工作。各个系根据自己的具体情况下设若干教研室，另外，基于科研工作的需要，可以设立一些研究室或者研究中心。这一时期，历史系下设的教研室主要有：中国古代史教研室、中国近现代史教研室、世界史教研室、考古学教研室。1984 年以考古学专业为基础，成立人类学系，考古学专业离开历史系，考古学教研室自然也就离开了历史系。1999 年学校研究决定成立人文学院，这时人类学系已经有了自己的人类学专业，考古学专业重新回到历史系，历史系也就重新设立了考古学教研室。除了教研室以外，历史系还设立了中央苏区研究室、中国海关史研究中心等。因为系是学校下面的一个独立建制单位，有大量日常的事务性工作要做，一般情况下，每个系都必须设一个办公室，处理这些日常事务，历史系当然也是这样。为了便于本系师生学习、科研，各个系还设一个资料室，历史系在这一时期一直有一个图书、报刊资料室。

随着历史的发展，中国开启了改革开放的新征程，不仅经济体制改革突飞猛进地向前推进，政治体制改革也逐步展开。鉴于历史上，特别是“文化大革命”时期过分强调“一元化”领导的经验与教训，随着政治体制改革的推进，我国事业单位逐渐形成了党委领导下的行政首长分工负责制。具体到高等院校来说，就是党委领导下的校长分工负责制，到了系这一级，实行的是党总支（或直属党支部）领导下的系主任分工负责制。同时，为了做好各方面的工作，各个系还设有共青团总支部，工会委员会等机构。历史系在这一时期，根据国家和学校的有关规定，设立了团总支和工会委员会，它们有各自的职能和工作范围，目的是配合系党、政领导，共同做好工作，以促进历史系的发展。

从 1976 年到 1999 年，历史系的系主任任职情况基本上是这样的。1973 年，陈在正被任命为历史系系主任，一直任职到“文化大革命”以后。1981 年，陈碧笙担任历史系系主任，这时台湾研究所已经成立，陈碧笙同时担任台湾研究所所长，不久，陈碧笙调离历史系，到台湾研究所任职和任教。1982 年，学校任命陈诗启为历史系代理系主任。1984 年，考古学专业从历史系分出去，创办人类学系，同时历史系领导班子进行改选。郑学檬被任命为系主任，1985 年郑学檬到学校担任教务长，历史系系主任由孙福生代理，1986 年起，孙福生担任系主任，一直到 1994 年。1994 年至 1999 年，陈支平担任历史系系主任。

这时期，在历史系还有经教育部批准成立的历史研究所，1978 年，韩国磐接替傅衣凌担任历史研究所所长。1981 年，陈碧笙担任历史研究所所长。1984 年，郑学檬兼任历史研究所所长。1987 年，杨国桢担任历史研究所所长。

同一时期，从党组织系统来说，历史系一直设有总支部委员会。1973 年至 1977 年，王金海担任党总支书记。1978 年至 1980 年，林耀欣担任历史系党总支副书记，主持工作。1981 年至 1984 年，许宏业担任历史系党总支书记。1984 年至 1990 年，顾海担任历史系党总支书记。1991 年至 1993 年钟永明担任历史系党总支书记。1994 年至 1997 年，颜章炮担任历史系党总支书记。1997 年至 1999 年，黄福才担任历史系党总支书记。

第三节　这一时期的主要工作与成绩

一、加强本科生培养

高等院校，最主要的职能是培养人才，而作为学校的一个专业系，更要把人才培养的工作放在首要的地位。这一时期，厦门大学办学的重心仍然是本科生方面，虽然有研究生方面的招生、培养，但所占比例还不是很大，历史系尽管是老系，学科发展历史悠久，也基本上是这样。从招生情况来看，主体部分还是在本科生方面。1977 年，历史系招收本科生 66 人。1978 年，招收本科生 76 人，专科生 30 人。1979 年招收本科生 83 人。1980 年招收本科生 62 人。1981 年招收本科生 71 人。1982 年招收本科生 60 人。1983 年招收本科生 71 人。1984 年招收本科生 74 人。1985 年招收本科生 60 人。1986 年，招收本科生 50 人。1987 年招收本科生 53 人。一直到 1999 年，本科生的招生规模基本上每年在 50 人左右。当然，随着学科的发展，办学层次的提升，招收的硕士研究生和博士研究生的人数在逐年增加。但历史系始终重视本科生的培养工作，主要的做法有以下几个方面：

首先，为本科生的各年级选配好的班主任。从 1977 年级开始，这也是恢复高考后招收的第一届学生，历史系行政班子和党总支经过深入的研究，在教师中挑选政治思想好、业务水平比较高、在学生中有威信的骨干教师担任班主任。班主任老师经常下班级，和学生亲切交谈，了解他们的学习、生活状况，从业务知识方面给学生以引导和指导，从生活细处给学生以关心和爱护，这样对学生的成长有很大的好处。许多同学从中深受教益，他们和班主任老师结下了深厚的感情，班主任成为人生中的良师益友。这种好做法，历史系一直保留着，并根据新的情况赋予其新的内容。

其次，重视本科生的思想政治教育和日常管理工作。一个人的成长是长期的过程，必须循循善诱、持之以恒，把思想政治工作和日常的管理工作有机地结合起来，落到细处、实处，做细，做实。历史系非常重视学生辅导员工作，通常在本系毕业生中选拔德才兼备的人留在系里，担任学生辅导员。辅导员基本上就生活在同学们中间,有的甚至做到了和同学们同吃、同住,对同学们的各方面情况都非常了解,这样就能够及时地发现和解决学生们在学习和生活中存在的各种问题,好的表扬,坏的批评,及时化解矛盾,使同学们生活在温暖的大家庭中。大家心情舒畅,心无旁骛地学习专业知识和各种技能,营造了风清气正的人才培养环境。同时,系党总支和系行政、系团总支密切配合,共同做好学生们的思想政治工作和日常管理工作。

最后,重视课程建设和活跃学术气氛。要提高本科生的教学质量,早出人才,快出人才,及时满足社会对人才的迫切需求,加强课程建设,适时对课程体系和课程内容进行必要的改革是关键。一般来说,事物的发展过程既有继承性,又有变化性,任何事物都必须随着历史的发展做必要的改变。一个系所开的课程和每一门课程的内容也是这样。因为社会是发展的,对人才的需求是不断变化的,因此,作为人才培养机构的学校必须主动地适应社会需求的变化,其下设的系也是如此。历史系对于为本科生开设的每一门课程都精心考虑,对于课程内容更是严格把关,努力做到精益求精。1985 年上半年,学校提出压缩必修课学时数 10%,用以增设选修课,拓宽学生的知识领域,以便更好地适应社会需要。历史系积极响应,针对学科内容同社会需要有些脱节的问题,主动改变专业结构,在学生学完两年基础课后,第三年开始分专业组学习。1985 年初设四个专门组:经济史专门组、世界史(包括涉外事务)专门组、历史学专门组、古籍和方志专门组。1987 年秋改为中国史专门化、中国经济史专门化和中外关系史专门化,后又创办旅游文化与历史专业,使老专业向应用性方面发展,很好地适应了社会的需要,收到了很好的效果。要提高本科生的教学质量、增强毕业生的综合素质,加强学术训练也很重要,这就要求学生积极参加学术活动。为此,学校有关方面要求,在学术活动中,校学术委员会和科研处要带头做学术报告,要发挥中年教师在学术活动中的骨干作用,本科生特别是高年级和毕业班学生应积极参加学术活动。在各级领导重视下,全校学术活动空前活跃,呈现欣欣向荣的景象。在此过程中,历史系坚持每周举办一次学术讲座,由本系教师或邀请校内外专家做学术报告,一年举办近 30 场次,极大地活跃了学术氛围,使广大同学经受了学术训练,提高了他们的学术素养。

总之,由于历史系一贯重视本科生的培养,通过采取以上措施,收到了很好的效果。进入 20 世纪 90 年代,历史系本科学生的培养,更加受益于厦大历史学

“文科基地”的设立与发展。1994 年国家教委为鼓励和扶持高校人文基础学科人才培养，批准了全国 17 所高等学校 33 个“文科基地”，其中历史学“文科基地”有 14 个，厦门大学该基地位列其中。需要说明的是，历史学“文科基地”也是 1994 年厦门大学唯一一个国家教委批准的“文科基地”。文科基地成立以后，1994 年和 1995 年连续两年国家拨付经费 15 万元，用于历史学人才的培养。此后国家历年各有拨付经费，学校也予以一定的配套经费支持，历史系也自筹一定比例的资金，这样，在资金方面，基地得到了有力的物质保障。基地成立后，历史系不断探索人才培养的新途径，实行“宽口径、厚基础、多样化”的人才培养模式，探索名师引领、基地班小班化（约 40 人）、学年论文导师制、毕业论文导师制等措施，有效提升了本科生的培养质量。在 2002 年教育部对国家文科基础学科人才培养和科学研究基地评估验收中，厦门大学历史学“文科基地”验收结果为“优秀基地”。截至 2020 年，基地班已培养 22 届历史学本科生，总计 700 余人。其中近一半学生通过推免或考试方式攻读硕士学位，并有不少学生在海内外著名高校攻读博士学位，已学成毕业者多任教于各高校历史系，逐渐成长为学科骨干。

二、恢复研究生招生，办学层次提升和多元化

厦门大学的办学起点比较高，它一开始就以本科层次为主，因为陈嘉庚在创办厦大的时候，已经有过创办集美学校的经历和经验。早期的集美学校基本上是中等层次和应用型的，它解决了急用之需，但随着社会的发展，陈嘉庚深感其不足，为了培养更高层次的人才，研究高深学问，陈嘉庚倾其资财，创办厦大。从厦门大学的发展历史来看，一直到 21 世纪以前，其办学的基点基本上还是以本科层次为主，虽然其间也办过一些工农速成中学、夜大学，以及其他大专班等专科，但那基本上是阶段性和临时性的。历史学、考古学作为基础学科，更是这样。我们回顾历史系的办学历程，招收专科层次的学生极少，1978 年招收了 30 名专科生，当时显然是权宜之计，政策性色彩浓厚。当然，随着办学条件的改善、办学水平的提高，具备了招收研究生的相关条件，适时提升办学层次，那是水到渠成、自然而然的事。20 世纪 50 年代后期，历史系就开始招收研究生，一直持续到“文化大革命”以前，只是当时的招生规模比较小而已。

1977 年恢复高等院校招生考试制度以后，高等教育事业迎来了新的发展机

遇。1978 年高等院校恢复研究生招生，有资质的专业开始招生，同年，厦大历史系招收了 5 名硕士研究生，这在当时是很辉煌的，因为历史系学科发展悠久，学术水平优异。1979 年，历史系又招收硕士研究生 5 名，1980 年招收硕士研究生 3 名，1981 年招收硕士研究生多达 12 名。以后，硕士研究生的招生便成为常态，虽然每年人数有多有少，但总的趋势是招生规模不断增长。1981 年，经国务院学位委员会审核、批准，厦门大学历史系中国古代史专业和专门史(中国社会经济史)专业设立博士点，傅衣凌为博士研究生导师，历史系由此开始博士研究生的招生，同年，招收博士研究生 2 名。1984 年和 1986 年，国务院学位委员会分别批准韩国磐、杨国桢为博士研究生导师。后来，随着学科的发展、学术水平的提高，厦门大学获得博士研究生导师的审批权，越来越多的老师被遴选为博士研究生导师，比如，郑学檬、孔永松、陈支平、郑振满、曾玲、王日根、王荣国、黄顺力、王旭、陈明光、戴一峰等。此后，博士研究生的招生逐渐成为常态，而且招生规模逐年增长。这样，历史系的办学层次得到提升，逐渐由原来的以本科层次为主，向本科生、硕士研究生、博士研究生并重的多层次方向发展，办学层次变得多元化了。而研究生的招生、培养，反过来又极大地促进了历史系学科的发展和学术水平的提高，二者相得益彰，共同促进了历史系的发展和提升。

三、重视科研工作，健全激励机制，一系列重要科研成果引发关注

教学、科研和社会服务是高等院校的基本职能，历史系作为基础学科的专业系，科研工作非常重要，因为它和教学工作相互促进，科研水平提升了，能够为教学工作奠定扎实的学术基础。所以，一直以来不仅学校有关部门高度重视像历史系这样基础学科的科研工作，历史系党、政领导以及广大教师更是把科研工作当成重中之重，非常重视，而且不断建立、健全激励机制，这就极大地推动了科研工作的开展，并且取得了一定的成绩。

“文化大革命”结束以后，特别是改革开放以来，党和国家高度重视科学技术工作，国家迎来了科学的春天。厦门大学和历史系在这样的历史环境里，科研工作开展得如火如荼。因为落实了知识分子政策，大家心情舒畅，再加上国家建设事业的需要，广大知识分子有强烈的责任感、使命感，当时无论是年老的、中年

的，还是青年知识分子，都在你追我赶，真可谓是“不用扬鞭自奋蹄”。从厦门大学历史系的情况来看，20 世纪 80 年代取得的一批科研成果引人注目。老一辈学者，像傅衣凌、韩国磐、陈诗启等，他们老骥伏枥，志在千里，继续在他们开辟的领域里辛勤耕耘，或者拓展新的研究领域。傅衣凌先生深耕明清史研究领域，使厦大历史系明清社会经济史研究在全国学术界具有重要的地位，成为全国明清史研究的重镇。韩国磐先生继续深化隋唐史的研究，而且向魏晋、南北朝方向拓展，相关的研究成果丰硕而且引人关注，其所著的《隋唐五代史纲》《魏晋南北朝史纲》被教育部指定为高等学校文科教材，具有广泛的影响，这样厦门大学历史系隋唐史研究领域在全国学术界也占有一席之地，具有一定的影响和地位。陈诗启先生老当益壮，老而弥坚，在继续从事他的中国近代经济史研究的同时，独具慧眼，另辟蹊径，开拓了中国近代海关史研究的新领域，取得了不错的成绩，其所著的《中国近代海关史问题初探》，受到学术界的高度关注和充分肯定。更令人欣慰的是，一批中年学者在这期间开始崭露头角，呈现出很好的发展态势。杨国桢先生师承傅衣凌先生的学术传统，继续在明清史研究领域发力，相关的研究成果非常丰富，而且具有广泛的影响。郑学檬先生承袭韩国磐先生的学术领域和思想，在隋唐史和中国古代经济史领域奋力开拓，其总纂的《简明中国经济通史》受到学术界的重视和好评。罗耀九先生一直致力于中国近代思想史领域的研究，相关的研究成果颇有影响，其专著《中国近代救国思想简述》，在中国近代思想史方面有一定的创新。孔永松先生专注于中共党史，尤其是中央革命根据地史的研究，他长期深入闽西、赣南等地做实地调查，积累了丰富的资料，其专著《中国共产党土地政策演变史》，在相关方面有一定的开拓和创新。孙福生先生长期从事世界史，特别是东南亚近现代史的研究，也取得了一定的成绩。当然，这一时期历史系的中年学者还有不少，比如，林其泉、林仁川等，他们的相关研究也都取得了不错的成绩。值得一提的是，这一时期，历史系一大批青年学者开始迅速地成长起来，整个队伍充满活力和勃勃生机。

到了 20 世纪 90 年代，随着学校科研体制的改革和不断完善，历史系的科研机制也更加健全，整体的科研能力得到进一步提升，取得的科研成果更加丰硕。这时，老一辈学者们，傅衣凌先生已于 1988 年逝世，韩国磐先生和陈诗启先生虽然已经年迈，但他们仍然从事相关领域的研究，其精神相当感人。原来的中年学者们，这时不少已经成为领军人物，像杨国桢、郑学檬、孔永松、孙福生、杨际平等，他们或者继续从事相关领域的研究，或者拓展新的研究领域，把厦门大学历史系的学术传统不断地推向前进和发扬光大。原来的青年学者们，在老一辈和中年一代的传帮带下，迅速地成长起来，一些人已经成为学术界的翘楚，像陈支平，他1987年获博士学位，被破格晋升为副教授，1991年又被破格晋升为教授。陈支平师承傅衣凌，在史学研究方法上另辟蹊径，形成自己的研究特点，先后出版《清代赋役制度演变新探》《近500年来福建家庭社会与文化》《明史新编》等专著，发表论文50多篇，在国内外史学界产生一定的影响。除此之外，像郑振满、黄顺力、戴一峰等，在这一时期也都有很好的发展。

四、举办多种多样的学术交流活动

思想需要相互启发，相互激荡，因此，学术需要广泛的交流，在交流的过程中，彼此互相吸收，相互借鉴，互相生发，从而不断地得到提升。我国各个学术领域都普遍地成立各种各样的学会，这些学会定期召开各种各样的学术会议，开展丰富多彩的学术活动，既交流了思想，又活跃了学术气氛，这是科学研究过程中必不可少的环节。厦门大学虽然地处东南沿海一隅，但它是祖国大家庭的一员，也需要广泛地参与学术交流活动，甚至更应该积极主动地参与各种各样的学术交流活动，历史系自然也是这样。

“文化大革命”运动搞得百业凋零，学术交流领域更是深受其害，不少学术团体被迫停止活动，甚至被取消，这样，极大地钳制了思想，严重地制约了学术事业的发展和进步。改革开放以后，这种状况很快得到改变，学术交流被高度重视，各种各样的学术团体被重新激活，新的学会更是如雨后春笋般涌现。科学的春天到来了，学术思想界再次苏醒了，复活了，学术交流活动的盛世来临了。在这样的历史背景下，厦门大学历史系开展了多种多样的学术交流活动。

厦大历史系以明清史和隋唐史研究见长，因此，在全国明清史学会、隋唐史学会中占有一定的地位，在这些领域里开展了许多学术交流活动。傅衣凌先生曾担任厦门大学文科学术委员会主任，参加了国内外许多的学术交流活动，他曾多次应邀到美国、日本、加拿大参加学术会议并讲学。韩国磐先生曾担任中国唐史学会创会顾问、中国魏晋南北朝史学会创会顾问、中国敦煌吐鲁番学会创会顾问，担任福建省历史学会会长，多次参加并组织各种学术会议，他曾到日本、韩国参加学术活动并讲学。陈诗启先生主导创立了中国海关史学会,该学会在20世纪八九十年代多次举行国际性的学术研讨会,其中1990年8月中国海关史研究会第二届国际学术研讨会在厦门大学举行,由历史系具体承办,收到了很好的效果。罗耀九先生曾担任福建省严复学术研究会副会长、厦门市历史学会会长、厦门市吴真人研究会名誉理事长,也多次参加、组织各种学术会议和学术活动。孔永松先生曾担任福建省中共党史学会副会长,也多次组织、参加各种学术会议和学术活动。另外,杨国桢教授、郑学檬教授、陈支平教授、王旭教授等也都在各种学术团体和学会担任各种领导职务,他们也都组织、参加了各种学术会议和学术活动。像中国唐史学会、中国明史学会、中国美国史学会等也都由历史系组织、承办过各种学术会议和相关的学术活动。当然,历史系组织、承办的学术会议和学术活动还有很多,历史系广大教师参加的其他各种学术会议和学术活动那就更多了。

总之,通过举办多种多样的学术交流活动,交流了思想,活跃了学术气氛,有力地促进了历史系教学、科研工作的发展,提升了历史系在国内外的影响。

五、和应用学科相结合,创办旅游专业

创办应用型专业,一直是这一时期历史系党、政领导及全系教职工的愿望。1985年,历史系就开始试办经济史专门组、世界史(包括涉外事务)专门组、历史学专门组、古籍和方志专门组,1987年改为中国史专门化、中国经济史专门化和中外关系史专门化,这是创办和历史学密切联系的应用型专业的早期努力。

1989年,历史系终于创办了应用型的旅游专业,实现了基础性学科和应用型学科的结合,多少也改变了教职工收入过低的窘迫状况。

国家的宏观政策在不断地调整和完善,到了20世纪末期,整体分配体系得到改观,厦门大学也是这样。学校的管理体制也在不断地改变,到1999年,厦门大学开始普遍实行校、院两级制,系逐渐变成一个基本的教学、科研单元,相关专业需要重新调整、归类、合并,历史系的旅游专业属于管理学类,因此被并入管理学院。历史系在创办旅游专业的过程中,将基础性学科尝试着和应用型学科有机结合,多少也是一种探索,对于厦门大学的发展也做出了自己的一点贡献。

第四节 代表性学者

罗耀九

罗耀九，男，汉族，1925年8月生，江西省吉安县人。1944年毕业于国立第十三中学，1948年毕业于国立中正大学历史系。曾任厦门大学历史系教授、厦门大学历史研究所常务副所长，兼任厦门市历史学会会长、厦门市吴真人研究会名誉理事长、福建省严复学术研究会副会长。享受国务院政府特殊津贴。长期从事中国史的教学与科研工作。

罗耀九先生为厦大历史系中国近代思想史研究的学术带头人，以中国近代思想史的学术研究见长，并指导培养硕士研究生。主讲的课程有"中国近代史""中国近代思想史""中国近代思想史目录学""严复思想研究""章太炎思想研究""西方文化在近代中国的传播""史学理论与方法"等。研究领域涉及中国先秦、秦汉、明清、近代及道教文化。在报刊上公开发表学术论文90余篇。其中有独到见解，在学术界有一定影响的学术专题有：先秦的领主经济过渡到地主经济的问题、关于曹操打黄巾军的意见、明代雇佣劳动的性质、光复会性质、严复思想、章太炎思想、孙中山思想、洋务运动问题、中国法制思想的近代化考察、道教文化研究等。其出版的专著《中国近代救国思想简述》1988年获得首届福建省社会科学优秀成果二等奖。合著《百年抗争史略》。主编《中国名君名臣政迹辞典》《吴真人研究》《吴真人与道教文化》。

孔永松

孔永松（1935—2012），男，汉族，福建省永定县（现为龙岩市永定区）人。中学毕业后于1953年考入厦门大学历史系，1957年毕业，获学士学位，后留校工作。曾任厦门大学团委书记，历史系副系主任，厦门大学历史研究所教授、博士生导师，厦门大学客家学研究中心主任。

孔永松教授长期从事中国近现代史、中共党史等方面的教学与研究，专长于中央革命根据地史的研究，尤其是对于中央革命根据地财政经济史领域的研究具有开创性，在国内外学术界具有一定的影响和地位。其所著的《中国共产党土地政策演变史》，对于中国共产党领导新民主主义革命过程中的土地政策的演变进行了开拓性的探索，受到学术界的关注和肯定。主编的《闽赣路千里》《中央革命根据地史要》对于中央苏区史研究具有一定的突破，厦门大学历史系也因此在中共党史、中央革命根据地史的研究领域在国内外学术界具有一定的影响和地位。孔永松先生曾多次赴新加坡、香港、台湾等地进行学术交流活动和讲学，受到学术界的广泛好评。他主持或参与过的主要科研项目有：国家“八五”哲学社会科学重点项目——革命根据地财政经济史；国家“九五”哲学社会科学项目——中央苏区历史研究；福建省“九五”哲学社会科学项目——20世纪福建农村经济发展与社会变迁。

孔永松先生是客家人，对客家历史文化有深厚的感情和浓厚的兴趣，曾任厦门大学客家学研究中心主任，对客家学有一定的研究和深厚的造诣，著有《客家宗族社会》等。

郑学檬

郑学檬，男，汉族，1937年出生，浙江省台州人。1956年考入厦门大学历史系历史学专业读本科，1960年毕业。后留校在历史系任教，师从著名的隋唐史专家韩国磐先生，治隋唐五代史。他曾任厦门大学历史研究所经济史研究室教授、博士生导师。担任过厦门大学历史系系主任、历史研究所所长，厦门大学教务长，厦门大学常务副校长。郑学檬教授是著名的历史学家和教育家。享受国务院政府特殊津贴。

郑学檬教授长期从事中国古代史、中国古代经济通史等的教学与研究，为本科生、硕士研究生、博士研究生开设过“中国古代史”“中国古代社会经济史”“中国经济史通论”“中国古代区域经济史”等课程。他长期在隋唐五代史、中国社会经济史、中国古代科技史、海上丝绸之路等领域精耕细作，许多研究成果视角独特，观点新颖，在国内外学术界享有盛誉。郑学檬教授主持和承担过多项科研项目，曾承担中国企业家协会的《中国企业史》第一卷的编写和教育部高教司的“中国古代史教学改革”等科研项目。郑学檬教授学贯中西，融通文理，著作等身。

代表性著作有:《五代十国史研究》、《敦煌吐鲁番出土经济文书研究》(合著)、《中国古代经济重心南移和唐宋江南经济研究》、《唐宋科学技术与经济发展的关系研究》、《点涛斋史论集:以唐五代经济史为中心》。

郑学檬先生的学术兼职有:第四、五届中国唐史学会会长,全国历史科学教学指导委员会副主任,中国经济史学会副会长,全国高校古籍整理委员会委员,第四届福建省社科联副主席等。郑学檬教授有着广泛的学术交流活动,他曾任荷兰莱顿大学及台湾中国文化大学客座教授,指导博士研究生。曾到日本东京大学、京都大学、创价大学,荷兰莱顿大学,英国牛津大学,德国特里尔大学和台湾、香港各大学访问、讲学。

杨国桢

杨国桢,男,汉族,1940 年生,福建龙岩人。1957 年考入厦门大学历史系,1961 年毕业,后留校在历史系任教。1985 年被破格晋升为教授,1986 年经国务院学位委员会审批为全国第三批博士研究生导师。曾担任厦门大学历史研究所所长、中国史学会理事、福建省历史学会会长、林则徐研究会会长、厦门市郑成功研究会会长。杨国桢先生是国务院学位委员会第四、五届学科评议组成员,全国政协第七、八、九、十届委员,是国家有突出贡献的中青年专家、国务院政府特殊津贴专家、福建省首批优秀专家。杨国桢教授学术交流活动广泛,他曾先后赴日本京都大学、美国斯坦福大学、英国牛津大学研究讲学,受聘台湾“中央大学”、政治大学客座教授,中国社会科学院海外华人研究中心兼职研究员,中国海洋大学、上海大学兼职教授,复旦大学历史地理研究中心学术委员会委员,中国海洋大学海洋发展研究院学术委员会主任,“985 工程”海洋发展哲学社会科学创新基地首席专家。杨国桢教授曾任《中国社会经济史研究》主编、《史学月刊》和《海交史研究》顾问、《中国高等院校学术文摘——历史卷》编委。

杨国桢教授长期从事中国古代史、明清史的教学与研究。在前人研究的基础上,以敏锐的眼光开拓新的研究领域,20 世纪 90 年代,他开辟了海洋社会经济史、中国海洋文明和海洋史研究的新领域,开始在该领域招收博士研究生。杨国桢教授主讲过“中国古代史”“中国近代史”“鸦片战争史”“明清史”“明清社会经济史”“海洋社会经济史”“中国海洋文明和海洋史”等多门本科生、硕士研究生、博士研究生的课程。从1986年起招收了33届共60余位博士研究生，在他的悉心指导下，毕业的博士中目前已有近20位晋升教授或研究员，15位担任博士研究生导师，真可谓桃李满天下。

杨国桢教授一生潜心治学，早年，他受傅衣凌先生的教诲和影响，主要从事中国古代史的研究，重点研究领域是明清史、中国社会经济史，侧重于土地契约文书方面的研究，硕果累累。从这个意义上说，杨国桢教授的研究是对傅衣凌先生学术思想、学术领域的继承和发展。然而杨国桢先生善于与时俱进，他思想敏锐，眼光独到，敢于创新，勇于开拓新的研究领域。随着学术研究的深入，以及学术交流的拓宽，20世纪90年代以后，杨国桢教授的研究兴趣逐渐转向海洋社会经济史、中国海洋文明和海洋史方面，主编"海洋与中国丛书"(8册)、"海洋中国与世界丛书"(12册)、"中国海洋文明专题研究"(10册)、"海洋与中国研究丛书"(25册)，为厦大历史系开辟了海洋史研究这一新的研究领域，为国内外学术界高度关注和瞩目。

杨国桢教授学术成果丰硕，在国内外重要的学术刊物上发表了大量高水平的研究论文。其中代表性的有：1961年、1964年和2000年分别发表于《厦门大学学报》的《林则徐的早年》《宣南诗社与林则徐》《论海洋人文社会科学的概念磨合》；1980年发表于《中华文史论丛》的《再论宣南诗社与林则徐》；1981年和2003年分别发表于《中国史研究》的《试论清代闽北民间的土地买卖》《17世纪海峡两岸贸易的大商人》；1983年发表于《历史研究》的《台湾与大陆大小租契约关系的比较研究》；1988年和1996年分别发表于《中国社会经济史研究》的《论中国永佃权的基本特征》和《关于中国海洋社会经济史的思考》；1996年发表于《近代史研究》的《洋商与大班：广东十三行文书初探》；1999年发表于《中国经济史研究》的《中国封建土地所有权史研究断想》；2005年5月发表于《光明日报》的《海洋世纪与海洋史学》等。

除了论文以外，杨国桢教授还著作等身，其代表性的著作有：《林则徐传》，人民出版社1981年出版。《陈嘉庚传》(合著)，福建人民出版社1981年出版。《陈嘉庚》，人民出版社1987年出版。《明清土地契约文书研究》，人民出版社1988年出版。《林则徐论考》，福建人民出版社1989年出版。《明清时代福建的土堡》(合著)，台北国学文献馆1993年出版。《明史新编》(合著)，人民出版社1993年出版。《明清中国沿海社会与海外移民》，高等教育出版社1997年出版。《闽在海中》,江西高校出版社 1998 年出版。《东溟水土》,江西高校出版社 2003 年出版。《瀛海方程》,海洋出版社 2006 年出版。《海涛集》,海洋出版社 2015 年出版。《海洋文明论与海洋中国》,人民出版社 2016 年出版;韩文版,昭明出版社 2019 年出版。

值得一提的是,杨国桢先生的多项研究成果获得过多种奖项。

孙福生

孙福生,男,汉族,1933 年 4 月生,江苏省丹阳市人。1956 年北京外交学院研究生毕业,1958 年调入厦门大学历史系,后长期在历史系任教,历任讲师、副教授、教授,曾任历史系系主任。享受政府特殊津贴。1982 年被公派赴美国康乃尔大学进修。孙福生教授曾兼任中国东南亚研究会会长和中国国际关系史研究会理事。

孙福生教授长期从事世界近现代史、东南亚史、印度尼西亚史的教学与研究。为本科生、硕士研究生开设过“世界近代史”“世界现代史”“东南亚民族解放运动史”“印度尼西亚史”等课程。

孙福生教授的研究专长是东南亚近现代史,尤其是印度尼西亚史。在该研究领域发表多篇高质量的研究论文和出版多部专著。其代表性的论文有:1992 年发表的《西方国家对东南亚殖民政策比较研究》。出版的专著有:1989 年由厦门大学出版社出版的《印度尼西亚现代政治史纲》,1995 年由广西人民出版社出版的《印度尼西亚》(合著)。译著有《近现代世界史》(三卷),1988 年由商务印书馆出版。

孙福生教授有广泛的学术交流活动。他曾应邀至荷兰阿姆斯特丹大学、菲律宾亚典耀大学和新加坡东南亚研究所进行讲学和学术访问,多次参加和主持国内的学术会议和学术交流活动,并多次赴境外参加国际学术会议。

第三部分　厦大哲学百年史

第一章　私立时期（1922—1934）

第一节　机构的设置与调整

厦门大学哲学系创办于1922年，初建时隶属于文学部。1923年4月，厦门大学改“学部”为“科”后，哲学系隶属于文科。1930年，学校又改“科”为“学院”，哲学系归入文学院。1934年6月，遵照教育部令，哲学系被裁撤，结束了它解放前的历史。

哲学系首任系主任是孙贵定教授（1896—1949），他于哲学系创办之初一直连任到1929年秋季。孙贵定教授是民国第一批公费留英学生，民国二年（1913）至民国十二年（1923）在英国爱丁堡大学学习，先后获得英国教育学学士、文学硕士、哲学博士学位，主要从事教育学、外国文学研究。孙教授于1923年回国后受聘为厦门大学文科教育系系主任，教育学兼社会心理学教授，兼任哲学系系主任。

1929年秋季，陈定谟教授（1889—1961）接任哲学系系主任，一直连任到1934年6月教育部裁撤哲学系。陈定谟教授在美国芝加哥大学获得哲学及社会学硕士学位，主要从事哲学、伦理学、社会学等领域研究。

1926年，林语堂来厦门大学接任文科主任，当时文科设有国文、外国语言文学、哲学和历史社会学四个系。林语堂提倡革新精神，与国文系同仁一起向校方提出更名，要求将国文系改称国学系；同时主持修订各系的学程纲要，调整教师讲授课程，如改请陈定谟讲授“哲学方法论”课，张颐讲授“泰西哲学概论”课等。1927年3月，林语堂离开厦门大学。同年，张颐被学校董事会聘为副校长，兼文科主任。这段时期受聘来哲学系执教的教授有：张颐、孙贵定、陈定谟、邓以蛰、汤用彤、朱谦之、缪篆、林玉霖，以及德国专家艾锷风（Gustav Ecke，1896—1971）、法国汉学家戴密微（Paul DeMiéville，1894—1979）等。此外，文学院院长徐金声教授也来哲学系讲授“社会学”等课程。

第二节　主要工作与成绩

哲学系于1923年首次招收学生，至1933年共招收七届（其间有四年停招），学生13人，其中特别生（只选修部分课程）1人。这些学生除1人是由福建协和大学转来的外，其余均是通过入学考试录取的。

1927年春季，哲学系首批入学的3名学生修完规定课程，获得文学学士学位，成为哲学系第一届毕业生。至1934年，哲学系所招的12名正式学生中，除1人升入三年级时转入中国文学系外，其余11人均按规定修完本系四年课程毕业。

哲学系自创办以来，一直极为重视教学工作，把教学摆在一切工作的首要地位。1922年至1934年，受聘来厦门大学哲学系任教的教授有：张颐、孙贵定、陈定谟、邓以蛰、汤用彤、朱谦之、缪篆、林玉霖，以及德国专家艾锷风（Gustav Ecke，1896—1971）、法国汉学家戴密微（Paul DeMiéville，1894—1979）等；文学院院长徐金声教授也来哲学系讲授“社会学”等课程。这为初建之际的哲学系加强学科建设、健全教学体系打下了良好的基础。哲学系每年均认真制定《哲学系学程纲要》和《教学纲要》，不断充实、深化和完善课程设置，并予以必要的调整、改革，使之系统化，同时具有更好的适应性；对于学生的学时与绩点（学分）安排也做了详细的规定。课程设置自建系以来逐年得到充实和完善，每届学生除国文、外文等公共必修课外，一般须修习20多门专业课。例如1933—1934年，必修课有：“哲学概论”“西洋伦理学”“唯识哲学”“形上学”“知识论”“方法论”“德国哲学”“宗教哲学”“美术”“中国伦理学”“中国哲学”“诸子哲学”“西洋哲学史”“印度哲学”。选修课有：“普通心理学”“社会心理学”“社会哲学”“政治哲学”“希腊哲学”“英国哲学”“道家哲学”“比较宗教论”“佛典选读”“佛家哲学”“历史哲学”“文化哲学”“尼采哲学”“社会学原理”等。

哲学系鼓励学生在认真学习完本系和学校规定的课程之外，可利用课余时间积极参加学校“文哲学会”及其他学社的学术活动。“文哲学会”是学校五个团体组织之一，经常组织学术活动，邀请本校教授和校外专家学者做学术讲演。例如在1932年底，“文哲学会”邀请南普陀寺太雪法师做了八次“法相唯识学”演讲。这是厦门大学哲学系重视培养学生的实际能力和科研能力的重要特色之一。

在佛教哲学研究方面，厦门大学哲学系具有得天独厚的文化环境与学术资源。与厦门大学仅一墙之隔的厦门南普陀寺、闽南佛学院长期以来与厦门大学的佛学研究人员关系密切。陈定谟教授于1926—1930年间，即在闽南佛学院开设“自然科学”及“伦理学”课程。

1922年至1934年是厦门大学哲学系创办初建时期，在两任系主任孙贵定、陈定谟教授的号召和带领下，先后有张颐、汤用彤、朱谦之、邓以蛰等著名学者来厦任教于哲学系。在他们的带领下，经过十几年的艰苦努力，厦门大学哲学系在教学、科研等方面稳步发展，逐步建立了基本完善的教学体系，从而形成了自己的教学和研究特色。1934年6月，奉教育部令，哲学系被裁撤。

第二章 建国后十七年（1949—1966）

第一节 机构的设置与调整

新中国成立后，哲学系于 1959 年复办。1961 年夏，根据中央的“调整”方针，学校再次撤销了哲学系，学生中有近 10 人转入政治经济学系继续学习，其余回原单位工作，教师并入马列主义教研室哲学教研组。

1960 年，哲学系复办之初，朱天顺被任命为哲学系主任，邹永贤担任党总支书记（与马列室合成一总支）。当时哲学系的筹建工作由马列主义教研室兼管，系里选派了一些教师到中国人民大学和北京大学哲学系研究班进行进修深造。（附 1955 年教育部颁发关于“加强培养哲学干部及哲学系工作的决定”的通知）

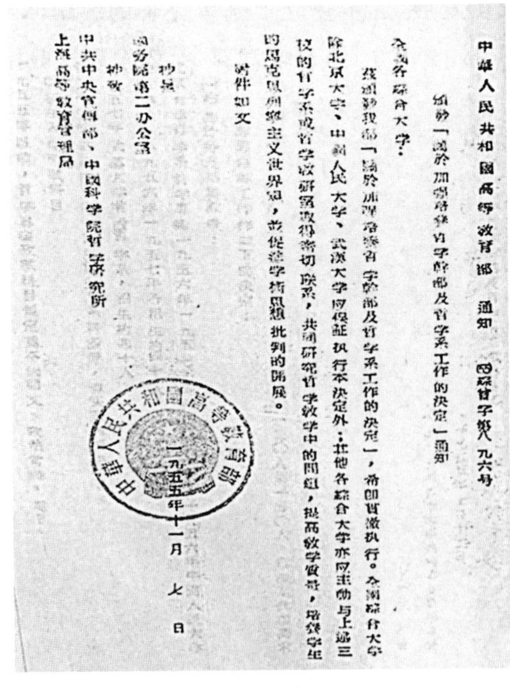

中華人民共和國高等教育部 通知 (55)綜甘字第八九六號

頒發「關於加强培養哲学幹部及哲学系工作的決定」通知

全國各綜合大学：

茲頒發我部「關於加强培養哲学幹部及哲学系工作的決定」，希即貫徹执行。全國綜合大学除北京大学、中國人民大学、武汉大学应保証执行本決定外，其他各綜合大学亦应主动与上述三校的哲学系或哲学教研室取得密切联系，共同研究哲学教学中的問題，提高教学質量，培养学生的馬克思列寧主义世界观，並促進学術思想批判的開展。

附件如文

抄送

國务院第二办公室

抄報

中共中央宣傳部、中國科学院哲学研究所

上海高等教育管理局

一九五五年十一月七日

第二节　主要工作与成绩

1960年夏季，哲学系首次招收49名调干生。新中国成立后复办的哲学系，在教学目的和教学内容上较解放前有了根本性的变革，它着重培养马克思主义哲学的专门人才，因此辩证唯物主义、历史唯物主义就成为主要的课程。49名首批入学的学生，在第一学年里，即接受了系统深入的辩证唯物主义和历史唯物主义教育，为以后继续深造打下了坚实的基础。

哲学系复办之后始终把教学工作放在首位，努力建立健全教学体系。一方面哲学系十分重视学生的马克思主义哲学基础理论教育，不断加强马克思主义哲学原理、原著等专业必修课程的教学，同时也很注重对学生的全面培养和思维能力的系统训练，开设出门类较为齐全的系列选修课程，如“形式逻辑”“自然辩证法”“马克思主义哲学及其发展史”“宗教学”“中国哲学”“社会管理科学”等选修课，不断提高教学质量和教学水平。哲学教研组每学期都会进行教学检查，反思课堂教学和课后辅导过程中出现的问题和不足，推动教学工作不断完善和进步。(附1953年哲学教研组教学检查报告)

在提高教学质量，完善教学体系的同时，哲学系还加快科学研究和学术发展的建设。在复办初期，哲学系就提出了“以教学带科研，以科研促教学”的发展方针，把科研和教学紧密结合起来，使二者相得益彰。这时期已取得的科研成果，就是在教学需要的推动下对该专业、该课程进行潜心研究而取得的，如赵民主编的《形式逻辑》(人民出版社1958年出版)，汪澍白的专著《共产主义讲话》(湖南人民出版社1959年出版)等。这些科研成果反过来又直接促进了教学水平和教学质量的提高。这为之后哲学系科研和教学工作的进一步开展，以及学术梯队的形成奠定了基础。

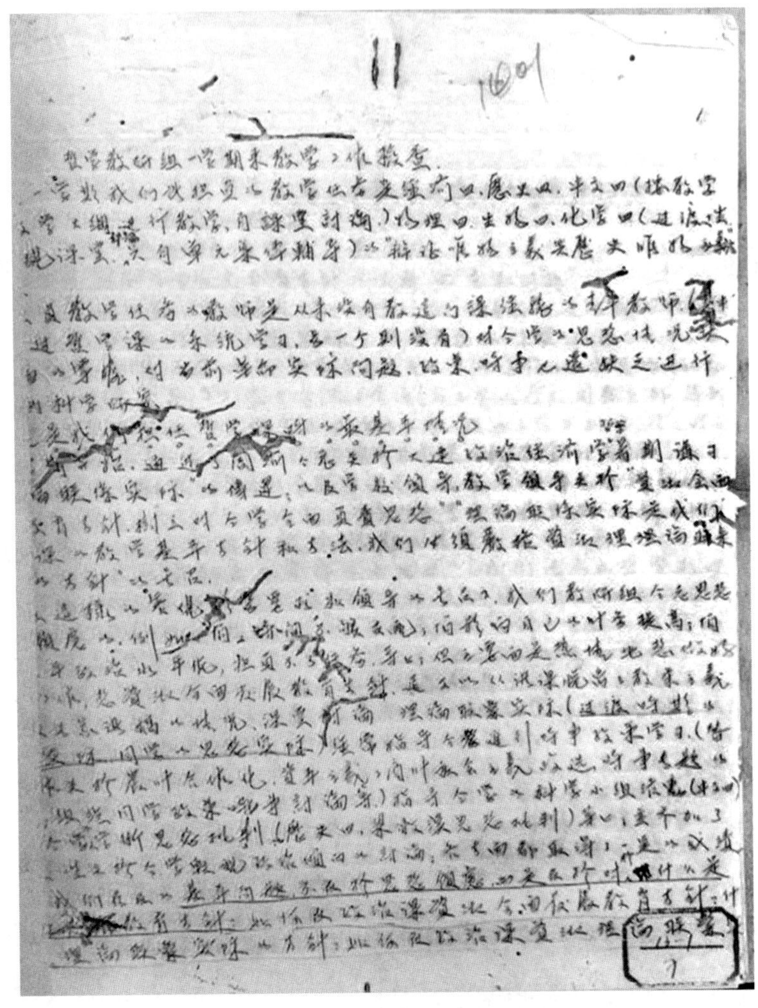

1953 年哲学教研组教学检查报告

哲学系十分重视国内外学术交流和学术团体活动。1964 年 8 月 8 日和 9 月 4 日，厦门大学马列主义教研室哲学教研组就当时哲学上关于“一分为二”和“合二而一”的论战分别召开了一次座谈会。哲学系还经常派教师参加国内和国际举办的学术会议，如 1948 年 8 月在阿姆斯特丹举办的第十届国际哲学会议(Tenth International Congress of Philosophy)就邀请了厦门大学学者参会。这些学术活动和学术交流进一步促进了哲学系学术研究和教学工作的进步，也证明哲学系的学术研究水平逐渐得到国内外学术界的承认和重视。(附 1948 年阿

姆斯特丹第十届国际哲学会议邀请函）

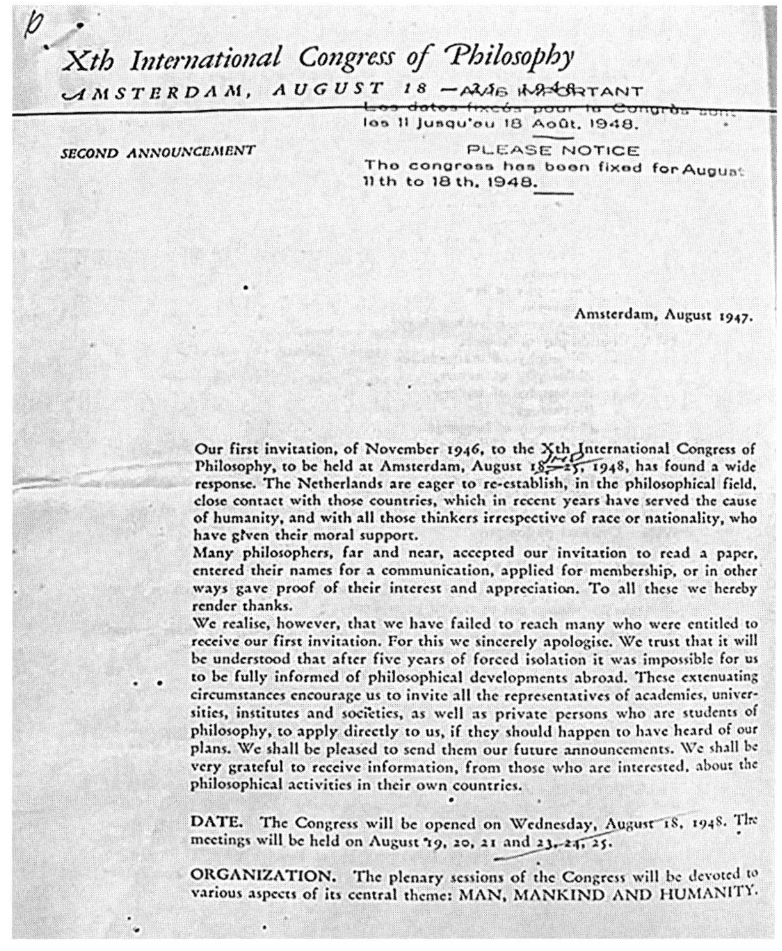
Xth International Congress of Philosophy

AMSTERDAM, AUGUST 18 — 25, 1948

IMPORTANT
Les dates fixées pour le Congrès sont les 11 Jusqu'au 18 Août. 1948.

SECOND ANNOUNCEMENT

PLEASE NOTICE
The congress has been fixed for August 11th to 18th. 1948.

Amsterdam, August 1947.

Our first invitation, of November 1946, to the Xth International Congress of Philosophy, to be held at Amsterdam, August 18—25, 1948, has found a wide response. The Netherlands are eager to re-establish, in the philosophical field, close contact with those countries, which in recent years have served the cause of humanity, and with all those thinkers irrespective of race or nationality, who have given their moral support.
Many philosophers, far and near, accepted our invitation to read a paper, entered their names for a communication, applied for membership, or in other ways gave proof of their interest and appreciation. To all these we hereby render thanks.
We realise, however, that we have failed to reach many who were entitled to receive our first invitation. For this we sincerely apologise. We trust that it will be understood that after five years of forced isolation it was impossible for us to be fully informed of philosophical developments abroad. These extenuating circumstances encourage us to invite all the representatives of academies, universities, institutes and societies, as well as private persons who are students of philosophy, to apply directly to us, if they should happen to have heard of our plans. We shall be pleased to send them our future announcements. We shall be very grateful to receive information, from those who are interested, about the philosophical activities in their own countries.

DATE. The Congress will be opened on Wednesday, August 18, 1948. The meetings will be held on August 19, 20, 21 and 23, 24, 25.

ORGANIZATION. The plenary sessions of the Congress will be devoted to various aspects of its central theme: MAN, MANKIND AND HUMANITY.

1948 年阿姆斯特丹第十届国际哲学会议邀请函

新中国成立后的 17 年，厦门大学哲学系经历了短暂的复办时期（1959—1961）。这一时期教学的主要目的是培养马克思主义哲学的专门人才，因此哲学系在课程设置上偏重于马列主义基础理论教育。随着教学基础的巩固和教学体系的基本完善，哲学系的科研工作逐渐起步，陆续出版了《形式逻辑》（1958 年，赵民）、《共产主义讲话》（1959 年，汪澍白）等著作，同时积极开展学术交流和学术活动，有力地促进了哲学系科研和教学的发展，提高了厦门大学哲学系在海内外的学术声誉。

第三章 “文革”期间

1974 年 10 月，厦门大学在马列主义教研室哲学教研组的基础上成立了哲学领导小组，筹备恢复哲学系，彼时，罗芬任领导小组组长。哲学系在初建时期，人员编制与机构设置还没有从马列主义教研室独立出来。为了锻炼教师队伍，积累办学经验，1975 年底至 1976 年底，哲学系先后与福建省三明地区总工会、同安县总工会和三明地区共青团举办理论骨干哲学短训班，培训学员 240 多人，主要讲授辩证唯物主义和历史唯物主义。

第四章　“拨乱反正”与改革开放时期（1977—2000）

第一节　机构的设置与调整

经“文革”后期之认真筹划，厦门大学哲学系终于在1976年底正式复办，此时共有教职工22人，其中教师19人。哲学系复办后的第一届学生是1976级。1976级是1976年粉碎“四人帮”以后经考试录取，于1977年3月入学的。哲学系在复办之际，设立了马克思主义哲学原理原著、西方哲学史、中国哲学史和自然辩证法4个教研室及系资料室。1977年初增设逻辑学教研室。次年学校单独设辩证法研究室，该研究室下设马克思主义辩证法史、欧洲辩证法思想史、中国辩证法思想史和辩证法逻辑四个研究组及编译组。编译组不定期编译刊印内部刊物《辩证法研究》，与国内学术单位交流。

1977年，学校正式任命哲学系领导，邹永贤任系主任，罗芬任系党总支书记。后来，罗芬调到校部任职，由洪桂芳任总支书记。

1984年底，邹永贤调任新成立的政法学院院长，由赵民副教授接任系主任，王善钧任总支书记。接着，哲学系扩建了教研室，从马克思主义哲学原理原著教研室中分出马克思主义哲学史、毛泽东哲学思想和伦理学、美学、社会学等4个教研室，并增设毛泽东哲学思想研究室。同年，哲学系增设科学社会主义专业，原马列室共运史教研室教师转入哲学系，成立科学社会主义教研室。第二年，该教研室扩展为科学社会主义原理原著、共运史和社会主义思想史、政治学等三个教研室。1986年4月，科学社会主义专业改为政治学专业，脱离哲学系成立政治学系。

1986年初厦门大学哲学系成立哲学研究所，下设辩证法、毛泽东思想、科学学与科学管理、闽学4个研究室，有6个专职编制，其余由系教师兼任，在管理体制方面是系所合一。

1987 年,在哲学专业内增设社会工作与管理专门化方向。

1988 年,哲学系社会工作与管理专门化方向在全国首次招收本科生。

1990 年,赵民副教授调任政法学院副院长,哲学系副系主任商英伟教授主持哲学系工作。

1992 年,哲学系组建新的领导班子,张善城教授任系主任,潘世墨任党总支书记。同年春,国家教委批准哲学系接受国内访问学者和举办马克思主义辩证法专业骨干教师进修班。

1993 年,哲学系中国哲学专业获得硕士学位授予权。

1996 年 1 月,潘世墨教授升任校长助理,白锡能副教授任哲学系党总支书记。同年 12 月,厦门大学自然辩证法研究室并入哲学系(厦门大学自然辩证法研究室正式成立于 1978 年,周济任主任,1979 年开始招收自然辩证法专业硕士研究生,该专业于 1981 年获得硕士学位授予权)。

1998 年,徐梦秋教授任哲学系系主任。同年 12 月,哲学系成立厦门大学宗教学研究所,詹石窗教授任中心主任。

1999 年 9 月,学校成立人文学院,哲学系并入该学院,白锡能教授任人文学院党总支书记,徐梦秋教授任人文学院副院长兼哲学系系主任。

第二节 主要工作与成绩

厦门大学哲学系创办于建校之初,在几代哲学系师生的努力下,厦门大学哲学系已经成为我国东南沿海哲学重镇。厦门大学哲学学科现已获得哲学一级学科硕士学位和博士学位授予权,其中中国哲学、外国哲学与科学技术哲学为福建省重点学科,并建有哲学一级学科博士后流动站。哲学系在马克思主义哲学、中国哲学、外国哲学、科学技术哲学、逻辑学、宗教学、伦理学、美学 8 个二级学科上均招收硕士研究生、博士研究生以及博士后研究人员。

厦门大学哲学系高度重视学生培养工作,新生入学后第一年在人文科学试验班接受人文大类培养,第二年开始分流到哲学系的学生将系统接受哲学专业教育。通过门类齐全的专业课程与专业训练,哲学系致力于培养出具有优秀批判性思维能力与理性论证能力的哲学专业本科生。哲学系全面推行了本科生导师制，对于哲学本科生学习给予了全方位的培养，经过四年的系统学习，哲学专业本科生的主要流向为进入本校或其他国内一流大学从事学术深造与教学工作，进入党政公职机关从事行政管理或文秘工作，进入各类工商企业社会团体从事策划营销或公关工作，等等。另外，哲学系积极推展学生个人发展国际空间，现已经与南安普顿大学哲学系等建有国际本科双学位、国际本硕连读等合作培养项目。除以上所说，哲学系还积极推进研究生培养工作。从研究生入学开始，在导师遴选、论文选题、研究生沙龙、中期考核、预答辩与毕业答辩环节，强化了质量管理，突出研究生学术能力的培养。哲学系建有学生学术团体——"哲海潮"学社与学生学术交流平台——"厦门大学哲学硕博士生学术沙龙"，并定期举办"厦门大学学生逻辑思维大赛"等学生活动。哲学系积极拓展国际学术交流空间，现与台湾中正大学、东吴大学、美国普渡大学、加州大学戴维斯分校、英国爱丁堡大学、德国科隆大学等著名大学建立合作交流关系，今后哲学系的本科生与研究生将有更多的机会走出国门进一步深造与交流！

厦门大学哲学系教师团队积极进取，学术成果斐然，现有包括教育部长江学者、福建省闽江学者、厦门大学特聘教授在内的专职教师 35 人，先后承担了包括国家社科基金重大项目、教育部人文社科基金重大项目在内的国家级与省部级项目多项。现建有中华朱子学会(国家一级学会)、中国现代外国哲学学会知识论专业委员会(国家二级学会)等学术机构，并建有福建省社科基地——哲学与当代社会研究中心，另建有宗教学研究所、佛学研究中心、知识论与认知科学研究中心、哲学虚拟仿真实验教学中心等校级学术机构。

就具体专业而言，中国哲学专业于 1993 年获得硕士授予权，经过 10 年的学科建设，于 2003 年获得博士授予权，并开始招收博士生。中国哲学博士点以朱子学、易学哲学和道家、道教文化的交叉研究见长。厦门大学朱子学研究历史悠久，传承深远。邹永贤、高令印、何乃川等老一辈学者在朱子学研究领域筚路蓝缕，开拓创新，为厦门大学朱子学研究奠定了良好的基础。近年来，厦大朱子学研究团队不断夯实朱子学基础理论研究，与此同时，积极服务福建地方发展。"朱子学与中国文化发展战略研究"被列为厦门大学"双一流"建设的人文与艺术基础学科群重点发展方向之一。依托厦门大学国学研究院、国家一级学会中华朱子学会，乐爱国与朱人求教授先后获得教育部哲学社会科学研究重大课题攻关项目“百年朱子学研究精华集成”(2012)、国家社科基金重大项目“东亚朱子学的承传与创新研究”(2013)。近年来,厦门大学国学研究院出版了“国学研究丛书”“国学新知文库”“朱子学文库”“朱子学研究丛书”“朱子学年鉴”等,以及《朱子及其后学的历史学考察》《朱熹的宗教思想》《东亚朱子学的新视野》《朱子事迹考》等朱子学著作20余部。厦门大学国学研究院还陆续推出“朱子后学文献丛刊”,并在国内外重要期刊上发表了百余篇朱子学论文。就朱子学研究团队当前工作而言,可分为六个方面。一是深化朱子学基础理论与实践研究。编辑出版“朱子学文库”,每年出版专著2～3部,编辑出版《朱子学年鉴》《朱子研究》各一册,进一步深化和拓展朱子学研究领域。二是朱子学文献整理。整理出版“朱子后学文献丛刊”“韩国朱子学文献丛刊”“日本朱子学文献丛刊”,对有重要研究价值的朱子学文献进行全文数据化。三是打造朱子学网络平台。建立朱子学研究网站及微信平台,积极筹划、组织朱子学文献全文数据库建设,为学术研究、教学和文化传承提供国际化共享平台。四是定期举办“国际朱子文化节”、国际国内朱子学会议、“朱子之路”研习营,促进朱子学交流与合作,培养朱子学研究后继力量,进一步促进朱子学承传与创新。五是加强人才培养与学科建设,开设系列专业课程和通识课程,编纂通论性教材与专题性教学参考书。六是加强朱子学智库建设。继续与福建省委、省政府合作,打造朱子文化品牌,为福建省经济、社会、文化发展献计献策,并以此为契机,运用传统文化积极服务社会。

中国哲学博士点的学科群体还注重把道家、道教哲学研究同文化史研究结合起来,先后任教于哲学系的詹石窗、马良怀等教授在这方面进行了很好的探索与拓展。从事道家、道教文化研究的主要骨干还有常大群副教授、杨胜良副教授、黄永锋教授等。常大群的全真道心性哲学研究、杨胜良的《道家与中国思想史论》从新颖的角度展示了道家、道教文化的深层思想底蕴。黄永锋教授在道教服食等方面也取得了值得关注的成果。为了推动易学与道家道教文化研究,厦门大学还于2002年成立了道学与传统文化研究中心,出版《道学研究》学术专刊,以专题形式刊载最新研究成果,并以此联络港台及海外的道家道教文化研究学术力量,产生了良好的反响。

此外,卢善庆教授从审美文化角度解读儒学经典,发掘艺术哲学的资源。徐朝旭教授的《德治论》从儒家德治思想的追溯入手,进而考察德治思想对中国古代政治哲学的影响,分析德治思想的方法论特征及其现实意义,开拓了儒家政治哲学研究的学术视野。

在佛教哲学研究方面，厦门大学具有得天独厚的文化环境与学术资源。与厦门大学仅一墙之隔的厦门南普陀寺、闽南佛学院长期以来与厦门大学的佛学研究人员关系密切。著名佛学专家虞愚教授毕业于厦门大学哲学系，他为学界与教界联手进行学术研究做了大量工作。近年来，在各方大力支持下，厦门大学成立了佛学研究中心，为中国哲学的学科建设提供了机构上的保证和学术研究方面的便利。研究中心主任刘泽亮教授，1999 年毕业于武汉大学哲学系，他师从萧萐父、唐明邦、李德永教授，获哲学博士学位。1999 年，他破格晋升为教授；2001 年调入厦门大学哲学系；现为中国哲学专业博士生导师、哲学系主任，他曾经主持国家社科基金课题“中国黄檗禅哲学思想研究”等多项课题。主要学术著作有：《易文化传统与民族思维方式》（27 万字，第二作者）、《黄檗禅哲学思想研究》（34 万字，独著）、《永明延寿禅师全书》等 6 部，在《中国哲学史》《世界宗教研究》等刊物发表佛教哲学研究论文 70 多篇。为了加强学科建设，厦门大学中国哲学博士点以佛学研究中心为架构，积极引进人才。目前，该研究中心在刘泽亮教授带领下，聚集了一批多样学缘的学者。例如王荣国教授毕业于厦门大学历史系，长期从事区域佛教史研究，所著《福建佛教史》的一些论点颇受学术界关注，多有征引；吴洲副教授来自南京大学，主要论著有《缘起论的基本问题》；林观潮副教授来自日本京都大谷大学，亦曾在日本花园大学国际禅学研究中心进行禅学思想史研究，他的主要论著有《从中国黄檗禅到日本黄檗宗》《隐元东渡の真相について》等；陈强副教授来自美国哈佛大学，主要论著有《新唯识论述记》等。来自不同学校、具有不同学缘的学者集聚于厦门大学哲学系佛学研究中心，他们“拈花微笑”，体悟禅学精义，在佛学研究的殿堂里获得学术的乐趣，也为学术长廊留下自己探索的心迹。

厦门大学哲学系不仅致力于中国传统哲学的深入研究，而且在外国哲学研究海洋中探秘遐思，尤其在近现代西方哲学研究领域的开拓更为学界所瞩目。哲学系外国哲学专业于 1985 年获得硕士授予权，2003 年获得博士授予权。

厦门大学哲学系初建之际，著名的外国哲学研究专家张颐教授即来此任教。张颐（1887－1969），字真如，四川叙永县人。早年参加同盟会。1913 年起在美、英、德等国留学，主攻西方哲学，先后于美国密歇根大学和英国牛津大学获哲学博士学位。1926 年 9 月至 1927 年 7 月任厦门大学哲学系教授，1927 年 11 月至

1929 年 7 月任厦门大学副校长。他的博士论文《黑格尔的伦理学说——其发展、意义与局限》于 1925 年由商务印书馆以英文原版出版,多位欧洲学者发表评论予以高度评价。张颐在厦门大学任教期间,积极推动西方哲学研究工作,为厦大哲学系西方哲学研究开辟了道路,积累了丰富资源。

1975 年以来,厦门大学哲学系在外国哲学研究方面取得了新的进展。张澄清教授、王善钧教授、郑明鲁教授、谢应瑞教授对于哲学系外国哲学研究空间的拓展立下汗马功劳。张澄清教授毕业于中国人民大学哲学系研究生班,主要著作有《黑格尔的唯心辩证法》等;王善钧教授毕业于北京大学哲学系,主要著作有《由"结构"走向"解构"——当代法国结构主义与后结构主义》;郑明鲁亦毕业于北京大学哲学系,撰有《上帝、基督、教会》以及《西方辩证法思想发展史》(合作)等;谢应瑞教授毕业于中国人民大学研究生班,主要著作有《法国启蒙时代的无神论》等。

20 世纪 90 年代开始,厦门大学哲学系外国哲学专业有意识地培养新秀,取得了可观的成效。经过摸索与整合,厦门大学哲学系外国哲学专业的学科群体形成了自己的研究侧重点,在西方知识论研究领域居于领先水平。学科带头人陈嘉明教授在这方面用功尤勤,他于 1985 年在厦门大学哲学系获得硕士学位,师从梁志学教授。其博士论文《建构与范导——康德哲学的方法论》出版之后得到学术界高度赞赏,是国内知名的康德专家。他先后到德国马堡大学、英国圣·安德鲁斯大学、美国加尔文学院、纽约州立大学、荷兰阿姆斯特丹大学等处从事研究与讲学。他利用在国外的机会,潜心收集有关知识论研究方面的资料,先后在《哲学研究》《哲学动态》等刊物上发表了《当代西方的知识论研究概况》等论文,填补了这方面的空白。后来又就"当代知识论"的课题申请到国家社科基金、美国富布莱特基金等,2001 年 9 月赴哈佛大学专门从事一年的该专题研究,借助哈佛大学与麻省理工学院得天独厚的研究条件,完成了专著《知识与确证——当代知识论引论》,该书出版之后得到了学术界的好评。他主持撰写的《现代性与后现代性》,聚集了该学科群体的主要力量联合攻关并且卓有成效,该书由人民出版社出版,是国内较早的系统研究这一领域问题的著作,产生了较广泛的影响。曹剑波教授在该领域也取得了一系列成果。

在侧重进行知识论研究之际,厦门大学哲学系外国哲学的学科群体还注意开展边缘学科与交叉学科研究。周建漳等教授所从事的"西方历史哲学""西方政治哲学”研究在国内学术界亦具有一定影响，他们曾获得国家社科基金和教育部人文社会科学基金的立项资助，所完成的成果《历史的理解与解释—西方历史哲学研究》《西方马克思主义的国家理论》等已在社会科学文献出版社、中央编译出版社出版，受到学界关注。在西方古典哲学思维方式的研究方面，白锡能教授等曾与有关单位合作承担过相关的国家社科规划项目，其研究成果受到专家的好评。此外，本研究方向的梯队成员在《哲学研究》《政治学研究》等著名刊物上发表了一系列学术论文，反响良好，有些文章被《新华文摘》等刊物全文转载。近年来，该学科群体的研究论著先后获得教育部人文社会科学优秀成果奖 1 项、省级优秀成果奖等 6 项。

对于厦门大学哲学系来说，科技哲学博士点建设具有举足轻重的影响。因为这是该系博士点零的突破的标志，故而在学科建设的历史上的意义特别深远。尽管厦门大学哲学系科技哲学博士授予权是在 2000 年获得的，但其硕士点却早已在 1981 年建立。

在厦门大学科技哲学的学科建设过程中，周济教授是主要奠基人。周济先生早年就读于上海交通大学，1954 年于中国人民大学研究生班毕业。长期执教于厦门大学自然辩证法研究所、厦门大学哲学系。其主要学术兼职有中国自然辩证法研究会常务理事、学术委员会副主任，中国科学哲学史委员会副主任等。他先后承担和主持国家以及省部级科学基金课题 6 项，出版科技哲学研究的论著、编著 10 多种，发表学术论文 300 多篇，为厦门大学科技哲学的学位点建设做出了重要贡献。

在科技哲学广袤的土地上，鲍振元教授、官鸣教授、刘青泉教授也都是笔耕不辍的勤奋学者。鲍振元教授于中国人民大学科技哲学专业研究生毕业，任教于厦门大学哲学系数十年，撰有《新兴科学大观》《台湾科技经济发展概论》等多种专著。官鸣教授于 1981 年在复旦大学获得硕士学位后到厦门大学工作，长期从事科技哲学基本理论、科技政策与管理、科学技术史研究，主要论著有《管理哲学》《自然辩证法概论》《科学认识论》等。刘青泉教授毕业于厦门大学物理系，主要从事物理哲学、科技发展史研究，撰有《科技史与当代科技》等。他们的工作对于厦门大学科技哲学的学科建设产生了积极的推动作用。此外，还有郭金彬教授，他毕业于福州大学数学系，具有理科的良好素养，长期从事科技哲学基本理论、中外科技思想史的教学与研究工作。他的专长是中国科技思想史研究，先后出版了《中国传统科学思想史论》《中国科学百年风云:中国近现代科学思想史论》《中国数学源流》《中国近代科学的转折》《洋务运动与中国近代科技》《自然科学史导论》等 15 部学术专著,在《自然辩证法通讯》等权威学术刊物发表了《算经十书数学思想简论》《刘徽建立数学理论体系的方法》《刘徽的自然哲学思想及其现代价值》等 200 多篇学术论文。郭金彬教授的著作受中国科学院、中国社会科学院和高等院校三大系统诸多著名学者的关注、肯定和好评,著名数学家苏步青教授、著名历史学家周谷城教授、著名数学家杨乐教授、著名数学家吴文俊院士对于郭金彬教授的学术成就都给予很高评价。吴文俊院士不仅为郭金彬教授《中国传统数学思想史》题签,而且在该书出版之后兴奋地发来"振兴中华数学,促进世界科技"的贺词。郭金彬教授的学术成果在海外也有较大反响,美国、日本、荷兰等国家的一些著名学者如席文、中山茂、丹尼尔等人曾著文称赞。

郭金彬教授与徐梦秋教授还一起策划组织出版了《中国科技思想研究文库》。此文库是福建省社会科学研究"十五"规划重大项目成果。文库由中国著名数学家吴文俊院士(小行星编号 7683 号)和著名天文学家、科技史家席泽宗院士(小行星编号 85472 号)任顾问,并且题签和作序。文库有《中国传统数学思想史》(此书被列入《中国文库科学技术类》,于 2007 年 9 月再版)、《中国技术思想史论》、《中国现代科学思潮》、《道教科技与文化养生》、《管子的科技思想》、《先秦名辩学及其科学思想》、《性别视角中的中国古代科学技术》、《科学的中国化与中国化的科学》、《科学哲学和科学史研究》、《科学思想的升华》、《〈唐会要〉的科技思想》、《中国口述科技思想史料学》、《中国科学史学史概论》、《中国图学思想史》、《中国近代科技传播史》、《中国古代科技伦理思想》、《淮南子的自然哲学思想》、《道教科技思想史料学》、《历史认识的科学性》、《二十世纪中外数学思想交流》,20 部著作中大部分是该领域研究的第一部著作。文库出版后,得到学术界高度好评,《光明日报》《科学时报》《社会科学报》等刊物有众多好评,称这是中华人民共和国成立以来很有分量、重要的中国科技思想研究成果。"开创了研究中国科技思想的一条重要途径。""这些作者都是对他们所写的专题深有钻研的专家,而且题目分布很广,几乎涵盖了中国科技思想史的方方面面。""文库的出版,改变了中国科技思想史研究的局面。"(席泽宗院士语)文库中的著作获国家、教育部社科优秀成果二等奖、三等奖,福建省社科优秀成果一等奖等 13 项奖。此研究文库的作者均是教授、博导和专攻此道的国内知名学者。与此同时,"中国科技思想研究”的其他内容亦逐步展开，主要包括：中国科技思想史料学（文献学）；实物科技思想史论；口述科技思想史论；中国当代富有生机的科学思想研究；中国科学各领域争取走在世界先进行列的可能性分析和思想前瞻；等等。这套文库的组织出版引起了学术界的密切关注。著名的科技史家、中国科学院院士席泽宗教授在文库总序中说：“二十多年前我的一些设想由厦门大学哲学系和科学出版社变成现实。”他表示对此“寄托很大的希望”，并且指出“科学思想有一定的持续性，思想能够产生思想，在读古书中也可以产生出新的思想火花，成为宝贵的财富。科学思想史的研究比一般科学史的研究更具有深刻的现实意义。希望国内有志于此的学者能写出更多更好的著作来完善这一文库。”这足见席泽宗教授对于该研究方向的工作评价极高。作为学科带头人，徐梦秋教授在科学规范论研究方面业取得了丰硕成果，他在《自然辩证法通讯》《自然辩证法研究》《哲学研究》《中国社会科学》等刊物上发表了一系列重要论文，对默顿的科学规范论，对科学规范的内涵、外延、类型、功能、逻辑结构和形成机制做了深入的研究。他还出版了《现代社会中的科学》《理解与科学解释》《科技政治学导论》等著作。

科技哲学作为哲学系优势专业，近年来更是英才济济，如朱菁教授、陈玲教授，皆已在各自领域取得丰硕成果，朱菁教授担任人文学院院长，他曾在美国佛罗里达州立大学哲学系、英国伦敦大学 UCL 认知神经科学研究所做访问学者。他于 2006 年入选中山大学“百人计划”引进人才，2008 年入选广东省高等学校“千百十工程”第五批省级培养对象，2008 年获教育部“长江学者奖励计划”特聘教授。陈玲教授近年来亦是成果硕硕，先后在《自然辩证法通讯》《哲学动态》《厦门大学学报》等学术刊物上发表论文数十篇，并主持或参与多项国家及教育部社科项目。

中国传统科技思想研究，是一项复杂的系统工程，它牵涉传统文化以及社会生活的诸多层面，尤其与中国传统哲学存在着十分密切的关系。如何揭示这种关系？如何发掘其中丰富的资源？这是该领域研究的重要工作。在这方面，乐爱国教授进行了比较深入的探讨。他已出版著作多部，如《儒家文化与中国古代科技》《管子的科学思想》等，其论著拓展了新的学术空间，打破了以往学术界关于儒家阻碍科技发展的偏见。

厦门大学哲学系的中国科技思想研究，具有良好氛围和学术背景。早在 20

世纪 80 年代，厦大科技哲学专业的学术带头人即主持并且完成了首批国家社会科学基金课题“中国近现代科学思想史研究”“中西科学思想比较研究”。1987 年，厦大举办了“全国中西科学思想研讨会”，促进了学术界对于科学思想的研究。2003 年，厦门大学哲学系联合 7 所高校和研究会共同主办了全国“中国传统科学思想史暨科学史基础理论学术研究会”，中国科学院、中国工程院、国家自然科学基金委员会主办的《科学时报》两次发文对此会进行报道和评述，中国科学院《自然辩证法通讯》《科学技术与辩证法》等权威刊物、核心刊物也发文报导。

正如我国众多高校一样，厦门大学哲学系的马克思主义哲学的教学与研究一直居于学校哲学整体学科的龙头地位。一方面，这是大学生思想教育的必修课；另一方面，这又是哲学研究的基础学科。从这个角度说“马克思主义哲学是思想主旋律”一点也不夸张。为了唱好这个主旋律，厦门大学哲学系自 20 世纪 80 年代以来集聚了众多人才。其学术开先者有邹永贤、汪澍白、郑道传、商英伟、洪成得、池超波、苏振福等诸教授，他们有“领唱”，有“合唱”，于鹭岛奏响了马克思主义哲学研究的时代强音。

这一时期，哲学系马克思主义哲学的学科带头人是徐梦秋教授。他是本系自己培养的一位杰出人才，曾任《厦门大学学报》副主编、厦门大学哲学系系主任、厦门大学人文学院副院长、福建省哲学学会会长等职。徐梦秋教授继承了老一代学者严谨的优良学风，特别注重马克思主义哲学经典文献的研读，曾经主持多个国家社会科学研究重点项目、一般项目，他的专长是马克思主义认识论、规范论研究，在《中国社会科学》《哲学研究》等重要学术刊物发表学术论文 70 多篇，主编与合著的专著、教材凡 8 部，译注 1 部，6 次获得福建省社会科学优秀成果奖，其论文被广泛征引，反响甚大。在徐梦秋教授的组织下，厦门大学哲学系的马克思主义哲学研究聚集了许多优秀人才，张小金教授、徐朝旭教授、张爱华教授、吴开明教授、吴玲副教授、陈宣明副教授、白玉国副教授、杨胜良副教授、张有奎副教授、杨松副教授、唐瑭副教授等携手共进，努力开拓，其学科建设展现了欣欣向荣的气象。

哲学系马克思主义哲学的理论与应用研究的主要成果与特色体现在如下三个方面：

第一，马克思主义哲学史研究。先后出版了《马克思主义辩证法史》、《马克思主义哲学史》（八卷本，第四卷主编）、《马克思主义国家学说概论》、《主体论——从马克思到毛泽东》、《毛泽东早期哲学思想探原》、《毛泽东思想与中国文化传统》、《毛泽东早年心路历程》、《毛泽东思想的双重渊源》、《马克思主义中国化的探索与实践》、《自由论》、《社会发展理论模式研究——兼论邓小平现代化理论》等专著，教材10多部(其中1部被国家教委指定为“高等学校文科教材”)，译著2部。并在《中国社会科学》《哲学研究》《哲学动态》《光明日报》《学术月刊》《文史哲》等数十家学术刊物上发表论文数百篇。

第二，马克思主义认识论、规范论研究。在进行马克思主义哲学史研究的同时，厦门大学哲学系的学科群体也注重马克思主义认识论、规范论、价值论研究，并且将这种研究与西方哲学研究沟通起来。该学科群体先后出版了《现代认识论研究》《科学认识发展论》《主体论》《〈资本论〉方法论研究》等论著。尤其是关于规范论研究的成果在《中国社会科学》《哲学研究》《学术月刊》等重要刊物上发表之后受到学术界的好评。其中部分成果，获得省、市社科优秀成果一等奖。在应用研究方面，近年来对市场经济的伦理问题、对外开放与社会转型、知识经济与精神生产等问题的研究进一步延伸和扩宽，出版了专著《对外开放与转型》，发表了相关论文。

第三，西方马克思主义研究。在这方面，厦门大学哲学系注重探索西方马克思主义的国家理论、政治哲学、现代性等问题，出版了《西方马克思主义的国家理论》《法兰克福学派与科学技术哲学》《“新马克思主义”——从卢卡奇、科尔施到法兰克福学派》《“西方马克思主义”的社会政治理论》《西方马克思主义的辩证法理论》等专著，在《中国社会科学》《哲学研究》等许多刊物上发表百余篇高质量学术论文。

任何理论体系的建构都离不开逻辑，系统化的哲学理论更是如此。故而，逻辑学便成为哲学系的基础学科之一。厦门大学哲学系向来对此十分重视。1985年，厦门大学的逻辑学专业获得硕士学位授予权。其主要奠基人是赵民与向刘骏教授。赵民教授于解放初考入中国人民大学经济系，毕业时被推荐到人大马列主义教研室攻读逻辑学专业研究生，师从苏联专家尼基金，毕业后留校任逻辑学教研室副主任，后转任新疆大学政治学哲学教研室主任；1977年，赵民教授与夫人向刘骏教授一起到厦门大学哲学系任教，赵先生曾任哲学系副系主任、系主任、政法学院副院长，中国辩证逻辑学会副会长等职，长期讲授“形式逻辑”“辩证逻辑”“逻辑经典著作”等课程。早在1958年，赵民先生即与夫人向刘骏一起主持编写《形式逻辑》教材。1962 年，又参加全国统编教材《形式逻辑》的撰稿工作，该书由人民出版社出版，曾获全国优秀教材奖。1984 年，赵民教授参加《辩证逻辑导论》一书撰稿工作，该书亦由人民出版社出版，为全国高校推荐教材。1987 年，他主编《形式逻辑》教科书，由鹭江出版社出版。赵民教授还发表逻辑哲学方面的论文数十篇，他与向刘骏教授都是中国逻辑学界的主要拓荒者。

赵民与向刘骏两位教授离休之后，哲学系逻辑学专业由潘世墨继任学科带头人。1982 年，潘世墨毕业于厦门大学哲学系，留校任教，一直从事逻辑学的教学与研究工作，今已退休。潘世墨教授有《普通逻辑概论》《现代社会中的科学》《略论中国古代逻辑》等中外文论著数十种。

在潘世墨教授带领下，厦门大学的逻辑学专业注重学科领域的创新、拓展和校内人员与资源整合。哲学系与计算机学院人工智能研究所联合攻关，侧重开展认知逻辑与人工智能问题研究。该项研究建立了一个统一的逻辑推理框架来描述和处理人类基于知识进行推理的一般规律性，将对知识的不确定性、不一致性和不完全性的处理转化成逻辑演算，用逻辑的方法刻画知识的动态增长、修正和知识的进化。其主要成就与特色如下：

第一，把科学认识论与计算研究结合起来，形成了“认知逻辑”的前沿方向。通过比较分析，该研究方向讨论了已有的和新近发展起来的全部计算范式，提出一种“自然机制＋算法”的自然主义的计算哲学观，丰富了认知计算哲学思想。在清华大学出版社出版了《认知逻辑导论》等许多专著，填补了我国该领域研究的空白。

第二，以认知逻辑为基本框架，充分发掘多学科资源，把符号学、语言学与计算机应用研究结合起来。在语言认知理解哲学问题的研究中，该研究方向通过分析汉语机器理解面临的各种困境，提出了一种意群动力学的哲学观点；并通过进一步分析语言神经活动现象和规律，提出了“动态分布式竞争”脑功能形成理论，为所提出的汉语理解意群动力学观点寻找认知神经科学依据。

第三，拓展认知逻辑的研究领域，对人工意识的哲学问题展开研讨。该研究方向的带头人周昌乐教授与中国科学院唐孝威院士和汪云九教授合作，在《科学通报》等学术刊物上发表论文 4 篇，出版专著《心脑计算举要》一书，不但就人工意识的科学研究提出了自己的量子计算模型，而且还对人工意识的有关哲学问题进行了深入的探索。此外，还参与唐孝威院士撰写的《探索自然的对话》的有关章节，并就“意识与脑科学”主题四次参加香山科学会议并做专题发言。在人工智能终极目标可能性的哲学研究方面，出版专著《无心的机器》，对人工智能中出现的哲学问题进行全面深入的分析，得到学术界充分肯定，唐孝威院士等撰文给予了高度评价，中央电视台《读书时间》等媒体也做了相关的报道。

第四部分　新世纪的人文学院（1999—2021）

引　言

1999 年 9 月，在学校关于学院建制的指导方略下，由中文、历史、哲学、新闻四系合并重组的人文学院肩负着庄严而光荣的职责正式成立，开始了新世纪的征程。

在 21 世纪走过的这二十年中，全国高校发生了巨大的变化，促进创新、强调团队的“2011 计划”的实施，数年一度的教育部学科评估，“211”“985”转型为“双一流”，诸如此类的一系列事件对人文学院各系的教学、科研产生了很大影响。人文学院具有坚实有力的发展基础，下设各系历经近 80 年的发展均已成为国内外著名的教学科研机构，出现了一批在国内外享有盛誉的学者，建立起了一支高素质的教学科研团队，成为相关学科领域的南方重镇。因此自 1999 年建院以来，人文学院在继承前人学术传统基础上，在教学和科研领域不断改革，推动各系学科建设进一步发展，并取得了不菲成绩。短短 20 余年，人文学院经历了一系列的系、所、专业、学科点的初创、调整、成长和发展，全心致力于建成世界知名的高水平的研究型的人文学科专门人才培养基地，建设国内外学术界不可替代的以南中国为核心并且辐射港澳台及东南亚区域的人文科学的教学科研中心。

人文学院的“十一五”规划书中曾写道：“以科学精神、人文精神、功利精神相辅相成的办学理念，至 2020 年前后，将人文学院建设成为一个学科门类齐全、国内一流、某些学科达到国际先进水平、与国内外人文学科有着广泛联系的高开放度的研究型学院，成为我国培养具有综合性知识结构和创新能力的高层次人才的重要教育基地和进行人文科学研究的重要科研基地。”人文学院建院 20 余年的历史也正是在这样一条道路上奋进前行的。全院师生对人文学科发展成长所怀的赤诚之心、付出的辛勤汗水，成为人文学院壮大过程中最重要的力量源泉。

今时今日，人文学院已经跨进 21 世纪第二个十年的门槛。回顾建院 20 余年的历史变迁，面对巨变，人文学院确是经历了重重机遇与挑战，并始终牢牢把握了学院各系既有的学科优势和人才基础，摸索出一条独具人文特色的发展路径。

第一章　迈向新世纪的草创与调整（1999—2010）

第一节　旧学科的整合与新学院的诞生

一、合而为一的人文学院

在迈向21世纪之际，人文学院迎来了组建之机。时逢世纪之交，我国许多大学都在进行校、院、系管理体制改革，厦门大学亦不例外。根据教育部的要求，本次改革主要是根据学校的办学特点和实际情况，明确校、院、系（所）的管理职能，降低管理重心，调整管理跨度，规范管理行为，激发各级组织的活力，以达到理顺教学科研组织管理体制的目的。关于合并中文、历史、哲学、新闻各系及相关研究所的讨论过程是艰难而漫长的。将此四大系整合为人文学院、并将系转变为基本教学单位，是厦门大学在新时期发展新文科、发挥传统优势、发展综合性大学的一大尝试。这种文科整合的构想，是期待着各系之间能够利用厦门大学文科的传统优势和深厚积淀，彼此互相补足、支撑，并利用彼此之交叉、渗透而创造出新的辉煌成绩；建立学院建制，也是一种将工作权力下放至具体单位，进而给予更大空间、激励基层组织活力、鼓励各学科自主创新发展的尝试。然而在实际工作中，仍然存在不少困难，最主要的问题就是这四个文科大系均有很长的发展历史，内部学科众多，体量蔚为大观，因此不同系之间虽有共通之处，但分歧与争议也很多，发展情况更是不一而足。在学院建制之初，对于如何良好地对四系进行整合、顺利完成工作衔接，存在不少意见。

1999年9月，根据厦门大学关于推行校院二级管理体制、进行学科调整和学院建制的工作安排，经校行政办公会决议，由原中文、历史、哲学、新闻四个系共同合并组成人文学院，中国语言文学研究所、历史研究所等亦隶属其中。与此同时，原有四个系的党总支、团总支、工会组织等逐一撤销，统一成立学院党总支、团总支、党政办公室、工会，各系资料室亦于此前划归图书馆。此外，学校将历史学系创建的旅游管理专业划归管理学院，该专业不再隶属历史学系。陈支平出任人文学院首任院长，白锡能任首任党总支书记。同年 10 月 29 日，校组织部任命林金枝、徐姗娜、陈国强为首任党总支副书记，黄鸣奋、郑振满、徐梦秋、陈培爱出任首任副院长，同时兼任四系系主任职务。工会主席、团总支书记分别由许清茂、张必华担任，吕真辉任办公室主任，助力学院管理一切事务。12 月 9 日，厦门大学人文学院印章正式启用。经过创设之初几个月的过渡期，人文学院在原有各系的领导班子基础上，吸收了部分学校的政工干部，最终组建起一支新的领导班子队伍，稳步开始了面向新世纪的发展工作。在此建制下，人文学院全体师生受人文学院党总支领导，并在其领导下开展政治学习，推进教学工作；各系同时成立有教工党支部，各系学生的思想和组织工作则由学院负责；辅导员团队与学生联系最为密切，关系到学生在校期间学习与生活的各个方面，因此学院自 2000 年起为各系配备专职辅导员，此举一直延续至 2013 年人文学院推行大类培养方案后，辅导员才开始按年级负责全学院各系学生工作。

白锡能，厦门大学哲学系教授、博士生导师，1954 年 9 月生。1977 年入厦门大学哲学系学习，1982 年毕业后留校任教。白锡能专于西方哲学研究，曾任厦门大学人文学院党总支书记、组织部部长、马克思主义学院院长，兼任中华外国哲学史学会理事、福建省哲学学会秘书长、福建省社会科学界联合会理事、福建省外国哲学史研究会副会长等职。

陈支平，厦门大学历史系教授、博士生导师，1952 年 11 月生。1977 年入厦门大学历史系学习，1987 年获中国史博士学位后留校任教。陈支平长期从事中国史专业的教学和科研工作，曾任厦门大学历史系主任、人文学院院长，国务院学位委员会第六届、第七届学科评议组成员，现任厦门大学人文与艺术学部主任委员、国学研究院院长，兼任中国经济史学会副会长、中国明史学会会长、中国民族学与人类学研究会副会长、闽南师范大学闽南民间信仰方向博士生导师等职。

人文学院下属 4 系 2 所 6 个行政单位，是我校系所机构最多的一个学院。在成立学院之前，各系所的改革和发展工作虽然都取得了一定成绩，但也存在一些问题，各方面发展并不平衡。把如此之多的原本独立的、学科门类不同的系所组合在一个学院里，并在短短的时间内磨合为一个整体，对新成立的学院党政领导班子来讲是一个严肃而又繁重的任务。由于四系师生队伍庞大、各项工作任务繁重，且各系均在长期办学过程中形成了一套自有的科研与教学体系，很难在短时间内迅速磨合统一,因此学院创办之初的基本工作主要依靠各系开展。学院党政领导班子共同合力,在贯彻校院二级管理体制试行条例的基础上,一方面做好学院各机构的组建工作,推行管理体制改革,理顺院系所关系;另一方面落实学院的实体地位,合理地划分职责权限,实行学院统一领导、分级管理的体制,并最终确定了重大事项由院务会议讨论决定,具体工作的落实和管理由院办和各系所分工负责的工作原则。这也成为人文学院长期以来开展工作的主要思路之一。

新一届领导班子均为原各系领导班子成员,长期组织、参与系内各项工作,对各系情况都比较熟悉,因此迅速把握了学院草创时期的具体情况,确定了整体工作思路:以思想政治工作为保障、以学科建设为目标、以师资队伍建设为龙头,整合全院教学科研资源,积极推进教学改革、开展科研活动,改善办学条件,努力推进新时期人文学院的发展工作。由于自然升替承接不够及时等种种原因,到世纪之交,我院师资出现了很大问题,一是整体偏老,二是职称偏低,三是人数偏少。时任院系领导班子对此进行了大力改进,在师资建设、人才引进等方面用力尤重。根据各系的不同情况,学院多方举措,一方面依靠各系既有的工作经验,将党务工作纳入学院统一管理,逐步建立院系协同管理工作机制,另一方面也鼓励各系根据具体情况有的放矢,制定新时期的发展战略计划,大力引进人才、调整学科资源、积极投入学科点建设。在全院教职员工的共同努力下,新学院各项工作逐渐步入正轨,并且凭借原有的雄厚学科基础,在很短的时间内便初具规模。

二、新世纪的学科发展机遇

时间迈入 21 世纪。伴随着新世纪人文社会科学的迅速发展,学科的分类更趋细化,在顺利推进校院二级管理体制和院系机构改革工作的基础上,根据当前学科发展情况,人文学院哲学系的一大工作重点即是着力将原社会工作专业从哲学系独立分出,以增设社会学系。这一工作经过长时间的规划与筹备,于 2000 年初顺利获批通过。社会学系的增设有赖于多年来积累的坚实学科实力和教学基础:自 20 世纪 70 年代末、80 年代初中国社会学重建以来,厦门大学哲学系和政治系分别有多位教师从事社会学的教学与研究工作。1985 年,哲学系开始社会工作专业的筹办工作，并于1988年创办了社会工作与管理专业，正式面向社会招收本科生。[①] 除本科生外，该系还不断拓宽培养方向，走多渠道办学的道路，将原来的党政干部基础理论专修科改为社会工作与管理，并于1993年招收了32名社会保险与管理专业的自费大专生。1993年12月，经国家教委批准，厦门大学哲学系社会工作专业正式成立，并组建了社会工作教研室，教学科研和社会服务工作均欣欣向荣。伴随着90年代以来国家社会学学科的发展趋势，社会工作专业逐步吸收了大量精英人才、充实了学科实力，进一步成长壮大。到了20世纪末，国内同类专业的院校一般都已相应建立系级建制；基于学科交流、人才培养和社会服务工作的开展情况，我院社会学系的增设也已是势在必行。2000年3月24日，经校长办公会研究批准，厦门大学人文学院社会学系正式成立，张友琴出任系主任，胡荣为系学科带头人，逐渐形成了政治社会性、社会政策研究及人口社会学三个较有特色的研究方向。这既是我院学科发展所孕育的优秀成果，也是厦门大学社会学科的重大突破，为此后厦门大学社会学相关学科的发展壮大奠定了坚实的基础。

2000年，中文系戏剧戏曲学专业获批博士学位授予权，这是1987年中文系建立汉语史博士点以来学科建设的重大突破；哲学系科技哲学专业同时获批博士学位授予权，这也是哲学系获得的第一个博士学位点，并于2002年开始招收哲学系首届博士生。同年，语言学与应用语言学专业获硕士学位授予权；原隶属于艺术教育学院（现艺术学院）的艺术学硕士点也并入中文系。这两个专业学位授予权的取得，标志着中文系新兴学科的建设有了新的突破，体现了中文系在过去一段时间内采取的寻找新的学科增长点、努力发展边际学科和新兴学科、关注当今全球化热点问题的发展方略取得了一定成效。

2001—2002年，学院配合学校关于深化院系体制改革工作的要求，进一步理顺院系关系，加强学院对全院工作的统筹指导，发挥学院的宏观管理作用，支持各系独立自主开展工作。与此同时，多个研究中心、研究所陆续完成了调整与归并。

2001年，学院陆续获批东南亚华文文学研究会、汉语言研究中心、戏剧与影视学研究中心等多个研究中心，增设了一个汉语言（应用语言学）本科专业及一

---

① 胡荣：《厦门大学社会工作专业成立》，《社会学研究》1994年第4期。

个教育类的汉语言文学专业。2002年,古籍研究所正式并入我院,挂靠中文系开展研究工作。

三、人类博物馆与人类学学科

根据学校工作部署,2001年,人类博物馆及人类学研究所共同并入人文学院,正式挂靠人文学院开展工作,时任所长为郭志超教授。人类博物馆及人类学研究所的归并,标志着人类学与民族学专业在新世纪的学科调整与发展逐渐拉开帷幕,其在历经数十年的曲折发展之后有了更为稳定、广阔的成长空间。

厦门大学人类博物馆与人类学研究所一直有着密不可分的联系。厦门大学人类博物馆是厦门大学附设的一所人类学专科博物馆,是联合国教科文组织认定的著名博物馆,专门收集和陈列有关人类及其文化发展的文物,以说明人类本身的起源演变以及其生活文化的发展历程,同时也集科研、教学和社会教育于一身。它是在新中国成立后由中央教育部批准成立的,也是一所与人类学的教学、科研密切结合的专科博物馆。尽管厦门大学人类博物馆在解放后才正式成立,但它的办馆历史沿革已久,可追溯到厦门大学建校之初。

1.人类博物馆的历史沿革

厦大人类博物馆及人类学研究所最早可追溯至1926年国学研究院所设立的古物陈列室及林惠祥先生于1934年创办的厦门市人类博物馆筹备处。1926年,时任厦门大学校长的林文庆组织成立了“国学研究院”,聘请林语堂任国学研究院总秘书。国学研究院聚集了鲁迅、沈兼士、顾颉刚、史禄国等一批著名学者,提出了独树一帜的国学研究理念,制定了国学研究的宏伟规划,其中就特别强调文物的搜集,并把博物事业列入国学研究院的章程之中。国学研究院下设考古学会,“以调查保存中国过去人类之物质遗迹及遗物为宗旨”。考古学会下又设陈列部,专责古物风俗物品之研究与收藏。同年秋,国学研究院举办考古文物展览会,展出了鲁迅收藏的六朝隋唐造像拓片,陈万里收藏的大同云冈石窟拓片、敦煌照片,以及陈列部收集的各种出土文物、本校商科收藏的古钱等。当时的展览会由国学研究院主任沈兼士主办,会场设在生物楼三楼中间两个大教室里。

一间布置鲁迅收藏的石刻拓片，一间布置明器和其他藏品，共有215件，大部分是陶俑人物和房子、器物等日常生活用具。鲁迅先生的高足、当时的厦大学生陈梦韶曾回忆道："这些文物都是劳动人民创造的，可供研究社会历史和生活参考。"①次年，厦门大学国学院成立了古物陈列所，由郑德坤教授主持，其曾发掘过泉州唐墓等，至1933年更名为文化陈列室。

由于资金短缺等问题，厦门大学国学研究院仅运行了半年便被迫停办，而后人类博物馆的筹建则要等到20世纪30年代林惠祥回厦大任教之时了。在那个年代，人类学是一门新兴学科，在我国正是提倡研究的阶段。林惠祥是我国著名人类学家，曾师从陈定谟，是厦大第一届毕业生，曾入菲律宾大学研究院人类学系深造，于1928年获人类学硕士学位，先后在中央研究院和厦门大学从事人类学的研究和教学工作、到台湾调查考察高山族和圆山石器时代遗址等，在中国人类学研究上有奠基之功。1930年9月，林惠祥回到厦大，担任文学历史社会学系教授兼系主任。在校教授"人类学"等课程的过程中，他感到很需要有一所人类博物馆提供文物来供师生参考，并宣传普及人类学知识。1934年，林惠祥开始着手组建厦门大学人类博物馆筹备处。他选择以厦门大学西侧顶澳仔住家二楼为博物馆筹备处，并将自己历年发掘和夷集的考古、民族、民俗等文物，连同华侨、热心人士捐赠的文物一起陈列，供校内师生及校外中小学师生、教研人员及各界人士参观。这处其貌不扬的陈列室遂成为中国第一家人类学专科博物馆。创建之初，林惠祥教授即决定在文物较充实后捐献给国家，但后因战乱，筹备工作一度中断。抗战胜利后，林惠祥于1947年夏重返厦门大学任教，并设立"人类学标本陈列所"，集中展示他十余年来在考古发掘活动中搜集到的数以千计的文物标本。

1951年，林惠祥将其一生辛勤搜罗和积存的近万件考古、民族文物和专用图书全部捐献给厦门大学，并向校方建议设立人类博物馆。王亚南校长接收文物后，呈函华东教育部和中央教育部。1951年12月，中央教育部批准成立厦门大学人类博物馆。为保障馆藏的整理与展出的质量，学校于1952年先成立了筹备处，将原文化陈列所的文物亦并入其中，确定由林惠祥出任博物馆首任馆长，并由徐悲鸿题署"厦门大学人类博物馆"馆名。林惠祥与徐悲鸿是抗战前认识的

① 陈国强：《鲁迅和厦门大学文物考古展览会》，1982年7月《天风海涛》第5辑。

老朋友，抗战期间在南洋患难与共：徐悲鸿曾在新加坡等地办画展，筹款支援祖国抗战，与林惠祥结下了深厚友谊；林惠祥任槟榔屿钟灵中学校长时曾举办“寒衣捐”，请徐悲鸿作画以作奖品，并撰文介绍徐悲鸿其人其画。1953 年 3 月 16 日，厦门大学人类博物馆正式面向公众开放，徐悲鸿亦作画以贺；走进当时的厦门大学人类博物馆会客室，可以看到正中悬挂着徐悲鸿画的雄鸡。厦门大学人类博物馆最初开馆在厦大生物楼（成义楼）三楼的陈列室；不久，有鉴于生物楼三楼的陈列室太拥挤，各界观众多参观不方便，王亚南校长同意将人类博物馆迁到博学楼新馆址，扩大陈列室，以方便校内外人士参观。人类博物馆从此有了新的立足之所，一直持续到 1966 年闭馆整理。

厦门大学人类博物馆成立后，在国内外特别是东南亚各国重要报纸杂志上均有报道和介绍。厦门大学创办人、爱国华侨领袖陈嘉庚先生也多次到馆，鼓励办好人类博物馆，为人民服务。林惠祥先生高足、时任厦门大学人类博物馆馆长陈国强在 20 世纪 80 年代初回忆说：“陈嘉庚先生几乎每星期都从集美来厦门大学，巡视大礼堂等建设工地……从大礼堂工地下来，他常手持拐杖迈步到博物馆来，找林惠祥馆长坐坐谈谈，地点就在向南的办公室里。”陈嘉庚校主时年乃八旬老人，他与林惠祥馆长讨论发展博物馆事业的照片就悬挂在人类博物馆会议室内。他赞扬林惠祥教授的敬业精神和干劲；又说博物馆通过实物陈列品教育观众，增进科学知识，不但是高等教育所需要，也是教育广大民众的好办法，应该大力提倡。后来，陈嘉庚先生筹建华侨博物馆时，也时时与林惠祥共同商讨。

2.人类博物馆的展览与人类学学科的发展

1978 年，在陈国强教授主持下，博物馆恢复工作。1981 年春天，时值厦门大学 60 周年校庆，厦门大学人类博物馆重新整理、恢复展出。此次展出共计为 34 间陈列室及碑廊，基本根据林惠祥先生的馆藏分类进行展出。林惠祥馆长在《厦门大学人类博物馆陈列品说明书》中曾写道：“人类博物馆是专门博物馆，即专门搜罗陈列有关人类及文化发展的文物的博物馆。在时间上是自有史以前以至于现代，在地域上是世界性的。”“陈列的目的是要说明人类本身的起源演变及其生活文化的发展途径。以供现代人的借鉴，为创造未来的幸福世界参考。”这 34 间陈列室和碑廊中陈列的文物反映了人类和文化的起源和发展，以及各族人民聪明智慧所创造的生产、文化等内容。

在人类的起源和发展部分，包括“从猿到人模型”和“旧石器时代”等几间陈列室。本馆自塑的从猿到人发展路线全景模型，表现了从人类动物祖先的森林古猿、南方古猿发展到猿人、古人、新人三个阶段的重要古人类，以及新石器时代人、今日不同的人种和现代类人猿的情况，反映了劳动创造人类的过程。还塑有等身大的爪哇猿人、北京猿人、尼安德特人、克罗马农人和山顶洞人，以及华北新石器人、东南地区古越族等模型，反映各阶段人类体质的发展。

为了结合说明古人类生活文化的发展，博物馆还展出了旧石器时代和新石器时代的五个全景大模型，并陈列了各阶段古人类和动物化石以及复原像，还有各阶段古人类所创造的旧石器和其他用具。旧石器中马来亚洞穴旧石器尤为独特，这是林惠祥教授抗战时期避难南洋期间，在马来亚调查考察几个洞穴时所发现的。

在文化的起源和发展部分，考古文物按各时代分室陈列。新石器时代中有石器、陶器的发明和发展模型，有各地发现的彩陶、黑陶和各类新石器，尤以台湾和福建出土的石锛、有段石锛、有肩石斧等和印纹陶为宝贵。台湾新石器是林惠祥教授分别于1929年、1935年发现的，是台湾与大陆密切历史渊源的见证，亦为大陆唯一收藏。在各个时代陈列室的甲骨、铜器、明器、玉器、货币、瓷器、字画、武器等文物，以及社会仪式品、宗教品、雕塑品等，都从不同侧面反映了人类文化的发展过程和成就。其中，福建出土的明器，福建的建窑、德化窑古瓷及外销瓷，泉州大海船模型，泉州地区出土的古伊斯兰教石刻、古基督教石刻、古印度教和其他宗教石刻，民族英雄郑成功军队的国姓瓶(火药罐)、铁锚、饮马石槽、制火药石臼，厦门明代抗倭石刻和明墓，清代鸦片战争时期的大铁炮等，以及东南亚出土的新石器、贝壳化石等，更引人注目。藏品中还收有乾隆年间的台湾古地图等珍贵文物。

在中外民族文物部分，分室陈列着国内华北的、西南的多个少数民族，还有畲族、高山族，以及南洋、印度、澳大利亚的民族文物。畲族的祖杖和祖图，反映了他们的图腾崇拜和祖先活动的历史，畲族妇女的头饰既美丽又有民族特点。她们头戴凤凰冠，下穿裙裤、脚带和绣花布鞋。台湾高山族文物是林惠祥教授到台湾调查采集带回的。武器有泰雅刀、排湾刀、雅美短剑等，鞘上有人面形和蛇形图案，他们用的双连环、木勺、烟斗，穿的麻布衣和贝珠衣，木雕人像和土偶等艺术品，都反映了高山族的生活文化的特点。南洋民族武器中除各类型蛇形剑、镰形小刀外，还有婆罗洲猎头用大刀。澳大利亚飞去来(回旋标)模型也很独特。印度文物有原始性崇拜的石磨、神猴哈奴曼雕像、贝叶经等。这些中外民族的文物，可帮助人们了解各地人民的历史生活文化特点，也反映了各地人民的聪明才智。

此外，紧密结合教学和科研发展人类学学科也是人类博物馆的重要工作之一。早在1951年的人类博物馆筹备处计划书中，林惠祥先生就提出人类博物馆作为一个研究机构，承担着教学、科研与社会教育三项任务。人类博物馆的教学、科研工作则与厦大人类学系、人类学研究所的建设密切相关。事实上，厦大人类博物馆的发展轨迹与半个多世纪以来的厦大人文科学都息息相关，在人类学研究所未成立之前，博物馆一直承担着大量人类学学科的相关工作，成为厦大人类学和考古学的重要基地。人类学研究所的建立则始于20世纪70年代末。在经过十年浩劫、粉碎“四人帮”后，我国社会科学得到党和政府的重视，在制定“六五”规划中，社会学、民族学得到恢复，有了发展，人类学也隶属其中。厦门大学人类学研究所的建立始于1979年。在改革开放的春风吹遍中华大地之时，上海复旦大学自然博物馆的人类学工作者于1978年向中国社会科学院领导反映应该恢复人类学的研究工作，设立研究机构和全国性学会组织。1979年4月，来自北京、上海、厦门、广州、武汉等地的代表在昆明召开了全国民族研究规划会议，会议期间，学者们发起倡议，希望恢复中断30年的人类学研究，并由王良志同志到北京征求在京老一辈专家签名支持(后建议书在中国社会科学院的《情况与建议》中全文发表)。在中国社会科学院的指导与关怀下，1980年9月，中国人类学学会筹委会在北京成立。1981年5月，“首届全国人类学学术讨论会”在厦门召开，会中正式成立中国人类学学会，并选出第一届理事会，会址即设在厦门大学人类博物馆。1984年2月，厦门大学人类学研究所通过教育部批准正式设立，成为厦门大学部批的五个研究所之一。研究所下设人类学与考古学两个研究室，从事文化人类学和考古人类学的研究和中国民族史、文化人类学、考古人类学研究生的教学工作。9月，厦门大学成立人类学系，除原有考古学专业外，增设人类学专业，为当时全国唯一培养人类学四年制本科人才的专业。厦门大学人类学专业首次拥有了三位一体(人类学系、人类学研究所、人类博物馆)的完整学科建制。这种“三位一体”的设置体现了人类博物馆的主要任务：1. 作为人类学的研究机构，进行民族学调查，考古调查、发掘和科学研究。2. 培养民族学、考古学、博物馆学专门人才。3. 配合教学，供本校民族学、考古学、历史学等课程教学参考。4. 进行社会教育，实施形象化的科学普及工作，供校外人士和中小学生参观。在人类学系和人类学研究所成立后，人类博物馆进一步与系、所互相配合，在教学、科研工作上持续发力。这一系列工作一直有条不紊地开展，直至 1993 年年底，基于学科调整的考虑，厦门大学宣布撤销人类学系，将该系下设的考古学专业归并到历史系，将人类学专业划归人类学研究所，且只招硕士研究生。

在教学方面，博物馆自成立后即根据教学需要培养本科生和研究生等不同级别专业人才，提供文物和图书资料参考，并由博物馆人员开设“人类学通论”“考古学通论”“民族学概论”“原始社会史与民族志”等课程。1956 年，林惠祥教授接受高教部委托，培养 2 名考古学副博士研究生。1959 年，博物馆人员兼任历史系考古民族研究室工作，在历史学专业中开设考古民族学专业，培养了几届学生。1973 年考古学专业成立后，教学工作均利用博物馆文物开展；考古学师生在考古调查发掘和实习中，也为博物馆增添了陈列品。

在科学研究方面，人类博物馆从 20 世纪 50 年代开始，在林惠祥领导下，就开展人类学（包括考古学和民族学）的研究工作。在考古研究方面，主要是我国东南区（着重福建和台湾）和东南亚新石器时代研究、印纹陶研究、泉州港和中外交通史迹调查研究、福建古窑址和外销瓷研究等。在民族研究方面，主要是我国古代百越民族研究、高山族研究、畲族研究、福建少数民族研究与东南亚民族关系研究等。

3.新时代的人类博物馆

2006 年 4 月，为迎接厦门大学 85 周年校庆，人类博物馆作为学校纪念馆群的一部分，经过一段时间的闭馆修缮与整理，于校庆时重新面向社会大众开放。本次修缮后，博物馆馆舍面积达到了 2000 多平方米；展览则调整为 7 个展室与碑廊，展出物件亦略有调整。

2013 年，厦门大学人类博物馆参与了全国第一次可移动文物普查。至 2016 年 9 月，人类博物馆结束了历时三年的对馆藏文物的整理清点、测量登记、图像采集，审校数据录入“国家文物局全国可移动文物信息登录平台”，经省文物局审核，最终完成了本馆的全国第一次可移动文物普查工作。通过此次文物普查，厦门大学人类博物馆全馆共计万余件藏品之中，被国家文保机构认定为文物的有5000余件；被定级为国家一、二、三级文物的有400余件。藏品涵盖考古文物、历史文物、民族文物、民俗文物等在内的30多个门类，涉及福建、台湾、香港，我国东南、西南少数民族，以及南洋、非洲等地区。2018年12月，博物馆联合人类学与民族学系、历史系共同举办了“纪念林惠祥先生逝世60周年”学术研讨会，追思中国社会与文化人类学的奠基人，厦门大学人类博物馆、人类学与民族学和考古学学科的创建者和最早的学术领袖林惠祥先生。本次研讨会重温了林惠祥先生的学术贡献，并下设人类学和考古学两个分会场和多场评议会，对林惠祥先生的学术风骨和学术遗产进行了重温与梳理，也对他提出的基本问题与当下的研究进行了充分对话。这一研讨会宗旨为在林惠祥先生开创的学术基业上继往开来，推进新阶段的学科成长，为厦门大学人类学与历史学在先生以往学术基础上做到“返本开新”奠定了坚实基础。

2019年，为迎接即将到来的百年校庆，人类博物馆闭馆开始了新一轮的修缮与整理工作。此次修缮整理工作涉及馆藏品的重新整理与保存、馆内设备的维护与更新、博物馆建筑的修复等问题，工程巨大、事项烦琐，耗时在一年以上，并计划于2021年厦门大学迎来百年校庆之时正式开馆。

厦门大学人类博物馆历任馆长为：林惠祥、叶国庆、陈国强、陈支平；历任副馆长为：庄景辉、邓晓华、黄向春、董建辉。其中，1994—2008年，人类博物馆馆长空缺，遂由副馆长代行其职。

四、统筹加速的党团工作

这一时期，人文学院党总支加快了与院行政紧密结合、统筹建设学院的步伐，主动介入到学院的学科建设和教学、科研等各项行政工作中，积极推动学院的改革和各项事业的发展，紧紧围绕学院的中心工作来开展总支工作。院党总支与院行政一起，经过认真调查研究先后制定了学院的“十五”发展规划和学院发展远景规划。从2003年开始，学院改变了以往由院党总支单独制定工作计划的做法，把总支工作和行政工作结合起来，共同制定各学期工作计划要点，使党的工作同学院各项行政工作更加紧密地结合在一起。党总支配合院行政抓好重点学科的建设，经常深入学院所属各系听取教师对学科建设和学院工作等方面的意见和建议，研讨学院的学科发展规划，探索人文社会学科的交叉和整合问题，进一步凝聚了人心，团结广大教职工共同努力，为这段时间学院学科建设取得突破性进展奠定了基础。

为了进一步发挥基层党支部的作用，人文学院党总支特别注意加强党支部的建设，根据有利于开展基层党的工作的原则，对部分党支部的设置进行调整，党支部数由学院成立之初的13个增加到21个，仅2002年下半年就增设了4个党支部，每年发展新党员都在100人以上。由于党总支的工作队伍直接负责全院学生的思政教育及校园实践，为了充分发挥本院的学科优势，党总支把思想道德建设和人文精神的传播及丰富多彩的校园文化活动紧密结合起来，使思想政治工作同专业实践融为一体，如组织学生以青年志愿者的身份开展各类社区援助和社会实践工作：中文系团总支与厦门市演武小学，新闻系团总支与思明区文安街道、厦门市特殊教育学校，哲学系研究生党支部与思明区培智学校，历史系团总支与思明区思明街道，哲学系、社会学系团总支与中国莆田SOS国际儿童村等都结成了长期共建单位。在党总支的领导下，院团委还组织成立了院学生会，坚持在学院学生工作中“举人文学院的大旗，树人文学院的品牌，造人文学院的影响”，大型活动都以院为单位开展，如国庆游园、运动会入场式等都以学院为单位组织进行，取得了较好的效果。此外，学院党总支对全院12个学生社团加强领导工作，比如在学院文化艺术节时专门安排学生社团联合举行活动，既加强了对社团的政治引导，又发挥了社团的积极作用，形成了一个以院团委、院学生会为主体，各系团总支、学生会和各学生社团为基础的联合互动的学生组织框架，团的工作也呈现出朝气蓬勃的气象。

第二节　新时期的学科点组建与专业调整

一、开启长时段发展战略规划之路

2003年开年之初，非典型肺炎疫情蔓延全国。作为人员密集单位，高校在

“非典”防治工作中有着工作量大、任务重、情况紧急等特征，在配合学校和防疫部门开展防治“非典”的工作中，学院发挥院系协同、高效合作的工作机制，院系主要负责同志采取了果断有力的措施，各系（所）工作人员、辅导员通力执行，严格落实各项举措、迅速应对突发情况，如做好从疫区归来的学生发烧住院、外出实习的研究生回校的隔离、出差教师回校后的体检等各项工作，平安度过了非典肺炎疫期，为接下来的工作稳定了基础。

3月，学院配合学校制定发展战略规划的工作，认真制定了《厦门大学人文学院2001—2021年发展战略规划》，明确“2020年前后将人文学院建设成为一个学科门类齐全、国内一流、某些学科达到国际先进水平、与国内外人文学科有着广泛联系的高开放度的研究型学院，成为我国培养具有综合性知识结构和创新能力的高层次人才的重要教育基地和进行人文科学研究的重要科研基地”之目标，为我院接下来一段时间的工作发展确定了方向。在学科建设上，人文学院明确自身作为全校学科规模最大的学院之一的定位，在注重发展优势学科的同时，积极推进各个学科的全面发展，并利用多学科联动的优势组织了一系列的联合科研攻关项目。主要指导思想有：(1) 以重点带动全局。根据原有实力优先发展国家重点学科——专门史，大力扶植科技哲学、中国哲学、外国哲学、语言学、文艺学、广告学、戏剧学、人类学、经济史等优势专业，在保持原有的学术传统和领先地位的基础上，进一步扩大这些重点学科在国内外的影响。(2) 突出特色与彰显区域优势。在积极推进学科建设全面发展的同时，也充分发挥学院的学术特点和区域优势。在学科的设置和整合上，把发展的重点放在东南地区以及台湾、东南亚有区位优势的特色领域，加强与港台联系，积极参与国际合作交流，巩固和增强特色学科在海内外的领先地位。(3)创办精品刊物与组织科研攻关项目，出版高品质的学术丛书。历史系创办的《中国社会经济史研究》和哲学系创办的《道学研究》一直深获学术界的好评，其中《中国社会经济史研究》被国内权威评价体系认定为核心刊物，而《道学研究》也引起中央的关注和指示，鼓励厦门大学中国哲学学科建设牢牢抓住自己的特色与优势，将之发展成全国著名的学科。

在以上学科发展规划精神的指导下，全院教职员工积极奋进，取得了相当瞩目的成绩。2003年6月，学院成立了佛学研究中心（全称为“厦门大学宗教学研究所佛学研究中心”），詹石窗教授任研究中心主任。同年成立的研究机构还有道学和传统文化研究中心、易学研究中心等，我院全年的科研经费达到了266万元，不仅创下历年新高，更稳居全校文科学院之首。

7月，学院顺利开展了第九次博士硕士授权点的申报工作，成绩可喜：此次全院共获批文艺学、中国哲学、外国哲学博士点等4个二级学科博士授予权；特别是人类学博士点的申报工作发动了全院教职工共同合力，申报历时长、动员范围广，最终顺利获批离不开全院相关学科教职员工的共同努力。最终，本次申报工作结束后，全院二级学科博士授权点增加到15个。同年，历史系博士后流动站也顺利获批。此外，学院还申报到高等学校在职攻读硕士学位学科点7个，其中历史学6个、哲学1个。

9月，因院系领导任期届满，人文学院党总支在总结汇报1999—2003年四年来全面工作的基础上，顺利召开了学院党委换届大会。根据民主集中制原则，人文学院党总支改组党委并选举产生了新一届党委领导班子，林建德任党委书记，林金枝、范丽任党委副书记，许清茂、张友琴、陈支平、陈培爱、徐梦秋、黄鸣奋任委员会委员。同年12月，人文学院完成了新一届领导班子的调整，陈支平任院长，徐梦秋、黄鸣奋、陈培爱任副院长。人文学院工会换届选举大会亦如期举行，许清茂连任新一届工会主席。新一届工会领导小组积极开拓学院工会工作新思路，在各系（所）组建了工会领导小组，并多次组织院系教职工出游，增强了全院教职工的凝聚力。

林建德，男，1954年5月生，福建龙海人。1978年考入厦门大学中文系学习，后留校工作。1984年起任中文系党总支副书记，1991年转任校人事处副处长、数学科学学院党委书记等职。2002年后回到人文学院主持工作。2003年9月正式任职人文学院党委书记，直至2012年任期届满后调任校党委考察巡视员。

11月，经过长期的研究与筹备工作，人文学院的社会学系和法学院的政治学与行政学系、经济学院的人口研究所等单位从各所属单位分出，共同组建为公共事务学院，并于2004年4月1日上午正式揭牌成立。自1985年哲学系开始社会工作专业的筹办工作以来，社会学系已经积累了18年的综合办学经验，对自身定位、学科实力、发展思路更为清晰，逐渐完善了本系的学科发展道路。组建完成的公共事务学院下设政治学系、公共管理系、社会学系和MPA教育中心4个教学单位，还设有5个研究中心及3个实验室。学院横跨政治学、公共管理、社会学和理论经济学4个一级学科，设有政治学理论，行政管理，人口、资源和环境经济学4个博士点；7个硕士点，1个MPA专业学位；还有政治学、行政管理、社会工作和社会学4个本科专业。新学院的组建是社会学学科发展道路上的重大进展，为其进一步开拓学科成长壮大争取了更为广阔的发展空间。

二、人才培养战略与专业设置的调整

2003年，为配合学校深化教学改革的要求，我院的人才培养工作加大了力度且卓有成效，主要体现在以下三个方面：(1)重点关注漳州校区学生培养，推行本科生导师制。根据漳州新校区全面投入使用的实际情况，积极贯彻学院三个教改文件，认真落实2003级学生按专业大类培养的计划安排。为帮助在漳州校区学习的2003级大类学生，我院积极响应学校工作精神，全面推广本科生导师制，鼓励各系教师加强与学生的交流。(2)全面推行教改工作，积极开设短课程。在新型教学体制运行模式的激励下，我院教师开设新课程的积极性空前高涨，短课程(10周)开设数量由30余门增至130余门。(3)以学院为核心强化归口管理，开展学生思政、管理、教育工作。2003学年秋季学期，学校对学院党委正、副书记职数配备调整情况和党委副书记分工提出了新的要求，学院减少了三位政工干部，不得不及时调整学生管理体制，由原来每个副书记分工联系一个系的方式调整为一个分管研究生、一个分管本科生。同时，为了解决人手不足的困难，学院开始试行学生助理管理办法，取得了一些经验。总之，以院部为核心开展学生思想教育和管理的设想方略进一步得到了完善，尤其是本科生的全院统一管理初步显出成效，大型活动基本以学院为单位开展，院团委和学生会进一步发挥了作用，如：人文论坛迎来了100期的重要节点，学院以学工口团队为主要力量，圆满完成了人文论坛百期庆祝活动的开展。

2004年，学院领导班子产生了部分变动。由于学院原副院长黄鸣奋调任海外教育学院任院长，副院长的岗位出现空缺。经过紧锣密鼓的选任考核工作，副院长岗位由朱水涌继任并分管本科生教学工作，顺利保证了学院各项工作的正常开展。同时，系领导班子亦开展了换届工作，各系领导班子承前启后，采取一系列有力措施，做出多方努力，推动与加速学科建设方面的工作。此外，根据一段时间以来学院学生工作面临的新情况、新问题，学院重新组建了院团委并成立三个团总支；成立院本科学生会、研究生会等学生机构及社团，以学院为单位的学生组织工作和管理体制基本形成。

3 月 6 日，经国家语言文字工作委员会、福建省教育厅、福建省语言文字工作委员会批准，厦门大学普通话培训测试站正式成立，挂靠我院中文系开展工作。这是我校人才培养技能训练中的一部分。从 2004 年开始，该站每年春秋两季各举行一次普通话的培训和测试，每年针对数千名厦大（含嘉庚学院、附属医院、附属中小学等）师生员工开展普通话培训、考核与证书发放工作，为考生进一步申请教师资格证、任职国家机关工作、从事其他与口语表达有关的专业等情况提供服务。

这一年，人文学院迎来了院内多个专业的新增与调整，学科组织机构发展愈发壮大。4 月，我院正式获批开设了戏剧影视文学专业，专业设置于中文系内，并于获批后立即投入了当年度的本科招生工作。这同时是国内综合性大学在戏剧影视文学方向上最早的尝试之一，为今后我院戏剧影视文学学科的壮大奠定了基础，至此，中文系已有汉语言文学、汉语言文学（师范类）、应用语言学、戏剧影视文学 4 个本科专业。与此同时，学校从 2004 年开始推行三学期制的教学安排，我院以各系为单位进行了一系列教学改革调整工作，并根据人文学科课程设置所具有的灵活性优势，率先于小学期内开设了多门校内通修课程，以短课程的方式为厦大学子提供了多样化、轻负担的通识教育课程。此后，在小学期的课程中，人文学院的通修课程一直广受全校学生欢迎，不少招牌课程一度形成“抢课”热潮，因抢不上课而选择旁听的学生比比皆是，成为一道人文教育的独特风景线。

同年 11 月，人类学与民族学系正式复办，彭兆荣教授担任系主任兼研究所所长。复办之初，鉴于人类学与民族学专业的招生工作已停滞多年，故人才培养工作并未在第一时间全面铺开，而首先于人类学研究所开始招收博士研究生。人类学与民族学系的复办有赖于此前我院各学科教职人员在人类学专业博士点申请工作上的通力合作，凝聚了学院广大教师的心血，为人类学学科未来发展保驾护航，令人为之一振。事实上，厦门大学人类学与民族学系向来拥有深厚的历史底蕴，其学术渊源和机构基础可以追溯至我国著名人类学家林惠祥先生于 1934 年创办的厦门市人类博物馆筹备处、1951 年中央教育部批准成立的厦门大学人类博物馆以及 20 世纪 50 年代厦门大学历史系的考古、民族学专门化等。

自创建以来，由林惠祥先生创立的人类学研究和教学传统一直为厦大人类学学子所继承和发扬，厦大也因此成为全国著名的人类学研究基地之一。“文革”期间，人类博物馆和历史系的考古及民族学科研、教学一度中断。直至1984年2月，教育部正式批准厦大成立人类学研究所，并于同年9月设立人类学专业，以从事人类学的研究和人类学研究生和本科生的培养工作。因专业调整，1994年7月，厦门大学人类学系停止招收本科生，其下考古专业归并于历史系，人类学专业的教学人员均转到人类博物馆与人类学研究所，继续从事人类学的研究以及中国民族史和文化人类学方向研究生的培养，并一直持续至21世纪。时隔12年，人类学与民族学系正式于2004年复办并招生，标志着厦大人类学系经过多年的沉淀与积累，终于在新世纪逐步开始复苏。同年10月，旅游人类学研究中心一并成立。2006年，人类学与民族学系全面恢复正常招生，至此，厦大人类学继承了林惠祥先生之遗志，恢复了系、所、馆三位一体的建制体系，拥有了从本科、研究生到博士后教学的完整学科建制。

2005年，为发挥综合性大学的学科优势、探索跨学科组织教学模式、促进复合型人才培养，厦门大学决定从2005年起试行双学位教育（主辅修制），我院多个专业参与了辅修双学位的申报工作，其中汉语言文学、广告学、哲学这三个专业率先获批辅修双学位资格，为广大厦大学子提供了在本学科之外了解、学习、通修人文学科之路径。三个专业的双学位教育甫一推出即获得了相当热烈的响应，在全校范围内的学生中广受欢迎，引发了一股“学人文”的热潮。

5月，为进一步整合学科力量，对思想政治理论课实行新一轮的体制改革，厦门大学马列部中国近现代史教研室和哲学教研室分别并入我院历史系和哲学系开展工作，面向本科生的“中国近代史纲要”“马克思主义基本原理”与面向研究生的“科学社会主义理论与实践”“自然辩证法”四门全校性思想政治理论课的教学工作亦归入我院统筹负责。为保障教学质量，学院成立了马克思主义基本原理概论、中国近现代史纲要两个专门教研室，配合学校相关部处，保证其专项建设经费专款专用。在师资方面，不仅稳定原有思政课队伍，优先保证解决其人员缺编问题，同时借力相关学科教师，进一步加强思政课的师资力量。

6月，教育部语言文字信息管理司决定在厦大成立国家语言资源监测与研究教育教材中心，挂靠我院中文系；6月20日，李建发副校长赴教育部出席授牌仪式并讲话。次年1月6日，中心在厦大举行了揭牌仪式、学术委员会和管理委员会的成立仪式，学术委员会成员由语言学界、语文教育学界、对外汉语教育界等领域的国内知名专家学者组成，管理委员会由厦门大学中文系有关系领导组成。该中心的成立有力地推动中文系应用语言学的学科发展。中心遵循“探索教材语言世界，建设特色语言资源，提升国民语言能力，服务国家语言战略”的宗旨，搭建国家级语言文字科研平台，设立基础教育教材语言研究、汉语国际教育教材语言研究、语言政策与台湾语言文字研究三个研究室，积极开展科研探索并建设语言资源库，对我国教育教材语言状况进行监测与研究，全面反映我国教育教材语言使用情况，完成共建科研机构的工作任务，从此成为国内语言学领域的重要研究力量，迄今已迎来了多个每期五年的共建期。

同年 9 月，我院迎来了第十次国家学科点评审。这次学科评估是人文学院各系经过整合后第一次参与学科评估，既有赖于此前各系雄厚的学科基础，也是对人文学科六年来整合之效果的第一次考验。学院从 4 月份即开始了评估自检工作，并要求各系相互参观、检查、指正，并对自检中发现的种种问题采取措施予以解决和改进。经过长时间悉心准备，在本次学科点评审中，我院哲学系成功获批哲学一级学科博士学位授权点，新闻传播系、人类学与民族学系分别获批传播学和民族学二级学科博士学位授权点。至此，我院各系主要学科均获批了学科博士学位授权点。

这段时间，我院的科研成绩亦取得了诸多亮点。不仅科研纵向课题经费总额稳定在全校文科前三，获批国家社科基金课题数亦常常名列全校首位。2004 年，国家正式启动清史纂修工程；该工程由党中央和国务院领导，是我国新世纪的一项重大学术文化工程。我院历史学科凭借明清社会经济史研究的强大优势连中三元，分别是陈支平教授主持的《财政金融志（上）》、戴一峰教授的《财政金融志（下）·海关篇》和杨国桢教授主持的《传记·道光朝》。2005 年，陈支平教授担任项目负责人的“中华南方民族的起源及形成”获得国家社科基金重大项目立项，这是自 2004 年国家设立国家社科基金重大项目以来我校首次获批的国家级重大课题立项，同时也是当时福建省唯一的一项国家社科基金重大项目，亦为我院实现了国家级重大课题项目零的突破。

这一年，我院以学院为中心的学生管理体制和组织工作成效凸显，并逐渐摸索出了一条结合学科特色的学生群体活动开展路线：在福建省首届校园戏剧节中，我院南强话剧社的话剧《流浪》和《有雷无雨》获得优秀演出奖，中文系 2002

级张潜同学获得了本次大赛中唯一一个编剧奖；学院成功举办文化艺术节、校园辞典大赛等多个富有人文特色的大型校园活动，逐渐形成了以人文风貌为底蕴、遍及全校各院系学生的组织风格，在校园活动中成绩突出。

第三节　隶属机构的复苏与学科的成长壮大

2006年3月，人文学院成功举办了全院第一届教师代表大会，6个代表团(中文、历史、哲学、新闻、人类学与民族学、院部)共计72名教师代表出席了会议，认真审核人文学院“十一五”发展规划和院长、副院长的各项工作报告，并就校、院、系的各项工作提出一批建设性意见。随着学院各项工作的稳步开展，学院亦逐步迎来了多个下设机构的复苏与各学科的成长壮大。

一、鲁迅纪念馆与鲁迅研究

2006年春天，厦门大学迎来了85周年校庆，厦门大学“三馆一堂一室”(厦门大学校史展览馆、厦门大学人类博物馆、厦门大学鲁迅纪念馆、陈嘉庚纪念堂、罗扬才烈士纪念室)均陆续修缮完毕，正式面向社会公众开放。在“三馆一堂一室”中，厦门大学人类博物馆、鲁迅纪念馆均挂靠人文学院，分别由人类学与民族学系、中文系负责布展、管理与维护；“三馆一堂一室”的讲解工作、人员培训则由人文学院全面负责，该年度即有勤工助学讲解员53人上岗，该学期接待来宾、游客约3万人。4月3日上午，为纪念鲁迅在厦门大学任教80周年、鲁迅逝世70周年，厦门大学鲁迅纪念馆举行了“鲁迅纪念馆重修开馆仪式暨鲁迅国际学术研讨会”开幕式，拉开了厦门大学85周年校庆的序幕。

厦门大学鲁迅纪念馆历经时代风雨的变迁，才逐渐发展成现在的规模。厦门大学鲁迅纪念馆①隶属于厦大中文系，历任管理者均为中文系教师兼职。作

---

① 厦门大学鲁迅纪念馆部分相关资料由厦门大学中文系教授苏永延提供，谨致谢忱。

为目前国内唯一设在高校的鲁迅纪念馆，厦门大学鲁迅纪念馆初设于厦门大学集美楼二楼，为鲁迅先生在厦任教时所居住的地方。这栋楼由厦门大学校主陈嘉庚先生于办学之初自行设计，是厦门大学当时的首批校舍之一。1926 年 9 月 4 日至 1927 年 1 月 16 日，鲁迅应邀至厦门大学任文科国文系与国学研究院教授，均居住于此。在短短一学期里，他除了从事“中国文学史”和“中国小说史”的教学与国学研究工作之外，还撰写了 17 多万字的评论、杂文、小品、随笔及其他文艺篇章，其中就包括脍炙人口的《从百草园到三味书屋》《藤野先生》等优秀散文。此外，在厦期间，鲁迅先生以高度的革命热情为厦大、集美学校、平民学校和中山中学等校师生做演讲，广泛接触厦门各界来访人士，为改善厦门的教育、文化和社会公益事业做出了宝贵贡献。1952 年 10 月 19 日，厦门大学创设鲁迅纪念室；除了鲁迅先生的故居外，1956 年又特将映雪楼三楼的一间教室里设为陈列室，以纪念鲁迅先生在厦期间的创作与革命实践。当时的主要工作由厦大中文系老师陈梦韶（陈敦仁）负责。陈梦韶曾是鲁迅先生的学生，毕业后留校任教，其创作的《绛洞花主》之小引即为鲁迅先生所写。设在映雪楼三楼的陈列室，收藏了一些与鲁迅有关的物品、研究资料等，“文革”前由陈梦韶负责向前来参观的人士讲解有关鲁迅在厦之情况。1956 年，国家副主席宋庆龄为鲁迅纪念室题名，即“鲁迅文物陈列室”；同年，全国人民代表大会常务委员会副委员长郭沫若赴厦大参观，亦为纪念室题名，即“鲁迅纪念室”。

“文革”期间，学习鲁迅成为时代的热潮。鉴于原鲁迅纪念室的规模已不能满足当时的需求，因此扩建鲁迅纪念室已是势在必行了。1972 年，鲁迅纪念室的扩建正式提上日程，原纪念室逐步迁至集美楼西侧第一间，即鲁迅在厦居住房间的隔壁。为了丰富鲁迅纪念室的展出内容、满足广大鲁迅学习爱好者的需求，中文系老师苏景昭、何建华赴北京、上海、南京、绍兴、广州等地，历时两个多月收集、拍摄了一批相片，以鲁迅生平活动为线索撰写说明布展，并请中文系老师、书法家余纲和陈佳春誊写了有关说明文字，圆满完成了纪念室扩建的任务。不过当时经费有限，展出图片尺寸较小，故扩建后的鲁迅纪念室依旧只有两间的规模，负责讲解的是中文系老师孙腾芳。

1976 年，鲁迅纪念室有了巨大的变化。1976 年为鲁迅诞生 95 周年、逝世 40 周年，也适逢鲁迅先生来校任教 50 周年。当时，全国各地以不同形式开展纪念鲁迅的活动。1976 年 4 月,上海电影制片厂《鲁迅的战斗一生》纪录片摄制组到厦门拍摄,中文系老师林宗熙其时负责鲁迅纪念室的工作,全程配合了摄制组在厦门的拍摄工作。随后,在校、系领导的支持下,林宗熙随摄制组到全国各地鲁迅足迹所至之处参观学习,得到了各地鲁迅纪念馆的大力支持。在此过程中,林宗熙先生收集到了大量有关鲁迅的图片及资料,逐渐萌生了设立鲁迅纪念馆的想法。他的建议很快得到了校、系领导的批准。厦门大学中文系在原有鲁迅纪念室的基础上,腾出了原来的教学办公场所——集美楼二楼,作为新设鲁迅纪念馆的场地,馆名题字则为郭沫若生前所书。(郭沫若的题字即为 1956 年所书"鲁迅纪念室",经同意,"室"字借用郭沫若题北京鲁迅博物馆的"馆"字替换。)当时,纪念馆扩充为六间房:集美楼二楼东边第一间为"前言、绍兴时期、日本时期、北京时期",第二间是"广州、上海时期",另特辟一室为"厦大时期",还有一间展示鲁迅的影响,加上一间故居,共有五间展室;同时设集美楼西边第一间为会议室。本次展馆扩充的说明文字由林宗熙撰写,余纲、陈佳春、王豪杰、薛学了、庄表峰、王守桢等人负责展馆的书写、装裱、文物复制等工作。同年 10 月 12 日至 13 日,厦大召开了"纪念鲁迅诞生九十五周年、逝世四十周年和到厦大任教五十周年大会",活动期间,鲁迅纪念馆首次向来自全国各地与会者预展。唐弢、王瑶等鲁迅研究专家参观后,提出了不少宝贵意见和建议,纪念馆经过吸纳修改后正式向社会公众开放。此后,鲁迅纪念馆还分别于 1981 年、1983 年对展馆进行了内容上的调整,增加了一些实物、图片,如鲁迅在厦大任课的课程表、厦门文化界悼念鲁迅的挽联等重要物品。1988 年,厦大鲁迅纪念馆的一些说明文字在柯文溥、蔡师圣、庄明萱等老师的共同讨论研究下,做了小规模的改动,主要是去掉一些极左时期的提法,并撤下少部分带有浓重"文革"色彩的展品,力求以更客观真实的面目展示鲁迅的形象。

1981 年,鲁迅纪念馆被厦门市委列为厦门市外事接待单位,接待了众多国内外参观者,至 1983 年底已接待观众 50 万人次。1991 年 12 月 19 日,原中共中央总书记、国家主席江泽民同志视察厦大时,也到纪念馆参观并留下亲笔签名,楚图南、童小鹏、曹禺、贺敬之、赖少其等著名人士也先后参观并题字留念。2003 年 10 月,鲁迅纪念馆再度向游客开放。经过培训,中文系全体学生党员及入党积极分子轮流负责各个展室的讲解工作。同时,《鲁迅纪念馆馆讯》创刊号与读者见面。同年11月，为配合党支部立项工作的开展，《鲁迅纪念馆馆讯》正式刊印发行。

2005年4月，在厦大84周年校庆之际，应朱崇实校长的邀请，鲁迅之子周海婴先生携夫人、长孙周令飞先生及夫人一行四人来校参加校庆活动，并由中文系负责接待。4月7日下午，学校敦聘周海婴先生为鲁迅纪念馆名誉馆长的仪式在鲁迅纪念馆会议室举行，校党委副书记、副校长潘世墨向周海婴先生颁发了聘书并赠送纪念品。周海婴也向鲁迅纪念馆馈赠了珍贵的史料：鲁迅在厦大时寄给许广平的明信片、鲁迅即将离开厦大时与林语堂等人的合影、鲁迅与许广平通信《两地书》手稿的复制品。4月8日下午，周海婴、周令飞先生与中文系商讨有关鲁迅纪念馆的建设问题。当年年底，为迎接厦门大学建校85周年庆典，同时为纪念鲁迅逝世70周年和到厦大任教80周年，在周海婴先生的牵线与支持下，受厦门大学的委托，上海鲁迅纪念馆承接了厦大鲁迅纪念馆的陈列改建项目。经过五个多月的辛勤劳动，2006年初，纪念馆完成了“鲁迅生平”“鲁迅与厦门大学”“鲁迅与许广平”“鲁迅纪念室”四个专题展室的陈列设计、布置工作，较之前的布展风格有了重大的变化，主要突出了鲁迅先生在厦门时期的史料。如：增设了“鲁迅与许广平”专题展室；在主题为“鲁迅与厦门大学”的第二展室中，增加了鲁迅支持厦大学生创办的文学刊物《鼓浪》创刊号及第五、六、七号原件，改变了《鼓浪》只出过六期的说法；等等。鲁迅之子周海婴先生为此次厦门大学鲁迅纪念馆的改建捐献的部分许广平先生遗物亦在其中。上海鲁迅纪念馆亦捐赠“上海鲁迅故居”模型一座。

4月3日上午，厦门大学主办、中文系承办的“鲁迅纪念馆重修开馆仪式暨鲁迅国际学术研讨会”在鲁迅纪念馆举行。出席本次厦门大学鲁迅纪念馆开馆仪式的省市级重要领导有厦门市委副书记、市政协主席陈修茂，市委常委、宣传部部长洪碧玲，市政协副主席桂其明，福建省文联主席、原中共福建省委宣传部副部长许怀中等，大会由厦门大学校长朱崇实，党委副书记、副校长潘世墨，副校长李建发主持开展，鲁迅之子周海婴和长孙周令飞，日本福田日中友好协会理事、鲁迅家庭世交佐藤明久先生，全国各大鲁迅博物馆馆长及众多著名研究学者均应邀参加。经过此次改建，厦门大学鲁迅纪念馆五大展室陈列如下：第一室简要回顾鲁迅的人生轨迹及思想历程；第二室陈列鲁迅在厦门时的历史文物资料；第三室是“鲁迅与许广平”专题展览（第二、三室是全馆的展出重点，也是有别于全国各馆的地方）；第四室辟作纪念室，展有镇馆之宝——五幅 1936 年鲁迅先生逝世后厦门文化界举行悼念活动所用的挽联和挽幛；第五室为鲁迅故居，室内摆设按鲁迅当年居住时的原貌布置。此次修建的展馆布置一直延续至今，除 2011—2012 年期间因集美楼屋顶翻修工程而闭馆一年以外，鲁迅纪念馆一直面向大众开放。2008 年 10 月，日本东北大学的代表向鲁迅纪念馆赠送了“鲁迅医学笔记 · 脉管学”翻印本。

与鲁迅纪念馆相伴成长的是厦大中文系的鲁迅研究。在中国现代文学史上，鲁迅是一个永远的话题；而在厦大中文系，鲁迅则更像是一个文学的“影”①，冥冥中萦绕着身处其中的学人。从 1926 年 9 月 4 日抵达厦门，鲁迅便开始了他一生中最纯粹的一段学院生活。在厦大的 130 多天的日子里，他担任国文系教授和国学研究院研究教授，教授了“中国小说选”和“中国文学史”两门课程，支持学生创办了泱泱社和鼓浪文学社，写下了 17 多万的文字。20 世纪以来，厦大中文系对鲁迅的纪念、研究活动从未停止过，也产生了一系列令人瞩目的学术成果，还建立了唯一一座位于高校的鲁迅纪念馆。进入 21 世纪，在一个个历史变局和精神历程中，鲁迅的创作和思想又会有怎样的时代价值和现实意义？厦大中文系一直在努力和探索。2001 年 9 月，为纪念鲁迅先生 120 周年诞辰，人文学院中文系承办了福建省大学生“鲁迅在我心中”征文大赛，朱水涌教授同时为全校师生做题为“鲁迅在厦大——一个伟大生命在厦门的生活、爱情、工作和心态”的学术讲座。2002 年 5 月 20 日，北京大学博士生导师、前国务院文科评议委员严家炎教授应邀来厦大做题为“鲁迅的复调小说”的学术演讲。2006 年鲁迅纪念馆重开之际，由厦门大学主办、中文系承办的“鲁迅国际学术研讨会”亦如火如荼举行，70 余名国内外著名鲁迅研究专家就“鲁迅在厦门”“鲁迅与中国文化省思”“国内外鲁迅研究回顾与今后的开展”等议题进行了深入探讨。2009 年 6 月 22 日，吉林大学文学院院长张福贵教授来厦做题为“鲁迅离我们有多远”的讲座。同年 9 月，人文学院中文系与日本东北大学、北京鲁迅博物馆联合主办的“中、日视野下的鲁迅”国际学术研讨会围绕“鲁迅与日本”“鲁迅与中国现当代文学”“性别视角下的鲁迅”三个会议论题展开讨论。鲁迅先生之孙周令飞先生、藤野先生之孙藤野幸弥先生均应邀前来厦门参会，并就鲁迅与日本，鲁迅与藤野

① 鲁迅：《影的告别》，《野草》，人民文学出版社 1979 版。

先生、鲁家与藤野家族的情谊等进行对话；日本东北大学的鲁迅研究课题组成员同时带来了关于鲁迅在仙台时期医学笔记的最新研究成果。2009 年，全国鲁迅纪念馆馆际交流会亦如火如荼召开，来自北京、上海、南京、绍兴、广州等地的鲁迅纪念馆同仁聚首厦大，就当时鲁研工作的最新动态、文物资料的征集与保护、免费开放对策和措施、馆际互助联动与跨区域学术交流等议题进行了广泛交流和探讨。一系列学术活动不仅深化了广大师生对鲁迅先生作品及精神的理解，也对其在新的时代语境下思考鲁迅的时代意义有所启示。

作为唯一一所设立在大学中的鲁迅纪念馆，厦门大学鲁迅纪念馆的发展历程和厦门大学的鲁迅研究工作是相辅相成的：鲁迅纪念室及鲁迅纪念馆的成立，带动了厦门大学的一批学者开始从事“鲁迅在厦门”的相关研究；而厦门大学学者的鲁迅研究成果又在很大程度上丰富和促进了鲁迅纪念馆的内容建设，并进一步推动了鲁迅其人其文在全国乃至东南亚国家的传播。

二、国学研究院与国学研究

2006 年秋天，国学研究院迎来了创立 80 周年纪念活动，为即将到来的复办开启了先声。[①] 厦门大学国学研究院始创于 1926 年 10 月 10 日，是继北京大学研究所国学门和清华研究院国学门之后，中国高校建立的又一重要的国学研究机构。它的诞生是其时复兴国学思潮的一次重要实践。当时的厦门大学国学研究院创立的根本动力在于厦门大学的学科建设本身，同时也在一定意义上成为北京大学研究所国学门的延续，在国学研究与学科发展上也进行了自己的尝试与努力，成为当时中国国学与研究生教育发展的重要开端之一。当时的厦门大学国学研究院聚集了一代文豪和学术名流，诚可谓名家荟萃，极一时之盛；研究理念独具特色，体现了厦门大学注重学术研究、兼顾中学与西学而以整顿国学为重的办学宗旨，也是初创时期的厦门大学对当时整理国故的学术潮流的积极回应。这一时期所开辟的研究领域，为厦门大学诸多学科的发展奠定了基础，它所开创的学术传统影响了一代又一代厦大学人。

---

① 国学研究院相关资料主要由人文学院历史系教授杨国桢提供，谨致谢忱。

1.厦门大学国学研究院的筹备

厦门大学国学研究院的创立乃是厦门大学发展的必然。厦门大学的校主陈嘉庚先生久客南洋、志怀祖国、希图报效，抱着“教育救国”的理念捐资兴学，“诚以救国既乏术，亦只有兴学之一方，纵未能见成效，然保我国粹，扬我精神，以我四万万民族，亦或有重光之一日乎”[①]。1919年6月，陈嘉庚回国筹办厦门大学，希望厦门大学之办学可结合西方学科与中国传统学术，推行科学之教育；1921年6月，陈嘉庚选择林文庆为厦门大学校长，认为南洋数百万华侨中，能通西洋物质之科学，兼具中国文化之精神者，当首推林文庆博士。林文庆受过西式教育，精通英、马来、泰米尔、日等多种语言文字，同时也是国学的坚定拥护者与执行者。出任厦大校长时，林文庆曾向陈嘉庚询问办学的宗旨究竟“注重国学，抑或专重西文?”陈嘉庚的回答是:“两者不可偏废，而尤以整顿国学为最重要。”[②]1921年担任厦大校长之后，林文庆明确表示:“对于国学，提倡不遗余力。”[③]这些均使厦门大学在创办之初，便与振兴中国人文学术结下不解之缘。

其时正值中国国学讨论与研究交锋的鼎盛时期，由于林文庆对国学之提倡，因此厦门大学面对国内复兴国学的学术潮流正好形成了回应。1922年，北京大学以蔡元培的《北大研究所组织大纲提案》为基准成立了研究所国学门；1925年，清华大学也开始设置国学研究院，并且和北大研究所一样亦“先开办国学一门”。同年，厦大国学研究院的筹建始发其端。厦门大学教员、学生与海内闻人组织“国学专刊社”，举陈衍为主任，其高足叶长青为社长。该社“以整理国故、发扬文化为己任”，在教员学生中引起共鸣，先后入社者达50余人。虽然陈衍于10月告假，继而辞职，叶长青也改就金陵大学，“国学专刊社”陷于停顿，但这一行动本身还是在厦门大学内产生了影响，被视为“国学专刊出世之先声”[④]。

林文庆虽然尊孔，但他没有把国学等同于儒学，反而认为国学作为中国固有的文化，其内容涉及所有的学科门类。林文庆策划组建的国学研究院，不是仅以

---

① 新加坡《国民日报》，1919年6月18日。

② 《国学研究院成立大会纪盛》，《厦大周刊》1926年第159期。

③ 《国学研究院成立大会纪盛》，《厦大周刊》1926年第159期。

④ 《国学专刊出世之先声》，《厦大周刊》1926年第137期。

国文系为依托的，而是比文、理、法、工、商科地位更高，与大学部、高等学术研究院平行的机构，体现了研究型综合大学的特点。

1925 年 12 月，林文庆动用全校教育资源，成立国学研究院筹备总委员会，亲任委员会主席，其成员囊括了全校文、理、预三科主任及著名教授、外籍学者，包括毛常、王振先、秉志、孙贵定、徐声金、涂开舆（书记）、陈灿、黄开宗、陈定谟、刘树杞、缪子才、钟心煊、戴密微、龚惕庵[①]，讨论、制订了国学研究院章程。与其他大学建立的国学研究机构不同，厦门大学国学研究院的研究范围更加广泛。在《厦门大学国学研究院组织大纲》中所表述的“国学”之概念是“中国固有文化”，研究之目标包括：“从实际上采集中国历史或有史以前之器物，或图绘影拓之本，及属于自然科学之种种实物，为整理之资料”；“从书本上搜求古今书籍，或国外佚书秘籍，及金石、骨甲、木简文字，为考证之资料，并将所得正确之成绩，或新发见之事实，介绍于国内外学者”。为此，在组织上暂设 14 组，即历史古物组、博物组（指动植矿物）、社会调查组（礼俗、方言等）、医药组、天算组、地学组（地文、地质）、美术组（建筑、雕刻、瓷陶漆器、音乐、图绘、塑像、绣织、书法）、哲学组、文学组、经济组、法政组、教育组、神教组、闽南文化研究组。[②] 从组别的设置可以看出，这并不是传统的学术研究方法，而是顺应“分科”进行“国学”研究。此外，在人事结构上，规定每组设主任一人，由院长聘任，管理本组职务，各组所研究的问题及方法由各组主任商同院长议定。每组设助教及书记若干人，由院长指任，受本组主任之指挥，助理一切事物等；在学生招收与培养上，亦参照当时国内外著名大学的研究生培养模式。

从厦门大学国学院的最初设想来看，其思路已超越国学即整理国故的范畴，而把中国自然和人文的材料、中国固有的学问采用了分科研究的方法来整理。在厦大国学研究院筹建的过程中，全校大多数学科的学术带头人都参与其中，理科如动物学系主任秉志、植物学系主任钟心煊等，还实际分担研究领域，草创厦门大学植物标本馆，筹办动物标本馆，收集大量中国主要品种之木材标本、海岛生物区系海洋生物标本。在国学与分科研究的结合上，林文庆的设计在当时新潮学人中恐怕是走得最远的。

---

① 《国学研究筹备委员会》，《厦大周刊》1925 年第 132 期。

② 《厦门大学国学院组织大纲》，《厦大周刊》1926 年第 134—135 期。

2.国学研究院的正式设立与发展

1926年,陈嘉庚为厦大、集美学校支去经费90余万元,为历年之最。6月,他写信给林文庆校长,表示拟增拨经费扩充厦大,请多聘国内外名宿任教,并加意教学革新,使之成为国内第一流大学。在此背景上,厦门大学又一次进行了科系调整,分科教育进一步细化。在这一轮科系调整中,工程学系从理科划出,恢复工科,筹备医科和矿科;教育学系从文科分出,恢复教育科,下分教育学系、教育心理学系、教育行政学系;商学系从文科分出,恢复商科,下未设系,分商业学、会计学、银行学三门;法律学系从文科分出,增设法科,原隶文科之政治学系、经济学系并入之。

调整后的文科中,新闻学系停办,剩下国文系、外国语言文学系、哲学系、历史社会学系4个系。林文庆敦聘林语堂为文科主任、外国语言文学系英语言学正教授,兼国学研究院总秘书,同时招揽北京著名学者加入厦大文科和国学研究院。[①] 当时适逢北京政府与教育界冲突日益激烈之际,许多北大教授成为北京政府的通缉对象,纷纷逃离北京。随着北京学人逐渐南下,厦门大学获得延聘名师之机。当时的文科主任林语堂曾在北大国学门任职,他利用其在北大国学门形成的学术网络,一面邀请《语丝》诸友鲁迅等人,一面吸纳顾颉刚等人加入厦大。经林语堂广为联络,厦大成功引进了沈兼士、周树人(鲁迅)、罗常培等至文科国文系,张星烺、顾颉刚、陈万里、容肇祖、黄坚、孙伏园、章廷谦、潘家洵、丁山入国学研究院。国学研究院则由原北京大学研究所国学门主任沈兼士主持,其对厦门大学国学研究院章程进行了修订。

由于北大学人的高度参与,因此实际运作的厦门大学国学研究院逐步放弃林文庆筹办时期的设想,而"采以北京大学研究所国学门为样本"。厦大国学研究院组织大纲称:"本院以整理国故并养成国学之专门人才为宗旨","凡本大学学生及本大学承认之各大学学生或有研究国学之志愿者,经本院考验合格,得为本院研究生"。研究院院长由校长兼任,主任计划及办理本院一切关于学术之事项,总秘书管理本院一切行政事项。主任、总秘书办公室各设襄理一人。必要时

① 《新聘教职员略历》,《厦大周刊》1926年第156期。

得聘名誉顾问及通信顾问，下分研究、陈列、图书、编辑、造形、出版六部。[①]。据《本大学国学研究院系统表》，研究部分语言文字学组、史学及考古学组、哲学组、文学组、美术音乐组，职员分研究教授、导师、助教、学侣、书记；陈列部分古物组、风俗物品组、研究成绩组，职员分干事、事务员、书记；图书部分访购组、目录组、典藏组，职员分干事、编辑、事务员、书记；编辑部分丛书组、报告组、定期刊物组、翻译组，职员分干事、编辑、书记；造形部分摄影组、图画组、模型组、摹拓组，职员分干事、事务员、书记；出版部分印刷组、发行组，职员分干事、事务员、书记。[②]与筹备总委员会拟定的组织大纲相比较，本次调整后，国学研究院的研究范围大为压缩，取消了原由理科、教育科、商科、法科承担的研究领域，基本上与调整后的文科相对应。

调整后的国学研究院院长仍由校长林文庆兼任，主任由国文系主任、文字学教授沈兼士兼任，总秘书由文科主任、外国语言文学系教授林语堂兼任。国学研究院行政和学术负责人依托于文科，国学研究院职员则与文科各系教员互有兼职：

国学研究院史学研究教授张星烺，兼文科历史社会学系历史门教授，讲授“中外文化交通史”“中外地理沿革”。国学研究院史学研究教授顾颉刚，兼文科国文系名誉讲师，为三年级学生讲授“经学专书研究”。国学研究院研究教授、俄国人史禄国(Sergei MiKhailovich Shirogorov)，兼文科历史社会学系教授，讲授“人类学”。国学研究院考古学导师、造型部干事陈万里(兼管考古学事宜)，兼文科国文系名誉讲师，为二年级学生讲授“曲选及曲史”。国学研究院哲学助教、编辑容肇祖，兼文科国文系讲师，为一年级学生讲授“目录学”，为三年级学生讲授“诸子专家研究”。国学研究院英文编辑(兼管一切英文函件)潘家洵，兼文科外国语言文学系讲师，讲授“英汉对译”“英文戏剧”。国学研究院陈列部干事(兼管造形部摄影事项)黄坚，兼文科主任办公室事务员。国学研究院出版部干事章廷谦，兼校图书馆编辑。

文科国文系教授周树人(鲁迅)，兼国学研究院文学研究教授、文科历史社会学系社会学门教授。林幽，文科哲学系兼外国语言文学系德文学门副教授。德

---

① 《组织大纲》，《厦大周刊》1926 年第 160 期。

② 《本大学国学研究院系统表》，《厦大周刊》1926 年第 160 期。

国人艾锷风(G .EcKe),也在国学研究院兼职。校图书馆中文部干事陈乃乾,兼国学研究院图书部干事(未到任)。

国学研究院的专职人员中,书记(文书)以上都是编辑人员,包括:编辑部干事孙伏园(兼管风俗调查事宜),编辑丁山、林景良(兼管报告及定期刊物)、王肇鼎(兼陈列部事务员)。

厦门大学国学研究院的职能,一是整理国故,二是养成国学之专门人才。

在整理国故方面,厦门大学国学研究院于1926年9月18日召开编辑事务谈话会,议定出版《厦门大学国学研究院季刊》,简称《厦大国学》,英文名为"Journal of the Institute of Sinology,Amoy University",定于12月创刊,形式为季刊,分别于12、3、6、9月各出1期;编辑部共同编辑《中国图书志》,将中国所有各种图书目录汇编成帙,以为将来研究国学之门径,先由主任沈兼士编辑书目之书目①,旋由编辑部制订编辑旨趣、凡例及格式,每种书填一张表,大体就绪再重新分类。10月间由院内同人认定部类,担任编纂。② 院内各员的分工是:谱录类书目,沈兼士(沈告假后由容肇祖续编);尚书,顾颉刚;春秋,顾颉刚;小学,丁山;地理,张星烺;医学,陈万里;曲,陈万里;小说,周树人;道家、儒家,容肇祖;金石,容肇祖;政书,王肇鼎;法家,王肇鼎;集,林景良。③ 12月13日,国学研究院召开全体教职员临时会议,决定出版《厦门大学国学研究院周刊》,由顾颉刚、容肇祖任编辑主任,每星期三出版,1927年1月5日刊发第一期。④

在养成国学之专门人才方面,厦门大学国学研究院有几大特色:一是重视审查与考核,强调考生的学业成绩、研究题目、研究方法以及著作,并需由学术会议审查入学;二是强调共同研究,教员可以提出题目,招集有相当学力的研究生共同研究;三是形式灵活,虽无研究年限,但有严格的考核机制。在厦门大学国学研究院于1926年9月25日公布的《国学研究院研究生研究规则》中规定:本大学及本大学承认之大学本科毕业生或对于国学方面具有特殊之学力及成绩者,可报名申请,经学术会议审查(必要时得用口试)合格,得领研究证入院研究;本

① 《国学研究院谈话会纪略》,《厦大周刊》1926年第156期。

② 《国学研究院编辑中国图书志》,《厦大周刊》1926年第162期。

③ 《中国图书志编辑现况》,《厦大周刊》1926年第166期。

④ 《国学院发行周刊》,《厦大周刊》1926年第168期。

院教员可以提出题目,招集有相当学力之研究生入院指导或共同研究;凡本校毕业生及校外学者有研究之志愿而不能到校者,得为通信研究生。[①] 10 月 18 日,国学研究院研究部开第一次学术会议,审查研究生之入学资格,通过合格者 2 人。[②] 到 11 月 30 日报名截止,共有约 50 人报名。1927 年 1 月再开学术会议,审查合格研究生 14 人。[③] 吸收院外学生参加研究项目也是养成国学专门人才的方法之一。如编辑《中国图书志》时,考虑到"此种编纂,不啻为目录学上之一种良好训练,于中国书籍之源流及版本上给予实习之机会"[④],就允许本校学生自由报名参加。又如新年风俗调查,考虑到"本校教职员同学中多有本地及各省人士,关于新年风俗,各地有其特色,一旦汇集一处,必成蔚然大观"[⑤],即向全校师生征稿。

厦门大学依照研究部办事细则第八条,承袭北大发端的演讲制度,规定国学研究院每月举行专门讲演一次。因此,在院内外讲演、宣传治学成果和治学方法,也是国学研究院的重要任务之一。据不完全资料统计,国学研究院的全校性讲演有:沈兼士的《对于教育上之感想》(9 月 30 日)、林文庆的《孔子学说是否适用于今日》(10 月 3 日)、顾颉刚的《孔子何以成为圣人》(10 月 3 日)[⑥]、张星烺的《爱国要素必先求学问》(10 月 10 日)、周树人的《好事之徒》(10 月 14 日)、潘家洵的《如何为大学生》(12 月 16 日)等。院办学术讲演有:张星烺的《中世纪之泉州》(11 月 13 日)、林语堂的《闽粤方言之来源》(12 月 18 日)等。

3.国学研究院的办学特色

由于厦大国学研究院的教师基本由北大南移而来,故厦大国学研究院与北京大学研究所国学门确有许多相似之处,首要之处即是继承了北京大学研究所

---

① 《国学研究院研究生研究规则》,《厦大周刊》1926 年第 156 期。

② 《国学研究院第一次学术会议纪事》,《厦大周刊》1926 年第 160 期。

③ 《本院纪事》,《厦门大学国学研究院周刊》1927 年第 1 卷第 3 期。

④ 《国学研究院编辑中国图书志》,《厦大周刊》1926 年第 162 期。

⑤ 《国学研究院风俗调查会之发起与进行》,《厦大周刊》1926 年第 169 期。

⑥ 后发表于《厦大周刊》的题目为《春秋时代的孔子和汉代的孔子》,见该刊 1926 年第 160 期。

国学门的传统,提倡用科学方法对国学进行研究。在成立大会上,研究院主任沈兼士指出:“从前研究古学,态度不外两种,一则信人,一则信己。所谓信人,即凭各种传说,而持为考证。所谓信己,则又凭有限之常识而已。此种研究,在此科学昌明时代,殊无价值可言……故现时欲研究古学,必得地质学、人类学、考古学、古生物学等等作为参考,始有真确之可言。”“欲研究古学,非从书籍纪载之外,一方再以实物引证不为功。故本院因此二者之重要,特设图书部与陈列部,以资参考,期得完全明确之证据。”院总秘书林语堂指出:“欧西各国学者,对于各种科学之成功,虽至微之处,不敢稍事忽略……吾人研究考古学,亦必抱此精神。”张星烺也说:“从前中国各种学说,类多囫囵吞枣,不求甚解,不如西洋学说条分缕析,一目了然……凡中国一事一物,欲求明确真正之标准,殊不易易。”[①]从国学研究院同人的研究工作,可以看出进行的方式是分科研究。总之,“材料是中国的,但方法却是世界的”[②]。

1926 年 10 月 18 日,国学研究院第一次学术会议决定教员自行研究的题目有:沈兼士的《扬雄方言之研究》,张星烺的《马哥孛罗游记》(继续)、《中西交通史》(继续)、《闽省姓族迁移史》,周树人的《古小说钩沉》(整理),顾颉刚的《汉以前的知识界与宗教界》《中国南部民族的宗教信仰》,容肇祖的《魏晋思想史》,陈万里的《中国之石窟造像》《倭寇侵扰中国史(倭寇与福建)》。[③] 后又增加史禄国的《福建人种考》《福建孩童长成测验》《东胡语言比较字典》。[④]

11 月,决定出版“国学研究丛书”共 10 种,即:林语堂、顾颉刚的《七种疑年录统编》,张星烺的《马哥孛罗游记》,周树人的《古小说钩沉》,林语堂的《汉代方音考》,丁山的《说文阙字考》,张星烺的《古代中西交通征信录》《中外交通史料丛书》,周树人的《六朝唐代造像汇编》,陈万里的《云岗石窟写真集》,江绍原的《中国古代风俗考》。[⑤]

《厦门大学国学研究院季刊》第一卷第一期原定于 1926 年 12 月出版,《厦门大学周刊》载有该期目录:《发刊词》;沈兼士:《今后研究文字学之新趋势》;张星

---

① 《国学研究院成立大会纪盛》,《厦大周刊》1926 年第 159 期。

② 顾颉刚:《缘起》,《厦门大学国学研究院周刊》1927 年第 1 卷第 1 期。

③ 《国学研究院第一次学术会议纪事》,《厦大周刊》1926 年第 160 期。

④ 《国学院最近之工作》,《厦大周刊》1926 年第 164 期。

⑤ 《国学院将出版书籍》,《厦大周刊》1926 年第 165 期。

烺:《中国史书上关于马黎诺里使节之记载》;林语堂:《西汉方音区域考》;顾颉刚:《孔子何以成为圣人和何不成为神人》;鲁迅:《嵇康集考》;陈万里:《云岗石窟小纪》;丁山:《释单》;容肇祖:《述何晏王弼的思想》;史禄国:《中国人种概论》;张星烺:《泉州访古记》;王肇鼎:《西汉货币问题之研究》;潘家洵译:《形声字之研究》(珂罗掘伦著);林语堂译:《论古韵》(珂罗掘伦著);林景良:《本院成立会记事》;史禄国:《书评》。[①]

研究部的任务还有指导学生研究,拟指导经学术会议审查合格之研究生的研究题目有:郑江涛:《诗经描写下的社会现象》;高兴僔:《太姥山》;陈佩真:《诗学研究》;黄觉民:《古代井田的研究》;魏应麒:《王审知开闽史》;伍远资:《明季的海外孤臣》;孙家璧:《论语中的孔子及其和诸子的关系》;陈家瑞:《中文小说编目、漳州古迹》;汪剑余:《牡丹亭传奇考》;蒋锡昌:《老子校释》;黄天爵:《经济观之中国南方交通史》;陈祖宾:《中国语言文字略、莆田方音及闽南各县方言》;蒋连城:《许书通谊》;戚其芊:《朱子哲学》。[②]

这些研究计划,使厦门大学处于国学研究的前沿。如能实现,势必加快中国传统人文学术的现代转型,所产生的国内一流、在国际上也处于领先的研究成果,诚如顾颉刚致胡适书中所言:"张亮丞先生的《马哥孛罗游记》及《古代中西交通征信录》是近年的两部大著作,如果由厦门大学出版,便可提高厦大的地位。"[③]

正式开办的国学研究院设置在生物院大楼。该院的宗旨虽已和国学研究主流派趋同,人事上以南下的北京大学学人为主,但地址的选择仍沿袭林文庆自然与人文并重的思路,特别是国学研究院的陈列部展室,与植物标本馆、动物标本馆结合在一起。陈列部刚组建,即以本院职员的私藏为主布展,并在成立大会后对外开放。"陈列室有二,东则陈列周树人教授所藏拓片,大多数为六朝隋唐造像。又陈万里先生所藏大同云岗拓片、敦煌像片等。西则陈列各种古物,大都为河南洛阳一带所出土者,约百数十件。余则有本校商科所藏古钱。"[④]12 月 18

① 《国学季刊将付印》,《厦大周刊》1926 年第 164 期。按:珂罗掘伦(BernhardKarlgren),即瑞典汉学家高本汉。

② 《本院纪事》,《厦门大学国学研究院周刊》1927 年第 1 卷第 3 期。

③ 《胡适来往书信选(上册)》,中华书局 1979 年,第 424 页。

④ 《国学研究院成立大会纪盛》,《厦大周刊》1926 年第 159 期。

日，举办厦门交涉使刘光谦先生所藏古书画展览。[①] 同时，收受外间捐赠并自购风俗物品，设风俗物品陈列室，作为风俗博物馆之初步。[②] 顾颉刚后来指出："我们过去的半年中，厦门、泉州、福州等处搜罗的风俗物品也有数百件。"[③]该陈列室后来亦成为厦门大学人类博物馆的发端。

对考古实物和社会调查的重视，不仅是北大学人原有计划的延伸，而且是筹备总委员会的共识。两者的结合使厦门大学国学研究院的特色更加显著。在成立大会上，林文庆强调"此次特组织国学研究院，聘请国内名人从事研究，保存国故，罔使或坠；一方则调查民间风俗言语习惯等。因我国各省言语不同，如就南方而论，闽有闽语，粤有粤语，甚至县与县殊，乡与乡异，民间动作因之隔阂甚多，苟不统一使之一致，将来必致四分五裂，其危险有不可言喻者矣"。沈兼士赞同院长的主张，说明"本院于研究考古学之外，并组织风俗调查会，调查各处民情、生活、习惯，与考古学同时并进"[④]。顾颉刚也明确指出："我们知道如果不能了解现代的社会，那么所讲的古代社会便完全是梦呓。所以我们要掘地看古人的生活，要旅行看现代一般人的生活。"[⑤]

在考古方面，成立"厦门大学国学研究院考古学会"，决定参加北京大学考古学会与日本东京帝国大学、京都帝国大学发起的"东方考古学协会"，组织发掘团。考古发掘计划之发掘地点，有河南安阳县小屯殷墟（曾发现龟甲兽骨）、河南洛阳城外朱家疙答魏太学遗址（曾发现石经）、甘肃镇番县（曾发现新石器时代与铜器时代过渡期间之陶器）、甘肃敦煌玉门古长城遗址（曾发现木简等），拟先从安阳下手，成功后再扩充范围，"网罗地质学、文字学、历史学、人类学、美术史等专家，组织大规模的团体，为远地发掘事业之计划，苟能如此进行不懈，将来继长增高，我国之考古学庶几可于世界学术界中占一位置焉"[⑥]。研究部职员相继对泉州进行文物的田野调查。张星烺、陈万里与艾锷风于1926年10月31日至11

① 《国学院第二次学术讲演》，《厦大周刊》1926年第168期。

② 《国学研究院风俗调查会之发起与进行》，《厦大周刊》1926年第169期。

③ 顾颉刚：《闽歌甲集序》，谢云声：《闽歌甲集》，厦门市闽南文化研究所1999年，第2页。

④ 《国学研究院成立大会纪盛》，《厦大周刊》1926年第159期。

⑤ 顾颉刚：《缘起》，《厦门大学国学研究院周刊》1927年第1卷第1期。

⑥ 《厦门大学国学研究院发掘之计划书》，《厦大周刊》1926年第158期。

月3日对泉州古迹及关于中外交通的史料进行调查，回校后详细向林文庆报告调查细节。[①]。1926年12月15日至24日，顾颉刚、陈万里与王肇鼎又到泉州访古调查，顾颉刚主要调查神祀，王肇鼎主要调查风俗传说，陈万里则负责调查古迹。1927年1月16日至19日，陈万里与厦门大学教育科主任孙贵定教授等第三次到泉州考察。后来陈万里在《泉州第一次游记》中说："(张星烺)是为其所专门研究的学问搜寻材料。锷风之游泉州，此实第三次，他所依恋不能忘情的是开元寺的古塔。在我，希望一往灵山，探索回教徒的古墓。"艾锷风在1925年开始考察泉州开元寺东西塔，收集佛教雕刻和肖像。国学研究院筹备委员戴密微(P. Demieville)则对东西塔故事和肖像进行研究。10年后艾锷风和戴密微将在厦门大学期间对泉州开元寺古塔的研究成果合著为《刺桐双塔：中国晚近佛教雕刻之研究》(*The Twin Pagodas of Zayton, A Study of Later Buddhist Sculpture in China*)一书，由美国哈佛大学出版社出版。

在社会调查方面，由顾颉刚、林幽、容肇祖、孙伏园发起成立"厦门大学国学研究院风俗调查会"，吸收本校教职员、学生乃至校外人士为会员，调查工作先从闽南入手，次及福建全省，再次及于全国。当时的民俗学，"还是在搜集材料的时代，不是在研究的时代"，顾颉刚认为民俗材料和甲骨文字"在文字学和史学上开出一个新天地"，一样重要，"所以我们现在，应当认定自己的工作，向某一个小范围内去努力搜集材料"。[②]《厦门大学国学研究院周刊》发出启事，广泛征集民俗资料，主要征集：福建家谱、民族迁移及土地开拓的传说、史迹；海神、土地神及洛阳桥等的传说；朱子、郑成功、郑和及倭寇的传说、遗迹与记载；歌谣、谜语、绕口令、歇后语；儿童故事及游戏；福建省富有地方性的戏剧及其剧本；苗民(或散居各地之盘、雷、蓝等姓)之生活状况；关于各地古迹、古物之调查记录等。[③][④]

《厦门大学国学研究院周刊》共编成4期(其中第4期未印行即停刊)，涉及

---

① 《张陈两先生调查泉州古迹及关于中外交通史料之报告》，《厦大周刊》1926年第165期。

② 顾颉刚：《闽歌甲集序》，谢云声：《闽歌甲集》，厦门市闽南文化研究所1999年，第2～3页。

③ 《征求本省家谱启事》，《厦门大学国学研究院周刊》1927年第1卷第2期。

④ 《厦门大学国学研究院周刊社启事》，《厦门大学国学研究院周刊》1927年第1卷第3期。

风俗调查的文章有：林语堂的《平闽十八洞所载古迹》、顾颉刚的《泉州土地神》《天后》、陈万里的《泉州第一次游记》、林幽的《风俗调查计划书》、高子化的《云霄的械斗》、潘家洵的《观世音》。列入《厦门大学国学研究院周刊》选题未及发表的还有顾颉刚的《厦门的墓碑》、孙伏园的《记绍兴之堕户》《儿童游戏的种类及家族经济》、容肇祖的《厦门的偶像崇拜》、丁山的《新风俗论》、潘家洵的《抱牌位做亲》、黄天爵的《海澄户》、王肇鼎的《石湖的五圣》、林惠柏的《闽南乡村生活》、林惠祥的《闽南的下等宗教》等。

校外人士参与风俗调查会活动贡献最多的是同文中学文史教员谢云声。谢云声“搜集福建歌谣的工作，从民国 11 年(1922)以后，时作时辍。……当 15 年(1926)十月，顾先生来任厦门大学国学研究院教授时，蒙他不弃，时常征我关于闽省的民众文学”[①]，促他再整旗鼓地从事搜辑。在顾颉刚离开厦门大学之后，他整理完成《台湾情歌》(200 首)、《闽南歌谣》(250 首)，寄给顾颉刚并在广州出版。

4.国学研究院的停办

厦门大学国学研究院开办之际，国际战事频繁，陈嘉庚企业遭遇意想不到的挫折。1927 年，由于资金问题，校方无奈宣布停办工科、医科、矿科和国学研究院。对于集美、厦大扩充的受挫，陈嘉庚痛心万分，说：“此为我一生最抱憾、最失意之事件。”[②]关于厦门大学国学研究院终止的说法众多，归纳起来大概有以下几点：一是资金问题。由于陈嘉庚企业的受挫，资金上产生很大困难，而厦大摊子铺得过大，林文庆承诺给国学研究院的经费也迟迟未能落实。研究工作难以为继导致著名教授和核心人员陆续离开，沈兼士、顾颉刚、鲁迅、林语堂先后辞职，宣告了国学研究院的结局。二是厦大内部文理科的分歧与影响，在各科经费分摊上的争议更加难以协调。三是以北大国学门同人为核心的团队并无以厦门大学为长期发展之地的打算，无论是沈兼士还是鲁迅，均仅以厦门为寓居之地。这个团队内部矛盾重重，各种矛盾诱发的学潮则直接导致了国学研究院的停办。

---

① 谢云声：《闽歌甲集自序》，《闽歌甲集》，厦门市闽南文化研究所 1999 年，第 10 页。

② 陈嘉庚：《畏惧失败才是可耻》，《东方杂志》1934 年第 31 卷第 7 期。

因此，厦门大学国学研究院只实际运作了半年，丧失引领国学研究潮流的机会，留下深深的遗憾，但作为我国第一所由私立大学创设的研究院，它从筹办到开办的实践，都在现代中国学术传承上占有不可忽视的一席地位。“与同时期的新国学各研究机构相比，为时不久的厦门大学国学院的学术成就固然赶不上北大和清华，却不逊色于齐鲁、燕京的国学研究所和东南大学国学院，在学术发展史上的地位甚至更为重要。”[①]

事实上，不仅厦门大学国学研究院草草停办，北京大学、清华大学以及中山大学的研究生教育也先后停办。民国早期以国学研究为基本取向的研究生教育制度基本以研究院（所/门）的停办而宣告结束。在当时经费有限、教职人员流动性强、学潮泛滥、教育制度不完善的情况下，这几乎是一种必然的结局。厦门大学国学研究院的设立与停办，在今天看来是一种宝贵的早期探索。

5.新世纪的复办

时代进入 21 世纪，学术界反思人文学术的自主性和原创性危机，如何对待中国自己的历史、传统和国学，再一次成为繁荣和发展中国哲学社会科学、建设中国特色先进文化的一个热点。2006 年秋天，伴随着中华民族的全面复兴和人文社会科学的迅速发展，重建国学研究院的条件早已齐备，复办国学研究院则逐渐提上日程。是年 10 月，国学研究院举办了厦门大学国学研究院创立 80 周年纪念活动，为即将到来的复办开启了先声。在汪毅夫副省长的支持与牵线下，国学研究院经过长时间的筹备工作，于 2006 年 12 月 22 日隆重举行复办典礼，宣告厦门大学国学研究院正式复办。教育部、省市领导、著名学者出席了典礼，杜维明、滨岛敦俊、张立文、林甘泉等著名学者为国学研究院揭牌。以“萃取国学精华，弘扬中华文化”为宗旨，秉持“兼容并蓄、开拓创新”的学术精神，厦门大学国学研究院继承了优良的研究传统，发扬多学科交叉整合优势，突出国学主流和区域性研究特色，努力构建国学研究的东南风格，并期待在今后工作中赓续前辈所创造的辉煌历史。国学研究院复办后挂靠人文学院，首任院长由时任厦门大学

---

① 桑兵：《厦门大学国学院风波——鲁迅与现代评论派冲突的余波》，《近代史研究》2000 年第 5 期。

校长朱崇实出任，常务副院长为时任人文学院院长陈支平。复办以来，厦门大学国学研究院已产生四届国学研究院院务委员会及学术委员会。其中，第一、二届院长为朱崇实，副院长为陈支平，任期自 2006 年至 2014 年；第三、四届院长为陈支平，副院长为朱人求，任期自 2014 年至今。

复办后的厦门大学国学研究院采取以研究课题为中心的管理方式，精简管理机构和运行程序，突出学术研究和学术品位，激励重大学术问题的研究与创新，以具体课题研究的方式培养国学人才，努力培育学术精品，为构建和谐文化和 21 世纪中华民族全面伟大复兴，促进世界和平和文明事业发展，做出自己的重要贡献。

三、新闻传播学院的成立

2007 年 6 月 6 日，厦门大学新闻传播学院成立大会隆重举行，原隶属于人文学院的新闻传播系经过长时间的筹备工作，独立为厦门大学新闻传播学院。厦门大学新闻传播系始建于 1983 年，下设广告学、国际新闻学专业，在中国大陆率先以“传播”冠名，体现了厦大新闻传播人敢为人先的开拓精神。办学以来，该系已经建立了学士、硕士、博士的完整新闻教育体系，积累了丰富的学科建设和人才培养经验，成为中国新闻传播教育的南方之强。不仅如此，厦大新闻传播教育在台湾和东南亚媒体研究、华夏传播研究和广告教育方面都有独特优势。1999 年，新闻传播系与中文系、历史系、哲学系等一并合并成立人文学院，并依靠人文学院的平台进一步壮大了学科力量，在数年时间内扩大了办学规模，增强了学科实力。2007 年新闻传播学院的成立根植于此前良好的发展基础，定位于“台湾东南亚新闻交流中心及人才培养基地”与“走向世界的广告人才”的目标，为其新闻学、广告学等学科今后的发展争取了更为广大的空间与平台。6 月 6 日上午，全国政协副主席张克辉、中国人民大学新闻学院院长赵启正、国台办副主任孙亚夫、中国国民党大陆事务部主任张荣恭及海峡两岸传媒界与新闻学术界名流 80 多人出席了成立大会，中国国民党荣誉主席连战、主席吴伯雄等发来贺信。大会宣布海峡两岸关系协会副会长、原国台办主任助理、新闻局局长张铭清为新闻传播学院首任院长。围绕本次成立大会，新闻传播学院筹划了一系列文化活动，包括：(1) 邀请赵启正、童兵、刘长乐、杨澜、张荣恭于 6 月 5 日—7 日开办“南强讲座”，名家论坛引发热潮；(2)邀请五位来自媒体、广告行业的原新闻传播系的杰出校友开办校友论坛；(3)以“携手两岸、面向世界”为主题，于6月6日下午举办“两岸三地新闻传播论坛”，邀请新闻传媒业界、学界顶尖人才参与，就“海峡两岸新闻媒体的互动与互惠”“海峡两岸新闻教育交流与合作”等议题进行了深入探讨，加深了学界与新闻传媒业界的交流。

四、新设研究机构与学科的成长

2007年2月28日，民间历史文献研究中心获批成立，研究人员主要由厦门大学古文献研究所与全国高校古委会共同组成，自此成为人文学院历史研究的重要基地之一。民间历史文献中心立足于自身的学术优势和地域优势，着力构建具有东南地域特色又能够为国家现实服务的“历史文献学”学科，在“台湾文献研究”和“民间文献研究”两个方向上都取得了引人注目的成果，逐步拓展了自身的研究发展，并与美国、加拿大、日本、香港等境外著名高校共建学科合作平台。以民间文献中心为基点，郑振满教授团队与哈佛大学费正清研究中心历经数年共同建设了“中国地方史与民间文献数据库”。此举推动了厦大历史学系与国际学术机构的进一步合作，也有利于地方文献的保存、共享和利用。

这一年，人类学与民族学系启动了自复办以来的首次本科招生工作，共招收人类学专业2007级本科新生15名。哲学系亦增设了哲学(国学专门化方向)的本科专业并于当年度招生，直到2010年由于招收人数减少才停止该方向的本科教育。

2007年8月，国家人事部、全国博士后管委员联合下发文件，公布了全国新设博士后流动站名单，中文系中国语言文学博士后科研流动站及哲学系哲学博士后科研流动站双双获批。学科建设带动了各系研究生工作的发展，也使得研究生工作迈上一个新的台阶，博士生导师队伍迅速壮大。

第四节 新的发展规划与校园活动的勃发

一、推动领导班子稳步更替

2008年，我院领导班子任期届满，根据学校统一部署，学院召开了人文学院全体党员大会和人文学院第一届教职工代表大会第二次会议。党员大会总结了学院党委四年来的各项工作，肯定了过去几年所取得的成绩，也针对学院发展现状查摆了不足，提出了之后四年的奋斗目标和措施步骤。根据民主集中制原则，会议选举产生了新一届学院党委，林建德任党委书记，范丽、邱旺土任党委副书记。教工党支部的换届选举工作同期召开，全院大教工支部选出了新一届支委会，为党建工作提供了组织保证。

1月27日，根据校党委、校行政研究意见，人文学院完成了新一届行政领导班子换届工作，由周宁接任新一任人文学院院长，朱水涌、詹石窗、钞晓鸿、彭兆荣任人文学院副院长。在此基础上，学院积极推进各系正副系主任换届推选工作，稳步进行了学院领导分工和系务小组组建工作，顺利完成了院系领导班子的新老交接。

周宁，厦门大学中文系教授、博士生导师。1961年生，1992年毕业于南京大学中文系，获博士学位，后来厦任教。周宁教授为长江学者特聘教授、国家万人计划“哲学社会科学”领军人才、国务院学科评议组成员，历任东南亚华文文学研究中心主任、中文系主任等职，长期从事比较戏剧学、比较文学形象学研究，为比较文学与世界文学、戏剧与影视学学科带头人。

2009年，人文学院配合学校完成了教代会代表选举和学院部门工会换届选举工作，畅通民主渠道，发挥民主作用，为学校和学院的改革发展集思广益、献计献策。本次工会换届大会选举曹志平任人文学院工会主席。2010年1月9日，人文学院召开第一届教职工代表大会第三次会议，大会听取审议了周宁院长的工作报告；听取审议了各位副院长对学院教学、科研、年度财务预算执行和决算等方面的工作报告。会上同时讨论了有关学院发展的重大问题，并提出了一系列和学院工作有关的意见和建议。同年12月，根据学校对学院行政领导班子进行届中调整的要求，我院配合校党委组织部完成了学院副院长的选拔推荐考核工作，最终，钞晓鸿、刘泽亮、曾少聪、李晓红出任人文学院副院长。

二、探索人才培养新路径

这段时间，学院在做好校、院、系基本教学及科研工作的基础上，积极拓宽人才培养的新方式、新路径。在教务处和研究生院的支持下，根据我院与武夷山景区管委会长期合作建设学生教学实践工作的基础，我院充分发挥武夷山世界双遗产保护区的宝贵资源和厦门大学丰厚的学科优势，进一步将武夷山教学实习的领域拓展到全校，涵盖本硕博的各类专业，并在武夷山设立了厦门大学教学与研究实习基地，将其创建为全国高校领先的教学实习基地品牌。同时，在学科建设上，2008年10月，历史学专业获批列为教育部、财政部资助的特色专业建设点；2010年，中国语言文学获国务院学位办批准为一级学科博士学位授权点，中国语言文学、艺术学获批为一级学科硕士学位授权点；同年考古学获批建设省级特色专业，增强了人文学科人才培养的改革力度，为进一步办出专业特色奠定了良好的基础。2010年，陈支平的“中国南方少数民族家谱整理与研究”(2010)、吴春明的“环中国海海洋文化遗产调查研究”(2010)两个国家社科基金重大项目的获批打破了我院五年来未有重大项目获批的瓶颈，更为专业学科的纵深发展提供了良好基础。

国际硕士项目的培养工作也取得了一些进展。2008年，学院开展了“中国文化”国际硕士项目并积极推进实施工作：成立“‘中国文化’国际硕士项目部”，首届招生9人，分别来自英国、意大利、荷兰、泰国、菲律宾和卢旺达等国家；此外，以项目部为平台积极开展“中国文化”国际论坛，仅开设当学期就邀请美国、日本等国家的知名学者举办了9场相关论坛讲座。自成立“中国文化”国际硕士项目部以来，我院为办好国际硕士项目投入了大量精力。以周宁教授为核心的教学团队邀请各方名家，面向全校开展“人文国际讲坛”系列讲座，头两年累计已有80余场。2009年，收录“人文国际讲坛”系列讲座和相关文稿的《人文国际》杂志创刊号正式出版，第二、三辑也于2010年迅速面世，成为“人文国际论坛”的重要载体之一。

三、打造富有特色的学生工作

这一阶段的学生工作特点是立足学院深广的人文学科资源，着力打造校园文化品牌，开展具有精神内涵和学术品质的校园文化活动。

中文系学生发挥学科特长，他们的文艺创作不断丰富着校园文化，并在社会上、学界取得一定影响。尤其是话剧演出这一中文系长盛不衰的特色活动，更是备受瞩目。如：配合学术研究的中文系性别与文学团队发动全校学生参加编演的一系列“女性主义戏剧”，包括《阴道独白》《美人计》《日出》《风语》等，就引起校内外媒体的广泛关注。2008 年 6 月，由 2004 级中文系戏剧影视文学班主创的第一届毕业大戏《来不及了》在建南大会堂上演，开创了厦大“毕业大戏”先河，引起校内外的强烈关注，也使得“毕业大戏”成为厦大新的校园文化景观。从此，“毕业大戏”成为中文系该专业同学走上建南大舞台实现梦想的重要机会，同学的创作热情被不断激发，自编、自导、自演“毕业大戏”。这一系列活动取得了一定的影响和成绩，成为厦大备受关注的学生文艺活动，为此后“中文有戏”演出季的固定化、专业化奠定了基础。2008 年恰逢中国话剧百年和厦大南强话剧社成立二十周年，学生团队以“青春艺话 · 剧动校园”为旋律，开展了系列纪念活动。作为专业实践的突出成果，2008 年 1 月，我院学生编排表演的话剧《戈多》《我们的小镇》荣获“喜迎十七大”福建省大学生优秀剧目，并包揽了优秀演出奖、编剧奖、优秀导演奖、优秀表演奖等全部奖项。2009 年，中文系学生自编自导自演《日租房》《幸福像花儿一样》等话剧，其中《日租房》应福建省文化厅邀请参加了“第四届福建艺术节 · 第二十四届戏剧会演”，好评如潮。2010 年 5 月，人文学院举办了第一届“中文有戏”演出季，集合一共 6 台 9 场以中文系学生为主创的大戏，形成了规模效应和不凡影响，在厦大校园里和社会上掀起了一股“看戏、赏戏、评戏”的热潮，并在此后吸收了京剧、相声、电影、纪录片等多种形式，孵化了多个优秀作品与经典成果，可谓原创与经典、先锋与传统并举，逐渐发展壮大为人文学院最重要的文化名片之一。

此外，2009 年我院举办了首届“书香人文”读书节，并逐渐发展为集大型讲座、主题征文、送书下乡、知识竞赛等多种形式为一体的综合性活动。首份由学生自编自创的电子杂志《墨乡》也于同年正式面世，成为大学生媒体运作和创新机制的崭新探索，展现着我院学生紧跟时代潮流、把握传媒动向的面貌。此外，世界哲学日、原创诗歌大赛、校园辞典大赛等具有人文学科特色的活动项目经过形式的丰富与活动的扩大，亦逐渐成为我院特有的学生活动项目，吸引了一届又一届的学生投身其中。这些凸显人文色彩的校园文化活动和学生工作持续开展，逐年开拓新的路线和领域，既体现了我院学生活动的活跃与主动性，也紧密结合了人文特色与时代风貌。可以说，独具人文特色的学生活动已经成为厦大校园内一道靓丽的风景线，也引领着全校学生文化活动的风向。

至此，人文学院在新世纪的第一段发展历程暂告一段落。在全国学院、学科建设变动剧烈的大环境下，人文学院也经历了变化动荡的阶段，先以数系合一为开端，此后不断孕育、成长新兴专业甚至独立分化建院。2010 年，人文学院最终形成了中文、历史、哲学、人类学与民族学四系，中国语言文学所、历史研究所、人类学研究所三所，人类博物馆一馆，并有国学研究院挂靠的完整建制。

回顾十年有余的草创时期，人文学院自初创开始便是一个多学科大院，教师人数众多，机构比较庞杂。在成立学院之前，各系都是独立运作的，在迅速整合为学院的过程中，有许多师生员工都不适应，院系之间、系与系之间都存在着不少矛盾和问题有待磨合；此外，由于资源倾斜有限，学院学科发展也存在一些困难，教师队伍逐渐出现了发展不够均衡、梯队不够合理的情况。在这段时间里，学院注意加强党政领导班子的团结，发挥凝聚人心的作用；党委和行政一起深入各系调查研究，了解各系发展的优势和存在的问题，着力探寻有利于问题解决的方法和途径，增进了各系的沟通和理解，消化了矛盾分歧。其中特别采取了一些切实有效的措施，发挥了学院的积极作用，如加强学院统筹协调和管理服务以及与各系分头开展教学科研相结合的机制，以进一步推动学院的学科平台建设，增强各系对学院的认同感和归属感。可以说，自 1999 年建院以来，在学校各级党政领导的大力扶植与支持下，人文学院在学科建设、学术研究、人才培养诸方面都取得了较大进展，先后建立了历史学、哲学一级学科，建成科技哲学、中国哲学、外国哲学、文艺学、戏剧戏曲学、人类学、传播学、民族学等 8 个博士点，增加了宗教学等 4 个硕士点，研究生招生规模也得到合理扩大；人文学院还充分发挥多学科的学术研究优势,组织一系列的联合科研攻关项目,在较有影响的重点课题研究上取得明显的突破,出产了大量优秀的科研成果,每年国家社科基金立项数稳居全校文科学院第一,并连年斩获教育部、省社科等方面的多个奖项。师资队伍建设稳定发展,教师团队奋发有为,基本形成高层次的学术梯队,为逐步落实人文学院的远景规划,奠立了坚实的基础。

第二章　新十年的勃发与成长（2011—2020）

2011 年是“十二五”规划的开局之年，也是厦门大学和人文学院同时迎来 90 周年庆典的重要时期。在国家科教兴国与厦门大学进入全国“211”“985”重点院校之列的背景下，人文学院经过 21 世纪第一个十年的扎实发展，在学科建设、人才培养、学术文化交流、人才队伍建设等方面都取得了长足进步，以饱满的面貌跨入了新的发展阶段。

第一节　学科的合作建设与人才的创新培养

进入 21 世纪的第二个十年后，人文学院整体与各系的建制基本稳定，学科频繁调整的情况有所缓和，因此整体工作重心投入到各学科的深化发展和人才的全面培养当中去。学院基于现有情况，为 21 世纪第二个十年的发展确定了以下基本路线：以科学精神、人文精神、实用精神相辅相成的办学理念，至 2020 年前后，将人文学院建设成为一个学科门类齐全、国内一流、某些学科达到国际先进水平、与国内外人文学科有着广泛联系的高开放度的研究型学院，成为我国培养具有综合性知识结构和创新能力的高层次人才的重要教育基地和进行人文科学研究的重要科研基地。

一、全面冲击一级学科评估

根据学校工作部署和学院工作要求，2011 年 5 月，人文学院第二届第一次教职工代表大会顺利召开。大会顺利完成了学院教代会换届选举工作，总结了学院在“十一五”期间所取得的成绩，同时讨论通过了《人文学院“十二五”发展规划和 2015 年远景规划》。该规划从国家事业发展全局出发，着眼于为推动社会主义文化大发展大繁荣发挥积极作用，结合国内外学科建设的情况和人文学院学科发展的实际，制定了人文学院优势学科发展规划，稳固人类学、中国史、考古与博物馆学、世界史、哲学、戏剧与影视学等学科的领先地位。该规划书明确了这一时期的发展目标，为学院“十二五”期间各项事业的发展提供了正确的指导思想和清晰的工作思路。

以一级学科调整为契机，这一年，人文学院化挑战为机遇，积极申报并获批建设中国语言文学、戏剧与影视学、中国史、考古与博物馆学、世界史等5个一级学科博士学位授权点，获批建设艺术学理论一级学科硕士学位授权点和硕士专业学位“文物与博物馆硕士”授权点；同时广泛组织力量，反复论证、认真申报考古与博物馆学等6个学科博士后流动站，并以此为基石吸收兄弟单位的科研力量，紧密合作、通力共赢，积极筹备一级学科评估工作，认真筹划国家重点学科的申报与实施工作，获得了良好的效果。

以中文系为例，在原有汉语史、文艺学、戏剧与影视学三个博士点的基础上，中文系“中国语言文学”和“戏剧与影视学”两个一级学科博士点重新整合，形成中国古典文学、中国古典文献学、中国现当代文学、比较文学与世界文学、文艺学、中国少数民族语言文学、汉语言文字学、语言学及应用语言学、戏剧影视学、比较戏剧学、影视艺术学、新媒体艺术理论、中国戏剧戏曲史学等13个二级学科博士点①，也就是说，中文系几乎所有学科和方向都可以招收博士生。随后，厦门大学台湾研究院和艺术学院的相关学科也搭上中文系一级学科博士点的便车，加入中文系博士点，紧密合作，进行学科整合、共同招生，这在一定程度上扩大了招生方向和规模，也扩大了中文系的影响。2012年8月，厦门大学考古学博士后科研流动站经国家人力资源和社会保障部批准设立，即是依托厦门大学历史系、人类学与民族学系、台湾研究中心、东南亚研究中心、海洋考古学研究中心、考古人类学实验教学中心、厦门大学人类博物馆等多个教学科研机构的合力进行学科整合取得的突破。

---

① 戏剧与影视学一级学科博士点申报成功以来曾下设多个二级学科，后根据教学研究实际情况更改为培养方向，具体培养方向亦时有调整，以应时代人才培养之需。

二、为学科发展构建新平台

2011 年 8 月，我院原历史系、哲学系内承担全校“中国近现代史”“马克思主义原理”公共课的马列主义教学部(共 17 名教师)因学科调整和教学改革进行了新一轮调整，与 2009 年复办的马克思主义研究院合并，正式成立马克思主义学院。厦门大学向来具有马克思主义研究的光辉历史和优良传统，是我国早期传播和研究马克思主义的重要阵地之一，曾经涌现出一大批优秀的马克思主义理论家和研究者，而人文学院哲学系一直是厦大马克思主义研究发展的重要基地，为马克思主义研究培养输送了大批优秀学者和研究生。马克思主义学院的正式成立标志着厦大马克思主义研究迈向了新的台阶，集中运用先进性理论直面新中国发展道路上的机遇与挑战；马克思主义学院正式成立后，其学科建设与我院哲学系长期保持着密切的合作与联系，互相支撑、合作共赢。

同年 10 月 9 日，国家一级学会朱子学会成立大会在厦门大学隆重举行，宣告了朱子学会的正式成立。来自海内外百余位专家学者参加了成立大会，时任厦门大学校长朱崇实教授当选朱子学会第一届会长；湖南省社科联副主席、湖南大学岳麓书院院长朱汉民，华东师范大学古籍所所长朱杰人，北京师范大学哲学与社会科学学院周桂钿教授，厦门大学国学研究院常务副院长陈支平当选学会副会长；清华大学国学院院长陈来、厦门大学人文学院高令印教授为学会名誉会长。“朱子学”指由中国宋代朱熹集大成的儒家学术流派，对中国文化的影响广泛深刻，并在日本、韩国、新加坡、美国、加拿大等海外地区都引起了高度重视，已成为国际学术界的重要术语概念。朱子学会是由教育部主管的国家一级学会，由教育部和民政部报请国务院常务会议批准，属全国群众性学术团体，成立后依托厦门大学开展相关工作。朱子学会的主要工作是致力于朱子学研究和相关学术交流活动，包括整理朱子学派的文化典籍，翻译朱子学派的主要传世经典，发掘朱子学派的精神文化遗产，开展相关的文物保护工作；编辑、出版学术性书刊，举办朱子学的基础教育、经典导读，开展培训及相关咨询活动；设立朱子学研究奖学金、奖教金，鼓励和支持文化工作者和其他民间人士积极从事朱子学研究；开展对台湾、香港、澳门地区及海外的朱子学学术交流与合作等，致力于把朱子学会建成中国乃至世界的朱子学研究中心。朱子学会的成立是全球朱子学学者心之所向，不仅为厦门大学人文学科的发展开辟了广阔的前景，也为全球朱子学学者提供了交流与合作的平台。

2011年恰逢厦大90周年庆典。结合建党90周年之机，我院系列活动、学生工作如火如荼开展，均富有特色、独具成效。校庆期间，作为与厦大共度90年历史的老牌单位，我院认真细致地开展了本院校友的邀请和接待工作，组织各系召开座谈会，并协助学校及系内各单位举办了一系列90周年庆典活动。在学校90周年校庆的系列庆典活动中，我院作为主要承办方之一，首先全力配合学校做好“走近大师”校庆系列报告会，承担邀请、对接、具体实施等主要工作，其中即包括我院知名教师易中天、知名系友刘再复先生和文化大家李敖先生的专题讲座。此外，我院各系在校庆期间也陆续举办了一系列系庆活动，如中文系设立系庆筹备小组，组织了一系列纪念活动，包括广邀系友返校参与系友论坛，出版90周年系志、学术文选、纪念文集等等。学院各单位均互相配合、支持互助，积极筹措系庆活动经费，缓解系庆经费不足的困难；同时配合中文系做好系庆的接待和庆典活动等，切实增进了校友和母校的感情。中文系的90周年系庆缅怀先师恩泽，总结成果经验，鼓舞教育精神，激励后学志气，振兴中文事业，激励着更多的中文人奋然前行。

三、落实人才培养的新举措

2011年，我院人才培养模式有了新的突破。教育部于2009年面向全国19所高校理工医科启动“国家基础学科拔尖学生培养试验计划”，该计划由国家设立专项经费，每年动态选拔特别优秀的学生，为其提供一流的学习条件，配备一流师资，营造一流学术环境与氛围，创新培养方式，构筑基础科学拔尖人才培养的专门通道，努力使受该计划支持的学生成长为相关基础科学领域的领军人物。厦门大学教务处将拔尖学生培养计划的范围扩张到人文社科领域，设立了厦门大学“人文学科基础学科拔尖人才培养实验计划”，我院成为首批入选学院之一，与经济学院为唯二入选的两个人文社科单位。我院开展这一工作计划的目标是力求以一流的资源配置实现个性化培养，着力培养学生成为具有高度社会责任感和历史使命感、具有较高文化品位和审美情趣的人文学科研究领域优秀人才；同时也期待以此为契机，推动人文学科人才培养方式和机制等方面的全方位改革与创新，促进我院高层次人才培养工作的全面提高。

在获批此计划后，我院积极推动相关工作，制定了面向全校所有有志于人文学科基础研究的拔尖本科生开展人文学科拔尖计划人才培养的选拔计划，一对一配备全程育人导师，设立教学指导小组，组织“人文基础学科核心课程”建设并执行个性化培养方案，并从此形成了良好的传统。该计划每年选拔符合条件的学生 20～30 名，配以班主任和导师，并设置了丰富、专业的小班课程，形成了良好的学习与互动体系，学生反馈极佳。这一计划一直执行到 2019 年底学校对拔尖计划进行院系调整为止，共计培养了 219 名本科毕业生，其中升学深造率达 70％；拔尖计划学生在学期间于国内外知名刊物上发表论文数十篇，发表学术著作 2 部。不少学有余力的学生在导师的悉心指导下脱颖而出，如中文系 2012 级本科生刘美惠在大三时即开始发表颇有见解的学术论文，其时仅 16 岁；后入北大深造，并获美国普林斯顿大学全额奖学金赴美攻博；哲学系王凯立同学在学期间即发表了学术论文多篇，并出版学术著作《心学功夫》。2020 年开始，我院本科拔尖人才培养计划的具体实施下放到各系开展，启动“拔尖计划 2.0”工作，进一步推动优秀人才培养向纵深发展。

这段时间，我院学生活动经过一段时间的积累，孕育出了丰硕的果实。2011 年 8 月，人文学院经典剧目——中文系学生自发排演的经典话剧《我们的小镇》赴京参加全国大学生戏剧节赛，凭借极富专业水准的艺术表达，荣获第十届“金刺猬・北京大学生戏剧节”的“最佳剧目奖”。北京大学生戏剧节创办于 2001 年，由北京戏剧家协会、北京 9 剧场联合主办，是丰富精神生活、拓宽艺术视野、培养文化市场的全国性大型公益性戏剧活动。这一奖项的获得是对我院校园戏剧水平的高度认可，既离不开中文系师生长期以来的共同努力，也离不开全院热爱戏剧演出艺术的师生的支持与参与，更为今后戏剧影视文学学子的学习与实践提供了先期的榜样。9 月，人文学院承办了第三届中国诗歌节“中华诗魂・世纪颂歌——厦门大学诗文诵读专场”。这是由中华人民共和国文化部、中国作家协会和福建省人民政府共同主办，厦门市人民政府承办的重要文化活动，其中，厦门大学专场活动则由我院全力承办。本次活动面向全校，尽力将诗文的艺术种子扩散到全校广大师生中去；同时还邀请了多位名师、专家莅临指导，活动坚持诗歌品味，体现诗歌特色，力求古典与现代融合、高雅与通俗并重，营造了典雅、庄重、和谐和浪漫的诗情，充分体现了两岸的特色。

第二节　纵深发展优势学科

一、人文学院的新使命：全校博雅教育

2012年12月，人文学院领导班子任期届满，经校党委、校行政研究决定，人文学院完成了新一届领导班子换届，由王炳华出任院党委书记，周宁出任院长。邱旺土、王瑛慧分任院党委副书记，钞晓鸿、刘泽亮、李晓红、王日根分任副院长。在新一届领导班子的带领下，人文学院于2013年年初组织完成了各系、所(馆)领导班子的换届工作。

王炳华，1964年11月生，浙江诸暨人。1982年入厦门大学历史系学习，1986年留校参加工作，历任历史系辅导员、团委书记、党总支副书记，厦门大学党委宣传部副部长、校工会常务副主席、厦门大学党委宣传部部长等职。2012年12月—2020年11月任职人文学院党委书记，全面主持人文学院工作。2020年11月起调任厦门大学机关党委书记。

为拓展学生学术视野，促进文理学科交融，丰富翔安校区的人文艺术氛围，提升厦大学生人文素养，自2012年秋季学期开始，由人文学院牵头、各学院师资力量共同集结的“人文大讲堂”系列讲座于翔安校区正式开讲，并于2013年春季学期形成了固定制式，每周一至周五晚19:00在翔安校区准时开设讲座课堂，每周六下午举办学术沙龙，并向当地居民开放。该系列讲座建立在此前人文学院长期建设的全校通识性讲座的基础上，无论是师资力量，还是建设经验等方面都比较充分，因此自开设之初便实现了较高的开讲频率、达到了良好的效果。“人文大讲堂”的主讲嘉宾主要为我院知名教授和中青年学者，内容则撷取我院教师在所涉文史哲领域内的研究精华，兼及知识性、普及型与趣味性，以最大限度支持翔安校区的校园文化建设。该系列讲座的管理和建设工作由人文学院负责实际执行，并发展为后期建设成立的厦门大学通识教育中心的重要板块之一。

2013年12月，经校长办公会议研究决定，厦门大学通识教育中心正式成立，挂靠人文学院。厦门大学通识教育主张回归到教育的本质和起点，即“人”的教育，旨在培养学生健全的心智、健康的人格、严谨的思维与博爱的胸怀，为全校

学生的基本素质负责，强调独立思想，同时培养学生终身学习的意识与终身学习的能力。其最主要的任务就是打破专业思维、学院壁垒，让全校学生共享优质师资；具体工作为负责全面组织、规划全校的核心通识课程，同时接管“人文大讲堂”相关工作任务。中心主任由分管本科教学工作的副校长担任，常务副主任由人文学院院长担任，并有人文学院、艺术学院、教务处分管领导担任副主任。自成立始，通识教育中心即致力于全校通识课程的改革与建设，在接下来短短几年间建立了完备的体系，借助人文学院的师资力量打造起厦门大学通识教育的核心课程体系，并在国家的高等教育改革浪潮中奋勇前进，进一步推动厦大通识教育的纵深化发展。目前，通识教育中心已经对全校通识课程进行了改革，完成了百门通识课程的建设，同时对厦门大学核心通识课程模块完成了分类，形成认识中国、认识世界、科学与创新、艺术与审美、自我与社会五大板块，这其中人文学院各系的老师是课程开设与讲座承办的中坚力量。在建设过程中，通识教育中心摸索出了一套行之有效的工作方法，具有良好的实践基础、部门沟通能力以及师生之中广泛的认可度。通识教育中心的讲座式课程如“跨界·对话”“媒体第一课”“音乐的观念”等通过名师资源的整合与形式的创新，已成为厦门大学通识教育一张响亮的名片，并在学校内部乃至诸多兄弟院校中打造出极佳的口碑，形成品牌效应，正进一步推进该模式在不同院系的推广和改良。此外，对于“一体化共享模式”课程模式常态化、稳定化开设的尝试，通过课程讲座化、讲座系列化、专业通识化、学科跨界化四大举措，充分调动全校优质资源开展通识教育，使通识教育中心在打破学科分野、锻造新文科、培养新人才方面也走在了全国前列。

二、代表性学术团队的迸发与繁荣

这段时间，学院充分发挥学术特点和区域优势，加大特色学科的培养和跨学科的整合。在加强中国社会经济史研究中心、道学与传统文化研究中心、佛学研究中心等平台建设，发挥国家一级学会“百越民族史学会”等作用的同时，新成立国家一级学会“朱子学会”，开展以朱子学为龙头的国学研究；组建了跨学科的生态文明研究平台，开展生态哲学、生态人类学、生态文学、环境史学等方面的研究；集中海洋考古、华人华侨研究的力量，建设了海洋史研究基地；整合世界史、中国史相关力量，组建比较城市史团队；凝聚东南沿海等研究方向，建立文化东南研究基地；加强跨文化传播与国家软实力研究团队建设；打造性别研究特色学科；建立对外汉语教学研究平台；加强与国际领域的密切合作，建设并壮大生态文学研究团队；发挥闽商研究中心的作用，积极开展闽商研究；联合艺术学院、软件学院、新闻传播学院搭建新媒体艺术研究与应用学科平台；与海洋与生态、化学化工、材料科学、生命科学等学院合作，组建海洋考古研究平台。此外，学院大力实施“顶天立地”战略，即在着力强化基础研究的同时，瞄准国家和地方战略需求，建设智库型科研平台，更好地为党和政府提供决策服务，如：加强“海上丝绸之路”战略研究，积极开展福建省生态文明建设发展战略和发展规划研究、闽台民间文献抢救与国学研究工程、闽商文化研究、世界文化遗产客家土楼的保护与开发研究等项目。学院在注重发展优势重点学科的同时，着眼新突破，加强一级学科博士学位授权点的申报和建设工作，取得了瞩目的成绩。在学科建设不断取得突破的基础上，2011 至 2014 年间，人文学院陆续获批多个国家社科基金重大项目，包括：彭兆荣的“中国非物质文化遗产体系探索研究”(2011)、李无未的“东亚珍藏明清时期汉语文献的发掘与研究”(2012)、朱人求的“东亚朱子学的承传与创新研究”(2013)、王日根的“清代海疆政策与开发研究”(2013)、张先清的“闽台海洋民俗文化遗产资源调查与研究”(2013)、陈嘉明的“当代知识论研究”(2014)、鲁西奇的“中国历史上的滨海地域研究”(2014)、董建辉的“台湾原住民族群关系研究”(2014)。人文学院不仅连续五年获批国家社科基金重大项目，在 2013—2014 年间更是以每年斩获三项的纪录在全校独占鳌头。2013 年 2 月，教育部学位与研究生教育发展中心公布了第三批学科评估工作的结果，人文学院戏剧与影视学、中国语言文学、中国史、世界史、考古学、民族学等均排名全国前十，其中：戏剧与影视学、中国史、世界史、民族学均并列第 5 名，考古学并列第 7 名。此次学科评估结果再次肯定我院的优势学科与办学特色，明确了学科发展的方向与态势，为我院进一步申报国家重点学科提供了依据。

为了进一步打造“以我为主”的学术阵地，推介、展出自身优秀的学术成果，2013 年秋，人文学院中文系领导班子经过长时间的筹备工作，正式创办《厦大中文学报》。每年出一到二期(辑)；时任中文系主任李无未教授、中国语言文学研究所所长林丹娅教授联袂出任《厦大中文学报》主编，中国语言文学研究所副所长胡旭教授出任执行主编，刘荣平副教授出任编辑部主任。编委和编辑不固定，每期灵活变通邀请。全系群策群力,集思广益,致力于将《厦大中文学报》办成高端、前沿、大气的纯学术刊物。该刊秉持“追求真理,注重实学,崇尚创新,鼓励争鸣”之宗旨,立足东南,面向世界,制定了严格的标准(《稿约》和《撰稿体例》),并于 2014 年 10 月正式出版第一辑,甫一出版便迅速赢得学界的重视。2015 年起该刊顺利加入中国知网,已出版 8 辑,在学界获得良好口碑。

在人才培养上,学院不断加大人才培养模式的创新,结合“拔尖计划”加强平台课程与通识课程建设,逐渐建成“文史哲不分家”的“通识人才”培养机制,采取厚基础、宽口径、贴近当代科技和社会发展现实的教学举措,培养专业深厚、综合素质强的人文社科精英人才。2013 年,人文学院本科招生工作开始实施大类招生,新生入学前两年需修习四系基础课程,以打造坚实的人文综合学科基础,至第三年起方进入专业分流;而后根据具体教学情况,调整为一年大类培养、三年专业培养。这一大类培养计划使本科生的培养工作发生了很大变化。重要的变化主要体现在两个方面:一是学生本科期间完成的总学时数大幅减少,学生可自由支配的学习时间更多;二是学院打通学科的壁垒,实行联合培养,二年级后再进行专业训练和专业知识的学习。此举目的在于使本科生在具备专业能力的同时,提高其人文学科知识的素养。

2014 年,厦门大学音像文献中心正式成立,并在馆藏基础上成立电影博物馆,挂靠人文学院中文系戏剧与影视学学科,同时成为厦门大学通识教育实践基地之一。中心与博物馆位于翔安校区图书馆八楼,总面积 5000 平方米,收藏与电影相关的胶片、录像带、DVD,以及拍摄、洗印、放映设备等,致力于复原近代以来影音技术与工业的发展历程、读取和保存珍贵的音像文献资料,构建电影工业发展历史完整的教育链,并以厦门位居华人华侨中心区、海上丝绸之路起点为出发点,维护保存音像文献,以视听语言书写大中华历史。此外,中心还与香港美亚娱乐资讯有限公司、台南艺术大学联合开展胶片数字修复、录像带数字修复等培养专业人才的课程。电影博物馆则是集教学、研究、收藏、保护、修复、储存与数字化为一体的专业型电影博物馆,是厦门大学重要的电影人才教育基地。目前,音像文献中心暨电影博物馆馆藏主要有:香港美亚娱乐资讯有限公司捐赠的该公司生产制作和拥有版权的 200 多部影片的胶片母盘与拷贝;台南艺术大学音像艺术学院院长井迎瑞教授捐赠的 50 余箱近 1000 本电影胶片拷贝;长沙电视台捐赠的 247 箱 1000 多本录像带;南京军区政治部厦门文化工作站委托馆藏的四套35mm胶片电影放映设备和500余本胶片电影拷贝及一系列电影胶片处理设备等。除了常设的电影文献、设备器材的展览展示外，音像文献中心暨电影博物馆基于学术研究、面向社会公众不定期地对外推出展览、讲座和放映活动。如：2015年11月，中心举办了为期两个月的“新富春山居图——两岸影像·媒介与历史记忆特展”，展览分设胶片电影放映区、电影器材展览区、戏服展览区、电影海报展览区和两岸抢救老电影工作坊等，展览期间每周放映一部胶片电影，从不同角度呈现两岸影像的媒介发展历程与历史记忆，使一些数字化浪潮下被淘汰的影片拷贝和设备重新焕发生命活力，展现历史价值与学术价值。2018年7月，音像文献中心暨电影博物馆联合中国电影家协会电影收藏工作委员会举办了为期一个月的“电影收藏论坛”及“流金岁月——胶片电影露天放映大会”，精选电影史上经典影片进入社区，获得极大成功和一致好评。2019年7月，音像文献中心暨电影博物馆联合厦门市思明区委宣传部、纽约大学狄许艺术学院召开“影展与电影修复”国际论坛，借金鸡百花电影节在厦举办之际，邀请国内外电影修复领域的顶级专家，共同探讨影展与电影文化资产的修复、维护、开发、再利用之间的关系。

三、高自主性的学生活动如火如荼

这段时间我院学生活动亦如火如荼，学生自主性进一步加强；学院也更加注重引导学生将专业知识、创作才华和实际运作相结合，并孵化出了令人瞩目的成果。2012年，首届“大学生逻辑思维能力竞赛”、首届“汉语言文字能力应用大赛”先后举办并迅速风靡全校，此后这两项比赛与“中文有戏”一并成为人文学院独具专业特色的校园文化活动，每年均吸引全校各个学院广大学生参与其中。同年10月19日，由中国文学艺术界联合会、中华人民共和国教育部、上海市人民政府主办，中国戏剧家协会、上海市文学艺术界联合会、中共上海市教育卫生工作委员会、上海市教育委员会、上海市戏剧家协会承办的第三届中国校园戏剧节在上海戏剧学院举行，来自全国各大高校共133台戏剧演出集结于此。在本次以“魅力校园·青春飞扬”为主题的戏剧节中，由厦大人文学院中文系学生自编、自导、自演的经典原创话剧《日租房》斩获最高荣誉——中国校园戏剧奖，主要演员荣获“校园戏剧之星”。《日租房》的主创人员来自海峡两岸，通过描绘日租房里的生活状态，展现校园爱情和现实生活、求学和就业三者之间的矛盾，探讨了当代大学生在校园与社会的“临界点”上，对事业、家庭和自我三者关系的思考和抉择；这一创作成果是人文学院戏剧影视文学学科孵化出的重要成果，在剧本创作、个人演出、舞台效果等方面都已经达到了相当出色的水平。2014 年 4 月 11 日，以一代科学大师、著名数学家、我校杰出校友陈景润先生为主角的大型原创话剧《哥德巴赫猜想》在建南大会堂首次公演，并于 2015 年 9 月赴北京人民大会堂参演由中国科协联合教育部、共青团中央、中国科学院、中国工程院主办的“共和国的脊梁”专题演出，央视等主要媒体转播了演出并给予了高度关注。自此，《哥德巴赫猜想》与《陈嘉庚》这两部由我院中文系师生自编、自导、自演的原创话剧成为厦大新生文化教育的重要组成部分，每年为来到“南方之强”的新生讲述着校主和前辈的故事，同时形成了以老师带学生、学长带学弟等以老带新、继续传承的模式，吸收了一届又一届来自各个学院的新生演员投入演出，成为厦大校园文化建设的精品项目之一。人文学院首届“古韵流芳”传统节日系列论坛也于 2014 年亮相，于相应的中华传统节日开设清明论坛、端午论坛、中秋论坛、重阳论坛，并结合不同时间节点举办系列文化讲座和知识问答竞赛等，从多元化视角出发探讨传统文化精髓与内涵，成为厦大继承和发扬优秀传统文化的标杆性活动。

第三节　全面开花的新时期

一、发挥学院统筹管理职能

2016 年，学院党委结合建党 95 周年及厦门大学党支部成立 90 周年这一契机，认真开展“两学一做”学习教育，进一步加强学院党建工作，完成了几项重要任务：一是全面集中排查党员组织关系情况。通过排查全院 568 名在册党员，确认组织关系“空挂党员”10 人，“失联党员”经排查无法取得联系 5 人，真正做到了“三查三核”，不漏一个党支部，不漏一名共产党员。二是开展党费收缴工作，对学院 102 位在职教工党员进行党费核查。三是全面加强基层党组织建设，发挥党支部战斗堡垒作用，规范“三会一课”制度，同时将各项活动与党支部工作相结合，融合到每位党员的学习、工作与生活当中。2017 年，人文学院积极强化学院党委的政治核心作用，全面推进党建工作，并以积极进取的姿态、认真负责的作风，迎接了中央巡视组的检查。这段时间，人文学院根据历年工作情况及整改要求对学院原有文件进行了修订和完善，陆续出台了 30 余个文件；同时对学院党政联席会、党委会、聘委会的会议纪要及工作情况等进行全面的分类归整，通过制度建设进一步规范学院思想政治工作和行政管理工作。在严把教学科研政治关、守好意识形态阵地的前提下，人文学院在人才引进上花力度、下工夫，积极推动“南强拔尖人才计划”，成功引进“南强拔尖人才”3 人。

这段时间，人文学院下辖各大场馆工作取得了新的突破。2016 年 4 月 4 日，于厦门大学 95 周年校庆之际，中国近现代文学展览馆正式开馆，并由人文学院负责管理，成为厦大系列校史校情系列展览馆的成员之一。中国近现代文学展览馆设置于集美楼一楼，其展馆建设全程由人文学院中文系组织策划、协助修缮，以现当代文学教研室为首的中文系教师为此付出了大量心血。厦门大学自建校初期开始，就不断聘请著名的近现代文学家来校执教，促进了厦门大学校园文艺的活跃、繁荣，培养、造就了众多文学艺术家；伴随着当时中国文学由传统向现代的历史转型，闽籍近现代知识分子亦在其中起到了引领文学新潮流的历史作用，涌现出一批著名的文学家。为展示此段历史，中国近现代文学展览馆分为近现代文学馆、闽籍近现代作家馆、港澳台作家馆、厦门大学与近现代文学馆四部分，以六个展室进行展出。第一、二展室主要以近现代文学发展潮流为展览主题、内容，第三展室主要展览闽籍的著名近现代文学家，第四展室主要展览台、港、澳等三地著名的现当代文学家，第五、六展室以“厦门大学与近现代文学”为主题，主要展览厦门大学校园文艺的历史成就。此展览馆的第三、五、六展室等最具特色，呈现出闽籍近现代文学家和厦门大学校园文艺在中国现代文学史上的历史地位、贡献，充分展示了厦大校园文学走向现代文坛的繁荣和发展历程及厦大学子积极开展新文学、投身新文艺活动的历史篇章。5 月，由人类博物馆选送的人类博物馆学生讲解员、人文学院 2014 级人类学与民族学系本科生傅育繁代表厦门市参加 2016 年度全国科普讲解大赛，荣获一等奖，并被授予“全国十佳科普讲解使者”称号。9 月，人类博物馆结束了历时三年的对馆藏文物的整理清点、测量登记、图像采集工作，顺利完成了本馆的全国第一次可移动文物普查。

通过此次文物普查，厦门大学人类博物馆全馆共万余件藏品之中，被国家文保机构认定为文物的有 5000 余件，约占馆藏总量的 2/3；被定级为国家一、二、三级文物的有 400 余件，位列全国高校前茅。藏品涵盖考古文物、历史文物、民族文物、民俗文物等在内的 30 多个门类，涉及福建、台湾、香港，我国东南、西南少数民族，以及南洋、非洲等地区。

这一年同时也是我院人才培养与学科建设的关键一年。2016 年 2 月，人文学院在厦门大学马来西亚分校招收的首批中文专业学生正式开始上课，全年度中文系、历史系、哲学系累计派出 5 名教师投入马来西亚分校的教学工作，驰援马校各项工作的开展和人才培养，成为我校马来西亚校区人才培养的中坚力量之一，这也标志着我院的人才培养工作正式开拓了海外版图。为了帮助马校中文系顺利走上正确的办学道路，我院历年来派出的教师均为教学经验丰富、科研成果突出的精兵强将，中文系语言文学研究所副所长胡旭教授即为首批到马校任教的教师之一。在马校工作期间，胡旭教授将中文系多年来办学的成功经验倾囊相授，并帮助马校中文系遴选教师，在较短时间内即组建了一支精干的教学队伍，为马校中文系的进一步发展打下了良好的基础。随后，我院各系继续轮流派出精干师资支援马校中文系，包括毛蕾、陈明娥、谢晓东、刘子立、李菁、刘晓飞、靳小龙、林丹娅、江新、金美、师雅惠、夏光武、刘镇发、高信杰等在教学上很受好评的老师，都渐次来到马校中文系传经授宝。从马校中文系已经毕业的两届学生情况来看，办学取得了巨大的成功，这与人文学院的倾力相助是紧密相关的。

同年，通识教育中心正式在既有开设百余门通识课程的基础上启动第一批核心通识课程立项工作，全面铺开针对我校通识课程的改革建设工作，进入精品课程建设与板块优化的第二阶段。全年共有 20 门核心通识课程完成新立项，开课单位主要集中在人文学院各系，体现了我院教师在全校通识教育上高度的积极性。6 月 26 日，厦门大学通识教育中心与浙江大学、南京大学、武汉大学、重庆大学、香港中文大学等五校共同签署《大学通识教育联盟章程》，正式加入中国大学通识教育联盟。

二、迎接学科评估与标志性成果的产出

2016 年年底，我院认真组织并完成了院内 9 个一级学科参与教育部学位与研究生教育的第四批学科评估工作，积极展现我院学科优势与特色，明确学科发展所面临的机遇与挑战，思考学科发展的方向与举措，为制定并实施一流学科建设规划提供了借鉴。同年，我院精心筹备组织 10 个学位授权点参与评估，学院各学科的办学特色与培养模式得到评估专家的肯定与认可，师资结构等问题也得到相关指正与指导。学院利用评估契机，总结了优势与经验，发现了劣势与问题，为我院硕博人才培养质量的提高指引了方向。

此外，标志性的学科成果也陆续产生。11 月，厦门大学民间历史文献研究中心主任郑振满教授宣布“中国地方史与民间文献数据库”正式启用。该数据库秉持数位人文“理念”，初步建立了一个集数位典藏、分析研究与开放利用于一体的平台，不仅可以实现文献的存储、检索，还在跨文本、地理信息系统等方面建立了关联。12 月，由朱子学会主办的“朱子学的当代传承：学术研讨会暨朱子学会换届大会”于厦门大学举行，海内外共计 120 余名朱子学研究专家受邀参加此次会议。厦门大学校长、朱子学会会长朱崇实在会上做了朱子学会第一届理事会工作报告。全体与会代表选举产生了新一届理事会理事、常务理事，厦门大学校长朱崇实继续担任新一届朱子学会会长，朱汉民、何俊、陈支平、蔡方鹿当选为副会长，朱人求当选为朱子学会秘书长

伴随着 95 周年校庆的到来，这一阶段我院校友工作也出现了新的亮点。2016 年 4 月 7 日，人文学院、通识教育中心配合学校校庆工作安排，邀请中文系易中天教授于建南大会堂举办 95 周年校庆学术讲座《文明与信仰》，引发人文热潮。6 月 26 日，厦门大学福州校友会中文分会于福州成立，这也是厦门大学地方校友会首个中文分会；同时，中文系“鼓浪励学金”在学校教育发展基金会的帮助与支持下正式创立。这是学校首次以院系各届毕业生为主体自主筹资并设立的励学金，首期由中文系 1977 级至 1990 级 14 个年级的校友共同发起，筹集共 126 万余元人民币，旨在鼓励在创新、创作、创业、访学交流、志愿服务等方面表现优异的中文学生成长成才，支持母校教育事业发展。2017 年 1 月 8 日，厦大厦门校友会中文分会于厦门大学科学艺术中心宣告成立，彰显了厦大中文人志存高远、勇于奉献的理念与精神品质。借分会成立之东风，首届“鼓浪高峰论坛”

邀请来自北京、香港等地的杰出系友，开设了一场思维激荡的学术交流论坛，加强了校友联系、增强了系友纽带。分会成立大会上，共15个学生个人及团队凭借优秀成绩获首届“鼓浪励学金”，接受系友颁奖。中文分会和“鼓浪励学金”的设立，为我院校友工作开辟了新的道路，为今后各个厦门大学地方校友会成立人文分会/系分会及设立不同形式的励学金提供了宝贵的经验。

这几年，我院科研成果在保持往年优秀科研水平的基础上，进一步取得了诸多亮点。2016年12月4日至10日，由我院人类学与民族学系协调组织开展的“联合国教科文组织《非洲通史(卷九)》国际科学委员会会议”成功举办。本次会议是国际科学委员会会议确定《非洲通史(卷九)》内容的最后一次会议，各方通过对非洲历史书写的专门讨论，以及对中非关系的学术梳理，达成了学理与价值判断的共识。在“一带一路”建设的大背景下，本次国际学术会议不仅加强了中非之间的学术合作，同时促进了厦门大学人文社会科学非洲研究的学术发展。人文学院中文系周宁、贺昌盛等人撰写的《中外文学交流史·中国—美国卷》、郭惠芬撰写的《中外文学交流史·中国—东南亚卷》获得两大全国性奖项：2016年第六届中华优秀出版物奖图书奖和2017年第四届中国出版政府奖图书奖，后者由国家新闻出版广电总局主办，为国家出版最高奖，每三年评选一次。中文系刘荣平所编《全闽词》作为福建第一部文学全集，凭借“收词完备”“校勘精善”“小传翔实”等特点获得我国最重要的古籍类图书奖——2016年度全国优秀古籍图书一等奖，填补了福建文学没有全集的空白。2017年9月，为迎接金砖国家领导人厦门会晤、展现福建省通过海上丝绸之路对外交往的友好历史，杨国桢教授主编的《丝路帆远——福建与海上丝绸之路》一书正式出版，以“海洋”和“海洋社会”为本位，对包括福建在内的海上丝绸之路进行了深入、严谨的研究，向金砖会晤献礼。

此外，本科学生大类分流工作成为这段时间的一大工作重点，直接影响到我院本科人才的培养、课程的设置与调整、师资的分配与资源的平衡。从2013年起，我院在本科招生工作中采取大类招生，本科生入学后前两年需修习四系通修课程，至第三年才进行专业分流；但由于两年的大类培养过程较长，一方面阻碍了各学科专业知识的深入，一方面也影响了各系的教学实践进度安排。如：历史系与人类学系培养计划中的田野实习多安排在大三上学期，且对学生的专业知识有一定的要求，但由于本科生专业分流需至大三才能完成，因此这两系的田野实习计划多半只能在学生缺乏相关学术训练的前提下开展，否则容易遇上与学生大三、大四期间的其他实习、毕业计划等事项相冲突的窘境。因此从2016年开始，我院修订了本科大类培养方案，将“两年分专业”调整为“一年分专业”，即2016级学生在一年级的第三学期就开始进行专业分流。与此同时，2016级以前的年级仍按照两年分专业执行。因此，2017年6月，我院有两个年级同时进行专业分流，这也是我院首次面对两个年级同时分流的情况，师生普遍反映良好，基本取得了预期收效。

第四节　大步迈入“双一流”建设

一、焕新各级领导班子

2018年是厦门大学推进“双一流”建设、全面深化教育综合改革的重要一年。4月，我院院系领导班子陆续任期届满，换届工作如期推进。其中，我院联合校人事处积极面向全球招募高层次人才，并顺利引进长江学者朱菁教授担任新一任人文学院院长。经校党委、校行政决议，由朱菁任厦门大学人文学院院长，李晓红、王日根、张先清、朱人求任厦门大学人文学院副院长；钞晓鸿、刘泽亮免去厦门大学人文学院副院长职务。

5月25日，厦门大学人文学院召开中国共产党厦门大学人文学院代表大会，选举产生了新一届中共厦门大学人文学院委员会委员和纪律检查委员会委员，党委会委员共9人，其中王炳华任党委书记，黄宇霞、李启忠任党委副书记；纪委委员5人，其中黄宇霞任纪委书记。

8月24日，人文学院完成了所属4个系、3个研究所及1个博物馆的岗位换届选任工作。同年11月30日，人文学院召开工会会员代表大会，选举产生了新一届工会委员会，工会委员共9人，其中李启忠任工会主席。领导班子的组建与顺利交接，为我院在新时期的工作开展奠定了坚实的基础。

朱菁，1968年11月生。先后毕业于中国科学技术大学、中国科学院研究生院和加拿大滑铁卢大学，并于美国佛罗里达州立大学哲学系、英国伦敦大学认知神经科学研究所做博士后访问学者。曾任职于中国科学院研究生院及中山大学,2006 年入选中山大学“百人计划”,2008 年入选教育部“长江学者奖励计划”特聘教授。朱菁教授长于国际哲学和认知科学领域,在个人专业研究领域内具有显著的国际影响。

二、成绩亮眼的“双一流”建设

根据学校“双一流”建设战略部署,人文学院多个学科均入选了学校“双一流”学科群建设规划,并取得了相当亮眼的成绩。在人文与艺术学科群建设中,我院依托中国史、中国语言文学、民族学等一级学科,突显中国特色,以世界一流为目标,整合校内相关力量,重点建设中国地方史与民间文献研究,中国历史上的社会经济发展模式,中外语言学关系与国家语言能力研究,中国民族研究的跨学科探索,南中国传统文化的传承、保护与发展,朱子学与中国文化发展战略研究等重点发展方向和主要领域,开办了一系列学术论坛,产生了多卷本学术专著,孕育了一批原创性学术成果。2018 年全年,我院科研到账经费 2459.14 万元(含纵向经费 877.02 万元,横向经费 1588.73 万元),成为我校人文社科领域横向经费首个“千万大户”,约占全校文科横向经费的 24%;2019 年全年到账科研经费 3391.6 万元(含纵向经费 990.41 万元,横向经费 2401.19 万元),再创新高。近年来,我院科研经费执行率均远超当年度社科处建议的原定科研经费计划任务,数度创下历年科研经费新高;对以基础学科为主的人文学院而言,这亦是相当惊人的成绩。此外,我院还争取了人文学科振兴专项建设,并按照立足中国、借鉴国外,挖掘历史、把握当代,关怀人类、面向未来的思路,努力培育和形成“厦大学派”,巩固和提升国内领先地位,增强国际影响力和话语权。

在国家社科基金规划项目上,我院无论是在数量上还是在质量上都取得了突破:过去四年,我院国家社科基金项目立项数量连年位列全校第一,2019 年的立项数更是独占全校 1/3;在具体项目上,2018 年,我院时隔四年再次获批 1 项国家社科基金重大项目(历史系林枫的“华侨谱牒搜集整理与海上丝绸之路研究”),2019 年获批 2 项国家社科基金重大项目(中文系王宇的“百年中国文学女性形象谱系与现代中华文化建构整体研究”,历史系钞晓鸿的“明清时期黄河治理工程文献的整理研究与数据库建设”)。不仅如此,2019 年我院还获批了国家社科基金项目艺术学专项 2 项和国家社科基金冷门绝学项目 2 项,均为全校仅有;立项 3 项国家自然科学基金项目,为近年文科学院罕有;另有 1 项国家社科基金后期重点资助项目和 1 项优秀博士论文出版项目。2018 年我院申报建省社会科学优秀成果奖,获奖 14 项,2019 年获奖 24 项,其中一等奖 4 项,足占全省 1/5。

这段时间,我院的科研水平在平台建设、社会服务、国际合作等方面也有了新的提升。一方面,我院全力加强智库建设,促进学院科研平台向智库转化和提升:2019 年,我院国家语言资源监测与研究教育教材中心入选国家语言文字推广基地,实现了成为国家语委科研机构中最高级平台的质的飞跃;《义务教育常用词表(草案)》依托于国家语委首个后期资助计划课题,履行了服务国家、服务社会、服务教育的宗旨;历史系参与发掘的浦城马道坪新石器时代晚期至青铜时代遗址获评"2009—2019 年福建省十大考古发现与文物保护奖项目",宁波城区西门口汉唐遗址获评"2019 浙江十大考古重要发现",平潭考古发现项目也获得了中央领导与央视新闻的关注;9 月,历史系成为中国历史研究院牵头的"全国主要史学研究与教学机构联席会议"32 家会员单位之一,杨国桢亦入选中国历史研究院首批学术咨询委员会委员,这是中国历史研究院根据党中央批准的组建方案由全国史学界遴选 41 位专家学者组建而成的重要队伍。另一方面,我院积极开展社会共建,将学科发展、人才培养与国家和区域经济社会发展紧密契合,与省内各级党委、政府部门共建了多个人文社科研究基地。如:与政协福鼎市委员会合作签订协议,出版《太姥文化研究资料丛刊》第六、七、八辑;与英良世界石材自然历史博物馆共建"地质与人类文化校外实践教育基地";与永泰县盖洋乡人民政府合作举办永泰县盖洋乡三对厝永泰民间历史文献展览;与同安区文化馆合作"同安故事"系列丛书(一);与安溪县湖头镇人民政府合作开展《〈至谊堂实纪〉手稿》的修复、研究、高仿及整理成书工作;与厦门市山东南下干部历史研究会共同合作福建南下干部研究等;考古团队与安溪、南平、浦城、福州、龙岩等地政府、考古研究所等单位合作,开展考古勘探等工作。不仅如此,我院更积极举办多场国际学术会议,合作攻关国际学术前沿问题,还开拓了崭新的国际合作交流平台。2018 年 4 月、2019 年 4 月,我院连续两年承办"世界人文学术会议暨国际哲学与人文科学理事会执行委员会会议",该会议由联合国教科文组织(UNESCO)、国际哲学与人文科学理事会(CIPSH)、亚洲新人文联网(ANHN)、厦门大学联合主办,每年均有近 80 名中外学者和学术机构领导人参会,为厦门大学、联合国教科文组织和国际哲学与人文科学理事会共同合作、推进人文传播与发展开创了崭新的局面和契机。“中国地方史与民间历史文献研究”的双一流研究方向自立项以来，依托厦门大学民间历史文献研究中心实施学科建设，与哈佛大学费正清研究中心开展了深度合作交流：2018 年 10 月至 2019 年 5 月，郑振满教授、黄向春副教授与哈佛大学东亚系教授、费正清中心主任宋怡明共同开设了“民间历史文献学”相关课程，拓宽了既有的合作领域；2018 年 11 月，在原有费正清中心资助的“中国地方史与民间文献数据库”的合作项目基础上，哈佛大学文理学院创新基金再次资助了“福建山林契约文书的搜集与整理”的国际合作项目；2019 年 6 月，历史系民间历史文献中心和哈佛大学费正清研究中心共同主办“永泰庄寨文书工作坊”，哈佛大学、多伦多大学、厦门大学、北京大学、中山大学、复旦大学等高校的学者教授和研究生参加，实现了学科建设和人才培养国际化的良好效果，中心成为一带一路文化遗产国家合作联盟成员单位。“中国地方史与民间历史文献研究”的双一流研究方向借助互联网、大数据技术，通过与哈佛大学的深度国际合作，拓展“新文科”建设的国际化渠道，探索着乡村振兴战略与文化传承的新路径。

三、强化与深化人才培养战略

立足“双一流”建设的起点，我院人才培养工作也取得了不俗的表现。在研究生培养工作上，我院自 2018 年起首次获批博士招生申请考核资格，并于 2019 年正式推行，增强了各系及导师的博士招生自主性。为延揽更多优质生源，学院探索了多种形式，除组织暑期夏令营选拔推免生与直博生以外，更以各系为单位赴全国 10 余所高校开展招生宣传，面对面为学生答疑解惑，宣传学科优势，争取优秀毕业生报考。

在本科人才培养上，我院牢固树立“以本为本、以学习为中心”的理念，加强一流本科专业建设，深耕拔尖计划项目，深化教育教学改革，在拔尖计划、一流本科专业、教学成果、教学指导等方面都有了突破。2018 年年底，拔尖计划在过去五年人才培养经验、成果的基础上，继续深化改革、深入发展，并于 2019 年初细分至学科培养，全面推进到 2.0 阶段。在此次改革中，历史学和中国语言文学均获校级拔尖计划 2.0 项目立项，其中历史学被推荐上报教育部拔尖计划 2.0 项目。通过对具体管理规则进行改革、具体管理办法进行修订，人文学院拔尖计划正更加完备地向着实现培养“基础知识宽厚，能力和素质协调，富有独立思考与创新精神的人文学者”的目标进发。一流本科专业的建设工作也是这一阶段的工作重点，我院戏剧影视文学、汉语言、历史学入选国家级本科专业建设点，哲学、汉语言文学、考古学获批省级一流专业建设点直接认定专业；2020 年，历史学与哲学本科专业均入选国家级强基计划。2018 年 5 月，中文系《高校艺术普及教育“出笋式”人才培养模式》获福建省教学成果特等奖；2019 年，“历史学拔尖人才培养体系的改革与创新”立项为 2019 年福建省教学改革研究项目。此外，2018 年 11 月，“2018—2022 年教育部高等学校教学指导委员会”名单在京公布，我院共有 6 位教授入选，其中：朱菁教授任哲学类专业委员，张先清教授任民族学类专业委员，张侃任历史学类专业委员，李晓红任戏剧与影视学类专业委员，代迅任艺术学理论类专业委员，钞晓鸿任图书情报工作类专业委员。2019 年，中文系和历史系把握历史机遇，分别承办教育部高等学校戏剧与影视学类专业教学指导委员会第二次全体委员会议和教育部高等学校历史学类专业教学指导委员会第二次全体委员会议，上述会议对厦大戏剧与影视专业和历史学专业未来的人才培养具有重要的指导性作用。

这段时间，通识教育中心的“厦门大学通识教育：改革与创新”立项为 2018 年度福建省本科高校重大教育教学改革研究项目，这是基于通识教育中心自成立以来在讲座式课程上付出的巨大努力：成立五年来，通识教育中心先后开出核心通识课程 150 门，累计开课 389 门次，其中具有厦门大学通识教育特色的讲座式课程共有 30 门，累计开设 103 门次，选课学生将近 7000 人次，真正实现优秀教师资源的全校共享。这种通识教育“课程＋讲座”一体化的共享模式，是厦门大学通识教育中心在本校进行的通识教育教学改革实践，其借鉴现代“共享”思维模式与操作模式，探索如何通过“课程＋讲座”一体化手段，充分调动教师与学生两方面的积极性，破除学科壁垒，打通专业教育与通识教育的界限，以最终实现共享优质通识课程、共享优质师资、共享跨越院系专业的通识教育目标，是一种人才培养创新模式。通识中心针对现有课程在规划体系及深度广度之间存在的矛盾，将讲座按照课程模式进行开发，极大丰富了课程的供应量；同时抓好开发和规划工作，将各个课程与讲座统一规划为五大板块（认识中国、认识世界、科学与创新、艺术与审美、自我与社会），整合全校优质教师资源，鼓励教师灵活开课、鼓励学生灵活选课，真正做到了打破学科分野、拓宽课堂内外、培养具有跨学科研究视野和高水平人文艺术综合素养的优秀人才。经过数年实践，通识教育中心讲座式课程的开设经过了实践的考验，受到了诸多教师、学生的欢迎，也积极与其他高校分享经验、共求发展。近年来，中心多次应邀赴清华大学、北京大学、复旦大学等高校进行经验分享，河北大学、内蒙古大学、北京化工大学、天津体育学院等多所高校也纷纷至中心进行调研，了解中心工作经验尤其是“课程＋讲座”的共享式通识教育经验。

2019 年 3 月，学校结合社会学和人类学的发展趋势，借鉴国内兄弟高校的经验，整合社会学、人类学、民族学、人口学、社会工作等学科，成立社会与人类学院。在此次学科调整与学院创建的过程中，人文学院的人类学与民族学系分出，下属的人类学研究所(教育部)、人类学研究中心(省研究基地)、百越民族研究中心、旅游人类学研究中心、比较文明研究中心等一并移交至新学院。新成立的社会与人类学院下设 3 个系和 2 个研究所，分别为社会学系、社会工作系、人类学与民族学系、人口研究所和人类学研究所，拥有 2 个博士后流动站、2 个博士点、4 个硕士点和 3 个本科专业。新学院的定位为：从学科的历史积淀、厦大所处的相对区位优势及社会发展的需要来凝练学科方向，打造具有厦大特色的研究领域，特别是在社会治理、族群与文化、海洋人类学、遗产科学、移民与跨国流动等领域展开重点研究，力争把厦大社会学和人类学建设成为国内一流、国际上有影响力的学科。在人类学与民族学系的调整与新学院的建立过程中，我院积极支持、稳妥有序地完成了相关交接工作。

四、孕育历史机遇下的“新文科”

2020 年新春伊始，新冠肺炎肆虐全国。在这一阶段，疫情防控工作成为所有工作的重中之重，高校开学时间全面延迟，我校亦不例外。为保证特殊时期防疫、教学两不误，实现“学习不延期，质量有保障”的目标，我院紧急部署了抗疫期间开展线上课程的应急方案，迅速建立起院领导－教学管理团队－专业教师的多级责任体系，全方位动员授课教师，一对一进行技术指导，保障所有课程“上线百分百”。这一突如其来的、史无前例的大规模“线上课程”新实践，成为 21 世纪第二个十年开端我院面临的第一个挑战。2019—2020 学年的第二、三学期

(2020 年 2 月—7 月),我院根据学校安排,把抗疫工作作为这一阶段的工作重心,全面开展线上教学与活动,谨慎组织学生返校,严格管理全院师生员工,在抗疫工作中取得了诸多亮点:1. 保障基本教学秩序,全面开展“云课程”,基本做到教学科研“不停步”,不少课程还结合疫情开设了相关专题;2. 将党建工作、组织生活转移至线上开展,“线上线下”同发力,组织生活“不停顿”,开展了一系列以“全力战疫”为主题的学习会议;3. 积极投身线下志愿服务,疫情防控“冲在前”,学院广大师生党员在疫情期间积极投入到社区防疫、对接退休教师、捐款捐物等志愿服务当中去,为抗疫工作献出一份力。

因为疫情,人文学院这段时间的人才培养工作不得不转移至线上开展。这一度成为教学工作上的难点,但在各部分软硬件迅速跟进的背景下,师生很快适应了线上授课的教学模式,甚至形成了更富有成效的学术交流氛围。截至 2020 年夏季学期结束,我院各系所、单位合计开设、参与各类学术讲座、论坛、沙龙、线上工作坊逾百场,参与范围基本覆盖全院师生,并在不断推进中。线上教育的广泛性与多样性也为我院学科发展和人才培养提出了一个重大问题:在当下的时代命题中,如何行之有效地发展“新文科”? 科学技术的发展与普及,人文与社会、科技的结合与发展,为我院在新时期的成长和发展带来了新的思考。

截至 2020 年 9 月,我院科研工作亦取得了不少亮点。2020 年 1 月,教育部第八届高等学校科学研究优秀成果奖时隔五年再度开展了评审工作,我院斩获 5 项(全校共获 18 项),获奖总数在全校院系中位列第一。在国家级科研项目申报上,我院获批 15 项国家社科基金项目(含重点项目 1 项),连续第五年位列全校获批项目数之首,远超其他单位;获批教育部人文社科研究项目 4 项(含重大项目 1 项),其中,中文系教授、国家语言资源监测与研究教育教材中心主任苏新春主持的“海峡两岸统一进程中的语言政策研究”获批教育部重大项目,这也是该中心第三期续建开局的第一个国家级重大攻关项目,既是对中心在智库型科研机构建设方面探索的肯定,也是中心当前及未来向对策性、战略性研究转型增值的重要任务,为两岸最终走向和平统一而提供语言政策研究。

2020 年,历史系陈支平、王日根均受邀成为《(新编)中国通史》纂修工程编委会委员,分别任《中国经济史》卷、《中国社会史》卷主编。《(新编)中国通史》的纂修属于国家级工程项目,全书由总论、断代史、专门史组成,约 2500 万字,是党中央在中国特色社会主义进入新时代、中华民族迎来全面建成小康社会、实现第一个百年奋斗目标这一具有里程碑意义的历史时期决定启动的重大学术文化工程，习近平总书记和中央有关领导对《（新编）中国通史》纂修工程高度重视，多次做出重要指示批示。此次我院两位教授受邀担任《中国经济史》《中国社会史》两卷的主编，体现了中国历史研究院对人文学院历史系作为中国历史研究重镇地位的肯定。

9 月 30 日，由厦门大学国家语言资源监测与研究教育教材中心、福建省高校人文社科研究基地——两岸语言应用与叙事文化研究中心联合编印的《台湾语文资料》复刊，为“总 159 期”（新第 1 期）。《台湾语文资料》从创刊至今已走过了 20 年的历程，在促进两岸语言文字信息沟通上发挥了重要作用。2001 年 6 月 14 日，教育部语言文字应用管理司决定在厦门大学成立“台湾语言文字信息跟踪调查”研究小组，定期编印《台湾语文动态》，中文系语言专家李如龙教授负责此项工作。2001 年至 2009 年刊名为《台湾语文动态》，共编印 72 期；2010 年至 2017 年刊名更改为《台湾语文资料》，编者署名改为“厦门大学台湾语文政策跟踪研究课题组”，责任编辑为许长安，共编印 86 期，直到 2017 年 2 月休刊。2020 年，国家语言资源监测与研究教育教材中心和两岸语言应用与叙事文化研究中心决定携手复刊《台湾语文资料》，刊物的编纂宗旨、信息内容、采集范围、编写体系一仍其旧，新 1 期向上承接第 158 期，为总第 159 期。

戏剧与影视学学科也有了新的机遇与成绩。6 月，全国哲学社会科学工作办公室组织编写的《国家社会科学基金年度报告》（2019）发布，对我院中文系黄鸣奋教授主持的国家社科基金艺术学项目——“科幻电影创意伦理研究”成果给予了肯定，认为其“史料性强，内容丰富，对我国电影产业发展具有一定的借鉴价值和启示意义”，充分展现了我院专家学者潜心治学的精神风貌。11 月，中国金鸡电影节的常设论坛“中国电影教育与产业高峰论坛”在厦大召开。这一论坛是中国金鸡电影节的招牌项目，已连续两年由厦门大学人文学院承办，邀请学界、业界有突出贡献的从业者们围绕电影产业和人才培养中具有时代性、前瞻性的话题展开学术研讨，今已成为我国最具学术品质的电影论坛之一。

11 月，第八届国务院学位委员会学科评议组成员名单正式公布，历史系王日根教授任中国史学科评议组成员，中文系李晓红任戏剧与影视学学科评议组成员，延续了我院优势学科在全国的影响力。

12 月 11 日，由于原院党委书记任期届满，根据校党委决定，高忠华出任厦门大学人文学院党委书记。

高忠华，1970 年 5 月生，浙江嘉兴人。1988 年入历史系学习，后留校工作。历任厦门大学会计系团委书记、管理学院团委书记、漳州校区学生工作站主任、漳州校区团委书记、厦门大学团委书记、漳州校区党工委副书记、翔安校区党工委副书记、材料学院党委书记等职。2020 年 12 月赴任人文学院党委书记，全面主持人文学院工作。

以领导班子的调整为先声，人文学院坚定信心、励精图治，大步迈进了厦大百年、人文百年的新征程。

第三章　教授录（1999—2020）[①]

一、中文系[②]

郑楚

郑楚（1951—　），福建连江人，曾用名：正基、郑础。1980 年厦门大学中文系毕业留校，历任中文系助教、讲师、副教授、教授。长期以来，在著名学者庄钟庆教授的悉心指导下从事教学科研工作，开设“中国现当代文学史”“‘五四’时期文学研究”“左联时期文学研究”“中国现代文学研究理论方法与实践”等课程。主要参与《东南亚华文新文学史》、“东南亚华文文学研究丛书”等编撰工作，在《光明日报》等报刊及新加坡、菲律宾、印尼等海外华文报刊上发表学术论文多篇，出版《新文学主潮论纲》《茅盾丁玲与新文学主潮》《东南亚华文新文学史：菲律宾华文新文学史》《作家作品文学特色研究》等著述多部，担任《东南亚华文新文学史》、《东南亚反法西斯华文文学书卷》、《东南亚华文文学研究辑刊》、“文学语言学科研究丛书”副主编、主编及中国丁玲研究会副会长、中国茅盾研究会常务理事、福建省民俗学会副会长兼秘书长、厦门市东南亚华文文学研究会会长等。

苏新春

苏新春（1953—　），江西南昌人，祖籍湖南新化。著名学者。1982 年毕业于江西师范大学中文系本科，获学士学位；1985 年毕业于华南师范大学汉语史

① 本章中文系教授名录依出生年份为序；历史系、哲学系教授名录以姓名拼音字母为序。

② 中文系历年教授在前述章节中均有体现，本章不再单列离退休教授名录。

专业，获硕士学位；1995年北京大学中文系访问学者；2003年获山东大学语言学博士学位。1999年被厦门大学引进，历任厦门大学中文系教授、博士生导师，国家语言资源监测与研究教育教材中心主任、两岸关系和平发展协同创新中心文教融合平台首席专家、两岸语言运用与叙事文化研究中心主任、厦门大学嘉庚学院人文与传播学院院长、嘉庚学院语言文字工作委员会副主任等职。侧重于汉语词汇学、语义学、计量语言学、辞书语言、词典编纂、教材语言、文化语言学、语言政策语言规划、语言学及应用语言学等相关研究。著述有《词典与词汇的计量研究》《词汇计量及实现》《文化语言学教程》《汉语释义元语言研究》《20世纪汉语词汇研究概览》《汉语词汇计量研究》等数十种。

郑尚宪

郑尚宪（1954— ），福建仙游人。著名学者。1982年毕业于厦门大学中文系，考取南京大学中文系戏曲历史及理论专业研究生，师从钱南扬教授、吴白匋教授研习中国古典戏曲。1985年获硕士学位，留校工作。1986年考取中山大学中文系博士研究生，师从王季思教授、黄天骥教授研习中国古典戏曲与古典文学。1989年获博士学位，分配至江苏省文化艺术研究所工作。1997年被厦门大学引进，历任副教授、教授、戏剧戏曲学专业博士生导师、戏剧学与艺术学教研室主任。主要研究方向为中国古典戏曲和古典文学。著述有《兼具众美的中国戏曲》、《儒林外史校注》、《中国喜剧史》（合作）、《全元戏曲》（辑校）、《文苑明珠》（评介）、《莆仙戏史论》等多种。

巫汉祥

巫汉祥（1956—2011），福建永定人。著名学者。1988年厦门大学文艺学专业硕士研究生毕业，留校任教，历任助教、讲师、副教授、教授。2011年因病去世。主要从事文艺学、网络文化和数码艺术理论研究。讲授“写作”“文学概论”“网络文化”等本科生课程和“电子艺术学”“网络文艺媒体研究”“艺术符号学”等研究生课程。主要著述有《大学写作教程》《寻找另类空间：网络与生存》《文艺符号新论》。

王玫

王玫(1957—　),福建福州人。著名学者。1981年本科毕业于厦门大学中文系,留校任教。2002年毕业于福建师范大学中文系中国古代文学专业,获得博士学位。2001年任厦门大学中文系教授,兼任福建省古代文学研究会副会长、中国文选学研究会理事。主要从事汉魏六朝文学的教学与研究,亦从事散文、诗歌、小说创作及翻译工作。主要著述有《六朝山水诗史》、《人物志评注》、《建安文学接受史论》、《词林采英》(合作)、《性面具》(译著)等。

王诺

王诺(1958—　),江苏仪征人。著名学者。南京师范大学世界文学硕士、山东大学文艺学博士、美国哈佛大学燕京学社访问学者。厦门大学人文学院中文系教授、厦门大学比较文学与世界文学研究所所长。学术兼职有SSCI刊物、生态文学研究领域国际学界权威刊物《文学与环境跨学科研究》(ISLE)中国唯一通讯评委,中国高等教育学会外国文学专业委员会副会长,中国文艺理论学会理事,中国比较文学学会理事。主要从事生态角度的跨学科比较文学研究、欧美生态文学及生态批评研究等。开设西方古代文学、西方现代文学、美国学院话语(全英授课)、欧美生态文学、神话学、生态视角的欧美文学等课程。首先在国内学界全面评介西方生态思潮、发展生态批评研究。2004年作为学术带头人,组建了我国高校唯一的生态文学研究团队,致力于外国生态文学的研究,成果颇丰,影响甚大,受到众多学者的高度评价。主要著作有《欧美生态批评——生态文学研究概论》《外国文学:人学蕴涵的发掘与寻思》《欧美生态文学》《生态与心态——当代欧美文学研究》等。

林丹娅

林丹娅(1958—　),笔名丹娅,祖籍诸暨,生于福州。著名学者、作家。1983年毕业于厦门大学中文系,留校任教。2001年师从李如龙先生攻读汉语言文字学博士学位。主要研究方向为中国现当代文学、女性文学、华文文学、性别与文化。历任厦门大学中国语言文学研究所所长，厦门大学中文系教授、博士生导师，兼任福建省作家协会副主席、福建省文艺评论家协会副主席、中国女性文学委员会副会长、厦门市文联副主席、厦门市作家协会主席、中国妇女研究会理事、中国当代文学研究会理事、厦门市政协委员，福建省政协委员等职。著述有《人生的花季》《不死的思念》《生命的流象》《白城无故事》《用脚趾思想》《当代中国女性文学史论》《中国女性与中国散文》《女性景深》《台湾女性文学史》等。

李无未

李无未（1960— ），又名李无畏，吉林敦化人。著名学者，汉语言文字学专家，厦门大学中文系特聘教授、博士生导师。先后毕业于北京大学、吉林大学，师从唐作藩教授及吕绍纲教授。2003－2004 年任日本关西学院大学文学院客座教授。2005 年赴厦门大学任教，曾任中国语言文学研究所副所长、中文系系主任等职。兼任国家社科基金会评专家、中国语言学会理事、中国音韵学会理事、福建省语言学会会长、教育部中文教学指导委员会委员、福建省文化名家，获评厦门市劳动模范等。主要研究方向为汉语语音史与中外汉语音韵学史、对外汉语教学、日韩中国语教科书语言、中国古代礼仪制度。著述有《音韵文献与音韵学史》、《汉语音韵学通论》、《音韵学论著指要与总目》（140 万字）、《宋元吉安方音研究》、《日本汉语音韵学史》等数十种，成果入选国家社科基金成果文库，并获国家社科基金重大项目两次滚动资助。

高波

高波（1960— ），云南武定人。著名学者、作家。1990 年、2005 年分别获得厦门大学中文系文学硕士和博士学位。长期从事中国现当代诗歌和“红色经典”研究，历任讲师、副教授、教授。2009 年，被新疆大学引进，任该校教授、博士研究生导师。著述有《叙事的建构》《中国文化概论》《解读海子》《现代诗人和现代诗》《样板戏：中国革命史的意识形态化和艺术化》《行走历史河山》《红色足迹——长征精神青少年学习读本》等。

谢泳

谢泳(1961—　),山西榆次人。著名学者、作家。1983年毕业于山西晋中师专英语系,即留校任学报编辑。1986年调《批评家》杂志社任编辑,1989年调山西省作家协会理论研究室工作。1995年调《黄河》杂志社,1998年任副主编。2004年为中国科学院自然科学史研究所流动人员,副研究员。2007年被厦门大学引进,任中文系教授。在知识分子问题、现代文化史、思想史研究方面成就卓著。著述有《钱锺书交游考》《历史的趣味》《中国现代文学史研究法》《厦门集》《书生的困境——中国现代知识分子问题简论》《靠不住的历史——杂书过眼录二集》《血色闻一多》《储安平与〈观察〉》《清华三才子》《杂书过眼录》等数十种。

周宁

周宁(1961—　),祖籍山东金乡,生于天津。1989年进入南京大学师从陈瘦竹、叶子铭攻读现代戏剧理论与戏剧史,1992年获博士学位,受聘于厦门大学。历任讲师、副教授、教授、闽江学者特聘教授、长江学者特聘教授、戏剧戏曲学专业博士生导师。2004年任厦门大学中文系系主任,2008—2016年任厦门大学人文学院院长。先后被遴选为教育部新世纪优秀人才、福建省哲学社会科学领军人才。兼任中国话剧文学研究会常务理事、中国现代文学研究会理事、中国比较文学学会理事、厦门大学东南亚研究中心(教育部重点研究基地)研究员、厦门大学台湾研究中心(教育部重点研究基地)研究员。主要从事戏剧学与跨文化研究。著述有《比较戏剧学:中西戏剧话语模式研究》《幻想与真实:从文学批评到文化批判》《新华文学论稿》《2000年西方看中国》《2000年中国看西方》《中国形象:西方的学说与传说》《天朝遥远:西方的中国形象研究》《跨文化研究:以中国形象为方法》《影子或镜子》等数十种。

代迅

代迅(1963—　),四川人,著名学者,文艺理论家。1998年毕业于四川大学中文系中国文学批评史专业比较文论方向,获文学博士学位。曾执教于西南大学中文系，2000年破格晋升为教授、博士生导师，担任美学研究所所长。2007年入选“教育部新世纪优秀人才支持计划”。2015年被厦门大学引进，任闽江学者特聘教授。2018年任厦门大学中文系系主任。兼任教育部艺术学理论类本科教学指导委员会委员。主要研究领域为文艺理论和美学理论，研究专长为比较诗学和比较美学，特别是20世纪西方文论在中国的本土化和中国文论西化的双向互动研究。近期研究逐渐深入到中西文论话语方式研究，另涉足城市景观美学、广场舞等大众审美文化领域。著述有《文学理论与批评实践》《西方文论在中国的命运》《中国美学西化问题研究》等。

易存国

易存国（1963— ），湖北人。先后毕业于北京大学哲学系、东南大学艺术学系，获哲学硕士和艺术学博士学位。2004年晋升为教授，并从复旦大学中国语言文学博士后流动站出站，入职厦门大学。主要从事美学、艺术学、文化遗产学研究等。曾参与国家教育科学规划重大项目、国家社科基金规划一般项目，主持教育部人文社科规划项目，主持福建省高等学校“新世纪优秀人才项目”等，领衔创建福建省首家（美术学）重点学科兼学科带头人。著述有《乐神舞韵：华夏艺术美学精神研究（审美精神）》《中国艺术论：从非物质文化遗产的视角》《敦煌艺术美学：以壁画艺术为中心》等多种。

郭惠芬

郭惠芬（1964— ），福建漳州人。2002年获得新加坡国立大学中文系哲学博士学位，受聘于厦门大学，历任中文系副教授、教授。兼任厦门市华侨历史学会理事、东南亚华文文学研究会理事。主要从事海外华文文学与中国现代文学的教学与研究。著述有《中外文学交流史・中国－东南亚卷》《战前马华新诗的承传与流变》《新马华文文学的现代与当代》《中国南来作者与新马华文文学》等。

曾良

曾良(1964—　),江西赣县人。1997年毕业于杭州大学中文系,获汉语史博士学位。同年到厦门大学中文系工作。历任讲师、副教授、教授、博士生导师,2009年聘任为厦门大学教学科研重要岗位二级岗。兼任中国训诂学研究会理事、中国敦煌吐鲁番学会理事。主要从事训诂学、汉语俗字、佛教文献、中古和近代汉语、敦煌学领域的研究,出版《敦煌文献字义通释》《俗字及古籍文字通例研究》《隋唐出土墓志文字研究与整理》《敦煌文献丛札》《敦煌佛经字词与校勘研究》等著作多种,发表百余篇学术论文。2013年调离中文系。

郑泽芝

郑泽芝(1964—　),山西人。北京语言大学文学博士。厦门大学中文系教授、博士生导师,芝加哥大学语言学系高级访问学者、北京大学信息科学技术院计算语言学研究所访问学者。主要从事计算语言学、教育教材语言、词典编纂学研究。数学专业理学本科、计算机应用专业工学硕士、应用语言学专业文学博士的学习经历,以及较完备的交叉学科知识结构、知识体系,使其能够从理工科思维和视角,利用计算机技术进行语言学的深入研究,尤其在从语料库量化实证角度研究语言内在规律、探索语言理解和生成机制方面,取得了显著成就。著述有《Excel在语言研究中的应用》《大规模真实文本汉语字母词语考查研究》等。

李城希

李城希(1965—　),湖北黄冈蕲春人。南京大学中文系博士,四川大学文学与新闻学院博士后,中国社会科学院文学研究所、香港中文大学中国语言及文学系访问学者。2003年受聘于厦门大学中文系,历任讲师、副教授、教授。主要从事鲁迅研究、中国现当代小说研究、香港中国现代文学研究史研究。在《文学评论》等期刊发表《论"未完成的中国现代文学"》《香港中国现代文学研究三十年:1949—1979》等论文,提出中国现代文学发展"中断"说。著有《鲁迅与中国传统文化:接受 偏离 回归》《鲁迅小说美学》等。

王宇

王宇(1965—　),福建宁德人。2004年毕业于南京大学中文系,获文学博士学位,受聘于厦门大学中文系。历任副教授、教授、中国现当代文学博士生导师,现当代文学教研室主任。兼任福建省现代文学研究会副会长、中国当代文学研究会理事。主要从事中国现当代文学、性别与百年新文学之关联研究。主持国家社科基金重大项目"百年中国文学女性形象谱系与现代中华文化建构整体研究",曾获全国妇联、中国妇女研究会首届"妇女与性别研究优秀博士论文"一等奖等。著述有《国族、乡土与性别》、《性别表述与现代认同》、《中国新文学史》(合著)、《中国当代文学史新编》(参著)、《中国女性文学教程》(参著)等。

李晓红

李晓红(1966—　),河南镇平人。厦门大学文学学士、文学硕士、史学博士,哈佛大学访问学者。人文学院副院长,中文系教授、博士生导师。厦门大学戏剧与影视学一级学科博士授权点影视方向学科带头人、厦门大学通识教育中心副主任、国务院学科评议组成员、教育部高等学校戏剧与影视学类专业教学指导委员会委员、中国台港电影研究会理事、中国台港电影研究会台湾电影专业委员会副主任、中国电影评论学会影视动漫游戏专业委员会副主任、中国电影家协会电影收藏委员会理事、中国电影家协会民族电影委员会理事、福建省电影家协会副主席、厦门市电影家协会主席。获得的荣誉有福建省文化名家、福建省优秀教师、厦门市优秀教育工作者。主要研究中国电影史、影视文化、文学与大众传媒关系、现代文学与现代作家、通识教育等。著述有《面对传统的张爱玲》《女性的声音——民国时期上海知识女性与大众传媒》《华语电影新世代:地平线/症候群》等。

王烨

王烨(1967—　),安徽濉溪人。2002年毕业于武汉大学,获中国现当代文学专业博士学位,受聘于厦门大学,历任副教授、教授、博士生导师,中文系副系主任、中文系教工党支部书记。主要研究领域为中国现代文学史、中国现代文学史论、革命文学研究、鲁迅研究、中国现代作家作品研究。著述有《1920年革命小说的叙事形式》《丁玲早期女性小说研究》《二十年代革命小说研究》《新文学与现代传媒》等。

杨惠玲

杨惠玲(1967—　)，湖南桃源人。2004年毕业于南京大学中文系戏剧戏曲学专业，获博士学位。受聘于厦门大学中文系，历任讲师、副教授、教授。研究方向为中国戏曲、戏曲理论、性别研究。著述有《戏曲班社研究：明清家班研究》、《明清江南望族和昆曲艺术》、《明史・文苑传笺证》(合著)、《20世纪中国戏剧理论批评史》(合著)等。

李晓林

李晓林(1968—　)，山东金乡人。2001年毕业于山东大学中文系，获文艺学博士学位，同年到厦门大学人文学院中文系任教，现为厦大中文系教授。研究方向为西方美学和文艺理论。著述有《审美主义：从尼采到福柯》《审美形而上学研究》《个人完美与人类团结：罗蒂"诗性文化"的双重维度》等。

贺昌盛

贺昌盛(1968—　)，湖北十堰人。2002年于武汉大学中文系获得文学博士学位，2002—2004年于南京大学文学院从事博士后研究工作，出站后历任厦门大学中文系副教授、教授、文艺学专业博士生导师。主要从事中国现代文论及文艺学学术史研究，主持国家社科项目"晚清民初'文学'学科的学术谱系"及重点社科项目"中国现代文学基础理论文献的整理与研究"。著述有《象征：符号与隐喻》《想象的"互塑"》《晚清民初"文学"学科的学术谱系》《现代性与国学思潮》《性想像的空间》等，译著有《华语圈文学史》(藤井省三著)，主编《中国现代文学基础理论与批评著译辑要》、《文与现实》、"国学思潮丛书"(四卷)等。2019年调离厦大。

叶玉英

叶玉英(1968—)，福建龙岩人。2006 年毕业于厦门大学，获历史文献学博士学位，并留校任教。历任讲师、副教授、教授、博士生导师。2008 年 7 月至 2011 年 9 月在首都师范大学从事博士后研究工作。2014 年 8 月至 2015 年 8 月在美国密歇根大学语言学系访学。社会兼职有中国语文学会中国音韵分会理事、福建省辞书学会常务理事兼监事会主席。2020 年入选厦门市领军人才。主攻方向为古文字、上古音、汉语史和出土文献，研究特色是将古文字研究和上古音研究相结合。著述有《古文字构形与上古音研究》《林义光〈文源〉研究》《朱熹口语文献修辞研究》等。

胡旭

胡旭(1969—)，江苏泗阳人。2003 年毕业于复旦大学中文系，获中国古代文学博士学位，受聘于厦门大学。历任讲师、副教授、教授、博士生导师。兼任厦门大学中国语言文学研究所所长、中国文选学研究会理事、中国唐代文学学会理事。入选教育部新世纪优秀人才、福建省哲学社会科学领军人才。主要从事中国古代文学、中国古典文献学的教学与研究工作。著述有《汉魏文学嬗变研究》《悼亡诗史》《先唐别集叙录》《先唐文苑传笺证》《先唐文学研究》等。

周湘鲁

周湘鲁(1970—)，新疆人。南京大学外文学院俄罗斯文学硕士、厦门大学戏剧戏曲学博士、俄罗斯国立圣彼得堡大学语文系访问学者(1999—2000)、俄罗斯国立特维尔大学语文系访问学者。研究方向为俄罗斯文学、俄罗斯戏剧。专著有《与时代对话：布尔加科夫戏剧研究》《俄罗斯生态文学》，译著有《逃亡：布尔加科夫戏剧集》《布尔加科夫戏剧三种》，在《戏剧》《戏剧艺术》《俄罗斯文艺》《读书》《外国文学》等刊物发表学术论文 20 余篇。

钱建状

钱建状(1971—　),安徽无为人。2003 年毕业于浙江大学中文系,获中国古代文学博士学位,受聘于厦门大学中文系,2007 年晋升为副教授,2013 年晋升为教授。2014 年被评为中国古代文学博士生导师。兼任中国词学研究会理事,中国宋代文学研究会理事,中国李清照、辛弃疾研究会理事,福建省文学学会副秘书长等。著述有《南宋初期的文化重组与文学新变》《宋代文学的历史文化考察》《宋史文苑传笺证》《中国科举通史·宋代卷》等。

汪晓云

汪晓云(1972—　),安徽潜山人。2005 年毕业于厦门大学中文系,获戏剧戏曲学博士学位。2005 年 9 月至 2007 年 7 月在中山大学哲学系从事博士后研究。2009 年至 2019 年在厦门大学人类学系任助理教授、副教授、教授。2016 年 7 月至 2017 年 7 月在美国伊利诺伊大学香槟分校东亚研究中心访学。2019 年调到厦门大学中文系,为戏剧影视学教授、博士生导师。主要研究领域为中外戏剧、中外艺术、中外文化,主要研究方向为比较戏剧学、戏剧人类学、比较神话学、艺术人类学、古典学、话语学。著有《从仪式到艺术:中西戏剧发生学》《神·鬼·人:戏曲形象探源》《闽台民间戏曲与族群认同》等。

赵春宁

赵春宁(1972—　),辽宁大连人。2001 年华东师范大学中文系毕业,获文学博士学位,受聘于厦门大学中文系,历任讲师、副教授、教授。主要研究方向为中国文学批评史、中国戏曲史和戏曲小说理论。著述有《西厢记传播研究》《明史文苑传笺证》《现代戏曲观念:构建与蜕变》等。

郭勇健

郭勇健(1973—　),福建福清人。2003 年毕业于东南大学艺术学系(现为艺术学院艺术理论系),获文学博士学位,受聘于厦门大学中文系。历任讲师、副教授、教授。曾为东京艺术大学艺术学科美学研究室客座研究员(2012.9—2013.9)。主要研究方向为美学和艺术学理论。已出版专著十余部,主要有《舞蹈美学引论》《艺术原理新论》《当代中国美学论衡》《现象学美学史》《庄子哲学新解》等。

苏琼

苏琼(1973—),福建龙岩人。2001年毕业于南京大学中文系,获博士学位,受聘于厦门大学中文系,历任讲师、副教授、教授。主要从事戏剧戏曲与影视学、中国现当代文学、女性文学等方向的教学与研究工作。著述有《跨语境中的女性戏剧》《图说中国戏剧艺术》《"打出幽灵塔"——五四女性文学研究》等。

李焱

李焱(1974—),山东潍坊人,2003年毕业于厦门大学中文系,获汉语文字学博士学位,受聘于厦门大学中文系,历任讲师、副教授、教授。主要的研究方向是汉语语法史和世界汉语传播史,以贯穿古今,打通东西为学术目标。注重对语言发展规律和东西学术交流脉络的整理。著有《汉语平比句的语法化研究》《〈朱子语类〉语法研究》《20世纪80—90年代基础教育语文教材语言研究》等。

王晓平

王晓平(1975—),福建福清人。1998年毕业于北京大学中文系,获文学学士学位,2000年毕业于香港科技大学,获哲学硕士学位。2010年毕业于美国得克萨斯大学亚洲研究系,获博士学位。2011年9月到厦门大学中文系工作,2013年入选教育部新世纪优秀人才。主要从事中国现当代文学领域的研究,在国际国内学术出版社出版各类中英文著作十余种,发表百余篇中英文学术论文,多篇论文被《新华文摘》《人大报刊复印资料》《高等学校文科学术文摘》全文转载。主持多项国家社科基金项目,先后获福建省第11届、12届社科优秀成果奖。2016年1月调离中文系。

徐勇

徐勇(1977—　),江西景德镇人。2012年毕业于北京文学中文系,获博士学位。2016年复旦大学中文系博士后出站。历任讲师、副教授、教授和博士生导师。2020年调入厦门大学中文系,同年获得"厦门大学南强青年拔尖人才"A类。兼任中国当代文学研究会理事和中国现代文学馆特邀研究员。主要从事中国现当代文学、文学选本研究。出版《选本编纂与八十年代文学生产》等专著4部。在《文学评论》《文艺研究》等CSSCI来源期刊发表论文80余篇。获浙江省哲学社会科学优秀成果奖二等奖和三等奖等奖项多项。

乐耀

乐耀(1982—　),湖北武汉人。2011年7月获得北京大学中国语言文学系语言学及应用语言学专业博士学位,师从王洪君教授。2011年至2013年在中国社会科学院语言研究所从事博士后研究工作,合作导师为沈家煊研究员。2013年至2017年在中国社会科学院语言研究所句法语义研究室工作。2017年至2018年在厦门大学人文学院中文系现代汉语教研室工作,担任副教授。2018年6月底至今为厦门大学人文学院中文系现代汉语教研室教授。研究兴趣为话语功能语法、不同句法语义范畴之间的互动研究、汉语儿童词类习得研究等。

二、历史系

蔡保全

蔡保全(1960—　),福建龙海人。厦门大学历史系教授。主要研究领域为旧石器古人类、环境考古、古代玉器。讲授的课程有"旧石器时代考古""环境考古""体质人类学""中国古代玉器"等。论文《河北阳原——蔚县晚上新世小哺乳动物化石》获中央国家机关青年优秀论文一等奖;《"东山陆桥"与台湾最早人类》获福建省第三届文博考古优秀成果二等奖;《泥河湾早更新世早期文化遗物与环境》获福建省第六届社会科学优秀成果二等奖。在《文物》《考古》《厦门大学学报》等核心学术杂志发表科研论文 30 篇。

钞晓鸿

钞晓鸿(1968—　),陕西渭南人。厦门大学历史系特聘教授、博士生导师,教育部新世纪优秀人才、福建省优秀青年社会科学专家、福建省哲学社会科学领军人才。曾任历史系副系主任、人文学院副院长,现任厦门大学图书馆馆长,兼任中国经济史学会古代史专业委员会副主任、中国环境科学学会环境史专业委员会主任、教育部高等学校图书情报工作指导委员会委员。主要从事明清社会经济史、水利史、环境史研究,学术论文 2 篇见于《中国社会科学》、5 篇见于《历史研究》,另在《中国经济史研究》《中国水利史研究》等国内外刊物发表学术论文数十篇。出版专著《生态环境与明清社会经济》《明清史研究》,主编《海外中国水利史研究:日本学者论集》等。主持包括国家社科基金重大项目在内的省部级以上项目若干,完成“国家清史工程”《财政金融志·财政收入篇》,曾获教育部人文社科优秀成果奖,另获省市级社科成果奖近十次。

陈支平

陈支平(1952—　),福建惠安人。厦门大学历史系教授、博士生导师,国家教委首批 52 位“跨世纪优秀人才培养计划(人文社会科学)”入选者之一、福建省优秀专家。曾任厦门大学历史系系主任、厦门大学人文学院院长,现任厦门大学人文与艺术学部主任委员、厦门大学国学研究院院长,兼任中国国家社科基金民族学以及历史学学科评审委员、国务院学位委员会历史学科评议组成员、中国明史学会会长、中国经济史学会副会长、中国人类学民族学研究会副会长等职。主要著作有《清代赋役制度演变新探》《近 500 年来福建的家族社会与文化》《明史新编》等多部,主编大型图书《台湾文献汇刊》100 册、“台海研究丛书”等。其中《明史新编》和《近 500 年来福建的家族社会与文化》分获第一、二届全国人文社会科学优秀成果奖,另多次获各级社科成果奖。主持国家重大课题 2 项,省部级以上课题若干。

刁培俊

刁培俊(1974—　),河北临西人。厦门大学历史系教授,中国宋史研究会理事。主要从事两宋史的教学和研究,侧重乡村社会经济史和农民生活史的研习。已在《中国史研究》等期刊发表过论文等70余篇,部分成果被《新华文摘》《中国社会科学文摘》等全文转载。个人专著《官民交接:宋朝乡村职役研究》已签约中华书局即将付梓,编著《切思:学术的真与美——中国历史名师访谈录》由中国社会科学出版社于2020年出版。主持或参与包括教育部重大项目在内的省部级以上的科研项目11项。

5. 董建辉

董建辉(1966—　),江西流坑村人。厦门大学历史系教授、博士生导师。现为人类学研究中心主任、人类博物馆副馆长、国家社科基金民族学科组评审专家、福建省第六届优秀青年社会科学专家。学术兼职有中国西南民族研究学会副会长、台湾少数民族研究会副会长、中国人类学会常务理事、中国民族学会常务理事。主持包括国家社科基金重大项目在内的省部级以上项目6项,在国内学术刊物发表论文近百篇,主要代表作有《"礼治"与传统农村社会秩序》《"文化理蕃":日本对台湾原住民族的殖民统治》《规训之术:日据时期的台湾高山族教育》等,出版的个人专著《政治人类学》和《明清乡约:理论演进与实践发展》,均获福建省社会科学优秀成果奖。

杜树海

杜树海(1981—　),四川人。厦门大学历史系教授、博士生导师,国家民委民族问题研究优秀中青年专家,入选福建省高校杰出青年科研人才培育计划、环球时报青年学者培养计划、厦门大学南强青年拔尖人才计划。主要研究领域为历史人类学、边疆学、民族史、民间宗教与信仰。曾获福建省社科优秀成果青年佳作奖、全国民族研究优秀成果奖三等奖等。在《中国经济史研究》《民族研究》《宗教学研究》《厦门大学学报》等重要核心刊物上发表学术论文十余篇,出版《中国南疆的区域历史与族群文化》等专著。主持“中越边境地区的族群历史与国家认同”“11世纪以来广西中越边境地区的历史研究”等省部级以上科研项目若干。

韩宇

韩宇(1972—　)，辽宁新宾人。厦门大学历史系教授，中国美国史研究会副理事长。入选教育部新世纪人才计划。曾获福建省第十三届社会科学优秀成果二等奖、厦门市第十一次社会科学优秀成果一等奖、福建省第八届社会科学优秀成果奖青年佳作奖、厦门市第八次社会科学优秀成果奖。出版专著《美国高技术城市研究》、译著《林肯传》《法国环境政策的形成》等，在《历史研究》《史学月刊》《世界历史》等核心刊物发表论文20余篇，主持国家社科基金重点项目“战后美国阳光带经济发展模式研究”等省部级以上科研项目若干。

胡锦山

胡锦山(1963—　)，浙江乐清人。厦门大学历史系教授。研究方向为美国史和世界现代史。在《中国社会科学报》《厦门大学学报》《史学月刊》等核心刊物发表论文20余篇，出版《非洲的中国形象》《20世纪美国黑人城市史》等专著若干，主持“20世纪70年代以来美国黑人回迁南部及其影响研究”等省部级以上科研项目2项。

李莉

李莉(1980—　)，山东人。厦门大学历史系教授，历史系副系主任，兼任中国美国史研究会理事、副秘书长，中国世界近代史研究会理事。主研美国城市史，长期致力于美国公共住房政策研究。主持省部级以上科研项目若干，在《世界历史》《史学理论研究》等刊物发表论文10余篇。曾获全国高校微课教学比赛一等奖、全国高校青年教师教学竞赛三等奖、福建省高校青年教师教学竞赛特等奖、福建省高等教育教学成果二等奖、福建省社会科学优秀成果奖等。曾获福建省“金牌工人”称号、厦门市“巾帼建功标兵”称号、福建省“五一”劳动奖章。

李智君

李智君(1967—　),宁夏彭阳人。厦门大学历史系教授。主要从事历史文化地理学、海洋地理学和佛教地理学研究,入选福建省新世纪优秀人才项目。曾获福建省社会科学优秀成果奖、福建省高校优秀教学成果奖二等奖等奖项10余项。在《中国史研究》《学术月刊》《历史地理》等期刊发表论文40余篇,出版专著《关山迢递:河陇历史文化地理研究》《风下之海:明清中国闽南海洋地理研究》,主持国家自然科学基金项目“汉唐佛教对中国地理学思想及景观影响研究”,国家社科基金项目“明清时期西北太平洋热带气旋与东南沿海基层社会应对机制研究”等。

梁勇

梁勇(1976—　),重庆永川人。厦门大学历史系教授、博士生导师,南强青年拔尖A类人才。主要研究方向为明清区域社会经济史、民间历史文献学、清代州县档案等。曾获第九次重庆社会科学优秀成果三等奖、教育部第八届高等学校人文社会科学优秀成果奖等。在《光明日报》《历史档案》《学术月刊》《社会科学研究》等核心刊物发表学术论文数十篇,出版专著《移民、国家与地方权势——以清代巴县为例》,主持包括国家社科重大招标项目在内的省部级以上项目9项。

林枫

林枫(1972—　),福建连江人。厦门大学历史系教授、博士生导师,历史研究所所长。科研领域为明清社会经济史、中国古代财政金融史、区域社会文化史。目前在研国家社科基金重大项目有:华侨谱牒搜集整理与海上丝绸之路研究。已出版专著《闽南文化述论》、《康熙和彼得》、《透视中国东南——文化经济的整合研究》(第一编)、《长江下游地区的地租、赋税与农民的反抗斗争1840—

1950》(译著)等。在《中国经济史研究》《厦门大学学报》《中国社会经济史研究》等核心期刊发表论文16篇,另有论文集论文、书评、综述、会议论文数十篇。

任智勇

任智勇(1973—),浙江人。现为厦门大学历史系教授、博士生导师。主要研究方向为晚清海关史与财政史。1992年至2007年先后求学于中国人民大学党史系、德国洪堡大学历史系、北京大学历史系。已出版专著《晚清海关再研究——以二元体制为中心》《咸同时期的榷关与财政》、编著《中国近代思想家文库·郑观应卷》等,在《历史研究》《近代史研究》《中国经济史研究》《清史研究》等核心期刊发表学术论文10余篇。主持省部级以上课题若干。

水海刚

水海刚(1976—),河南宜阳人。现为厦门大学历史系教授,厦门大学历史研究所副所长。社会兼职有中国经济史学会理事、福建省林则徐研究会理事、中国城市史研究会常务理事。曾获厦门市第九次社会科学优秀成果奖论文二等奖,中国史学会、中国博管会"首届历史学博士后论坛"优秀论文奖。已出版专著《口岸贸易与腹地社会:区域视野下的近代闽江流域发展研究》,在《中国经济史研究》《厦门大学学报》《光明日报》等发表论文多篇。主持省部级以上项目若干。

盛嘉

盛嘉(1956—),辽宁人。厦门大学历史系教授。1977级辽宁大学物理系学士,后出国修读历史,获美国布朗大学硕士,美国康奈尔大学硕士、博士。开设"西方文化思想史""美国文化思想史""启蒙运动""比较革命史""人文经典导读"等课程,已出版专著《越境的力量》(厦门大学出版社,2016),编著《美国革命读本》(北京大学出版社,2016)等,现为《人文国际》(*Humanities International*)、"人文经典导读丛书"主编。

王日根

王日根(1964—　),江苏兴化人。厦门大学历史系教授、博士生导师。主要研究领域为明清社会经济史、中国社会史、中国海洋史。国务院学科评议组专家、教育部新世纪人才、福建省优秀青年社会科学家、福建省哲学社会科学领军人物。历任历史研究所副所长、所长,历史系系主任,人文学院副院长,兼任中国经济史学会、中国社会史学会理事,中国文物学会会馆专业委员会副会长等职;国家级特色专业"历史学"负责人,国家级教学团队"中国古代史"成员,马克思主义理论建设工程"中国通史"编写者之一。主持包括国家重大等省部级以上科研项目多项。出版著作《乡土之链:明清会馆与社会变迁》《明清民间社会的秩序》《明清海疆政策与中国社会发展》等数十部。

徐东升

徐东升(1968—　),河南正阳人。厦门大学历史系教授,主要从事中国古代经济史和唐宋史的教学与科研工作。主持国家社科基金课题"宋代手工业组织研究""唐宋铜资源开发利用研究"、福建省社科规划项目"唐宋赋税减免缓征研究",参加过"中国企业史(古代卷)""16—18 世纪中国市场史研究"等省部级以上课题的研究。自 2000 年以来,在《中国史研究》《中国经济史研究》等刊物发表学术论文 30 多篇,出版著作《赋役制度史话》、《宋代手工业组织研究》(合著)、《中国企业史(古代卷)》、《简明中国经济通史》、《唐宋科学技术与经济发展的关系研究》等多部。

许二斌

许二斌(1974—　),山西文水人。厦门大学历史系教授、博士生导师。1996 年至 2003 年先后就读于吉林大学历史系、东北师范大学世界史专业,2009 年 8 月至 2010 年 7 月赴英国牛津大学做访问学者,2016 年 8 月至 2017 年 7 月赴美国普渡大学做访问学者。已出版专著《变动社会中的军事革命:14—17 世纪欧洲的军事革新与社会变革》,在《世界历史》《社会科学战线》《史学理论研究》《厦门大学学报》等核心刊物发表学术论文多篇，另有主持完成的国家社科基金项目“转型时期欧洲雇佣兵问题研究(1350—1800)”等省部级以上项目若干。

张侃

张侃(1972—)，浙江温州人。厦门大学历史系教授、博士生导师。现为历史系主任，兼任教育部历史学本科教学指导委员会委员、教育部文博专业硕士研究生教学指导委员会委员、中国经济史学会理事、福建文物考古博物馆学会副会长、福建省中共党史学会副会长、福建省孙中山研究会副会长。已出版专著《中国近代外债制度的本土化与国际化》《华文越风：17—19世纪民间文献与会安华人社会》《闽商发展史(澳门卷)》等，在重要刊物发表论文多篇。著作《中国近代外债制度的本土化与国际化》获教育部人文社科优秀成果三等奖、福建省社科优秀成果一等奖。

张闻捷

张闻捷(1984—)，湖北武穴人。厦门大学历史系教授、博士生导师、南强青年拔尖人才。现任历史系副主任兼中国考古学会理事、中国百越民族史研究会理事。哈佛大学人类学系访问学者，哈佛大学燕京学社访问学者。研究领域为两周秦汉考古、青铜器研究、礼制文化研究、音乐考古研究，讲授“田野考古方法”“考古学基本理论与方法”“历史考古研究前沿”等课程。主持国家社科基金项目及福建省社科项目若干，主持湖北、南京、四川、福建等地多项横向科研项目，曾获福建省社科优秀成果奖若干。著有《东周青铜礼器制度研究——以中原和楚地为中心》《楚国青铜礼器制度研究》《福建云霄水头窑址出土宋代瓷器精粹》，在海内外重要学术刊物上发表论文多篇。

郑振满

郑振满(1955—)，福建仙游人。历任厦门大学历史系教授、博士生导师，历史系系主任、人文学院副院长，现任厦门大学特聘教授、民间历史文献研究中心主任。任福建省第九、十、十一届政协委员、中共中央马克思主义理论研究与建设工程专家、教育部历史学科教学指导委员会委员、中国史学会理事、中国社会史学会副会长等职。长期从事明清社会经济史、闽台地方史、历史人类学、历史文献学教学与研究，出版中英文学术著作《明清福建家族组织与社会变迁》《乡族与国家：多元视野中的闽台传统社会》等，先后主持包括教育部重大项目在内的省部级以上科研项目 10 余项，与哈佛大学费正清研究中心共同建设“中国地方史与民间文献数据库”。曾获国家级教学成果奖 1 项、教育部研究成果奖 2 项、福建省研究成果奖 5 项。

陈明光①

陈明光(1948—　)，祖籍福建省德化县，成长于福建省厦门市。1984 年秋起在厦门大学历史系任教，退休前为厦门大学人文学院历史系教授、博士生导师，兼任厦门大学图书馆馆长，享受国务院政府特殊津贴。学术兼职有中国唐史学会理事、副会长，中国经济史学会理事等。曾在《历史研究》《文史哲》等重要期刊发表论文数十篇。主要论著有：《唐代财政史新编》、《中国赋役制度史》、《中国古代的纳税应役》、《六朝财政史》、《二十世纪唐研究・经济卷》(合著)、《中国经济通史》第四卷(合著)等。

陈衍德

陈衍德(1950—　)，福建厦门人。厦门大学历史系教授。1978 年 9 月考入厦门大学历史系，1985 年 6 月毕业留校任教。从事东南亚史与东南亚华人史的教学与研究，曾在东南亚和欧美做过访问学者与实地考察。已出版专著《现代中的传统——菲律宾华人社会研究》《集聚与弘扬——海外的福建人社团》《对抗、适应与融合——东南亚的民族主义与族际关系》，合著有《唐代盐政》《中国赋役制度史》等，并在《世界宗教研究》《世界民族》等刊物上发表论文数十篇。

---

① 本条以下为历史系退休、已故教授。

陈兆璋

陈兆璋(1923—2010),福建长乐人。厦门大学历史系教授。1946 年毕业于厦门大学历史系。长期从事世界中世纪史的教学与研究。1987 年,《世界史·中世纪史》(主要参与者)获山东省社会科学优秀成果奖;1988 年,《论英国封建制度的完备性、不完备性与资本主义的起飞》获福建省社会科学优秀成果奖。出版著作有《世界史·中世纪史》《(印度)特伦甘纳人民的斗争及其经验教训》等。代表性论文有《论中世纪英国向资本主义的过渡》《西欧封建社会初期的商业与商人》《论英国封建制度的完备性、不完备性与资本主义的起飞》等。

戴一峰

戴一峰(1949—),福建人。厦门大学历史系教授、博士生导师,嘉庚学院副院长,中国海关史研究中心主任。长期从事中国近现代社会经济史(含区域社会经济史、中外经济关系史、中国海关史、海外华侨华人史)的教学与科研工作,先后参加近代旅日华商、亚洲商业网络、侨乡研究、闽西土地与移民等国际合作科研课题和近代中国海关史、东南沿海城市与中国现代化等国家社科重点课题的研究工作。曾多次获福建省和厦门市社会科学优秀成果奖。已在《中国社会经济史研究》《华侨与华人历史研究》等核心期刊发表学术论文 30 余篇,另出版《近代中国海关与中国财政》等著作多部。

傅宗文

傅宗文(1932—),福建仙游人。1974 年于厦门大学历史系任教,退休前为历史系教授、教研室主任。长期从事中国古代史领域多方面的教学和科研工作,出版专著《宋代草市镇研究》,曾获华东六省一市优秀政治理论图书二等奖;对宋元时期刺桐港进行长期探索,发表系列论文及著作;参加《西藏地方历史资料选辑》《新民主主义革命时期通史》等的编写工作。[1] 另在《社会科学战线》《中

① 王丽主编,厦门市图书馆编:《厦门人物辞典》,鹭江出版社 2003 年版,第 220 页。

国社会经济史研究》等期刊发表学术论文 10 余篇。

黄顺力

黄顺力(1953—　),福建永安人。厦门大学历史系教授。兼任福建省历史学会秘书长、福建省孙中山研究会副会长、民革中央孙中山研究会常务理事等学术职务。历任历史系党总支副书记、历史系副系主任、厦门大学研究生院培养与管理处处长等职。主要论著有《海洋迷思——中国海洋观的传统与变迁》《中国近代思想文化史探论》等;在重要学术刊物发表论文多篇。主持和参与省部级以上科研课题多项,成果《从林则徐到毛泽东——中国人的百年救国路》和《大众传媒与晚清革命论略——以思想史为视角》均获福建省社科优秀成果二等奖;《中国共产党学术史:中共文化史研究的新视野》获福建省社科优秀成果三等奖等。

连心豪

连心豪(1954—　),福建仙游人。1982 年毕业于厦门大学历史系,后留校任教。退休前任厦门大学历史系教授、厦门大学中国海关史研究中心副主任。主要从事中国海关史、中国近现代史与闽台地方史的教学研究。主要论著有《近代中国的走私与海关缉私》《中国海关与对外贸易》《水客走水——近代中国沿海的走私与反走私》《中国近代海关常用词语英汉对照宝典》等,另在重要学术刊物发表论文 40 余篇。

林其泉

林其泉(1934—　),曾用名乃贺,福建闽侯人。1956 年就读于厦门大学,毕业后留校任教,1960—1969 年担任厦门大学校长王亚南学术秘书,1970 年后转厦大教育系,1974 年调入历史系,退休前任厦门大学历史系教授。长期从事中国近代史、台湾史和分工史的教学和研究工作。编印过《台湾反侵略斗争史》等 7 本讲义,出版著作有《分工的起源和发展》(1994 年获福建社科优秀成果三等奖)、《闽台六亲》、《台湾杂谈》、《台湾札记》(1988 年获福建社科优秀成果三等奖)等数十部。在《中国史研究》《台湾研究》《史学月刊》《学术研究》等十几种学术刊物上发表过70多篇论文。[①]

林天乙

林天乙(1944—2020),福建晋江人。厦门大学历史系教授。长期从事中国现代史、中共党史、中华人民共和国史、中央革命根据地史、中华民国史的教学与研究。曾承担中共中央党史部门下达的重点研究项目“中共闽粤赣边区史”和“闽粤赣边区革命根据地的建立及其斗争”的研究与《中共闽粤赣边区史》的主编工作。论文《略论李德与第五次反围剿的失败》获全国中共党史优秀论文二等奖,《中共闽粤赣边区史》获福建省第四届社会科学优秀成果三等奖。主要论著有《中共闽粤赣边区史》、《闽赣路千里》(合著)、《中央革命根据地史要》(合著)等,另有论文多篇。

林汀水

林汀水(1935—),福建晋江人。1960年毕业于复旦大学,现为厦门大学历史系教授,主要从事历史地理和福建地方史研究。曾参与《中国历史地图集》的编绘,该书1986年获上海市哲学社会科学著作特等奖;参与中科院《中国自然地理》等编著,该书曾获上海市哲学社会科学著作奖;主编《福建历史地图集》,对辽河平原、珠江三角洲的历史自然地理和福建历史地理的研究较深入,在学术界有一定影响。[②] 在《中国社会经济史研究》《厦门大学学报》(哲学社会科学版)发表论文多篇。

---

① 国务院侨办国内司编:《全国归侨、侨眷知识分子名人录》,中国华侨出版社1997年版,第538页。

② 国务院侨办国内司编:《全国归侨、侨眷知识分子名人录》,中国华侨出版社1997年版,第541页。

娄曾泉

娄曾泉(1933—　),福建漳州人。1953—1957年就读于厦门大学历史系。先后就职于南开大学、厦门大学历史系。1974年后调入厦大历史系,历任讲师、副教授、教授。退休前任厦大历史系教授、古籍整理研究室主任。从事中国古代史学史、文献学、福建古代历史人物的研究,先后主讲“中国古代史学史”“史学名著《史记》选读”等课程,结合教学从事历史研究与写作。曾主编《明朝史话》《明君辞典》,合编《中国历史文献学》,发表论文多篇。主持点校出版《闽书》、《黄道周年谱及传记资料》(合作),撰写《郑樵的文献学理论初探》等。

邱松庆

邱松庆(1943—　),福建上杭人。1966年毕业于厦门大学历史系,获学士学位,1967年任教于厦门大学历史系。现任厦门大学历史研究所副教授,主讲课程有中国近现代经济史、中华苏维埃共和国史、中华民国经济史、中国财政史、中国商业史等等。主要著作有《福建革命史画集》《福建妇女运动》《厦门党史画册》,合著《闽西革命根据地的经济建设》《新编中国现代史》《闽粤赣边区财政经济简史》等;发表论文80余篇,主要刊载于《厦门大学学报》《党史研究》《中国经济问题》《中国社会经济史研究》《江西社会科学》等。在书法领域亦有造诣,为中国书法家协会会员、院士、一级书画师。

施伟青

施伟青(1948—　),福建云霄人。厦门大学历史系教授、博士生导师,主要从事东周秦汉史、明清史研究。已出版《施琅评传》《施琅年谱考略》《中国古代史论丛》等著作。主编施琅研究的论文集3部、《新编中国古代史教学参考资料》第一册。在《历史研究》《中国史研究》《中国经济史研究》《学术月刊》《人民日报》《光明日报》等报刊上发表论文数十篇。论著曾获福建省政府优秀社会科学成果奖二、三等奖。

宋平

宋平(1957—),福建福州人。1978年入厦门大学学习,后留校任教,历任讲师、副教授、教授。兼任中国人类学学会理事、东亚人类学学会工作委员会委员、教育部人文社科项目评审专家等。先后作为荷兰乌特勒支大学客座教授、新加坡国立大学高级访问学者、美国哈佛大学燕京学社访问教授,在国际学界与相关学者进行交流和合作。研究领域涉及东南亚福建移民族群研究、美国福建新移民族群研究、跨国人类学与文化全球化议题等,是全球化与海外华人、华人跨国主义及当代跨国移民社会研究专家。主持多项国家级、省部级科研项目,出版学术专著多部,在国内外权威学术期刊发表学术成果数十篇。

王荣国

王荣国(1955—),福建福清人。历史学博士,现为厦门大学历史系教授、博士生导师,兼任中国宗教学会理事、中国佛教文化研究所特邀研究员等。长期从事中国文化(含海洋文化)史、思想史、宗教史的研究与本科、研究生的教学工作。在《世界宗教研究》等刊物发表近百篇学术论文,出版《福建佛教史》《中国佛教史论》《中国思想与文化》《海洋神灵——中国海神信仰与社会经济》等专著、合著共9种;任大型文献丛刊《民国时期佛教期刊文献集成》《民国时期佛教期刊文献集成补编》《民国时期佛教期刊文献集成三编》编委。曾获福建省第四、六届社会科学优秀成果奖三等奖。

王旭

王旭(1953—),吉林人。厦门大学历史系"闽江学者"特聘教授、博士生导师,教育部跨世纪优秀人才。享受国务院政府特殊津贴。兼任国家社科基金学科组评委。曾任东北师范大学美国研究所所长和历史系系主任、厦门大学社科处处长和美国史研究所所长、中国美国史研究会理事长等职。主要从事美国城市史和城市化比较研究,著有《美国城市发展模式:从城市化到大都市区化》等专著4部,《马唐草边疆:美国郊区化》《筑梦:美国住房的社会史》等译著8部及《美国城市经纬》等编著，于《历史研究》《世界历史》等核心刊物发表学术论文近百篇，主编“城市美国丛书”和“新城市化丛书”。

吴诗池

吴诗池(1941—　)，福建永春人。1966 年毕业于厦门大学历史系。1985 年入职厦门大学，先后在人类学系和历史系工作，曾任考古教研室主任。为本科生讲授“中国原始艺术”“中国古代青铜器”“文物学概论”等课程，带领考古专业本科生到江西省清江吴城、新余十年山、广丰蛇山头遗址进行田野考古实习发掘工作。在科研方面侧重于艺术考古研究。主要著作有《中国原始艺术》《厦门文物与考古》《中国人的婚姻观与婚俗》《简明文化人类学词典》等。从 20 世纪 70 年代末开始，先后在《文物》《考古学报》《史前研究》《农业考古》《考古与文物》等报刊发表考古发掘简报、报告及学术论文 40 多篇。

吴文华

吴文华(1933—2010)，福建福清人，印度尼西亚归侨。1957 年考入厦门大学历史系，1961 年毕业以后留校在历史系任教，历任助教、讲师、副教授、教授，兼任陈嘉庚研究室主任。学术兼职有厦门华侨历史协会常务理事、厦门市印尼归侨联谊会常务理事。长期从事世界近代史、世界现代史、东南亚近现代史、华侨史领域的教学与研究工作。专长于东南亚近现代史、华侨史领域的研究。著有《南洋华侨史》(合著)等，另有学术论文多篇。

颜章炮

颜章炮(1950—　)，福建永春人。1976 年毕业于厦门大学历史系，退休前任厦门大学党委宣传部部长，1985 年被评为福建省先进工作者。主讲课程有“中国古代史”“中国民俗史”“明清史研究”“明清史学名著研究”“中国古代民间信仰文化研究”“野史笔记方志族谱选读”等。承担国家级、省级科研项目若干。著有《黄道周纪年著述书画考》、《明朝史话》(合著)、《明君辞典》(合著)等，发表论文多篇。

杨际平

杨际平(1938—)，福建平潭人。厦门大学历史研究所经济史教研室教授、博士生导师。曾任中国经济史学会理事、中国魏晋南北朝史学会理事、中国敦煌吐鲁番学会理事等。长期从事魏晋隋唐史、中国社会经济史领域的研究，在学界享有盛名。已在《历史研究》《中国史研究》《中国经济史研究》《中国社会经济史研究》等刊物发表学术论文 100 多篇。出版专著《均田制新探》(本书于 1994 年获福建省第二届人文社会科学优秀成果二等奖)、《北朝隋唐均田制新探》、《秦汉财政史》，合著《敦煌吐鲁番出土经济文书研究》《中国赋役制度史》《五—十世纪敦煌的家庭与家族关系》等，另有《杨际平中国社会经济史论集》三卷。

杨友庭

杨友庭(1946—)，福建龙岩人。厦门大学历史系教授，退休前任厦门大学成人教育学院院长。曾获 1995 年福建省第二届社科优秀成果三等奖，所开课程曾被评为 1995 年福建省普通高校优秀课程等。主要论著有：《现代旅游管理》《后妃外戚专政史》《韩昌黎诗文研释》《明郑四世兴衰史》等，在《厦门大学学报》(哲学社会科学版)、《中国经济问题》、《发展研究》等刊物发表论文多篇。

曾玲

曾玲(1954—)，福建莆田人。厦门大学人文学院历史系教授、博士生导师。1987 年至 1994 年师从明清史家傅衣凌教授和杨国桢教授，专治明清社会经济史，著有《明清福建手工业发展史》一书。在《华侨华人历史研究》《世界历史》等海内外重要刊物发表论文数十篇。主要论著有《新加坡华裔丛书：福德祠绿野亭发展史 1824—2004》《新加坡华人的祖先崇拜与宗乡社群整合》《越洋再建家园：新加坡华人社会文化研究》《东南亚的"郑和记忆"与文化诠释》《新加坡华裔丛书：福德祠绿野亭文献汇编之一、之二、之三》(中英双语)等。

张水良

张水良(1931—　),福建惠安人。1952年就读于厦门大学历史系,1956年毕业后留校工作,历任厦门大学历史系讲师、副教授、教授,主要从事抗战史研究。主要著作有《抗日战争时期中国解放区农业大生产运动》《中国灾荒史1927—1937》。主要论文有:《二战时期国统区的三次大灾荒及其对社会经济的影响》《土地革命战争时期国民党统治区的抢米风潮》《抗日战争时期陕甘宁边区的公营工业》《土地革命战争时期才溪苏区的经济建设》《华北抗日根据地的生产救灾斗争》等。

郑剑顺

郑剑顺(1945—　),福建仙游人。1969年毕业于福建师范大学历史系,1971年8月到厦门大学历史系任教。退休前任厦门大学历史系近现代教研室教授、硕士生导师,福建省严复学术研究会常务理事,中国近现代史料学学会理事。主要著作有《晚清史专题研究》《中国近代人才思想研究》《中国近代史料学概论与史料书籍汇录》《福建船政局史事纪要编年:清同治五年至宣统二年1866—1910》《甲申中法马江战役》等,另在重要学术刊物发表论文30余篇。

钟礼强

钟礼强(1950—　),福建龙岩人。1976年毕业于厦门大学考古学专业,后留校。退休前任厦门大学历史系考古教研室教授、硕士生导师。1990年被评为福建省教书育人先进工作者。主要著作有:《昙石山文化研究》《闽台考古》等,主要论文有《闽江下游与赣鄱地区新石器时代晚期文化的比较研究》《重庆市云阳县佘家嘴发现一座西汉土坑墓》《略论昙石山文化与良渚文化的关系》等。承担省部级以上社科基金项目若干。

庄景辉

庄景辉(1952—)，福建惠安人。1976年毕业于厦门大学历史系考古学专业，继而留校执教。曾任厦门大学人类学系副教授、副系主任、博物馆副馆长。退休前任厦大历史系教授。出版《海上丝绸之路的著名港口——泉州》《海外交通史迹研究》等著作；发表《天妃灵应之记碑考》《郑和宝船尺度的探索》《明末清初的福建海商与陶瓷贸易》等论文50余篇。承担多项重大学术研究课题，成就引起了海内外学术界的普遍重视，先后被推选为中国海外交通史研究会理事、福建省考古博物馆学会常务理事兼副秘书长。①

三、哲学系

曹剑波

曹剑波(1970—)，湖南人。厦门大学哲学系教授、博士生导师，教育部新世纪优秀人才。现任厦门大学哲学系系主任，兼任厦门大学性别与哲学研究中心主任、中国知识论学会秘书长、中国知识论学会理事、厦门大学知识论与认知研究中心副主任、中华全国外国哲学史学会理事、中国现代外国哲学学会理事、福建省哲学学会理事等职。主要研究方向为当代西方知识论、怀疑主义哲学、实验哲学、女性哲学、道德哲学、宗教哲学、心灵哲学等。已在《哲学研究》等重要学术刊物发表学术论文近200篇，其中A&HCI论文4篇、CSSCI论文60余篇，完成著作和译著15部。先后主持各类课题30项，获省部级、市级、校级各项奖励30多项。

曹志平

曹志平(1965—)，陕西澄城人。厦门大学哲学系教授、博士生导师。曾任中南工业大学(今中南大学)文法学院副院长、厦门大学哲学系系主任、教育部哲

---

① 洪国靖主编:《中华人物大典》，新华出版社1997年版，第1291页。

学教学指导委员会委员。主要研究方向为《资本论》与马克思主义科技哲学、量子力学哲学、科学诠释学和现象学、社会科学哲学等。重点研究方向为科技哲学，包括《资本论》与马克思主义哲学、科学技术哲学、社会科学哲学等。主持国家级、省级科研项目多项，出版著作10余本，在重要刊物发表学术论文多篇。

陈玲

陈玲(1972—　)，福建莆田人。厦门大学哲学系教授、博士生导师，福建省高等学校新世纪优秀人才。现挂职厦门大学校友总会副秘书长，学术兼职有福建省自然辩证法研究会理事、福建省哲学学会理事、福建省人才研究会理事等职。主要研究方向为中国科技思想史、科学哲学。在《自然辩证法通讯》《哲学动态》《厦门大学学报》等学术刊物上发表论文40余篇，完成专著1部(独著)。先后主持和参与国家社科基金特别委托项目、教育部人文社科重点研究基地重大项目、福建省社科重点项目、福建省社科一般项目、中央高校基本科研业务费等课题多项；获得省、市、校级奖励等多项。

黄永锋

黄永锋(1976—　)，福建仙游人。厦门大学哲学系教授、博士生导师。现为厦门大学道学与传统文化研究中心主任、厦门大学宗教学研究所所长，学术兼职有中国宗教学会理事、老子道学文化研究会常务理事等职。主要学术方向为道教文献学、道教思想史，已在《世界宗教研究》《中国哲学史》《自然辩证法通讯》等刊物发表文章近百篇，出版专著《道教服食技术研究》《道教在当代中国的阐扬》，合著《中国道教通史》《中国道教思想史》等多部，主持完成省部级以上项目多项。

黄朝阳

黄朝阳(1964—　)，福建莆田人。厦门大学哲学系教授。曾任逻辑学教研室主任，现任中国逻辑学会常务理事、中国语言与逻辑函授大学兼职教授。研究方向主要有逻辑史和逻辑学的教育应用。出版专著《中国古代的类比——先秦诸子譬论》等,在重要学术期刊发表论文多篇。讲授“逻辑学导论”“普通逻辑”“谬误驳斥”“数理逻辑”“西方逻辑史”“批判性思维与理论创新”等多门课程。

林育川

林育川(1975—),广东汕头人。厦门大学哲学系教授、博士生导师,厦门大学“南强青年拔尖人才”。主要研究领域为马克思主义哲学和政治哲学。主要学术兼职为中国马克思主义哲学史学会马克思恩格斯哲学思想研究分会常务理事。目前主持国家社科基金重点项目1项,教育部人文社科规划项目1项,担任多项国家社科基金重大项目和教育部人文社会科学重点研究基地重大项目子课题负责人。已在《哲学研究》等国内外学术刊物上发表论文30余篇。

刘泽亮

刘泽亮(1964—),湖北天门人。厦门大学哲学系教授、博士生导师,教育部新世纪优秀人才支持计划入选者。现为厦门大学中国哲学博士点“中国佛教哲学”研究方向主要带头人,曾任人文学院副院长,厦门大学社科联副主席,佛学研究中心主任,中国佛教文化研究所学术委员会委员、特约研究员,“佛学与人文学术文丛”主编等职。主要研究领域为中国哲学、中国佛教哲学、中国禅宗哲学。出版专著有《黄檗禅哲学思想研究》《宗说俱通——佛教语言观》《易文化传统与民族思维方式》等多部,在《世界宗教研究》等杂志发表学术论文近百篇。主持国家、省部级社科基金项目多项。

欧阳锋

欧阳锋(1962—),湖南人。厦门大学哲学系教授。主要研究方向为科学社会学、科学规范论、社会科学哲学。在《自然辩证法通讯》《自然辩证法研究》《科学技术与辩证法》《高等教育研究》《高校理论战线》《厦门大学学报》《中国人民大学学报》等刊物上发表论文20多篇,撰写著作、教材60余万字。主持省部级以上科研项目多项。

王晓阳

王晓阳(1978—),江苏泰州人。厦门大学哲学系教授、博士生导师,“闽江学者”特聘教授。已在《哲学研究》《哲学动态》《自然辩证法通讯》《学术月刊》等重要哲学社会科学专业期刊发表论文 20 余篇,出版专著《意识研究》;主持过国家社科基金青年项目、国家社科基金重大项目(子课题)各 1 项,参与国家级和省部级课题多项。主要研究领域为科学技术哲学、心灵哲学、形上学、语言哲学、认知科学哲学、人工智能哲学。

谢晓东

谢晓东(1977—),四川射洪人。厦门大学哲学系教授、博士生导师。2006 年 7 月起始任教于厦门大学哲学系,入选 2013 年度福建省高等学校新世纪优秀人才支持计划、厦门大学南强青年拔尖人才支持计划(A 类)。主要学术兼职为国家一级学会中国朱子学会常务理事、中华孔子学会理事,二级学会中国现代哲学研究会理事,韩国忠南大学儒学研究所特聘研究员(2018—2023)。研究方向为东亚儒学(朱子学)、儒家哲学(政治哲学与道德哲学)。阅读兴趣为比较哲学、康德哲学、道德哲学、英美分析哲学和形而上学。在重要期刊上独立或作为第一作者发表学术论文 40 余篇,独立出版学术专著 2 部,主持国家及省部级各类课题多项,获得省市社科优秀成果奖多项。

徐梦秋

徐梦秋(1954—),安徽寿县人。厦门大学特聘教授,博士生导师,闽江学者。享受国务院政府特殊津贴。兼任中国辩证唯物主义研究会常务理事、中国马克思恩格斯研究会常务理事、中国价值哲学研究会常务理事、中国自然辩证法研究会学术委员会委员。曾任福建省哲学学会会长,教育部第三、四届哲学教学指导委员会委员,北京大学《哲学门》编委,《东南学术》编委,厦门大学哲学系系主任,厦门大学人文学院副院长,《厦门大学学报》(哲学社会科学版)副主编。在《中国社会科学》《哲学研究》等重要学术刊物上发表论文 60 多篇,出版《规范通论》《主体论》等著作、教材和译著10余部。

杨松

杨松(1983—),江苏淮安人。厦门大学哲学系教授、博士生导师。2011年6月毕业于厦门大学哲学系,获哲学博士学位(导师为徐梦秋教授),后留校任教。2018年2月至2019年2月赴美国埃默里大学(Emory University)哲学系访学。主要社会兼职有中国马克思主义哲学史学会理事、中国价值哲学学会理事。研究方向为元规范理论、马克思主义哲学、西方元伦理学。主持国家级、省部级项目3项,发表论文多篇。

张会永

张会永(1977—),河南开封人。厦门大学哲学系教授,副系主任。主要研究领域为西方伦理学、应用伦理学和德国古典哲学。主要社会兼职有中国康德学会理事、福建省伦理学会副秘书长。曾开设"德国古典伦理学""德国古典哲学""伦理学原理""伦理学原著研读""哲学基础理论"等课程。主持包括国家社科基金项目在内的研究课题7项,出版学术专著2部,合编教材1部,在《哲学研究》《哲学动态》《学术月刊》等刊物发表学术论文近30篇,获各级奖励多次。

张曦

张曦(1982—),安徽芜湖人。厦门大学哲学系教授、博士生导师。现为福建省"闽江学者"特聘教授、厦门大学南强青年拔尖A类人才。学术兼职有中国伦理学会理事、中国青年伦理学会理事。长期从事伦理学基础理论和方法论、中西伦理学、中西政治哲学、文学与伦理学的研究。在《哲学研究》等期刊上发表独著论文30余篇。主持国家社科基金项目1项,国家社科基金重大招标项目子课题1项,主持省部级社科基金、中央高校业务费项目和"双一流"专项项目8项。

朱菁

朱菁(1968—　),籍贯湖南。厦门大学哲学系教授、博士生导师,教育部“长江学者奖励计划”特聘教授,福建省“闽江学者”特聘教授,福建省高校领军人才。现任厦门大学人文学院院长,兼任厦门大学通识教育中心常务副主任。主要学术兼职有教育部哲学学科教学指导委员会成员,中国自然辩证法研究会工程哲学专业委员会常务理事、副理事长,中国自然辩证法研究会科学哲学专业委员会常务理事,中国现代外国哲学学会知识论学会常务理事、副会长,中国现代外国哲学学会分析哲学专业委员会委员,福建省哲学学会副会长等。主要研究领域为:科学哲学、心灵哲学、认识论、认知科学等。在国际哲学和认知科学期刊发表研究论文多篇。

朱人求

朱人求(1971—　),安徽宿松人,朱熹第二十七代裔孙。现为厦门大学哲学系特聘教授、博士生导师,厦门大学人文学院副院长,国学研究院副院长。兼任国家社科基金重大课题评审专家、全球朱子学推动委员会副主任、中国朱子学会秘书长等职。主要从事宋明理学尤其是朱子学研究。主要著作有《儒家文化哲学研究》《朱子学与朱子后学》《东亚朱子学的新视野》等,在《哲学研究》等权威期刊发表论文100余篇。获得省部级奖励10余次。主持国家社科基金重大项目等省部级以上项目若干。

白锡能[①]

白锡能(1954—　),福建厦门人。厦门大学哲学系教授。1977年考入厦门大学哲学系,1982年1月毕业后留校任教。兼任中华外国哲学史学会理事、福建省哲学学会秘书长、福建省社会科学界联合会理事、福建省外国哲学史研究会副会长。出版《自由论》《主体论》等著作若干,发表学术论文多篇。1995年被评

---

① 本条以下为哲学系退休教授。

为福建省优秀教师。曾获福建省社会科学优秀成果三等奖、厦门市社会科学优秀成果一等奖等奖项。

陈嘉明

陈嘉明(1952—),福建闽侯人。厦门大学特聘教授、博士生导师。享受国务院政府特殊津贴。1989 年于中国社会科学院研究生院获哲学博士学位。曾担任中国知识论学会会长、中国现代外国哲学学会常务理事。其研究成果在学界享有声望,是知识论、现代性研究、康德哲学研究领域的知名专家。先后在《中国社会科学》等刊物发表论文 100 多篇,发表著作多部。获得第四、六届教育部全国高校优秀人文社科成果奖,福建省哲学社会科学优秀成果奖一等奖等省市级社科成果奖 16 项。主持国家社科基金重大项目等省部级以上科研项目若干。

陈墀成

陈墀成(1952—),福建厦门人。厦门大学教授、博士生导师。1995—2008 年担任厦门大学哲学系副系主任,兼任中国历史唯物主义学会常务理事、福建省历史唯物主义学会副会长。主要研究方向为马克思主义哲学、科技哲学、生态哲学。先后主持国家社科基金项目“马克思恩格斯生态哲学思想及其当代价值”等相关课题 10 多项,参与国家社会科学基金项目“中国工业化进程中的生态文明建设”等相关课题 10 多项。先后获得福建省社会科学优秀成果、厦门市社科优秀成果等奖项 10 多项。发表论文近百篇,出版著作 20 余部。

陈喜乐

陈喜乐(1957—),福建福清人。厦门大学哲学系教授、博士生导师。1979 年毕业于复旦大学哲学系,1982 年厦门大学哲学硕士毕业后留校。担任中国自然辩证法研究会理事、中国科学学研究会理事、中国未来学研究会理事、福建省自然辩证法研究会副理事长、福建省哲学研究会理事、厦门市自然辩证法研究会理事长。长期从事科技哲学、科学认识论、科学社会学、科技政策与管理的教学和科研工作。目前已在重要刊物上发表学术论文近 100 篇,出版著作 10 余部,参与省部级项目多项。

高令印

高令印(1935—),山东阳谷人。厦门大学哲学系教授。享受国务院政府特殊津贴。1960 毕业于厦门大学历史系,1964 年毕业于中国人民大学哲学系研究生班。学术兼职有福建中国哲学史学会会长、全国中国哲学史学会理事、国际中国哲学会学术顾问等。主要研究朱子学、中国哲学。曾获韩国"退溪学国际学术奖"及多种学术奖。发表文章 200 多篇,出版专著《福建朱子学》、《朱熹事迹考》(韩国朱昌均译部分为韩文)、《闽学概论》、《李退溪与东方文化》(韩国李楠永译成韩文)、《中国文化纲要》等。

郭金彬

郭金彬(1947—),福建莆田人。厦门大学哲学系教授、科学技术哲学专业博士生导师。主要研究方向为科学思想史和科学哲学、科学技术哲学科学思想史,在国内外享有很高的声誉。曾主持过国家社会科学基金项目"中国近现代科学思想史研究"、福建省社会科学十五规划重大课题"中国科技思想研究"等省级以上社科研究项目 22 项。在国内外学术刊物上发表论(译)文 132 篇,出版专著 15 部计 400 万字,论著获奖 15 次。

洪成得

洪成得(1955—),祖籍南安,缅甸归侨。厦门大学哲学系教授。1956 年考入北京大学哲学系(调干生),毕业后先后在北京大学哲学系、华侨大学政治系、厦门大学哲学系从事马克思主义哲学和邓小平理论的教学研究工作。1990 年晋升为教授。1990 年至 1997 年兼任厦门大学党委宣传部副部长、党校副校长。1994 年任厦门大学邓小平理论研究中心常务副主任。曾任中国历史唯物主义学会理事、福建省历史唯物主义研究会副会长等。

乐爱国

乐爱国(1955—　),浙江宁波人。厦门大学哲学系教授、博士生导师。兼任国际儒学联合会理事、中国哲学史学会理事、中华孔子学会理事、中国朱子学会常务理事。出版《朱熹生态伦理简论》《20世纪朱子学研究精华集成——从学术思想史的视角》《朱熹〈中庸〉学阐释》《儒学与科技文明》等著作,发表学术论文200余篇。主持并完成教育部重大项目以及国家社科基金项目多项。目前正在主持国家社会科学基金后期重点项目"朱熹《论语》学阐释:问题与新意"。

刘青泉

刘青泉(1939—　),福建龙海人。厦门大学哲学系教授。1961年厦门大学毕业后留校任教,后又取得浙江大学文凭。主要研究方向为中华传统文化及现代意义研究、科技史及当代科技发展战略研究等。长期主教"自然辩证法""科学哲学史"等,曾获厦门大学优秀教学奖,厦门大学优秀主干课教学奖。独立出版著作《科技史与当代科技》等6部,参与撰写《自然辩证法原理》等28本书,发表论文100多篇,两项科研成果曾获省部级优秀成果奖等。

卢善庆

卢善庆(1939—　),江苏扬州人。厦门大学哲学系教授。1960年毕业于厦门大学并留校任教。兼任福建美学会会长、厦门美学会会长等职。主攻中国近代美学、旅游美学等美学研究。曾主持完成过国家社会科学基金项目,并获得厦门大学首届九州奖、厦门市科研积极分子称号等。著作主要有《门类艺术探美》《美学基本理论》《中国近代美学思想史》等十余部。

潘世墨

潘世墨(1948—　),福建厦门人。厦门大学哲学系教授、博士生导师。主要研究领域为科学逻辑与科学方法论。长期从事高校逻辑学的教学、研究工作。

1997 年任厦门大学副校长，主管厦门大学教学工作，并任教育部的学科发展与专业设置、普通高等学校本科教学工作评估、高等学校哲学学科教学指导等三个专家委员会委员。在《哲学研究》等刊物发表有关逻辑学与科技哲学方面的论文数十篇，出版《普通逻辑概论》《现代社会中的科学》等中外文专著、教材数十种，主持省部级以上科研项目多项，获得奖项若干。

苏振富

苏振富（1938—　），福建龙岩人。厦门大学哲学系教授。1965 年研究生毕业于北京大学哲学系，1966 年调入厦门大学工作，长期从事哲学教学与研究工作。兼任中国马哲史研究会理事、中国恩格斯研究会常务理事等。退休后担任厦门大学校关工委副主任。主要著作有《马克思主义辩证法史》、《〈反杜林论〉研究》、《马克思主义哲学史》（第四卷）等，发表论文 30 多篇。曾获全国精神文明建设“五个一工程”优秀论著奖，吴玉章奖，马克思主义理论学科一等奖，福建省优秀社科成果一、二等奖等。

吴开明

吴开明（1954—　），福建上杭人。厦门大学哲学系教授。1985 年 8 月入哲学系工作，主要从事马克思主义哲学研究、西方哲学研究等。在《自然辩证法研究》《厦门大学学报》等核心刊物发表学术论文多篇。

谢应瑞

谢应瑞（1933—　），福建厦门人。厦门大学哲学系教授。1955 年毕业于厦门大学历史系后留校任教，1962 年毕业于中国人民大学哲学系（研究生），后回厦门大学任教。曾任西方哲学史教研室主任、福建省外国哲学史研究会会长等职。多年从事马克思主义哲学教学与研究，曾主讲“马列主义哲学原理”“马列主义哲学原著选读”等课程，出版《西方辩证法思想发展史》（合著）、《“哲人之石”探踪》（主编）、《法国启蒙时代的无神论》，发表学术论文数十篇。

徐朝旭

徐朝旭(1956—　),福建福州人。厦门大学哲学系教授、博士生导师。主要研究方向为伦理学、马克思主义理论。学术兼职有福建省伦理学研究会副会长、福建省哲学研究会理事、福建省“两课”教学研究会和辩证主义研究会常务理事。在学术刊物上发表《从建构到对话中的建构——认识本质的重新审视》《走出信息讨论的误区》等论文60多篇。主持国家社会科学基金“儒家文化与民间信仰”研究,曾获福建省第六次社会科学优秀成果二等奖、2004年“厦门市优秀教师”称号。

张小金

张小金(1948—　),江西吉安人。厦门大学哲学系教授。1981年获哲学硕士学位。主要著作有《资本论方法论研究》、《外商投资的经济社会效益评价》(合著)、《经济开放的非经济效益》、《德国古典哲学的终结》、《对外开放与社会转型》等。

郑明鲁

郑明鲁(1935—　),福建泉州人。厦门大学哲学系教授。1963年毕业于北京大学哲学系哲学专业,后分配到厦门大学任教,在厦门大学从教30多年,为学生开设过“形式逻辑”“辩证唯物主义与历史唯物主义”“西方哲学史”等课程。并结合教学进行有关西方辩证法思想和基督教问题等课题的研究。出版《上帝、基督、教会》、《西方辩证法思想发展史》(合著)、《“哲人之石”探踪》(合著)等,并发表《试论柏拉图“理念论”的形成和发展》等论文。

周济

周济(1932—　),江苏如皋人。厦门大学哲学系教授。早年就读于上海交通大学,1954年于中国人民大学研究生班毕业,同年9月入厦门大学工作,长期执教于厦门大学自然辩证法研究室、厦门大学哲学系，曾任自然辩证法室教授、主任。先后承担和主持国家以及省部级科学基金课题6项，出版科技哲学研究的论著、编著10多种，发表学术论文300多篇，为厦门大学科技哲学的学位点建设做出了重要贡献，是厦门大学科技哲学学科建设的主要奠基人。

周建漳

周建漳(1954—　)，籍贯江苏沭阳，福建漳州人。博士，厦门大学哲学系教授、博士生导师。1978年考入厦门大学哲学系，1985年获硕士学位(外国哲学专业)后留校任教至今。专业方向为西方哲学，近年来尤关注历史哲学。发表论文若干，出版论著《历史及其理解和解释》《科学与宗教的对话》，译著《叙述与认识》等。主持2004年教育部人文社会科学“十五”规划项目“历史的理解与解释”，2008年获国家社会科学基金项目“历史与叙述:叙述语义背景下历史本体论之思考”。

第四章　结　语

今天，人文学院已经走过近百年的历史，站在了国家第14个五年规划到来的门前。自建校以来，厦门大学人文学科秉承"面向东南、面向海洋"的学科建设宗旨，与学校共同成长。通过几代学人勠力同心、耕耘不辍，人文学院在多个学科领域形成具有深厚历史积淀的传统优势，在国内外学界享有盛名。可以说，根据"立足中国、借鉴国外，挖掘历史、把握当代，关怀人类、面向未来"的建设思路，人文学院在过去的历史道路上圆满完成了学校交付的各项工作任务，也逐渐形成了一套行之有效的工作方法：在人才培养上，建立"厚基础、宽口径、高素质，研究型、创新型、专业型"的培养目标，培养具有家国情怀、全球视野、适应国家现代化要求的社会主义建设者和接班人；在队伍建设上，以高层次人才为组建核心，坚持培养和引进并重，加强高水平人才和学科带头人培养引进力度，健全教学科研骨干发展成长体系；在学科发展上，凝练研究方向，夯实优势特色，聚焦重大学术问题，以科研项目为着力点，持续推出具有广泛学术影响力的优秀成果。

与此同时，在建院的20年中学院亦面临了诸多困难，主要集中在学校现有资源分配的局限及人才队伍结构不合理两大问题上。作为一个多学科的文科大院，如何在现有的校院二级建制中争取更多的资源、获取更大的发展，是人文学院建院以来最大的瓶颈，也是最重要的挑战。不仅如此，在新时期，对标一流学科的建设目标，我院各学科发展所面临的挑战愈发艰巨而复杂：一是一流学科的高标准与当代科技的突飞猛进给人文与艺术学科的定位和发展提出了新挑战和新命题；二是人文学院在区位优势上的缺陷较为突出，对人才和资源的吸引力不足；三是学科核心竞争力还有待进一步提高，标志性学术成果有所缺失；四是人才培养质量有待进一步提高，培养德智体美全面发展的精英人才的理念与模式尚需不断强化和完善；五是兄弟高校在人文学科领域的大力投入发展带来了竞争压力。在既往的历史过程中，面对困难，人文学院始终坚持"内涵发展、质量提升"的理念，以中国特色、世界一流为核心，以立德树人成效为根本标准，以培养拔尖创新人才、服务经济社会为导向,着力培养一流人才、打造一流队伍、建设一流学科、产出一流成果,取得了亮眼的成绩。而今天,学院与学校、民族与国家的机遇和挑战已经来到眼前,如何进一步繁荣和发展中国哲学社会科学、建设中国特色先进文化,这对人文学院的发展提出了新的考验。如何对待我们自己的历史、传统和人文科学,如何探索我们自己的科学、文化、发展道路,已然成为新时代的热点。

100 年的风风雨雨,厦门大学不屈不挠地走过来了,终于实现了陈嘉庚“生额万众、基金万万”的理想,人文学院有幸是这百年历史的见证者,相信未来亦能继承先贤的遗愿,完成时代召唤的事业。

下编 时代之芳华

第一部分　党政管理[①]

第一章　人文学院院级党政领导职务历任表

职务	姓名	时间
人文学院党委（党总支）书记	白锡能	1999—2002
	林建德	2003—2012
	王炳华	2012—2020
	高忠华	2020—
人文学院院长	陈支平	1999—2008
	周　宁	2008—2018
	朱　菁	2018—
人文学院党委（党总支）副书记	林金枝	1999—2004
	徐姗娜	1999—2002
	陈国强	1999—2004
	范　丽	2002—2007
	邱旺土	2004—2014
	王瑛慧	2008—2018
	李启忠	2014—
	黄宇霞	2018—2019
	张　晗	2019—

① 本部分数据截至2020年12月。

续表

职务	姓名	时间
人文学院副院长	黄鸣奋	1999—2004
	郑振满	1999—2008
	徐梦秋	1999—2008
	陈培爱	1999—2008
	朱水涌	2005—2010
	詹石窗	2008—2010
	钞晓鸿	2008—2018
	刘泽亮	2010—2018
	彭兆荣	2008—2010
	曾少聪	2010—2011
	李晓红	2010—
	王日根	2012—
	张先清	2018—2019
	朱人求	2018—
团委书记	张必华	1999—2004
	杜海林	2004—2012
	马向华	2012—2020
	王旖旎	2020—
工会主席	许清茂	1999—2009
	曹志平	2009—2014
	吕真辉	2014—2018
	李启忠	2018—
国学研究院院长	朱崇实	2006—2014
	陈支平	2014—

第二章　中文系各时期领导成员[①]（1977—2021）

第一节　中文系历任系主任、副主任

系主任	任职时间	副系主任	任职时间
陈　衍	1923—1926		
沈兼士	1926—1926		
张星烺(代)	1926—1926		
毛　常	1933—1934		
余　謇	1935—1941		
刘天宇	1941—1942		
李　笠	1941—1942		
余　謇	1946—1951		
郑朝宗	1951—1957		
林　莺	1957—1966		
空　缺 (“文革”间未设立)	1966—1972		
梁敬生	1977—1978	周祖譔	1977—1978
蔡铁民	1978—1979	周祖譔	1978—1979

① 因资料有限,部分表格的统计可能存在缺漏。

续表

系主任	任职时间	副系主任	任职时间
郑朝宗	1979—1984	周祖譔	1979—1984
		黄拔荆	1979—1984
何耿丰	1984—1987	张春吉	1984—1987
		许栋梁	1984—1987
郑文贞	1987—1990	张春吉	1987—1990
		陈育伦	1987—1990
		黄鸣奋	1987—1990
郭启宗	1990—1994	林铁民	1990—1991
		陈世雄	1990—1994
		陈育伦	1990—1994
赖干坚	1994—1998	陈世雄	1994—1998
		朱水涌	1994—1998
黄鸣奋	1998—2004	陈世雄	1998—2002
		朱水涌	1998—2004
周　宁	2004—2008	高　波	2004—2008
		金　美	2004—2006
		王　诺	2006—2008
李无未	2008—2018	李晓红	2008—2011
		王　烨	2008—2018
		李　菁	2011—2013
		王晓红	2013—2018
代　迅	2018—	王晓红	2018—2019
		李　焱	2018—
		苏　琼	2019—

第二节　中国语言文学研究所历任所长、副所长

所长	任职时间	副所长	任职时间
郑朝宗	1977—1984		
何耿丰	1984—1994	黄鸣奋	1990—1994
黄鸣奋	1994—2006	李国正	1994—2007
林丹娅	2007—2018	李无未	2007—2012
		胡　旭	2012—2018
胡　旭	2018—		

第三节　中文系党总支/支部书记、副书记

党总支书记	任职时间	党总支副书记	任职时间
许栋梁	1977		
鄢行晏	1977—1979		
许栋梁	1979—1984	吴秋滨	1983—1984
吴秋滨	1984—1987	林建德	
林事恒	1987—1994	杨聪凤	1991—1994
陈育伦	1994—1998	郑　楚	
郑　楚	1998—1999		
周　宁*	1999—2004		
叶宝奎*	2004—2008		
王　烨*	2008—		

说明：*为中文系党支部书记；1999年人文学院党委成立，中文系党总支并入其中，为中文系党支部。

第四节 中文系工会负责人

工会负责人	任职时间
应锦襄	1977—1991
李　萍	1991—1995
林丹娅	1995—2006
李晓红	2006—2008
胡　旭	2008—2012
李　焱	2012—2018
苏永延	2018—

第五节 中文系系办公室负责人

办公室负责人	任职时间
朱　虹	1967 以前
邱觉世	1979—1987
苏进胜	1987—1991
王自强	1991—1999
李敏卿	1999—2012
陈磊明	2012—

第三章　历史系各时期领导成员

第一节　历史系历任系主任

自厦大1925年设立历史社会学系之后，始有系主任之职。1949年以前，院系建制变动频繁，教员流动性较大，不少教员任职一两年便离职他去，稳定性不够，因此系主任职务变动也较为频繁。

1999年人文学院成立之前历史系历届系主任情况如下：

时间	职务	姓名
1926—1930①	系主任	徐声金
1930—1934	系主任	薛永黍
1934—1937②	系主任	徐声金(多由林惠祥代理)
1938—1945	系主任	吴士栋
1945	系主任	谷霁光(部分由叶国庆代理)
1946	系主任	谢兆熊
1947	系主任	罗志甫
1948	系主任	叶国庆(代理)
1949	系主任	郑德坤(未到校时由林惠祥代理)
1949—1950	系主任	叶国庆(1949年11月—1950年7月军管时期代理)
1950—1952	系主任	林惠祥(军管时期结束后接任)
1952—1966	系主任	傅家麟(傅衣凌)

续表

时间	职务	姓名
1966—1972③		
1973—1981	系主任	陈在正
1981	系主任	陈碧笙
1982—1984	系主任(代理)	陈诗启
1984—1986	系主任	郑学檬
1986—1994	系主任	孙福生(自1985年起代理)
1994—1999	系主任	陈支平

①②　这一时期为历史社会学系。

③　这一时期未设系主任一职。

自1999年以来,历史系在系导班子的带领下,工作不断向前推进。历史系这一阶段的负责人情况如下:

<table>
<tr><th>系主任</th><th>任职时间</th><th colspan="2">副主任</th></tr>
<tr><td>郑振满</td><td>1999—2004</td><td colspan="2">戴一峰</td></tr>
<tr><td>刘　钊</td><td>2004—2007</td><td>钞晓鸿</td><td>张　侃</td></tr>
<tr><td>王日根</td><td>2007—2012</td><td>张　侃</td><td>毛　蕾</td></tr>
<tr><td>鲁西奇</td><td>2012—2016</td><td rowspan="2">曲天夫</td><td rowspan="2">毛　蕾</td></tr>
<tr><td rowspan="2">张　侃</td><td>2016—2018(代)</td></tr>
<tr><td>2018—</td><td>张闻捷</td><td>李　莉</td></tr>
</table>

第二节　历史研究所历任所长

历史研究所成立于1978年5月，历任研究所负责人情况如下：

任职时间	所长	副所长
1978	傅衣凌	
1978—1981	韩国磐	
1981—1984	陈碧笙	
1984—1987	郑学檬	
1987—2006	杨国桢	王日根
2006—2012	王日根	徐东升
2012—2018	张　侃	徐东升
2018—	林　枫	水海刚

第三节　历史系历任党总支/支部书记

任职时间	姓名
1955—“文革”前	李金培
1966—1972①	
1972	洪桂芳
1973—1977	王金海
1978—1980	林耀欣(副书记)
1981—1984	许宏业
1984—1990	顾　海
1991—1993	钟永明
1994—1997	颜章炮
1997—1999	黄福才

①　这一时期未设立党总支书记一职。

1999 年 10 月，因应人文学院的成立，历史系党总支并入人文学院党总支，为历史系党支部，承担历史系教职工党务管理及建设工作，原有的学生党员管理及党务工作转移至人文学院党总支开展。1999 年后，历史系党支部书记依次为：施伟青、王日根、张侃、靳小龙（2012—2018）、杨沐喜（2018—2020）。

第四章　哲学系各时期领导成员

第一节　1922—1934 年

私立时期，哲学系初创，1926 年由孙贵定教授出任系主任，1930 年由陈定谟教授任系主任。1934 年，根据教育部规划，哲学系被裁撤。

第二节　1959—1977 年

1959 年，哲学系复办。1960 年 10 月，朱天顺被任命为系主任，邹永贤任系党总支书记（1960—1961 年，与马列室合成一总支），直至 1961 年夏季，根据中央“调整方针”，学校撤销哲学系。

1974 年 10 月，哲学领导小组成立，开始了筹备恢复哲学系的准备工作，罗芬任领导小组组长兼系党总支书记。

1977 年，学校正式任命哲学系领导。邹永贤任系主任（1977 年 11 月），罗芬任组长、系党总支书记（1977 年），洪桂芳任系党总支副书记（1981 年）。后罗芬调到校部任职，由洪桂芳任系党总支书记。

第三节　1978 年至今

1984 年起，学校成立由哲学系、法律系和政治学系组成的政法学院。赵民接任哲学系主任，王善均任党总支书记。

1990 年，赵民调任政法学院副院长，哲学系副主任商英伟主持哲学系工作。

1992 年，张善城任系主任，潘世墨任党总支书记。

1996 年 1 月，潘世墨升任校长助理，由白锡能接任哲学系党总支书记。

1998 年，徐梦秋教授任哲学系主任。

1999 年 9 月，学校成立人文学院，哲学系脱离政法学院并入该学院，白锡能任人文学院党总支书记，徐梦秋任人文学院副院长兼哲学系主任。

2004 年 4 月，詹石窗任哲学系主任。

2008 年 2 月，詹石窗任人文学院副院长。同年 6 月，刘泽亮接任哲学系主任。

2011 年春，刘泽亮任人文学院副院长，曹志平接任哲学系主任。

2018 年至今，曹剑波任哲学系主任。

第五章　挂靠机构各时期领导成员

第一节　国学研究院领导历任情况[①]

1.1926—1927 年

院长:林文庆

研究主任:沈兼士

总秘书:林语堂

2.2006—2014 年

院长:朱崇实

常务副院长:陈支平

3.2014 年至今

院长:陈支平

副院长:朱人求

第二节　人类博物馆领导历任情况

1952 年,经教育部批准,成立厦门大学人类博物馆,林惠祥教授出任博物馆首任馆长。

1958 年林惠祥教授逝世,叶国庆教授接替其主理博物馆相关事务,受聘为人类博物馆馆长。

20 世纪 60—70 年代,因"文革"动乱,文物封存,博物馆闭馆。1977 年,卫守一为博物馆负责人。1978 年在陈国强教授主持下,博物馆恢复展出,叶国庆任

① 国学研究院历史更迭的具体情况参见本书上编国学研究院部分。

馆长。1981 年，厦大 60 周年校庆之际，人类博物馆重新向公众开放。1982 年，陈国强任人类博物馆副馆长，1984 年起正式受聘为人类博物馆馆长。

1994—1999 年，庄景辉教授任人类博物馆副馆长并主持工作。馆长空缺。

2000—2006 年，邓晓华出任人类博物馆副馆长，主持工作。馆长空缺。

2008 年，陈支平教授出任人类博物馆馆长，主持博物馆工作，黄向春教授担任副馆长。

2013 年至今，陈支平教授续聘为人类博物馆馆长，董建辉教授接任博物馆副馆长。

第三节　通识教育中心领导历任情况

厦门大学通识教育中心主任由厦门大学分管教学的副校长担任，常务副主任由人文学院院长担任，副主任分别由人文学院及艺术学院分管本科教学的副院长及教务处一名副处长担任。

通识教育中心主任更替情况如下：

2013 年 12 月—2018 年 10 月

主任：邬大光

常务副主任：周宁

副主任：李晓红、陈舒华、薛成龙（2016 年 12 月离任）

2018 年 7 月—2019 年 4 月

主任：韩家淮

常务副主任：朱菁（2018 年 3 月就任）

副主任：李晓红、陈舒华、黄艳萍

2019 年 4 月至今

主任：周大旺

常务副主任：朱菁

副主任：李晓红、陈舒华、黄艳萍

第二部分 系所设置和学科发展

第一章 人文学院概况[①]

人文学院包括中文、历史、哲学3个系,有5个教育部批准成立的研究机构,其中两个是系所合一机构单位:中国语言文学研究所、历史研究所;另有部级批准建设机构3个:国家语言监测与研究教育教材中心、厦门大学国家语言文字推广基地、美国研究中心(教育部备案);2个福建省高等学校文科研究基地:哲学与当代社会研究中心、中国社会经济史研究中心;还设有戏剧影视与艺术学研究中心、美国史研究所、佛学研究中心、民间历史文献研究中心、宗教学研究所、中国海关史研究中心、哲学研究所、古籍整理研究所、东南亚华文文学研究中心、陈嘉庚研究中心、道学与传统文化研究中心、海洋考古学研究中心、闽商研究中心、汉语言文字应用和推广研究中心、海洋文明与战略发展研究中心、知识论与认知科学研究中心、新媒体动漫研究中心共17个校批研究机构。厦门大学国学研究院和厦门大学通识教育中心挂靠本学院。学院下辖人类博物馆、鲁迅纪念馆、中国近现代文学展览馆、电影博物馆,负责管理校史馆、陈嘉庚纪念馆。出版有《中国社会经济史研究》《道学研究》《厦大中文学报》等学术刊物。

学院历史悠久,学科积淀深厚,前身系1921年创办的国文学门、史学门、哲学门及1926年成立的厦大国学研究院,鲁迅、林语堂等著名学者曾在这里任教。

现开设有人文科学试验班(含中国语言文学类、历史学类、哲学类),设有汉

① 本章数据截至2020年7月。

语言、汉语言文学、戏剧影视文学、历史学(含世界史方向)、考古学、哲学6个本科专业,6个一级学科(中国史、世界史、考古学、哲学、中国语言文学、戏剧与影视学,均为一级学科博士点),5个博士后流动站(中国史、世界史、考古学、哲学、中国语言文学);拥有1个国家文科基础学科人才培养和科学研究基地(历史学)、1个国家重点学科专门史(经济史)、1个国家级特色专业(历史学)和1个国家教学团队(中国通史),2个福建省高等学校人文社会科学研究基地(厦门大学哲学与当代社会研究中心、厦门大学中国社会经济史研究中心)以及1个省级考古人类学实验教学示范中心,2个校级虚拟仿真实验教学中心,6个福建省重点学科(哲学、中国语言文学、中国史、世界史、考古学、戏剧与影视学),5个福建省特色专业(历史学、考古学、哲学、汉语言、戏剧影视文学),1个国家级一流本科建设专业(戏剧影视文学)和1个省级一流本科建设专业(历史学),多个专业入选基础学科拔尖计划和强基计划;现有2门国家级精品课程、4门教育部精品视频公开课、1门国家级精品资源共享课以及6个校级(含)以上实践教学基地。

人文学院有着雄厚的人才基础,经过近年来的大力引进和着力培养,学院人才质量得到进一步提升。人文学院向来注重教师队伍的发展,现有专任教师146名,其中2人为国务院学科评议组成员,2人为国家级有突出贡献专家,2人入选长江学者特聘教授,6人入选闽江学者特聘教授,7人为厦门大学特聘教授,2人入选教育部人文社科跨世纪优秀人才培养工程,10人入选教育部新世纪优秀人才支持计划;另有国家社科基金会评专家6人,教育部教学指导委员会成员5人。目前,高级职称人员占全院在职教师总数的75.2%,具有博士学位者占全院教师总数的97.9%。近年来,学院加大力度引进美、欧等国外一流研究型大学的博士,逐步实现师资来源的国际化。

人文学院重视对青年人才的扶持,注重学术梯队的组建和培育,逐步推动人才结构和年龄梯队趋于合理化发展。青年教师的成长喜人,先后有3人在厦门大学青年教师教学技能比赛中获特等奖殊荣,并在国家级和省级的多项比赛中获得奖项。

人文学院现有在校学生1434人,其中本科生769人、硕士生397人、博士生268人。人文学院一直以"厚基础,宽口径,培养人文精英人才"为人才培养目标,自2013年起,本科生开始实行"大类招生、大类培养",注重文史哲基础知识学习与学科的综合交叉，关注学术前沿和社会现实，力图培养和造就具有宽厚扎实的人文学科知识、较强的外语能力、能够运用所学知识从事人文学科的基础研究，志向远大、真诚热情的复合型、创新型人才。2020 年，人文学院再度进行招生改革，本科生仍按照“人文科学试验班”大类招生，入学后立即进行专业分流，在选定专业后，允许学生在院内任选各系各专业的课程，并鼓励辅修院内双学位，旨在培养有志于服务国家重大战略需求且综合素质优秀、基础学科能力拔尖的学生。

第二章　系、所、挂靠机构概况及学科发展

第一节　中文系

厦门大学中国语言文学系创办于1921年，鲁迅、林语堂、沈兼士、周辨明、孙伏园、罗常培、洪深、施蛰存、林庚、虞愚、郑朝宗、黄典诚、周祖譔、应景襄等著名作家、学者曾在此执教；陈衍、杨树达、李笠、毛常、余謇、周辨明、刘大杰、郑朝宗等著名学者先后出任中文系系主任。

厦门大学中文系现任系主任为代迅教授，副系主任为苏琼教授、李焱副教授。目前全系专任教师队伍56人，其中教授18人，副教授23人，90%以上的教师具有博士学位。包括：长江学者特聘教授（1人）、国家级有突出贡献专家（1人）、闽江学者特聘教授（2人）、享受国务院颁发政府特殊津贴专家（4人）、教育部新世纪优秀人才支持计划入选者（2人）、第七与第八届国务院学科评议组成员各一人；国家社科基金评委（13人）、国家博士后基金项目评委（8人）、教育部艺术学理论类本科教学指导委员会委员（1人）、教育部戏剧与影视学类本科教学指导委员会委员（1人）、教育部人文社会科学基金项目评委（1人）、福建省社会科学领军人才（2人）、福建省新世纪人才（2人）、福建省教学名师（2人）、福建省文化名家（2人）等。近年来，中文系的师资队伍已经形成了学科领军人物与团队研究特色，如杨春时教授发起“超越实践美学”学术讨论并成为“后实践美学”派代表学者；黄鸣奋教授开创国内多媒体艺术理论研究先河；周宁教授推动国内“文化形象学”研究发展；王诺教授为国内生态文学批评与研究的开拓者之一；林丹娅教授为国内女性文学学科重要建设者之一；李无未教授在域外文献发掘与近代汉语官话等方面的研究居于国内领先水平；苏新春教授在词汇计量学、词汇规范、教材语言研究等方面成绩显著；代迅教授的近百年中西美学与文论关系研究、王宇教授的性别与文学文化关联研究等均产生了广泛的学术影响。乐耀教授及其团队的功能语言学、互动语言学研究代表了相关领域的前沿学术水

平。这些学术团队的形成、科研论著的产出，进一步提升了厦门大学中文学科的学术及社会影响力。

中文系下设9个教研室：文艺理论、古代文学、现当代文学、比较文学与世界文学、现代汉语、古代汉语、语言学及应用语言学、戏剧与影视学、艺术学等。中文系实行系、所、中心合一的管理体制，拥有中国语言文学研究所、古籍整理研究所、戏剧影视与艺术学研究中心、东南亚华文文学研究中心、汉语言文字应用和推广研究中心、新媒体动漫研究中心、国家语言资源监测与研究教育教材中心等机构。厦门大学鲁迅纪念馆由中文系管理，是国内五大鲁迅纪念馆（博物馆）之一。

2019年，中文系“基础学科拔尖学生培养计划”2.0项目获得校级立项。培养基础学科拔尖人才是高等教育强国建设的重大战略任务，中文系基础学科拔尖学生培养计划的主要目标，是坚决贯彻立德树人的根本原则，与人文学院大类培养政策有机结合，努力培养“基础知识宽厚，能力和素质协调，富有独立思考与创新精神，擅长总结中国经验，讲述中国故事，向世界传播中国文化的人文学者”。其选拔的对象为有志于学术科研、具有强烈求知和创新精神的本科学生，旨在培养具有扎实的学术研究能力、熟练的英文沟通技能、优秀的中国语言分析能力和文学创作与批评能力、良好的团队协作意识、国际化多学科视野的学术型人才。

2020年度，根据教育部最新的基础学科招生改革意见，中文系增加三个专业的招生人数，特别重视被教育部列入“强基计划”的古文字学，优先考虑“冷门绝学”方向招生，为满足国家战略需求培养稀缺人才。与此同时，入选国家级一流本科专业建设点的戏剧影视文学、汉语言以及省级一流本科专业汉语言文学，均获得持续投入与发展保障。

中文系现有2个一级学科博士授权点，即中国语言文学一级学科博士点和戏剧与影视学一级学科博士点，涵盖9个二级学科博士授权点。由此可以在9个二级学科博士授权点招收博士生。中国语言文学一级学科博士点有8个二级学科博士授权点，即中国古代文学、中国古典文献学、中国现当代文学、比较文学与世界文学、文艺学、中国少数民族语言文学、汉语言文字学、语言学及应用语言学。戏剧与影视学一级学科博士点有4个研究方向，即：比较戏剧学、影视艺术学、新媒体艺术理论、中国戏剧戏曲史学。

近年来，中文系整合资源，进行跨系所、跨学科合作，加强学科队伍的建设。在重点学科建设上成绩突出，富有特色与优势。

一、域外汉语史及汉语学史研究

中文系古代汉语教研室以汉语言文字学为学术研究方面的代表，自林语堂、周辨明等创始发展至今，已形成享有国内外学术声誉的研究重镇。2006年，李无未教授首次在厦门大学中文系招收域外汉语史及汉语学史方向硕士、博士研究生，成为中国大学中文系汉语言文字学、语言学及应用语言学专业最早招收此方向硕博研究生的学位单位，后来又招收了5名博士后。经过15年的发展，已经成为国内外公认的最具有重要影响力的域外汉语史及汉语学史研究中心之一，学术水平居于国内外前列。自2006年以来，承担并完成国家社科基金重大课题1项、国家社科基金重点课题1项、国家社科基金一般课题5项。获得教育部人文社科奖励二等奖1项，福建省社科奖励一等奖1项、二等奖3项，王力语言学奖1项。已经形成以李无未、李焱、陈明娥、方环海为代表的老中青三代研究群体，梯队合理，布局宏大，具有无限的发展空间。

二、美学和文艺理论研究

厦门大学中文系文艺理论学科传统悠久，实力雄厚，创始人郑朝宗老师开"钱(锺书)学研究"之先河，在国内外学术界产生了广泛影响。林兴宅教授为文艺批评方法之开拓者。本学科主要有多个研究方向，包括：(1)比较美学与比较诗学研究；(2)西方美学与文艺理论研究；(3)中国美学与文艺理论研究；(4)美学和文艺理论的基本理论研究。主要研究方向锁定在近百年中西美学与文艺理论关系的比较研究，特别是20世纪西方文论在中国的本土化和中国文论西化的双向互动研究上。团队中的美学理论与文艺理论研究、比较美学与比较诗学研究等，自郑朝宗、林兴宅、俞兆平、杨春时、代迅等几代学人的辛勤耕耘，已在海内外学术界产生了广泛影响，成为公认的学术重镇。近年来，文艺理论学科承担国家社会科学基金重大项目1项、国家社会科学基金重点项目2项、国家社会科学基金一般项目和教育人文社会科学项目多项，产出一批有广泛影响力的的学术成果,形成了代迅、李晓林、郭勇健、肖湛、仲霞、任鹏等老中青相结合的研究团队。

三、性别文学研究

中文系性别文学研究建立在本系中国现当代文学积淀深厚的学科基础上。1996年,中文系首次招收女性文学硕士研究生,成为全国最早开始这一方向招生的几个学位点之一。2011年开始招收性别与文学/文化研究方向的博士研究生,这在985高校中并不多见。20多年来,经过林丹娅教授、王宇教授等人的薪火接力,这一方向研究的学术水平、学术声誉、学术力量一直处于国内这一领域的第一方阵。学术带头人林丹娅教授是女性文学研究方面的知名学者,主持国家社科项目"台湾女性文学史"等,主编国家规划教材《女性文学教程》,其专著《当代中国女性文学史》等在学界有一定影响;王宇教授是近年有突出研究成果的学者,著有《性别表述与现代认同》等,并主持国家重大课题"百年中国文学女性形象谱系与现代中华文化建构整体研究"。目前,本学科联合厦门大学全国著名的跨学科研究基地——"妇女与性别研究基地",依托国家社科重大项目建设的契机,致力于新的发展。

四、古典文学研究

厦门大学建校之初就重视国学教育,古典文学有深厚的学术传统。近十几年,中文系在古典文学方向的研究取得了丰硕的成果。本学科有以下传统优势研究方向:一为先唐文学。学术带头人王玫教授致力于六朝文学研究,主持国家社科基金项目等课题,著有《六朝山水诗史》等著作6部,发表论文70余篇。二为唐宋文学。学术带头人吴在庆教授从事唐代文学研究,主持教育部及全国高古委等课题若干,著有《杜牧论稿》等专著20余部,发表论文数百篇,获第四届国家图书奖等奖项。三为元明清文学。学术带头人郑尚宪教授致力于元明清文学和古典戏剧戏曲学研究,主持全国艺术规划项目"莆仙戏史论"等,著有《文苑明珠》等,获第三届全国高校人文社科优秀成果一等奖,

近年来,本学科推出集体成果《历代文苑传笺证》,刘荣平副教授的闽地词学文献的整理与研究,胡旭教授的《文选》学、先唐总集、别集叙录,钱建状教授的宋

代文学文献学、宋诗选本整理与研究等，皆能自成特色，彼此呼应，在学界引起较大的影响。未来，本学科将以古代文学文献作为重点发展方向，深挖优秀传统文化，增强文化自信。

五、语言学与应用语言学

中文系语言学与应用语言学学科充分发挥综合大学多学科优势，紧密结合社会发展的需要，取得显著成果。2002年，经教育部批准，厦门大学中文系成立语言学及应用语言学专业，成为国内最早开展应用语言学研究的系所之一。中文系的语言学及应用语言学学科在全国范围内有传统的研究特色、广泛的学科融合力与现实影响力。教育部与厦门大学共建的“国家语言资源监测与研究中心教育教材中心”“国家语言文字推广基地”，近年来厦门大学投资200万建立的“厦门大学语言技术处理中心”等均花落于此。以比较语言学、应用词汇学、计算语言学、社会语言学、对外汉语教学为代表的五个主要研究方向是语言学及应用语言学作为一门独立学科，在全国乃至世界学术之林立足的主要基础。这些方向既能发挥厦大人文传统研究优势，也有前瞻性的跨学科普适性质，更具备语言服务于社会的现实意义。

一为应用词汇学。本方向在词汇计量研究、面向机用的语义词典建设以及教材语言研究等领域进行了大量研究，主要包括：词汇计量研究、词典学问题研究、教材语言研究。本方向有关母语教材的语文教材和史地、数理化等学科教材的研究成果收入“中国语言生活绿皮书”之一的《中国语言生活状况报告》2006—2011年的六个年度报告。学术带头人苏新春教授近年来主要开展词汇规范、辞书语言等方面的研究，主持国家社科及教育部项目等多项。

二为对外汉语教学方向。厦门大学是我国最早开展对外汉语教学的院校之一，近年来还相继被国务院侨办和国家汉办确立为“华文教育基地”“支持周边国家汉语教学基地”“中国孔子学院南方基地”，学术带头人郑通涛教授曾任世界汉语教学学会理事等职。本方向主要研究领域有：(1)网络学习策略，偏误分析；(2)汉外语言与文化比较研究；(3)现代教育技术与第二语言教学。

三为语言人类学方向。该方向的主要研究领域有南方方言与少数民族语言比较、闽客方言比较、汉日方言比较等。该领域曾获得国家社科重大项目立项。

取得了显著的研究成果。学术带头人邓晓华教授担任首席专家（另一位首席专家为陈支平教授）的“中华南方民族的起源及形成”曾获准作为国家哲学社会科学规划重大课题立项，其还主持教育部社科项目等课题多项，其成果《壮侗语族语言的数理分类及其时间深度》等在学界有一定影响；2020 年，邓晓华教授新获国家重大课题“多学科视角下的南岛语族的起源与形成研究”。

四为理论语言学方向。这一方向研究语言学的基本理论、流派及其各相关各学科发展，熟悉和掌握有关语言学的理论和分析方法；注重考察人类语言的共同规律和普遍特征，注重比较语言学理论与方法的研究和学科的发展，建构具有多学科视野的比较语言学理论体系等。本方向学术带头人为周昌乐教授，他在认知语言学、话语分析等方面取得了大量的科研成果，备受学界关注。

五为计算语言学方向。本方向利用人工智能研究的方法和手段不断开辟新的研究领域。本方向学术带头人郑泽芝教授，曾获得多个自然基金项目和国家社科项目立项，取得了大量的研究成果。

六、中国现当代文学

中文系中国现当代文学学科积淀深厚，作为中国现代文学发展史上的一个环节及社会空间，其悠远的学统可追溯至曾在中文系任教过的中国现代文学巨擘鲁迅，现代文学名家林语堂、孙伏园、川岛、施蛰存、沈尹默、台静农、徐霞村、林疑今、王梦鸥、彭柏山、万平近等亦先后在厦大执教。20 世纪 50 年代，中文系开始设立中国现当代文学学科，郑朝宗、徐霞村两位教授开始在中文系讲授中国现代文学课程，是全国最早讲授中国现代文学的学者之一，迄今已有 70 余年的历史，为现当代文坛培养出穆旦、余光中、北村等全国著名的现代文学专家学者。

新中国成立以来，厦大中文系成为中国现当代文学研究重镇之一，参与《鲁迅全集》《茅盾全集》等编撰工作，参与编撰《中国现代文学史》《当代文学史》等教材，并在中国左翼文学研究即鲁迅研究、茅盾研究、丁玲研究等领域取得突出成就，成为中国左翼文学研究重镇之一并发起成立了丁玲研究会。现当代文学专业现为中文系二级学科博士点，拥有鲁迅纪念馆、中国现当代文学纪念馆两个教学实践平台。王烨教授的革命文学在学界产生重要学术影响，现为中文系“双带头人”；李城希副教授的鲁迅研究、现代经典长篇小说研究，也引起学界关注；新引进的“南强拔尖人才”徐勇教授的当代文学出版及传播研究，也在当代文学界产生较大影响。

七、东南亚华文文学研究

中文系在历史渊源、地缘位置、文化交流、学术传统和馆藏资料等方面都具优势，在全国高校华文文学研究领域独树一帜。这一方向是教育部人文社科重点研究基地——台湾研究中心和东南亚研究中心以及“211”“985”工程台湾问题研究、东南亚问题研究的重要组成部分，研究力量强大。学术带头人朱双一教授是中国世界华文文学学会学术委员会副主任、《台湾研究集刊》副主编，主持国家社科基金、教育部重大课题等 59 项，著有《台湾文学思潮与渊源》等。徐学、郑楚、郭惠芬教授的研究亦成果斐然。近年来，郭惠芬教授所著《中外文学交流史·中国—东南亚卷》屡获奖项，并被翻译为越南文、马来文等在海外出版。依托厦大在南洋研究、台湾研究方面的全国性优势，联合台湾研究院等兄弟单位的学术力量，本方向具有独特的优势与巨大的潜力。

八、比较文学与生态文学研究

中文系在比较文学领域有着长期的研究传统。中文系前系主任郑朝宗教授带领其弟子在全国首创的比较文学巨著《管锥编》研究，具有开拓意义，产生了深远影响。20 世纪 80 年代初中国比较文学学会成立，厦大中文系是发起单位之一。应锦襄教授作为副主编，具体负责高等学校统编教材《中西比较文学教程》(中国高等教育出版社，1988 年)的编写。同时中文系还参与编写了另一部重要且被广泛使用的教材《比较文学史》。教研室学术带头人周宁教授的比较文学形象学研究、王诺教授的生态文学研究在国内均享有盛誉，居于国内领先地位；此外本教研室的新历史主义研究也在国内学界有广泛影响。目前本教研室周湘鲁教授的俄罗斯文学研究、夏光武副教授的美国文学研究、王悦助理教授的叙述学研究、李婷文助理教授的分析美学与文化研究等充满活力，学术影响力日渐增加。

九、古文字学研究

在厦门大学创立之初，中文系就有学者进行文字研究。1924年国文系系主任陈衍先生著有《说文举例》7卷、《说文辨证》14卷，奠定了中文系古文字研究的基础。此后，越来越多国学大师在文字、音韵、训诂等方向的研究上取得硕果，在厦大的古文字学研究中留下了浓墨重彩的一笔。近年来，本方向发展势头良好，青年学者张惟捷于2019年获批主持国家社科基金"冷门绝学"项目——"语所藏殷墟一至十五次挖掘甲骨目验整理与研究"，为全校仅有。2020年，《教育部关于在部分高校开展基础学科招生改革试点工作的意见》(教学〔2020〕1号)等文件将古文字学纳入强基计划，为古文字学的发展提供了新的契机。本学科依托校内各学科、机构馆藏资源与研究实力，从传统文字学到现代文字学，从古老的甲骨文到汉字进入计算机，融汇古今、兼收并蓄，将进一步推进古文字学研究，为满足国家战略需求培养稀缺人才。

十、戏剧与影视学

以周宁、李晓红两位教授为核心学科带头人的戏剧与影视学学科，自2010年以来获得教育部人文社科优秀成果奖3项、教育部重大攻关项目1项、福建省社科优秀成果奖4项、中国校园戏剧节优秀剧目奖2项、福建省文艺百花奖荣誉奖1项、福建省优秀教学成果奖特等奖1项，表现出强劲的发展势头。本学科为中国电影金鸡奖长期落户厦门做出了不可替代的贡献，提供了两大必要支持条件：本硕博戏剧影视人才培养和电影博物馆。本学科依托戏剧与影视学一级学科博士点、戏剧影视文学国家级一流本科专业，整合戏剧影视教研室、艺术学教研室、厦门大学戏剧影视与艺术学研究中心、厦门大学音像文献中心、厦门大学电影产业研究中心、厦门大学电影博物馆、厦门大学戏剧影视实验室、厦门大学影像修复实验室等研究机构，已具有强大的实力。戏剧与影视学主要发展方向为：

(1)以陈世雄、周宁、满新颖、苏琼、周湘鲁教授为主力的中外戏剧研究。本方向着重中外戏剧学的跨文化与跨学科研究，中外戏剧学的前沿问题研究，中外歌剧、音乐剧研究及女性戏剧研究等。

(2)以郑尚宪、杨惠玲、汪晓云、赵春宁教授为主力的戏曲史论研究。本方向着重于中国戏曲史论、戏曲与文化、闽台地方戏曲剧种的保护和传承、闽台戏曲人才的培养等。

(3)以陈飞宝、李晓红教授,郑国庆、张艾弓副教授为主力的电影电视史论研究。本方向着重于华语电影研究,中外影像文献资料的保护、抢救、修复、数字化等。

(4)以黄鸣奋教授,杨玲、王晓红副教授,李天助理教授为主力的新媒体艺术与文化产业研究。本方向研究内容包括新媒体与文化产业国际化理论与政策研究、中国文化产业国际化专题数据库的开发等。

第二节　历史系

自 1921 年创校以来,历史学一直是厦门大学传统优势学科与品牌专业,具有长期的学术积累和良好的学术传统。中国经济史、中国古代史于 1981 年获首批博士学位授予权,专门史于 1988 年入选国家重点学科,在国内外具有较高学术影响力。创办于 1982 年的《中国社会经济史研究》是新中国成立后国内第一份经济史研究专业杂志。以傅衣凌、韩国磐等人领衔的“中国社会经济史学派”在国内外学界拥有较高的学术声誉,培养了李伯重、陈春声、陈支平、郑振满、杨际平、陈明光等一批国内外学术名家,起到国家级重点学科的示范作用。20 世纪 90 年代以来,本学科陆续建成中国史、世界史、考古学一级学科博士授权单位及相应的三个博士后流动站,以中国社会经济史、海洋史、海关史、环境史、民间历史文献学、历史人类学、闽台区域史、华人华侨史、美国史、海洋考古、民族考古学、陶瓷考古为研究特色,拥有完整的科学研究与人才培养体系,科研与教学成果显著。

历史系现有中国史、世界史、考古学 3 个一级学科,1 个国家历史学基础人才培养基地,拥有历史研究所、美国史研究所、民间文献研究中心、海洋考古学研究中心等 5 个教学科研单位,1 个国家级重点学科专门史(经济史),1 个福建省级教学示范中心(考古人类学实验教学中心),3 个一级学科博士授权点(涵盖 21 个二级学科);设有 2 个本科专业,8 个硕士专业,8 个博士专业。

历史学系有着一支稳定的教学队伍。自2000以来，专任教师团队规模在36人至55人之间。目前，历史系在职的专任教师共有55名，其中教授20人、副教授22人、助理教授13人，基本形成了一支年龄结构合理化、学历结构高层次化、业务水平精湛化的活力团队，具有创新精神、协作精神，以较高水平的教学与科研成果获得了国内外同行专家的好评。现任教师中，中国历史教师共34人，其中教授12人、副教授14人、助理教授8人；世界历史教师共9人，其中教授5人、副教授2人、助理教授2人；考古学教师共12人，其中教授3人、副教授6人、助理教授3人。近年来，历史系加大了国内外人才的引进力度，提高了引进人才在师资队伍中的比重，在职教师的学历背景更加多元，师资结构得到进一步优化。历史学系在推动和提升师资队伍的国际化方面有不少举措。不仅加大了海外著名高校博士、博士后的引进工作，还不断聘请海外著名高校的学者担任讲座教授或全聘教授来系讲学。2008年至今，曾聘请的讲座或全聘教授有：宋怡明（哈佛大学东亚系教授、费正清研究中心主任）、丁荷生（新加坡国立大学中文系教授、系主任）、熊秉真（香港中文大学历史学系教授）、蒲慕州（香港中文大学历史学系教授）、徐泓（台湾大学历史系教授、系主任）、王芝芝（台湾辅仁大学历史系教授）等。与此同时，近年本系青年教师陆续赴哈佛大学、普林斯顿大学、UCLA、杜克大学、剑桥大学、新加坡国立大学、新加坡南洋理工大学、伊利诺伊大学、香港中文大学、日本京都大学、美国弗吉尼亚大学、台北“中研院”等著名高校或研究机构访学，加强了历史学系与海外研究机构的合作与学术交流。

历史系本科每年预计招生规模为40多人。作为原“国家基础学科人才培养基地”计划所在学科与厦门大学“基础学科拔尖学生培养计划”2.0项目入选学科，历史系计划每年遴选20名本科生进入历史学基础学科拔尖学生培养计划，在“宽口径、厚基础、跟踪前沿、注重实践”的历史学人才培养模式基础上，通过严格遴选和规范训练，培养热爱祖国，拥护中国共产党领导，坚持辩证唯物主义和历史唯物主义的世界观和方法论，具有高度社会责任感、集体主义精神和良好文化素养，有格调、有格局、有视野，愿意为基础学科的科研教学事业献身的历史学专门人才。目前，历史学科依托人文学院“基础学科拔尖学生培养计划”，已积累了学生培养的丰富经验，在一流本科专业建设和拔尖学生培养中都取得较为显著的教学成果。入选历史系拔尖计划的学生已在大学生创新创业训练计划、校长基金、哲学社会科学类社会调查报告和学术论文等项目中提交科研成果68

项，发表学术论文 8 篇；获得各类学生竞赛奖项 97 项，其中国家级、省级奖项 6 项。26 位学生先后赴英国剑桥大学、爱丁堡大学、荷兰莱顿大学等知名高校交流。2018 届本科毕业生中，考古学、历史学深造率分别居全校第二、第三名。

历史学专业毕业生除了择优保送研究生外，其他多到党政机关、学校、新闻出版、考古、文物、博物馆等文化机构以及其他企事业单位从事史学研究、教学、国际文化交流和其他相关工作。

一、中国史

中国史是厦大历史学系的传统优势学科，是福建省教育厅批准认证的重点学科。作为二级学科之一的专门史，为教育部认定的国家重点学科。依托着既有特色又实力雄厚的专门史学科，厦大历史学系 1993 年成为首批获得批准的国家基础学科科学研究与人才培养基地。多年来，历史学系的中国史学术研究在国内外享有较高声誉，尤以中国社会经济史研究，在学界占有领先地位，早在 1988 年就被国家教委评为全国唯一专门史重点学科。此外，魏晋南北朝隋唐史、明清史、中国海关史和中国近代思想文化史等研究领域，也各具特长，颇具学术影响。

中国社会经济史在继承傅衣凌、韩国磐、陈诗启等老一辈学者学术传统的基础上，1981 年获首批博士学位授予权；1982 年创办专业学术期刊《中国社会经济史研究》；1987 年入选国家级重点学科，并与经济学科联合设立博士后流动站；1994 年入选历史学科人才培养基地；2002 年再次被评为国家级重点学科；2003 年独立建成博士后流动站。学科点的学术特色是坚持历史学本位的经济史研究，注重民间文献与区域研究，提倡经济史与社会史、断代史研究相结合，被视为“中国社会经济史”学派的代表。以傅衣凌、韩国磐等人领衔的“中国社会经济史学派”在国内外学界拥有较高的学术声誉，培养了李伯重、陈春声、陈支平、郑振满、杨际平、陈明光等一批国内外学术名家，起到国家级重点学科的示范作用。

中国古代史一贯注重兼顾制度史与制度运行、历史文献与考古文献，由老中青三代教师组成较为完整的学术骨干梯队，在中国历史的南方道路、出土文献与先秦至汉魏南北朝社会变迁、隋唐五代制度史、乡村社会史、宋代城市史、明清史等研究方向上进行深入研究，具有一定的学术影响力。

中国近现代史在陈诗启、罗耀九、郑剑顺、郑振满、戴一峰、黄顺力、连心豪等前辈学者奠定的基础上，目前以张侃教授为首的中国近现代史学术团队，在中国海关史、近代对外经济关系史、近代人物研究、媒体与社会思潮等领域开展研究，取得了一系列有学术影响力的研究成果。中国近现代史团队还与日本东京大学、笹川平和财团等机构合作举办“中国历史资料开放与中国近代史研究工作坊”“日中研究论坛”等学术交流，扩大了学术影响力。

历史文献学学科方向承继了厦门大学中国史研究重视田野调查的学术传统，注重民间历史文献的收集、整理和研究，以郑振满教授为带头人，现聘丁荷生、宋怡明等为讲座教授，依托教育部重大攻关项目，与哈佛大学东亚系、加拿大麦吉尔大学东亚系、香港中文大学、新加坡国立大学等建立起密切的学术联系和长期合作关系，开展“中国地方史与民间文献数据库”合作项目，已出版《福建宗教碑铭汇编》5 卷本，连续举办 12 届民间历史文献论坛，在国内外学界具有较大影响力。

中国史学科主办有《中国社会经济史研究》刊物。该刊由傅衣凌教授创办于 1982 年，是当时全国唯一的、面向国内外公开发行的社会经济史学术季刊，也是目前国内经济史学界最负盛名的两大刊物之一。该刊是厦门大学主管、厦门大学历史研究所主办的专业学术刊物。该刊以刊登中国社会经济史理论研究和专题研究论文为主，也发表一些罕见或新发现的史料和调查报告、中外史坛动态及书评，每年均有一定篇幅刊载外国学者的来稿。该刊着力于剖析中国历史上的经济发展状况和经济制度演变，反映社会经济史学界的新成果，并富有区域专题研究特色。现任主编为著名经济史学家杨国桢教授，张和平、林枫任副主编。

除《中国社会经济史研究》之外，目前中国史学科下设有 1 个校批机构——中国社会经济史研究中心；1 个共建机构——中国海关史研究中心。另外还有民间历史文献研究中心、历史研究所、闽商研究中心、陈嘉庚研究室、海洋文明与战略发展研究中心等学术机构。

二、世界史

世界史学科进入 21 世纪后发展较快。目前世界史是具有博士学位授予点的一级学科，也是福建省重点学科，除设有博士后流动站之外，还设有 1 个校批机构——厦门大学美国史研究所。在2012年教育部学科评估中,世界史学科跻身前十位。另外,中国美国史研究会在2002—2016年间其秘书处设于历史学系世界史本处,王旭教授曾担任中国美国史研究会理事长,韩宇教授曾担任副理事长、秘书长。

目前,世界史以历史学系和国际关系学院/南洋研究院为依托,主要包括美国史、亚洲史、海外华人华侨史和中外关系史等4个研究方向。厦大与南洋关系最密,因此东南亚研究是历史系传统研究领域,历史学系是我国最早设立的东南亚研究机构和国际问题的研究机构之一。2000年历史学系以世界史为依托,与南洋研究院共同组建东南亚研究中心。中心被教育部批准为人文社会科学重点研究基地,并入选国家"985工程"哲学社会科学创新基地。历史系世界史在美国城市史、经济史、区域史、思想史、种族关系史、地方政治史等方面都有一定建树,尤其是城市史研究,在学界具有一定的影响。在西亚等古代文明领域,曲天夫副教授为国内外人数极为有限的亚述学专家,他对楔形文字等世界古文明语言的研究,属于"冷门绝学",也是厦大历史学系世界史学科的一个特色。另外,历史学系历来重视对海外华人华侨的研究,已形成本系的一个学术传统。在海外华人华侨研究领域,多位领军人物都在厦门大学任职,在新加坡华人、菲律宾华人、印尼华人以及华人研究理论等方面,都出版过重要成果,在国内和东南亚地区享有盛誉。

三、考古学

厦大是我国最早从事考古工作的高校之一。经过历史系学人几十年的努力,厦大考古学已经探索出了在国内比较有特色的考古研究路径,形成了面向东南与东南亚、面向海洋及与文化人类学相结合的厦大考古学传统。

进入21世纪以后,考古学已为国家一级学科。其下之二级学科有:海洋考古、环境考古、新石器考古、商周考古、宋元考古等。厦大考古学为福建省重点学科、福建省特色专业。考古学科的教学研究平台,除海洋考古学研究中心这一校批机构外,还有一个省级示范中心,即(福建)省级考古人类学实验教学示范中心。

近20年来,考古学科继续强化以海洋考古学为中心的学科特色。厦门大学于2004年成立海洋考古学研究中心。中心是国内文物考古研究机构中唯一专长“海洋考古”的学术单位，是我国高校中唯一关注海洋考古的研究机构，在国内高校中独具特色。海洋考古研究中心与挂靠中国文化遗产研究院的“国家水下文化遗产保护中心”、中国国家博物馆的“水下考古学研究中心”等相关机构的学术领域互有交叉，又有明显区别，成为海洋考古理论研究与水下考古实践协作的重要学术平台。中心成立后得到了厦门大学领导的大力扶持和鼓励，中心先后承担了诸如国家社科基金重大项目“环中国海海洋文化遗产调查研究”、国家社科基金项目“中国陶瓷与海洋文明研究”、教育部重大攻关项目“中国海洋文明史研究”、教育部规划项目“环中国海沉船与海洋考古研究”等在内的多项海洋考古与历史研究课题，编著有《环中国海沉船》(2004)、《海洋考古学》(2007)、《福建连江定海湾沉船考古》(2011)等。这些重要的国家级学术课题与研究成果，成为厦门大学海洋考古优势地位的重要标志。

考古学科注重田野考古实习实践教学工作，现有4个长期稳固的校外实习、实训基地，分别为厦门大学田野考古(福建)实习基地、厦门大学文物与博物馆(龙岩)校外实践教育基地、厦门大学人文学院浦城县龙头山遗址校外实践教育基地、厦门大学平潭国际南岛语族考古实习基地。

近年考古学科有漳州水头窑址发掘、武夷山葫芦山遗址发掘、浦城马道坪遗址发掘、平潭榕山遗址发掘、宁波市明州罗城(望京门段)城墙遗址发掘等一系列成果，受到了学界同行的关注。

第三节　哲学系

厦门大学哲学系创办于1922年，迄今已近百年历史，具有深厚学术传统。在几代哲学系教师和学生的努力下，厦门大学哲学系已经成为我国东南沿海哲学重镇。厦门大学哲学系师资力量雄厚，现有教师36人，其中博士生导师14人，长江学者、闽江学者、厦门大学特聘教授4人，教育部新世纪人才2人。现有本科哲学专业、哲学一级学科博士点和哲学一级学科博士后流动站。其博士后流动站、博士点、硕士点涵盖8个二级学科专业。厦门大学哲学系一级学科是福建省重点学科，有福建省人文社科研究基地——“哲学与当代社会”。厦门大学哲学学科现已获得哲学一级学科硕士学位和博士学位授予权，其中中国哲学、外国哲学与科学技术哲学为福建省重点学科，与此同时厦门大学哲学系建有哲学一级学科博士后流动站，在马克思主义哲学、中国哲学、外国哲学、科学技术哲学、逻辑学、宗教学、伦理学、美学8个二级学科上均招收硕士研究生、博士研究生以及博士后研究人员。

厦门大学哲学系高度重视学生培养工作。新生入学后第一年在人文科学试验班接受人文大类培养，第二年开始分流到哲学系的学生将系统接受哲学专业教育。通过门类齐全的专业课程讲授与专业训练，厦门大学哲学系致力于培养出具有优秀批判性思维能力与理性论证能力的哲学专业本科生。厦门大学哲学系全面推行了本科生导师制，对于哲学本科生学习给予了全方位的培养。经过四年的系统学习，哲学专业本科生的主要流向为进入国内外一流大学从事学术深造与科研工作；进入党政公职机关从事行政管理或文秘工作；进入中小学从事教育工作；进入各类工商企业、社会团体从事策划营销或公关工作。厦门大学哲学系积极拓展学生个人发展国际空间，现已经与南安普顿大学哲学系建有国际本科双学位、国际本硕连读等合作培养项目，并推行“3+1”计划，即国内读3年，境外读1年。厦门大学哲学系目前有四个国内实习基地，在江苏常州的国企设有企业文化研修基地，在厦门故宫小学设有儿童哲学研修基地，在启福社工人家设有老年服务基地，在厦门大学设有哲学实验基地，VR哲学研究在国内领先。厦门大学哲学系积极推进研究生培养工作。从研究生入学开始，在导师遴选、论文选题、研究生沙龙、中期考核、预答辩与毕业答辩环节，强化了质量管理，突出研究生学术能力的培养。厦门大学哲学系建有学生学术团体“哲海潮”学社与学生学术交流平台“厦门大学哲学硕博士生学术沙龙”，并定期举办“厦门大学学生逻辑思维大赛”等学生活动。厦门大学哲学系积极推展国际学术交流空间，现与台湾中正大学、东吴大学，美国普渡大学、加州大学戴维斯分校，英国爱丁堡大学，德国科隆大学等著名大学建有合作交流关系，今后哲学系的本科生与研究生将有更多的机会走出国门进一步深造与交流。

厦门大学哲学系教师团队积极进取，学术成果斐然。厦门大学哲学系承担了包括国家社科基金重大项目、教育部人文社科基金重大项目在内的国家级与省部级项目多项。厦门大学哲学系现建有中华朱子学会（国家一级学会）、中国现代外国哲学学会知识论专业委员会（国家二级学会）等学术机构，并建有福建省社科基地“哲学与当代社会研究中心”，另建有宗教研究所、佛学研究中心、知识论与认知科学研究中心、哲学虚拟仿真实验教学中心等校级学术机构。

一、马克思主义哲学

马克思主义哲学专业硕士点从 1981 年开始招收硕士研究生，1986 年获得硕士学位授予权。先后在学位点从事研究和教学的教授达 10 多位。其中有中国辩证唯物主义研究会理事、中国历史唯物主义研究会理事、全国马克思主义哲学史研究会常务理事。汪澍白教授的毛泽东思想研究，邹永贤教授的马克思主义国家学说研究，商英伟、洪成得、池超波、苏振富、陈铁民等教授的马克思主义哲学史、马克思主义哲学原理等方面的研究，徐梦秋教授的认识论和规范论的研究得到同行推崇，在学术界有较大影响。2005 年，本学科获得博士学位授予权，徐梦秋教授为学科的学术带头人。

本学位点科研力量相当雄厚，先后完成国家社科基金重点课题 2 项，国家社科基金项目 8 项，国家教委重点课题 2 项，教育部课题 4 项，社科基金重大课题 1 项，省社科基金重点项目 3 项，省社科基金课题 10 项，另有其他各类课题近百项；本学位点先后获得国家社会科学基金项目优秀成果奖三等奖 1 项，教育部第四届中国高校人文社会科学研究成果三等奖 1 项，五个一工程奖 1 项，国家教委人文社科优秀成果二等奖 2 项、三等奖 1 项，中国图书奖、全国图书金钥匙奖各 1 项，福建省社会科学优秀成果一等奖 3 项、二等奖 5 项、三等奖 5 项。福建省教学优秀成果一等奖 1 项。先后出版著作 36 部，教材 7 部(其中一部被国家教委指定为“高等学校文科教材”)，译著 2 部。在《中国社会科学》《哲学研究》《哲学动态》《光明日报》《学术月刊》《文史哲》等数十家学术刊物上发表论文数百篇。

学位硕士点对于马克思主义的研究，成果相当突出。出版了专著《马克思主义辩证法史》、《马克思主义哲学史》(八卷本第四卷主编)、《马克思主义国家学说概论》、《主体论——从马克思到毛泽东》、《毛泽东早期哲学思想探原》、《毛泽东思想与中国文化传统》、《毛泽东早年心路历程》、《毛泽东思想的双重渊源》、《马克思主义中国化的探索与实践》、《自由论》、《社会发展理论模式研究——兼论邓小平现代化理论》，并发表了有关论文数百篇。

本学位点的认识论研究以马克思主义为指导,关注国外认识论、知识论的研究动态,汲取现当代认识论、知识论的研究成果,20 世纪 80 年代中期以来,先后出版了《现代认识论研究》《科学认识发展论》《〈资本论〉方法论研究》《皮亚杰的认知和情感发展理论》等专著,发表论文近百篇。

近年来,本学科点在原有研究的基础上开辟了新的领域,对规范论做了较深入的研究,并扩展到科学规范、技术规范、法律规范、宗教规范等领域。研究成果发表在《中国社会科学》、《哲学研究》和《学术月刊》等重要刊物上。部分成果获省市社科优秀成果一等奖。在西方马克思主义、知识经济与可持续发展、对外开放与社会转型、市场经济的伦理问题等方面也有较深入的研究。博士学位点设有 3 个研究方向:(1)认知与规范;(2)唯物史观与社会发展;(3)西方马克思主义。硕士学位点目前设有 4 个研究方向:(1)马克思主义哲学原理;(2)马克思主义哲学与社会管理;(3)马克思主义哲学与西方马克思主义;(4)认识论。本学位点现任教师有:徐梦秋教授、徐朝旭教授、张爱华教授、吴开明教授、张艳涛教授、张有奎教授、陈宣明副教授、杨胜良副教授、杨晓东副教授等。

二、中国哲学

厦门大学哲学系创办于 1922 年,创办伊始就相当重视中国哲学的学科建设。1949 年以前,来校任教的中国哲学教授在当时都是第一流的或者知名的学者,例如汤用彤、朱谦之教授都在本校留下了音容笑貌。汤用彤先生以佛教哲学见长,其主要著作《魏晋南北朝佛教史》代表了我国在那个时代佛学研究的最高成就。而朱谦之先生则以道家与儒家哲学见长,他先后撰写了《老子校释》《中国哲学对于欧洲的影响》《日本的朱子学》《李贽:十六世纪中国反封建思想的先驱者》等专著,为中国哲学研究与教学奠定了深厚的基础。1975 年厦门大学哲学系复办以来,中国哲学的学科建设一直是本系的主要工作。本系中国哲学教研室的教师根据教学内容认真开展文献史料的收集整理,进行专题研究,并且逐步形成了一些特色与研究优势。邹永贤教授在中国传统政治哲学研究方面具有较高的知名度,他的《〈资治通鉴〉治国思想研究》开辟了儒家政治哲学与历史文化相关研究的新路子,获得福建省社会科学研究优秀成果二等奖。高令印教授在朱子学研究方面也取得可观成就,他作为第一作者的《福建朱子学》以及个人专著《李退溪与东方文化》等书得到了海内外专家的高度赞赏。汪澍白教授的中国近现代哲学研究也受到全国学术界瞩目,他所著的《毛泽东思想与中国文化传统》等著作获得国家图书奖和教育部人文社会科学优秀成果二等奖、三等奖。1993 年,厦门大学中国哲学专业获得硕士授予权,开始招收硕士研究生。1998 年开始,厦门大学中国哲学专业的学科建设有较大幅度的发展,先后引进了三位教授及多位副教授、博士。与此同时,还聘任道家道教哲学研究专家卿希泰教授、陈鼓应教授等许多老一代著名学者长期指导学科建设。2003 年,厦门大学中国哲学专业获得博士授予权,2004 年招收第一届博士研究生。目前,厦门大学的中国哲学学科的人员以哲学系、哲学研究所人员为主,同时整合校内相关单位的部分研究人员,形成了一个阵容比较强大的学科群体,主要包括刘泽亮、马良怀、徐朝旭、乐爱国、傅小凡教授以及吴洲、许共城、谢晓东、林观潮、杨胜良、常大群等副教授。学科群体的主要研究方向是:易学哲学、道家与道教、中国佛教哲学、儒家哲学、朱子学、中国哲学与古代科技等。

厦门大学中国哲学专业的主要研究特色:(1)从源及流,发掘道家道教经典中关于《易》学哲学原理之应用与发挥的内容。围绕道家易学理论,联系道教哲学与传统科技及民俗文化的诸多侧面,发掘其哲学体系的合理内核,考察其广泛的思想渗透。(2)从哲学的整合视域对禅佛教智慧及其影响做全面的研究,考察禅佛教哲学的整全智慧、禅悟智慧、传释智慧和解脱智慧,禅佛教与儒道哲学、士大夫及现代西方哲学的互动关系,以及对禅佛教哲学悖论进行系统深入的研究。(3)对朱子学的形成以及朱子学在海内外的流传发展做了较全面的追溯和分析,注重探讨朱子学所蕴含的心性哲学、自然哲学思想等,将以朱子学为侧重点的儒家哲学解读同中西文化交流研究贯通起来。

多年来,厦门大学中国哲学专业学科群体在学术上勤于开拓。其主要学术成就如下:

第一,先后承担课题 20 多项。其中属于国家社会科学基金项目的有:“道教符号学”“中国宗教思想的历史发展研究”“中国黄檗禅哲学思想研究”“周易与中国宗教文化”“道教金丹派南宗研究”“政治哲学视角下的先秦儒学与古典自由主义”。属于教育部人文社会科学基金项目或国家人文社会科学重点研究基地项目的有:“道教与中国养生文化”、“道教生态学研究”(乐爱国)、“儒家政治哲学的现代重构研究”、“道教生态思想研究”(第二负责人)。此外,本学科群体成员还先后承担了台湾中华大道社、蓬瀛仙馆等一系列横向课题，如“老子道德经通解”“武夷山道文化研究”等。

第二，出版了50多部学术著作和编著，发表了一系列有一定影响的学术论文。主要有：(1)综合研究类，如《新编中国哲学史》《身国共治》《中国思想与文化》等。(2)道家道教哲学研究类：《易学与道教符号揭秘》《易学与道教思想关系研究》《易文化传统与民族思维方式》《中国老学史》等。(3)禅佛教哲学研究类：《黄檗禅哲学思想研究》《缘起论的基本问题》《中国文化通史·佛教哲学文化编》《中国禅学史》等。(4)朱子学与儒家哲学研究类：《福建朱子学》《朱熹事迹考》《中国儒学史论》等。此外，本学科梯队成员先后发表了《道教艺术的符号象征》等700多篇论文。

第三，研究成果在学术界产生较大反响。如教育部社政司编的《易学与中国古代哲学研究“十五”规划》指出詹石窗关于“易学”与道教文化研究的成果“达到了海内外最高水平”；《中国社会科学》曾发表专评指出詹石窗的《易学与道教文化》是“开拓性的高水平著作”；任继愈、吴立民等名家指出刘泽亮教授的黄檗禅哲学研究“史料运用充分，考证绵密”，“在把握社会发展与心态变迁上，能做到不偏不倚，实在难能可贵”。盖建民教授的《道教医学》注意中国哲学与自然科学方面的交叉研究，李养正教授称之“填补了许多空白”，“开辟出一条很好的研究新途径”。本学科梯队成员作为主要骨干参加编写的《中国道教史》曾获国家优秀图书奖、国家社会科学优秀成果二等奖。本学科群体还获高校人文社会科学奖3项，其他省部级优秀成果奖10余项。

第四，出版学术专刊。厦门大学中国哲学专业与台湾中华大道文化事业有限公司合作创办《道韵》辑刊，至今已出版12辑，共发表200多篇论文、近200万字，这个专刊成为联系海峡两岸中国哲学与宗教文化研究的一条重要纽带，在两岸学术文化交流中产生了一定推动作用。为了推动学术研究向纵深发展，厦门大学哲学系宗教学研究所与香港道教文化资料库合作，将《道韵》更名为《道学研究》，更名之后更加注重文化哲学与养生哲学的研究。

目前，厦门大学中国哲学专业的学科群体承担了国家社会科学基金重点项目“中国道教思想史”等多项研究工作，正以朝气蓬勃的姿态迎接新的学术研究与学科建设任务。

三、外国哲学

本学科点 2003 年获得博士学位授予权。本学科点有四个主要研究方向，其特色与优势分别体现如下：

(1)有关当代西方知识论的研究处于国内领先地位。陈嘉明教授自 1995 获得英国科学院王宽诚基金支持，前往圣·安德鲁斯大学从事访问研究以来，先后申请到有关这一领域的国家社科基金、教育部“九五”社科规划基金、福建省社科基金项目等，以及美国的富布莱特基金项目，并于 2001 年前往哈佛大学从事一学年的研究。相关的研究成果《知识与确证——当代知识论研究》已在上海人民出版社出版。该书于 2004 年获得华东地区哲学社会科学优秀图书奖二等奖，并被北京大学、香港中文大学等列为该课程的中文参考书。所发表的论文被《新华文摘》《中国社科文摘》等转载。培养的博士生已在此领域崭露头角。他们与国外专家建立了直接联系，获得对方寄赠的资料，使得相关研究能够进入到前沿水平，所撰写的论文在《复旦学报》《自然辩证法研究》等核心刊物上发表。

(2)“现代性与后现代性”研究居于国内前列。以陈嘉明教授为首的课题组获得了该项目的国家社科基金。该项研究成果已在人民出版社出版，并获得同行好评。在本领域所发表的论文也被《新华文摘》《中国社科文摘》等转载。以北大校长许智宏为主任的“名家通识讲座书系”编审委员会还邀请陈嘉明教授撰写该书系的《现代性与后现代性十五讲》。

(3)周建漳教授的历史哲学和诠释学研究在国内名列前茅，其研究成果发表于《哲学研究》《史学理论研究》等权威刊物。承担有国家社科基金项目、教育部人文社科基金项目，相关成果获得过福建省社科成果奖。

(4)西方政治哲学的研究在国内属于较为新兴的研究领域，陈炳辉教授在这方面进行过长期的研究，出版了《西方马克思主义的国家理论》等学术专著，在《政治学研究》等权威刊物发表论文，获得过福建省社科成果二等奖。

本学科点拥有国内富有特色的“知识论与认知科学研究中心”。

四、逻辑学

厦门大学自 1921 年建校以来，就开设有“公共逻辑学”课程。以研究佛教逻辑——因明著称的老一辈逻辑学家虞愚先生当初曾在这里学习和工作。20 世纪五六十年代,虞愚、潘懋元教授等在中文系、经济系讲授逻辑学。厦大哲学系自 1972 年复办以来,一直开设“逻辑学”课程,主讲教师有赵民、向刘骏、姜国文、王宗烘等。本专业 1982 年开始招收逻辑学专业研究生,研究生导师是赵民先生。1986 年获得逻辑学专业硕士授予权,主要研究方向是辩证逻辑,之后新增了中国逻辑史方向,再后来又开辟了科学逻辑研究方向等。1980 年,中国逻辑学会辩证逻辑研究会在厦门大学成立,赵民先生任副会长。2000 年,中国逻辑学会科学逻辑专业委员会在厦门大学举行年会,潘世墨教授任主任委员。1978 年以来,赵民、潘懋元、潘世墨、黄朝阳先后当选并担任中国逻辑学会理事或顾问。自 2001 年始,逻辑学专业的学科建设有较大的发展。在所获得的哲学技术哲学博士点下建立科学逻辑研究方向,引进逻辑学的教学、科研人才,加强与国内同行交流合作,此外,还与国内知名的计算机专家、本校计算机学院的周昌乐教授和邓安生教授合作,设立了人工智能与认知逻辑这个新兴而富有生命力的研究方向。目前,厦门大学的逻辑学学科已获得博士授予权,形成了一个阵容比较完整的学科群体,其学科带头人为潘世墨教授、周昌乐教授、邓安生教授,主要学术骨干有黄朝阳教授和汪希讲师。学科群体的主要研究方向有:人工智能与认知逻辑、中国逻辑史、科学逻辑、逻辑哲学和法律逻辑等。

本专业开设的课程覆盖了现代逻辑、逻辑史、逻辑哲学和逻辑应用的基本方面。本专业的主要研究特色有:(1)在人工智能和认知逻辑方向上,主要研究:认知计算哲学、认知逻辑,语言认知理解哲学问题,人工意识的哲学问题;此外,本专业人员正在建立一个统一的逻辑推理框架来描述和处理人类基于知识进行推理的一般规律性,将对知识的不确定性、不一致性和不完全性的处理转化成逻辑演算,用逻辑的方法刻画知识的动态增长、修正和知识的进化。(2)在中国逻辑史方向上,主要关注近代学者严复、梁启超、王国维、胡适、章士钊等人对西方逻辑思想的译介,他们对中国古代逻辑,尤其是墨家逻辑和因明的挖掘和整理,也关注中国先秦逻辑和中国传统的类比推理。(3)在科学逻辑方向上,着重研究科学知识的逻辑结构问题、关于“科学假说”的理论。(4)在逻辑哲学方向上,运用现代逻辑知识和哲学知识,研究“否定概念”与“虚概念”问题、同一性问题以及逻辑矛盾和辩证矛盾的关系问题。(5)在法律逻辑方向上,综合运用逻辑学、语言学和法学等多学科知识,探究法律论证和法庭辩论。

多年来，厦门大学逻辑学专业学科群体在学术上勇于开拓，积极进取。其主要学术成就体现在：

第一，主持和参与了20多项课题的研究工作。主持国家自然科学基金资助项目6个：面向英汉机器翻译的汉语隐喻释义方法研究、意识的理论模型及其机器再现、汉语理解的意群动力学及其意义涌现算法、布尔算子模糊逻辑及其自动推理研究和常识推理中不一致信念的定量非修正处理方法研究。此外主持了省、部级以下研究项目多个，作为主要成员参与各级研究项目多个。

第二，出版了多部学术著作和编著，发表了一系列在国内有一定影响的学术论文。专著和编著有《无心的机器》《心脑计算举要》《认知逻辑导论》《现代社会中的科学》《科学假说》《普通逻辑概论》《辩说与交际》等。曾在《哲学研究》《自然辩证法研究》《学术月刊》《厦门大学学报》《自然辩证法通讯》《中国社会科学文摘》等权威或核心期刊上发表或转载论文20多篇。

当前，逻辑学专业学科群体承担包括国家自然科学基金项目在内的多项研究工作，正以全新的面貌和积极的姿态迎接新的教学和科研任务。

五、科学技术哲学

本学科于1979年获得第一批科技哲学硕士授予权，已培养了一大批科技哲学硕士。2000年，获得科技哲学博士授予权。在多年的发展中，形成了一支有实力的研究队伍，主要成员有：郭金彬教授、陈墀成教授、陈喜乐教授、曹志平教授、欧阳锋教授、陈玲教授、贺威副教授等。完成了大量的研究课题，出版了相当数量的研究论著，形成了4个有特色的研究方向：中国科技思想研究、当代西方科学哲学、生态文明、科学社会学等。

在科技思想史方面，郭金彬教授主持并完成首批国家社科基金课题“中国近现代科学思想史研究”“中西科学思想比较研究”。承担并陆续完成国家行动计划的课题“中国科技思想研究工程”和福建社科“十五”规划重大项目“中国科技思想研究”。2004年起，科学出版社陆续出版由徐梦秋、郭金彬主编的“中国科技思想研究文库”。已出版的《中国传统数学思想史》《中国技术思想史论》《道教科技与文化养生》《中国现代科学思潮》《管子的科技思想》《先秦名辩学及其科学思想》等，经著名数学家吴文俊院士、著名科学史学家席泽宗院士审阅，获得高度评价。席泽宗院士所作总序称："二十多年前我的一些设想由厦门大学哲学系和科学出版社变成现实"，并"寄托很大的希望"。

在科学规范论与科学社会学研究方面，徐梦秋教授、欧阳锋教授已取得了一系列重要成果，在《自然辩证法通讯》《自然辩证法研究》《哲学研究》《中国社会科学》等刊物上发表了一系列重要论文，出版了《现代社会中的科学》《理解与科学解释》《科技政治学导论》等著作，对默顿的科学规范论，对科学规范的内涵、外延、类型、功能、逻辑结构和形成机制做了深入的研究。徐梦秋教授主持2项国家社科基金课题——"规范论——规范的发生学研究和合理性研究"和"默顿的科学规范论研究与科学规范的当代建构"，在科学规范研究方面居领先地位，有望建立起科学规范论的理论系统，并拓展到技术规范领域和工程规范领域。

在当代西方科学哲学方面，主要侧重于近20年来西方科学诠释学、科技现象学的发展。曹志平教授承担了国家社科基金项目"当代西方诠释学的现象学科学哲学研究"、教育部社会科学基金项目"近20年来西方科学哲学的发展及对我国科学哲学学科建设的启示"。在《自然辩证法通讯》《厦门大学学报》《社会科学》等刊物上发表了一批高质量的研究成果。

科技与社会研究方面，陈墀成教授侧重于生态文明研究，目前正承担国家社科基金项目"马克思恩格斯的生态文明思想研究"；陈喜乐教授侧重于科技政策与管理研究。这两个方向都有一批高质量的科研成果发表。

在认知逻辑与人工智能方面：其一，把科学认识论与计算研究结合起来，形成了"认知逻辑"的前沿方向，提出"自然机制＋算法"的自然主义的计算哲学观，丰富了认知计算哲学思想，出版《认知逻辑导论》，填补了我国该领域的空白；其二，对人工意识的哲学问题展开研讨，与唐孝威院士等合作，在《科学通报》等刊物上发表论文多篇，出版专著《心脑计算举要》，就人工意识研究提出量子计算模型，对人工意识的哲学问题进行深入探索。在人工智能终极目标可能性的哲学研究方面，出版专著《无心的机器》，对人工智能中出现的哲学问题进行全面深入的分析，得到学术界充分肯定。

六、宗教学

厦门大学的宗教研究具有悠久历史，早在20世纪20年代的建校之初，著名宗教哲学研究专家汤用彤教授、著名道家道教研究专家朱谦之教授已经在这里开辟了自己的研究领域，为后来的宗教学研究奠定了基础。“文化大革命”以前，尽管存在着许多困难，但学校的宗教学研究依然保存了“火种”。著名学者朱天顺教授先后撰写了《原始宗教》等书。“文革”之后，他又撰写了《中国古代宗教初探》以及关于“妈祖文化研究”的诸多著作，在“道教与民间信仰”关系研究方面取得了比较突出的成果。

1998 年 12 月，经过校务会议批准，厦门大学成立了宗教学研究所。多年来，宗教学研究所在各级领导的关心下，在海内外热心朋友的支持帮助下，逐步发展。主要研究人员有：刘泽亮教授、王荣国教授、曾玲教授、徐晓望教授、吴洲副教授、高致华副教授、林观潮副教授、黄永锋博士等。

该学科设立如下主要研究方向：(1)中国道教研究，包括道教史研究、道教民俗文化史研究、道教思想史研究。(2)中国佛教研究，包括闽台区域佛教与东南亚华人佛教研究，中国佛教史实与史籍研究，佛教社会史研究，佛教各宗派思想研究，佛学与中国文化关系研究，佛教与民间宗教、民间信仰研究。(3)中国民间宗教与海外华人、华侨宗教信仰研究，包括：中国民间宗教流派及其历史演变研究；中国民间宗教与社会政治、道德、文化的关系研究；中国民间宗教的性质、地位与作用研究；中国民间宗教与现代社会，对海外华人、华侨宗教信仰影响的研究。其主要特色在于通过对中国民间宗教进行系统研究，考察其与社会诸方面的互动关系，为中国宗教的健康发展提供理论依据。

本学科坚持实事求是的科学精神，开展宗教思想史的学术研究工作。先后主持国家社会科学基金课题 5 项，教育部与省级社会科学基金项目 7 项。承担了教育部“十五规划”统编重点教材《中国宗教通论》的编写任务。先后出版了《易学与道教思想关系研究》《易文化传统与民族思维方式》《道教文化新典》《道教医学》《黄檗禅哲学思想研究》等 20 余部论著，发表了《道教艺术的符号象征》等 200 多篇论文，其中在《中国社会科学》《哲学研究》《中国哲学史》《世界宗教研究》等权威刊物上发表的有 20 多篇。

第四节 国学研究院

厦门大学国学研究院始创于1926年10月10日，是继北京大学研究所国学门和清华研究院国学门之后，中国高校建立的又一重要国学研究机构。初创时，由校长林文庆兼任院长，语言文学家林语堂任总秘书，语言学家沈兼士任研究主任。当时的厦门大学国学研究院聚集了一代文豪和学术名流，鲁迅、林语堂、沈兼士、顾颉刚、张星烺、孙伏园、陈万里、俄籍人类学家史禄国、法籍汉学家戴密微等中外著名学者都受聘于此，诚可谓名家齐聚，极一时之盛，当时媒体称厦门大学国学研究院"大有北大南移之势"。其研究理念是："研究古学必得地质学、人类学、考古学、古生物学等等作为参考"；注意研究对象所蕴藏的区域因素，注意调查和研究"闽南各种方言社会以及民间一切风俗习惯"；并学欧西的科学精神，对研究对象条分缕析、悉心研究，强调"国学的材料虽是中国的，但整理这些材料的方法乃是世界的……我们要掘地看古人的生活，要旅行看现代一般人的生活"。这体现了厦门大学注重学术研究、兼顾中学与西学而以整顿国学为重的办学宗旨，也是初创时期的厦门大学对当时整理国故的学术潮流的积极回应。这一时期所开辟的研究领域，为厦门大学诸多学科的发展奠定了基础，它所开创的学术传统影响了一代代厦大学人。

伴随着中华民族全面伟大的复兴和人文社会科学的迅速发展，2006年12月22日，厦门大学复办国学研究院，以"萃取国学精华，弘扬中华文化"为宗旨，秉持"兼容并蓄、开拓创新"的学术精神，放眼世界文明发展，研究中华文化和中华学术：集聚海内外国学研究专才，构建高水平学术平台，培育国学研究新秀；尤其要继承厦门大学国学研究传统，发扬多学科交叉整合优势，突出国学主流和区域性研究特色，努力建构国学研究的东南风格，希望赓续前辈在该领域创造的辉煌历史。

复办后的厦门大学国学研究院采取以研究课题为中心的管理方式，精简管理机构和运行程序，突出学术研究和学术品位，激励重大学术问题的研究与创新，以具体课题研究的方式培养国学人才，努力培育学术精品，为构建和谐文化和实现21世纪中华民族伟大复兴、促进世界和平和文明事业发展，做出自己的重要贡献。

第五节　人类博物馆

厦门大学人类博物馆的历史可以追溯到建校之初。1926年，时任厦门大学校长林文庆组织成立了国学研究院，聘请林语堂任国学研究院总秘书。国学研究院聚集了鲁迅、沈兼士、顾颉刚、史禄国等一批著名学者，提出了独树一帜的国学研究理念，制定了国学研究的宏伟规划，其中就特别强调文物的搜集，并把博物事业列入国学研究院的章程之中。国学研究院下设考古学会，“以调查保存中国过去人类之物质遗迹及遗物为宗旨”。考古学会下又设陈列部，专责古物风俗物品之研究与收藏。同年秋，举办考古文物展览会，展出鲁迅收藏的六朝隋唐造像拓片，陈万里收藏的大同云冈石窟拓片、敦煌照片，以及陈列部收集的各种出土文物、本校商科收藏的古钱等。次年，文化陈列所正式成立。

1934年，时任厦门大学历史社会学系主任、我国著名人类学家林惠祥教授着手组建厦门大学人类博物馆筹备处。后因战乱，筹备工作一度中断。抗战胜利后，林惠祥于1947年在厦门大学设立“人类学标本陈列所”，集中展示他10余年来在考古发掘活动中搜集到的数以千计的文物标本。1951年，林惠祥将其一生辛勤搜罗和积存的数千件文物、图书全部捐献给厦门大学，并向校方建议设立人类博物馆。1952年，教育部正式下文批准建立人类博物馆，原文化陈列所的文物也并入该馆，林惠祥出任博物馆首任馆长。1953年3月16日，人类博物馆正式面向公众开放。

厦门大学人类博物馆不同于国内其他大多兴建于近二三十年间的高校博物馆，它历史悠久、藏品丰富，在全国高校乃至整个文博系统中都是首屈一指的。人类博物馆不仅是福建省第一家博物馆，而且还是新中国成立以后的第一家高校博物馆，同时也是大陆唯一一所集人类学、考古学、民族学于一体的专科博物馆。另外，人类博物馆还是大陆博物馆中收藏台湾高山族文物和南洋诸国文物最多的博物馆，更是大陆第一批被联合国教科文组织收入《中国著名博物馆名录》的博物馆。

鉴于人类学学科的特殊性——它涵盖自然生物领域和人类文明领域的探索研究，所以博物馆的收藏覆盖了生物标本、考古发掘、族群文明等方方面面与人类活动相关的内容。因此，人类博物馆是厦门大学目前唯一一所拥有全面丰富实物藏品的博物馆，它已经不单纯是某一学科的专业博物馆，而是一直扮演着校级博物馆的角色，承担着学校对外文化交流的重任，多次接待国家级、省部级领导和重要外宾的参观访问。其特殊的地理位置，使之成为厦门大学和厦门市的主要参观景点，其影响力在国内高校博物馆中位居前列。

人类博物馆是厦门大学成长的收藏者与见证者，体现了厦大的办学历史与人文精神。在创建"双一流"高校的新时代背景下，它更肩负着科普教育、科技研发、文化遗产保护和藏品研究利用等多方面的重任；肩负着涵育社会主义核心价值观，落实立德树人核心工程的历史使命。百尺竿头更进一步，人类博物馆将继往开来，为成为大众体验生活、研究历史、感受文化的绝佳场所而努力不息；为成为凝聚师生情感、拓展对外交流、开展教学科研的重要力量而奋斗不止。

第六节　通识教育中心

厦门大学通识教育中心成立于 2013 年 12 月，承担全校通识教育规划以及核心通识课程的建设任务。该中心是大陆第一个以推行通识教育为建设规划的高校组织机构，数年来落实着将专业教育与通识教育相结合的重要的教学改革尝试，其根本目标是对学生和社会负责，真正提高学生的素质，让他们将来能够幸福地生活；同时，继承校主陈嘉庚先生的爱国办学的精神，承担起为国家、为社会培养领军人才的责任。

厦门大学通识教育中心主任由厦门大学分管教学的副校长担任，人文学院院长担任常务副主任，人文学院及艺术学院分管本科教学的副院长及教务处一名副处长分别担任副主任，设置专职秘书一名，并每年划拨专项经费，以保证中心开展各项教学活动。

作为一所充满活力、追求创新、打造出独特品牌与特色的高校，厦门大学在通识教育改革上始终立足厦大实际、着力发展厦大特色，目前在探索"以通识教育为基础的专业发展"的本科教育模式上，取得了一系列成绩。

一、打造富有厦大特色的通识课程网络

目前，厦门大学通识教育中心已经完成了百门核心通识教育课程的建设，并实现了三大课程类别的建设与完善，下设五大板块："认识中国""认识世界""科学与创新""艺术与审美""自我与社会"。在课程设置上，门类齐全、板块清晰，以培养学生素养、开拓学生视野、塑造学生人文精神的核心课程为主，强调独立思想、学术规范，结合人文、教学与科研，注重阅读思辨、协调沟通与写作表达。同时，课程内容也涉及许多领域，串联起人文、艺术、社会科学、自然科学、医学等不同学科，全力提高学生素养，树立良好的大学理念。

二、形式创新的通识教育建设

厦门大学通识教育中心的办学理念主张回归到教育的本质和起点，即"人"的教育，旨在培养学生健全的心智、健康的人格、严谨的思维与博爱的胸怀。这在国内大学中是首例，是国内第一个将全人教育明确拓展到全校范围，并通过长期规划、具体实践以实现全人教育理念的机构。目前，通识教育中心已经打破了在现有大环境下绝大多数通识课程单一的授课与讲座的现状，推行了系列名家对话、学者论坛等讲座式课程。尤其在人文大讲堂上，通识教育中心运用这一形式，组织以人文学院为首、各大学院相互配合的雄厚师资队伍，推出学科综合、意涵浓厚的讲座，打造了人文底蕴丰厚的"人文经典导读"，专业性强的"音乐的观念""媒体第一课"，打破学科分野的"跨界・对话"等品牌课程。此外，中心结合强调实践性与互动性的小班教学模式，并试行沙龙、MOOC 等多元化的授课模式，实现了对传统课程设置与教学模式的创新。

三、辐射大众的系列讲座

通识教育中心的讲座主题多样、内容丰富，讲座涉及多学科、多角度、多层次，致力于打破学科壁垒、拓宽学术视野，现已打造了数个特色鲜明、内容精彩的响亮品牌：自 2013 年起，通识教育中心在翔安校区主办"人文大讲堂"系列讲座，采用系统选课与"纪念印章＋期末考核"的双重选课模式，基本达到开学期间每

天一讲从不间断，已举办了 768 场讲座；2015 年，厦门大学通识教育中心启动了“通识大讲堂”高端系列讲座，邀请境内外著名学者开设学术讲座，打造大师系列；2019 年 1 月，通识教育中心与人事处合作推出了科技意涵浓厚、贴近学术前沿的“南强新睿”讲坛，充分展示了厦门大学新引进高层次人才的学术水平和个人风采，搭设起新引进高层次人才与学生、与学术同行、与学术前辈交流切磋的特色平台，好评如潮。通识教育中心开设的讲座式课程主题多元、内容多样，如生命科学学院开设的“生命科学导论”、海洋与地球学院开设的“走进海洋”系列讲座，打破了理工科不适合开设讲座式课程的迷思，为广大学子带来科普性强且通俗易懂的科学讲座。

2018 年，厦门大学通识教育以独创的“讲座式课程”取得了省级教学改革项目等立项肯定，在全国高校范围内形成了厦门大学的特色与亮点。2019 年 7 月 5 日，由通识教育中心主办的厦门大学首届通识教育研讨会在科学艺术中心举行，副校长、中心主任韩家淮院士做开幕致辞。会议以“改革与创新”为主题，以人才培育为出发点，以人才养成为目标，围绕厦门大学通识教育改革与建设进行讨论。2020 年，在新冠肺炎疫情影响的背景下，通识教育中心开始深入“云课堂”的建设，在既有的网络课程建设基础上进一步编制课程项目、丰富网课品类、推广网络金课，全力开拓通识教育建设新路径。

未来，厦门大学通识教育将继续完善通识教育基础制度，进一步争取和保障通识教育经费投入；深化通识教育综合改革，提升内涵发展质量；加快通识教育跨学科建设，促进跨学科人才综合培养；运用先进课程平台与技术，推动授课范畴更趋广泛；加强中华文化传承创新，彰显学校通识教育特色。

第三部分　研究机构

人文学院现有部级批准建设机构 5 个，其中两个是系所合一的机构单位，即：中国语言文学研究所，现任负责人胡旭；历史研究所，现任负责人林枫。另有部级批准建设机构 3 个：国家语言资源监测与研究教育教材中心，负责人苏新春；国家语言文字推广基地（挂靠人文学院），负责人杨斌；美国研究中心，负责人韩宇。另有福建省文科研究基地 2 个，厦门大学校批机构 17 个。

第一章　人文学院研究机构简表

机构名称	成立时间	级别	现任负责人
中国语言文学研究所	1977	教育部	胡　旭
历史研究所	1978	教育部	林　枫
国家语言资源监测与研究教育教材中心	2005	教育部语信司	苏新春
国家语言文字推广基地	2020	国家语委	杨　斌
美国研究中心	2017	教育部备案	韩　宇
哲学与当代社会研究中心	2006	福建省	曹剑波
中国社会经济史研究中心	2006	福建省	王日根
戏剧影视与艺术学研究中心	2008	校级	李晓红
美国史研究所	1999	校级	韩　宇
佛学研究中心	2003	校级	刘泽亮

续表

机构名称	成立时间	级别	现任负责人
民间历史文献研究中心	2007	校级	郑振满
宗教学研究所	1999	校级	黄永锋
中国海关史研究中心	1985	校级	戴一峰
哲学研究所	1986	校级	徐梦秋
古籍整理研究所	1980	校级	李无未
东南亚华文文学研究中心	1995	校级	陈育伦
陈嘉庚研究中心	1984	校级	曾　玲
道学与传统文化研究中心	2003	校级	黄永锋
海洋考古学研究中心	2004	校级	王新天
闽商研究中心	2008	校级	王日根
汉语言文字应用和推广研究中心	2006	校级	李无未
海洋文明与战略发展研究中心	2011	校级	杨国桢
知识论与认知科学研究中心	2011	校级	曹剑波
新媒体动漫研究中心	2011	校级	王晓红

第二章　研究机构概况

第一节　教育部批准建设机构简况

一、中国语言文学研究所

厦门大学中国语言文学研究所于1977年由教育部批准设立。现有在职研究人员28人,皆由厦门大学中文系教授、副教授兼任,现任所长为胡旭教授。下设语言学与文学两个研究室。

1.语言研究室

语言学研究室为中文系汉语文字学博士点及各硕士点的合作培养单位。语言学研究室根据所处地理区位和人文环境条件,大力开展闽南方言、闽东方言、闽北方言、海南方言和客家方言等的调查研究,积累了丰富的汉语东南方言资料,出版了多种方言词典和研究论著,其中,闽语研究在国内外有着十分突出的影响。同时,研究室在应用语言学、汉语词汇学尤其是词汇计量研究、汉语音韵学、汉语语源学、汉语生态学、训诂学、敦煌学等方面的研究上,具有明显优势与鲜明特色,其成果令国内外学术界瞩目。研究室已同美国、日本、韩国、新加坡等国家,我国台湾、香港等地区的研究机构与学者,建立了广泛的合作关系。今后,语言学研究室将进一步拓展研究新视野,加强闽台文化的整体性考察,深化语言理论,力争在现代东南汉语方言语音词汇语法比较、汉语语音史、中外音韵学史、汉语词汇史研究等方面取得更大突破。

2.文学研究室

文学研究室是中文系文艺学、戏剧学与艺术学、中国古代文学、中国现当代文学、比较文学各博士点及硕士点的合作培养单位。文学研究室在文艺理论、电子文艺学、艺术人类学、戏剧理论与历史、中国古典戏曲与地方戏曲、比较戏剧学、戏剧文化、汉魏六朝文学、唐宋文学、中国现当代文学、现代知识分子问题、女性文学及性别文化、台湾文学与港澳东南亚华文文学、生态批评与生态美学等方面,进行了广泛而深入的研究,在国内产生较大影响,处于国内先进水平,并形成自己的明显优势与鲜明特色。

3.历任所长及任期

中国语言文学研究所历任所长为:郑朝宗(1977—1984)、何耿峰(1984—1994)、黄鸣奋(1994—2006)、林丹娅(2006—2018)、胡旭(2018 至今),历任副所长为:李国正(1994—2006)、李无未(2006—2008)、胡旭(2008—2018)。

二、历史研究所

厦门大学历史研究所成立于 1978 年 5 月,是教育部批准成立的研究机构。从历史系各教研室分出部分人员,与 1960 年 7 月成立的厦门大学历史系中国经济史研究室,共同组建而成,设中国经济史、民族学考古学、东南亚史、台湾史、中央革命根据地史五个研究室。1982 年,历史研究所创办《中国社会经济史研究》杂志。

1980 年,台湾史研究室并入厦门大学台湾研究所;1984 年,民族学考古学研究室并入厦门大学人类学研究所。20 世纪 80 年代,历史研究所在编人员 18 人,其中教授 3 名、副教授 5 名。

第一任所长傅衣凌教授,历任所长为郑学檬、杨国桢、王日根、张侃。现任所长林枫,副所长水海刚。

第二节 其他国家部委建设基地简况

一、国家语言资源监测与研究教育教材中心

厦门大学国家语言资源监测与研究教育教材中心为国家语言文字工作委员会“十五”期间建设的首批五个科研机构之一，由教育部语言文字信息管理司与厦门大学共建，是集科学研究、人才培养、学术交流、资政服务等为一体的科研中心。2005 年 6 月 20 日，中心正式获批开始建设；2019 年 4 月 15 日，中心签署了第三期共建协议，开启了新一周期建设；2020 年 1 月 7 日，中心同时纳入“国家语言文字智库建设试点单位”。现任中心主任为苏新春，副主任郑泽芝。

中心遵循“探索教材语言世界，建设特色语言资源，提升国民语言能力，服务国家语言战略”的宗旨，搭建国家级语言文字科研平台，设立基础教育教材语言研究、汉语国际教育教材语言研究、语言政策与台湾语言文字研究三个研究室，积极开展科研探索并建设语言资源库，对我国教育教材语言状况进行监测与研究，全面反映我国教育教材语言使用情况，完成共建科研机构的四大工作任务：1.建设教育教材语言资源库，对教育教材语言应用状况进行监测和研究。2.探索教育教材语言性质、规律、特点及语言学习规律。3.完成国家语委专项任务，提供咨询，为语言文字规范标准的制订与实施提供依据。4.研究台湾语言文字使用状况及语言政策，促进两岸语言文字界的交流与合作。

在科研成果上，中心成立 16 年以来围绕“教育教材语言”研究先后获批多项重大、重点课题：如国家语委“十二五”科研项目“基础教育学习性词表研制”、“基于构式理论的对外汉语教材资源库研究”、国家语委重大项目“中小学语文教材语言文字规范标准符合性调查研究”、国家语委重点项目“两岸语言文字规范标准对比研究”、“基于语料库的两岸基础教育语文教材文言文对比研究”、“汉字文化圈主要国家(地区)中小学母语教育教学资源建设状况调查与研究”等，形成了教育教材语言研究从理论到实践、从内涵到外延、从微观到宏观、从国内到国际的系列化研究群。此外，中心现已出版《义务教育常用词表(草案)》、“基础教育语文教材语言研究”丛书、《Excel 在语言研究中的应用》等多部专著，广获学界

好评。在核心刊物上连续多年发表论文多篇，亦有多项成果获得省部级奖项。中心主任苏新春的《汉语释义元语言研究》《词典与词汇的计量研究》《现代汉语分类词典》，中心副主任郑泽芝的《字母词语与汉语文字系统》等研究成果获得福建省哲学社会科学奖。

中心现已建设“建国以来20世纪语文教材语料库”、“21世纪学科教材语料库”、“台湾中小学生作文语料库”、“台湾大中小学生语言使用状况语料库”等，开发了校对系列软件、数据类型转换软件辅助统计软件、术语及语义处理软件、查询工具软件、文本整理工具等，形成教育教材语言研究的方法论及工具集。

中心团队注重资政服务，为有关部门的决策提供专业报告。20多项成果被中央办公厅、教育部、福建省政府等政府部门采用。中心每年承担教育部语信司《语情信息》的报送任务。每年参与《中国语言生活状况报告》(“中国语言生活绿皮书”)的编纂，并负责“领域篇”的组稿、编辑工作。

目前，中心团队已在科学研究、人才培养、学术交流、资政服务等方面取得显著成就，获得学界广泛好评，并形成具有高辨识度的学术品牌。

二、国家语言文字推广基地

为推进新时代语言文字事业发展，创新语言文字工作治理体系、提升治理能力，服务国家发展战略需求，教育部、国家语委决定建立一批政治可靠、特色鲜明、成果优异、管理规范、示范性强的国家语言文字推广基地。并于2019年组织开展了首批国家语言文字推广基地遴选。2020年1月6日，国家语委发布《国家语委关于公布2019年国家语言文字推广基地名单及开展基地建设工作的通知》(国语函〔2020〕1号)宣布厦门大学等60家单位入选国家语言文字推广基地。

根据厦大语言文字工作的特色，厦门大学国家语言文字推广基地主要由人文学院(中文系)、宣传部、语委、海外教育学院、汉语国际推广南方基地联合组建，由校领导出任基地主任，秘书处挂靠人文学院(中文系)。基地下设5个中心：(1)语言文字研究中心，负责汉语言文字的基础性研究工作；(2)国际汉语传播中心，以汉语文化传播研究及推广为取向，积极服务于全球汉语国际推广；(3)国际汉语教育中心，负责各国来华留学生的汉语教育工作；(4)汉语培训中心，负责面向校内外的普通话推广和语言调查;(5)语言文字文化艺术推广交流中心,组织各种丰富多彩的语言文字类活动,生动活泼地宣传和推广国家语言政策。

基地今后将继续对建立在方言调查等语言研究基础之上的民族共同语的推广发挥积极作用;对两岸的语言政策、语言使用、语言教育现状进行调查,为国家的统一发挥政策性智库的功能;对外依托马来西亚分校,扩大华文教育的影响;同时借助闽籍华侨分布世界的优势,依靠设立在我校的汉语国际推广南方基地和海外教育学院等机构,扩大汉语言文化在世界的影响力,更好地服务国家战略。

三、美国研究中心

厦门大学美国史研究所(美国研究中心)成立于1999年,是我国美国史科研和教学的重要机构。2002—2016年是中国美国史研究会(全国一级学会)秘书处所在地,2017年成为教育部国别区域备案中心。美国史研究所的研究方向包括美国城市史、区域史、社会经济史、思想史、族裔史和外交史等。

自成立以来,美国史研究所成员承担多项国家和省部级项目,其中国家社科基金项目达11项,包括教育部重大项目(王旭教授主持)和重点项目(韩宇教授主持)各1项,国家社科基金一般项目6项、青年项目3项。2013—2014年,受国家发展改革委员会委托,完成"美国产业转型与区域增长格局变迁及启示"研究报告,为国家"十三五"规划服务。

美国史研究所出版了多部专著和译著。与清华大学出版社合作,出版"城市美国丛书",包括《美国城市发展模式研究》《美国高技术城市研究》《美国城市经纬》;与厦门大学出版社合作出版"新城市化丛书",包括《美国新城市化时期的地方政府:区域统筹与地方自治的博弈》《纽约大都市规划百年:新城市化时期的探索与创新》《公众的声音:美国新城市化嬗变中的市民社会与城市公共空间》《20世纪美国黑人城市史》。还出版了《美国城市史》《美国城市化的历史解读》《中美关系与东亚国际格局》《美国革命读本》等著作。此外,美国史研究所师生亦出版了《全球城市史》《林肯传》《黄柳霜:从洗衣工女儿到好莱坞传奇》《新地理:数字经济如何重塑美国地貌》《筑梦:美国住房的社会史》等译著。在《历史研究》《世界历史》《史学理论研究》和《美国研究》等重要刊物上发表数十篇高水平学术论文。

美国史研究所学术交流活动十分活跃。举办了多次高层次学术活动，包括“东亚背景下的中美关系”学术研讨暨中美关系史研究会年会、与耶鲁大学雅礼协会联合举办的“厦门大学—耶鲁大学美国问题研讨班”、第十四届全国史学理论研讨会、中国美国史研究会第十三届年会暨学术研讨会、首届美国城市史论坛等。曾邀请20多位美国知名学者到厦门大学讲学，包括曾任世界规模最大的美国史研究学术团体(Organization of American Historians)会长的哥伦比亚大学Alice Kessler-Harris教授、明尼苏达大学Elaine Tyler May教授和加州大学伯克利校区David Hollinger教授，还有耶鲁大学Jonathan Holloway教授、普林斯顿大学Alison Isenberg教授等。美国史研究所先后有十余人次赴美国和欧洲从事专题研究和学术交流，包括富布赖特高级访问学者项目、弗里曼基金项目、美国国际访问者计划、美国全国人文学科基金会项目、欧盟伊拉斯谟项目以及教育部出国留学人员基金项目等。

美国史研究所在人才培养方面也做出了突出的贡献。王旭教授迄今共培养了近30名博士，这些毕业生已经成为我国美国史城市史研究的中坚力量。

美国史研究所创建人为我国著名美国史专家王旭教授。王旭，“闽江学者”特聘教授，国家社科基金学科评审组专家，首批入选教育部跨世纪人才项目，曾任中国美国史研究会理事长、厦门大学社科处处长；现任所长为韩宇教授，中国美国史研究会副理事长，2011年入选教育部新世纪人才项目。

第三节　福建省文科研究基地简况

一、哲学与当代社会研究中心

厦门大学哲学与当代研究中心成立于2006年，是福建省优秀基地，该基地主要由以下几部分组成：

以曹剑波教授等人为核心的“知识论与实验哲学研究中心”。中心研究力量雄厚，具有国际视野，广泛开展知识论、认知逻辑、哲学实验等问题研究，在知识观、计算哲学观、哲学实验观等方面均取得突破。

以徐梦秋、欧阳锋教授为核心的“规范论与认知科学”研究中心。中心将以科学技术规范的研究为纽带，覆盖元规范论、伦理学、科学技术规范论、科学哲学、科学技术社会学和中国古代科技思想的研究。

以刘泽亮、谢晓东、朱人求教授为核心的“中国哲学与朱子学”研究团队。研究团队注重中国宗教、儒家哲学基础理论研究与闽南宗教、闽台区域文化、东南亚华人文化信仰等的结合，深入开展中国儒学朱子学、中国佛学朱子学思想研究，对于整个中国哲学及闽台区域文化资源的研究具有重要的理论和实践意义。

以曹志平、朱菁教授为骨干的“科学技术与当代社会”研究团队。研究团队在科学哲学、社会科学哲学、技术哲学、生态哲学、科学社会学、科学管理与科学政策、中国古代科技与文化等领域进行了深入研究，为福建省及海峡两岸科技思想研究提供智力支持。

二、中国社会经济史研究中心

厦门大学中国社会经济史研究中心成立于2006年4月，中心首任主任是陈支平教授，现任主任为王日根教授。中心的主要研究方向有“区域社会经济史”“海洋社会经济史”“中国制度经济史”“中国物质文化史”等。

专门史（中国经济史）是厦大优势学科，中国经济史在继承傅衣凌、韩国磐、陈诗启等老一辈学者传统的基础上，1981年获首批博士学位授予权，1982年创办专业学术刊物《中国社会经济史研究》，1987年入选国家重点学科，2002年、2006年再次蝉联。2002年起，专门史独立建成设立博士后流动站，1994年入选历史学科人才培养与科学研究基地。该学科坚持历史学本位的经济史研究，注重开展实地社会调查，具有由经济看社会、再由社会反观经济的鲜明学术特色；注重民间文献与区域研究，提倡经济史与社会史、断代史研究相结合。本学科在中国古代制度史研究领域取得了卓越的成绩：闽台地方史学科以历史系及1980年创办的台湾研究所（现为台湾研究院）为依托，陈碧笙、陈孔立、陈在正等先生开创了该方向的基业，1981年开始招收硕士生，1995年开始招收博士生，1997年入选教育部“211工程”重点学科，1999年入选福建省重点学科；在此基础上组建的台湾研究中心于2000年入选教育部文科重点研究基地。中外关系史学科则以历史系及1956年创办的南洋研究所(现为南洋研究院)为依托开展建设,韩振华等老一辈学者为该学科做出了贡献,1984年获博士学位授予权,1997年入选教育部“211工程”重点学科;在此基础上所组建的东南亚研究中心于2000年入选教育部文科重点研究基地。海洋史学是于2000年建成的二级学科博士学位授权点,由杨国桢教授率先倡导、王日根教授为学科带头人,如今已奠定了海洋史学的基本学术框架与体系,形成了“站在海里看中国”的学术特色。

第四节 校批机构

一、海洋考古学研究中心

厦门大学海洋考古学研究中心成立于2004年7月,是挂靠于厦门大学人文学院的校级科研机构。本中心秉承厦门大学人文历史研究面向中国东南与东南亚、面向海洋以及与文化人类学相结合的学术传统,主要从事海洋考古理论、水下考古技术、环中国海海洋文化遗产、华南与东南亚的海洋历史与文化、中国海疆与海洋国土的考古证据等相关研究,是国内文物考古研究机构中唯一专长“海洋考古”的学术单位,是国家海洋考古理论研究与水下考古实践协作的重要学术平台。近十年来,中心研究人员先后在海洋考古学术领域承担了十多项包括国家社科基金重大项目、一般项目、青年项目,教育部人文社科重大项目等在内的科研项目,参与了辽宁、山东、福建、广东等沿海一系列沉船遗址的水下考古工作,出版《海洋遗产与考古》《从百越土著到南岛海洋文化》《涨海行舟——海洋遗产的考古与历史探索》《中国东南海洋性瓷业的历史进程》《沉船、瓷器与海上丝绸之路》《海洋考古学》《环中国海沉船》等著作,参与《辽宁绥中三道岗元代沉船》《福建连江定海湾沉船考古》等报告的编写,对于促进海洋考古学术研究发挥了重要作用。

中心不仅是全国高校中独具特色的人文学术研究机构,也是我国海洋考古人才培养和教学研究的重镇。目前已初步建成在国内高校首创的以中国东南沿海为中心的海洋考古学教学体系。在专业与学科总体发展方向上,形成包括东南沿海考古、岛屿考古、海港考古、沉船考古、海洋文化遗产、海洋文化史等多学科整合与文理交叉的东南海洋考古教学与科研系统。在教学与课程体系方面，建成包括本、硕、博、博士后在内的完整的海洋考古学教学与课程体系。在教材建设方面，形成一套完整的海洋考古教材与参考读物，填补了我国考古学学科建设中的一项重要空白。在实践教学与实验室建设方面，通过校内外、跨地域、多部门以及文理协作，建成完善的海洋考古技术实验室和校外实习基地。中心海洋考古教学团队长期参与承担国家水下考古专业人员培训班的理论教学任务，为我国海洋考古人才培养贡献力量。

二、闽商研究中心

厦门大学闽商研究中心成立于2008年2月，首任主任为陈支平教授，现任主任为王日根教授。该中心是为了响应高校为地方社会经济服务的号召，整合厦门大学人文学院、管理学院、经济学院和公共事务学院等已有的科研力量而成立的校级研究机构，现有科研人员约40人，不断更新的硕博士研究生也是该研究中心的有生力量。成立以来，该中心积极开展有关闽商研究的学术交流活动，连续参加福建省委省政府主办的“世界闽商大会”，广泛联络海内外闽商，协助提炼闽商精神；接受省委统战部委托，承担《闽商发展史·港澳台侨》四卷本的撰写；与福建省经济发展中心李闽榕教授等合作出版《闽商发展报告(2012)》；积极开展中华传统商业文化的培训和咨询工作，与福建省五缘文化研究会、厦门市商帮经济促进会等合作主办“五缘文化与闽商”“五缘文化与21世纪海上丝绸之路建设”等专题研讨会；积极拓展国内外闽商的交流和合作，曾与吉林省闽商商会合作开展科研工作，参与策划厦门市恢复每年11月1日的商人节活动。该中心还与中新社主办的《闽商》杂志保持着密切的合作关系，与福建省工商联、福建省委统战部、厦门市总商会、厦门市诚信促进会、厦门市社科联亦有良好的合作和共同开展科研活动的关系。该中心目前还承担了北京用友公益基金会“商的长城——中国商业会馆遗址现状与保护研究”课题。

三、知识论与认知科学研究中心

厦门大学知识论与认知科学研究中心是2011年11月由厦门大学批准设立

的哲学学术研究机构，是国内认知科学研究机构中唯一专长知识论与认知研究相结合的学术单位。

知识论研究是厦门大学哲学系的强势学科，以陈嘉明教授为领军人，经过近十年有计划的博士生培养，已形成团队；研究内容覆盖了当代知识论的主要领域，并产生一批有影响的成果，在国内同行中已获得公认的领先地位。以信息科学与技术学院周昌乐教授为带头人的团队，在人工智能的研究方面已有可观的成果，并已建有福建省仿脑智能系统重点实验室。以这两个团队的结合为基础组建该研究中心，将会为厦门大学今后在认知科学领域的发展奠定基础。

以哲学系陈嘉明教授的团队和信息科学与技术学院周昌乐教授的团队为基础组建的厦门大学知识论与认知科学研究中心，在人员、课题、获奖成果等方面都具备相应实力。目前两个团队已有 2 位教授、6 位副教授、12 位助理教授，以及一批博士后、博士生。现有在研科研课题 22 项，其中国家社科基金项目 2 项、国家自然科学基金 7 项、教育部基金 6 项、省级基金 7 项、博士后基金 2 项，经费共 690 万元。近 5 年已获得教育部与福建省的科研奖共 10 项。

目前计划主要从事如下四个方向的研究：(1)认知科学的知识论基础研究，包括认知的可信赖性过程，证据与信念的确证关系，信息输入与命题输出的认知模式，内在主义、外在主义与认知结构等。(2)实验哲学问题，包括传统哲学问题的思想实验、哲学与社会问题的计算仿真建模模型、禅悟与审美体验的实验研究等。(3)仿脑智能系统，包括仿脑计算关键技术及其应用，自治机器人的不确定时空认知能力及其“神经－符号”实现。(4)认知问题的逻辑、语言与心理学研究，包括面向智能机器人的时空认知逻辑及其算法实现、时空认知逻辑及其相变实例的算法博弈解、汉语名词性隐喻逻辑释义和评价方法研究、面向汉英机器翻译的汉语名词性隐喻的计算方法研究等。

厦门大学知识论与认知科学研究中心预期目标：近期规划是 3 年内建成福建省重点研究基地，中期规划是 5～8 年内建成教育部重点实验室，远期规划是在本校建立起完整的认知科学学科体系。在知识论方向上保持国内领先水平，在仿脑智能系统研究等方向上走进国际学术前列，并在国内率先开辟的哲学实验、隐喻逻辑、艺术认知等领域继续保持领先水平。

四、美国史研究所

同美国研究中心，详见本节“国家其他部委建设基地”相关简介。

五、东南亚华文文学研究中心

厦门大学东南亚华文文学研究中心于1995年1月初成立。20多年来在学校各级领导的关心和支持下，取得了显著的科研成果，在海内外产生较大影响，因而，厦门大学被新华社、人民日报等海内外媒体誉为“国内外东南亚华文文学研究基地”。

早在1987年3月，由我校中文系、海外教育学院教师发起，在厦门大学举行了首届东南亚华文文学研讨会。30多年来，中心与厦门市东南亚华文文学研究会、海外教育学院等单位先后在厦门、泉州、绍兴、曼谷等地联合举办了12届东南亚华文文学研讨会，产生了深远的影响。

中心积极开展研究工作，先后在《人民日报》《光明日报》《文艺报》《文学报》《文学评论》《文艺理论与批评》等报刊发表大量有关东南亚华文文学研究论文。中心还与厦门市东南亚华文文学研究会联合编辑出版“东南亚华文文学丛书”，已出版作品集8部与论著12部。这些研究成果不仅引起海内外学者广泛注意，也受到国内外报刊的好评。特别是庄钟庆主编的《东南亚华文新文学史》(2007)、周宁主编的《东南亚华语戏剧史》(2007)，以及庄钟庆、郑楚主编的《东南亚反法西斯华文文学书卷》(三卷本，2015)，得到了学界的瞩目，深受好评。

中心成立后与厦门大学中文系合作招收中国现当代文学与东南亚华文文学关系的硕士生，开设“东南亚华文文学”课程，并在本科生中开设选修课。中心还与中文系联合招收东南亚华文文学“文学语言研究方向”的研究生，不仅培养了大批该方向的硕士研究生，而且已有多位海内外博士生从事该领域研究，大大增强了研究力量。

中心是东南亚华文文学研究机构，多年来都在持续推进三项工作：一是继续与厦门市东南亚华文文学研究会联合筹办东南亚华文文学研讨会，推动东南亚华文文学研究；二是与有关人员合作撰写《东南亚华文文学与中华文化》及《东南亚华文新文学学科建设》等书；三是编辑出版“东南亚华文文学丛书”和《东南亚华文文学大系》。中心自成立以来，由陈育伦教授任主任，周宁教授、郑楚教授、苏永延副教授任副主任。

六、哲学研究所

哲学研究所建立于1986年，汇聚当时哲学系的骨干力量，致力于哲学基础理论和中国社会现实问题研究，成立不久就在国内学界产生了较大影响。1991年，在全国高校社会科学研究机构评估中，哲学研究所的排名名列我校榜首，跻身全国高校先进科学研究机构行列。自哲学研究所成立以来，研究人员先后主持国家级、省部级以上各类研究课题逾150项，其中国家社会科学基金项目40项(含重大项目2项，重点项目2项)，教育部人文社会科学项目29项(含重大攻关项目1项，重点项目1项)；出版专著、教材200多部，发表学术论文1800多篇；获得国家社科基金优秀成果奖、中国图书奖4项，省部级以上社会科学优秀成果奖近100项(其中教育部人文社科成果奖7项)。目前，研究所主要设马克思主义哲学研究、规范理论研究、伦理学与当代社会研究、科学技术与社会(STS)研究、中国传统文化研究等5个研究方向，专兼职研究人员40余名，现任所长为徐梦秋教授。现在哲学研究所已经打造出一支特色鲜明、梯队合理的科研团队，积极服务于哲学系的学科建设、教学科研和人才培养，是厦门大学哲学一级学科博士学位授权点和哲学博士后流动站建设的重要支撑力量。

七、海洋文明与战略发展研究中心

21世纪是海洋的世纪。中国是海洋大国，实施海洋战略是一项必然的选择，事关中华民族的长远发展。海洋文明与战略发展研究中心是一个海洋人文学科的研究平台，面向国家重大需求，发掘海洋历史文化资源，创新海洋文明论述，开展学术研究与国际海洋文明对话，服务海洋强国战略。中心成立于2011

年[①]，中心主任为杨国桢教授，执行主任为陈博翼副教授，主要任务为复原中国传统海洋文明、树立对民族文化的自信、提升中国在国际海洋事务与海洋秩序建设方面的话语权。中心在杨国桢教授的领导下，2011 年主办了“海洋文明与战略发展高端论坛”暨“明清海洋政策与东亚社会”国际学术讨论会，启动了“中国海洋文明史研究”“环中国海海洋文化遗产调查研究”等一批重大项目研究。全国政协港澳台委员会副主任、原福建省委书记陈明义，国家海洋局局长刘赐贵，中国社科院学部委员张海鹏、张椿年、刘楠来、陈高华、刘庆柱、郭松义同志均对中心的成立和发展予以高度肯定并寄予厚望。2019 年召开的“海洋与中国研究”国际学术研讨会，来自欧洲、美洲、亚洲、澳洲 9 个国家，中国 18 个省、市、自治区和港澳台地区的近 200 名学者莅临研讨。此次规模和层次空前的海洋史研究大会在“一带一路”倡议和加快建设海洋强国战略的背景下，呼吁建立中国海洋人文社会学科，进一步彰显了中国海洋人文社会经济史研究的实力。新时代下，释放历史积累的能量，继承弘扬中华海洋文明，挖掘中国海洋的历史与文化资源，是中国海洋强国的必经之路。

中心的重点研究领域为海洋发展理论研究：以唯物史观为指导，探讨海洋发展空间理论、海权理论、区域研究理论、全球化理论、世界体系理论、可持续发展理论，建设海洋文明和海洋战略发展必需的理论体系，为海洋发展和维护海洋权益提供理论支撑和智力支持。

海洋历史文化研究：开展以中华海洋文明史为核心的专题研究和综合研究。如中华海洋文明与内陆文明的交融与互动，中国既是大陆国家又是海洋国家的历史根据，中华海洋文明在亚洲海洋文明、全球海洋文明中的地位作用，海洋权益维护。

目前，中心已出版的主要研究成果：《中国海洋文明专题研究》10 卷，人民出版社 2016 年出版。“海洋与中国研究丛书”25 册，江西高校出版社 2019 年出版。“中国海洋空间丛书”4 册，海洋出版社 2019 年出版。

---

①　2011 年 1 月 14 日上午，厦门大学 2011 年第一次校长办公会议研究同意成立“厦门大学海洋文明与战略发展研究中心”（厦大办纪要〔2011〕1 号）。3 月 9 日，厦门大学发出文件《关于成立厦门大学海洋文明与战略发展研究中心的通知》（厦大人〔2011〕19 号）。

八、道学与传统文化研究中心

2003 年 5 月，经校长办公会议研究，批准成立“厦门大学道学与传统文化研究中心”。詹石窗教授为研究中心第一任主任，现由黄永锋教授接任。研究中心聘任海内外从事道学研究的一批专家担任名誉主任、顾问或专职、兼职研究人员。

历史传统方面，厦门大学的“道学研究”具有悠久历史。1949 年以前，著名国学大师朱谦之教授在厦门大学哲学系任教时即积极开展“道学”研究工作，顾颉刚先生等也在道学研究方面颇有建树。1978 年以来，随着学术研究的复兴，我校一些从事中国文化研究的学者，从多角度多侧面开展道学研究。高令印、何乃川、詹石窗、盖建民都在本领域取得可观的成就。

学科建设方面，中心承担的主要项目有：教育部哲学社会科学重大课题攻关项目“百年道学精华集成”、国家社科基金重大课题“百年道家与道教研究著作提要集成”、国家社科基金规划项目“《道枢》及其百种引书的搜集、整理与研究”等。出版了《易学与道教符号揭秘》《道教医学》《道教服食技术研究》等系列论著。经过多年努力，厦门大学在道学研究方向培养了许多博士后、硕博士研究生。

研究方向方面，中心将道学置于中华传统文化的大背景下来开展研究。其主要研究方向是：(1)道学与科技文化研究。在此领域，中心尤其重视探索道学与医学养生的关系，发掘其现代价值。(2)道学与闽学关系研究。中心致力于考察闽学的发生、发展与佛学、道家文化的密切关系，注意中西文化的比较研究。(3)道学与民俗文化研究。中华民俗文化流淌着道学的血液，从港、澳、台民众以及海外华人的观念习俗中也能够看出道学的巨大影响力，故而本中心注意开展道学与民俗文化的相关研究。

学术刊物方面，中心《道韵》学术辑刊，1997 年 8 月创办，系半年刊。在多年编辑《道韵》的基础上，《道学研究》于 2003 年 6 月正式出刊，每年两期，国际刊号 ISSN1728－7642，主要栏目：(1)易学之道；(2)老庄新解；(3)医学养生；(4)道门思想；(5)经典发微；(6)三教关系。

九、佛学研究中心

厦门大学佛学研究中心毗邻厦门南普陀寺，创立于2003年7月11日，以厦门大学和闽南佛学院为依托，挂靠厦门大学人文学院，是国内首家学界与教界合作成立的佛学研究中心。

佛学研究中心由中国佛教协会副会长圣辉法师任名誉主任，厦门大学刘泽亮教授任主任，诚信法师、济群法师任副主任，吴洲博士任秘书长，界象法师、传明法师任副秘书长。礼聘海内外知名人士包括时任中国佛教协会会长的一诚法师，佛光山星云法师，香港佛教联合会会长觉光法师，澳门佛教总会理事长健钊法师，香港宏法寺净雄法师，香港旭日集团董事长杨钊，香港诺林有限公司董事长林华国，中国佛教文化研究所所长、中国社会科学院学部委员杨曾文研究员等为研究中心顾问。佛学研究中心的研究经费得到香港旭日集团、香港宏法寺、厦门南普陀寺的资助。

中心研究人员以厦门大学、闽南佛学院的研究人员为基础，旨在整合厦门大学、闽南佛学院及部分海内外佛学研究力量，着眼于深化理论研究、传播人文精神，突出体现佛教研究的理论性、区位性及时代性，推进佛学与佛教文化研究的深入开展。

中心成立以来，深入开展学术研究，组织出版“佛学与人文学术文丛”；积极推动学术交流，与南华大学、泰国朱拉隆功大学等签订长期合作交流协议，与中国佛教文化研究所、闽南佛学院共同举办“佛学研究方法与佛教文化建设”学术研讨会，邀请包括美国、日本、斯里兰卡、泰国等在内的海内外专家举办“佛学与人文”系列学术讲座和专题读书班；加强佛学研究人才的培养，举办佛学研究生硕士课程进修班，并长期举办佛学学术沙龙；等等。中心现已成为厦门大学中国哲学学科建设的一支重要力量。

十、古籍整理研究所

厦门大学古籍整理研究所是校级科研单位，目前主要挂靠中文系，现任所长李无未教授，副所长胡旭教授。郑学檬教授、吴在庆教授等老一辈古文献学家都曾出任过古籍所领导。

1986年4月，厦门大学根据教育部高校古委会1983年发出的关于响应国务院古籍整理领导小组意见，在部属院校建立直属古籍整理研究机构的指示精神，依托中文系、历史系、哲学系建立了厦门大学古籍整理研究所，隶属学校管理。立足于以古典文献为重心的传世文献的整理与研究，经过近40年的发展，古籍整理研究所取得了一系列文献整理、文学研究与语言研究方面的学术成果，承接国家、教育部，以及教育部高校古委会项目几十项，获得国家及省部奖励几十项。其中吴在庆、李无未、胡旭、刘荣平等成绩突出。吴在庆长期担任古籍整理研究所长职务。2010年，经学校批准，由李无未教授担任所长、胡旭教授担任副所长职务。截至2020年初，有兼职研究人员11人，其中，教授4人、副教授5人、助理教授2人。厦门大学古籍整理研究所根据自身的发展情况，把文学文献、出土文献、域外文献的整理与研究有机地结合起来，以历史文献、域外汉学典籍、东南地方文学典籍、文选学文献、古文字及出土文献整理研究为方向，在古籍整理和汉语音韵学方面形成了几个特色不同而又紧密联系的研究方向，在学术界产生较为重大的影响，在国内外享有盛誉。

十一、汉语言文字应用和推广研究中心

2010年4月，在原汉语研究中心的基础上，经厦门大学批准，由厦门大学中文系、海外教育学院等单位部分汉语语言学教师组成，成立厦门大学汉语言文字应用和推广研究中心。中心的研究方向包括域外汉语语言学史、世界汉语教育史、汉语史、汉语方言学应用等。中心自成立以来，依托人文学院中文系，获得国家社科基金重大项目1项、教育部语言文字应用重大项目1项、国家社科基金重点项目1项、国家社科基金一般项目20余项。中心入选国家社科基金成果文库著作1本，出版“东亚汉语史书系”近20本、《日本汉语教科书汇刊》(江户明治卷)60本。获得教育部人文社科奖励二等奖2次、福建省社科一等奖1次、福建省社科二等奖4次、王力语言学奖1次。中心现有兼职研究人员13人，其中，教授4人、副教授7人、助理教授2人。现任中心主任李无未教授。中心与美国、日本、韩国、越南等国家的研究机构与大学建立了十分广泛的联系，成为中国东南汉语言文字学应用研究的重镇之一。

十二、戏剧影视与艺术学研究中心

厦门大学戏剧戏曲与艺术学研究中心成立于2001年12月，2008年，随学科建设而更名为厦门大学戏曲影视和艺术学研究中心。陈世雄、易中天任中心首任正副主任（2001年12月—2008年4月），黄鸣奋、王晓红为第二任正副主任（2008年5月—2015年12月），李晓红、王晓红为第三任正副主任（2016年1月起），中心有陈世雄、易中天、黄鸣奋、郑尚宪、周宁、易存国、李晓红、杨惠玲、满新颖、赵春宁、郭永健、苏琼、汪晓云、张世宏、郑国庆、张艾弓、杨玲、王晓红、任鹏、李天、许昳婷等研究人员。中心自成立以来，积极开展学术研究，承担了教育部重大攻关项目和多项国家、省市社科基金项目、省市委托研究项目，出版“厦门大学戏剧影视丛书”多种，多项成果获得了教育部高等学校人文社会科学研究成果奖、国家各部委奖项和省市社科奖，主办和承办了戏剧、电影、新媒体等领域多个国际学术研究会议。

中心重视人才培养。由中心负责建设的戏剧影视文学专业2010年获批福建省特色专业，2019年获批国家级一流本科专业建设。戏剧影视艺术学研究生创新基地2012年获批福建省研究生教育创新基地。中心于2010年策划创建的一年一度的厦门大学“中文有戏”演出季成为厦门大学艺术人才培养的重要平台，因成绩显著，2019年获得福建省高等学校教学成果奖特等奖。中心还推出了歌仔戏《陈嘉庚还乡》（编剧陈世雄）、话剧《模范监狱》（编剧易中天）、《陈嘉庚》（编剧王晓红）、《哥德巴赫猜想》（编剧王晓红）等精品剧目，并多次获得国家级大奖。

中心负责厦门大学戏剧与影视学一级学科博士点和艺术学理论一级学科硕士点的建设。在教育部第三轮学科评估中，戏剧与影视学并列第五，艺术学理论并列第八；在第四轮学科评估中，戏剧与影视学为B+，艺术学理论为C+，在国内各大高校特别是综合性院校中，学科排名居于比较前列的位置。

中心还积极开展社会服务。承建了厦门大学音像文献中心/电影博物馆，典藏中外大量电影设备、拷贝、海报等文献资料，为保存和修复影像文化资产做出了自己的贡献。中心为中国电影金鸡奖长期落户厦门做出了不可替代的贡献。此外，在中国戏剧节、福建省海峡论坛·海峡影视季、两岸民间艺术节、国际动漫节、中国金鸡百花电影节、丝绸之路电影节等大型活动中发挥了智库和专家支持的重要作用。

十三、新媒体动漫研究中心

厦门大学新媒体动漫研究中心成立于2011年，负责人为人文学院黄鸣奋教授、王晓红副教授等。中心由厦门大学和中国移动手机动漫基地、日本早稻田大学共建，目的是：遵照中国政府主管部门制订的相关发展规划和政策，根据新媒体动漫产业实际需要，通过中日交流形式开展课题研究，将研究成果转换成行业标准；促进产、学、研相结合，建立和完善新媒体动漫产业人才培养体系；扩展国际视野，加强国际合作，保证新媒体动漫产业可持续发展。

新媒体动漫是文化产业的重要组成部分。所谓“新媒体”是指在以计算机为龙头的信息革命推动下发展起来的各种媒体，特别是与移动通信相关的各种手持装置；“动漫”是指由数码技术所支持的动漫及其先导产品、衍生产品。中心设立和建设的意义在于推动新媒体动漫产业发展、使之造福社会。

中心的分工是：中国移动手机动漫基地为中心提供合作平台（包括通信渠道、项目经费等）；厦门大学主要负责组织专家参加中心各项目研究，并将新媒体动漫人才培养作为教学创新的重要内容；早稻田大学主要负责提供日本在新媒体动漫方面成功的经验和成果。

中心充分发挥合作各方的优势，在厦门设立新媒体动漫产业常规性峰会，将峰会和业界互动、学者互访、学生交流等结合起来，使之成为产业链上下游协调的枢纽。

十四、中国海关史研究中心

厦门大学中国海关史研究中心成立于1985年，系我国著名历史学家陈诗启先生所创设，被誉为“国内研究中国海关史的重镇”。现任中心主任为戴一峰教授，历任主任有陈诗启先生和黄福才教授。多年来，研究中心积极开展各项工作，得到国内外学界的广泛好评。

第一，开展学术研究。研究中心成员努力开拓中国海关史研究领域，填补学术空白，同时利用海关档案从事近代中国对外经济关系、区域社会经济、财政制度演化、商业与城市发展、海外移民等多种研究，取得了一系列喜人的成果。曾先后承担10余项国际合作科研课题、国家和省级社科项目，出版了10余种学术专著(包括译著)，发表了200余篇学术论文，有多项科研成果获国家和省部级社科优秀成果奖。

第二，举办学术会议。研究中心先后举办(包括合办)了多次国际学术专题研讨会，就海关与中国近代社会变迁、海关制度形成与演化、海关档案资料的整理与利用、海关人物研究以及海关与区域社会经济发展等议题深入探讨，有力推进了学术研究，扩展了学术影响。

第三，整理海关档案。研究中心与厦门海关通力合作，整理、出版了厦门海关所收藏的旧海关档案资料《近代厦门社会经济概况》、《厦门海关历史档案选编》(第一辑)等。研究中心还和南京第二历史档案馆合作，整理该馆所收藏的旧海关档案资料，编辑了《南京二档馆藏海关档案汇编》(6册)(尚未出版)。

第四，助力中国海关学会。中国海关学会是海关总署属下一个覆盖全国海关系统的学术团体。多年来，研究中心大力协助海关学会培养海关系统内的科研人才，开展各种海关史研究和海关志书编写，促进海关文化建设，获得海关学会和海关总署的多次表彰。

第五，培养科研人才。多年来，研究中心一直致力于推进中国海关史的学科建设和人才队伍建设。研究中心依托厦门大学历史系，在中国近现代史二级学科下自主设立中国海关史研究招生方向，并率先在国内招收中国海关史的硕士生和博士生，累计培养硕博士达80余人，向各行业输送了一批又一批的优秀人才。

十五、宗教学研究所

厦门大学的宗教研究具有悠久历史，早在20世纪20年代建校之初，著名宗教哲学研究专家汤用彤教授、著名道家道教研究专家朱谦之教授已经在这里开辟了自己的研究领域，为后来的宗教学研究奠定了基础。“文化大革命”以前，尽管存在着许多困难，但本校的宗教学研究依然保存了“火种”。著名学者朱天顺教授先后撰写了《原始宗教》等书。“文革”之后，他又撰写了《中国古代宗教初探》以及关于“妈祖文化研究”的诸多著作，在“道教与民间信仰”关系研究方面取得了比较突出的成果。

1999年12月,经过校务会议批准,厦门大学成立了宗教学研究所。多年来,研究所在各级领导的关心下,在海内外热心人士的支持帮助下,逐步发展。目前,厦门大学宗教学研究所以詹石窗教授为名誉所长,黄永锋教授为所长。经过多年的建设,研究队伍逐步壮大,现有教授和兼职教授8人、副教授6人、讲师及助研4人。

厦门大学宗教学研究所的主要研究方向是:(1)中国道教文化;(2)中国佛教文化;(3)中国民间宗教;(4)宗教学基本理论与当代宗教研究。此外,研究所在基督教、天主教研究方面也做了一些工作。研究所的研究特色在于理论研究与应用研究相结合,关注社会热点问题,提供对策研究,对当前社会进步有促进意义。

厦门大学宗教学研究所坚持实事求是的科学精神,开展宗教学术研究工作。至今主持国家社会科学基金课题10项,承担了教育部"十五规划"统编重点教材《中国宗教通论》等编写任务,先后出版了《易学与道教思想关系研究》《道教科技与文化养生》《黄檗禅哲学思想研究》等30余部论著,在《中国社会科学》《哲学研究》《中国哲学史》《世界宗教研究》等权威刊物上发表论文40多篇。

十六、民间历史文献研究中心

厦门大学民间历史文献研究中心成立于2007年,学科带头人为厦门大学历史系特聘教授郑振满。中心继承傅衣凌教授开创的史学传统,主要致力于中国现存民间历史文献的收集、整理与研究。曾承担教育部重大课题攻关项目"民间历史文献与文化传承研究"、福建省文化厅委托项目"福建省历史名镇名村考古计划"等。每年定期举办"民间历史文献论坛",探讨民间历史文献研究的理论与方法。主编《民间历史文献论丛》,已出版《族谱研究》《碑铭研究》《仪式文献研究》等专辑。

自2009年以来,中心与哈佛大学费正清中国研究中心合作,共同建设"中国地方史与民间文献数据库",该项目获得厦门大学繁荣人文社会科学计划与双一流计划的资助,已初步建成以GIS为基础的中国历史人文地理信息系统。2018年获哈佛大学文理学院基金资助,立项"福建山林契约文书搜集与整理"。同年,郑振满教授受福建人民出版社委托，主持大型文献汇编《八闽文库》之《福建山地文书》(100 册)的编纂工作，书稿付梓在即。

十七、陈嘉庚研究中心

厦门大学创办人陈嘉庚(1874—1961)是 20 世纪海外华人的杰出代表。他以倾资兴学闻名于世。抗战时期，他动员南洋八百万华侨支持祖国，被毛泽东赞誉为“华侨旗帜，民族光辉”。最早对陈嘉庚进行研究的是厦门大学历史系陈碧笙教授，他于 1973 年编印了《陈嘉庚年谱》(刻印)。厦门大学 60 周年校庆之际，陈碧笙和杨国桢教授合写的《陈嘉庚传》、王增炳和余纲合写的《陈嘉庚兴学记》，为陈嘉庚研究奠定了基础。

厦门大学陈嘉庚研究中心于 1984 年 10 月成立。宗旨是搜集、整理陈嘉庚资料，研究陈嘉庚的业绩、思想，研究与陈嘉庚有关的华侨人物、华侨社团及历史事件，以总结和发扬“陈嘉庚精神”(包括爱国爱乡、“取诸社会、用诸社会”、教育救国、坚持真理、坚持进步、奉公守法等)，以此加强与海内外学者的合作、交流。研究室研究人员由历史系教师兼任，历任主任有陈碧笙、吴文华等，现任研究中心主任为曾玲教授。

第四部分　人才培养

第一章　本科专业设置

一、人文科学实验班

为深化教学改革，提高教学质量，培养厚基础、宽口径的人文学科文科专门人才，人文学院自 2013 级本科生开始实行“大类招生、大类培养”招生与培养改革。人文学院本科生大类培养注重文史哲基础知识学习与学科的综合交叉，关注学术前沿和社会现实，强调人文精神的传递和科学精神的培育。对学生入学后的第一学年实行不分专业的通识教育，通过“文史哲”“人类学”等通修课程，培养学生解读中外经典著作的能力，使之了解学科前沿知识和发展趋向，打好专业学习基础。自第二学年开始，学生可根据自己的兴趣和愿望，综合第一学年课程成绩，经过志愿选择与成绩考核，进入各系各专业并最终取得相应学位证书。

人文学院为每五个本科生配置一名本科生导师，负责引导学生确立正确专业思想，指导学生科学规划职业生涯，指导学生安排学习进程，包括按照教学计划指导学生个性化选择学习方向、选课等。本科新生被编入不同的班级，每个班级设立导师组，由该班本科生导师组成，导师组组长同时担任班主任。导师组主要配合辅导员建设班级组织、举办班级活动、营造班级文化等。

二、中文系

厦门大学中文系现有三个本科专业:汉语言文学、汉语言、戏剧影视文学。

1.汉语言文学

本专业培养具备文艺理论素养和系统的汉语言文学知识的高素质人才。既造就从事文化艺术、新闻出版、社会科学研究和高等院校教学科研的高级专门人才,又培养能在党政机关、社会团体、中外企事业单位从事文化、宣传、文秘、公关、形象策划和管理等实际工作的高级人员和智囊型人才。

本专业除学习政治理论、英语、计算机基础与运用、高等数学、体育等公共课外,主要专业基础课和主干课有"语言学概论""古代汉语""现代汉语""文学概论""马克思主义文论""中国古代文学史""中国现当代文学史""外国文学史""比较文学""民间文学""大学写作""古代作品与文献""现代作品选讲""汉语史""语言学史"等。还开设有关美学、文艺评论、文艺创作、中外古今文学各种专题、方言、词汇、音韵和中国文化、中西文化文学比较的数十门专门性选修课。从拓宽专业口径、培养学生素质出发,还开设一批前沿学科、交叉学科及应用型的课程,主要有:"传播心理学""电脑文艺学""网络文化""影视与戏剧""公共关系学""秘书学""新闻采访""企业策划""文化与管理等"。

本专业立足于传统的汉语言文学学科的特色,发扬基础学科素质教育的优良传统,把握本学科的前沿成就和发展前景,吸收富于时代精神的新学科新成果,为弘扬中华文化,培养德、智、体、美全面发展的高素质人才而不懈努力。

2.汉语言(应用语言学方向)

本专业的目标是培养中外文并重、文理科兼通的复合式应用型人才。所培养人才具有较好语言文学修养,基础知识扎实,懂计算机,能从事信息加工处理(计算机二级水平),具有较强的汉语和英语表达能力(英语达到 6 级水平),能在新闻出版、大专院校、党政机关、中外企业、事业单位从事编辑、教学、文秘、宣传、策划、管理工作,能从事汉语母语与对外汉语教学,并能从事与中文信息处理相关专业工作。同时,本专业还为语言学专门人才的进一步培养输送优质生源。

开设的基本课程有:“社会语言学”“应用语言学”“中文信息处理”“现代汉语”“古代汉语”“语言学概论”“古代文学作品选读”“汉语史”“语言学史”“对外汉语教学概论”“文学概论”“大学写作”“汉语词汇学”“汉语语法学”“中国文学史”“中国现代文学”“现代文学作品等。选修课有:美学概论”“公共关系学”“公务员应用写作”“传播心理学”“汉语与中国文化”“辞书学概论”“现代语音学”“现代语法研究”“音韵学”“方言学”“文字学”“心理语言学”“海外华文教育研究”“人工智能原理”“计算语言学”“计量词汇学”“网络二语言教学理论”“辞书学史”“中国语言学名著选读”“西方语言学名著选读”“公关语言学”“言语交际与训练”“商务礼仪”等。

3.戏剧影视文学

本专业的目标是培养兼具理论素养和创作能力的高素质人才,要求学生熟悉我国文艺、宣传的政策、方针,了解戏剧、戏曲、影视理论和创作的发展动态;系统掌握戏剧、戏曲、影视文学的基本理论;具有较强的观察、理解、概括生活的能力;具有较强的戏剧、戏曲、影视创作的基本能力和较强的文艺编辑能力;掌握文献检索、资料查询的基本方法,具有一定的理论研究和理论批评能力。

除了中文系的基本课程,本专业开设的主要课程有:“戏剧影视写作”(含戏剧、戏曲剧本写作和电影、电视剧本写作)、“戏剧理论与鉴赏”、“戏曲作品鉴赏与批评”、“剧场艺术”、“影视作品鉴赏与批评”、“中国话剧史”、“外国戏剧史”、“中国戏曲史”、“中外文学史”、“电影史”、“表演导演艺术基础”、“视听语言”、“艺术学与美学概论”、“艺术欣赏”等。另外,还开设“舞台实践”、“电影实践”、“戏曲实践”和“纪录片创作”等实践性课程。此外,还充分利用校外资源,平均每学期安排3周左右的社会实践和艺术实践,包括观摩演出和播映,撰写剧评、影评并进行剧本习作,给著名剧作家、评论家当助手等。鼓励学生在学期间主动积极地参与本市、本省的戏剧影视创作、评论实践,从实践中学习。

三、历史系

历史系现有两个本科专业，即历史学、考古学。

1.历史学专业(含世界史方向)

历史学(含世界史方向)开设的课程有："中国通史""世界通史""历史学理论与方法""史学史""史料导读""社会经济史类""民间文献类""美国史类""东南亚史类""国际关系史类""海洋史类""历史地理类""考古类""历史学与考古学技术类""论文写作训练类""语言类"等课程。

历史学专业的培养目标是学生掌握历史学科的基础知识、基本理论和方法，具有良好的外语基础、较高的史学素养和开阔的国际视野。本专业毕业生可择优免试保送到本校和国内其他同类高校攻读硕士学位，或者提前攻读博士学位；或从事各级党政部门、企业事业单位、新闻媒体等部门的行政管理、宣传、文秘、策划、编辑等工作；或从事历史教学与科研及文化遗产保护等专业技术工作。

2.考古学专业

开设课程有："考古学概论""考古学史与考古理论""田野考古方法""考古摄影与绘图""博物馆学概论""民族学概论""体质人类学""文物学概论""古文字学""海洋考古学""环境考古""旧石器时代考古""新石器时代考古""夏商周考古""战国秦汉考古""六朝隋唐考古""宋元明清考古""田野考古实习""中国古代陶瓷""考古专业英语"等。

考古学专业毕业生可择优免试保送攻读硕士学位，或者提前攻读博士学位；或到文物局、考古所、博物馆、海关等部门从事考古发掘、文物鉴定、文物与文化遗产保护等专业技术工作；或到各级党政部门、企业事业单位、新闻媒体从事文化宣传、行政管理等工作。

四、哲学系

厦门大学哲学系创办于 1922 年，具有悠久历史和深厚学术传统。1949 年前就有当时国内的一流学者如张颐、朱谦之、邓以蛰等在此执教。

目前哲学系已发展成为我国南方哲学教学与研究的重要基地。2005 年获得哲学一级学科博士授予权，2007 年获批设立哲学一级学科博士后流动站。其博士后流动站、博士点、硕士点涵盖的二级学科专业包括：马克思主义哲学、中国哲学、外国哲学、科学技术哲学、宗教学、伦理学、逻辑学、国学。

哲学系实行系、所、中心合一的管理体制，拥有哲学研究所、知识论与认知科学研究中心、佛学研究中心等研究机构。哲学一级学科是省级重点学科，哲学与当代社会研究中心是首批福建省高校人文社科研究基地。

哲学系在规范论、知识论、科技哲学与中国古代科技思想、宗教学、朱子学等研究领域取得了突出成果，在学界产生了重要影响。自 20 世纪 90 年代以来，哲学系先后主持国家级、省部级各类研究课题 120 多项，出版专著、教材 260 多部，发表学术论文 2500 多篇，获得教育部人文社科优秀成果奖、国家社科基金优秀成果奖、中国图书奖 8 项，获省级社会科学优秀成果奖 70 多项，显示出良好的发展态势。

第二章　硕博研究生培养

厦门大学作为综合性研究型大学，研究生的培养是学校重要工作之一。人文学院作为最早获批硕士、博士学位授权点的单位之一，在研究生人才培养上具有丰富的经验。

厦门大学硕士生学制为 3 年，近 20 年来学制方面几乎没有变化，但硕士培养方案则会因时而变，不断加以调整完善。2013 年硕士生培养新方案中，硕士生的学分要求规定，硕士生须完成 36 学分以上。其中：公共学位课学分大于等于 7 学分，专业学位课学分大于等于 18 学分，选修课学分大于等于 11 学分。与 2013 年之前的培养方案相比，硕士须完成的总学分数不变，都是 36 学分。但学分的分布发生了变化，其中公共学位课减少 1 学分；专业学位课学分大于等于 18 学分，增加了 3 学分；选修课增加 1 学分。从前述微妙变化可以看出，教学时间分配向专业课程转移。

厦大博士研究生学制早期一直是 3 年。2014 年博士生培养制度改革实行新学制，改为 4 年。博士生在校年限最长不超过 7 年，本直博在校年限最长不超过 8 年。博士生的选拔则主要通过两个途径，一是硕博连读。人文学院各系符合条件的硕士生，提交硕博连读申请并经各系专门考核小组考核批准后，方可硕博连读。二是参加博士生统一考试。考试通过后进入本系继续攻读博士学位。近年人文学院博士生选拔制度有所改革，实行申请考核制，符合申请条件的学生提交申请，申请通过后参加面试，通过面试后方可攻读博士学位。

目前，人文学院博士生培养实行导师组制度，导师组在研究生学位论文选题、开题、中期考核分流、论文撰写及答辩等环节，予以一定的学术指导和支持。导师组实行组长负责制，主导师为指导博士研究生的第一责任人。在学期间，根据人文学院博士生中期考核分流办法要求，博士生入学后第二学年进行中期考核，主要考察博士生掌握学术前沿问题的能力以及掌握文献的情况、论文发表情况以及博士论文准备的情况等。已通过中期考核者方可进入论文写作阶段。第一轮未通过者半年之后可以重新提请进行第二轮考核。考核不通过者作退学处理。中期考核为博士生必修环节,计 1 学分。

人文学院各专业研究生的培养,除了按照教学计划开展教学工作以外,也积极展开其他活动,作为推动研究生工作发展的助力。比如每年夏天组织开设夏令营,以吸引校外优秀本科生来校交流,并将其作为厦大硕士生优秀生源之一,选拔优秀本科生到本校继续学业。随着人文学院各学科声名远播,人文学院不仅吸引国内优秀的毕业生到本院进一步研修,近年亦有不少海外学生到本校攻读研究生学位。

人文学院鼓励并支持学生参加学术交流活动,拓展学术视野。不少学生积极参加国内外学术会议,也有不少研究生参加校级交流项目,赴境外高校进行学术交流,另外,通过博士生公派留学和联合培养等方式出国交流,也是博士生学术交流的重要途径。

此外,厦门大学研究生培养有完善的奖助体系,奖学金的覆盖比例百分之百。此外,为支持研究生的学术探索,学校还设立基金鼓励优秀研究生开展田野调查。厦门大学从 2011 年开始设立基础创新科研基金(研究生项目),每个项目资助 3 万元。从 2014 年开始设立厦门大学研究生田野调查基金项目,每个项目资助 2 万元。这对人文学院研究生培养有很大的帮助,每年均有一批有田野调查需要的研究生由此获益。

近 20 年来,人文学院各系已培养硕士、博士数千人。经过三四年在校学习,人文学院研究生已有丰厚的学术积累和广阔的学术视野,具有较高的学术素养和扎实的理论基础,具备独立的学术研究能力,成为可以在各大行业、高等院校和科研机构从事教学或独立开展科研工作的高层次专门人才。

一、中文系

厦门大学中文系现拥有中国语言文学、戏剧与影视学两个一级学科博士授权点,可在汉语言文字学、语言学及应用语言学、中国古代文学、中国现当代文学、外国文学、古代文献学、戏剧与影视学、文艺学等十余个专业方向招生博士、硕士研究生。其中“中国语言文学(0501)”一级学科博士授权点下属 8 个二级学科博士授权点,即:文艺学(050101)、语言学及应用语言学(050102)、汉语言文字学(050103)、中国古典文献学(050104)、中国古代文学(050105)、中国现当代文学(050106)、中国少数民族语言文学(050107)、比较文学与世界文学(050108)。

中文系硕士培养方向

专业名称	研究方向	专业名称	研究方向
中国古代文学	先唐文学	文艺学	西方美学与文艺理论
	唐宋文学		中国现当代文论
	元明清文学		中国美学与中西美学比较
	中国古典诗歌研究	中国现当代文学	中国现代文学研究
中国古典文献学	中国典籍与文化		中国当代文学研究
语言学及应用语言学	应用词汇学		女性文学与性别文学研究
	对外汉语		中国现代文学与东南亚华文文学
	计算语言学		文学与传媒
	社会语言学	比较文学与世界文学	生态视角的欧美文学研究
	比较语言学		当代欧美文学研究
汉语言文字学	汉语方言与音韵	戏剧与影视学	比较戏剧学
	文字学与古文字学		中国古典戏曲
	词汇学与训诂学		电影美学
	中外汉语语言学史		中国现当代戏剧
	汉语语法学		女性戏剧
	对外汉语研究		艺术理论
中国少数民族语言文学	中国少数民族语言文学		

中文系博士培养方向

<table>
<tr><th>专业名称</th><th>研究方向</th><th>专业名称</th><th>研究方向</th></tr>
<tr><td rowspan="3">中国古代文学</td><td>汉唐文学研究</td><td rowspan="2">文艺学</td><td rowspan="2">美学和文艺理论</td></tr>
<tr><td>唐宋文学</td></tr>
<tr><td>中国古典诗歌研究</td><td rowspan="3">中国现当代文学</td><td>性别与文学文化研究</td></tr>
<tr><td>中国古典文献学</td><td>海外汉学文献</td><td>中国当代文学研究</td></tr>
<tr><td rowspan="6">语言学及应用语言学</td><td>应用词汇学</td><td>中国现代文学研究</td></tr>
<tr><td>对外汉语</td><td rowspan="2">比较文学与世界文学</td><td>生态视角的欧美文学研究</td></tr>
<tr><td>计算语言学</td><td>当代欧美文学研究</td></tr>
<tr><td>语言教育</td><td rowspan="5">戏剧与影视学</td><td>中外戏剧研究</td></tr>
<tr><td>世界汉语教育史</td><td>新媒体艺术产业</td></tr>
<tr><td>话语功能语言学</td><td>电影电视史论</td></tr>
<tr><td rowspan="2">汉语言文字学</td><td>汉语史及中外汉语语言学史</td><td>戏剧影视音乐</td></tr>
<tr><td>现代汉语语法</td><td>戏剧影视美术</td></tr>
<tr><td>中国少数民族语言文学</td><td>少国少数民族语言文学</td><td></td><td></td></tr>
</table>

二、历史系

自2000年以来，历史学系所有二级学科均有硕士学位授予权。在中国历史、世界历史和考古学及博物馆学三个一级学科下，设有多个二级学科，其下又分别有多个学科方向。相应学科及专业方向如下：

中国史硕士培养方向

专业名称	硕士生	专业名称	硕士生
历史地理学	中国历史地理、区域历史地理、中国城市地理	中国古代史	先秦秦汉史、魏晋隋唐史、宋元史、明清史
中国近现代史	区域经济史、近现代社会文化史、近现代思想文化史、中国海关史	台湾研究	清代台湾史、日据时期台湾史、抗战后台湾史、当代台湾史
专门史	明清社会经济史、中国环境史、社会文化史、历史人类学	历史文献学	传统文献学、民间历史文献学
		海洋史学	海洋社会经济史、海洋社会文化史

世界史硕士培养方向

研究方向
美国史
东南亚史
海外华人华侨史
中外关系史
世界古代史
世界近现代史
东南亚史

考古硕士培养方向

院系类别	专业名称	研究方向
历史系 考古硕士	考古学史与考古学理论	民族考古学
	史前考古	东南区考古、东南民族考古
	科技考古	植物考古
	文化遗产与博物馆	文化遗产学、博物馆学
	专门考古	海洋考古、环境考古、东南亚考古

近20年来，历史学系博士生工作取得了很大进展。首先是博士学位授予点增加。继20世纪80年代取得专门史和中国古代史博士学位授予点以后，中国近现代史也于90年代取得博士学位授予点(1999年始有博士生)。此后，世界史、历史文献学(2003年有始有博士生)、考古学及博物馆学(2004年始有博士生)、人类学(2005年有博士生)、海洋史学(2013年有博士生)、历史地理学(2013年有博士生)等也获得了博士学位授予权。

在中国历史、世界历史和考古学及博物馆学三个一级学科下，设有多个二级学科，其下又分别有多个学科方向。相应学科及专业方向如下：

中国史博士培养方向

专业名称	博士生	专业名称	博士生
历史地理学	中国历史地理、区域历史地理	中国近现代史	区域经济史、近现代社会文化史
历史文献学	民间历史文献学	海洋史学	海洋社会经济史、海洋社会文化史
专门史	明清社会经济史、中国环境史、社会文化史、台湾地方史	台湾研究	清代台湾史、日据时期台湾史、抗战后台湾史、当代台湾史
中国古代史	明清史		

世界史博士培养方向

研究方向
世界地区、国别史——美国史
专门史与整体史——美国城市史
专门史与整体史——东南亚华人
华侨华人史
中国与东南亚关系史
中外经济文化交流史
东南亚历史

考古学博士培养方向

专业名称	研究方向
考古学史与考古学理论	民族考古学
史前考古	东南区考古、东南民族考古
科技考古	植物考古
文化遗产与博物馆	文化遗产学
专门考古	海洋考古、环境考古

三、哲学系

人文学院哲学系已获得哲学一级学科硕士学位和博士学位授予权，其中中国哲学、外国哲学与科学技术哲学为福建省重点学科，在马克思主义哲学、中国哲学、外国哲学、科学技术哲学、逻辑学、宗教学、伦理学、美学八个二级学科上均招收硕士研究生、博士研究生。

哲学系硕士培养方向

专业名称	研究方向	专业名称	研究方向
马克思主义哲学	认知与规范	逻辑学	科学逻辑
	历史唯物主义与社会发展		非形式逻辑(批判性思维)
	国外马克思主义		逻辑哲学
中国哲学	儒家哲学		现代逻辑
	经学史与经学义理		中国逻辑思想史
	宋明理学		西方逻辑史
	道家与道教	伦理学	伦理学原理
	佛教哲学		应用伦理学
	儒释道会通		中国伦理学史
外国哲学	当代知识论	伦理学	西方伦理学史
	德国古典哲学		政治哲学
	分析哲学		道德心理学
	实验哲学	科学技术哲学	科技思想史
	现象学		科学哲学
	儿童哲学		认知科学哲学
宗教学	宗教学原理		社会科学哲学
	中国佛教史		科学技术与社会
	中国道教史		马克思主义科技哲学研究
	禅宗文化		
	宗教艺术中的美学问题		

哲学系博士培养方向

<table>
<tr><th>专业名称</th><th>研究方向</th><th>专业名称</th><th>研究方向</th></tr>
<tr><td rowspan="4">马克思主义哲学</td><td>马克思主义认识论与规范论</td><td rowspan="3">伦理学</td><td>西方伦理思想及其历史（含西方政治哲学方向）</td></tr>
<tr><td>西方马克思主义规范学说</td><td>古代中国伦理思想</td></tr>
<tr><td>历史唯物主义与社会发展</td><td>伦理学方法论与跨学科研究</td></tr>
<tr><td>国外马克思主义</td><td rowspan="2">宗教学</td><td>中国佛教</td></tr>
<tr><td rowspan="6">中国哲学</td><td>朱子学</td><td>中国道教</td></tr>
<tr><td>儒家政治哲学</td><td rowspan="5">科学技术哲学</td><td>科学技术哲学</td></tr>
<tr><td>佛教哲学</td><td>中国古代科技思想史</td></tr>
<tr><td>儒佛会通</td><td>科学哲学</td></tr>
<tr><td>道教哲学</td><td>认知科学哲学</td></tr>
<tr><td>先秦诸子</td><td>人工智能哲学</td></tr>
<tr><td rowspan="6">外国哲学</td><td>知识论</td><td rowspan="3">科学技术哲学</td><td>社会科学哲学</td></tr>
<tr><td>分析哲学</td><td>马克思主义科技哲学</td></tr>
<tr><td>近现代西方哲学</td><td>中华心法研究</td></tr>
<tr><td>女性主义哲学</td><td rowspan="3">国学</td><td>道家道教文献学</td></tr>
<tr><td>实验哲学</td><td>国学经典文献与思想研究</td></tr>
<tr><td>儿童哲学</td><td>朱子学研究</td></tr>
<tr><td>逻辑学</td><td>现代逻辑史</td><td></td><td></td></tr>
</table>

第三章 博士后流动站

人文学院设立博士后流动站已逾 17 年。自设立博士后流动站以来,我院积极开展博士后引进工作,截至 2020 年 10 月,中文系共引进 22 名博士后,历史系共引进 56 名博士后,哲学系约 20 名左右。进站研究人员除来自厦门大学外,还有来自中国人民大学、南开大学、山东大学、中山大学、吉林大学、北京师范大学、复旦大学、解放军外国语学院等国内高校的博士毕业生和教学人员。其学术背景包括中国历史、世界历史、人类学与民族学、社会学、政治学与公共事务管理、国际关系、马克思主义历史学等学科领域。博士后在站期间,他们追踪学术前沿,科研成果丰富,多人获得博士后基金面上资助和特等资助。博士后出站后的去向,或受聘本校成为专任教师,或前往北京师范大学、华东政法大学、华侨大学、上海大学、福建师范大学、中国海洋大学等其他高校或科研机构任职。他们现在大多已为教授或副教授,成为所在高校或科研机构的教学科研骨干,在各自领域发挥着重要作用。

一、中国语言文学博士后流动站

厦门大学中国语言文学博士后流动站建立于 2007 年,依托创办于 1921 年的中文系,鲁迅、林语堂、沈兼士、罗常培等曾在此任教,形成深厚优良的学术传统。中国语言文学博士后科研流动站以中文系师资为教学研究基础与骨干,在中国语言文学一级学科领域内形成了跨学科研究的综合实力。厦门大学与中国语言文学一级学科建设的相关研究机构,尚有两个国家“985 工程”创新平台——台湾研究院、南洋研究院,教育部与厦大合办的国家语言资源监测与研究教育教材中心,福建省政府批准的研究院——国学研究院,以及语言文学研究所、海外教育学院、外文学院等。

厦门大学中文系现有 2 个一级学科博士授权点:中国语言文学、戏剧与影视学;9 个二级学科博士授权点:汉语言文字学、语言学及应用语言学、文艺学、戏剧戏曲学、中国古代文学、古典文献学、中国现当代文学、中国少数民族语言文学、比较文学与世界文学。每个一、二级学科博士授权点对应着各一、二学科硕士授权点。3 个本科专业:汉语言文学、汉语言(应用语言学方向)、戏剧影视文学。

二、中国史博士后科研流动站

厦门大学历史学系第一个博士后流动站设立于 2003 年,即历史学博士后科研流动站,它是国家首批博士后流动站之一;历史学系博士后流动站后发展为三个,即中国史博士后科研流动站、世界史博士后科研流动站、考古学博士后科研流动站。2012 年经批准设立中国史博士后科研流动站。流动站依托国家重点学科专门史(中国经济史)、中国史一级学科博士授予点、国家历史学人才培养基地、台湾研究中心、中国社会经济史研究中心、美国史研究所等重要科研平台,由人文学院历史学系、历史研究所、台湾研究院、马克思主义学院等单位组成,师资力量雄厚。中国史博士后科研流动站首任负责人为郑振满教授,现任负责人为王日根教授。流动站曾任及现任合作导师有杨国桢教授、陈支平教授、郑振满教授、黄顺力教授、戴一峰教授、钞晓鸿教授、刘永华教授、马良怀教授、鲁西奇教授、张侃教授、林枫教授、周雪香教授、庞虎教授等。

三、世界史博士后科研流动站

世界史博士后科研流动站于 2014 年 9 月批准成立,以世界史一级学科博士点为基础,依托历史系世界史一级学科博士授予点等重要科研平台,由厦门大学历史学系、美国史研究所、南洋研究院等科研教学单位组成。流动站在美国史、东南亚史、海外华人华侨史、中外关系史等领域具有优势地位。美国史研究团队在美国城市史、社会史、区域史、思想史、种族关系史、地方政治史等方面多有建树,尤其是城市史研究,科研实力雄厚。流动站的首任负责人为王旭教授,现任负责人为韩宇教授。流动站曾任和现任合作导师有王旭、庄国土、韩宇、许二斌等教授。

四、考古学博士科研流动站

考古博士后科研流动站于 2012 年 8 月批准设立，以考古学一级学科博士点、考古学及博物馆学省级重点学科、考古学省级特色专业、中国东南海洋考古省级教学团队、国家历史学人才培养基地等科研平台为依托，由厦大历史学系、人类学与民族学系、台湾研究中心、东南亚研究中心、海洋考古学研究中心、考古人类学实验教学中心、厦门大学人类博物馆等教学科研机构构建而成。该流动站接收博士专业方向为：1.中国考古学专业，侧重中国东南沿海地区考古学、华南土著民族史、华南史前经济考古学、华南史前动植物与环境考古学。2.外国考古学专业，侧重东南亚与南亚考古、太平洋考古、南岛语族起源与文化研究。3.专门考古学专业，侧重环中国海洋考古学、海洋文化遗产调查研究、海港考古与海外交通史迹研究、沉船考古调查研究、古外销陶瓷与海洋性陶瓷史、海洋文明史研究。4.文化遗产学与博物馆学，侧重中国考古出土文物研究、边疆民族文化遗产研究、历史文化名城（村、镇、街）研究、馆藏文物研究、非物质文化遗产调查研究、出土文献研究等。流动站首任负责人为蔡保全教授，现任负责人为张闻捷副教授。考古学博士后科研流动站的曾任和现任合作导师有蔡保全、陈支平、郑振满、董建辉、焦天龙、鲁西奇、彭兆荣、张先清、葛威等。

五、哲学博士后科研流动站

厦门大学哲学博士后科研流动站成立于 2007 年。该站依托哲学一级学科博士授予点和中国哲学、外国哲学、科学技术哲学三个省级重点学科，由人文学院哲学系、国学研究院、哲学研究所、宗教学研究所、道学与传统文化研究中心、佛学研究中心、台湾研究院等单位组成。该学科发扬传统的研究优势，注重学科的交叉研究，紧密关注国际学术前沿，努力拓展理论空间，培养哲学思辩能力与史学理论研究相结合的特色。经过长期努力，哲学学科博士后流动站逐步形成自己的特色，易学哲学与道家文化、朱子学与东方文化、佛教哲学、中国传统科技思想、西方知识论、规范论等研究领域居于国内外先进行列，具有较强的优势。此外，该学科在近现代西方哲学、科学技术与当代社会、马克思主义哲学的理论与应用、美学理论与中西美学史、认知逻辑与人工智能、中国宗教与海外华人华侨宗教信仰等研究领域也拥有较强实力。

第四章　教学成长

人文学院有着雄厚的人才基础，现有专任教师146名，其中4人为国务院学科评议组成员、2人为国家级有突出贡献专家、2人入选长江学者特聘教授、6人入选闽江学者特聘教授、7人为厦门大学特聘教授、2人入选教育部人文社科跨世纪优秀人才培养工程、10人入选教育部新世纪优秀人才支持计划；另有国家社科基金会评专家6人，教育部教学指导委员会成员5人。各系均组建了一支结构合理、积极进取的教师队伍，具有相当突出的学科建设能力，是厦门大学人文学科建设的中坚力量，也因此为人文学院的人才培养与教学工作提供了坚实的团队实力。

第一节　一流本科专业（“双万计划”）、强基计划

序号	项目类别	级别	入选专业	获批时间
1	一流本科专业（“双万计划”）	国家级	戏剧影视文学	2019
2	一流本科专业（“双万计划”）	国家级	历史学	2020
3	一流本科专业（“双万计划”）	国家级	语言学	2020
4	一流本科专业（“双万计划”）	省级	哲学	2020
5	一流本科专业（“双万计划”）	省级	汉语言文学	2020
6	强基计划	国家级	历史学	2020
7	强基计划	国家级	哲学	2020

第二节 精品课程与教改项目

一、精品课程

序号	课程名称	负责人	时间	级别
1	中国古代史	陈支平	2007	国家级
2	文学概论	杨春时	2009	国家级
3	中国哲学史	詹石窗	2003	省级
4	中国近代史	戴一峰	2003	省级
5	史学概论	郑振满	2004	省级
6	文学概论	杨春时	2006	省级
7	写作	林丹娅	2006	省级
8	广告策划	陈培爱	2006	省级
9	语言学概论	叶宝奎	2007	省级
10	中国古代史	陈支平	2007	省级
11	马克思主义哲学原理	徐朝旭	2007	省级
12	广告心理学	黄合水	2007	省级
13	中国现当代文学史	朱水涌	2008	省级
14	考古学通论	吴春明	2008	省级
15	宗教学原理	詹石窗	2009	省级
16	性别与文学	林丹娅	2011	省级

二、教育部精品视频公开课

序号	课程名称	负责人	时间	级别
1	文学概论	杨春时	2013(第三批)	国家级
2	老子的语言世界	黎　兰	2015(第七批)	国家级

续表

序号	课程名称	负责人	时间	级别
3	儒家养心课	朱人求	2016（第八批）	国家级
4	历史叙述的本原 ——以《汉书》为例	鲁西奇	2016（第八批）	国家级

三、精品资源共享课

序号	课程名称	负责人	时间	级别
1	文学概论	杨春时	2013（第一批）	国家级
2	西方经典剧作	周　宁	2013（第四批）	国家级

四、教学改革项目

序号	项目名称	主持人	时间	级别
1	厚基础　宽口径　培养人文精英人才	周　宁 李晓红	2014	省级、校级
2	全方位的分班分段教学模式改革	曹剑波	2018	省级、校级
3	“武夷山世界自然与文化双遗产”教学实习基地	李晓红	2014	校级
4	闽南涉台庙宇文化调查课程	张先清	2015	校级
5	“海上丝绸之路”区域历史文化的实践教学	曲天夫	2015	校级
6	基于跨学科的人文社科研究方法课程体系及其创新教学模式研究	冯　莎	2017	校级
7	厦门大学通识教育：改革与创新	李晓红	2017	校级
8	大班课教学改革及其试点	曹剑波	2017	校级
9	知识论教学改革研究	郑伟平	2017	校级

续表

序号	项目名称	主持人	时间	级别
10	涉台重大文化遗产的教学、实践与服务社会	刘家军	2018	校级
11	历史学拔尖人才培养体系的改革与创新	张　侃	2019	校级
12	“新文科”视野下的《南岛语族考古》课程建设	葛　威	2020	校级
13	大学艺术教育的探索与创新	李晓红	2020	校级
14	新文科背景下学生自主学习模式研究——以美国历史课程为例	胡锦山	2020	校级

五、一流本科课程

年份	级别	单位	课程名称	负责人	类别
2019	省级	历史系	海洋考古学	王新天	线下一流本科课程
2019	省级	人文学院	跨界·对话	李晓红	线下一流本科课程
2019	校级	哲学系	哲学导论(上、下)	曹剑波	线下一流课程
2019	校级	历史系	民间历史文献导论	郑振满	线下一流课程
2019	校级	中文系	戏剧影视学导论	杨惠玲	线下一流课程
2019	校级	哲学系	马克思主义哲学原理	杨　松	线下一流课程
2019	校级	历史系	中国历史地理学	李智君	线下一流课程
2019	校级	哲学系	知识论	郑伟平	线下一流课程
2019	校级	中文系	社会语言学	金　美	线下一流课程
2019	校级	哲学系	马克思主义原著导读	唐　瑭	线下一流课程
2019	校级	历史系	美国区域史	韩　宇	线下一流课程
2019	校级	中文系	中国当代文学史	王　宇	线下一流课程

续表

年份	级别	单位	课程名称	负责人	类别
2019	校级	历史系	明史	刘婷玉	线上、线下混合一流课程
2019	校级	中文系	编剧概论	王晓红	线下一流课程
2019	校级	历史系	世界中世纪史	许二斌	线下一流课程
2019	校级	中文系	中国现当代文学作品精读与写作	史　言	线下一流课程
2019	校级	历史系	文物鉴赏	蔡保全	线下一流课程
2019	校级	中文系	中国戏曲史	杨惠玲	线下一流课程
2019	校级	中文系	西方经典剧作	许昳婷	线下一流课程
2019	校级	中文系	品味《诗经》	李　菁	线下一流课程
2020	校级	历史系	毕业实习(历史学专业社会实践)	饶伟新	社会实践一流课程
2020	校级	历史系	美国历史与文化	胡锦山	线下一流课程
2020	校级	中文系	西方现代文学	夏光武	线下一流课程
2020	校级	哲学系	逻辑学	黄朝阳	线下一流课程
2020	校级	历史系	中国财政史	林　枫	线下一流课程
2020	校级	中文系	名人、粉丝与大众文化	杨　玲	线下一流课程
2020	校级	历史系	大唐盛世	毛　蕾	线下一流课程
2020	校级	中文系	数据处理与 excel 高级应用	郑泽芝	线下一流课程
2020	校级	历史系	中国古代陶瓷	刘　淼	线下一流课程
2020	校级	中文系	古代汉语(上)	张惟捷	线下一流课程
2020	校级	历史系	中国政治制度史	靳小龙	线下一流课程
2020	校级	中文系	中国古代文学(上)	刘子立	线下一流课程

第三节　教学成果奖(国家级、省级)

时间	级别	项目名称	主要完成人	奖项
2005	国家级 省级	“注重实践”的历史学人才培养模式	郑振满　戴一峰 张　侃　曲天夫 刘　钊	国家级二等奖
2005	国家级 省级	20年磨一剑——中国广告人才培养模式的创建与推广	陈培爱　朱月昌 纪华强　朱健强 黄合水	国家级二等奖
2005	国家级 省级	高等学校教学运行模式及配套管理改革研究与实践	潘世墨　王伟廉 郭祥群　黄鸣奋 洪艺敏	国家级二等奖 福建省一等奖
1989	省级	民间文学	陈育伦	福建省二等奖
2001	省级	高校文化素质课汉语言文学工程	朱水涌　黄鸣奋 郑尚宪　王　诺 巫汉祥	福建省二等奖
2005	省级	信息科技应用:艺术理论与教学实践创新	黄鸣奋　秦　俭 巫汉祥	福建省一等奖
2005	省级	研究生思想素质培养模式创新——公共政治理论课教学改革	苏　劲　何其颖 李小平　章舜钦 杨沐喜	福建省二等奖
2009	省级	武夷山世界文化遗产的监测与研究实践教学	朱水涌　陈支平 吴春明　盖建民 邱旺土	福建省二等奖
2014	省级	本科教学质量提升机制建设	计国君　朱水涌 邬大光　薛成龙 陈雪芬　黄艳萍 游文晖　柯雅清 陈均宇　艾　浩	福建省一等奖

续表

时间	级别	项目名称	主要完成人	奖项
2014	省级	中国东南海洋考古课程建设与人才培养	吴春明　王新天 刘　淼　焦天龙	福建省一等奖
2014	省级	中国东南文化综合研究实习基地教学与实践	李晓红　李智君 刘永华　邱旺土 陈支平　朱水涌 余光弘　吴春明	福建省二等奖
2014	省级	综合性大学艺术类人才培养模式创新	周　宁　易中天 张艾弓　王晓红 杨惠玲　李晓红 陈世雄　黄鸣奋 郑尚宪	福建省二等奖
2014	省级	国别史研究生人才培养体系探索——以美国史为例	王　旭　李　莉 高艳杰　韩　宇 胡锦山　盛　嘉	福建省二等奖
2018	省级	高校艺术普及教育“出笋式”人才培养模式	李晓红　王晓红 张艾弓　杨惠玲 赵春宁　苏　琼 张世宏　黄鸣奋	福建省特等奖
2018	省级	一流大学内涵建设中教师教学能力提升实践探索	朱水涌　计国君 郭祥群　曹文清 邬大光　吴　凡 郑　宏　郭建鹏	福建省一等奖

第四节　特色专业与创新试验区(国家级、省级)

序号	级别	项目名称	带头人	获批时间
1	省级	考古学	吴春明	2010
2	省级	戏剧影视文学	周　宁	2011

第五节 教学团队(国家级、省级教学团队)

序号	级别	项目名称	带头人	获批时间
1	国家级	中国通史教学团队	陈支平	2009
2	省级	中国东南海洋考古教学团队	吴春明	2011

第六节 高校青年教师教学竞赛(国家级、省级)

序号	级别	奖项	获奖人	时间
1	国家级二等奖 省级特等奖	首届全国高校青年教师教学竞赛 首届福建省高校青年教师教学竞赛	李　菁	2012
2	国家级三等奖 省级特等奖	第二届全国高校青年教师教学竞赛 第二届福建省高校青年教师教学竞赛	李　莉	2014

第七节 人才培养基地

<table>
<tr><th>序号</th><th>单位</th><th>级别</th><th>类别</th><th>项目名称</th><th>年份</th></tr>
<tr><td rowspan="2">1</td><td rowspan="2">人文学院</td><td>省级</td><td rowspan="2">文科综合实践基地</td><td rowspan="2">中国东南文化研究综合实习基地</td><td>2012</td></tr>
<tr><td>校级</td><td>2011</td></tr>
<tr><td>2</td><td>人文学院</td><td>校级</td><td>文科实践教育基地</td><td>厦门大学田野调查(温州)实习基地</td><td>2013</td></tr>
<tr><td>3</td><td>人文学院</td><td>校级</td><td>文科实践教育基地</td><td>厦门大学田野考古(福建)实习基地</td><td>2014</td></tr>
</table>

续表

序号	单位	级别	类别	项目名称	年份
4	人文学院	校级	文科实践教育基地	厦门大学江西龙虎山实习实践教育基地	2014
5	人文学院	校级	文科实践教育基地	厦门大学马来西亚南方大学学院海上丝绸之路文化调研校外实践教育基地	2015
6	人文学院	校级	文科实践教育基地	厦门大学文物与博物馆(龙岩)校外实践教育基地	2016
7	人文学院	校级	文科实践教育基地	厦门大学一中影数字梦工坊(厦门)投资有限公司校外实践教育基地	2017
8	人文学院	校级	文科实践教育基地	厦门大学一泉州台商投资区校外实践教育基地	2017
9	人文学院	校级	文科实践教育基地	厦门大学人文学院地质与人类文化校外实践教育基地	2018
10	人文学院	校级	文科实践教育基地	厦门大学人文学院跨学科田野实习教学基地	2018
11	人文学院	校级	文科实践教育基地	厦门大学一永泰县民间历史文献与田野调查实习基地	2019
12	人文学院	校级	文科实践教育基地	厦门大学人文学院一故宫鼓浪屿外国文物馆校外实践教育基地	2019
13	人文学院	校级	文科实践教育基地	“九龙江流域与海上丝绸之路”教学实践基地	2019
14	人文学院	校级	文科实践教育基地	厦门大学戏剧影视教学实习基地	2019
15	人文学院	校级	文科实践教育基地	人文学院与启福校外实践基地	2019

续表

序号	单位	级别	类别	项目名称	年份
16	人文学院	校级	文科实践教育基地	厦门大学人文学院与厦门市故宫小学儿童哲学(国学)教育社会实践基地	2019
17	人文学院	校级	文科实践教育基地	厦门大学人文学院浦城县龙头山遗址校外实践教育基地	2019
18	图书馆、人文学院	校级	文科实践教育基地	古籍修复实习基地	2019

第五部分　学术成就[①]

第一章　获奖学术成果的获奖时间与概要

人文学院拥有一支年龄结构合理化、学历结构高层次化、业务水平精湛化的活力团队，具有创新精神、协作精神，尽管师资规模比之同水平的高校而言较小，但具有相当突出的学科建设能力，是厦门大学人文学科建设的中坚力量，历年均以高水平的科研成果赢得了海内外良好的学术声誉。截至2020年10月，人文学院共获教育部优秀成果奖37项、福建省社科优秀成果奖329项、厦门市社科优秀成果奖逾286项；另获郭沫若中国历史学奖、全国优秀古籍图书奖、国家社会科学基金项目优秀成果等省部级以上重要奖项多项。

一、教育部社会科学优秀成果奖

单位	姓名	成果题目	成果形式	获奖等级
教育部第一届社会科学优秀成果奖(1995年)				
哲学系	邹永贤	国家学说史	论文	二等奖
历史系	陈诗启	中国近代海关史(晚清部分)	专著	二等奖
历史系	韩国磐	敦煌吐鲁番出土经济文书研究	专著	二等奖

① 本部分数据截至2020年10月。

续表

单位	姓名	成果题目	成果形式	获奖等级
历史系	傅衣凌 杨国桢 陈支平	明史新编	专著	二等奖
哲学系	汪澍白	毛泽东思想与中国文化传统	专著	二等奖
艺术所	易中天	艺术人类学	专著	二等奖
人类学所	陈国强 蒋炳钊 吴绵吉 辛土成	百越民族史	专著	二等奖
教育部第二届社会科学优秀成果奖(1998年)				
历史系	郑学檬	中国赋役制度史	著作	二等奖
中文系	李如龙	方言与音韵论集	著作	二等奖
哲学系	汪澍白	毛泽东早年心路历程	著作	三等奖
历史系	郑振满	明清福建家族组织与社会变迁	著作	三等奖
历史系	陈支平	近500年来福建的家族社会与文化	著作	三等奖
教育部第三届社会科学优秀成果奖(2003年)				
中文系	黄鸣奋	电脑艺术学	著作	三等奖
哲学系	陈亚军	实用主义:从皮尔士到普特南	著作	三等奖
中文系	邓晓芒 易中天	黄与蓝的交响——中西美学比较论	著作	三等奖
教育部第四届社会科学优秀成果奖(2006年)				
中文系	李如龙	汉语方言的比较研究	著作	二等奖
哲学系	徐梦秋	公平的类别与公平中的比例	论文	三等奖
哲学系	陈嘉明等	现代性与后现代性	著作	三等奖
哲学系	詹石窗	道教科技与文化养生	著作	三等奖

续表

单位	姓名	成果题目	成果形式	获奖等级
历史系	钞晓鸿 郑振满	二十世纪的清史研究	论文	三等奖
第五届高等学校科学研究优秀成果奖(2008 年)				
中文系	周　宁	天朝遥远:西方的中国形象研究	著作	二等奖
人类学系	彭兆荣	民族志视野中的“真实性”的多种样态	论文	三等奖
哲学系	盖建民	道教科学思想发凡	著作	三等奖
人类学系	邓晓华	壮侗语族语言的数理分类及时间深度	论文	三等奖
第六届高等学校科学研究优秀成果奖(2013 年)				
中文系	陈世雄	现代欧美戏剧史(上、中、下)	著作	二等奖
哲学系	陈嘉明	新儒学现象与哲学创新问题	论文	三等奖
历史系	杨际平	凤凰山十号汉墓据“算”派役文书研究	论文	三等奖
历史系	杨国桢	林则徐大传:插图本	著作	三等奖
人类学系	郭志超	畲族文化述论	著作	三等奖
第七届高等学校科学研究优秀成果奖(2015 年)				
中文系	陈世雄	戏剧人类学	著作	二等奖
中文系	黄鸣奋	西方数码艺术理论史	著作	二等奖
中文系	周　宁	跨文化研究:以中国形象为方法	著作	三等奖
第八届高等学校科学研究优秀成果奖(2020 年)				
中文系	李无未	台湾汉语音韵学史(上、下)	著作	二等奖
历史系	张　侃	中国近代外债制度的本土化与国际化	著作	三等奖
历史系	朱圣明	华夷之间:秦汉时期族群的身份与认同	著作	三等奖

续表

单位	姓名	成果题目	成果形式	获奖等级
历史系	郑学檬	唐宋元海上丝绸之路和岭南、江南社会经济研究	论文	三等奖
历史系	梁　勇	移民、国家与地方权势——以清代巴县为例	著作	青年奖

二、福建省社会科学优秀成果奖

单位	姓名	成果题目	成果形式	获奖等级
福建省第一届社会科学优秀成果奖(1988 年)				
历史系	韩国磐	魏晋南北朝史纲	著作	一等奖
中文系	黄典诚等	普通话闽南方言词典	著作	一等奖
人类学所	陈国强	高山族简史	著作	二等奖
中文系	林兴宅	艺术魅力的探寻	著作	二等奖
哲学系	邹永贤	评朱熹的两一思想	论文	二等奖
哲学系	邹永贤	试论人民主权思想	论文	二等奖
历史系	罗耀九	中国近代救国思想简史	著作	二等奖
历史系	孔永松	中国共产党土地政策演变史	著作	二等奖
历史系	施伟青	施琅评传	著作	二等奖
哲学系	陈其芳 高令印	福建朱子学	著作	二等奖
哲学系	周勇胜	《雾月十八日》和历史唯物主义	教材	三等奖
哲学系	徐梦秋	论黑格尔关于思维形式与内容的统一的思想	论文	三等奖
中文系	郑文贞	不息的浪涛——厦门大学解放前革命斗争风貌	著作	三等奖
中文系	黄鸣奋	论苏轼的文艺心理学	著作	三等奖

续表

单位	姓名	成果题目	成果形式	获奖等级
中文系	陈世雄	西方现代剧作戏剧性研究	著作	三等奖
中文系	郑文贞	段落的组织	著作	三等奖
历史系	陈兆璋	论英国封建制度的完备性、不完备性与资本主义的起飞	论文	三等奖
历史系	黄松英	亚细亚生产方式是东方诸国的奴隶占有制形态	论文	三等奖
历史系	杨际平	唐代的户等与田产	论文	三等奖
历史系	林其泉	台湾札记	普及读物	三等奖
历史系	杨锦麟	“住民自决”剖析	论文	三等奖
福建省第二届社会科学优秀成果奖(1994 年)				
哲学系	汪澍白	毛泽东思想的中国基因	专著	一等奖
哲学系	邹永贤	马克思主义国家学说概论	专著	一等奖
中文系	李国正	生态汉语学	专著	一等奖
哲学系	罗郁聪 苏振富	《反杜林论》研究	专著	二等奖
中文系	卢善庆	中国近代美学思想史	专著	二等奖
哲学系	陈嘉明	建构与范导——康德哲学的方法论	专著	二等奖
人类学所	蒋炳钊	惠安地区长住娘家婚俗的历史考察	论文	二等奖
中文系	郑文贞	篇章修辞学	专著	二等奖
历史系	陈希育	中国帆船与海外贸易	专著	二等奖
历史系	郑学檬	五代十国史研究	专著	二等奖
历史系	杨际平	均田制新探	专著	二等奖
历史系	李金明	明代海外贸易史	专著	二等奖

续表

单位	姓名	成果题目	成果形式	获奖等级
历史系	杨国桢	明清土地契约文书研究	专著	二等奖
历史系	吴凤斌	契约华工史	专著	二等奖
历史系	陈明光	唐代财政史新编	专著	二等奖
艺术学院	易中天	艺术人类学	专著	二等奖
哲学系	周　济	中华民族精神论纲	论文	三等奖
哲学系	白锡能	论休谟哲学是康德哲学的出发点	论文	三等奖
哲学系	徐梦秋	论恩格斯的认识主体性思想——关于运用概念的艺术	论文	三等奖
哲学系	张善城	伦理学概要	专著	三等奖
历史系	林其泉	分工的起源和发展	专著	三等奖
历史系	陈支平 李少明	基督教与福建民间社会	专著	三等奖
哲学系	胡　荣	社会学知识的形态	论文	三等奖
人类学所	陈国强	建设中国人类学	论文	三等奖
中文系	俞兆平	闻一多美学思想论稿	专著	三等奖
中文系	贾晋华	皎然年谱	专著	三等奖
中文系	林兴宅	文艺象征论——关于艺术本质	专著	三等奖
中文系	任伟光	现代闽籍作家散论	专著	三等奖
中文系	唐仁光	学生五用英汉词典	工具书	三等奖
中文系	赖干坚	文学兴衰初探	论文	三等奖
中文系	林宝卿	闽南话教程	教材	三等奖
中文系	许长安	海峡两岸用字比较	论文	三等奖
中文系	张次曼	福州方言变调研究	系列论文	三等奖
中文系	周长楫	浊音清化溯源及相关问题	论文	三等奖

续表

单位	姓名	成果题目	成果形式	获奖等级
中文系	黄鸣奋	评庄子和马斯洛的艺术观	论文	三等奖
历史系	戴一峰	论清末海关兼管常关	论文	三等奖
历史系	杨友庭	明郑四世兴衰史	专著	三等奖
历史系	施伟青	关于“太半之赋”的若干问题	论文	三等奖
历史系	孙福生	印度尼西亚现代政治史纲	专著	三等奖
中文系	陈世雄	戏剧思维的三种基本方式	论文	三等奖
福建省第三届社会科学优秀成果奖(1998年)				
哲学系	商英伟 徐梦秋	主体论——从马克思到毛泽东	专著	一等奖
中文系	黄鸣奋	艺术交往论[①]	专著	一等奖
哲学系	汪澍白	毛泽东早年心路历程	专著	二等奖
中文系	林兴宅	象征论文艺学导论	专著	二等奖
中文系	赖干坚	西方现代派小说概论	专著	二等奖
历史系	黄顺力	从林则徐到毛泽东——中国人的百年救国路	专著	二等奖
历史系	郑学檬	中国古代经济重心南移和唐宋江南经济研究	专著	二等奖
中文系	陈世雄	戏剧思维	专著	二等奖
哲学系	潘世墨 陈振明	现代社会中的科学	专著	三等奖
人类学所	陈国强 田　钰	台湾少数民族	专著	三等奖
人类学所	田富达 陈国强	高山族民俗	专著	三等奖

① 此奖项于2000年补授。

续表

单位	姓名	成果题目	成果形式	获奖等级
哲学系	徐梦秋 洪峻峰	培育市场精神：中国经济特区的文化使命	论文	三等奖
哲学系	张小金 戴小力	经济开放的非经济效益——对厦门经济特区外商投资企业职工的调查与研究	专著	三等奖
哲学系	白锡能 骆沙舟	基层社会管理与基层政权建设	编著	三等奖
人类学所	郭志超	闽粤赣交界地区原住民族的再研究	论文	三等奖
中文系	林丹娅	当代中国女性文学史论	专著	三等奖
中文系	王　玫	六朝山水诗史	专著	三等奖
中文系	朱水涌	文化冲突与文学嬗变——新时期文学思潮史论	专著	三等奖
人类学所	邓晓华	人类文化语言学	专著	三等奖
中文系	许长安	汉语文字学	专著	三等奖
历史系	郑学檬 陈明光 杨际平 陈衍德 陈支平	中国赋役制度史	专著	三等奖
历史系	侯真平	黄道周纪年著述书画考	专著	三等奖
历史所	郑振满	社庙祭典与社区发展模式——莆田江口平原的例证	论文	三等奖
历史系	王日根	乡土之链：明清会馆与社会变迁	专著	三等奖
历史所	杨际平	唐前期的杂徭与色役	论文	三等奖
历史系	戴一峰	近代中海关与中国财政	专著	三等奖

续表

单位	姓名	成果题目	成果形式	获奖等级
历史系	孔永松 李小平	客家宗族社会	专著	三等奖
人类学所	吴绵吉	福建几何印纹陶遗存与闽越族	论文	三等奖
历史系	李明欢	当代海外华人社团研究	专著	三等奖
历史系	宋　平	承继与嬗变：当代菲律宾华人社团比较研究	专著	三等奖
历史系	吴诗池	中国原始艺术	专著	三等奖
人类学所	彭兆荣	结构·解构·重构：中国传统音乐现代化的必然选择	论文	三等奖
福建省第四届社会科学优秀成果奖(2000年)				
哲学系	陈亚军	实用主义：从皮尔士到普特南	著作	一等奖
历史系	韩　昇	隋文帝传	著作	一等奖
历史系	孔永松 蒋伯英 马先富	中央苏区历史研究(丛书)	著作	一等奖
哲学系	陈嘉明	维特根斯坦的“确定性”与“生活形式”	论文	二等奖
历史系	杨际平 郭　锋 张和平	五至十世纪的敦煌的家庭与家族关系	专著	二等奖
历史系	陈明光	六朝财政史	专著	二等奖
哲学系	詹石窗	道教艺术的符号象征	专著	二等奖
中文系	吴在庆等	唐五代文学编年史(晚唐卷)	专著	二等奖
中文系	李如龙	福建方言	专著	二等奖
新闻系	陈培爱	中外广告史	专著	二等奖
中文系	黄鸣奋	电脑艺术学	专著	二等奖

续表

单位	姓名	成果题目	成果形式	获奖等级
哲学系	张小金	德国古典哲学的终结	教材	三等奖
哲学系	白锡能	终极关怀与西方哲学史的基本精神	论文	三等奖
人类学所	李明欢	“相对失落”与连锁效应——关于温州地区出国移民潮的分析与思考	论文	三等奖
历史系	陈衍德	现代中的传统——菲律宾华人社会研究	专著	三等奖
历史系	侯真平 娄曾泉	《黄道周年谱附传记》校点	古籍整理	三等奖
历史系	杨际平	从东海郡(集簿)看汉代的亩制亩产与汉魏田租额	论文	三等奖
历史系	吴春明 林　果	闽越国都城考古研究	专著	三等奖
历史系	施伟青	施琅年谱考略	专著	三等奖
历史系	王荣国	福建佛教史	专著	三等奖
中文系	应锦襄 林铁民 朱水涌	世界文学格局中的中国小说	专著	三等奖
新闻所	陈安全等	英国文学的伟大传统(上、中、下)	译著	三等奖
中文系	李国正	古汉语文化探秘	专著	三等奖
历史系	郑剑顺	中国近代人才思想研究	专著	三等奖
人类学所	董建辉	政治人类学	专著	三等奖
哲学系	余章宝	马克思社会时空观探微	论文	三等奖

续表

单位	姓名	成果题目	成果形式	获奖等级
福建省第五届社会科学优秀成果奖(2003年)				
哲学系	徐梦秋	公平的类别与公平中的比例	论文	一等奖
历史系	郑学檬等	中国经济通史(第四卷·隋唐五代卷)	专著	一等奖
哲学系	盖建明	道教医学	专著	一等奖
中文系	黄鸣奋	超文本诗学	专著	一等奖
中文系	李如龙	汉语方言的比较研究	专著	一等奖
新闻系	陈嬿如	中国市场经济时代的传播战役与民族凝聚力	专著	一等奖
哲学系	陈嘉明等	现代性与后现代性	专著	二等奖
哲学系	陈亚军	超越绝对主义与相对主义——普特南哲学的终极命意	系列论文	二等奖
哲学系	郭金彬	科学创新论	专著	二等奖
历史系	郑学檬	中国企业史(古代卷)	专著	二等奖
历史系	陈支平	福建六大民系	专著	二等奖
历史系	王　旭	美国城市史	专著	二等奖
中文系	俞兆平	写实与浪漫——科学主义视野中的“五四”文学思潮	专著	二等奖
中文系	叶宝奎	明清官话音系	专著	二等奖
中文系	陈世雄 周　宁	20世纪西方戏剧思潮	专著	二等奖
历史系	黄顺力 叶赛梅	百年回眸——近代救国思想与社会主义道路	专著	三等奖
哲学系	高令印	简明中国哲学通史	专著	三等奖
哲学系	白锡能	哲学史是被把握在思想史中的人类史	论文	三等奖

续表

单位	姓名	成果题目	成果形式	获奖等级
哲学系	周建漳	历史认识的客观性问题反思——关于史学中认识一致性问题的哲学分析	论文	三等奖
哲学系	刘泽亮	黄檗禅学的道禅品格	论文	三等奖
哲学系	张小金	对外开放与社会转型——对外商投资的社会影响的若干研究	专著	三等奖
历史系	杨际平	秦汉农业:精耕细作抑或粗放耕作	系列论文	三等奖
历史系	戴一峰	晚清中央与地方财政关系:以近代海关为中心	论文	三等奖
历史系	郑振满	清代福建地方财政与政府职能的演变	论文	三等奖
历史系	钞晓鸿	明清人的“奢靡”观念及其演变	论文	三等奖
人类学系	郭志超	台湾原住民“南来论”辨析	论文	三等奖
中文系	杨春时	文学理论:从主体性到主体间性	论文	三等奖
中文系	朱水涌	世纪之交的中国文学	专著	三等奖
中文系	王　玫	《建安文学在宋代的接受与传播》等3篇	系列论文	三等奖
中文系	苏新春	汉语词汇计量研究	专著	三等奖
新闻系	陈培爱	广告策划原理与实务	教材	三等奖
中文系	李国正	汉字解析与信息传播	专著	三等奖
新闻系	赵振祥	唐前新闻传播史论	专著	三等奖
中文系	郑尚宪	文苑明珠(第四册)	专著	三等奖
历史系	王日根	民营教育的历史观照	专著	三等奖
中文系	苏　琼	白日梦与智慧:中国现代女性喜剧	论文	三等奖

续表

单位	姓名	成果题目	成果形式	获奖等级
福建省第六届社会科学优秀成果奖(2005 年)				
历史系	陈支平	透视中国东南:文化经济的整合研究(上、下)	专著	一等奖
历史系	刘　钊	郭店楚简校释	专著	一等奖
哲学系	郭金彬 徐梦秋	中国科技思想研究文库	丛书	一等奖
哲学系	徐朝旭	德治论	专著	二等奖
哲学系	陈嘉明	知识与确证——当代知识论引论	专著	二等奖
哲学系	陈嘉明	“现代性”与“现代化”	论文	二等奖
人类学系	彭兆荣	论民族作为历史性的表述单位	论文	二等奖
历史系	蔡保全	泥河湾早更新世早期人类遗物和环境	论文	二等奖
历史系	钞晓鸿 郑振满	二十世纪的清史研究	论文	二等奖
中文系	杨春时	美学	教材	二等奖
中文系	俞兆平	美学的浪漫主义与政治学的浪漫主义	论文	二等奖
人类学系	邓晓华	苗瑶语族语言亲缘关系的计量研究——词源统计分析方法	论文	二等奖
中文系	周　宁	想象与权力:戏剧意识形态研究	专著	二等奖
中文系	陈世雄	三角对话:斯坦尼、布莱希特与中国戏剧	专著	二等奖
人类学系	邓晓华	藏缅语族语言的数理分类及其分析	论文	三等奖
历史系	吴春明	环中国海沉船	专著	三等奖
历史系	刘永华	墟市、宗族与地方政治——以明代至民国时期闽西四保为中心	论文	三等奖

续表

单位	姓名	成果题目	成果形式	获奖等级
哲学系	高令印	中国禅学通史	专著	三等奖
历史系	王荣国	海洋神灵——中国海神信仰与社会经济	专著	三等奖
人类学系	彭兆荣	文学与仪式:文学人类学的一个文化视野——酒神及其祭祀仪式的发生学原理	专著	三等奖
中文系	王　玫	性面具:艺术与颓废——从奈费尔提蒂到艾米莉·狄金森(第一章—第六章)	译著	三等奖
中文系	林丹娅	女性话语的文学境遇	论文	三等奖
历史系	刘　钊	《马王堆汉墓简帛文字考释》等6篇	系列论文	三等奖
历史系	黄顺力	中国共产党学术史:中共文化史研究的新视野	论文	三等奖
历史系	陈支平	台湾文献汇刊	专著	特别奖
福建省第七届社会科学优秀成果奖(2007年)				
哲学系	陈嘉明	现代性与后现代性十五讲	专著	一等奖
人类学系	彭兆荣	民族志视野中“真实性”的多种样态	论文	一等奖
哲学系	盖建民	道教科学思想发凡	专著	一等奖
中文系	周　宁	天朝遥远:西方的中国形象研究	专著	一等奖
历史系	陈支平	中国通史教程(元明清卷)	专著	二等奖
哲学系	周建漳	历史及其理解和解释	专著	二等奖
哲学系	陈墀成	全球生态环境问题的哲学反思	专著	二等奖
中文系	易存国	敦煌艺术美学:以壁画艺术为中心	著作	二等奖
哲学系	陈嘉明	中国现代性研究的解释框架问题	论文	三等奖

续表

单位	姓名	成果题目	成果形式	获奖等级
哲学系	曹志平	理解与科学解释——解释学视野中的科学解释研究	专著	三等奖
哲学系	徐梦秋	公平竞争的要件与形式	论文	三等奖
哲学系	郭金彬等	科学思想的升华	专著	三等奖
哲学系	陈喜乐 王　刚	怀疑思维、问题空间重构和范式更替的网状运动	论文	三等奖
历史系	林枫译	长江下游地区的地租、赋税与农民的反抗斗争(1840—1950)	译著	三等奖
历史系	杨际平	析长沙走马楼三国吴简中的“调”——兼谈户调制的起源	论文	三等奖
哲学系	郭金彬 刘秋华 刘明建	八闽数学思想史稿	专著	三等奖
历史系	钞晓鸿	灌溉、环境与水利共同体——基于清代关中中部的分析	论文	三等奖
历史系	王日根	明清海疆政策与中国社会发展	专著	三等奖
历史系	李祖基	台湾历史研究	专著	三等奖
中文系	李无未	周代朝聘制度研究	专著	三等奖
历史系	吴小平	汉代青铜容器的考古学研究	专著	三等奖
中文系	吴在庆	增补唐五代文史丛考	专著	三等奖
中文系	苏新春	汉语释义元语言研究	专著	三等奖
中文系	陈世雄	导演者:从梅宁根到巴尔巴	著作	三等奖
中文系	郑尚宪 王评章 编	莆仙戏史论(上、下)	著作	三等奖

续表

单位	姓名	成果题目	成果形式	获奖等级
福建省第八届社会科学优秀成果奖(2009年)				
哲学系	詹石窗 杨　燕	朱熹与《周易》先天学关系考论	论文	一等奖
中文系	吴在庆	杜牧集系年校注	古籍整理	一等奖
中文系	黄鸣奋	互联网艺术产业	专著	一等奖
哲学系	陈嘉明	经验基础与知识确证	论文	二等奖
中文系	杨春时	走向后实践美学	专著	二等奖
历史系	王日根	中国会馆史	专著	二等奖
历史系	黄顺力	大众传媒与晚清革命论略——以思想史为视角	论文	二等奖
哲学系	刘泽亮	永明延寿禅师全书	古籍整理	二等奖
人类学系	邓晓华 王士元	壮侗语族语言的数理分类及其时间深度	论文	二等奖
中文系	庄钟庆主编 陈育伦 周　宁　编 郑　楚	东南亚华文新文学史	专著	二等奖
中文系	周　宁	西方戏剧理论史(上、下)	著作	二等奖
中文系	周　宁	东南亚华语戏剧史(上、下)	著作	二等奖
中文系	易存国	大音希声:中华古琴文化	科普读物	二等奖
中文系	俞兆平	现代性视野中的马克思主义美学	论文	三等奖
哲学系	詹石窗	道教与中国养生智慧	专著	三等奖
哲学系	周建漳	目的论视角与历史意义问题	论文	三等奖
哲学系	陈嘉明	实在、心灵与信念——当代美国哲学概论	专著	三等奖
哲学系	周建漳译	叙述与认识	译著	三等奖

续表

单位	姓名	成果题目	成果形式	获奖等级
人类学系	彭兆荣	人类学仪式的理论与实践	专著	三等奖
人类学系	董建辉	明清乡约:理论演进与实践发展	专著	三等奖
历史系	钞晓鸿	明清史研究	专著	三等奖
历史系	张威主编 吴春明编著	海洋考古学	教材	三等奖
历史系	刘永华	道教传统、士大夫文化与地方社会:宋明以来闽西四保邹公崇拜研究	论文	三等奖
历史系	佳宏伟	大灾荒与贸易(1867—1931年)——以天津口岸为中心	论文	三等奖
哲学系	黄永锋	道教服食技术研究	专著	三等奖
哲学系	高致华	郑成功信仰	专著	三等奖
中文系	王　烨	文学研究会与初期革命文学的倡导	论文	三等奖
中文系	朱水涌	叙事与对话——比较视野下的中国现当代文学	专著	三等奖
中文系	李无未 李　红	宋元吉安方音研究	专著	三等奖
人类学系	彭兆荣	遗产学与遗产运动:表述与制造	论文	三等奖
中文系	陈世雄	论闽南戏剧文化圈	论文	三等奖
历史系	王日根	中国科举考试与社会影响	专著	三等奖
历史系	韩　宇	美国高技术城市成功因素探析	论文	青年佳作奖
中文系	钱建状	南渡词人地理分布与南宋文学发展新态势	论文	青年佳作奖
福建省第九届社会科学优秀成果奖(2011年)				
哲学系	陈嘉明	新儒学现象与哲学创新问题	论文	一等奖
人类学系	郭志超	畲族文化述论	专著	二等奖

续表

单位	姓名	成果题目	成果形式	获奖等级
中文系	黄鸣奋	新媒体与西方数码艺术理论	专著	二等奖
历史系	杨际平	凤凰山十号汉墓据“算”派役文书研究	论文	二等奖
中文系	陈世雄	现代欧美戏剧史	专著	二等奖
历史系	陈支平 徐　泓 主编	闽南文化百科全书	工具书	三等奖
中文系	郑尚宪校注	莆仙戏传统剧目丛书(第二卷)	古籍整理	三等奖
哲学系	徐梦秋 张爱华	规范的合理性及其判定的程序与标准	论文	三等奖
中文系	杨春时	现代性与30年来中国的文学思潮	论文	三等奖
历史系	李智君	五凉时期河陇禅法在东晋南朝的传播	论文	三等奖
哲学系	曹剑波	知识与语境:当代西方知识论对怀疑主义难题的解答	专著	三等奖
人类学系	张先清	官府、宗教与天主教:17—19世纪福安乡村教会的历史叙事	专著	三等奖
人类学系	邓晓华 王士元	中国的语言及方言的分类	专著	三等奖
中文系	曾　良	敦煌佛经字词与校勘研究	专著	三等奖
中文系	叶玉英	古文字构形与上古音研究	专著	三等奖
历史系	郑振满	乡族与国家——多元视野中的闽台传统社会	专著	三等奖
福建省第十届社会科学优秀成果奖(2013年)				
哲学系	徐梦秋	规范通论	专著	一等奖
哲学系	陈嘉明	意识现象、所予性与本质直观——对胡塞尔现象学的有关质疑	论文	一等奖

续表

单位	姓名	成果题目	成果形式	获奖等级
中文系	周祖譔主编 胡旭副主编	历代文苑传笺证	古籍整理	一等奖
历史系	赵嘉斌 吴春明主编	福建连江定海湾沉船考古	专著	二等奖
历史系	鲁西奇	城墙内外:古代汉水流域城市的形态与空间结构	专著	二等奖
中文系	杨春时主编	中国现代文学思潮史(上、下卷)	专著	二等奖
中文系	李无未	日本汉语音韵学史	专著	二等奖
中文系	李如龙	汉语词汇学论集	专著	二等奖
中文系	黄鸣奋	西方数码艺术理论史	专著	二等奖
哲学系	楼 巍	轴心命题与知识——第三阶段的维特根斯坦与知识论重塑	论文	二等奖
历史系	李智君	关山迢递:河陇历史文化地理研究	专著	三等奖
哲学系	朱人求校点	大学衍义	古籍整理	三等奖
中文系	吴在庆	听涛斋中古文史论稿	专著	三等奖
中文系	胡 旭	先唐别集叙录	工具书	三等奖
中文系	肖 湛	双峰并峙,二水分流:朱光潜宗白华美学比较研究	专著	三等奖
中文系	陈明娥	朱熹口语文献词汇研究	专著	三等奖
中文系	郑泽芝	字母词语与汉语文字系统	论文	三等奖
福建省第十一届社会科学优秀成果奖(2016年)				
哲学系	欧阳锋 徐梦秋	科学规范论——默顿的视野	专著	二等奖
哲学系	张会永	施莱尔马赫至善学说研究	专著	二等奖

续表

单位	姓名	成果题目	成果形式	获奖等级
历史系	杨际平	唐前期江南折租造布的财政意义——兼论所谓唐中央财政制度之渐次南朝化	论文	二等奖
历史系	鲁西奇	中国古代买地券研究	专著	二等奖
历史系	饶伟新	明代“军灶籍”考论	论文	二等奖
中文系	黄鸣奋	数码艺术潜学科群研究	专著	二等奖
中文系	陈世雄	戏剧人类学	专著	二等奖
历史系	陈支平	台海文献汇刊	工具书	二等奖
哲学系	陈嘉明	儒家知行学说的特点与问题	论文	三等奖
哲学系	楼　巍	马克思和维特根斯坦论“哲学语言”	论文	三等奖
哲学系	曹剑波 万超前	实验知识论对经典思想实验的挑战	论文	三等奖
历史系	刘永华	从“排日账”看晚清徽州乡民的活动空间	论文	三等奖
历史系	钞晓鸿	深化环境史研究刍议	论文	三等奖
中文系	刘荣平	赌棋山庄词话校注	古籍整理	三等奖
人类学系	杜树海	山民与国家之间——詹姆斯·斯科特的佐米亚研究及其批评	论文	青年佳作奖
历史系	李　莉	一战时期美国联邦政府的劳工住房计划探析	论文	青年佳作奖
中文系	王晓平	异域新声：历史阐释学与中国现代文化研究	专著	青年佳作奖
福建省第十二届社会科学优秀成果奖(2018 年)				
中文系	杨春时	作为第一哲学的美学——存在、现象与审美	专著	一等奖
哲学系	曹志平	科学诠释学的现象学	专著	二等奖

续表

单位	姓名	成果题目	成果形式	获奖等级
哲学系	朱人求	话语分析与中国哲学研究范式的转换	论文	二等奖
历史系	杨国桢	中国海洋文明专题研究(1—10卷)	专著	二等奖
中文系	林丹娅	台湾女性文学史	专著	二等奖
中文系	刘荣平	全闽词	古籍整理	二等奖
中文系	李无未	日本汉语教科书汇刊(江户明治编)总目提要	工具书	二等奖
哲学系	郑伟平	论信念的知识规范	论文	三等奖
历史系	张闻捷	楚国青铜礼器制度研究	专著	三等奖
历史系	钞晓鸿	泾渭清浊:乾隆朝的考察辨析及其功用意义	论文	三等奖
中文系	王晓平	追寻中国的“现代”:“多元变革时代”中国小说研究(1937—1949)	专著	三等奖
中文系	吴在庆	韩偓集系年校注	古籍整理	三等奖
中文系	李晓林	审美形而上学研究	专著	三等奖
中文系	苏新春	现代汉语分类词典	工具书	三等奖
福建省第十三届社会科学优秀成果奖(2019年)				
哲学系	李若晖	久旷大仪:汉代儒学政制研究	专著	一等奖
历史系	张　侃	中国近代外债制度的本土化与国际化	专著	一等奖
中文系	吴在庆	唐五代文编年史	专著	一等奖
中文系	李无未	台湾汉语音韵学史	专著	一等奖
哲学系	张　曦	“做”伦理学:现代道德哲学及其代价	论文	二等奖
中文系	杨春时	中华美学概论	专著	二等奖

续表

单位	姓名	成果题目	成果形式	获奖等级
历史系	陈支平	朱熹及其后学的历史学考察	专著	二等奖
历史系	韩　宇	产业招募与二十世纪八十年代以来美国南部制造业转型	论文	二等奖
中文系	代　迅	中国美学西化问题研究	专著	二等奖
中文系	李如龙	汉语方言调查	专著	二等奖
中文系	叶玉英	林义光《文源》研究	专著	二等奖
哲学系	张会永	论一种康德式的至善后果主义	论文	三等奖
哲学系	谢晓东	朱熹与“四端亦有不中节”问题——兼论恻隐之心、情境与两种伦理学的分野	论文	三等奖
哲学系	贺　威	宋元福建科技史研究	专著	三等奖
哲学系	乐爱国	朱熹《中庸》学阐释	专著	三等奖
中文系	张惟捷	从古文字角度谈《夏商周：从神话到史实》的若干问题	论文	三等奖
历史系	张闻捷	东周青铜礼器制度研究——以中原和楚地为中心	专著	三等奖
历史系	陈　瑶	籴粜之局：清代湘潭的米谷贸易与地方社会	专著	三等奖
中文系	黄鸣奋	位置叙事学：移动互联时代的艺术创意	专著	三等奖
历史系	陈　瑶	安徽祁门方言完成体标记“着”“失”“掉”	论文	三等奖
中文系	陈世雄	艺术灭亡的神话——法兰克福学派从本雅明到“新左派”的美学思想	专著	三等奖
中文系	苏新春	民国时期基础教育语文教材语言研究	专著	三等奖

续表

单位	姓名	成果题目	成果形式	获奖等级
人文学院	朱子学会 厦大国学院	朱子学年鉴(2017)	专著	三等奖
哲学系	郑伟平	论断定的知识规范	论文	青年奖
历史系	朱圣明	现实与思想:再论春秋“华夷之辨”	论文	青年奖

三、厦门市社会科学优秀成果奖[1]

单位	姓名	成果题目	成果形式	获奖等级
厦门市第二次社会科学优秀成果奖(1994年)				
历史系	杨际平	均田制新探	专著	一等奖
历史系	郑剑顺	中国近代史上几个问题的“情”与“理”	论文	一等奖
哲学系	白锡能	论休谟哲学是康德哲学的出发点	论文	一等奖
历史系	罗耀九	中国名君名臣政绩辞典	专著	二等奖
历史系	杨友庭	明郑四世兴衰史	专著	二等奖
中文系	卢善庆	王国维文艺美学观	专著	二等奖
历史系	戴一峰	论清末海关兼管常关	论文	二等奖
历史系	戴一峰	近代福建的人口迁移与城市化	论文	二等奖
历史系	郑剑顺	论洋务官员的人才观	论文	二等奖
历史系	张和平	方圆发微——关于中国传统文化的一点刍见	论文	二等奖
中文系	周长楫	闽南话与普通话	专著	三等奖
历史系	林其泉	分工的起源和发展	专著	三等奖

① 第一届数据从缺。

续表

单位	姓名	成果题目	成果形式	获奖等级
人类学所	陈国强	高山族传统文化与发展	论文	三等奖
历史系	杨际平	天宝四载河西豆卢军和籴会计文书研究	论文	三等奖
历史系	杨际平	隋唐宰相制度的几个问题	论文	三等奖
历史系	陈衍德	宋代福建手工业布局的几个问题	论文	三等奖
哲学系	官　鸣	论科学认识的价值评价	论文	三等奖
哲学系	徐梦秋	论恩格斯的认识主体性思想——关于运用概念的艺术	论文	三等奖
厦门市第三次社会科学优秀成果奖(1997 年)				
历史系	戴一峰	论清末海关兼管常关	论文	荣誉奖
哲学系	徐梦秋	论恩格斯的认识主体性思想——关于运用概念的艺术	论文	荣誉奖
中文系	李珍华 周长楫	汉字古今音表	专著	荣誉奖
哲学系	陈嘉明	建构与范导——康德哲学的方法论	专著	荣誉奖
中文系	赖干坚	中国现当代文学与外国文艺思潮	专著	一等奖
哲学系	汪澍白	毛泽东早年心路历程	专著	一等奖
哲学系	商英伟 徐梦秋	主体论——从马克思到毛泽东	专著	一等奖
历史系	黄顺力	甲午战争与近代社会思潮的转型	论文	一等奖
哲学系	高令印	朱熹与福建文化	论文	一等奖
哲学系	官　鸣	论科学知识的可接受性	论文	一等奖
中文系	俞兆平	哲思与诗悟——叶维廉史学理论评述之一	论文	一等奖

续表

单位	姓名	成果题目	成果形式	获奖等级
哲学系	陈嘉明	哲学观念的性质及判定方式——关于赵汀阳《哲学的元性质》一文的想法	论文	一等奖
中文系	林丹娅	当代中国女性文学史论	专著	二等奖
历史系	林金枝	华侨华人与中国革命和建设	专著	二等奖
历史系	王日根	乡土之链:明清会馆与社会变迁	专著	二等奖
中文系	林兴宅	批评的实验——现当代文学评论研究	专著	二等奖
历史系	张和平	文化:在两种相反方向力的作用下发展	论文	二等奖
哲学系	官 鸣	中国近代学习西方的伟大尝试——严复学习西方科学的思想试探	论文	二等奖
历史系	罗耀九	福建船政局兴衰论	论文	二等奖
哲学系	陈墀成	论科学技术的生态功能	论文	二等奖
历史系	林其泉	闽台六亲	专著	三等奖
中文系	黄鸣奋	需要理论与艺术批评	专著	三等奖
人类学所	田富达 陈国强	高山族民俗	专著	三等奖
中文系	朱水涌	文化冲突与文学嬗变——新时期文学思潮史论	专著	三等奖
哲学系	乐爱国	《管子》与古代数学	论文	三等奖
历史系	林璧属	评现代西方史学主体认识论	论文	三等奖
中文系	黄鸣奋	论艺术与教育的价值关系	论文	三等奖
人类学所	陈国强	台湾少数民族的形成与名称	论文	三等奖
历史系	郑剑顺	商务观念与洋务企业的成败	论文	三等奖

续表

单位	姓名	成果题目	成果形式	获奖等级
历史系	戴一峰	闽南华侨与近代厦门城市经济的发展	论文	三等奖
厦门市第四次社会科学优秀成果奖(2000 年)				
中文系	李如龙	方言与音韵论集	专著	荣誉奖
中文系	李如龙	建瓯方言词典	专著	荣誉奖
哲学系	白锡能 骆沙舟 等	基层社会管理与基层政权建设	专著	荣誉奖
哲学系	陈嘉明	维特根斯坦的“确定性”与“生活形式”	论文	一等奖
历史系	陈支平	客家源流新论	专著	一等奖
中文系	黄鸣奋	电脑艺术学	专著	一等奖
哲学系	汪澍白	21 世纪中国文化史论	专著	一等奖
中文系	俞兆平	中国现代文学浪漫主义的历史反思	论文	一等奖
哲学系	陈亚军	实用主义:从皮尔士到普特南	论文	二等奖
哲学系	詹石窗	道教术数与文艺	专著	二等奖
人类学所	李明欢	“相对失落”与“连锁效应”:关于当代温州地区出国移民潮的分析与思考	论文	二等奖
哲学系	潘世墨	逻辑的“否定”概念简析	论文	二等奖
哲学系	官　鸣 徐治立	海峡两岸科技资源状况比较及优化配置对策探讨(上、下)	论文	二等奖
中文系	黄鸣奋	运用电脑网络技术发展远程高等教育	论文	二等奖
历史系	韩　昇	隋文帝传	专著	二等奖
历史系	施伟青	施琅年谱考略	专著	二等奖

续表

单位	姓名	成果题目	成果形式	获奖等级
历史系	王　旭	工业城市发展的周期及其阶段性特征	论文	二等奖
历史系	王日根	明清基层社会管理组织系统论纲	论文	二等奖
历史系	郑振满	明后期福建地方行政的演变	论文	二等奖
历史系	戴一峰	Overseas Chinese Business Networks Around the China Sea：A Case Study of Tai Yi Firm in Nagasaki	论文	二等奖
哲学系	高令印	中国文化纲要	专著	二等奖
中文系	应锦襄 林铁民 朱水涌	世界文学格局中的中国小说	专著	二等奖
中文系	李如龙	方言学应用研究文集	专著	二等奖
中文系	李国正	古汉语文化探秘	专著	二等奖
中文系	张次曼	福州方言连续变调的数学模型：代数式和三维几何模型(英文)	论文	二等奖
中文系	杨　怡	黄东平印尼华文文学创作的异彩	论文	二等奖
历史系	戴一峰	厦门海关历史档案选编	专著	三等奖
历史系	郑剑顺	中国近代人才思想研究	专著	三等奖
中文系	黄鸣奋	传播心理学	专著	三等奖
马列部	陈铁民	社会发展模式理论研究	专著	三等奖
哲学系	洪成得 陈墀成	社会环境保护	专著	三等奖
哲学系	余章宝	马克思社会时空观探微	论文	三等奖
艺术研究所	易中天	中国艺术精神的美学构成	论文	三等奖

续表

单位	姓名	成果题目	成果形式	获奖等级
哲学系	白锡能	终构关怀与西方哲学史的基本精神与推广普及	论文	三等奖
哲学系	高令印 乐爱国	王廷相评传	专著	三等奖
历史系	侯真平 娄曾泉	(明)洪思等《黄道周年谱》点校	专著	三等奖
历史系	黄顺力	近代海关与洋务思潮论略	论文	三等奖
历史系	杨际平	从东海郡《集簿》看汉代的亩制、亩产与汉魏田租额	论文	三等奖
历史系	罗耀九	严复的天演思想对社会转型的催酶作用	论文	三等奖
中文系	苏新春	词义文化的钩沉探赜	专著	三等奖
中文系	叶宝奎	谈清代汉语标准音	论文	三等奖
中文系	郑尚宪	论新时期戏曲喜剧	论文	三等奖
厦门市第五次社会科学优秀成果奖(2003 年)				
新闻系	陈培爱	中外广告史	论文	荣誉奖
历史系	陈明光	六朝财政史	论文	荣誉奖
哲学系	盖建民	道教符咒治病术的理性批判	论文	荣誉奖
历史系	王　旭	美国城市史	专著	一等奖
中文系	黄鸣奋	超文本诗学	专著	一等奖
中文系	李如龙	汉语方言学	专著	一等奖
哲学系	陈嘉明等	现代性与后现代性	专著	一等奖
哲学系	徐梦秋	公平的类别与公平中的比例	论文	一等奖
哲学系	陈亚军	普特南哲学研究(系列论文)	论文	一等奖
哲学系	白锡能	哲学史是被把握在思想史中的人类史	论文	一等奖

续表

单位	姓名	成果题目	成果形式	获奖等级
历史系	杨际平	秦汉农业:精耕细作抑或粗放耕作	论文	一等奖
历史系	陈支平	20世纪中国历史学的三大情结	论文	一等奖
中文系	杨春时	文学理论:从主体性到主体间性	论文	一等奖
中文系	苏新春	异形词规范的三个基本性原则——评《第一批异形词整理表(草案)》	论文	一等奖
历史系	王日根	民营教育的历史观照	专著	二等奖
中文系	朱水涌	世纪之交的中国文学	专著	二等奖
人类学系	蓝达居	喧闹的海市——闽东南港市兴衰与海洋人文	专著	二等奖
中文系	俞兆平	写实与浪漫——科学主义视野中的“五四”文学思潮	专著	二等奖
中文系	叶宝奎	明清官话音系	专著	二等奖
哲学系	詹石窗	易学与道教思想关系研究	专著	二等奖
哲学系	刘泽亮	黄檗禅哲学思想研究	专著	二等奖
哲学系	周建漳	“善”的两个维度:存在境界与礼俗要求	论文	二等奖
哲学系	盖建民	道教与传统医学融通关系论析	论文	二等奖
人类学系	郭志超 吴春明	台湾原住民“南来论”辨析——兼论“南岛语族”起源	论文	二等奖
历史系	王　旭	对美国大都市区化历史地位的再认识	论文	二等奖
历史系	戴一峰	晚清中央与地方财政关系:以近代海关为中心	论文	二等奖
中文系	许长安	台湾“通用拼音”述评	论文	二等奖

续表

单位	姓名	成果题目	成果形式	获奖等级
新闻系	陈培爱	20 世纪中国广告学理论的发展	论文	二等奖
中文系	王　玫	建安文学在宋代的接受与传播	论文	二等奖
历史系	黄顺力	海洋迷思——中国海洋观的传统与变迁	专著	三等奖
哲学系	官　鸣 陈喜乐	海峡两岸科技资源研究	专著	三等奖
历史系	张　侃 徐长春	中央苏区财政经济史	专著	三等奖
中文系	李国正	汉字解析与信息传播	专著	三等奖
中文系	林寒生	闽东方言词汇语法研究	专著	三等奖
哲学系	高令印	朱熹与中国文化重心南移——武夷文化说	论文	三等奖
哲学系	陈喜乐 廖志丹	试论知识创新信息运动	论文	三等奖
历史系	郑振满	清代福建地方财政与政府职能的演变——《福建省例》研究	论文	三等奖
历史系	戴一峰	环境与发展：二十世纪上半期闽西农村社会经济	论文	三等奖
中文系	周　宁	天地大舞台——解析义和团运动戏剧性的启示	论文	三等奖
人类学系	邓晓华	福建境内的闽、客族群及畲族的语言文化关系比较之试论	论文	三等奖
历史系	张和平	试论价值理性视野下晚明社会的经济人文与经济生活	论文	三等奖
中文系	刘荣平	释“知君种年星在尾”——对杨琏真伽发宋陵时间之坚证的考辨兼论《乐府补题》寄托发陵说不能成立	论文	三等奖

续表

单位	姓名	成果题目	成果形式	获奖等级
中文系	苏　琼	白日梦与智慧：中国现代女性喜剧	论文	三等奖
新闻系	刘训成	议程设置，舆论导向与新闻报道	论文	三等奖
厦门市第六次社会科学优秀成果奖(2005 年)				
哲学系	詹石窗	道教科技与文化养生	著作	一等奖
历史系	王　旭	美国城市化的历史解读	著作	一等奖
历史系	刘　钊	郭店楚简校释	著作	一等奖
哲学系	徐梦秋	科学规范的内涵、类别、功能、结构和形式	论文	一等奖
历史系	钞晓鸿 郑振满	二十世纪的清史研究	论文	一等奖
历史系	王日根	晚清至民国时期会馆演进的多维趋向	论文	一等奖
历史系	杨国桢	十七世纪海峡两岸贸易的大商人——商人 Hambuan 文书试探	论文	一等奖
中文系	俞兆平	美学的浪漫主义与政治学的浪漫主义	论文	一等奖
新闻系	陈培爱	新的媒体生态与媒体创意及策略手法	论文	一等奖
哲学系	陈嘉明	知识与确证——当代知识论引论	著作	二等奖
哲学系	郭金彬	中国传统数学思想史	著作	二等奖
历史系	戴一峰	区域性经济发展与社会变迁：以近代福建地区为中心	著作	二等奖
中文系	胡　旭	汉魏文学嬗变研究	著作	二等奖
哲学系	张爱华	哲学原理教科书中的若干重要命题辨误	论文	二等奖

续表

单位	姓名	成果题目	成果形式	获奖等级
哲学系	陈墀成	信息不对称:筛选、组织、创新	论文	二等奖
历史系	刘　钊	出土简帛的分类及其在历史文献学上的意义	论文	二等奖
历史系	张　侃	建国初期在华外资企业改造初探(1949—1962)——以上海为例	论文	二等奖
历史系	刘永华	明清时期闽西四保的分约	论文	二等奖
新闻系	毛章清	戈公振《中国报学史》勘误补遗——厦大早期新闻教育考析	论文	二等奖
哲学系	周建漳	生物学哲学:科学哲学的新视野	论文	二等奖
中文系	苏新春	当代汉语外来单音语素的形成与提取	论文	二等奖
中文系	李　菁	大运河——唐代饮茶之风的北渐之路	论文	二等奖
历史系	罗耀九	严复年谱新编	著作	三等奖
中文系	高　波	解读海子	著作	三等奖
新闻系	陈培爱	广告学概论	著作	三等奖
哲学系	乐爱国	管子的科技思想	著作	三等奖
中文系	林丹娅	关于中国高校女性学教研问题的思考	论文	三等奖
中文系	钱建状	南渡前后贬居岭南文人的不同心态与环境变化	论文	三等奖
中文系	吴在庆	论唐代文士的集会宴游对创作的影响	论文	三等奖
中文系	李晓红	从"家"出走和从"国"出走——巴金前期小说创作的动因分析	论文	三等奖
哲学系	徐朝旭	从建构到对话中的建构——认识本质的重新审视	论文	三等奖

续表

单位	姓名	成果题目	成果形式	获奖等级
新闻系	赵振祥	创新·鲜活·权威·主流——厦门日报、厦门晚报改版系列	论文	三等奖
新闻系	黄合水	产品评价的来源国效应	论文	三等奖
历史系	黄顺力	中国共产党学术史：中共文化史研究的新视野	论文	三等奖
人类学系	邓晓华	藏缅语族语言的数理分类及其形成过程的分析	论文	三等奖
厦门市第七次社会科学优秀成果奖(2008年)				
哲学系	郭金彬 徐梦秋	中国科技思想研究文库(三部)	专著	荣誉奖
哲学系	徐梦秋 方　轻	公平竞争的要件与形式	论文	一等奖
历史系	刘永华	墟市、宗族与地方政治	论文	一等奖
历史系	钞晓鸿	灌溉、环境与水利共同体	论文	一等奖
历史系	杨际平	析长沙走马楼三国吴简所见的“调”	论文	一等奖
中文系	俞兆平	科学认知与人文理解交错中的中国文学写实主义	论文	一等奖
中文系	林丹娅	华文世界的言说：女性身份与形象	论文	一等奖
中文系	郑尚宪	宋元南戏的珍贵遗存	论文	一等奖
哲学系	陈嘉明	现代性与后现代性十五讲	专著	一等奖
中文系	王　宇	性别表述与现代认同	专著	一等奖
中文系	刘　钊	古文字构形学	专著	一等奖
中文系	杨春时	贵族精神与现代性批判	论文	二等奖
哲学系	陈嘉明	中国现代性研究的解释框架问题	论文	二等奖

续表

单位	姓名	成果题目	成果形式	获奖等级
历史系	王日根	明清时期社会管理中官民的“自域”与“共域”	论文	二等奖
历史系	杨际平	中晚唐五代北宋地权的集中与分散	论文	二等奖
历史系	李智君	五凉时期移民与河陇学术的盛衰	论文	二等奖
历史系	陈衍德	贫困与东南亚国家的民族动乱	论文	二等奖
中文系	王　烨	文学研究会与初期革命文学的倡导	论文	二等奖
中文系	易存国	敦煌“变相”与“变文”关系考论	论文	二等奖
中文系	曾　良	敦煌变文字词考	论文	二等奖
中文系	贺昌盛	国学院体制与现代中国学术的知识构成	论文	二等奖
哲学系	曹志平	理解与科学解释	专著	二等奖
哲学系	郭金彬等	科学思想的升华	专著	二等奖
历史系	刘　钊	古文字考释丛稿	专著	二等奖
历史系	王日根	明清海疆政策与中国社会发展	专著	二等奖
中文系	李无未	周代朝聘制度研究	专著	二等奖
中文系	郭惠芬	战前马华新诗的承传与流变	专著	二等奖
中文系	杨春时	本体论的主体间性与美学建构	论文	三等奖
哲学系	陈喜乐	怀疑思维、问题空间重构和范式更替的网状运动	论文	三等奖
历史系	饶伟新	区域社会史视野下的“客家”称谓由来考论	论文	三等奖
历史系	许二斌	14 世纪的步兵革命与西欧封建制的瓦解	论文	三等奖
中文系	易存国	由“观音菩萨”看“以美育代宗教”	论文	三等奖

续表

单位	姓名	成果题目	成果形式	获奖等级
中文系	郑泽芝	汉语中字母词语的多种讨论	论文	三等奖
中文系	李晓红	都市创造传奇	论文	三等奖
中文系	李晓红	台湾《联合报》副刊的文学传承与角色变迁	论文	三等奖
中文系	贺昌盛	从“新感觉”到“心理分析”	论文	三等奖
中文系	苏　琼	性别的间离过程：“十七年”女性戏剧研究	论文	三等奖
人类学系	董建辉	礼治与传统农村社会秩序	论文	三等奖
中文系	刘荣平	聚红榭唱和考论	论文	三等奖
哲学系	傅小凡	宋明道学新论	专著	三等奖
哲学系	乐爱国	道教生态学	专著	三等奖
中文系	苏新春	汉语释义元语言研究	专著	三等奖
中文系	杨惠玲	戏曲班社研究：明清家班	专著	三等奖
厦门市第八次社会科学优秀成果奖(2010年)				
历史系	林　枫 范正义	闽南文化论述	专著	一等奖
哲学系	高令印 高秀华	朱子学通论	专著	一等奖
哲学系	徐朝旭	《厦门市湖里区城市管理近期发展规划》研究报告	论文	一等奖
中文系	杨春时	现代性与三十年来中国的文学思潮	论文	一等奖
历史系	王日根	从墓地、族谱到祠堂：明清山东栖霞宗族凝聚纽带的变迁	论文	一等奖

续表

单位	姓名	成果题目	成果形式	获奖等级
历史系	刘永华	道教传统、士大夫文化与地方社会:宋明以来闽西四保邹公崇拜研究	论文	一等奖
哲学系	曹剑波	知识与语境:当代西方知识论对怀疑主义难题的解答	专著	二等奖
哲学系	陈嘉明	从普遍必然性到意义多样性——从近现代到后现代知识观念的变化	论文	二等奖
中文系	俞兆平	越界的庸众与阿Q的悲剧	论文	二等奖
历史系	李智君	汉晋河西地缘政治与汉译佛经中心的转移	论文	二等奖
历史系	李智君	魏晋边塞士族与河陇学术的积淀	论文	二等奖
中文系	贺昌盛	现代“国学”:命名及其功能——国学之现代性研究	论文	二等奖
中文系	朱水涌 周英雄	闽南文学	专著	三等奖
中文系	黄鸣奋	新媒体与西方数码艺术理论	专著	三等奖
历史系	张和平	神话隐语与天道模式——“黄帝四面”之谜的再解决	论文	三等奖
哲学系	黄朝阳	中国古代逻辑的主导推理类型——推类	论文	三等奖
历史系	韩　宇	战后美国老工业基地马萨诸塞经济转型研究	论文	三等奖
中文系	易存国	中国传统“雕塑论”何以匮乏?——兼论敦煌艺术“塑绘不分”现象	论文	三等奖
哲学系	徐朝旭	原始宗教禁忌中的科技伦理萌芽	论文	三等奖

续表

单位	姓名	成果题目	成果形式	获奖等级
厦门市第九次社会科学优秀成果奖(2013年)				
哲学系	徐梦秋等	规范通论	专著	一等奖
中文系	杨春时等	中国现代文学思潮史	专著	一等奖
哲学系	陈嘉明	意识现象、所予性与本质直观——对胡塞尔现象学的有关质疑	论文	一等奖
中文系	贺昌盛	在浪漫主义与现代主义之间	论文	一等奖
历史系	杨际平	唐前期江南折租造布的财政意义——兼论所谓唐中央财政制度之渐次南朝化	论文	一等奖
中文系	黄鸣奋	西方数码艺术理论史	专著	二等奖
中文系	周祖譔等	历代文苑传笺证	专著	二等奖
中文系	李无未	日本汉语音韵学史	专著	二等奖
历史系	李智君	关山迢递:河陇历史文化地理研究	专著	二等奖
历史系	水海刚	中国近代通商口岸城市的外部市场研究——以近代福州为例	论文	二等奖
历史系	刘　淼	明代前期海禁政策下的瓷器输出	论文	二等奖
哲学系	陈　玲	中国传统科技思想研究	论文	二等奖
哲学系	曹剑波	朱熹的宗教思想	专著	三等奖
中文系	王晓平	后现代、后殖民批评与海外中国文学研究	论文	三等奖
中文系	郑泽芝	字母词语与汉语文字系统	论文	三等奖
哲学系	周建漳	存在与表现	论文	三等奖
历史系	张和平	“天籁”新释——兼论“天籁”与庄子哲学	论文	三等奖

续表

单位	姓名	成果题目	成果形式	获奖等级
哲学系	徐朝旭等	厦门市湖里区停车问题分析及对策	论文	三等奖
厦门市第十次社会科学优秀成果奖(2016年)				
中文系	吴在庆	韩偓集系年校注	著作	一等奖
历史系	杨际平	秦汉财政史	著作	一等奖
历史系	钞晓鸿	泾渭清浊:乾隆朝的考察辨析及其功用意义	论文	一等奖
哲学系	陈　玲	让·迪多内及其学派的数学哲学	论文	一等奖
哲学系	郑伟平	论信念的知识规范	论文	二等奖
中文系	杨春时	作为第一哲学的美学——存在、现象与审美	著作	二等奖
中文系	林丹娅等	台湾女性文学史	著作	二等奖
历史系	刁培俊	管治、民治规范下村民的“自在生活”:宋朝村民生活世界初探	论文	二等奖
中文系	李如龙	关于汉语特征的研究	论文	二等奖
哲学系	谢晓东	性危说:荀子人性论新探	论文	二等奖
人类学系	张先清 王利兵	海洋人类学:概念、范畴与意义	论文	二等奖
哲学系	曹剑波 郑伟平 楼　巍	实验哲学	著作	三等奖
中文系	黄鸣奋	新媒体时代艺术研究新视野	论文	三等奖
中文系	李　天	从本体真实到照片真实感——论数字影像的真实性	论文	三等奖
中文系	钱建状	李清照《金石录后序》释疑	论文	三等奖

续表

单位	姓名	成果题目	成果形式	获奖等级
中文系	贺昌盛	科学与人文之间的抉择——1920年代的“国学”研究取向及其文化意味	论文	三等奖
中文系	王　宇	讲述林徽因的意义：妇女与中国现代性个案研究	论文	三等奖
哲学系	陈喜乐等	闽台科技资源整合战略研究	著作	三等奖
历史系	李卫华	报刊传媒与清末立宪思潮	著作	青年奖
人类学系	葛荣玲	景观人类学的概念、范畴与意义	论文	青年奖
厦门市第十一次社会科学优秀成果奖(2019年)				
历史系	韩　宇	产业招募与二十世纪八十年代以来美国南部制造业转型	论文	一等奖
中文系	吴在庆等	唐五代文编年史	专著	一等奖
中文系	李无未	台湾汉语音韵学史	专著	一等奖
历史系	李智君	天竺与中土：何为天地之中央——唐代僧人运用佛教空间结构系统整合中土空间的方法研究	论文	二等奖
哲学系	谢晓东	朱熹与“四端亦有不中节”问题——兼论恻隐之心、情境与两种伦理学的分野	论文	二等奖
历史系	张　侃	中国近代外债制度的本土化与制度化	专著	二等奖
哲学系	李若晖	久旷大仪：汉代儒学政制研究	专著	二等奖
历史系	刘诗古	资源、产权与秩序：明清鄱阳湖区的渔课制度与水域社会	专著	二等奖
中文系	杨春时	中华美学概论	专著	二等奖
中文系	黄鸣奋	美丽厦门百景千联	科普读物	三等奖

续表

单位	姓名	成果题目	成果形式	获奖等级
历史系	高艳杰	建而不交：冷战前期的中国与印尼关系(1949—1954)	论文	三等奖
中文系	俞兆平	中国文学研究中的唯理主义与经验主义	论文	三等奖
中文系	李如龙	汉语特征研究	专著	三等奖
中文系	黄鸣奋	位置叙事学：移动互联时代的艺术创意	专著	三等奖
中文系	代　迅	中国美学西化问题研究	专著	三等奖
历史系	詹朝霞 胡舒扬	厦门的兴起	译著	三等奖

第二章　其他主要获奖著作与论文

年份	单位	姓名	成果题目	获奖等级	奖项	评奖单位
1999	历史系	陈诗启	中国近代海关史（晚清、民国部分）	二等奖	国家社会科学基金项目优秀成果	全国哲学社会科学规划领导小组
1999	中文系	陈世雄	戏剧思维	三等奖	国家社会科学基金项目优秀成果	全国哲学社会科学规划领导小组
2000	历史系	杨国桢	明清土地契约文书研究	三等奖	第一届郭沫若中国历史学奖	中国社会科学院
2002	历史系	陈诗启	中国近代海关史（晚清、民国部分）	二等奖	第二届郭沫若中国历史学奖	中国社会科学院
2005	人类学系	邓晓华 王士元	藏缅语族语言的数理分类及其形成过程分析	三等奖	国家民委社会科学研究成果奖	国家民族事务委员会
2005	历史系	张先清	官府、宗族与天主教：明清时期闽东福安的乡村教会发展		全国百篇优秀博士学位论文奖	教育部 国务院学位委员会
2009	哲学系	詹石窗	中国道教思想史（4卷本）		国家哲学社会科学成果文库	全国哲学社会科学规划领导小组
2010	历史系	陈支平	闽台族谱汇刊		第二届中国出版政府奖图书奖	国家新闻出版总署
2012	历史系	陈支平	民间文书与明清东南族商研究	提名奖	郭沫若中国历史学奖	中国社会科学院

续表

年份	单位	姓名	成果题目	获奖等级	奖项	评奖单位
2013	中文系	李无未	日本汉语音韵学史	二等奖	王力语言学奖	北京大学
2016	中文系	刘荣平	全闽词	一等奖	全国优秀古籍图书	中国出版协会
	中文系	李无未	台湾汉语音韵史学		国家哲学社会科学成果文库	全国哲学社会科学规划领导小组
	中文系	周　宁 贺昌盛 郭惠芬 等	“中外文学交流史”系列丛书		第六届中华优秀出版物奖图书奖	中国出版协会
2017	中文系	周　宁 贺昌盛 郭惠芬 等	“中外文学交流史”系列丛书		第四届中国出版政府奖图书奖	国家新闻出版总署
2018	历史系	朱圣明	华夷之间:秦汉时期族群的身份与认同	二等奖	第四届全国民族研究优秀成果奖	国家民族事务委员会
	人类学系	杜树海	清代边疆地区社会阶层的变动与文化面貌的转变——以广西靖西县墓碑、石刻等历史资料为中心的考察	三等奖		国家民族事务委员会
	历史系	郑振满 丁荷生	福建宗教碑铭汇编·漳州府分册	一等奖	全国优秀古籍图书	中国出版工作者协会
	中文系	吴在庆	唐五代文编年史	一等奖	全国优秀古籍图书	中国出版工作者协会

第三章　主要研究课题[①]

人文学院一直是厦门大学人文学科建设之重镇。自国家启动各级社会科学研究项目建设以来，人文学院在国家级、省级项目的获得上在厦门大学文科类学院中连年独占鳌头，占据厦门大学获批的国家社科基金项目大头。截至 **2020** 年 **10** 月，据不完全统计，人文学院已获批国家社科基金项目/自然科学基金项目逾 **274** 项（其中含 **16** 个国家社科基金重大项目），获批教育部及国家其他部委基金项目逾 **187** 项，省级以上项目逾 **275** 项。

一、国家级项目

（一）获批国家社科/自科项目一览表

系所	负责人	项目名称	项目类别
1983			
历史系	傅衣凌	明清时期福建地区经济史	国家社会科学基金“六五”重点项目

① 本章仅涵盖国家级、省级纵向项目，数据截至 2020 年 10 月。资料来源：《国家社会科学基金历年立项课题汇编》，社会科学文献出版社 1993 年版；《国家社会科学基金资助项目汇编（1993—1998）》，学习出版社 1998 年版；《福建省志·社会科学志》，福建人民出版社 2009 年版；《厦门大学人文社会科学研究概览》，厦门大学出版社 1997 年版；厦门大学社科处历年数据；等等。因早年数据不全，可能存在缺漏。

续表

系所	负责人	项目名称	项目类别
		1986	
历史系	傅衣凌 杨国桢	明清福建地区经济史①	国家社会科学基金 “七五”重点项目
		1987	
自然辩证法室	周　济	科技革命与马克思主义	国家社会科学基金
哲学系	卢善庆	西方现代资产阶级思潮与中国近代美学比较研究	国家社会科学基金
哲学系	邹永贤	现代资产阶级国家学说	国家社会科学基金
历史系	陈诗启	中国近代海关史	国家社会科学基金
人类学系	陈国强	人类学研究	国家社会科学基金
中文系	黄典诚	闽南方言志	国家社会科学基金
		1988	
哲学所	汪澍白	毛泽东早期思想	国家社会科学基金
历史系	林仁川	明清之际中西文化关系研究	国家社会科学基金
中文系	应锦襄	世界文学格局中的中国小说的发展个性	国家社会科学基金
中文系	张次曼	福州方言的形态音韵	国家社会科学基金
历史系	叶文程	闽台惠安人研究	国家社会科学基金

① 1983年，“明清福建地区经济史”获批为国家“六五”重点项目。由于获批时距离“六五”建设期结束仅余2年时间，故在1986年国家社会科学基金正式成立后，该项目亦延续作为“七五”期间重点项目。彼时该项目主持人傅衣凌先生身体有恙，遂增加杨国桢同为项目主持人。

续表

系所	负责人	项目名称	项目类别
1989			
中文系	赖干坚	现代西方文艺思潮与中国当代文学	国家社会科学基金
中文系	黄鸣奋	需要理论与文艺批评	国家社会科学基金
中文系	林寒生	闽东方言词汇	国家社会科学基金
1990			
哲学系	商英伟	马克思主义经典作家的主体性思想研究	国家社会科学基金
历史所	孔永松[①]	中国革命根据地经济史	国家社会科学基金“八五”重点项目
哲学系	徐梦秋	马克思主义辩证法与现时代	国家社会科学基金“八五”重点项目
历史系	林金枝	海外华侨华人社团研究	国家社会科学基金“八五”重点项目
历史系	郑振满	清代台湾与大陆家族组织比较研究	国家社会科学基金
历史系	李明欢	战后海外华人社团发展变化研究	国家社会科学基金
中文系	贾晋华	五代文学研究	国家社会科学基金
1991			
政治学系	陈振明	评“西方马克思主义”关于现代资本主义社会的理论	国家社会科学基金
哲学系	王善均	结构主义与马克思主义的比较研究	国家社会科学基金

① 本项目获批时间根据完成时间推算，或有出入。

续表

系所	负责人	项目名称	项目类别
历史系	孙福生	西方国家对东南亚国家殖民政策比较研究	国家社会科学基金
中文系	何耿丰	客家方言语法研究	国家社会科学基金
1992			
中文系	陈世雄	戏剧思维	全国艺术科学规划课题(国家社科基金单列项目)
历史系	黄顺力	战后台湾社会思潮	国家社会科学基金
人类学系	陈国强	中国人类学研究	国家社会科学基金
1993			
哲学系	汪澍白	毛泽东的思想发展及其民族文化渊源	国家社会科学基金
人类学系	石奕龙	当代西方文化人类学的现状与发展趋势研究	国家社会科学基金
中文系	林丹娅	当代中国女性文学史论	国家社会科学基金
1994			
新闻系	陈培爱	我国电视广告社会效益及其改进对策研究	国家社会科学基金
1995			
中文系	朱水涌	九十年代文学思潮研究	国家社会科学基金
哲学系	官　鸣	海峡两岸科技资源优化配置研究	国家社会科学基金
1996			
中文系	陈世雄	二十世纪西方戏剧思潮	国家社会科学基金
人类学所	郭志超	台湾高山族族群的文化比较研究	国家社会科学基金“九五”重点项目

续表

系所	负责人	项目名称	项目类别
1997			
历史系	李一平	东南亚国家华人与当地民族的关系	国家社会科学基金
人类学所	陈国强	高山族现代化进程与文化变迁研究	国家社会科学基金
1998			
人类学所	彭兆荣	周边国家民族关系对我国的影响及对策研究	国家社会科学基金
哲学系	陈嘉明	当代西方哲学关于“现代性”理论及其论证	国家社会科学基金
1999			
中文系	郑尚宪	莆仙戏史论	全国艺术科学规划课题（国家社科基金单列项目）
哲学系	陈亚军	实用主义与马克思主义的比较研究	国家社会科学基金
历史系	杨国桢	历史上东南沿海区域经济开发与生态环境研究	国家社会科学基金
人类学所	邓晓华	汉语方言的研究与语言接触理论的建构	国家社会科学基金
2000			
历史系	郑振满	清代闽台社会形态与地方行政比较研究	国家社会科学基金
历史系	陈支平	闽台汉民族史研究	国家社会科学基金
中文系	黄鸣奋	超文本之兴：信息科技与文学变革	国家社会科学基金

续表

系所	负责人	项目名称	项目类别
2001			
中文系	陈世雄	戏剧人类学	全国艺术科学规划课题(国家社科基金单列项目)
哲学系	徐梦秋	规范论——规范的发生学研究和合理性研究	国家社会科学基金
历史系	陈明光	唐宋制度变迁与地方政府经济管理职能演变	国家社会科学基金
历史系	连心豪	近代中国的走私与海关缉私	国家社会科学基金
中文系	李如龙	中古到现代汉语语音演变研究	国家社会科学基金
中文系	俞兆平	五四文学思潮中的科学主义脉理	国家社会科学基金
人类学所	李文睿	闽台宗教的世俗化和非世俗化	国家社会科学基金
历史系	吴春明	闽台土著民族关系与“南岛语族”起源研究	国家社会科学基金
社会学系	李明欢	侨乡“社会资本”与发达国家劳动力市场多元性:福建侨乡跨境移民潮的社会学研究	国家社会科学基金
社会学系	胡　荣	村民自治与农村社区的社会资本重建	国家社会科学基金
2002			
历史系	戴一峰	近代环中国海地区华商跨国网络研究	国家社会科学基金
哲学系	陈嘉明	当代知识论前沿问题研究	国家社会科学基金
经济研究所	林　枫	明代中后期的税收制度研究	国家社会科学基金

续表

系所	负责人	项目名称	项目类别
历史系	钞晓鸿	近代陕西水资源环境与社会经济变迁	国家社会科学基金
新闻系	陈嬿如	社会主义市场经济时代的大众传播与爱国主义教育	国家社会科学基金
2003			
中文系	朱水涌	中国现当代小说的关联研究	国家社会科学基金
历史系	郑学檬	唐宋科学技术进步与生产力、环境关系研究	国家社会科学基金
历史系	陈衍德	全球化进程中的东南亚民族问题研究	国家社会科学基金
历史系	韩　宇	战后美国高技术产业区研究	国家社会科学基金
历史系	张　侃	中国外债管理制度的近代化与本土化(1853—1949)	国家社会科学基金
社会学系	张友琴	城市化进程中的农村社会保障问题研究——村民意愿与制度性安排	国家社会科学基金
人类学所	刘朝晖	一个村庄在改革年代的都市经历	国家社会科学基金
中文系	周　宁	东南亚华语戏剧史	全国艺术规划项目(国家社科基金单列项目)
中文系	黄鸣奋	因特网与艺术发展	全国艺术规划项目(国家社科基金单列项目)
2004			
中文系	苏新春	基于国家教委“通用语料库”之上的汉语义频词库的开发	国家社会科学基金

续表

系所	负责人	项目名称	项目类别
中文系	杨春时	现代性与20世纪中国文学思潮	国家社会科学基金
中文系	李焱	汉语平比句的语法化研究	国家社会科学基金
历史系	郑振满	明清时代的乡族、乡绅与官僚政治	国家社会科学基金
历史系	王　旭	20世纪后半期美国的大都市区化与大都市区管理模式	国家社会科学基金
哲学系	詹石窗	中国宗教思想的历史发展研究	国家社会科学基金
哲学系	盖建民	道教金丹派南宗研究	国家社会科学基金
人类学所	石奕龙	畲族地区的经济生产方式转型与社会文化变迁	国家社会科学基金
社会学系	胡　荣	农村地方政权退化与对策研究	国家社会科学基金
社会学系	周志家	风险与管理:风险社会学的缘起与范式	国家社会科学基金
人类学所	李明欢	发达国家国际移民政策文本与实务的比较研究	国家社会科学基金
历史系	蔡保全	泥河湾晚新生代系统生物地层及环境研究	国家自然科学基金
2005			
历史系	陈支平	中华南方民族的起源及形成	国家社会科学基金重大项目
历史系	曾　玲	海外华人宗教信仰研究:东南亚华人民间宗教之建构与现状	国家社会科学基金
中文系	肖　湛	宗白华朱光潜美学比较研究	国家社会科学基金
哲学系	乐爱国	中国道教伦理思想史	国家社会科学基金
人类学所	彭兆荣	岭南走廊·潇贺段文化遗产的人类学研究	国家社会科学基金

续表

系所	负责人	项目名称	项目类别
人类学所	董建辉	畲族源流史研究	国家社会科学基金
		2006	
新闻系	陈培爱	广告传播学研究	国家社会科学基金
中文系	胡　旭	先唐别集叙录	国家社会科学基金
哲学系	徐梦秋	默顿的科学规范论研究与科学规范的当代建构	国家社会科学基金
哲学系	陈墀成	马克思恩格斯生态哲学思想及其当代价值	国家社会科学基金
历史系	王荣国	闽台区域佛教与族群认同	国家社会科学基金
历史系	曲天夫	古代两河流域的法律文献研究	国家社会科学基金
哲学系	徐朝旭	儒家文化与民间信仰	国家社会科学基金
历史系	刘　钊	古文字基本构形发展演变的谱系研究	国家社会科学基金
人类学系	蓝达居	闽台丧葬文化比较研究	国家社会科学基金
		2007	
人类学系	黄向春	居洞仳与家桴筏——民族视野下的东南区域社会文化史新探	国家社会科学基金后期资助
中文系	贺昌盛	晚清民初“文学”学科的学术谱系——中国现代文学的学术渊源考察	国家社会科学基金
中文系	王　诺	生态批评的困惑与解惑	国家社会科学基金
中文系	刘镇发	斯氏200词与闽粤客赣方言年代亲缘关系的计算研究	国家社会科学基金
中文系	林丹娅	台湾女性文学史	国家社会科学基金
新闻系	黄星民	两岸新闻交流史	国家社会科学基金

续表

系所	负责人	项目名称	项目类别
2008			
历史系	徐东升	宋代手工业组织研究	国家社会科学基金
哲学系	周建漳	历史与叙述:叙述语义背景下历史本体论之思考	国家社会科学基金
中文系	李无未	日本明治时期北京官话课本语言研究	国家社会科学基金
历史系	刁培俊	宋朝农民生活研究:以东南诸路为中心的考察	国家社会科学基金
中文系	周　宁	20世纪中国戏剧理论批评史	全国艺术规划项目重点课题(国家社科基金单列项目)
2009			
哲学系	林观潮	临济宗黄檗派与日本黄檗宗的研究	国家社会科学基金
中文系	曾　良	三百种明清小说俗字研究	国家社会科学基金
哲学系	詹石窗	百年道教研究与创新工程	国家社会科学基金重点项目
哲学系	曹志平	当代西方诠释学的现象学科学哲学研究	国家社会科学基金
历史系	水海刚	近代环南中国海华人跨国组织与闽粤社会研究	国家社会科学基金
人类学系	汪晓云	闽台民间艺术与族群认同	国家社会科学基金
人类学系	宋　平	全球化中的文化主体:移民族群的跨国社会实践	国家社会科学基金
历史系	张　侃	台湾银行与近代华南地区国际资本运行模式	国家社会科学基金

续表

系所	负责人	项目名称	项目类别
中文系	张世宏	倭患与中晚明文学研究	国家社会科学基金
中文系	黄鸣奋	西方数码艺术理论六十年	全国艺术规划项目重点课题(国家社科基金单列项目)
2010			
历史系	吴春明	环中国海海洋文化遗产调查研究	国家社会科学基金重大项目
历史系	陈支平	中国南方少数民族家谱整理与研究	国家社会科学基金重大项目
历史系	王　旭	20世纪美国县域经济与城乡经济一体化研究	国家社会科学基金
人类学系	余光弘	20世纪初期台湾少数民族文化共同特质研究	国家社会科学基金
历史系	晏爱红	清代漕运陋规研究	国家社会科学基金
历史系	刘　淼	中国陶瓷与海洋文明研究	国家社会科学基金
哲学系	谢晓东	政治哲学视角下的先秦儒学与古典自由主义研究	国家社会科学基金
人文学院	佳宏伟	近代中国通商口岸的环境与疾病传播研究	国家社会科学基金
中文系	郑泽芝	语料库技术中的外向型汉语学习词典注释结构研究	国家社会科学基金
中文系	郑国庆	中国现当代文学的话语体系研究	国家社会科学基金
人类学系	邓晓华	汉藏语系谱系分类及其时间深度的研究	国家社会科学基金
哲学系	陈嘉明	“元哲学”研究	国家社会科学基金

续表

系所	负责人	项目名称	项目类别
历史系	李智君	明清时期西北太平洋热带气旋与东南沿海基层社会应对机制研究	国家社会科学基金
历史系	钞晓鸿	清代以来黄土高原水资源环境与社会变迁研究	国家社会科学基金
哲学系	陈喜乐	闽台科技资源整合战略研究	国家软科学研究计划
2011			
历史系	鲁西奇	汉唐时期长江中游地区的环境、人群、聚落与社会研究	国家社会科学基金
人文学院	程　玥	集体林权制度改革中的金融支持制度研究	国家社会科学基金
人类学系	彭兆荣	中国非物质文化遗产体系探索研究	国家社会科学基金重大项目
哲学系	郑伟平	无信念的知识论研究	国家社会科学基金
历史系	葛　威	从史前洞穴考古淀粉残留物探讨华南农业起源	国家社会科学基金
中文系	郭勇健	现象学美学史	国家社会科学基金
中文系	肖　湛	台湾新儒家美学研究	国家社会科学基金
中文系	胡　旭	《文选》李善注引文考证	国家社会科学基金
哲学系	徐梦秋	调整人与自然关系规范的系统性研究	国家社会科学基金
历史系	郑　莉	东南亚兴化人的庙宇与仪式传统研究	国家社会科学基金
人类学系	邓晓华	台湾原住民问题研究	国家社会科学基金重点项目

续表

系所	负责人	项目名称	项目类别
2012			
中文系	王晓平	追寻中国的“现代”：大变革时代中国现代小说研究(1937—1949)	国家社会科学基金后期资助
哲学系	乐爱国	朱熹《中庸》学研究	国家社会科学基金后期资助
历史系	王日根	明清河海盗的生成及其治理研究	国家社会科学基金
人类学系	葛荣玲	少数民族地区村寨景观遗产的人类学研究	国家社会科学基金
哲学系	黄永锋	《道枢》及其百种引书的搜集、整理与研究	国家社会科学基金
中文系	任　鹏	礼乐、身体与人文——汉代关联思维的美学研究	国家社会科学基金
中文系	钱建状	宋人行卷与文学	国家社会科学基金
历史系	韩　宇	美国制造业城市转型研究(1945—2000)	国家社会科学基金
中文系	杨春时	现代性视野下的20世纪中国美学史	国家社会科学基金重点项目
中文系	李无未	东亚珍藏明清时期汉语文献的发掘与研究	国家社会科学基金重大项目
中文系	代　迅	二十世纪域外文论本土化研究[①]	国家社会科学基金重大项目
2013			
中文系	杨　慧	中国现代文学中的白俄叙事研究(1928—1937)	国家社会科学基金

① 该项目于2015年转入我校。

续表

系所	负责人	项目名称	项目类别
中文系	李晓林	审美形而上学研究	国家社会科学基金后期资助
哲学系	林观潮	明清僧人著述流传日本的考察研究	国家社会科学基金
人类学系	董建辉	我国少数民族文化产业发展研究	国家社会科学基金重点项目
哲学系	徐朝旭	儒学、儒教与儒家宗法集体主义研究	国家社会科学基金重点项目
历史系	林　枫	明清时代泉州的港口贸易与城市变迁研究	国家社会科学基金
历史系	曾　玲	新加坡华人社团账本的整理与研究	国家社会科学基金
中文系	王　宇	21世纪初年女性乡土叙事潮流的崛起及其意义	国家社会科学基金
中文系	陈世雄	苏联戏剧历史经验研究	国家社会科学基金
中文系	李如龙	闽语特征研究	国家社会科学基金
历史系	李卫华	清末政府报刊媒介管理研究	国家社会科学基金
历史系	赖国栋	20世纪早期法国史学与民族认同研究(1918—1939)	国家社会科学基金
历史系	高艳杰	美国对印尼领土问题的政策研究(1956—1966)	国家社会科学基金
历史系	张闻捷	东周青铜礼器使用制度研究	国家社会科学基金
哲学系	朱人求	东亚朱子学的承传与创新研究	国家社会科学基金重大项目
历史系	王日根	清代海疆政策与开发研究	国家社会科学基金重大项目

续表

系所	负责人	项目名称	项目类别
人类学系	张先清	闽台海洋民俗文化遗产资源调查与研究	国家社会科学基金重大项目
中文系	黄鸣奋	数码艺术潜学科群研究	国家社科基金艺术学项目
2014			
中文系	贺昌盛	中国现代文学基础理论文献的整理与研究	国家社会科学基金重点项目
哲学系	曹剑波	实验知识论研究	国家社会科学基金
历史系	许二斌	转型时期欧洲雇佣兵问题研究（1350—1800）	国家社会科学基金
中文系	叶玉英	古文字异部谐声通假与上古音研究	国家社会科学基金
历史系	黄顺力	近代中国从海防到海权的思想衍变研究	国家社会科学基金
中文系	刘荣平	词学理论的还原与重构研究	国家社会科学基金
中文系	洪迎华	唐集序跋辑考与研究	国家社会科学基金
中文系	王　烨	国民革命时期革命文学史料整理与研究	国家社会科学基金
中文系	郭惠芬	20世纪中国文学中的南洋书写及其意义研究	国家社会科学基金
人类学系	宋雷鸣	人类学与流行病学跨学科合作研究	国家社会科学基金
历史系	王广坤	英国公共卫生管理制度变迁研究（1848—1914）	国家社会科学基金
中文系	许彬彬	17世纪以来域外文献与闽南方言研究	国家社会科学基金

续表

系所	负责人	项目名称	项目类别
中文系	赵怿怡	基于同一文本的句法网络语义网络关系研究	国家社会科学基金
哲学系	杨仕健	当代生物学“扩展综合”运动的哲学研究	国家社会科学基金
历史系	朱圣明	差异性视角下的秦汉“边民”研究	国家社会科学基金
哲学系	陈嘉明	当代知识论研究	国家社会科学基金重大项目
历史系	鲁西奇	中国历史上的滨海地域研究	国家社会科学基金重大项目
人类学系	董建辉	台湾原住民族群关系研究	国家社会科学基金重大项目
历史系	钞晓鸿	清代以来北方水文化史料整理与研究	国家社会科学基金重点项目
2015			
中文系	李　焱	基于满汉合璧类白话文献的18—19世纪北京官话语法研究	国家社会科学基金
历史系	徐东升	唐宋铜资源开发利用研究	国家社会科学基金
哲学系	张会永	康德与后果主义伦理学研究	国家社会科学基金
哲学系	楼　巍	“第三阶段的维特根斯坦”研究	国家社会科学基金
历史系	李　莉	美国公共住房社会问题治理研究	国家社会科学基金
历史系	王新天	中国东南瓷业海洋性的历史进程	国家社会科学基金后期资助
人类学系	杜树海	11世纪以来广西中越边境地区的历史研究	国家社会科学基金后期资助

续表

系所	负责人	项目名称	项目类别
2016			
中文系	金　美	近现代西班牙传教士文献中闽台语言文化资料的发掘整理及其传播史研究	国家社会科学基金
中文系	黄瓒辉	聚合义词汇语法表达的类型学比较研究	国家社会科学基金
中文系	苏永延	东南亚抗战的华文叙述研究	国家社会科学基金
历史系	马一舟	第二十六王朝时期埃及外交与战争文献整理与研究	国家社会科学基金
中文系	蔡淑美	构式浮现的多重界面互动机制研究	国家社会科学基金
历史系	林昌丈	汉唐地方史志资料的整理与研究	国家社会科学基金
2017			
历史系	陈　遥	建构中国崛起的“国际信任力”战略研究	国家社会科学基金
历史系	刘　淼	江西景德镇南窑唐代窑址调查发掘报告	国家社会科学基金
历史系	胡锦山	20世纪70年代以来美国黑人回迁南部及其影响研究	国家社会科学基金
哲学系	谢晓东	东亚儒学视域下的人心道心问题研究	国家社会科学基金
历史系	饶伟新	民间文献与赣南土地革命的社会史研究	国家社会科学基金
中文系	李城希	香港中国现代文学研究史(1949—1979)	国家社会科学基金
人文学院	祁　刚	浙南道教历史文献的整理与研究	国家社会科学基金

续表

系所	负责人	项目名称	项目类别
哲学系	杨　松	当代西方学界关于马克思、恩格斯基础伦理思想的系列研究	国家社会科学基金
历史系	李春圆	元代物价资料的整理与研究	国家社会科学基金
历史系	刘婷玉	明代卫所移民与边疆民族融合研究	国家社会科学基金
历史系	梁　勇	“湖广填四川”移民墓葬碑刻文献数据库建设及其乡村社会研究[①]	国家社会科学基金重大项目
2018			
历史系	邱士杰	马克思主义社会形态理论与中国历史发展进程研究	国家社会科学基金
历史系	刁培俊	蒙古元素“江南风尚”的隐、显与宋元社会转型研究	国家社会科学基金
历史系	陈　瑶	清至民国长江中游木帆船航运业研究	国家社会科学基金
历史系	梁建国	北宋京畿地区洪涝治理研究	国家社会科学基金
哲学系	曹志平	资本逻辑与马克思主义科学观研究	国家社会科学基金
哲学系	唐　瑭	马克思政治哲学视阈下的“人类命运共同体”研究	国家社会科学基金
中文系	李柏翰	日本《韵镜》文献与汉语音韵史研究	国家社会科学基金
中文系	李晓林	西方马克思主义审美乌托邦研究	国家社会科学基金
中文系	赵　芮	产后抑郁症的人类学研究	国家社会科学基金

① 该项目于2019年转入我校。

续表

系所	负责人	项目名称	项目类别
人类学系	高信杰	文化视角下的台湾民众政治行为与其“人权”概念研究	国家社会科学基金
历史系	葛　威	海峡西岸贝丘遗址多学科综合研究	国家社会科学基金
历史系	付　琳	江南地区周代墓葬与文化分区研究	国家社会科学基金
历史系	林　枫	华侨谱牒搜集整理与海上丝绸之路研究	国家社会科学基金重大项目
中文系	黄鸣奋	科幻电影创意伦理研究	国家社会科学基金艺术学项目
人类学系	冯　莎	新时代海峡两岸乡村建设中的艺术介入与文化认同研究	国家社会科学基金艺术学项目
人类学系	王传超	中国东南各族群的遗传混合	国家自然科学基金
2019			
哲学系	乐爱国	朱熹《论语》学阐释：问题与新意	国家社会科学基金重点项目
历史系	钞晓鸿	明清时期黄河治理工程文献的整理研究与数据库建设	国家社会科学基金重大项目
中文系	王　宇	百年中国文学女性形象谱系与现代中华文化建构整体研究	国家社会科学基金重大项目
历史系	李智君	汉唐佛教对中国地理学思想及景观的影响研究	国家自然科学基金
人文学院	黄　敏	基于图网络的人体识别与推测方法及其计算实现	国家自然科学基金
人类学系	韦兰海	台湾各人群精细遗传结构及混合过程	国家自然科学基金

续表

系所	负责人	项目名称	项目类别
中文系	任　鹏	汉唐之间美学话语的衍变研究	国家社会科学基金
历史系	水海刚	环南中国海地区海上丝绸之路的近代变迁研究	国家社会科学基金
历史系	韩　宇	战后美国阳光带经济发展模式研究(1945—2015)	国家社会科学基金重点项目
历史系	赖国栋	20世纪70年代以来法国史学的嬗变及其影响研究	国家社会科学基金
历史系	高艳杰	美国对东南亚华人华侨的心理战研究(1949—1965)	国家社会科学基金
哲学系	刘泽亮	新发现《宗镜录具体》整理与研究	国家社会科学基金
中文系	胡　旭	传世先唐别集的编纂、刊刻与流布研究	国家社会科学基金
中文系	陈明娥	日韩珍藏"语录解"类文献语言研究	国家社会科学基金
中文系	王　宇	中国当代女性文学本土化研究	国家社会科学基金
哲学系	李璐楠	中晚明心性问题研究	国家社会科学基金
历史系	舒满君	清代徽州的田赋定额与州县实征研究	国家社会科学基金
历史系	刘诗古	清至民国长江中游地区滨水社会研究	国家社会科学基金
历史系	张闻捷	周代乐钟制度研究	国家社会科学基金冷门绝学
中文系	张惟捷	史语所藏殷墟一至十五次挖掘甲骨目验整理与研究	国家社会科学基金冷门绝学
中文系	郭勇健	中国画的现象学诠释	国家社会科学基金艺术学项目

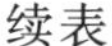

续表

系所	负责人	项目名称	项目类别
中文系	许昳婷	中国现代戏剧批评的域外思想来源研究(1898—1949)	国家社会科学基金艺术学项目
2020			
哲学系	王晓阳	他心问题的基础理论研究	国家社会科学基金
哲学系	郑伟平	信念规范论研究	国家社会科学基金
哲学系	曹剑波	哲学直觉作为证据的合理性研究	国家社会科学基金
哲学系	张　曦	“牛津萨默维尔四杰”伦理思想及其中国化研究	国家社会科学基金
哲学系	佘诗琴	中西诗学理论与实践中复多视角比较研究	国家社会科学基金
中文系	刘子立	《后汉书》史料构成与历史书写研究	国家社会科学基金
中文系	苏　琼	多元视野中的新中国70年女性戏剧研究	国家社会科学基金
中文系	李无未	东亚《韵镜》学史文献发掘及研究	国家社会科学基金重点项目
中文系	乐　耀	汉语口语修补现象的语法研究	国家社会科学基金
历史系	伍伶飞	近代中国航标历史地理研究	国家社会科学基金
历史系	周　杨	汉唐时期丝绸之路音乐文物综合研究	国家社会科学基金
中文系	黄鸣奋	中国科幻电影的多维定位	国家社会科学基金后期资助重点项目
中文系	李如龙	闽语文存	国家社会科学基金后期资助
中文系	俞兆平	哲学的鲁迅	国家社会科学基金后期资助

续表

系所	负责人	项目名称	项目类别
中文系	史　言	巴什拉诗学论:理论探析与批评实践	国家社会科学基金后期资助

(二)获批教育部、其他部委科研项目一览表

系所	负责人	项目名称	项目类别/组织单位
国家教委基金项目“七五”重点项目			
人类学系	陈国强	台湾少数民族研究	国家教委基金项目“七五”重点项目
人类学系	陈国强	闽台考古研究	国家教委基金项目“七五”重点项目
人类学系	叶文程	(名称缺)	国家教委基金项目“七五”重点项目
人类学系	吴绵吉	(名称缺)	国家教委基金项目“七五”重点项目
中文系	黄拔荆	两宋词史	国家教委基金项目“七五”重点项目
中文系	张次曼	福州方言变调研究	国家教委基金项目“七五”重点项目
历史系	郑学檬	中国赋役制度史	国家教委基金项目“七五”重点项目
哲学系	邹永贤	现代资产阶级国家学说	国家教委基金项目“七五”重点项目
哲学系	汪澍白	中西文化论证的历史反思	国家教委基金项目“七五”重点项目

续表

系所	负责人	项目名称	项目类别/组织单位
哲学系	周　济	中西科学思想比较研究	国家教委基金项目 “七五”重点项目
		1986	
中文系	郑朝宗	文学批评方法学	第一批博士点 基金项目
中文系	应锦襄	中西小说技法结构比较	第一批博士点 基金项目
中文系	赖干坚	西方现代文学批评	第一批博士点 基金项目
哲学系	商英伟	唯物史观史	第一批博士点 基金项目
哲学系	商英伟	厦门特区的社会问题研究	第一批博士点 基金项目
历史系	傅家麟	明清社会经济史	第一批博士点 基金项目
历史系	陈诗启	中国海关史	第一批博士点 基金项目
		1987	
中文系	陈世雄	现代欧美剧作研究	国家教委青年基金项目
		1988	
历史系	傅家麟	明清时期东南地区的山区及沿海经济	第二批博士点 基金项目
历史系	杨国桢	明史新编	第二批博士点 基金项目
中文系	黄典诚	在闽南方言中为古汉语音韵进行钩沉起坠的研究	1988 年第二批博士点 基金项目

续表

系所	负责人	项目名称	项目类别/组织单位
		1990	
历史系	韩国磐	中国历史上历次改革的社会要求、理论依据及其成败经验	第三批博士点基金项目
历史系	郑学檬	中国古代经济中心南移的综合研究	第三批博士点基金项目
中文系	黄鸣奋	人的需要与艺术创作	国家教委青年基金项目
历史系	杨际平	敦煌文献学研究——以家族、家庭、社会生活为中心	“八五”博士点基金项目
		1993	
中文系	赖干坚	西方现代派小说研究	国家教委“八五”项目
中文系	张次曼	从连续变调的数学模型研究讨论语言学的方法论及其与高科技的结合	国家教委“八五”项目
中文系	周长楫	闽南方言与闽台地方文化	国家教委“八五”项目
历史系	杨国桢	明清中国沿海社会与海外移民	国家教委“八五”项目
人类学系	吴绵吉	先秦两汉时期东南沿海地区考古学文化研究	国家教委“八五”项目
人类学系	陈国强	中国人类学的历史、现状与未来	国家教委“八五”项目
人类学系	石奕龙	应用人类学的理论与实践	国家教委“八五”项目
哲学系	邹永贤	特区政府机构及职能研究	国家教委“八五”项目
历史系	韩　昇	唐代的中外文化交流	“国家教委八五”青年基金
中文系	贾晋华	唐代文学集团研究	“国家教委八五”青年基金

续表

系所	负责人	项目名称	项目类别/组织单位
哲学系	周　济	现代科技革命与马克思主义	“国家教委八五”项目专项课题
1996			
人类学所	邓晓华	汉语方言研究与语言演变理论的建构	教育部人文社科“九五”规划项目(第一批)
中文系	吴在庆	唐五代文人的生活心态与文学	教育部人文社科“九五”规划项目(第一批)
哲学系	张小金	对外开放对中国社会结构变化与社会流动的影响之研究	教育部人文社科“九五”规划项目(第一批)
历史系	颜亚玉	闽南民间信仰问题研究	教育部人文社科“九五”规划项目(第一批)
1997			
历史系	吴春明	福州城市考古研究	教育部人文社科“九五”规划项目(第一批)
1998			
哲学系	陈嘉明	当代西方知识论研究	教育部人文社科“九五”规划项目(第二批)
哲学系	陈嘉明	欧洲统一的政治思想	中欧合作项目
历史系	王　旭	美国中的西部与中国东北部工业城市发展比较	教育部跨世纪人才项目
历史系	陈支平	福建社会文化史研究	教育部跨世纪人才项目
1999			
古籍所	吴在庆	古籍整理研究	教育部古委会项目
2000			
人类学所	李明欢	欧洲华人社会研究	教育部留学回国人员科研资助

续表

系所	负责人	项目名称	项目类别/组织单位
2001			
历史系	郑振满	历史上东南地区的文化网络与国家认同	国家教委博士点基金项目
2002			
历史系	王　旭	美国中心城市的衰退及其社会影响	教育部社科项目
人类学所	李明欢	法国移民政策与法国华侨华人	国侨办 2002—2003 年重点课题
中文系	周　宁	中国现代化历史进程中台湾文学的"现代性"研究	教育部人文社科重点研究基地重大项目
人类学所	蓝达居	东南亚华裔新生代发展趋势及我们的对策	国侨办 2002—2003 年重点课题
中文系	苏新春	普通话通用词语规范——现代汉语通用词语词量及分级	国家语委国家语言文字应用"十五"科研项目
历史系	陈支平	《台湾文献汇刊》整理出版	教育部古委会项目
哲学系	潘世墨	高等学校教学运行模式及配套管理改革研究与实践	教育部世行贷款重点项目
2003			
哲学系	陈嘉明	科学解释与人文理解	教育部社科博士点基金项目
中文系	苏新春	释义元语言研究及词表制定	教育部社科博士点基金项目
中文系	周　宁	西方戏剧理论史	教育部社科博士点基金项目
历史系	陈明光	魏晋南北朝财政史研究	教育部社科博士点基金项目

续表

系所	负责人	项目名称	项目类别/组织单位
历史系	黄顺力	近600年来中国海洋经略思想的衍变及其影响	教育部社科博士点基金项目
历史系	陈衍德	多民族共存与民族分离运动——东南亚民族关系的两个侧面	教育部社科博士点基金项目
中文系	李如龙	台湾语言政策和语言文字使用情况跟踪研究	教育部语言文字应用管理司
2004			
历史系	郑振满	民间历史文献与文化传承研究	教育部重大课题攻关项目
历史系	曾　玲	当代新加坡华人宗乡社团的现状与发展趋势研究	2004年度国务院侨办课题
历史系	陈支平	典志·财政金融志(上)	清史纂修工程2004年度立项项目
历史系	杨国桢	传记·道光朝	清史纂修工程2004年度立项项目
中文系	吴在庆	古籍整理《九国志》《献汉书》等六部史籍点校	教育部古委会项目
新闻系	雷　莉	品牌特质的测查	中科院心理所项目
中文系	周　宁	中国现代化历史进程中台湾文学的“现代性”研究	教育部人文社科重点研究基金重大项目
2005			
中文系	黄鸣奋	互联网与艺术产业	教育部人文社会科学研究一般项目
中文系	俞兆平	浪漫主义思潮在中国的接受与分化	教育部人文社会科学研究一般项目

续表

系所	负责人	项目名称	项目类别/组织单位
历史系	戴一峰	典志·财政金融志(下)·海关篇	清史纂修工程 2005 年度立项项目
哲学系	乐爱国	国家与科学:宋代的科学与社会子课题:宋学与科学	中科院自然科学史研究所
古籍所	吴在庆	古籍整理	教育部古委会项目
2006			
人类学所	俞云平	东南亚华族与当地民族的关系	教育部社科研究规划项目
中文系	曾　良	隋唐出土墓志文字研究与整理	教育部古委会重点项目
2007			
历史系	刁培俊	宋朝乡村职役研究	教育部社科研究规划项目
历史系	许二斌	转型时期西欧雇佣军现象研究	教育部社科研究规划项目
哲学系	曹剑波	知识与语境——当代西方知识论对怀疑主义难题的解答	教育部社科研究规划项目
中文系	李　菁	唐代运河与文学创作的关系	教育部社科研究规划项目
中文系	曾　良	敦煌佛经字词与校勘研究	教育部社科研究规划项目
中文系	李如龙	岭南濒危方言研究	教育部重点研究基地重大项目
中文系	郑泽芝	统计哲学研究	2007 全国统计科学研究计划项目(国家统计局)

续表

系所	负责人	项目名称	项目类别/组织单位
历史系	曾　玲	中华文化在当代东南亚华人社会的现况及我们的对策：以新马为研究个案	国侨办 2007—2008 年度课题立项
2008			
哲学系	黄朝阳	我国高校学生批判性思维能力的调查和对策	全国教育科学规划项目（教育部重点项目）
中文系	周　宁	西方中国形象的变迁及其历史和思想根源研究	教育部哲学社会科学研究重大课题攻关项目
人类学系	邓晓华	基于同源词数据库的汉藏语系数理分类及其语言年代学的研究	教育部人文社科研究项目
中文系	李晓红	台湾电视综艺节目发展史	教育部人文社科研究项目
中文系	郑尚宪	《缀白裘》研究	教育部人文社科研究项目
历史系	鲁西奇	汉唐时期汉水流域的社会变迁及其区域差异	教育部人文社科研究项目
哲学系	谢晓东	儒家政治哲学的现代重构研究	教育部人文社科研究项目
历史系	刘永华	亦礼亦俗：明清时期的礼生与礼仪	教育部人文社科研究项目
历史系	饶伟新	历史人类学视野下的福建古村落类型比较研究	教育部人文社科研究项目
中文系	胡　旭	《文选》李善注引文考证	教育部古委会项目
中文系	王　宇	现代性与被叙述的乡村女性	中国博士后科学基金会

续表

系所	负责人	项目名称	项目类别/组织单位
2009			
历史系	杨国桢	中国海洋文明史研究	教育部人文社科研究重大攻关项目
历史系	水海刚	近代闽江流域社会经济研究(1861—1937)	教育部人文社科研究项目
人类学系	宋　平	“文化东南”和移民族群的跨国社会实践	教育部人文社科研究项目
哲学系	曹志平	近20年来西方科学哲学的发展及对我国科学哲学学科建设的启示	教育部人文社科研究项目
哲学系	陈嘉明	经验与先验——知识论的基础问题研究	教育部人文社科研究项目
哲学系	傅小凡	宋代理学与家族制度重建	教育部人文社科研究项目
中文系	王　烨	国民革命时期国民党革命文艺运动研究	教育部人文社科研究项目
中文系	洪迎华	唐两京与文学创作的文化学考察	教育部人文社科研究项目
中文系	杨　玲	中国政府涉藏白皮书与涉藏外宣战略	教育部人文社科研究项目
中文系	吴在庆	韩偓集系年校释	教育部古委会项目
中文系	许长安	《台湾语文动态》编写	教育部语言文字应用管理司
历史系	陈支平	典志·漕运盐政钱法志	国家清史编纂委员会
哲学系	乐爱国	儒学对古代科技的影响	中国社会科学院财务基建计划局

续表

系所	负责人	项目名称	项目类别/组织单位
2010			
历史系	吴海兰	明末清初的经学与史学	教育部人文社科研究项目
历史系	郑　莉	近代闽南侨乡的国际移民与跨国生存状态——以族谱与侨批为中心的研究	教育部人文社科研究项目
中文系	钱建状	宋人行卷与文学	教育部人文社科研究项目
中文系	苏永延	东南亚华文文学与殖民主义	教育部人文社科研究项目
中文系	王晓红	冲突与融合：台湾当代戏剧研究	教育部人文社科研究项目
中文系	胡　旭	先唐总集叙录	教育部人文社科研究项目
中文系	王　宇	新世纪女性乡土叙事潮流研究	教育部人文社科研究项目
哲学系	张艳涛	哲学范式转换与马克思主义哲学理论创新	教育部人文社科研究项目
哲学系	郑伟平	当代信念理论研究	教育部人文社科研究项目
哲学系	黄永锋	《道枢》及其百种引书的综合整理和思想研究	教育部人文社科研究项目
哲学系	曹剑波	对话与语境：知识论视野下的宗教对话研究	教育部人文社科研究项目
哲学系	张有奎	马克思主义时代化研究	教育部人文社科研究专项任务项目

续表

系所	负责人	项目名称	项目类别/组织单位
人类学系	董建辉	国际旅游岛建设与海南少数民族传统文化地位研究	国家民委民族问题研究项目
人类学系	曾少聪	中国节日习俗(福建春节卷)	文化部民族民间文艺发展中心
2011			
人类学系	俞云平	东南亚华裔新生代:留学台湾与留学大陆	教育部人文社科研究项目
中文系	苏琼	跨语境中的女性戏剧	教育部人文社科研究项目
中文系	杨惠玲	明清江南望族和昆曲艺术	教育部人文社科研究项目
中文系	赵春宁	《申报》戏曲史料研究	教育部人文社科研究项目
哲学系	楼巍	最后阶段的维特根斯坦与知识论	教育部人文社科研究项目
中文系	郭惠芬	中国—东南亚文学交流史	教育部人文社科研究项目
中文系	苏新春	基础教育学习性词表的研制	国家语委
2012			
哲学系	乐爱国	百年朱子学研究精华集成	教育部人文社科研究重大课题
历史系	王日根	传统徽州社会保障体系建设的经验与教训研究	教育部人文社科重点研究基地重大项目
人类学系	杜树海	广西左江上游中越边境区域民族民间文献的搜集、整理与研究	教育部人文社科研究项目

续表

系所	负责人	项目名称	项目类别/组织单位
哲学系	黄朝阳	面向自然语言信息处理的广义量词理论研究	教育部人文社科研究项目
历史系	李　莉	美国公共住房政策研究	教育部人文社科研究项目
人类学系	刘家军	闽南城隍庙及其在台湾、东南亚的分炉研究	教育部人文社科研究项目
哲学系	欧阳锋	当代西方科学论的经济学转向研究	教育部人文社科研究项目
中文系	师雅惠	桐城派前期作家群与清初文坛状况研究	教育部人文社科研究项目
中文系	杨　慧	中国现代文学中的白俄叙事研究(1928—1937)	教育部人文社科研究项目
2013			
人类学系	张先清	十七世纪西班牙文献中的郑成功家族史料辑录、翻译与研究	教育部人文社科重点研究基地重大课题
历史系	张　侃	明清帝国体系与东南滨海地域社会	教育部人文社科重点研究基地重大课题
历史系	许二斌	转型时期西欧军人日常生活与社会变迁的关联性研究	教育部人文社科研究项目
中文系	张艾弓	20世纪70年代中国电影输出的世界版图及其效果研究	教育部人文社科研究项目
中文系	黄瓒辉	现代汉语集合性谓词的研究	教育部人文社科研究项目
哲学系	张会永	通向至善之途——德国古典伦理学中的德福之辩及其现代启示	教育部人文社科研究项目

续表

系所	负责人	项目名称	项目类别/组织单位
哲学系	陈喜乐	构建促进协同创新的人文社科科研评价体系研究	教育部人文社科研究专项任务
中文系	苏新春	基础教育教材语言现状与语言能力培养	国家语委
中文系	苏新春	中小学语文教材语言文字规范标准符合性调查研究	国家语委
历史系	王　旭	美国产业转型与区域增长格局变迁及启示	国家发展和改革委员会
2014			
哲学系	刘晓飞	多学科背景下的道德责任研究	教育部人文社科研究项目
中文系	李城希	中国现代长篇小说序跋研究	教育部人文社科研究项目
人类学系	彭兆荣	文化生态保护区的理论研究	教育部人文社科研究专项任务
历史系	陈支平	中外文化交流特展主题研究	国务院参事室
中文系	郑泽芝	语言文字国际高端专家来华交流项目	教育部语言文字信息管理司
2015			
人类学系	黄向春	华南民间口头艺术：社会、历史与文化传承	教育部人文社科研究项目
人类学系	杨晋涛	少数民族医疗体系研究：以医疗求助模式为重点	教育部人文社科研究项目
人类学系	张志培	关于中国殡葬政策的人类学研究	教育部人文社科研究项目

续表

系所	负责人	项目名称	项目类别/组织单位
中文系	蔡淑美	基于构式理论的对外汉语教材资源库研究	国家语委“十二五”科研规划项目
中文系	胡　旭	汉魏六朝集部文献集成	中国社会科学院文学研究所
中文系	苏永延	东南亚华语反法西斯文学研究	中华全国归国华侨联合会
2016			
中文系	张　治	钱锺书中西文读书笔记手稿的整理与研究	教育部人文社科研究项目
哲学系	谢晓东	东亚朱子学中的人心道心问题	教育部哲学社会科学研究后期资助
哲学系	郑伟平	罗素与前期维特根斯坦理论关系研究	教育部哲学社会科学研究后期资助
中文系	吴在庆	皮日休文集系年校注	教育部古委会
历史系	陈支平	中国经济史学发展的基础理论研究	中国科学研究院科研局
中文系	周　宁	海上丝绸之路精要文献汇刊	中宣部
历史系	颜章炮	能力建设视角下加强当前高校关工委组织建设的路径探索——以福建省高校为例	教育部关心下一代工作委员会
2017			
哲学系	唐　瑭	政治哲学视野下的《资本论》及其手稿研究	教育部人文社科研究项目
哲学系	王　师	基于事件和指称的形而上学意义理论研究	教育部人文社科研究项目

续表

系所	负责人	项目名称	项目类别/组织单位
中文系	杨惠玲	明清文士戏曲编刊活动研究	教育部人文社科研究项目
中文系	郑泽芝	中小学思想品德教材语言实态及表述特征研究	国家语委科研项目
中文系	张世宏	《宋无集》辑录校注	教育部古委会
中文系	郑泽芝	中小学思想品德教材语言实态及表述特征研究	国家语委科研项目
中文系	代　迅	二十世纪域外文论的本土化研究	全国哲学社会科学规划办公室
历史系	胡锦山	美国民族政策研究——以针对弱势族群的肯定性行动为例	教育部国际合作与交流司
历史系	李　莉	美国国内社会热点问题透析——以针对城市低收入阶层的公共住房政策为例	教育部国际合作与交流司
2018			
中文系	赵　明	汉语国际教育用文化词词表(草案)研究	教育部人文社科研究项目
哲学系	苏振富	“老马带青马”:高校关工委在“青马工程”中的作用机制研究	教育部关工委理论研究中心
2019			
哲学系	韦庭学	21世纪以来英美学者对马克思主义伦理学的重构及其对中国的启示研究	教育部人文社科研究项目
中文系	李　天	3R视角下视觉艺术的媒介与观念研究	教育部人文社科研究项目
哲学系	蔡海锋	知识的延展性问题研究	教育部人文社科研究项目

续表

系所	负责人	项目名称	项目类别/组织单位
2020			
中文系	满新颖	中国歌剧批评的三大关系及重大争论研究	教育部人文社科研究项目
哲学系	翁少龙	黑格尔《伦理体系》翻译与研究	教育部人文社科研究项目
中文系	周湘鲁	俄罗斯文学暴风雪时空体研究	教育部人文社科研究项目
中文系	苏新春	海峡两岸统一进程中的语言政策研究	教育部哲学社会科学研究重大课题攻关项目
历史系	陈支平	(新编)中国通史・中国经济史	国家级工程项目
历史系	王日根	(新编)中国通史・中国社会史	国家级工程项目

二、省级项目

单位	负责人	题目	项目类型/组织单位
福建省“六五”“七五”“八五”规划项目			
中文系	许怀中	鲁迅与文艺思潮流派	福建省“六五”规划项目
人类学系	陈国强	百越民族史研究	福建省“六五”规划项目
哲学系	邹永贤	国家学说史	福建省“六五”规划项目
哲学系	商英伟	马克思主义辩证法史	福建省“六五”规划项目
历史系	郑学檬	福建历史上经济发展的综合研究	福建省“六五”规划项目
历史系	杨国桢	林则徐论考	福建省“六五”规划项目
人类学所	陈国强	人类学研究	福建省“六五”规划重点项目

续表

单位	负责人	题目	项目类型/组织单位
中文系	黄典诚	闽南方言研究	福建省“七五”规划项目
中文系	黄拔荆	东方文学比较研究	福建省“七五”规划项目
中文系	赖干坚	西方现代文学批评	福建省“七五”规划项目
中文系	黄拔荆	词史	福建省“七五”规划项目
中文系	张次曼	福州方言变调研究	福建省“七五”规划项目
历史系	傅家麟 杨国桢	明清福建社会生活史研究	福建省“七五”规划项目
历史系	罗耀九	近代中国与西方法制思想比较研究	福建省“七五”规划项目
历史系	郑学檬	中国赋役制度史	福建省“七五”规划项目
历史系	郑学檬	高等学校本科教学质量管理研究	福建省“七五”规划项目
哲学系	邹永贤	闽学研究	福建省“七五”规划项目
哲学系	池超波	马克思辩证法思想的形成	福建省“七五”规划项目
哲学系	邹永贤	现代资产阶级国家学说	福建省“七五”规划项目
哲学系	汪澍白	近代中西文化论争的历史反思	福建省“七五”规划项目
自然辩证法室	周　济	中国科学思想比较研究	福建省“七五”规划项目
人类学系	陈国强	闽台民俗研究	福建省“七五”规划项目
人类学系	陈国强	台湾少数民族研究	福建省“七五”规划项目
人类学系	吴绵吉	中国东南地区考古文化研究	福建省“七五”规划项目
中文系	黄炳辉	唐诗学史略	福建省“八五”规划项目
历史系	杨际平	隋唐五代经济史	福建省“八五”规划项目
人类学系	陈国强	泉州回族调查研究	福建省“八五”规划项目

续表

单位	负责人	题目	项目类型/组织单位
哲学系	苏振富	马克思主义自由观	福建省"八五"规划项目
哲学系	张善城	金钱与道德	福建省"八五"规划项目
哲学系	邹永贤	闽学研究	福建省"八五"规划项目
历史系	曾 玲	福建手工业发展史	福建省"八五"规划青年项目
哲学系	陈嘉明	社会哲学研究	福建省"八五"规划青年项目
中文系	贾晋华	唐五代闽文学研究	福建省"八五"规划青年项目
哲学系	陈振明	评"新马克思主义"对历史唯物主义的"重建"	福建省"八五"规划青年项目
哲学系	官鸣	我国高科技发展中的文化传统因素	福建省"八五"规划追加项目
中文系	林兴宅	系统方法与文艺科学	福建省"八五"规划追加项目
中文系	周长楫	厦门方言与台湾闽南方言的比较研究	福建省"八五"规划追加项目
1996			
哲学系	潘世墨	科教兴国与当代知识分子研究	福建省社科研究"九五"规划(第一期)
历史系	孔永松	20世纪福建农村经济发展与社会结构的变迁	福建省社科研究"九五"规划(第一期)
历史系	杨国桢	福建海洋发展史研究	福建省社科研究"九五"规划(第一期)
中文系	赖干坚	马克思主义文艺理论在中国与西方的流变	福建省社科研究"九五"规划(第一期)

续表

单位	负责人	题目	项目类型/组织单位
中文系	庄钟庆	东南亚(国别)华文文学史	福建省社科研究“九五”规划(第一期)
人类学所	陈国强	台湾原住民的姓名	福建省社科研究“九五”规划(第一期)
哲学系	洪成得	经济特区也可以成为精神文明建设的排头兵	福建省社科研究“九五”规划(第一期)
人类学所	蓝达居	福建畲族经济人类学研究	福建省社科研究“九五”规划(第一期)
历史系	邱松庆	闽台客家民俗研究	福建省社科研究“九五”规划(第一期)
历史系	吴文华	闽南侨乡社会经济文化的调查研究:以石狮大仑为个案	福建省社科研究“九五”规划(第一期)
艺术所	易中天	中国艺术审美特征研究	福建省教委社会科学研究项目
哲学系	吴开明 彭学农	马克思主义哲学若干问题研究	福建省教委社会科学研究项目
1997			
哲学系	白锡能	黑格尔哲学思维方式研究	福建省教委社会科学研究项目
哲学系	陈嘉明	当代西方“知识”理论研究	福建省教委社会科学研究项目
哲学系	张友琴	老年社会保障问题研究	福建省教委社会科学研究项目
1998			
哲学系	官　鸣	知识创新的认识论研究	福建省社科研究“九五”规划(第二期)

续表

单位	负责人	题目	项目类型/组织单位
哲学系	徐梦秋	规范的基础与自由的中介	福建省社科研究“九五”规划(第二期)
历史系	郑振满	明清福建地方行政与基层社会的演变	福建省社科研究“九五”规划(第二期)
历史系	黄顺力	近代社会转型期中国海洋观的传统与变迁	福建省社科研究“九五”规划(第二期)
历史系	王荣国	闽台佛教关系研究	福建省社科研究“九五”规划(第二期)
人类学所	邓晓华 陈国强	族群视野下的民族关系研究——以高山族、畲族为例	福建省社科研究“九五”规划(第二期)
中文系	周长楫	林语堂语言学思想研究	福建省社科研究“九五”规划(第二期)
中文系	王　玫	建安文学的接受与传播	福建省社科研究“九五”规划(第二期)
中文系	黄鸣奋	信息革命与我国文艺理论建设	福建省社科研究“九五”规划(第二期)
中文系	林丹娅	当代中国女性散文研究	福建省社科研究“九五”规划(第二期)
马列部	苏　劲	以邓小平理论为中心开展“两课教育”的研究	福建省教育科学研究项目
2001			
历史系	陈支平	台湾文献汇刊	福建省社科研究“十五”规划项目(第一期增补)
2002			
哲学系	刘泽亮	中国禅宗哲学研究	福建省教育厅社科项目

续表

单位	负责人	题目	项目类型/组织单位
新闻系	赵振祥	福建省网络言论的法律管理研究	福建省教育厅社科项目
2003			
中文系	黄鸣奋	数码媒体与文艺学创新	福建省社科规划“十五”项目(第二期)
哲学系	郭金彬	科技创新思维和创新能力建构研究	福建省社科规划“十五”项目(第二期)
哲学系	陈墀成	可持续发展视野中的科技创新	福建省社科规划“十五”项目(第二期)
哲学系	刘泽亮	中国禅宗哲学研究	福建省社科规划“十五”项目(第二期)
哲学系	盖建民	道教科技思想研究	福建省社科规划“十五”项目(第二期)
人类学所	黄向春	明清以来闽江流域的疍民与生态变迁	福建省社科规划“十五”项目(第二期)
历史系	张　侃	近代中国政府外债管理制度研究	福建省社科规划“十五”项目(第二期)
历史系	曾　玲	东南亚历史文化语境中的郑和研究	福建省社科规划“十五”项目(第二期)
历史系	马良怀	魏晋时期文人阶层的形成和发展	福建省社科规划“十五”项目(第二期)
社会学系	胡　荣	村民自治架构下的社区权力	福建省社科规划“十五”项目(第二期)
人类学所	董建辉	农村乡约文化的扬弃问题研究	福建省社科规划“十五”项目(第二期)
中文系	俞兆平	文学价值观:五四作家论科学与人文	福建省社科规划“十五”项目(第二期)

续表

单位	负责人	题目	项目类型/组织单位
中文系	苏新春	台湾当代语言变化及社会文化意义	福建省社科规划“十五”项目(第二期)
新闻系	陈培爱	全球化背景下的广告传播与文化冲突	福建省社科规划“十五”项目(第二期)
中文系	苏　琼	八十年代后女性戏剧理论与实践	福建省社科规划“十五”项目(第二期)
社会学系	胡　荣	村级选举与村民民主法制观念的培育	福建省社科规划“十五”项目(第二期)
2004			
历史系	林　枫 陈支平	闽文化系列研究之一:闽南文化述论	福建省社科规划“十五”项目(第二期)
历史系	陈支平	闽文化系列研究之二:莆仙文化述论	福建省社科规划“十五”项目(第二期)
人类学所	郭志超	闽文化系列研究之三:畲族文化述论	福建省社科规划“十五”项目(第二期)
哲学系	郭金彬 徐梦秋	中国科技思想研究	福建省社科规划“十五”项目(第二期)
2005			
哲学系	张爱华	社会主义和谐社会的性质、内涵、意义	福建省社科规划“十五”项目(专项)
哲学系	曹志平	科学文明与社会主义和谐社会的构建	福建省社科规划“十五”项目(专项)
新闻系	赵振祥	网络言论的管理与社会主义和谐社会的构建	福建省社科规划“十五”项目(专项)
哲学系	陈宣明	论社会主义和谐社会系统性特征	中共福建省委宣传部

续表

单位	负责人	题目	项目类型/组织单位
新闻系	赵振祥	福建省优质硕士学位课程《新闻理论研究》	福建省学位办
2006			
哲学系	吴开明	后马克思主义与历史唯物主义	福建省社会科学规划项目
哲学系	傅小凡	闽南理学的源流与文化思潮	福建省社会科学规划项目
哲学系	黄永锋	道教与社会主义社会相适应研究	福建省社会科学规划项目
中文系	郑泽芝	基于大规模真实文本的汉语字母词语分类考察研究	福建省社会科学规划项目
人类学系	宋　平	独特的现代性：海外华人与福建地方文化传统的重构	福建省社会科学规划项目
哲学系	苏振富	以人为本与科学发展观的理论体系	福建省社会科学规划项目
历史系	何其颖	党的先进性与构建社会主义和谐社会	福建省社会科学规划项目
哲学系	贺　威	宋元福建科技史研究	福建省社会科学规划项目
哲学系	陈喜乐	自主创新导向下的科技资源整合使用机制与政策研究	福建省科技计划项目
哲学系	苏振富	以人为本与科学发展观的理论体系	福建省重要思想研究基地课题（重点项目）
哲学系	陈墀城	加强党的执政能力的信息思考	福建省重要思想研究基地课题
哲学系	张有奎	历史唯物主义与和谐社会的“人文向度”	福建省重要思想研究基地课题

续表

单位	负责人	题目	项目类型/组织单位
历史系	李小平	贫困地区农村基层党组织在新农村建设中如何提高执政能力研究	福建省重要思想研究基地课题
历史系	何其颖	思想政治理论课教学与社会主义荣辱观的培育	福建省高等学校思想政治教育研究会课题
2007			
人类学系	彭兆荣	海峡西岸文化生态与遗产保护研究	福建省社会科学规划项目
哲学系	郭金彬 徐梦秋	中国科技思想研究(续)	福建省社会科学规划项目
历史系	李智君	明清西北太平洋热带气旋与福建基层社会应对机制研究	福建省社会科学规划项目
哲学系	林观潮	明末清初福建籍海外移民宗教信仰状况研究——以日本长崎在留唐人为重点	福建省社会科学规划项目
哲学系	陈宣明	和谐社会矛盾化解的基本机制研究	福建省社会科学规划项目
中文系	曾　良	明清通俗小说语汇演变研究	福建省社会科学规划项目
历史系	王日根	海峡西岸行会文化调查研究	福建省社会科学规划项目
中文系	郑尚宪	莆仙戏文化调查研究	福建省社会科学规划项目
历史系	胡锦山	20世纪美国黑人城市化的历史考察	福建省社会科学规划项目
历史系	陈支平	台湾文献汇刊(续)	福建省财政厅

续表

单位	负责人	题目	项目类型/组织单位
哲学系	苏振富	坚持科学发展　促进社会和谐——论科学发展观与构建和谐社会的辩证统一	邓小平理论研究项目
2008			
哲学系	洪成得	准确把握实践标准，树立科学的政绩观	福建省社会科学规划项目
哲学系	张有奎	马克思主义现代性思想的当代意义研究	福建省社会科学规划项目
哲学系	黄朝阳	我国高校学生批判性思维能力的调查与对策	福建省社会科学规划项目
哲学系	陈喜乐	整合科技资源，推进福建自主创新	福建省社会科学规划项目
哲学系	陈嘉明	内在主义与外在主义——当代知识论研究	福建省社会科学规划项目
哲学系	陈　玲	道教思想与数学思想的互动——以李淳风为例	福建省社会科学规划项目
中文系	黄鸣奋	新媒体与西方数码艺术理论	福建省社会科学规划项目
中文系	王　宇	现代性与被叙述的乡村女性——五四以来文学中的乡村女性形象研究	福建省社会科学规划项目
历史系	韩　宇	战后美国技术创新政策研究	福建省社会科学规划项目
人类学系	张先清	十七世纪西班牙文献中的郑成功家族史料辑译与研究	福建省社会科学规划项目
中文系	刘荣平	《赌棋山庄词话》笺注	福建省社会科学规划项目

续表

单位	负责人	题目	项目类型/组织单位
历史系	刁培俊	宋朝村民的生活世界：以福建路为中心	福建省社会科学规划项目
中文系	钱建状	世变与文变：两宋之际的文化转型与文学变革	福建省社会科学规划项目
历史系	何其颖	高校思想政治理论课程改革“05”方案实施过程中的主要问题及其对策研究	福建省社会科学规划项目
哲学系	杨晓东	马克思的解放理论与我国民主政治建设	福建省社会科学规划项目
中文系	陈明娥	《朱子语类》语汇研究	福建省社会科学规划项目
历史系	水海刚	区域、市场、政府：近代闽江流域发展研究	福建省社会科学规划项目
2009			
历史系	钞晓鸿	清代废止买官卖官考实	福建省教育厅课题
历史系	王日根	新闽商的组织形态与文化精神	福建省教育厅课题
哲学系	张艳涛	中国问题与马克思主义哲学理论创新	福建省教育厅课题
哲学系	陈宣明	和谐社会的矛盾平衡机制研究	福建省社会科学规划重点项目
哲学系	徐梦秋	哲学研究	福建省社会科学规划重点项目
历史系	陈支平 林国平	历史学研究	福建省社会科学规划重点项目
哲学系	曹剑波	马克思主义视野下的女性主义知识论研究	福建省社会科学规划项目

续表

单位	负责人	题目	项目类型/组织单位
历史系	黄顺力	马克思主义中国化与二十世纪中国学术的传承与创新	福建省社会科学规划项目
中文系	郑尚宪	闽南竹马戏研究	福建省社会科学规划项目
哲学系	傅小凡	朱子理学与宋代家族制度重建	福建省社会科学规划项目
历史系	王日根	清朝海洋管理政策与两岸贸易	福建省社会科学规划项目
中文系	叶玉英	朱熹口语语言修辞研究	福建省社会科学规划项目
中文系	郑泽芝	对外汉语教材注释语言研究	福建省社会科学规划项目
中文系	杨春时	主体间性美学	福建省社会科学规划项目
中文系	李晓红	2000年以来台湾知识女性与大众传媒	福建省社会科学规划项目
哲学系	张爱华 张艳涛	马克思主义哲学研究	福建省社会科学规划项目
哲学系	谢晓东	中国哲学研究	福建省社会科学规划项目
哲学系	曹剑波	外国哲学研究	福建省社会科学规划项目
哲学系	黄朝阳 何纯秀	逻辑学研究	福建省社会科学规划项目
中文系	郭勇健	美学研究	福建省社会科学规划项目

续表

单位	负责人	题目	项目类型/组织单位
哲学系	欧阳锋	科技哲学、自然辩证法研究	福建省社会科学规划项目
哲学系	刘泽亮	宗教学研究	福建省社会科学规划项目
历史系	周雪香	中国古代史研究	福建省社会科学规划项目
历史系	佳宏伟	中国近现代史研究	福建省社会科学规划项目
历史系	晏爱红	清代漕运陋规研究	福建省社会科学规划项目
历史系	卢增夫	世界史研究	福建省社会科学规划项目
国学院	庄婉婷 林晓君	考古学和博物馆学研究	福建省社会科学规划项目
历史系	林　枫	闽南文化与闽台交流合作	福建省社会科学规划项目
历史系	杨国桢	中国契约学研究	福建省财政厅
2010			
哲学系	黄永锋	《道枢》及其百种引书的综合整理与思想研究	福建省社会科学规划重点项目
历史系	王　旭	20世纪世界城市化的一般趋势和厦门的战略抉择	福建省社会科学规划项目
中文系	苏新春	海峡两岸当代汉语词汇对比研究	福建省社会科学规划项目
中文系	李　焱	《朱子语类》语法研究	福建省社会科学规划项目

续表

单位	负责人	题目	项目类型/组织单位
中文系	胡　旭	先唐总集叙录	福建省社会科学规划项目
哲学系	陈嘉明	社会科学概览导论	福建省社会科学规划项目
中文系	杨春时	美学:生命诗化阐释之学	福建省社会科学规划项目
哲学系	郑伟平	知识与信念的关系论争	福建省社会科学规划项目
历史系	郑　莉	海外华人社团与福建民间信仰——东南亚兴化人的庙宇与仪式传统	福建省社会科学规划项目
历史系	李建发 王日根	闽商发展史	福建省社会科学规划项目
哲学系	黄永锋	《道枢》整理与研究	福建省教育厅课题
哲学系	刘泽亮	《观心玄枢》研究	福建省教育厅课题
历史系	周雪香	闽台族谱整理与研究	福建省教育厅课题
中文系	苏　琼	跨语境中的女性戏剧研究	福建省教育厅课题
哲学系	陈墀成	厦门地区高校学生违纪现象多维分析及对策研究	福建省高校思想政治教育研究会
人类学系	黄向春	鼓浪屿社会文化历史变迁	福建省文化厅委托项目
2011			
中文系	黄鸣奋	加快新媒体动漫产业发展对策研究	福建省社会科学规划重点项目
哲学系	吴开明	哈贝马斯交往合理性思想与唯物史观	福建省社会科学规划重点项目

续表

单位	负责人	题目	项目类型/组织单位
哲学系	陈　玲	朱熹科学观研究	福建省社会科学规划重点项目
中文系	刘荣平	全闽词	福建省社会科学规划重点项目
历史系	刘　淼	福建古陶瓷生产与窑炉技术变迁	福建省社会科学规划项目
哲学系	张艳涛	资本逻辑批判与马克思主义哲学创新研究	福建省社会科学规划项目
中文系	钱奠香	语言接触背景下的海南、粤西闽语历史层次分析	福建省社会科学规划项目
中文系	陈明娥	朱子文集词汇研究	福建省社会科学规划项目
哲学系	杨晓东	政治规范论:阐释与创新	福建省社会科学规划项目
哲学系	林榕杰	儒道思想双重转型研究——以魏晋时期为中心	福建省社会科学规划项目
哲学系	何纯秀	理解研究的逻辑转向	福建省社会科学规划项目
哲学系	贺　威	宋元福建科技史研究(二期)	福建省社会科学规划项目
人类学系	邓晓华	世界文化遗产客家土楼的保护、开发和利用研究	福建省社会科学规划重大项目
历史系	曾少聪	海峡西岸经济区的生态环境与地域特色文化研究	福建省社会科学规划重大项目
哲学系	陈嘉明	福建社科志(1992—2005年)概述	福建省社会科学规划项目
哲学系	陈喜乐	福建科技政策执行力研究	福建省软科学项目

续表

单位	负责人	题目	项目类型/组织单位
人类学系	邓晓华	海峡西岸河口区域城乡开发与海洋永续利用的模式研究	福建省软科学项目
历史系	王日根	民事纠纷与清代福建地方社会	福建省教育厅平台重点项目
哲学系	吴　洲	唐代东南的佛教与佛寺	福建省教育厅项目
历史系	林　枫	丧葬救济与清代台湾社会	福建省教育厅项目
2012			
人类学系	董建辉	福建古村落的保护与开发研究:以文化人类学为视野	福建省社会科学规划重点项目
哲学系	陈　玲	推动学雷锋活动常态化研究	福建省社会科学规划重点项目
历史系	林　枫	港口、城市与社会变迁——以明清泉州城市历史研究为中心	福建省社会科学规划项目
哲学系	陈宣明	马克思辩证和谐观研究	福建省社会科学规划项目
中文系	黄鸣奋	网络时代的五缘文化	福建省社会科学规划项目
哲学系	刘泽亮	福建精神和海西跨越发展	福建省社会科学规划项目
人类学系	石奕龙	人类学、民族学学科概览	福建省社会科学规划项目
哲学系	曹剑波	道德教育的实验哲学研究	福建省社会科学规划重点项目
哲学系	曹剑波	道德教育的实验哲学研究	福建省教育厅项目
哲学系	何纯秀	海峡西岸逻辑学教学体系对比研究	福建省教育厅项目

续表

单位	负责人	题目	项目类型/组织单位
哲学系	欧阳锋	科学知识社会学对科学规范的阐释	福建省教育厅项目
人类学系	王　平	福建百崎回族社会经济文化发展研究	福建省教育厅项目
2013			
历史系	吴春明	考古学概览	福建省社会科学规划项目
中文系	叶玉英	《说文》声系、《广韵声系》与古文字声系合证	福建省社会科学规划项目
历史系	朱圣明	汉代“边民”的族群身份与国家认同研究	福建省社会科学规划项目
历史系	孙飞燕	清华简《系年》中的春秋史料研究	福建省社会科学规划项目
中文系	芮　欣	后现代视阈下的文学经典：奥古斯丁《忏悔录》再阐释	福建省社会科学规划项目
中文系	史　言	巴什拉诗学论	福建省社会科学规划项目
哲学系	杨仕健	现代生命科学思想中的个体性概念分析	福建省社会科学规划项目
历史系	王日根	福建省高校社会科学研究优秀基地创新平台建设——社会经济史研究中心	福建省教育厅项目
历史系	葛　威	华南地区史前植物利用研究	福建省教育厅项目
历史系	晏爱红	中国古代闽人的海洋意识	福建省教育厅项目
哲学系	黄朝阳	逻辑学视域：福建省高考作文改革	福建省教育厅项目

续表

单位	负责人	题目	项目类型/组织单位
哲学系	江　新	春秋公羊学及其现代价值研究	福建省教育厅项目
历史系	陈　瑶	明清湖南闽商研究	福建省教育厅项目
历史系	水海刚	民国福建归侨社团研究	福建省教育厅项目
历史系	王新天	福建海洋性陶瓷的调查与研究	福建省教育厅项目
人类学系	王　平	福建陈埭回族经济发展研究	福建省教育厅项目
2014			
历史系	张　侃	历史文化街区、村镇保护的机制与经验研究	福建省社会科学规划重点项目
哲学系	陈　玲	中华科技文化海外传播路径与形式创新研究	福建省社会科学规划重点项目
哲学系	陈喜乐	科技政策范式及其执行系统研究	福建省社会科学规划重点项目
人类学系	张先清	台湾文化遗产保护经验研究	福建省社会科学规划重点项目
中文系	林丹娅	新时期以来福建重要女作家作品研究	福建省社会科学规划项目
历史系	徐东升	唐宋赋税减、免缓征研究	福建省社会科学规划项目
中文系	夏光武	艾莉丝·沃克诗歌的生态转向研究	福建省社会科学规划项目
人文学院	张晓婉	被文学史遗漏的五六十年代台湾文艺理论批评	福建省社会科学规划项目
历史系	王日根	水下文化遗产保护和海上丝绸之路建设规划研究	福建省社会科学规划项目
哲学系	徐朝旭	膜拜团体、邪教与传统宗教的关系研究	福建省社会科学规划项目

续表

单位	负责人	题目	项目类型/组织单位
哲学系	陈喜乐	福建新型科研机构发展模式及对策研究	福建省软科学研究科技项目
中文系	李　焱	福建省语言资源有声数据库建设研究(思明库)	福建省教育厅项目
中文系	周　宁	海上丝绸之路研究	福建省财政厅
2015			
历史系	付　琳	西汉时期闽越国文化探源研究	福建省社会科学规划项目
中文系	杨　玲	新世纪文学的产业化转型与文学理论创新研究	福建省社会科学规划项目
中文系	金　美	朱子福建题刻集释及数据库建设研究	福建省社会科学规划项目
历史系	梁　青	历史语境下的日本“国风”研究	福建省社会科学规划项目
中文系	王　悦	现实主义范式影响下的不可靠叙述研究	福建省社会科学规划项目
哲学系	唐　瑭	规范论视域下中国特色社会主义新常态思想研究	福建省社会科学规划项目
人类学系	俞云平	侨汇、侨捐与侨资在福建经济发展中的地位与作用	福建省社会科学规划项目华侨史专项
中文系	王传龙	朱熹文献编纂思想对明代心学的影响研究	福建省社会科学规划重点项目
中文系	刘镇发	福建省语言资源有声数据库建设研究(上杭库)	福建省教育厅项目
中文系	李　焱	福建省语言资源有声数据库建设研究(南靖库)	福建省教育厅项目

续表

单位	负责人	题目	项目类型/组织单位
中文系	陈明娥	14—20世纪韩国汉语会话教材嬗变研究	福建省教育厅项目
中文系	张惟捷	安阳殷墟YH127坑卜辞综合研究	福建省教育厅项目
历史系	梁建国	人文地理学视野下的朱熹福建踪迹研究	福建省教育厅项目
人类学系	杜树海	中国南方边疆形成的实证与理论研究	福建省教育厅项目
中文系	李晓红	朝鲜战争音像文献档案资料搜集整理与研究	中共福建省委宣传部
2016			
中文系	李柏翰	从《悉昙字记》的传承与影响看日本化悉昙文献的音韵特点	福建省社会科学规划项目
中文系	李婷文	当代美国现象学美学的认知倾向	福建省社会科学规划项目
中文系	李　天	大数据时代中国古典小说及其衍生品研究	福建省社会科学规划项目
历史系	胡　倩	五代墓志研究	福建省社会科学规划项目
人类学系	冯　莎	人类学视阈下的当代闽派艺术家研究	福建省社会科学规划项目
哲学系	谢晓东	东亚朱子学中的人心道心问题研究	福建省社会科学规划重点项目
人类学系	冯　莎	艺术史、实践感、地方性：闽籍当代艺术家研究	福建省教育厅项目
哲学系	杨　松	法律与道德的关系问题研究	福建省教育厅项目

续表

单位	负责人	题目	项目类型/组织单位
中文系	张 治	钱锺书读书笔记手稿中的未刊学说研究	福建省教育厅项目
人类学系	张先清	部校共建林耀华乡村发展研究	省宣/教育厅/省规划办
2017			
哲学系	陈 玲	政书类典籍《唐会要》道教科技史料的收集、整理与研究	福建省社会科学规划重大项目
中文系	赵 明	基于明清珍稀传教士汉文文献的汉语外来词演变及其影响研究	福建省社会科学规划项目
中文系	张惟捷	1949年运台甲骨《殷虚文字丙编》整理与研究	福建省社会科学规划项目
中文系	李 湘	汉语小句"认知入场"的层级系统研究及语义知识库建设	福建省社会科学规划项目
哲学系	朱人求	东亚朱子学的传承与创新研究	福建省社会科学规划项目后期资助
哲学系	楼 巍	2017年福建省高校"杰出青年科研人才培育计划"	福建省教育厅项目
人类学系	赵 芮	中西方产后护理政策与实践比较研究	福建省教育厅项目
历史系	曾 玲	阴阳之家:新加坡广府客家帮群坟山组织研究	广东省哲学社会科学规划领导小组办公室
2018			
历史系	刁培俊	"蒙古元素"的隐、显与宋元福建社会转型研究	福建省社会科学规划项目
历史系	郑 莉	沙捞越华人文献的收集与研究	福建省社会科学规划项目

续表

单位	负责人	题目	项目类型/组织单位
历史系	水海刚	近代南洋华侨商业文书整理与研究	福建省社会科学规划项目
历史系	张闻捷	周代乐钟制度研究	福建省社会科学规划项目
中文系	王　宇	新世纪女性小说本土化倾向研究	福建省社会科学规划项目
中文系	王　宇	闽台同源性民间文化资源调查与研究	福建省财政厅
2019			
历史系	朱　庆	新加坡中华总商会研究(1906—2016)	福建省社会科学规划项目
中文系	王　烨	国家纪念语境中的革命诗歌研究	福建省社会科学规划项目
历史系	王传龙	明代福建阳明学者治学与交游研究	福建省社会科学规划项目
哲学系	曹剑波	直觉证据的合理性研究	福建省社会科学规划项目
哲学系	徐梦秋	人类命运共同体形成的基本条件研究	福建省社会科学规划项目
中文系	张艾弓	“冷战”与国共内战双重视角下的“港九电影戏剧事业自由总会”研究	福建省社会科学规划项目
中文系	郑泽芝	基于语料库的数学语言表达与理解学习资源建设与研究	福建省社会科学规划项目
2020			
中文系	叶玉英	安大简《诗经》异文与战国语音研究	福建省社会科学规划项目

续表

单位	负责人	题目	项目类型/组织单位
哲学系	申祖胜	性别研究视角下信奉妈祖的闽台女信徒研究	福建省社会科学规划项目
哲学系	张艳超	李光地对朱子学的承传与创新研究	福建省社会科学规划项目
哲学系	陈喜乐	推进新时代福建省社会治理现代化研究	福建省社科规划重大项目

第四章　国际交流与合作

自人文学院成立以来，伴随着学科的发展与交流的深化，学院教学科研工作的国际化水平亦逐渐达成新高度，如：国别研究能力逐步加强，举办了多场高水平国际学术会议，提升了服务国家人文交流的能力，进一步强化人文学科国际话语权，海外影响力进一步增强；打造了人才培养国际品牌，争取到多个中外合作办学项目，并正继续拓展与世界各国高水平大学的合作办学项目；此外，着力搭建与“一带一路”沿线国家人文交流与教育合作平台。目前，学院国际化办学水平的提高主要体现在以下方面：

一、建设国际化师资队伍[①]

人文学院现有教师 146 人，其中全聘外籍教师 2 人，港澳台地区教师 4 人。目前，人文学院共有 16 位教师拥有康奈尔大学、滑铁卢大学、法兰克福大学、东京大学等世界一流学府的海外学位；并有 91 人次教师曾赴哈佛大学、牛津大学、剑桥大学、普林斯顿大学等世界一流学府访学交流。近年来学院新聘人员基本具有海外学历背景或留学经历，现已形成一支高水平、国际化的师资队伍。

厦门大学人文学院地处改革开放的前沿，历来重视国际交流与合作。近年来，人文学院在推动和提升师资队伍的国际化方面有不少举措，不仅加大了海外著名高校博士、博士后的引进工作，还不断聘请海外著名高校的学者担任讲座教授或全聘教授来院讲学。以历史系为例：2008 年至今，历史系曾聘请的讲座或全聘教授有宋怡明（哈佛大学东亚系教授、费正清研究中心主任）、丁荷生（新加坡国立大学中文系教授、主任）、熊秉真（香港中文大学历史学系教授）、蒲慕州（香港中文大学历史学系教授）、徐泓（台湾大学历史系教授、系主任）、王芝芝（台

① 本部分数据截至 2020 年 9 月。

湾辅仁大学历史系教授)等。与此同时,近年来人文学院青年教师陆续赴哈佛大学、剑桥大学、牛津大学、普林斯顿大学、UCLA、杜克大学、新加坡国立大学、新加坡南洋理工大学、伊利诺伊大学、香港中文大学、日本京都大学、台北“中研院”等著名高校或研究机构访学,加强了与海外研究机构的合作与学术交流。

二、加快国际化学术合作

作为一个拥有6个一级学科的学院,人文学院的科研合作现已稳步走上国际化的道路。近年来,学院每年有百余人次赴美国、法国、英国、德国等国家和港澳台地区进行合作研究、访问考察、交流讲学、参加会议。学院每年师生赴港澳台地区进行合作研究均在100人次以上,教师队伍的国际化交流水平稳步提升。此外,学院每年举办国际学术会议十余场,邀请海内外专家学者举办讲座百余场,为广大师生打造了良好的国际化交流环境,也为广大海外专家学者提供了了解厦门大学、了解人文学院的窗口,为进一步开展合作创造契机。2018年4月,人文学院组织承办世界人文学术会议暨第一次国际哲学与人文科学理事会执行委员会会议,该会议由联合国教科文组织(UNESCO)、国际哲学与人文科学理事会(CIPSH)、亚洲新人文联网(ANHN)和厦门大学联合主办,加强了厦大和国际哲学与人文科学理事会以及联合国教科文组织等机构在相关领域的交流与合作。

在合作共建方面,学院致力于加快学术研究的国际化进程,各系的国际化水平也在不断提升:目前,历史系、民间历史文献中心与哈佛大学共建的中国地方史与地方史文献数据库已经具有相当广泛的影响力;2019年,历史系加入了由西北工业大学发起的“一带一路”文化遗产国际合作联盟(BRCHGA);中文系语言学方向与日本关西大学等高校已建立起了稳定的合作关系,并拟在未来出版一系列研究丛书;戏剧影视学方向与法国巴黎第八大学确立了电影专业合作意向,为今后中国电影金鸡奖在厦门的发展与成长添砖铺路;哲学系与都柏林大学、芬兰赫尔辛基大学、英国爱丁堡大学、荷兰阿姆斯特丹大学、加拿大多伦多大学等多所高校哲学系搭建了学术合作平台,共享学术资源。

三、推出国际化学术成果

近20年来，人文学院教师在国际化的科研方面取得了不少成果，也获得了较高的学术荣誉。这些科研成果，或受到国家领导人的重视而成为外交礼品赠予他国，或在海内外学界享有较高声誉，或获得较高的学术奖项。

历史系著名历史学者杨国桢和陈支平教授的优秀科研成果，受到国家领导人的重视，曾被中国政府当作外交礼品赠予其他国家。其中杨国桢教授编写的《丝路帆远——福建与海上丝绸之路》（海峡出版发行集团、福建教育出版社2017年出版），2017年被作为外交礼品书赠予了出席厦门金砖会晤的各国领导人。陈支平教授主编的大型丛书《台湾文献汇刊》，2005年元月在人民大会堂举行出版发行座谈会，时任国家领导人成思危、许嘉璐以及中共中央对台办公室的领导同志参加了座谈会；2006年胡锦涛总书记访美时曾把《台湾文献汇刊》作为外交礼品之一，赠送给耶鲁大学。《台湾文献汇刊》是2009年“建国60周年教育成就展”中福建省社科界唯一入选的科研成果。另外，郑振满教授关于家族的研究受到国内外同行的肯定，他的专著《明清福建家族组织与社会变迁》于2001年由现任哈佛大学费正清研究中心主任宋怡明翻译成英文专著 *Family Lineage and Social Change in Ming and Qing FuJian*（Hawai'i University Press）在美国出版，在西方学界产生了相当影响。2010年，郑振满教授又与美籍学者丁荷生教授合作出版了英文著作 *Ritual Alliances of the Putian Plain: A Survey of Village Temples and Ritual Activities*（Brill Academic Pub），在海内外学界享有盛誉。

此外，中文系郭惠芬的学术专著《中外文学交流史·中国－东南亚卷》于2019年出版了马来文版本 *SEJARAH PERHUBUNGAN KESUSASTERAAN ANTARA CHINA DENGAN ASIA TENGGARA*。这是一部从整体上研究和描述中国与东南亚文学相互交流的史类研究成果，先后获2016年“第六届中华优秀出版物奖图书奖”、2018年“第四届中国出版政府奖图书奖”。鉴于该著在中外文学关系史研究、东南亚文学研究和促进“一带一路”文化交流方面的重要意义，马来西亚具有广泛影响力的出版社亚洲智库（Perbedanan Kota Buku）于2017年8月在“中国·山东‘一带一路’版权贸易会”期间，输入了该著在马来西亚翻译和出版马来文版本的版权。该著马来文版本的译者是马来西亚著名的综合性研究型大学马来西亚理工大学语言文学与翻译学院的三位学者。在他们的联合翻译下，该著的马来文版本于 2019 年在马来西亚正式出版，共计 559 页。这也是中国国内第一部在国际上被翻译成马来文版本的本学术领域专著，具有重要的开创意义。除此之外，越南出版社 CÔNG TY TNHH GIÁO D C THÉGIöI THÔNG MINH 也于 2017 年输入该著在越南翻译、出版和发行越南文版本的版权。

四、拓展国际化办学空间

目前，与人文学院建立正式合作关系的国际高校数量日益增多，质量也越来越高。目前，学院已与不同国家、地区的 10 所机构和高校签订了 15 个学生联合培养、交流项目，合作院校有：波兰弗罗茨瓦夫大学、波兰华沙大学、美国特拉华大学、美国罗格斯大学、日本鸟取大学、法国第八大学、英国南安普顿大学*、香港科技大学*、香港城市大学、丹麦奥胡思大学*等 11 所机构和大学（*标注为 QS 排名前 200 大学）。同时与上述高校及韩国朝鲜大学、韩国社团法人国际退溪学会等高校和机构建立了科研平台合作关系，合作范围覆盖了研究、学者互访、学生交换、员工培训、联合研究和出版、开办暑期学校等。此外，学院与英国、德国、美国等国家的多所高校也达成合作意向。目前，学院与各大高校签订的院际协议均已进入了良好、稳健的运行轨道。以学生交流为例，每年通过学院合作项目派出的交流生均达 5～10 名。

同时，人文学院每年运行数个短期访学项目，如每年 7 至 8 月由美国特拉华大学主持的美国优秀高中生中国文化访学团、每年 11 月由新西兰惠灵顿维多利亚大学主持的中华文化学习营项目、每年 3 月由日本鸟取大学主持的学术交流团等。这些项目常态开设、运行稳定，项目内容包括由人文学院教师、学生志愿者共同组织开展的汉语教学、知识性讲座、民俗文化体验、实践和游学等富有特色、寓教于乐的课堂内外项目，为海外来访学生、教师搭建了近距离学习中国文化知识、开展国际交流的重要平台，也为学院广大师生提供近距离、长时间、便捷化的海内外交流机会，现已成为人文学院师生与来访嘉宾开展科研学术交流、教学经验分享、形成良好沟通的重要园地。

人文学院院际合作协议签署情况

合作类型	合作院校/机构	合作系所	国家/地区	内容
联合培养	香港科技大学	人文社会科学学院	香港	本科—硕士联合培养项目
	香港城市大学	中文系	香港	博士双学位联合培养项目
	南安普顿大学	文学院	英国	本科双学位联合培养项目
	南安普顿大学	文学院	英国	本科一硕士联合培养项目
学生交流	奥胡思大学	人文艺术学部	丹麦	开展学生长学期交流活动
	鸟取大学	地域学部	日本	开展学生短期访学、长学期交流活动
	香港科技大学	人文社会科学学院	香港	研究生交换
	香港科技大学	人文社会科学学院	香港	开展学生长学期交流活动
	罗格斯大学	哲学系	美国	研究生交流
	斯坦林布什大学		南非	开展学生短期访学、长学期交流活动
多面合作	法国第八大学	电影系	法国	欧盟爱拉斯谟+项目 电影专业师生交流项目
	弗罗茨瓦夫大学	文学院	波兰	学生、教师和研究人员交换，联合研究和学术活动
	华沙大学	国际关系学院	波兰	教师交流、学生交流、科研合作
	特拉华大学	孔子学院	美国	学者互访、学生交换、员工培训、联合研究和出版
	鸟取大学	地域学部	日本	教师交流、学生交流、科研合作
	韩国朝鲜大学	WOORI 哲学研究所	韩国	协同研究、学术资料交流交换、共同举办学术活动、研究人员互派等

续表

合作类型	合作院校/机构	合作系所	国家/地区	内容
多面合作	韩国社团法人国际退溪学会		韩国	协同研究、学术资料交流交换、共同举办学术活动、研究人员互派等
	奥胡思大学	人文艺术学部	丹麦	教师交流、联合研究活动与学术活动、组织和参加联合学术活动
	罗格斯大学	哲学系	美国	教职工交流、联合研究、文件,科学信息和出版物交流、联合课程
短期访学	特拉华大学	孔子学院	美国	学生暑期学校
	惠灵顿维多利亚大学	语言文化学院中文系	新西兰	学生暑期学校
	鸟取大学	地域学部	日本	学生暑期学校
	奥胡思大学	人文艺术学部	丹麦	学生暑期学校

国际化办学中特别重要的一点在于它不仅仅是走出去学习他人经验,更重要的是将自己的经验推广至海外。在这一点上,特别值得一提的是厦门大学马来西亚分校于2016年正式开办后,人文学院对口支援分校的中文系建设。为了使马校中文系顺利走上正确的办学道路,人文学院首次外派支援教师即派出中文系教学经验丰富、科研成果突出的胡旭教授到马校任教。胡旭教授将中文系多年来办学的成功经验倾囊相授,并帮助马校中文系遴选教师,在较短时间内即组建了一支精干的教学队伍,为马校中文系的进一步发展打下了良好的基础。随后,学院继续轮流派出精干师资,持续支援马校中文系。许多在教学上广受好评的老师,都渐次来到马校中文系,传经授宝。从马校中文系已经毕业的两届学生的情况来看,办学取得了巨大的成功,这与人文学院的倾力相助是紧密相关的。

未来,人文学院将继续遵循高等教育国际化办学的基本规律,坚持以创新发展为核心动力，着力提升人文学科的国际化水平，持续提高教学、科研与社会服务的国际化水平，增强国际化办学能力。如：举办高水平国际学术论坛，展现厦大人文研究成果，探索人文研究的中国范式，扩大国际影响；继续保持与海外合作单位的密切联系，积极拓展海外交流合作项目，为学生参与海外学术交流、开拓视野提供更多更好的资源；主动开展宣传工作，不断提升国际生生源质量；进一步拓展海外合作关系，力求在东南亚等地区实现合作的突破；等等。

后 记

2018 年,人文学院研究决定由我牵头组成人文学院百年院史编写组。中文、历史、哲学三个系分头搜集资料,拟订大纲,辅以访谈等方法,中文系胡旭,历史系李卫华、杨沐喜,哲学系陈玲、李璐楠、申祖胜等参与了大量具体工作,撰写各系系史初稿各 30 万、30 万、20 万字,后遵循院系史编写指导老师朱水涌教授的指导,蔡婉霞编写院部及其他部分并对初稿进行了删削整合,形成了如今的规模。我们时常举行协调会,我本人长期跟踪写作进度,及时提出修改补充意见。学院党委王炳华书记、院长朱菁教授、院办哈飞飞主任等给予指导、协助,谨此表示诚挚的谢意。

本书各章节编写情况如下:

中文系相关内容主要由胡旭教授负责编写,包括上编第一部分“厦大中文百年史”及下编一、二部分中的中文系内容。

历史系相关内容主要由李卫华、杨沐喜副教授负责编写。其中,李卫华编写了上编第二部分“厦大历史学百年史”中的第一、二、五章,即建国前及改革开放后的历史系系史以及下编一、二、四部分中的历史系内容。杨沐喜编写了上编第二部分“厦大历史学百年史”中的第三、四章,即建国后十七年及“文革”时期的历史系系史。

哲学系相关内容“厦大哲学百年史”(上编第三部分)主要由陈玲教授主持,李璐楠、申祖胜助理教授负责撰写。其中李璐楠负责撰写改革开放前系史,申祖胜负责撰写改革开放后系史。曹剑波教授在编写过程中给予了大量指导与支持。

学院部分及其余内容由蔡婉霞负责编写,包括引言及第四部分“新世纪的人文学院”,以及下编五大部分中除上述由其他老师编写章节以外的全部内容。

编写本书的主要资料来源为:厦大档案馆的校史档案;《厦大校史资料》各

辑；厦大所办之各刊，它们包括《厦大周刊》、《厦大校刊》、《厦大通讯》、《厦门大学一览》（厦大年刊、特刊）、《唯力》等文献；社科处历年统计数据；厦门大学人文学院历年文件、档案等。在资料收集过程中得到很多老师支持，谨致谢忱。

王日根

2020 年 11 月